紀念走馬樓三國吴簡發現二十周年

長沙簡帛研究國際學術研討會論文集

長沙簡牘博物館 編

中西書局

紀念走馬樓三國吴簡發現二十周年長沙簡帛研究國際學術研討會與會學者留影（2016年8月27日，長沙）

纪念走马楼三国吴简发现二十周年长沙简帛研究国际学术研讨会
纪念走马楼三国吴简发现二十周年
长沙简帛研究国际学术研讨会

主會場

第一分會場

第二分會場

故宫博物院院長單霽翔
開幕式致辭

故宫研究院名譽院長、
中國考古學會第五届理事長、
故宫博物院原院長張忠培
閉幕式講話

國家文物局副局長關强
開幕式講話

湖南省文化廳廳長李暉
開幕式致辭

長沙市委常委、副市長付勝華
開幕式致辭

長沙簡牘博物館館長李鄂權
大會主題發言

故宫研究院古文獻研究所所長王素
大會主題發言

日本魏晋南北朝史學會前會長窪添慶文
大會主題發言

韓國慶北大學史學系教授尹在碩
大會主題發言

清華大學歷史系主任侯旭東
大會主題發言

中國社會科學院簡帛研究中心主任楊振紅
大會主題發言

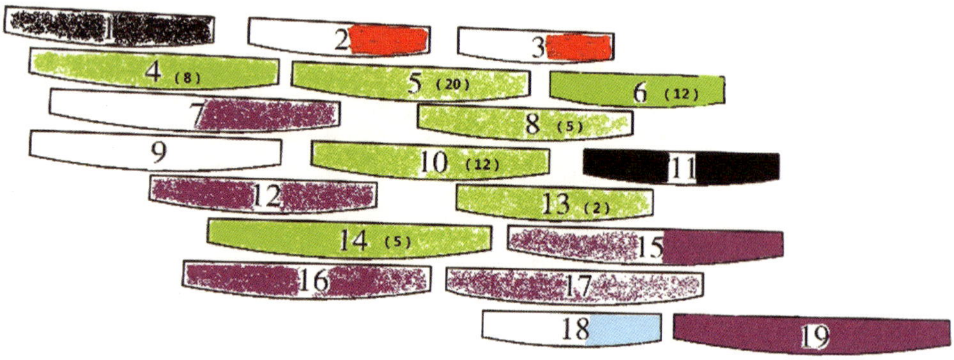

圖十五 Ic2③簡牘揭剥位置示意圖

圖例：

：右平鄉入税米

：平鄉入税米

：東鄉入税米（推定）

：小武陵鄉入税米

：西鄉入税米

：西鄉入税米（推定）

：不明屬鄉

括號内數字：交納税米日期

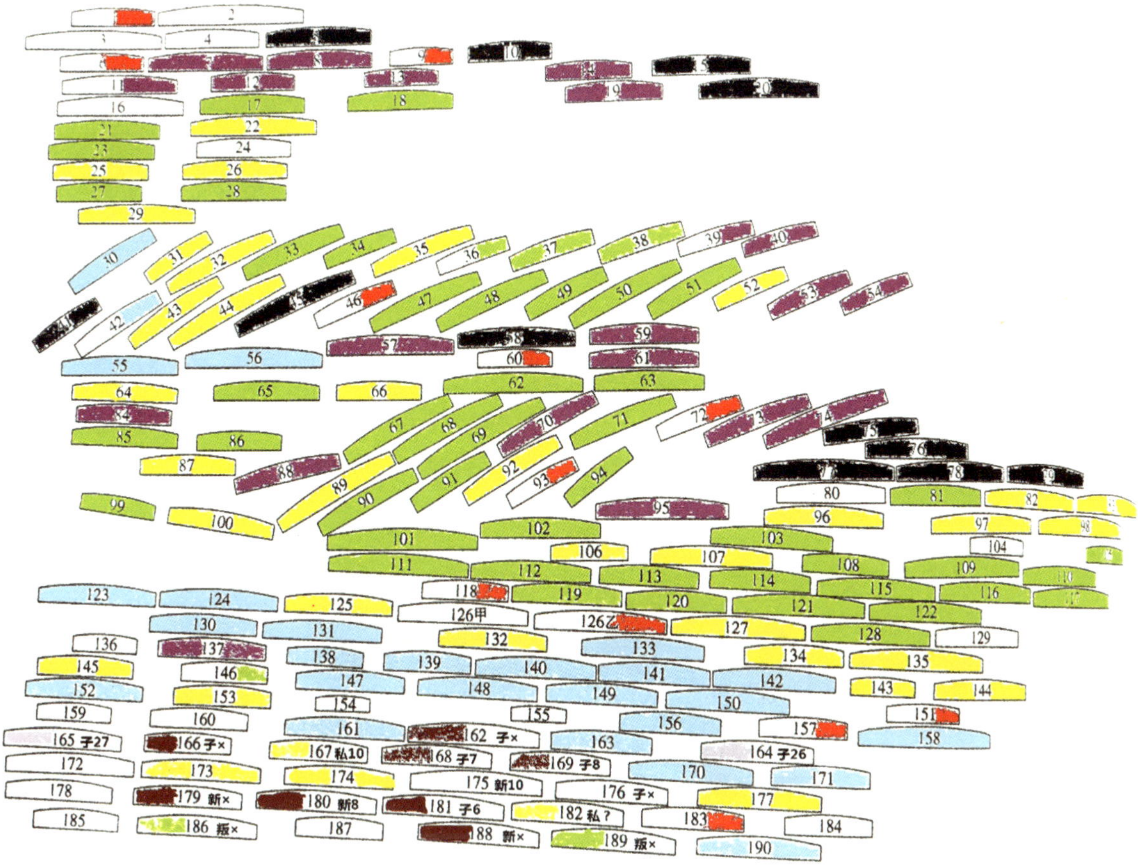

圖九 Ic1②簡牘揭剥位置示意圖

圖例：

：右入税米

：平鄉入税米

：平鄉入税米（推定）

：平鄉入限米

：東鄉入税米

：東鄉入税米（推定）

：小武陵鄉入税米

：西鄉入税米

：西鄉入税米（推定）

：桑鄉入税米

：桑鄉入限米

：廣成鄉入限米

：樂鄉入限米

：不明屬鄉

子：子弟限米

私：私學限米

私？：疑爲私學限米

新：新吏限米

叛：叛士限米

最右側數字：交納限米日期

×：交納日期不明

圖版貳

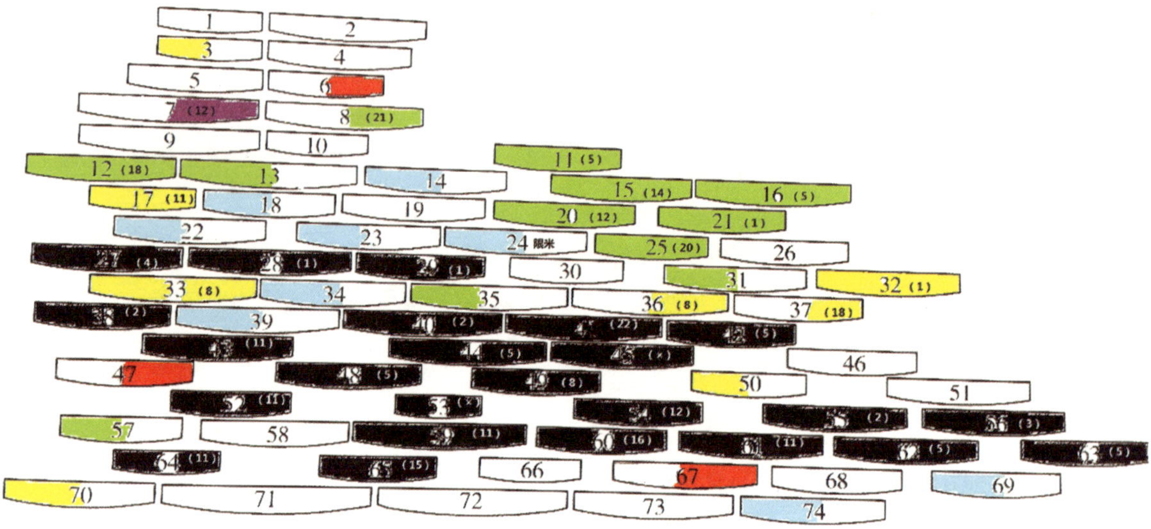

圖十三 **Ic2①簡牘揭剥位置示意圖**

圖例：

：右入租米

：平鄉入税米

：平鄉入税米（推定）

：平鄉入租米

：東鄉入租米

：小武陵鄉入税米

：西鄉入税米（推定）

：桑鄉入税米

：桑鄉入税米（推定）

：桑鄉入租米

：不明屬鄉

括號内數字：交納税米日期

×：交納日期不明

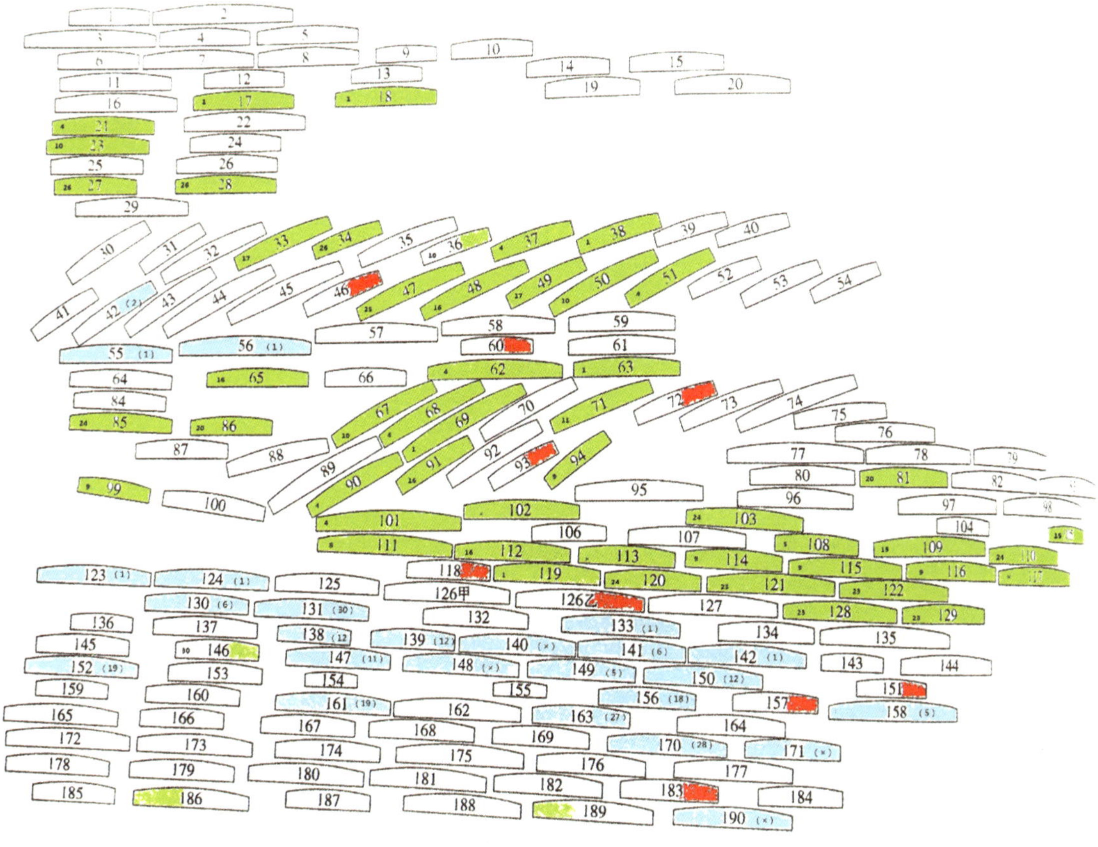

圖九 Ic1②簡牘揭剥位置示意圖

圖例：

：右入税米

：平鄉入税米

：平鄉入税米（推定）

：平鄉入限米

：東鄉入税米

：東鄉入税米（推定）

：平鄉、東鄉以外其他鄉

左側數字：平鄉交納税米日期

右側括號内數字：東鄉交納税米日期

×：交納日期不明

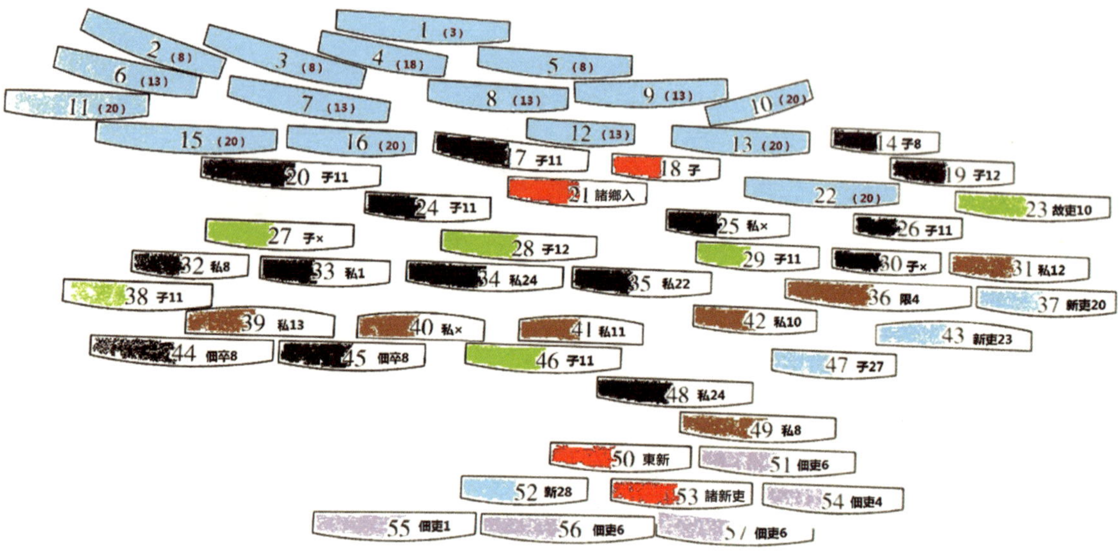

圖五 Ib①簡牘揭剥位置示意圖

圖例：

- ：右入限米
- ：平鄉入限米
- ：東鄉入税米
- ：東鄉入限米
- ：小武陵鄉入限米
- ：廣成鄉入限米
- ：樂鄉入限米

子：子弟限米
諸鄉入：諸鄉入吏帥客限米
私：私學限米
新吏：新吏限米
東新：東鄉新吏限米
諸新吏：諸鄉新吏限米
故吏：故吏××子弟限米

佃吏：佃吏限米
佃卒：佃卒限米
括號内數字：交納税米日期
最右側數字：交納限米日期
×：交納日期不明

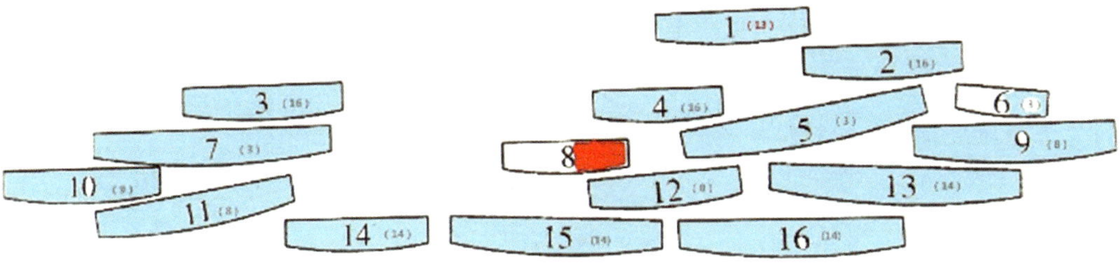

圖六　Ib②簡牘揭剥位置示意圖

圖例：

：右入税米

：東鄉入税米

：東鄉入税米（推定）

括號内數字：交納税米日期

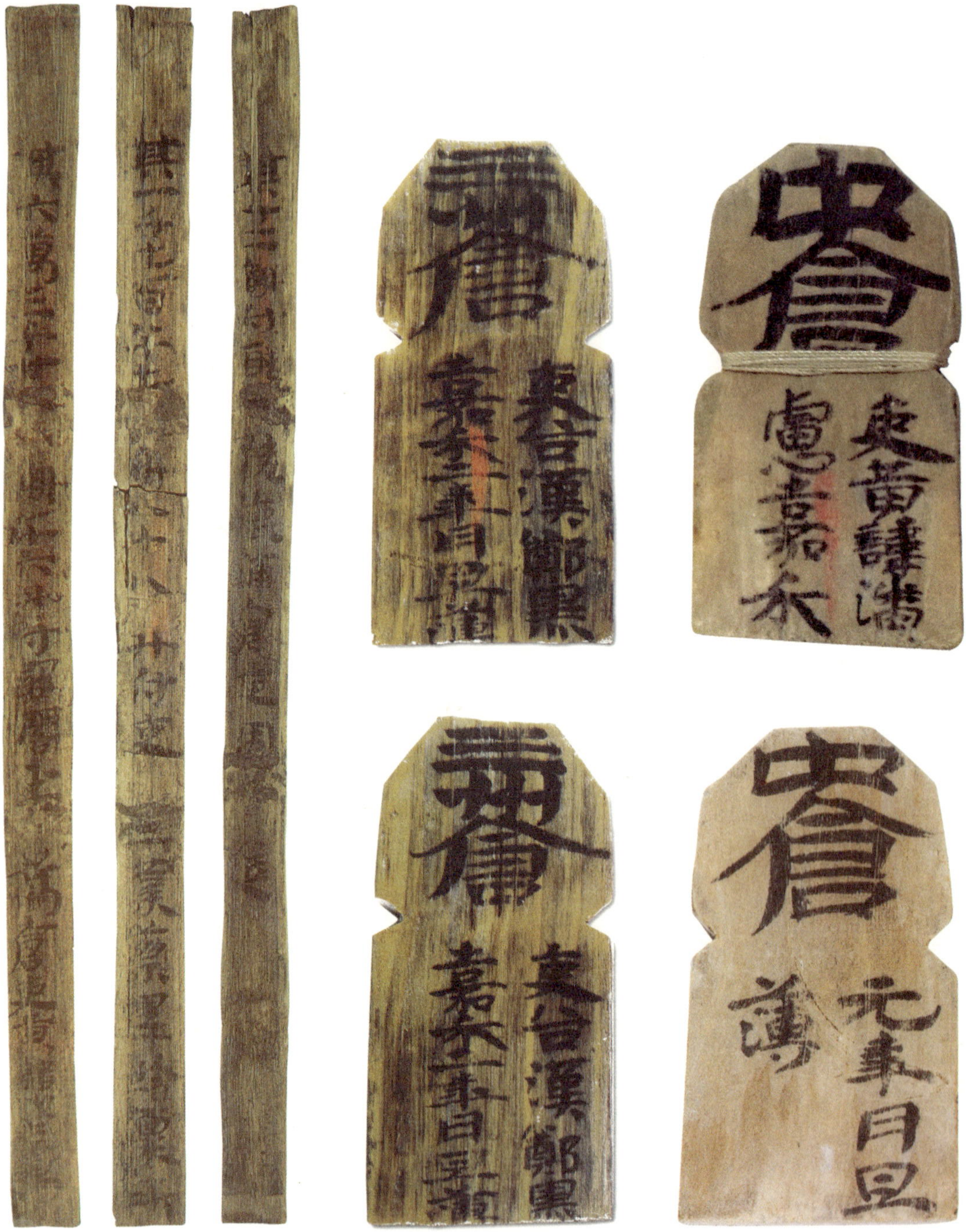

帶有朱筆的竹簡與簽牌

圖版柒

目　録

在紀念走馬樓三國吴簡發現二十周年長沙簡帛研究國際學術研討會開幕式上的講話

關　强

（國家文物局副局長）

各位專家學者、各位領導、同志們：

1996年10月，長沙走馬樓發掘出土了10餘萬枚三國吴紀年簡牘，引起了國際國内的轟動，長沙走馬樓三國吴簡由此榮膺當年“中國十大考古新發現”。20年後的今天，繼2001年8月長沙三國吴簡暨百年來簡帛發現與研究國際學術討論會之後，故宫博物院、湖南省文化廳、長沙市人民政府又一次組織召開長沙走馬樓三國吴簡國際學術研討會，意義十分重大，並且湖南省長沙市計劃將這個專項會議常態化，每三年舉行一次，我本人感到無比振奮。在此，我代表國家文物局對此會議的順利召開致以熱烈的祝賀！

20年前，我作爲親歷者見證了長沙走馬樓三國吴簡的考古發掘過程，組織參與了這批簡牘保護整理整體方案的制定。春風化雨，當20年前的工作設計一個接著一個地變成現實，一個個技術難題終被攻破，我心生驚歎，又生發出一種莫名的親切，也感到無比欣慰。走馬樓三國吴簡數量大、内容十分豐富，由此而來的保護整理任務艱巨，特别是新興科學技術的開發和應用的難度在全國範圍内都是空前的。湖南省和長沙市在艱苦的條件下，順利地拿下了“長沙走馬樓三國簡牘保護整理項目”，去年已經通過了國家文物局的結項驗收，評審專家一致認爲該項目工作目標明確，重點突出，流程合理，管理創新，品質優良，成效顯著，完成了項目任務書約定的任務，達到了預期目標。這是一項突出的成績。

第二，湖南長沙自走馬樓吴簡出土就開始籌措建設長沙簡牘博物館，並且早已變成了現實，成了當地市民與外來文化觀光者的必到之處，也給了這批珍貴的簡牘以特殊的尊重。從無到有,從初有到精良,長沙簡牘博物館躋身國家二級博物館,而且正在朝著國家一級博物館發力。這是難能可貴的。

第三,湖南長沙自一開始就確定了"開門做研究"的思路,與國内的故宫博物院、中國社會科學院、中國文化遺産研究院、北京大學、清華大學等專業科研機構和國外多所大學開展友好合作,共用吴簡的原始資料和整理成果,使吴簡的研究迅速成爲簡牘學中的熱門學科,不僅推動了三國魏晋歷史的研究,也開拓了簡牘學研究的新方向。到現在,已整理出版文獻 11 卷計 31 册,出版學術專著 23 部,發表學術論文 600 餘篇,成果豐碩。

還有值得指出的是,湖南長沙依託長沙簡牘博物館這個平臺,在推廣博物館文化、簡牘文化等方面進行了豐富的實踐,積極創新文化遺産的社會教育工作,開展市民文化遺産講堂,送展覽與講座進社區、學校和農村,使博物館成爲了廣大市民特别是青少年朋友們最生動的學習場所和第二課堂。這是"讓文化遺産活起來"的有益嘗試,也是公共文化服務必不可少的内容。爲此,單霽翔先生曾在其《博物館的社會責任與社會發展》一文中對長沙簡牘博物館的社會教育工作特别提出了表揚。

通過上述事例,我們不難看出,除了一代又一代文物博物館工作者的辛勤耕耘,湖南省、長沙市各級黨委和政府對文物工作也是高度重視和强力支持的。借此機會,我代表國家文物局向你們表示感謝。同時,短短二十年,吴簡學作爲簡牘學一支新興的學科有如此迅速的發展,在社會認知中有如此的普及度,我們還要特别感謝國内外衆多的專家學者所作出的努力與貢獻。

習近平同志指出,"要使中華民族最基本的文化基因與當代文化相適應、與現代社會相協調,以人們喜聞樂見、具有廣泛參與性的方式推廣開來"。博物館是文化傳承和傳播的堅實堡壘,希望湖南長沙進一步開放視野,樹立更高的目標,更大範圍和更深層次地集約人才力量,更加重視文物保護的基礎工作和基礎學科建設,爲全市、全省乃至全國的文物保護事業作出更大的成績。

最後,預祝大會取得圓滿成功!

在紀念走馬樓三國吴簡發現二十周年長沙簡帛研究國際學術研討會開幕式上的講話

付勝華

（長沙市委常委、副市長）

尊敬的單霽翔院長，尊敬的張忠培先生，尊敬的關强副局長，各位專家學者，同志們、朋友們：

花落春仍在，天時向艷陽。值此長沙走馬樓三國吴簡發現二十周年之際，我們又一次在湖南長沙隆重舉行國際學術研討會，榮幸地邀請到各位領導和專家學者共同來紀念這一偉大的考古新發現，總結和梳理 20 年來在研究工作中取得的豐碩成果，並爲"吴簡學"的進一步發展描繪美好藍圖。首先，我代表中共長沙市委、長沙市人民政府對會議的召開致以熱烈的祝賀，向各位遠道而來的領導和嘉賓表示誠摯的歡迎！

長沙是湖南的省會，全省的政治、經濟、文化、科教和商貿中心，是全國兩型社會建設綜合配套改革試驗區核心城市，幅員面積 1.18 萬平方公里，下轄六區二縣一市，人口達 743 萬。

長沙是一座歷史悠久的城市。長沙的城市歷史有近 3 000 年，是國務院首批公布的歷史文化名城，"楚漢名城、革命聖地"是她最顯著的文化特色。馬王堆漢墓震驚中外，走馬樓吴簡轟動學界，嶽麓書院聞名遐邇，深厚的文化積澱和獨特的人文氣質，孕育了一批又一批彪炳史册的傑出人物，湧現出了以曾國藩、左宗棠、譚嗣同、唐才常、黄興、焦達峰、毛澤東、劉少奇、胡耀邦爲代表的幾大人才群體，鑄就了"心憂天下，敢爲人先"的不朽精神。

長沙是一座風光秀美的城市。長沙融山水洲城於一體，嶽麓山巍峨西峙，瀏陽河逶迤東來,湘江如玉帶貫南北,橘子洲静卧江心。先後獲得"全國文明城市"、"中國優秀旅遊城市"、"國家森林城市"和永久性的"中國最具幸福感城市"等殊榮。

長沙是一座充滿生機的城市。長沙搶抓國家"兩型"社會綜合配套改革實驗區建設的契機,創新驅動、轉型發展,成爲國内外投資創業的熱土,進駐長沙的世界五百强境外企業達 118 家,2015 年地區生産總值達 8 510 億元,城市綜合競争力跨入全國"十强"、全球"十快"。長沙先後被評爲"中國創業之城"、"中國國際形象最佳城市"、"中國最具軟實力城市"。

長沙是一座文化繁榮的城市。長沙擁有不可移動文物 2 468 處,建成博物館(紀念館)22 座。從精美絶倫的四羊方尊到奇幻瑰麗的馬王堆帛畫,從行吟憂思的屈子賈誼到"惟楚有才"的嶽麓書院,從曾左彭胡的湘運之興到近代革命的思想大本營,長沙總是以時代先鋒的定位開創著一個又一個文化潮流。近些年來,電視湘軍、出版湘軍、文藝湘軍、動漫湘軍又異軍突起,文化與科技相融合,文化與旅遊互支撑,文化産業總産值已超過 1 200 億元,年均增長率達 20%,長沙正朝著國際文化名城的目標邁進。

文化是城市的根脈和最重要的軟實力,也是城市發展不可或缺的戰略資源。中共長沙市委、長沙市人民政府高度重視文化建設,特别關注文化遺産保護及其相關的學科建設。"十二五"期間,全市直接投入文化遺産保護的資金超過 20 億元,推出了長沙銅官窑國家考古遺址公園、長沙博物館等一批重要的文物保護展示基地,全市的文化格局發生了顯著的變化,文化内涵得到了越來越充分詮釋,長沙的文化感召力和吸引力也因此而大大增强。自 1996 年走馬樓三國吴簡出土以來,在國家文物局、湖南省文化廳、文物局的强力支持下,我們采取了"開門促學術"的思路,與國際國内科研院所和高校廣泛開展合作,取得了豐碩的成果。20 年來,圓滿完成了走馬樓三國吴簡保護整理任務,保護整理簡牘 14 萬餘枚,出版吴簡文獻 11 卷計 31 册,出版研究專著 23 部,發表研究論文 600 餘篇,長沙已然成爲全國的簡牘收藏保護中心、研究展示中心、簡牘資料中心和簡牘學術交流中心。這些成果,凝聚著各級領導的關心,凝聚著各位專家學者的心血。借此機會,我們要向長期以來關心和支持長沙發展的各級領導、各位專家學者致以深深的謝意。長沙將永遠銘記,各位領導、各位專家學者爲"吴簡學"的發展、簡帛學術研究所作出的巨大貢獻!

文化的接續不僅僅是傳承歷史,更需要開創未來。1700 年來,長沙地區以其獨特的氣候地理條件爲我們保藏了這份珍貴的文化遺産;今天,作爲這筆歷史遺産的傳承者和當代文明建設者,我們有義不容辭的責任將它完整地保護利用好。當前,長沙確立了建設國際文化名城的發展戰略,我們要以本次國際學術會議爲新的契機,更加珍惜祖先給我們留下的文化遺産,有效保護、合理利用,使文化遺産深度融入當代經濟社會生活,爲弘揚優秀傳統文化,爲中華民族的偉大復興貢獻長沙應有的力量。

各位領導、各位來賓,同志們、朋友們,你們不遠千里而來,卻又只能短暫相聚。我們真誠地希望,各位能够常來長沙作客,更多地參與長沙的建設,分享長沙的發展成果。祝願大家在長沙期間身體健康、生活愉快。

最後,預祝會議圓滿成功。

謝謝大家!

在紀念走馬樓三國吴簡發現二十周年長沙簡帛研究國際學術研討會開幕式上的講話

單霽翔

(故宫博物院院長)

由故宫博物院與長沙市政府、湖南省文化廳、湖南省文物局聯合主辦，長沙簡牘博物館與故宫研究院古文獻研究所具體承辦，日本長沙吴簡研究會、韓國慶北大學人文學術院等十餘家單位參與協辦的紀念走馬樓三國吴簡發現二十周年長沙簡帛研究國際學術研討會，今天在新當選的"東亞文化之都"——歷史文化名城長沙召開，我謹代表主辦單位之一的故宫博物院，向大會表示衷心的祝賀！向光臨這次盛會的海内外專家、學者表示熱烈的歡迎！

1996 年 10 月 17 日，在長沙走馬樓街編號爲 J22 的古井中，發現了一批數量驚人的三國吴簡。這批三國吴簡，形制多樣，内容豐富，涉及政治、經濟、軍事、交通及身份制等衆多領域，極大地填補了"失在於略"的三國史料的空缺，對研究我國古代，尤其是漢末三國時期的歷史與社會具有重要意義。因而這一重大發現被評爲 1996 年全國十大考古新發現之一。

走馬樓吴簡出土後，從中國政府到國家文物局、湖南省文化廳、湖南省文物局和長沙市政府都高度重視。爲了做好走馬樓吴簡的保護、整理、出版、展示工作，國家財政在"國家重點文物保護專項補助經費"中增列了"簡牘保護專項經費"。長沙市政府經過積極努力，批准建造了一座集保護、整理、展示爲一體的長沙簡牘博物館。經過 20 年的努力，出土吴簡在保護、整理、展示等各個方面都取得了很大的成績。迄今爲止，全部吴簡都已脱水珍藏，並整理出版了《長沙走馬樓三國吴簡》7 卷 20 册。長沙簡牘博物館從 2008 年正式開館以來，已成爲湖南乃至全國簡牘保護研究、收藏展示的重要場所，每年接待海内外觀衆和專家、學者近百萬人，不斷增强自身的社會影響力，成爲長沙重要的文化視窗。

我和走馬樓吴簡有著不解之緣。2002 年 8 月，我始任國家文物局局長。就在當月，也是第一次外出調研，就是到湖南長沙，在參觀省、市博物館，走訪省、市考古研究所，召開秦簡及里耶古城保護座談會的同時，也考察了走馬樓吴簡的保護整理工作，以及正在建設中的長沙簡牘博物館。第三年，也就是 2004 年，國家文物局增撥專款 2 000 萬元，用於走馬樓吴簡與里耶秦簡的保護整理項目。2009 年 7 月，當我再次來到長沙簡牘博物館時，看到這座充滿現代化氣息、功能設施齊全的現代博物館早已建成，矗立在湘江之畔、天心城頭，成爲獨具特色的專題博物館。如今，走馬樓吴簡的保護整理項目也已經圓滿完成，受到了國家文物局和評審專家的一致好評。

當然，我和走馬樓吴簡的緣分並不僅此。2012 年，我始任故宫博物院院長，希望進一步加强故宫博物院的學術研究和人才隊伍建設。第二年，故宫博物院成立了故宫研究院，設立了古文獻研究所。這時的走馬樓吴簡整理出版，正在進入收官衝刺階段。走馬樓吴簡最後的《竹簡(柒)》、《竹簡(捌)》、《竹簡(玖)》和《竹木牘》4 卷 12 册，即由故宫研究院古文獻研究所與長沙簡牘博物館合作整理出版。目前，《竹簡(柒)》、《竹簡(捌)》2 卷 6 册，已分别於 2014 年和 2015 年正式整理出版。剩下的《竹簡(玖)》和《竹木牘》2 卷 6 册，也將在近兩年内整理出版。這些工作成果和發展前景令人感到興奮和鼓舞。

故宫博物院與長沙也有著很深的文化學術淵源。20 世紀 50 年代，長沙窑窑址發現不久，故宫博物院的陶瓷專家陳萬里、馮先銘、李輝柄等先生就來到銅官鎮考察，最早認識和肯定長沙窑的重要價值。20 世紀 70 年代，長沙馬王堆漢墓出土的帛書、帛畫，當時已成“泥磚”，直接從長沙押送到故宫博物院，是由故宫博物院的張耀選、楊文彬、孫承枝、江紹大、張有年、孫孝江等能工巧匠搶救性揭裱修復，才得以向世人展示其重要價值和璀璨光華的面貌。特别令人難忘的，還有現在故宫博物院與長沙又因走馬樓吴簡整理出版而結緣。我相信，故宫博物院與長沙，在文物、文獻的保護、整理、研究方面，還會有更多的合作機會。

今天，我有幸與衆多長沙簡帛研究的專家、學者相聚一堂，感慨良多。我們知道，一百多年來，隨著簡帛資料的不斷發現，簡帛學已經成爲了一門國際顯學。而走馬樓吴簡無疑是這門國際顯學中十分重要的一環。相信通過這次盛會，從事長沙簡帛研究的專家、學者，一定會總結成績，探討問題，共商吴簡研究的發展大計。這次盛會，不僅會對吴簡研究的過去進行全面回顧，也會對吴簡研究的未來進行新的展望，當然也會對簡帛學的發展進行更爲深入的推動。讓我們共同迎接吴簡和簡帛學發展更加美好的明天！預祝大會圓滿成功！

希望家鄉成爲簡牘的强市、强省

——在紀念走馬樓三國吴簡發現二十周年長沙簡帛研究國際學術研討會閉幕式上的講話

張忠培

(故宫研究院名譽院長、中國考古學會第五届理事長、故宫博物院原院長)

朋友們,下午好! 會議有關方面要我作閉幕詞,我認爲自己没有這個身份。這是因爲和與會大多數朋友相比,我是外行。我和長沙,和吴簡還有一點鄉情和文緣。所謂鄉情,我是長沙人。我和吴簡、和湖南三個大的簡牘發掘有一份文緣。另外我又是故宫博物院的成員,而故宫博物院又是三個主辦方之一。我早就從院長崗位上走了下來,這幾年,單霽翔院長給了我一個頭銜,叫故宫研究院名譽院長。

一　我和家鄉簡牘考古的一份文緣

1996 年,我從香港講學返京途中,到了家鄉,既是探親,也爲了解一下長沙的考古搞了些什麽。宋少華把我領到走馬樓考古工地。這工地是個很深的大坑。坑中見到的僅是一些井孔,挖出的大坑早已進入生土,所以大坑中所有井孔的孔口,已不是原生的孔口了。少華對我説:你看到的這些井,都是三國時期的井,那時長沙由吴管理。井中發現了許多簡牘。聽到他説簡牘,我感到新鮮,又覺重要。他説,這樣重大的發現,施工方正在那裏和我們扯皮哩! 好在省文物局何强支持,他下了個行政令給建設方,叫他們停工,現在雙方還在膠著哩! 我對他説,這是長沙,還是湖南,乃至全國的首次發現,可稱爲世紀性發現。要他們堅持下來,做好保護,做好發掘。如何發掘,我向少華説了我的一些想法。回到北京,我立即向蘇秉琦先生、宿白先生和俞偉超、徐苹芳、黄景略講了在長沙見到的這一重要的發現,他們全都興奮起來,説這要向國家文物局説説,可要發掘好,研究好,保護好,説湖南没有這個能力,文物局得管起來,中國文物研究所得參與這事,研究之事主要須由田餘慶先生組織力量擔當起來。宿白先生把我們這些意見,告訴了張文彬、張柏。張文彬也認爲這個發現十分重要,國家文物局出面協調有關工作,同時將這一發現上報國務院,時任國務委員李鐵映同志立即做了重要批示:這是一次重大的文物發現,一定要全面、妥善保護好,組織專家進行系統的整理和研究。這走馬樓三國吴簡的發現,以後就好戲連臺,在座的各位,有的是某齣戲的一位角色,或是另外一些戲的觀衆,我就成爲純粹的觀衆了,所以以後的事,輪不到我講,也用不著我講,大家都明明白白。

第二件事,就是龍山縣秦簡的發現。2002年,秦簡發現後,國家文物局要我邀幾位專家去看看。我們一行,除我外,有陳雍、趙福生和我的助手楊晶,在張家界下飛機後,經永順,到龍山,然後向吉首進發。張柏帶了國家文物局一行,到達張家界,時間約比我們晚一天,走的也是這條路綫。這兩路人馬沿途時見時散,直到長沙開會之時,没有交换過意見。我帶的這支人馬,一路有州裏和相關的縣裏以及省裏同志陪行,在龍山里耶住了一晚,由袁家榮陪同看了工地、出土材料,就如何發掘、遺存年代和可否分期,以及周圍環境及其與周圍遺址的關係,和工地負責同志交换了意見。我們看遺存與出土材料比較仔細,意見交换也較深入。沿途直到長沙開會前,省、州、縣以及有關水利工程的同行,都問過我們對遺址保護的意見,在吉首州裏還開了個相當規模的會,會上發言踴躍,大家紛紛陳述意見,目的就是一個,要遺址保護給工程讓路,否則幾千萬、三四個億就損失啦!在這個會上,也多次要我發言,我只是説,我是來調查的,是來聽取各方面的意見的,無發言權。直到長沙開會之前,我不但未向省、州、縣,未向國家文物局張柏、楊志軍一行,也没有同我們自己這一行談過,或者交换過如何處置里耶遺址的意見。這兩行人馬在吉首會合,住了一晚,參加這個會後,便於同一天的晚上,有的坐火車,有的坐汽車,向長沙進發了。

第二天一早,我們坐火車的就到了長沙,坐汽車的晚了一點,且路上還遇到了一點風險,吃過早飯,便得到要我們這行專家參加會議的通知。進入會場,見到張柏、楊志軍已經坐定,我入席後,經主持會議的人介紹,才知省委文選德副書記,還有一位主管副省長、文化廳長等都參加這個會議。會議一開始,張柏、文選德副書記相互推請對方先講話,推來推去,張柏説,我們還是先聽聽專家張先生的意見吧!兩人將我夾在中間,我被擠了出來,只得先登臺了,説,我講的意見,只是我個人的意見,不代表其他同行的專家。其他專家有何意見,自行發言就是了。我的意見,屬於被咨詢性質,只供局裏或省裏決策時參考。我是長沙人,這次回到家鄉,遇到的問題很棘手,是針尖對麥芒,涉及工程和文物保護,是工程讓路還是文物保護讓路的問題,除這兩條路外,無第三條路可走。沿路見到的一些朋友向我説的是,如果工程讓路,要損失多少多少錢,有的説幾千萬,有的説三四個億。聽了這些話,里耶的發現值多少錢,我只能説是無價之寶。這無價之寶,無法用錢計算,可以説,是無法以錢能計算出來的價,也可以説它一錢不值,也就是不值一個錢,所以這針尖對麥芒,也就是有價對無價的問題,是無價讓路還是有價讓路的問題。我再一想,凡是有價的東西,能計算得出價的任何寶貝的價,是我們能製造出來的,凡無價之寶,都是我們無法製造的。我們是湖南人,自近代以來所有作爲,對得起我們這個民族,我們這個國家,怎麽能在這"有價"面前退縮,而不去問問這無價之寶是個什麽寶,該不該以有價去護這個寶哩?這無價之寶,是個什麽寶?不僅有那批秦簡,還有那座秦國和秦代的城。不説這座城在秦統一中國的歷史地位,單説那批秦簡,就不得了了。這批秦簡,據袁家榮所長説,至少有兩萬五千枚,内容涉及的基本上是當時活生生的行政運轉的文書。在這個發現之前,全國僅在青海、四川和湖北等地共見到約兩千枚,不及里耶這次已發現的十二分之一,隨著考古工作的進展,還會有秦簡出土。先不講里耶發現所具有的現今講得出來的科學、文化與歷史的重大的學術意義,單憑她是空前的和横空出世的重要發現,難道不值得我們用幾千萬乃至幾個億去維護那無價之寶嗎?所以,我的意見是:有價對無價,針尖對麥芒,有價讓出路,無價去暢行。再重申一遍,我的這個意見,僅供省、局用於作決策的參考。我發言之後,張柏請其他參與會議的專家發言,參與會議的專家或不發言,或同意我的意見,或在我的意見基礎上,做了一些補充性的申述。會議最後張柏請文選德講,文選德請張柏先講,相互推來推去,還是張柏先講了。他的意見,是同意我的發言。接著文選德副書記講話,他説同意我的講話,按國家文物局決定辦。過了一兩天,我從《湖南日報》頭版頭條刊登的楊正午省委書記在關於里耶發現的一次現場辦公會議講話的報導中看到,我在上述會議上的意見,基本上被他采納了。這些都令我高興了一陣。會議之後,國家文物局將里耶遺址列爲國保的報告上報國務院,時任總理朱鎔基立馬作了批示:我看比起以前討論通過爲國保的單位,這里耶更是國保了。總理一支筆,就這樣將里耶定爲國保單位啦!單獨將一處遺址批爲國保單位,里耶是盤古開天地,至今也只見到里耶這個例子!通過這事,我再次體會到文物這事,首要的就是要抓保。爲了保,不僅要敢説話,還得把話説到點子上,要遵法依規,更要敢於堅持,才能達到文物保護的目的。

第三件事,則是益陽發現的那批簡牘了。益陽的發現,是益陽曹偉向我説的。他先用電話,後到我家裏向我談了正在考古的這個發現。我聽著聽著,越聽越生氣,認爲他們處理這樣重要的發現,太草率了,原因是少了科學認識,處置問題能力不及。沒等他講完,就要他停工,又對他説,得赶快向省和國家文物局匯報,請專家到現場考察,提供發掘和保護意見;發掘隊伍,要另行組織。或在當著曹偉的面,或者在他走後不久,我便將我這個意見,報告給了文物局。我的這個意見,被國家文物局采納了。我知道這事已晚了一些,肯定給文物保護造成了難以知曉的損失,但當我知道情况後,不講情面地把意見提了出來,被國家文物局采納後,還是爲這批文物的保護起了一些作用。

這就是我和我的家鄉發現的三批簡牘的文緣。我自感我這個人很走運,能碰上這麽多文物保護的事。除説説我和家鄉的文緣外,講這幾個故事的目的,還想説明搞考古的不但要科學地發掘好遺存,科學地整理好發掘所采集的資料及信息,編寫出版好考古報告,以搭建一個學術研究、討論的公開、公正的平臺,還得做好文物保護工作,其實考古發掘、室内整理及出版報告,也是另一形態的文物保護工作。保護文物,就是保護文脈的傳承,這豈不重要!

二　我對這個簡帛研究國際學術研討會的一些認識

我講講對這簡帛研究國際學術研討會的一些認識。要我作閉幕詞,有關方面追求的目的,主要還是爲了這個。講這個,得實事求是,説老實話。我除參加了開幕式,在主席臺坐坐外,就是出席這個會議了,一頭一尾,中間只在會議上吃吃飯,在會議安排的房間裏睡個覺外,就是被曹凛拉著看看考古工地。我原來以爲僅是開個紀念會,茶話、茶話一下,搞個開幕式、閉幕式,請一些人坐上主席臺,吆喝吆喝一下,唱個讚歌,你好我也好,彼此表揚,互致感謝,會議没安排我擔當什麽角色,只要我在主席臺坐坐,這令我高興。但開幕式上營造的氛圍,使我感到和我的預計有相當的出入,使我爲之一振,真是要來點學術研究嗎?!這個講話,是臨時給我安排的。爲了這個講話,我得做些準備工作。一是找了李鄂權問問會議的情况,二是把會議發的材料翻了翻,認真琢磨了那個提交會議的論著目録,心態出現了大的震動,才認識到這次會議的學術内涵非淺,且既深又廣,我從這裏看到了一個吴史研究的新境界。我現在對這個會議的認識,和我原先對這個會議的預估相比,實出現了大的變化。

在這個會上,我聽到羅新、鄔文玲和王素三位對這次會議所作的總結發言。這三位同志,在學術上都有相當的功名,學問做得扎實,三人的總結發言,是拿事實説話,總結中肯,講得比較客觀,没有那些假、大、空套話,我完全同意。其實有了這三位的總結,也就用不著我發言了。既然派了我作這個角色,也不能辜負了會議組織者的期望,也得講點體會。

我認爲這是一個學術品質優良、實現了實事求是的學風和樸實無華的文風以及嚴肅認真、齊放争鳴、學術自由的會風的高端的學術研討會。我之所以提出這樣的對會議的認識，是因爲看到一些學者提交的論文和聽到三位學者的總結，確實没有套話、空話、假話和大話，既没有傳統的教條主義，又没有新進口的洋教條，所提出的問題基本上是紮進到材料中去，對材料進行了較系統的研究，才提出來的。問題的求證，也靠材料説話，提出的論點，均以材料作爲憑據，做到了讓材料牽著鼻子走，靠材料説話，替材料説話，做到了"有一份材料説一分話"，不少論著，還把材料説活了。説這個會議實現了嚴肅認真、齊放争鳴及學術自由的會風，是説參加這個會議的國内外朋友都認真地參加這個會議，把精力與時間都投入了這個會議，學術無禁忌，實現了齊放争鳴、自由討論，這個會議對任何學術問題，既未搞學術專制、設定框框，又未搞什麽民主制，以"多數"決定是非，也没有作個什麽結論。學術的"結論"永遠在學者自己的認識，永遠在未來。學術的研究，終究是探索真理。學術的求真，只能愈益接近，永遠不能達到，學無止境，搞學問，永遠處在探索之中。

這次長沙簡帛研究國際學術研討會，除故宫博物院這一學術事業單位作爲主辦方外，另兩個主辦單位，就是湖南省文化廳和長沙市人民政府這兩個政府機構。我一見到這樣的兩個政府機構，尤其是一提政府機構就想到是否要把這個會議辦成"文化搭臺，經濟演戲"的會議呢？"文化搭臺，經濟演戲"是文化部 20 世紀 80 年代晚期推行的文化政策。當時，它一出臺，我就持反對意見，説"文化搭臺，經濟演戲"的文化，是附庸於經濟的文化，這還是文化嗎?！其中的經濟，也就是廟會經濟，廟會經濟加廟會文化，中國早就有了，也没有搞出個現代化，現在再拿它出來，哪能搞經濟建設，何能搞文化建設！前七八年，我在廣州的一次發言中，還説"文化搭臺，經濟演戲"的文化，是娼妓文化，修改成發表的文字時，寫得文明了一點，將它稱之爲"媚態文化"。這"文化搭臺，經濟演戲"早就不提了，可是，其陰魂不散，至今還有不少政府搞的文化建設，還是不離這個譜，所以文化建設搞不起來，經濟建設也起不來，政績歸了零，是吹破了的牛皮。走馬樓發現吴簡以後，省政府有關部門和長沙市人民政府，在國家文物局指導與支持下，搞好了文物保護，組織專門班子，整理、研究吴簡，搞好吴簡的出版，至今吴簡已出版了七部，成立了長沙簡牘博物館，彙集了國内外、境内外吴史和簡牘研究精英來共同研讀吴簡，還召開了三次學術研討會，盤活了形式單一、内涵艱深難懂、可觀性很差的簡牘，實現了深入淺出，辦出了展覽，推出了講座，把簡牘送到了市民乃至少年兒童的生活中，豐富了他們的文化生活，增進了人們的品位，傳承了傳統文化，提高了民族的文化品質。這就將文化置於其應有的獨立位置，是實實在在的富有成果的文化建設，是有關部門的重大政績，我們要爲他們的舉措點贊。在座的專家學者定會見到，也會比我看得更清楚，由於走馬樓的發現，跟隨著吴簡一本一本整理出版，我們隨之見到了更多以往文獻所没有的吴史史料。隨著史料内涵的增多，吴史的史學研究也就加深了、拓寬了。拓寬的，主要是吴的社會、經濟、文化和國家行政方面的内涵，從而從整體上提升和加深了吴史的研究，這從本次會議提交的論文和會議討論、研討中也反映出來了。所以，這次學術研討會，是一次推進了對吴國及其相關的社會、經濟、文化和國家行政管理研究的學術研討會。

三 希望我的家鄉成爲簡牘的强市、强省

學術研究是現代博物館的靈魂。前面羅新教授總結的講話中説，長沙簡牘博物館，現在已經不僅是一個保存、保管、展示走馬樓簡牘的、面向大衆的博物館，學術研究已經有了很好的起步，他還説出了在學術研究方面做出了一些成績的長沙簡牘博物館好幾位研究人員的名字。我聽了他的這段話，爲之一振！我的家鄉已是簡牘的大省、大市，希望她成爲强省、强市，是我這次回家鄉的心願。昨天晚上準備這個講話時，還問李鄂權長沙簡牘博物館向這次學術研討會提交了幾篇什麽樣的論文，他從會議彙總的論著目録中，劃出了六七篇，我看了一下，感到很興奮！所謂簡牘大省、大市是指簡牘收藏的數量和品質，强省、强市是指自身的研究能力，以及貢獻的研究成果的學術水準。從簡牘大省、大市發展爲强省、强市，其間需走過包含著巨大質變的艱難而較長的過程。所謂巨大質變，是指人才的變化。人的研究能力的變化，是人才變化的重大標誌，能否創新，和創出何等數量及什麽樣品質的新，是衡量人的研究能力的天平。具有這樣能力的人才的出現與成長，一靠高人指點，二靠環境，三，更重要的是靠自己的努力。拿長沙簡牘博物館來看，是已有了科研團隊，已經有好的領頭人和强的組織者，但學術帶頭人的學術水準還不那麽强，還得外單位高人來指點，我還希望學術上繼續得到王素、羅新以及其他這樣的高人來指點。再説環境，從長沙簡牘博物館來看，也有自己的優勢，這優勢就是掌握了材料。爲了使自己的人才先成長起來，就先不公布資料，將大門封閉起來，將國家的資料，變爲單位的資料，又將單位的資料，變成個人的資料，把材料壟斷在手，先研究研究，公布資料嘛，等我研究好了再説。這叫缺德，叫以權謀私。我搞學術研究，至少六十年過了，還没有見到過用這樣的辦法，謀到了學術的"私"，成了學術的大家。學術大家，是在學術公開、公平、公正的齊放、争鳴的自由環境中湧現出來的。同樣的高人指點，同樣的學術環境，只有那些把從事的學問當成事業，具有高尚的職業操守，自己的腦袋長在自己的肩膀上，能自主、自由思考的自强不息的人，才能爲學術作出重要的貢獻，才可能成爲學術大家。學界多一個强手，多一分競争力量，學術的發展，靠公開、公正的競争，競争力量愈多愈强，更能出大家，這對學術的發展是有好處的。所以，我們搞學術研究的人，希望學術事業發展起來的人，自然應對學界强手的增加持歡迎態

度。成爲强手之後，我仍希望我的家鄉的學者，持謙虚、謹慎態度，公平、公正對人，把單位和整個國家這一學術事業的關係處理好，在發展本單位事業的同時，也注意幫助後來者，並努力推進全國簡牘研究這一事業的發展。總之，我盼望家鄉實現由簡牘的大省、大市向簡牘的强省、强市的轉變。

我們的學術研討會是個成功的大會，是個推進了學術研究的大會，是個勝利的大會，現在閉幕了！我感謝與會同仁的參與，朋友們辛苦了，祝返途一路順風、愉快。也借這個機會，向大會的工作人員和賓館的服務人員，道聲謝意！

據楊芬提供的録音記録整理稿，於2017年3月15日改爲此稿，小石橋

走馬樓吴簡發現二十周年回顧與展望

李鄂權

（長沙簡牘博物館）

今年是走馬樓吴簡發現二十周年。從吴簡發現以來，我們曾舉行過兩次這樣的國際會議：第一次是2001年8月召開的“長沙三國吴簡暨百年來簡帛發現與研究國際學術研討會”，第二次是十年之後的2011年3月召開的“中日長沙吴簡研究學術研討會”。又是一年的仲夏，此次會議，距2001年8月的國際學術研討會，已有15年之隔。今天，來自海内外的諸位專家學者在此隆重聚會，共同探討吴簡研究及簡帛學的發展大計，對於簡帛學界無疑又是一次盛事。借此機會，我向與會代表報告這二十年來吴簡保護、整理、研究的成果及對未來的展望。

一　吴簡的保護與整理

長沙走馬樓三國吴簡於1996年10月在湖南省長沙市五一廣場走馬樓街一個編號爲J22的古井中出土，迄今已經歷了二十個春秋。在國務院、國家文物局及省、市各級領導的大力支持下，通過我們堅持不懈的努力，以一種開放的學術態度，與全國知名簡牘保護與整理專家共同合作，順利地完成了簡牘保護與整理項目。

這個項目緣起於2004年4月，國家文物局正式批准實施《長沙走馬樓三國簡牘保護整理項目總體方案》，走馬樓吴簡的保護與整理工作由此全面啓動。在長達十一年的科學保護工作中，我們與荆州文保中心共同合作，完成了所有走馬樓吴簡的揭剥、清洗、脱色、拍照、脱水、修復及入庫工作。迄今爲止，我們共清理簡牘14萬枚，其中計入總賬編號並整理出版的有字簡爲7.6萬餘枚，僅存字痕的殘簡2萬餘枚，無字簡牘4萬餘枚。

科技保護的順利進行,爲簡文的整理出版打下了良好的基礎。爲了使吴簡能够高品質地儘快出版,我們擯棄那種由發掘單位長期滯留重要考古資料的做法,秉持積極開放的態度,和北京著名高校及研究機構的歷史學、簡牘學專家合作,共同整理簡牘釋文。我們計劃整理出版吴簡圖書 11 卷、32 册,將近 8 萬幅圖版,約 300 萬字。在不算長的二十年中,已經整理出版了 7 卷、20 册,即《長沙走馬樓三國吴簡》的《嘉禾吏民田家莂》(上、下册)和《竹簡(壹)、(貳)、(叁)、(肆)、(柒)、(捌)》(上、中、下册)。剩下 4 卷、12 册,即《竹簡(伍)、(陸)、(玖)》和《竹木牘(拾)》,整理工作有的已經完成,有的尚在緊張進行,計劃在三年内全部出版。

二十年寒來暑往的辛勤努力,嚴謹合理的科學管理,使得我們的保護整理工作取得了顯著成效,得到了國家文物局和專家們的一致認可。2015 年 11 月,湖南省文物局組織專家對"長沙走馬樓三國簡牘保護整理項目"進行結項驗收。以故宫博物院研究員陸壽麟、清華大學歷史系教授侯旭東、中國國家博物館研究員周實中等爲代表的十一位評審專家認爲:吴簡保護整理項目,工作目標明確,重點突出,流程合理,管理創新,注重品質,成效顯著,完成了項目任務書約定的任務,達到了預期目標,一致同意通過結項驗收。國家文物局羅静司長對走馬樓吴簡保護整理項目取得的成就,及整理保護中嚴謹、開放的態度亦給予了高度評價。

二　吴簡研究的回顧

(一) 概述

走馬樓吴簡保護與整理工作的穩步推進同樣也爲研究工作的展開打下了良好的基礎,吴簡研究取得了令人矚目的成績。吴簡發現二十年來,吴簡研究大致經歷三個階段:1. 初步探討階段;2. 穩步發展階段;3. 綜合研究階段。

1. 初步探討階段(1996—1999 年)。該階段可利用的吴簡資料,基本是通過媒體報導和發掘簡報以及少數介紹性文章公布的零星資料。專家學者的研究主要是針對個别問題進行初步討論,參與探討的主要是吴簡整理者與個别專家學者,如宋少華、李均明、胡平生、王素、羅新、黎石生、邱東聯等。他們對吴簡中某些重大問題如簡牘定名、佃田制度、法律制度、書法價值等給予了關注。

2. 穩步發展階段(1999—2006 年)。該階段可利用的吴簡資料,主要是發掘報告與《嘉禾吏民田家莂》和《竹簡(壹)》。吴簡研究迎來了一個穩步發展階段。特别是,1999 年日本關尾史郎發起成立了"長沙吴簡研究會",2000 年羅新發起成立了"北京吴簡研討班”,開組建學術團體研究吴簡的先河。學術網站如“象牙塔”專門設立了“吴簡研究”版塊,“簡帛網”亦設立了“三國晋簡”專欄。該階段,論文和論文集也大量問世。討論關注的主題包括多個方面,如土地制度、賦税制度、行政制度、社會階層、家庭生活等。研究隊伍逐漸壯大,中國方面的高敏、侯旭東、黎虎、蔣福亞、王子今、張榮强、于振波、韓樹峰、孟彦弘等專家學者,日本方面的窪添慶文、關尾史郎、伊藤敏雄、小嶋茂稔、森本淳、阿部幸信、福原啓郎、安部聰一郎、谷口建速等專家學者,都有成果問世。不少大專院校的師生也積極加入到研究隊伍中。

3. 綜合研究階段(2007—2016 年)。該階段可利用的吴簡資料,又新增了《竹簡(貳)、(叁)、(肆)、(柒)、(捌)》。吴簡研究進入成熟階段。隨著日方先後邀請王素、宋少華、羅新、侯旭東、張榮强、凌文超等赴日參加“長沙吴簡研究會”的學術會議,中方先後邀請日本窪添慶文、關尾史郎、伊藤敏雄、小嶋茂稔、森本淳、阿部幸信、福原啓郎、安部聰一郎、鷲尾佑子、谷口建速到“北京吴簡研討班”、長沙簡牘博物館參加學術會議,以及日本“長沙吴簡研究會”每年都組團到長沙簡牘博物館調研和閲覽吴簡原件,中日吴簡研究交流頻繁,吴簡研究朝綜合研究方向發展。特别值得一提的是吴簡復原研究取得了長足的進步。同時,一批新人也加入到了吴簡研究隊伍,除了前面提到的凌文超,還有魏斌、沈剛、鄧瑋光等,給吴簡研究隊伍注入了新鮮的血液。

回顧吴簡研究二十年,據不完全統計,國内外發表的吴簡文章已達 600 多篇。此外,還編輯出版論文集多部,如“北京吴簡研討班”聯合長沙簡牘博物館等單位編輯出版了《吴簡研究》第 1—3 輯,長沙市文物考古研究所編撰出版了《長沙三國吴簡暨百年來簡帛發現與研究國際學術研討會論文集》。個人研究吴簡的論文集也紛紛面世,如于振波的《走馬樓吴簡初探》、《走馬樓吴簡續探》,高敏的《長沙走馬樓吴簡研究》,張榮强的《漢唐籍帳制度研究》,蔣福亞的《走馬樓吴簡經濟文書研究》,沈剛的《長沙走馬樓三國竹簡研究》,凌文超的《走馬樓吴簡采集簿書整理與研究》等。日本學者一直以來對吴簡研究有著極大的興趣,以窪添慶文、關尾史郎、伊藤敏雄等爲代表的日本“長沙吴簡研究會”及“南北科研 · 西南班”,先後編輯出版了《長沙吴簡研究報告》第 1—3 集、2008 年度特刊、2009 年度特刊、2010 年度特刊,及《湖南出土簡牘及其社會》等論文集,另外還整理出版了《嘉禾吏民田家莂數值一覽》Ⅰ、Ⅱ等資料集。

(二) 研究方法的創新

1. 傳統二重證據法的運用

1925 年,著名學者王國維先生應清華大學學生會的邀請,給學生們做了一場題爲“最近二三十年中中國新發見之學問”的演講。這場著名的演講,要在説明“古來新學問起,大都由於新發見",並舉出自漢代以來中國學問最重要的三大發現"一爲孔子壁中書,二爲汲冢書,三則今之殷墟甲骨文字、敦煌塞上及西域各處之漢晋木簡、敦煌千佛洞之六朝及唐人寫本書卷、内閣大庫之元明以來書籍檔册"。我們熟悉的王國維先生提出的所謂"紙上之學問,有賴於地下之學問"的"二重證據法"即由此種認識而産生。

走馬樓吴簡是地下之新學問,對於紙上之材料,首先是具有填補空闕的重要作用。譬如吴簡中常見的"丘"、"復民"、"餘力田"、"火種田"、"二年常限田"、"僦錢"、"芻錢"、"鋘錢"、"八億錢"、"何黑錢"、"酒租錢"、"池米"、"醬賈米"、"折咸米"等名詞,傳世文獻基本没有記載。對於這些名詞的解説,由於缺乏傳世文獻的印證,曾經引起廣泛争論。然而,儘管如此,我們欣喜地看到,通過專家學者的努力和研討,相關觀點越來越合理,漸漸接近真相。

吴簡還有一些名詞,傳世文獻中雖有記載,但或過於簡略,或與吴簡披露的情況存在實質性的差異。譬如"調"、"算"、"事"、"户品"、"限米"、"私學"、"吏民"、"還民"、"邸閣"等,曾經引發多種解讀。還有吏户問題、户籍問題、身份制問題,也因傳世文獻記載簡略,引起廣泛討論。現在看來,畢竟有傳世文獻參照,儘管有些問題還未能徹底解決,但是相關觀點逐漸走向統一。

2. 文書學的集成研究方法

除了傳統二重證據法的運用,文書學也是簿籍類簡牘研究中經常使用的方法。過去學術界利用文書學方法研究簡牘,主要針對的是西北邊塞的漢魏簿籍類簡牘。這種文書學方法的使用有一個漸進的過程。從早期的王國維、羅振玉,到日本的森鹿三、英國的魯惟一,再到日本的永田英正,確立了以出土地點爲基礎,按照簡牘的形狀、内容、書寫格式等爲標準的簿籍類簡牘集成研究方法。

走馬樓吴簡中的大部分也是簿籍類簡牘,爲了更好地利用這些簿籍類簡牘進行歷史研究,就必須使用文書學集成研究方法。在吴簡學界,很早就開始使用這種文書學集成研究方法。日本學者伊藤敏雄、安部聰一郎、中村威也、佐川英治、谷口建速等,中國學者楊際平、張榮强、于振波、韓樹峰、沈剛、汪小烜等,都曾使用這種文書學集成研究方法,對吴簡中的各類簿籍進行過分類集成研究。

3. 利用揭剥圖進行簿籍復原的新方法

吴簡研究最值得一提的新方法,無疑是重視考古學信息,利用揭剥圖對吴簡中的簿籍類簡牘進行復原研究。

吴簡是在古井中被整體挖掘出來的,簿籍類簡牘的編繩雖然已經散斷,但仍保留了簡與簡之間的對應位置關係。這是重要的考古學信息。無論是收録采集簡的《竹簡(壹)—(叁)》,還是收録正規發掘簡的《竹簡(肆)—(玖)》,都附有簡牘揭剥位置關係圖。

這些揭剥圖,結合竹簡的形制、編繩、筆迹、格式、内容等信息,爲學者進行簡册復原,進而討論簡册反映的相關問題,提供了便利。

首先利用揭剥圖和竹簡信息復原吴簡簿籍的學者是侯旭東。他利用《竹簡(貳)》提供的揭剥圖,對該卷所收弦里、廣成里的"吏民人名年紀口食簿"進行了復原研究。此後,凌文超利用揭剥圖和竹簡信息,對吴簡多種簿籍都進行了復原和整理。此外,日本學者鷲尾祐子在利用揭剥圖、書寫格式的同時,還注意到"連記式名籍簡"的長、短在區分不同里名籍中的作用。鄧瑋光别開蹊徑,運用"縱向比較復原法"和"横向比較復原法",對三州倉的"月旦簿"和出米簡進行了復原與研究,也都是進行簿書復原的重要嘗試。

三 研究展望

吴簡研究雖然時間不算太長,積澱不算很深,但也經過了初步探討、穩步發展、綜合研究等階段。以前曾有學者擔心,吴簡研究存在自身發展的瓶頸。主要表現在兩個方面:第一是數量固然很大,内容卻相對單一;第二是基層社會材料,與傳世文獻的聯繫不够緊密。但是,任何事物都存在兩面性。數量龐大,内容單一,在册書復原方面,應有更多可操作的空間。基層社會材料,與傳世文獻聯繫不够緊密,正好補充傳世文獻的缺略。也正因如此,近年的吴簡研究,通過整合創新,開拓了新的視野,呈現了新的機遇。主要表現如下:

1. 走馬樓吴簡公布的新材料,將引發對舊問題新一輪的探討。著名史學家陳寅恪先生曾説:"一時代之學術,必有其新材料與新問題。取用此材料,以研求問題,則是此時代學術之新潮流。"[①]王素先生進一步認爲:新材料與舊問題也能引領學術新潮流。[②]吴簡圖書全11卷、32册,已經整理出版了7卷、20册,在簡牘整理出版史上,速度無疑是相當快的,研究者並没有足够時間完全了解其中的内容,可發掘的材料還有很多。而在未來的兩三年内,吴簡圖書將全部整理出版完畢,又會給學術界提供大量新材料。這必將引起專家學者重新審視曾經研討過的舊問題。新材料與舊問題也必將再次引領學術新潮流。

---

① 陳寅恪:《陳垣敦煌劫餘録序》,原載《歷史語言研究所集刊》第1本第2分,1930年,收入《金明館叢稿二編》,上海:上海古籍出版社,1980年,第236頁。

② 王素:《長沙吴簡研究的新視野——中日長沙吴簡學術研討會論文評述》,《簡帛研究二〇一一》,桂林:廣西師範大學出版社,2013年,第219—225頁。

2. 走馬樓吴簡原本編聯成册,由於種種原因,編繩均已散斷,復原工作將是未來的主攻方向。復原的方法應該多種多樣。前面提到的利用揭剥圖進行復原,利用文書學的集成研究方法進行復原,應該是最主要的復原方法。同時,利用盆號和其他方法進行復原,也十分重要。吴簡復原的成功,散斷簡牘的重新編聯成册,一定會促使吴簡研究向更爲縱深的方向發展。

3. 走馬樓吴簡出土於長沙,不僅具有自身的時代特徵,也具有湖南的地域特色。湖南地區出土簡牘已經形成完整序列,除了走馬樓吴簡和具有完整序列的益陽兔子山簡牘,還有慈利楚簡、長沙五里牌楚簡、長沙仰天湖楚簡、里耶秦簡、長沙走馬樓西漢簡、長沙五一廣場東漢簡、長沙東牌樓東漢簡、長沙尚德街東漢簡、郴州吴簡和晋簡,爲國内所僅見。這些簡牘内容彼此相關,對它們開展綜合研究,可以從區域史的角度,探討楚秦兩漢吴晋時期湖南地區的發展歷程。

總之,走馬樓吴簡的研究,前景極爲廣闊。相信通過國内外專家學者的不懈努力,我們會迎來一個繁花似錦的吴簡研究的春天!

關於吴簡學學科建設的思考

王　素

（故宫博物院古文獻研究所）

1996年，長沙走馬樓三國吴簡的出土，在中國學術史上無疑是一件大事。這批吴簡，因數量巨大（總數近14萬枚，有字簡近8萬枚）、形制獨特（嘉禾吏民田家莂長49.8—56、寬2.6—5.5、厚0.3—2.7釐米）、内容豐富（涉及政治、經濟、軍事、交通、法律及身份制等衆多領域），受到學術界的强烈關注，關於建立吴簡學的呼籲也幾乎從未間斷。然而，直至今日，不僅吴簡學仍停留在呼籲的層面，它的上一級，即所謂簡帛學，也一直没有得到官方的認可。而與簡帛學幾乎同時誕生的敦煌學，和因甲骨發現才興盛起來的古文字學，很早就列入了官方認可的二級或三級學科。[①] 二者進行比較，原因值得探討。

一　簡與帛概念不相匹配

如前所説，吴簡學的上一級是所謂簡帛學。吴簡學很難成爲獨立的學科，它需要附屬於簡帛學。簡帛學尚未得到官方的認可，吴簡學要想成爲學科自然更加任重道遠。因此，在思考吴簡學學科建設之前，作爲吴簡學學科建設的借鑒，先思考簡帛學爲何未能列入官方認可的學科，是很有必要的。

我們知道，現在是一個知識爆炸的時代。而知識爆炸，自然也會引起學科爆炸。從2011年開始，教育部公布，原來的歷史學一個一級學科，正式分爲中國歷史、世界歷史、考古學三個一級學科。説明根據學術發展情況，建立新的學科，並非不可能。值得注意

---

① 按教育部20世紀90年代公布的二級學科名録這樣表述：一級學科：歷史學；二級學科：歷史文獻學（含：敦煌學、古文字學）。即敦煌學、古文字學是二級學科歷史文獻學的附屬，實際應該算作三級學科。

的是,在中國,具有近代意義的考古學,以及考古學的基礎理論,實際都是從歐美引進的。1921 年,瑞典考古學家安特生(J. G. Andersson)在河南澠池仰韶首先發現彩陶並首次提出"仰韶文化"概念,爲中國近代考古學之濫觴。1926 年,李濟從美國哈佛大學畢業,來到山西臨汾考察,對西華陰村進行發掘,爲中國考古學家獨立主持的第一項田野工作。顯然,與 1901 年英國探險家斯坦因(A. Stein)在新疆尼雅首次發現魏晉簡牘、1912 年王國維撰成我國首部簡牘論著《簡牘檢署考》進行比較,[①]考古作爲一門學問的歷史積澱和國際認知,均遠遠不如簡牘。然而,考古學很早就是國家二級學科,現在又進入了國家一級學科,簡帛學卻一直在官方認可的學科門外徘徊,不得其門而入。我以爲,揆其原因,恐怕會涉及多個方面,但首先應與簡與帛概念不相匹配有關。

按簡帛學之得名,源出"書於竹帛"之語。此語最早見於《墨子》。[②]《墨子》作者墨翟,據傳爲戰國初期人,現在見到的最早的簡與帛,爲戰國時期的楚簡和楚帛書,正可與此語互證,原本没有問題。但這是戰國時期的事。現在看來,簡與帛作爲一個複合概念,至少有三點不相匹配:

(一) 從使用時間看,二者不相匹配。根據傳世文獻記載和出土文獻印證,簡的使用,從戰國到東晉前期,長達大約八百年。而簡與帛同時使用,即所謂簡帛時代,大致限於戰國至東漢初年,只有五百年左右。從東漢蔡倫造紙到東晉前期,簡與紙同時使用成爲趨勢,這三百年,應該稱爲簡紙時代。[③]

(二) 從數量内容看,二者不相匹配。根據相關統計,從 1901 年首次發現簡牘開始,一百多年來,國内出土簡牘約有近百批次,數量達到近 30 萬枚;而出土帛書,值得一記的,僅有兩批次,加上碎片也不到 100 件。簡牘内容異常豐富,包括各種典籍;帛書内容

① 王國維的《簡牘檢署考》爲作者寓居日本時撰成,具體時間是 1912 年秋,曾由日本學者鈴木虎雄譯爲日文在 1913 年京都《藝文》雜誌連載,後收入《雲窗叢刻》第 9 册,京都:上虞羅氏東山僑舍景印本,1914 年,第 1—52 頁。

② 《墨子》卷七《天志中》記原文爲:"又書其事於竹帛,鏤之金石,琢之盤盂,傳遺後世子孫。"見《景印文淵閣四庫全書》第 848 册,臺灣:商務印書館,1982—1986 年,第 72 頁。

③ 按自 20 世紀 30 年代以來,隨著考古工作的不斷深入,西漢麻紙頻繁出土,如 1933 年的羅布淖爾紙,1957 年的西安灞橋紙,1973—1974 年的居延肩水金關紙,1978 年的扶風中顏村紙,1979 年的敦煌馬圈灣紙,等等,引起學術界對造紙的起源爭論不已。否定蔡倫者,認爲造紙技術早已有之,史籍歸功蔡倫,實屬錯誤。維護蔡倫者,認爲這些所謂西漢紙,實際都不是真正的紙,蔡倫的功績不容抹殺。還有一些意見,貌似中庸,實際上也有左右袒。我則一直認爲,即使這些所謂西漢紙,都是真正的紙,也決不影響蔡倫作爲造紙發明者的地位!蓋一項重大發明,需要長期積累,本不可能一蹴而就。而真正的發明者,也是需要具備相當素質的。就此而言,也只有蔡倫,才有條件作爲一個真正的發明者。詳參拙文《風雨蔡侯祠》,原載《中國文物報》2001 年 6 月 6 日第 4 版(文物之旅版),中國造紙學會紙史委員會等編《紙史研究》第 15 期全文轉載。

則較爲單調，主要爲典籍和繪畫。[①]

（三）從學術積澱看，二者不相匹配。如前所説，簡牘從 1901 年首次發現，1912 年撰成首部論著，一百多年來，相關論著汗牛充棟，人所熟知，無須多説。而帛書僅出土兩批次，首次爲 1942 年，即長沙子彈庫楚帛書；第二次爲 1973 年，即長沙馬王堆西漢帛書。帛書首次出版論著是 1944 年，爲蔡季襄的《晚周繒書考證》，直至今天，總共出版論著也不到 150 篇部。[②]

據此可知，簡帛學中的簡與帛，作爲複合概念，完全不相匹配。此外，簡與帛作爲並列詞組，也是不相匹配的。這裏試舉三例：

（一）理論著作多僅以"簡牘"爲名，如《簡牘學要義》、《簡牘概述》（原爲講義，名《簡牘學概論》）、《簡牘研究入門》、《簡牘學綜論》、《簡牘學教程》等。[③] 主要原因是簡牘數量大，研究者多，有理論；帛書數量小，研究者少，缺乏理論。綜述著作才將"簡帛"並列，如前

---

① 參閲沈頌金：《二十世紀簡帛學研究》，北京：學苑出版社，2003 年；李均明、劉國忠、劉光勝、鄔文玲：《當代中國簡帛學研究（1949—2009）》，北京：中國社會科學出版社，2011 年；王素：《中國簡牘整理研究的新進展》（中文）、《中國出土簡牘の整理・研究における新進展》（日文），《國立歷史民俗博物馆研究報告》第 186 集，千葉：株式會社正文社，2014 年，第 259—266、267—275 頁。

② 蔡季襄《晚周繒書考證》出版時間存在 1944 年和 1945 年兩説。李零自撰兩種楚帛書著作，均記出版時間爲 1944 年。見李零：《長沙子彈庫戰國楚帛書研究》，北京：中華書局，1985 年，第 12 頁；《楚帛書研究（十一種）》，上海：中西書局，2014 年，第 14 頁。許學仁統計楚帛書研究論著目録，計有專著 13 部，中、日、西文論文 120 餘篇，專著第一部即爲蔡季襄《晚周繒書考證》，繫出版時間爲"1944 年 8 月"。見許學仁：《長沙子彈庫戰國楚帛書研究文獻要目》，《經學研究論叢》第 8 輯，臺北：學生書局，2000 年，第 359—368 頁。沈頌金亦云："1944 年，蔡季襄《晚周繒書考證》石印本出版。"見《簡帛學大事記》，《二十世紀簡帛學研究》附録一，北京：學苑出版社，2003 年，第 714 頁。李均明、劉國忠、劉光勝、鄔文玲則云："該書寫於 1944 年的抗戰炮火之中，1945 年春印行。"首次提出 1945 年出版説。見李均明、劉國忠、劉光勝、鄔文玲：《當代中國簡帛學研究（1949—2009）》，2011 年，第 485 頁。李零後來也説，此書是"1945 年在湖南省漣源縣藍田鎮刊印"。見李零爲新版《晚周繒書考證》（上海：中西書局，2014 年）所撰"出版説明"。其中，許學仁説此書是"1944 年 8 月"出版，李零説此書是"在湖南省漣源縣藍田鎮刊印"，最值得關注。按：漣源藍田當時爲國立師範學院（即錢鍾書《圍城》中之"三閭大學"）所在，蔡季襄《晚周繒書考證》在藍田刊印，無疑是借助國師設備，並由國師代爲梓行。但 1944 年 5 月至 9 月，中日長衡會戰爆發，長沙淪陷，日寇進逼湘西，藍田國師不得已西遷溆浦。此次西遷，7 月開始謀劃，8 月分批裝箱，9 月全部搬離藍田到達溆浦。據此可知，許學仁謂此書"1944 年 8 月"出版最爲正確。關於藍田國師及其西遷溆浦，另參王素箋注《唐長孺詩詞集》民國三十一年（1942）、民國三十三年（1944）條及同書附録五"記湘行及國立師範學院"、附録六"入蜀記"，北京：中華書局，2016 年，第 59—62、66、137—145、146—154 頁。

③ 馬先醒：《簡牘學要義》，臺北：簡牘學社，1980 年；林劍鳴：《簡牘概述》，西安：陝西人民出版社，1984 年；高敏：《簡牘研究入門》，南寧：廣西人民出版社，1989 年；鄭有國：《中國簡牘學綜論》，上海：華東師範大學出版社，1989 年，後改名爲《簡牘學綜論》，上海：華東師範大學出版社，2008 年；李寶通、黄兆宏：《簡牘學教程》，蘭州：甘肅人民出版社，2011 年。

注提到的《二十世紀簡帛學研究》、《當代中國簡帛學研究》等,可惜的是,出於數量前大後小等相同原因,這類著作的内容都不得不以簡牘爲主,帛書只是陪襯,十分不成比例。

(二)傳統研究西北地區出土簡牘的刊物,如《簡牘學報》、《簡牘學研究》等,都是只關注簡牘,不關注帛書的。綜合性刊物可以關注帛書,如《簡帛研究》、《簡帛研究譯叢》、《簡帛》、《簡帛語言文字研究》等,但二十年來,這類刊物發表論文總共一千餘篇,屬於帛書者不過二十多篇,也十分不成比例。

(三)隨著日本、韓國出土簡牘增多,學術界關於建立"東亞簡帛學"或"國際簡帛學"的呼籲也時有可聞。但需要注意的是,日本、韓國僅出土過簡牘,没有出土過帛書,其學術界稱本國出土簡牘多爲"木簡",研究中國簡牘也很少涉及帛書,中國流行的"簡帛"一詞,對他們不具普適性。

在此情況下,需要有所思考,或變通,或取捨,做出選擇。有一個很好的例子,這就是1983年成立中國敦煌吐魯番學會,原本是想將敦煌學與吐魯番學並列,作爲一個學科申請官方評審認可的。但由於當時二者在研究資料、研究隊伍、研究成果等方面,都是前衆後寡,遠遠不成比例,所以,儘管吐魯番學的發展潛力實際高於敦煌學,[①]官方仍只同意將敦煌學列入學科。可見概念不相匹配的學科,申請官方評審認可,是有一定困難的。因此,不如將簡帛學複合概念,改爲簡牘學單一概念。這樣對於將來申請評審學科,應該更爲有利。當然,這並不是説從此便將帛書研究棄置不管。如同中國敦煌吐魯番學會名稱可以依然不變一樣。官方認可的敦煌學中,即含有吐魯番學。大專院校招收吐魯番學的碩博士,填寫表格也都可以寫作:一級學科:中國歷史;二級學科:歷史文獻學(敦煌學)。因爲官方也都默認吐魯番學依附於敦煌學,敦煌學附屬於歷史文獻學。同理,《簡帛研究》、《簡帛研究譯叢》、《簡帛》、《簡帛語言文字研究》等作爲刊名都可以沿用不變。一旦簡牘學成爲官方認可的二級或三級學科,帛書研究自然也是可以依附於簡牘學的。如果都能認識到這一點,接下來,以簡牘學爲學科,申請官方評審認可,就比較容易操作了。

二　吴簡學缺乏實際建設

吴簡學與前面所談簡帛學不同,一直就是一個單一概念,不存在複合概念導致的種種問題。吴簡學未能成爲官方認可的學科,除了因爲它的上一級簡帛學或簡牘學尚未得到官方認可外,還因爲自身缺乏實際的建設。

① 譬如,從文獻方面比較,敦煌藏經洞文獻,只有5萬件左右,不可能增加,而吐魯番的中古時期墓葬還有成千上萬座没有發掘,裏面一般都有墓誌或文書等磚紙文獻,其數量是敦煌藏經洞文獻無法比擬的。

最早提出吴簡學概念的是石見(似爲筆名)。但他顯然並非學術界的同道,只是有感而發。他在 2001 年初,獲悉長沙方面擬於當年 8 月舉辦"長沙三國吴簡暨百年來簡帛發現與研究國際學術研討會",鑒於"在去年(2000 年)'敦煌百年'之紀念熱潮中,國人卻不得不面對'敦煌在中國,敦煌學在日本'的論調以及我國敦煌學曾長期'停滯與落後'的事實所帶來的尷尬和沮喪",希望有關方面能够"未雨綢繆",積極應對,不要讓國人"再次傷感於'長沙在中國,吴簡學在日本'的言論",並斷言:"'吴簡學'將成爲國際之學。"①但如前所説,石見並非學術界的同道,他的言論只能視爲一種呼籲,關於吴簡學的建設工作,他恐怕是有心無力的。

接著認爲"三國吴簡"可以成爲學科的是著名簡牘學家謝桂華先生。他在同年 8 月中旬"長沙三國吴簡暨百年來簡帛發現與研究國際學術研討會"召開期間,接受記者采訪,談到日本有"長沙吴簡研究會"等機構從事吴簡研究時,記者問:"是否預示著'三國吴簡'將成爲一門類似於'敦煌學'一樣的獨立的學科?"謝桂華先生回答:"'三國吴簡'肯定能成爲一門獨立的簡帛學學科!"並斷言:"'三國吴簡'成爲一門獨立的學科是指日可待的!"②然而非常可惜,謝桂華先生天不假年,幾年後(2006 年)就因病不幸去世了。否則,以他對吴簡的熱情和期望,③他是可以做很多關於吴簡學的建設工作的。

再接著提出吴簡學的是我。我在 2002 年談到"近年,敦煌懸泉置出土大量漢簡,長沙走馬樓出土大量吴簡"時,特别指出,這些漢簡和吴簡"都能創立新的學問,産生新的學術潮流"。④ 雖然没有直接點出吴簡學,但吴簡學實際上已經呼之欲出了。不久,我在 2003 年至 2004 年談到吴簡新材料不斷公布,國内外學術界對吴簡研究的熱情越來越高漲時,聲稱:"預計不久將會迎來一個吴簡研究的高潮。而'吴簡學'的創立,也應該指日可待!"⑤

---

① 石見:《"敦煌百年"的曲折與"長沙吴簡"的未雨綢繆》,《中國文物報》2001 年 1 月 17 日第 3 版。

② 張邦衛:《"三國吴簡"可成爲一門獨立的學科——中國社會科學院簡帛研究中心主任謝桂華訪談録》,《長沙晚報》2001 年 8 月 18 日第 B3 版。

③ 謝桂華在 2001 年發表的《中國出土魏晋以後漢文簡紙文書概述》一文中,就專列"長沙走馬樓古井出土的三國孫吴簡牘"一節,對當時披露的這批簡牘中的"吏民田家莂"、"隱核鄉界州吏户口"、"司法文書木牘"涉及的問題,綜合有限的研究成果,從字詞到性質,進行了全面的校訂和探討。該文原載《簡帛研究二〇〇一》,桂林:廣西師範大學出版社,2011 年,後收入所著《漢晋簡牘論叢》,桂林:廣西師範大學出版社,2014 年,第 414—420 頁。

④ 王素:《敦煌吐魯番文獻》,北京:文物出版社,2002 年,第 258 頁注釋[1]。按:這段注釋文字見於本書後記,後記原署完成時間爲"2001 年元旦",實際早於石見與謝桂華。

⑤ 王素:《長沙走馬樓三國吴簡的研究及其基本問題——長沙走馬樓三國吴簡研究的回顧與展望》,原載《明大アジア史論集》第 9 號,東京:明治大學東洋史談話會,2003 年,第 17—40 頁,後經增訂,改名《長沙走馬樓三國吴簡研究的回顧與展望》,載《中國歷史文物》2004 年第 1 期,第 18—35 頁,又載《吴簡研究》第一辑,武漢:崇文書局,2004 年,第 1—39 頁。

調門如此之高，是因爲當時我有點空閑時間，可以做一些關於吴簡學的建設工作。遺憾的是，2004 年，隨著長沙東牌樓東漢簡牘的出土，我需要全力以赴主持整理工作，關於吴簡學的建設工作只好停頓了下來。而這一停頓，就是十年。

這裏所説吴簡學缺乏實際的建設，並不是説吴簡研究二十年，没有任何理論與方法。就我而言，在研究中，至少曾經以魏晋封建論爲理論，以二重證據法爲方法，做過一些吴簡建設的工作的。而據蘇俊林最新對吴簡研究方法進行的學術史梳理，在以往吴簡研究中，不僅運用過二重證據法，還運用過古文書學方法（包括横向比較復原法、縱向比較復原法）、統計學方法、結構分析方法等。① 這些雖然也都屬於吴簡建設工作，但在吴簡學學科建設領域，分量還難稱厚重。然則，吴簡學的學科建設，包含哪些内容，需要做哪些工作呢？

三　吴簡學學科建設思考

我們知道，任何學科的建設，都必須具備自身的條件。這裏所謂自身的條件，主要包括四個方面：（一）明確的研究對象和明晰的研究材料；（二）專門的研究機構和專業的研究人員；（三）基礎的研究理論和基本的研究方法；（四）正規的研究組織和正式的研究刊物。這裏可以根據敦煌學、吐魯番學、故宫學的情況，進行分析和比較。

敦煌學——以敦煌及其周邊地區爲研究對象，以藏經洞所出五萬餘件文獻與文物和莫高窟及甘肅其他石窟爲研究材料。有敦煌研究院、蘭州大學敦煌學研究所、西北師範大學敦煌學院、中國社會科學院敦煌學研究中心等衆多建制與非建制研究機構，有這些研究機構中的衆多專職與非專職研究人員。有中國敦煌吐魯番學會這樣全國性研究組織，有《敦煌學》、《敦煌研究》、《敦煌學輯刊》、《敦煌吐魯番研究》等定期或不定期研究刊物。不足的是，關於研究理論和研究方法的成果不多，且難成系統，阻礙了學科的發展。②

吐魯番學——以吐魯番及其周邊地區爲研究對象，以吐魯番古代墓葬與遺址所出數萬件文獻與文物和吐魯番石窟及新疆其他石窟爲研究材料。有吐魯番學研究院、德國柏林科學院吐魯番學研究中心、香港中文大學敦煌吐魯番研究中心等建制與非建制

① 蘇俊林：《走馬樓吴簡研究方法述評》，"第二屆簡帛學的理論與實踐學術研討會"論文，首都師範大學（紫玉飯店），2016 年 11 月 4—6 日。

② 參閲周一良：《何謂"敦煌學"》，《文史知識》1985 年第 10 期，第 54—61 頁；程喜霖：《試論敦煌學理論與研究方法》，原載《新疆師範大學學報》2009 年第 2 期，後收入《百年敦煌學：歷史、現狀、趨勢》上册，蘭州：甘肅人民出版社，2009 年，第 42—53 頁。

研究機構,有這些研究機構中的專職與非專職研究人員。有中國吐魯番學學會、中國敦煌吐魯番學會等全國性研究組織,有《吐魯番學研究》、《敦煌吐魯番研究》等定期或不定期研究刊物。不足的是,與敦煌學一樣,也是關於研究理論和研究方法的成果不多,且難成系統,阻礙了學科的發展。[①]

故宫學——以歷代宫廷與故宫博物院、臺北故宫博物院等爲研究對象,以明清檔案、清宫典籍、故宫文物典藏、紫禁城宫殿建築群等爲研究材料。有故宫研究院、故宫學研究所等建制與非建制研究機構,有這些研究機構中的專職與非專職研究人員。有中國紫禁城學會這樣全國性研究組織,有《故宫學刊》、《紫禁城》、《故宫博物院院刊》等定期或不定期研究刊物。值得一提的是,故宫學與敦煌學、吐魯番學不同,非常重視理論和方法的研究,[②]並在此基礎上,做了系統的學科建設工作。而故宫學的學科建設工作,就是我頗費心力做的。

我一直對故宫學的學科建設工作十分關注。2005年6月,我尚在中國文物研究所,故宫博物院舉辦第一次故宫學座談會,我就收到邀請函,因出差在即,無法參加,提供了一篇書面發言。[③] 2010年4月,我已調到故宫博物院研究室,故宫博物院舉辦第二次故宫學座談會,名爲"故宫學研究現狀與未來發展座談會",我提交了一篇名爲《略談故宫學的内涵與外延——以故宫文獻學爲中心》的論文。[④] 會後,鄭欣淼先生對我説,希望我能以這篇文章爲基礎,寫一篇關於故宫學學科建設的大文章。我答應了。大約用了兩個多月時間,我寫了一篇名爲《關於"故宫學"學科建設的初步構想》的八萬字的長文,分爲上、下兩編,在《故宫學刊》連載,[⑤]受到學術界的關注。但我感覺意猶未盡。2011年,

---

① 參閲陳國燦:《火焰山下的古代文明與吐魯番學研究》、《對新世紀吐魯番學發展的展望》,《論吐魯番學》,上海:上海古籍出版社,2010年,第1—9、10—14頁;程喜霖:《略論吐魯番學理論與研究方法》,《吐魯番學研究》2011年第2期,第1—11頁。

② 按:關於故宫學的研究理論和研究方法,成果甚多,難以一一列舉。鄭欣淼作爲故宫學的首創者,在2010年前,就撰寫出版過四部專著:《紫禁内外》、《故宫與故宫學》、《守望經典:鄭欣淼談故宫》、《天府永藏:兩岸故宫博物院文物藏品概述》,北京:紫禁城出版社,2008—2009年。另參任昉:《故宫學理論研究述評》,《故宫學刊》第14輯,北京:故宫出版社,2015年,第364—378頁;任昉、王素:《略談"故宫學"研究的層次——"故宫學"研究理論系列探討之一》,《遼寧大學學報(哲社版)》2012年第4期,第31—42頁。

③ 張露、劉茵:《故宫研究、"故宫學"座談會紀要》,《故宫博物院院刊》2005年第4期,第140—155頁。按:我的書面發言刊於本期第154—155頁。

④ 張露整理:《"故宫學研究現狀與未來發展座談會"紀要》,《故宫博物院院刊》2010年第3期,第6—20頁。按:我的發言摘要刊於本期第18—19頁。

⑤ 王素:《關於"故宫學"學科建設的初步構想——以北京故宫博物院爲中心》,《故宫學刊》第6、7輯,北京:紫禁城出版社,2010、2011年,第322—355、345—375頁。

我在故宫博物院申報"故宫學學科建設研究"科研項目並獲得批准。此後,我用了兩年多時間,對故宫學的内涵和外延進行了更爲全面的梳理,寫成了一部名爲《故宫學學科建設初探》的二十多萬字的專著。[1] 我的這部專著,在故宫學下,設立了歷史學、考古學、文物學、文獻學、宗教學、出版學、民族學、醫藥學、圖書館學、博物館學、古建築學、文保科學十二個子學科,並舉例稍加解説;此外,還介紹了旅遊學、攝影學兩個子學科,作爲備用,認爲一旦條件成熟,也可晋升爲正式子學科。這裏,可以參照故宫學的學科建設,對吴簡學的學科建設進行規劃。但還得先從前揭自身四方面條件説起。

(一) 研究對象和研究材料。以漢晋之際的長沙及其周邊地區爲研究對象。以長沙走馬樓三國吴簡爲核心研究材料,下轄縱横二類輔佐研究材料：縱類輔佐研究材料包括長沙五里牌楚簡、長沙仰天湖楚簡、長沙走馬樓西漢簡牘、長沙五一廣場東漢簡牘、長沙東牌樓東漢簡牘、長沙尚德街東漢簡牘等;横類輔佐研究材料包括郴州蘇仙橋吴簡、南陵麻橋吴牘、南昌陽明路吴簡、鄂城水泥廠吴簡、馬鞍山吴簡、鄂州濱湖吴簡、南京皇册家園吴簡等。

(二) 研究機構和研究人員。有長沙簡牘博物館、故宫研究院古文獻研究所、中國社會科學院簡帛研究中心等建制與非建制研究機構。有這些研究機構中的專職與非專職研究人員。雖然看起來似乎有較好基础,但如所周知,這些研究機構中,專職研究人員很少,非專職研究人員也不多。實際上,吴簡研究人員分散在國内外各高等院校,大部分都是既研究吴簡,也研究其他學問的跨界專家。國内外學術界,敦煌學專家很多,吐魯番學專家、故宫學專家較少,吴簡學專家聞所未聞,也反映這四門學科的發展確實存在差異。

(三) 研究理論和研究方法。前面已經約略談到。吴簡的研究,實際上是各人根據需要自行其是,既缺乏專門的理論,也缺乏專門的方法。

(四) 研究組織和研究刊物。僅有北京吴簡研討班、京師出土文獻研讀班、日本長沙吴簡研究會等地區性非正規研究組織。[2] 想到吴簡學的上一級簡帛學或簡牘學尚且没有全國性研究組織,吴簡學没有全國性研究組織也就不值得奇怪了。另外,僅有《吴簡研究》一個不定期研究刊物,且只編輯了三輯。

通過以上梳理,可以看出,吴簡學自身四方面條件：研究對象和研究材料,只能説基本具備;研究機構和研究人員、研究理論和研究方法、研究組織和研究刊物,或尚須培

---

① 王素：《故宫學學科建設初探》,北京：故宫出版社,2016年。

② 日本長沙吴簡研究會成員雖然關東、關西兼有,似屬全國性,但由於主要限於東京學派,京都學派的專家參加者很少,故亦屬地區性非正規研究組織。

養,或極度欠缺。與敦煌學比較,很不成熟;與吐魯番學、故宫學比較,也有很大距離。在此情況下,關於吴簡學的學科建設,需要做的工作就更多了。我的初步構想是分三步完善和推進:

第一步是將長沙簡牘博物館由目前的國家二級博物館,晋級爲國家一級博物館。長沙簡牘博物館是國内外唯一的一個專門以長沙走馬樓三國吴簡的收藏、整理與研究爲中心的建制機構,對推進吴簡學的學科建設負有重要責任,而由目前的國家二級博物館,晋級爲國家一級博物館,會增加研究人員編制,獲得更大的發展空間。按照國家對博物館的分級評判:總計 1 000 分,綜合管理與基礎設施占 200 分,藏品管理與科學研究占 300 分,影響力與社會服務占 500 分。一級博物館要達到 800 分,二級博物館要達到 600 分,三級博物館要達到 400 分。長沙簡牘博物館在綜合管理與基礎設施方面雖然很難加分,但在藏品管理與科學研究和影響力與社會服務兩方面還是可以大有作爲的。①

第二步是對吴簡學自身四方面條件進行評估,根據不同情況予以充實和完善。首先應該建立可供檢索的長沙走馬樓三國吴簡數據庫。數據庫的材料,可分三類:一是長沙走馬樓三國吴簡原始核心材料,二是長沙出土楚漢簡牘和其他省市出土吴簡等輔佐材料,三是國内外專家學者發表出版論著等研究材料。其次應該組織有關專家對吴簡學的研究理論和研究方法進行探討。可以采用座談會的形式,也可以采用小型學術會議的形式,成果争取能够結集發表或出版。最後應該成立研究組織和創辦研究刊物。成立研究組織很重要,會形成凝聚力,讓吴簡學專家感覺有依靠。創辦研究刊物也很重要,因爲需要有自己穩定的陣地。這裏特别强調是"創辦",意思是説不一定將《吴簡研究》由不定期改爲定期,可以另闢蹊徑或另起爐灶。因爲我感覺刊名單稱"吴簡"會有一定的局限性,譬如前揭長沙出土楚漢簡牘就很難納入。可以學習安陽師範學院主辦的《殷都學刊》。該刊 1980 年創刊,不久即成爲季刊,並獲得國内外發行權,現在成爲國家社科基金學術資助刊物,主要發表甲骨文和殷商文化方面論文,在國内外頗有影響。

第三步是對吴簡學涉及的領域按學科進行細化,以此爲基礎做好子學科建設工作。我們知道,吴簡學涉及領域固然不少,但按學科進行細化,尺度如何掌握卻有一定難度。尺度稍寬,會感覺材料不足;尺度稍仄,又顯得領域狹隘。譬如交通,現在大陸各省幾乎都有專門的交通大學和交通學院,以及作爲分支的鐵道、航空、船舶、運輸等大學和學院,顯然是一個很大的學科,但在吴簡學中,如果分設交通學,就感覺材料不足,而如果

① 本文完成後,才見到中國博物館協會 2016 年 12 月 29 日發布的《關於第三批國家一級博物館定級評估結果的公示》文件,長沙簡牘博物館已名列其中,在此特表誠摯祝賀!

不設交通學，有關交通的材料又没有歸屬。因此，在對吴簡學涉及的領域按學科進行細化時，需要深入發掘，廣泛繫聯，在材料方面多下工夫。譬如交通，吴簡材料不足，長沙東牌樓東漢簡牘主要屬於郵亭文書，郴州蘇仙橋西晋簡牘郵亭文書也有不少，具有長沙乃至湖南的地域特色，都可以拿來作爲吴簡交通學的學科建設之資。

吴簡學的學科建設，可能需要一個較爲漫長的過程，很難一蹴而就。不僅需要有專人從事，關鍵時候還需要集思廣益。本文只是根據個人多年的思考，貢獻一些粗淺的思路。希望在不久的將來，迎來一個吴簡學繁榮發展的春天！

日本的長沙吴簡研究

[日] 窪添慶文

（日本東洋文庫）

一

1999 年秋，也就是《文物》刊登走馬樓吴簡發掘簡報後不久，日本就在關尾史郎的呼籲下成立了長沙吴簡研究會，可以説是反應迅速。自那以後 17 年來，儘管人員變遷，研究會活動卻一直持續至今。卷末的文獻目録收羅了日本吴簡研究的相關成果，在Ⅰ、Ⅱ兩類内容中，由研究會以外人員執筆的只有 2 篇。至今爲止，可以説本研究會肩負著日本吴簡研究也不爲過。

因此有必要在此先介紹一下長沙吴簡研究會。本研究會最初以每月 1 次的頻率召開了多次研究集會，所有與會人員都公開各自的研究内容並進行相互探討。雖説現在集會次數已經減少到一年數次，但是方式卻未改變。若要列舉本研究會的特色，排名第一的則爲共同作業。本研究會最開始就從出土吴簡的内容意識到有必要建立數據庫，《吴簡》刊行後各人分擔内容輸入，並由伊藤敏雄和阿部幸信進行彙總，再將完成的内容通過電子媒介的形式分發給會員。[①] 這一工作爲後述的個人研究作出了極大貢獻。另外不僅單純構築了釋文檢索系統，本研究會還認識到數值轉化爲數據庫形式的有益性，將完成的内容向研究會外部公開。[②] 此外我們還嘗試補正了 1999 年發行的《嘉禾吏民田家莂》釋文，並在《報告 2》、《報告 3》中公開。[③] 另外，還需指出的是本研究會還參與了

---

① 現僅限本研究會的會員使用，待長沙吴簡全部公開後，本研究會所製作的數據庫也將公開。

② 《數值一覽 1》爲伊藤敏雄和阿部幸信共同製作，而《數值一覽 2》爲伊藤單獨負責製作。製作的過程和使用參見阿部 07。

③ 以下根據卷末文獻目録使用簡稱。且《竹簡(壹)》以後的漢字數字用羅馬數字表示。參見伊藤 06A。我方仍在確認田家莂中計算失誤的數量(參見伊藤 03B)。

國外的協同研究，北京吴簡研討班中增加了我們的留學人員，我們還數次與北京吴簡研討會和長沙吴簡研討會聯合舉辦專題討論會和學術交流會。

第二個特色是作爲一個研究會，我們不僅利用釋文和照片，也很重視考察簡牘實物的樣態，包括使用測量儀、自帶相機進行拍照，並據此探討釋文的妥當性，確認簡牘上的記號和編綴痕，探索莂側面的狀態，研究簡背面殘留的他簡文字等。調查概要相關的内容除了森本 04，還在《報告書》中有所提及，《特刊 08》至《特刊 10》則記録了各人根據自身需要而調查簡牘的情況。① 雖然不能説調查取得了巨大成果，但還是有一些新發現，這點將在後述的各人研究内容中體現。

由於筆者最爲年長，所以被選作長沙吴簡研究會的代表者，並在此回顧研究會成立以來的研究。

二

由於公開的吴簡數量有限，日本最初也以《嘉禾吏民田家莂》作爲研究對象。其中“丘”涉及王朝統治基礎部分的相關内容，所以備受關注。關尾 01A 中提到，丘雖爲鄉的下級單位，卻並非里，也就是説里是本籍，丘是實際的居住地。但是，也很難判斷丘是與行政村里有所區别的自然村，這意味著丘有可能是漢族以外民族的居住地。與之相對的森本 01 卻認爲，若像關尾 01A 提及的那樣，將丘視爲居住空間，那麽同一年不同丘中出現的人名就必須作爲不同的人來考慮，所以丘也有可能是田土所在地。而且在嘉禾四年與五年，同一人名在不同丘中出現，這説明所屬的丘有可能是可以改變的。提出同名同姓很大部分爲同一個人具有重要意義。② 另外小嶋 01 根據漢—南朝的租税徵收以鄉爲單位，以吴也繼承了該構造爲前提，認爲丘是爲了進行租税徵收而將民衆人爲地組織形成的單位。同時小嶋也將丘視爲居住地域，這一點與上述關尾説很相近。此後，阿部 04A 從每一丘中平均每耕地的耕作面積相差甚遠的問題出發，認爲面積的大小由開墾前後順序造成，得出丘是人爲設置的行政組織，且該設置也可能會對地域社會内部進行干涉的結論。也就是説丘既非自然村落也非自治組織。但隨著《竹簡(壹)》的發行，不同的鄉存在同名丘的情況明朗化，阿部 04B 中指出不同丘的旱田旱敗的程度記載方式不同，這是因爲檢見鄉吏的不同而造成的差異，因而主張鄉提出田家莂的基本數據。

① 參見卷末的文獻目録。正文敘述基本未采用這些内容，有必要的話則引用。

② 滿田 01 也研究姓的相關問題，指出《嘉禾吏民田家莂》中出現的諸多姓氏中，豪族占了大多數，且三國吴時期的長沙可能居住著一定數量的蠻族。

因此，阿部04A提出的丘的理解是不正確的，伴隨著居住空間的不斷擴大，里的集居方式崩潰，居住地逐漸轉變爲以田地和按照田地劃分的村，以田地爲基準設定的田地表示方法就是丘。另外，安部01認爲，作爲穀物納入倉的州中倉和三州倉並非轉運倉，而是臨湘侯倉。通過分析那些倉和吏、納入日，指出丘是整合穀物的一個點，將納入處有目的地分散開來。此外關尾02以年份不詳的田家莂90件的樣式和内容爲綫索，進行了比較推定其中40%以上簡書的年代順序的基礎性研究。

這個階段中，本研究會也致力於史籍中不常見的用語解釋。其中阿部01認爲，"火種田"是實施山地型火田農法的土地；"常限田"、"餘力田"不是因耕作形態作的分類，而是根據賦税徵收頻率作的分類，前者爲每年徵收一次，而後者則爲兩年徵收一次。

一方面，關尾01B中也展示了田家莂的性質和功能的考察研究。它對田家莂爲納税證明書或租佃契約書的説法提出質疑，認爲鄉和縣將莂逐個分開作爲納税者底賬，也就是統計集積在縣擔當曹的竹簡，並將其切開，一部分送到鄉。

三

2003年隨著《竹簡(壹)》的發行，研究狀況得到了極大改變，這是因爲《竹簡(壹)》中賦税納入簡和名籍簡占了多數。此後，2007年的《竹簡(貳)》、2008年的《竹簡(叁)》、2011年的《竹簡(肆)》、2013年的《竹簡(柒)》等資料進一步公布，而且從《竹簡(肆)》開始，追加了之前公布有限的"揭剥位置示意圖"(以下稱爲"示意圖")，日本研究的精密度也得到了進一步提升。以下針對這一情況進行主題分述(部分含有《竹簡(壹)》發行前的研究)。

日本針對吴簡中占據高比例的賦税納入相關簡也做了許多研究。投入大量精力考察米的納入系統的伊藤敏雄，在分析吏民田家莂的伊藤03B中主張，負責賦税納入的倉吏庫吏爲縣吏、邸閣爲州吏的可能性很高，且"關邸閣"的"關"爲動詞，並且認爲邸閣存在於州中倉、三州倉的納入之間。另外中村04釐清了獸皮納入簡的格式。隨後伊藤06B中表示，各鄉的倉的納入狀態不同，鄉跨越丘進行米徵收的可能性很大。然後推測徵收的可見計算失誤應該爲鄉勸農掾麾下的鄉吏所犯，以此主張鄉與米徵收有一定關係。伊藤07分析了《竹簡(壹)》，並回答了上述主張所受到的批判，再次確認了"關"爲動詞；且將A、B兩種米納入的格式分爲A—D四種，三州倉爲縣倉，州中倉爲兼任縣倉的郡倉，分别由中央派遣的邸閣(邸閣爲職名)參與納入事宜。此後刊發的《竹簡(貳)》、《竹簡(叁)》爲伊藤10A提供了新資料，所以其對06B和07進行了補充，進一步確認了鄉和納入地的倉的關係，同時明確了被認爲是米納入的基本格式的"A形式"在《竹簡

(壹)》階段就已經是少量州中倉在納入時所使用的基本格式；並判斷曾經不甚清晰的"D形式"在越過邸閣納入三州倉時使用，並明確了其格式。而後伊藤12繼續對米納入相關的吏進行研究並得出結論，邸閣是"邸閣左中郎"等官名的簡稱，州派遣了三名邸閣，其中兩名分配到了州中倉，根據時期和對象鄉的不同而擔任不同職責，三州倉則配置一名。

伊藤在以上論證過程中，基於伊藤10B、伊藤11的實際報告，引入了對簡中殘留的朱痕和朱筆，紅色和黑色"中"字的理解。同樣根據考察得出的報告，佐川10使用第30盆集計簡的計測值，判斷開始寫字的位置和集計等級之間有所關聯，並推測這是爲了集計等級在那個位置的視覺明朗化。

相對於伊藤釐清穀物納入系統的持續努力，谷口建速則著手於穀物搬出方向的吴簡研究。谷口06A指出，穀物搬出簡涉及多支簡，由4個部分組成，州中倉的穀物充當軍團的糧穀，且中央派遣"督軍糧都尉"等監察機關參與其中。谷口06B論述了其中的"月旦簿"和"四時簿"，並指出前者爲每月、後者爲每三個月製作。穀物納入後每數日，將其彙總記入"賦稅總賬木牘"，所以除了流水簿外，還根據不同目的製作了各種簿。谷口09A繼承發展了谷口06A的內容，認爲三州倉隸屬於作爲郡正倉的州中倉，三州倉的搬出方向爲州中倉，不可逆向搬運，邸閣爲郡縣以上的機構派遣的官員，任務是確保和調整各倉的軍糧。谷口10A繼承了上述理解，指出在庫糧搬出時也受到郡的干預。

一方面，關尾史郎也有述及賦稅納入簡的一系列研究。首先在關尾11A中，指出2010年初次介紹的賦稅納入簡中一部分涉及不同州的永新縣倉。[①] 此後，他開始正式進行納入簡製作過程的研究。關尾12A研究了賦稅納入簡中途記述的勘合記號、文本的字體風格、記載事項，指出即使是同鄉、同日也未必爲同一作者書寫。關尾12B則指出即使在同一天納入，也未必是同一書寫者，反而存在納入日期有所差異，但出自同一書寫者之手的簡。此外關尾12C將賦稅納入簡的製作、保管過程分爲五個步驟進行説明；關尾11A中提及的符券形式賦稅納入木簡在臨湘侯國製成的可能性很低，不太可能出現同時期、同地域、同目的下木簡和竹簡混用的情況。之後隨著示意圖的公布，關尾13A以出土狀況爲綫索指出，雖然賦稅納入簡以同鄉、同稅種進行集計，但是每半個月以鄉爲單位彙總製作以"某鄉"爲開頭的集計簿，再進一步製作超越鄉以"諸鄉"爲開頭的集計簡。這時以稅種進行歸納，並以該形式進行保管。以此闡明了納入簡的製作和保管程序。此外關尾13B考證了《竹簡(肆)》收録的賦稅納入簡中鄉名不詳簡的鄉名，這些簡中大多數是嘉禾元年11月納入三州倉吏谷漢的相關簡，爲一直以來幾乎未知的

① 收録於宋少華主編：《湖南長沙三國吴簡》，重慶：重慶出版社，2010年。

嘉禾元年賦税額提供了信息。

賦税出納系統是三國時期吴國財政系統的重要部分。前文提及的谷口研究的題目或副標題都包含"財政"字樣,除上述内容外他還研究了與財政相關的諸多其他問題。谷口 08 中指出,相對一般吏民的田地所徵收的"税米"、"租米","限米"是對屯田和特定身份、職位的人所持有的田地(限田)所徵收的地租,"限米"的繳納者不是非正户民和依附民,而是與一般吏民享有同等户籍,居住在鄉、里的人。此外谷口 10B 中指出官倉的穀物用於消費("貸食")和生産("種粻",很可能也包括"禾")時,並不派發而是采用出借形式,並具體考察了對象、額度、返還等内容。谷口 11A 中指明,吴有"税米"、"租米"、"限米"之類賦税以外的收入項目,即通過販賣鹽,從吏民手中换取的穀物("鹽米"、"鹽賈米")和錢("鹽賈錢"),還有從除鹽以外的各類其他官有物資中延伸的收入項目。

谷口 10C 中指出,記載本籍的吏民簿(Ⅰ型)中"給—"(總稱爲"給某")的"—",在不記載本籍的吏民簿(Ⅱ型)中是户主身份。Ⅱ型吏民簿的户主按照所記載的身份進行賦税繳納,而且官方把"給役"者也視爲民。[①] 谷口 15 中進一步提到,吏民簿中主人的户中所記載的客,也就是除隸屬於主人的客之外,還存在作爲獨立户一員的客,包括吏的子弟和因爲田地耕作需要而由官編成的民,他們都需要各自承擔"限米"。這些雖然脱離了財政範疇,卻是涉及理解孫吴民衆支配形式的研究,後者與魏晋期客這一重要課題的理解息息相關。

魏晋時期的一個重要課題是户調制。賦税納入簡將布、錢、獸皮總稱爲"調",而關於這些是户調制的内容還是臨時性徵收則説法不一。與之相關的論述有阿部 08,但隨著《竹簡(叁)》公布,阿部 11 中進行了大幅度修正。阿部 11 將調出納簡分爲甲、乙、丙三種。其中,乙、丙格式是記録百姓納入的縣庫的出納記録,調以鄉爲單位徵收賦税,雖由單個或多個丘進行分攤納入,但由歲伍等丘内部具有影響力的人進行調額的分配,參與徵收。若調未達到目標額度則由市場等進行籌措,除了供給國家財政,一部分還會回流到民間,具有調整物資的匱乏剩餘的特性。概括來説就是調並非臨時性産物,而是高度的制度化下收集的物資,除了供給國家財政,一部分還會回流到民間調整物資的匱乏或剩餘。該文就此展開了多方面的討論。此外阿部 13 進一步深化了阿部 11 的内容,檢討"調"的意義。該文指出,吴簡中有兩種可稱"入市布簡"的簡群。一種記載的是錯過納入時期的百姓市買布匹交納的内容。這種簡具有在小區域範圍内調整物流的功能,但是與一般的入布簡在同一簿籍内管理。另外一種"調"簡群記録吏受上級的命令從其他地區市買布匹納庫的内容。吏從"富餘地"的市場收購布匹然後運往缺布地,起

① Ⅰ型和Ⅱ型的區别以安部 04 爲基準。

到了在大範圍内調整物流的作用。兩者均稱爲“調”,在現象上都表現出調整物流的功能。但是由於它們的目的和來源不同,所以在不同的簿籍中進行管理。這一制度恰恰反映了當時的時代背景。

四

名籍在吴簡中占有相當一部分,與賦税納入簡不相上下,所以其相關研究也很多。安部 04 在將名籍分爲民籍、師佐籍、吏籍的既有研究的基礎上,研究了各種名籍簡的書寫格式,並整理了其間的相互關係。這是對名籍的復原研究有益的基礎性研究,而且推斷民籍具有可以掌握力役中可役使人數的性質。其姐妹篇安部 06 指出,至少一種類型的名籍群是以户主簡—家族簡—口數簡的形式構成,即以每里的集計簡,其次是鄉的總計簡,最後是標題簡的形式進行編綴。該研究不但闡明了名籍群如何編綴,而且在論證過程中利用了竹簡背面因堆叠而遺留下的“反文”,這一獨特的視角備受關注。[①]

安部兩篇論文之間還有小林 05。小林 05 指出存在集計簡和細目簡,也已有附屬賬簿等,指出名籍完成度的情況,即使與後世的中國相比基本技術也毫不遜色,可以理解爲是後代“貌定”的先驅。這是小林作爲日本史專家,從與日本名籍比較的視角而作的論文。從這一角度對吴簡的關注,雖在日本史研究者中十分常見,但除本論文以外尚無其他專論。

緊跟著安部 06,町田 07 連接了多枚的名籍簡並復原了一些户,每户的口數 5 口略少,並指出雖然以夫婦爲中心的單純家族家庭爲基本組成形態,但除此之外也存在多樣的家庭形態,如也與經濟上無法獨立的異姓弱者和窮困者同住,也有奴婢附籍的情況。

另一方面,關尾 06A 批判了安部 04,認爲三國時期不該稱爲“籍”,應該稱爲“簿”,而且主張應該區分爲吏民簿、諸吏簿、叛走簿、師佐簿。接著關尾 06B 中還闡述了師佐簿、吏民簿未附有細目簡,且細目簡以“某”字開頭。石原 10 認爲,利用示意圖將具有不同格式的户主簡、家族簡、集計簡進行連接,集計簡開頭“凡”和“右”之間的差異,是出於製作情況的不同。也就是説“右”的格式爲將里製作成的内容直接編綴,“凡”的情況則是鄉以前者資料爲基礎統一改寫格式,是確認了“算”和“事”的名籍。該論文與關尾論文相同,從名籍製作主體的差異解釋名籍多樣性,爲名籍分析的推進提供了重要視角。

鷲尾祐子不僅繼承了安部、町田的户復原方法,更構建了數據庫,考察家族的存在形態。鷲尾 10A 中通過連接竹簡,抽出夫婦事例,指出隨著夫的高齡化,夫妻間的年齡

① 根據實際情況,否定了“反文”爲竹簡掩埋後在土中因粘連反印的可能性(參見安部 09)。

差擴大,特别是 50 歲之後尤爲顯著,這是因爲此期間配偶曾經發生了變化。鷲尾 10B 關注連續記述多個人名的簡,從《竹簡(貳)》中抽取出根據嘉禾六年調查結果製成的竹簡群,並認爲這些構成了簿(之後稱爲吏民簿)。接著根據此簿研究家族親緣記載的規則性,鷲尾確立了此工作在之後研究中的基礎。[①] 利用了此基礎工作的最初成果爲鷲尾 12,從廣成鄉及《竹簡(壹)》抽出的小武陵鄉吏民簿,將此 2 個吏民簿作爲分析對象,指出年少人口較多,人口的減少速度較快,而且未成年人和成年人的男女比例相反,這是因爲女子在出生後不久就被放棄養育,而壯年男子則會因爲兵役和徭役而死亡。鷲尾 15A 從廣成、小武陵鄉及《竹簡(壹)》至《竹簡(肆)》中抽出 4 個吏民簿,求算女性各年齡段的有配偶率,再根據該結果討論當時的婚姻習慣。該内容爲:一方面 15—19 歲之間的女性幾乎均已成婚(初婚),另一方面也印證了鷲尾 10A 中揭示的現象——女性普遍會再婚,且 50 歲後女性的再婚率較高——表示當時人們重視生産和家務事。之後的鷲尾 15B 將 6 個吏民簿作爲分析對象,求解與 15A 一樣的内容。根據各年齡段成爲户人(=户主)概率的變化和各年齡段有妻者人數等分析顯示,即使成人並結婚,20 歲—30 歲這一年齡段都不分家,即使是成爲户人概率最高的 30 歲—50 歲之間也有 4 成的人不分家,而 60 歲之後至少有半數的人由子孫、年輕人撫養。這個結果顯示,相對於先前研究的以小家族爲主體,不分家的家族更普遍。鷲尾這一系列的研究充分運用了吏民簿的數據,這種做法也應當引起人們重視。

此外,鷲尾 10C 從《竹簡(貳)》中收集可以判斷爲"限佃人户"的名籍簡,將"限佃人户"定義爲在非所有土地上耕作的户(佃農),"限佃人户"每户的人口多爲 2 以下、2 人的情況下都是夫婦。也就是説當時的夫婦即是家庭的基層單位,也是生産中的核心組織。

一方面,關尾史郎也著力於名籍研究。關尾 15A 指出,吏民簿樣式多樣,每年一次或一年多次頻繁製作。吏民簿没有像後代的那樣明確區分户籍、差科簿、貲簿,而是綜合了它們的各種特性。關尾 15B 中在高度評價侯旭東論文使吏民簿研究取得飛躍性進展的同時,[②]指出該研究中關於簿籍的復原存在過多推論,還指出爲了突破復原的界限,需要徹底貫徹古文書學和考古學性質的分析。[③] 因此在論文中收集構成嘉禾六年廣成

① 本論文指出廣成鄉吏民簿的形態和樣式可分爲兩種,是考察吏民簿性質的重要論點。此外,鷲尾 11 作爲考察報告,從示意圖考察各簡群的大致類别。

② 侯旭東:《長沙走馬樓吴簡"嘉禾六年(廣成鄉)弦里吏民人民年紀口食簿"集成研究:三世紀初江南鄉里管理一瞥》,《近觀中古史:侯旭東自選集》,上海:中西書局,2015 年。

③ 此爲繼承了凌文超主張的實踐。參見凌文超:《吴簡文書學研究》,見於所著《走馬樓吴簡采集簿書整理與研究》,桂林:廣西師範大學出版社,2015 年。

鄉吏民簿的相關簡，研究其形態（大小和形狀、字體等）和樣式（記載事項、順序、記録方法等）。在長達72頁的日文論著中，雖然未能完成全部復原，但是明確了以一里五十户爲準，每户都需記入户人簡，各里的形態和樣式都不同，同一執筆者可參與多個里户人簡的製作等重要内容。不禁令人感慨吴簡研究已經達到如此精細的程度。

五

通過吴簡還可發掘出各種社會現象以及具有廣泛含義的文化現象。猪飼04從醫學史專家的角度，對吴簡中"腹心病"與"心腹痛"相對應等病名進行推定比較，[①]另一方面還指出，這些病名並非由醫生，而是由户籍管理者對外部觀察所得的結果進行記録。外部觀察相關的研究爲福原04，該文指出吴簡常見的"刑"、"雀"等用語不是指肉刑而是指外傷，"腫"爲風土病，均是關於是否能够承擔勞役的相關記載。福原09則根據《竹簡（貳）》、《竹簡（叁）》的數據判明疾患不是急病，而是慢性病，並指出記載的模式化、步驟化，補充了福原04中對勞役判斷標準的理解。之後福原15整理了近百種傷病的表述，指出這些表述區分爲有表示慢性疾病的"（苦）某病"方式和表示殘疾的"症狀＋部位"方式，此二者爲是否可承受勞役，是否要免役的審查標準。此外，關於詳細的身體狀況記載，居延漢簡以確認是否是本人爲目的，東牌樓漢簡和郴州晋簡則以表示免役對象爲目的。雖然這點上吴簡與後者相同，但吴簡還記録了具體傷病記録，因此不能完全推定記録的目的只是爲了免役審查。

吴簡中有一部分被稱爲"名刺簡"。關尾08將同時代的名刺簡按照形式進行了分類後，指出吴簡中的名刺簡與墓葬出土名刺簡的基本樣式一致。後續論文關尾11B認爲名刺簡與道教信仰相關的説法難以成立，並主張墓葬中的名刺簡起到與類似墓誌的作用。關尾11C中再次强調名刺簡與道教信仰有聯繫的説法難以成立，還介紹了西北地域也出土了紙和木的名刺（簡），推翻了11B中"盛行於長江流域"的説法。[②]

關尾還著眼於生口買賣關係文書。關尾13D中提到，奴婢附在其所有者的名籍下並被作爲財産被頻繁買賣（即否定了官奴婢説），價格由官方掌控，作爲税需徵收1成的中外估錢。[③]

---

① 猪飼祥夫還著有《〈長沙東牌樓東漢簡牘〉中に見る医學資料》，《医譚》復刊85，2006年。

② 角谷11在參照關尾所舉的吴簡事例的基礎上，指出刺的使用時間更早，可能在漢末就已使用。

③ 後述的伊藤13也利用了同樣的資料。由於伊藤13刊布時，關尾13D也處於校正階段，所以兩篇論文有不少重合。

長沙吴簡研究會的成員也充分認識到簡牘書體的重要性。重視實見考察,使用圖版時也注意書體。但是這方面的實際成果僅在鶴田 09、10 的實見報告中提及一二。①

之前已提及中村 04 的部分内容,但是其主旨没有合適的地方進行敘述,所以在此補充。同篇論文中提到獸皮作爲"調"被徵收,代替布進行納入,所以可設想當時長沙一帶存在森林丘陵地和小山、草澤。

六

由於吴簡是臨湘侯國的行財政機構參與製作的文書,所以有利於考察三國吴的行政機構。上述不少研究已經意識到這點,或在行文中有所提及。以下將單獨闡述以此問題爲中心,或大幅涉及此問題的論文。

高村 04 中指出,臨湘侯國與漢東海郡相比鄉的數量較多,但人口數卻非常少,鄉的職掌與漢代並没有太大區别,鄉勸農掾與漢代鄉嗇夫職責相近,儘管直至南朝宋都可以在史料中見到鄉嗇夫的記載,但卻未出現在吴簡中。小嶋 07 將吴簡與東牌樓東漢簡進行比較,指出孫吴政權的機構和各種制度均承襲自東漢,丘也並非孫吴獨創,在東漢時代就已存在。正如小嶋 09 中表明的那樣,這個問題意識源於考察孫吴以後國家統治在地方社會如何呈現。永田 09、永田 10 爲"公乘"、"士伍"簡的兩次考察報告,簡單整理並提出前人研究的問題點。窪添 07 研究了調納入的手續,指出庫吏的署名横跨將近一個月内的全部日期,但關注點卻是闡明縣吏以及鄉吏的狀態。另外,森本 09 考察了孫吴下級軍事制度相關的簡,但《竹簡(壹)》中此類簡數量有限,論文僅停留在介紹個别簡的階段。不僅是森本論文,此項所介紹的研究中的不少部分都很遺憾地停在了僅使用《竹簡(壹)》、《竹簡(貳)》的階段。②

七

納入簡和名籍的研究與闡明行財政機構情況,考察文書製作和傳達機構的文書行政系統密不可分。所以最後介紹著重考察文書自身特徵和文書行政中文書功能的文章,以及有意識地從歷史或更廣的空間背景中定位吴簡的論文。

---

① 書法史專家鶴田一雄是長沙吴簡研究會字體相關方面的重要導師,很遺憾他突然離世。另外西林昭一及其他書法史研究者也對長沙吴簡十分關心。

② 森本對此問題持有深入構想,但由於他突然逝世,很可惜未能實現。

上文已提到關尾01較早顯示出對吏民田家莂性質的關心，關尾05進一步以全體長沙吴簡爲研究對象，按照内容和形式分爲17個分類，指出其中大部分簡都與田户曹相關，長沙吴簡是集中在該曹的各種文書的廢棄物。另外，前文已經出現的關尾06B中指出，吴簡中的"其"字在5世紀末期從賬簿中消失。前引町田07也從名籍的記載、格式的變化指出，在書寫材料從簡牘向紙轉變前夕的吴簡，基本上完全繼承了漢代的形制，以上兩文均涉及了吴簡的歷史性變遷。這之後關尾13C考察了長沙吴簡中所包含的各種莂的製作、裁剪，一半保存在鄉、另一半送往上部機關的過程，並指出無論何種情況下分發莂，當事人雙方都不需要同時在場，所需的兩個當事人爲掾等級的縣吏(一爲田曹、户曹等，一爲鄉勸農掾等)。關尾14通過分析穀物返納簡和貸與簡清晰化了下述操作流程：向鄉勸農掾進行申請，由勸農掾向倉曹吏發起委託，借貸申請和從借貸申請鄉納入的穀物中貸出。關尾認爲本課題最適用於在東亞範圍内進行的簡牘、文書的研究，涉及高昌國時代，唐朝吐魯番文書，還有韓國同時代的木牘等。關尾15C中也整理了長沙簡牘的各種形制，其中值得一提的是，作爲從鄉提出的簿需要附上送出狀"白"。"白"除了木牘還可使用竹簡，即使是一樣的上行文書，縣内通用的"白"文書和向郡提出的東西還是有明確的區别。

研究名籍的安部總一郎，以"户品出錢"簡爲主要研究對象。安部11比安部10A的論證更爲詳盡，並增加了新論點，因此在此根據前者將這些内容歸納爲如下要點：①《竹簡(壹)》至《竹簡(叁)》中可見的"户品出錢"簡僅限於都鄉、模鄉，由於各鄉製作簿的程序不同，所以相互格式也不同；② 由上可見，鄉的業務作業可依據情況酌情處理；③ 實施"户品出錢"簡的制度並不以所有户爲對象，田産以外也屬於範圍内，可認爲是東漢代以來的遺風。補充《竹簡(肆)》、《竹簡(柒)》而成的安部15對上述内容作了强化和修正。都鄉型除了都鄉還包括中鄉(對①的修正)，而且都鄉的典田掾參與了中鄉，另外與③不同的是，鄉的所有户都成爲"户品出錢"對象的可能性很高。對此安倍認爲，租米徵收等業務跨越數個鄉，一起執行的情況下有特定的組合。比如都鄉和中鄉就是這樣的組和，該研究爲考察鄉的實際情況提供了重要綫索。此外安部認爲典田掾、勸農掾、屯田掾同爲管理鄉的縣吏，由於在職務、身份之上有相通性，所以這些官職可兼任也可歷任。這也是與鄉以及基層地方官吏的存在方式的理解息息相關的問題。

伊藤敏雄對作爲文書的簡牘予以了極大的關注。他將文書木牘權且分爲五種(伊藤13)，伊藤13、14、15考察的是第一種"叩頭死罪白"文書木牘。首先研究可以闡明竹簡和簡牘關係的一個木牘，接著是包括這一木牘的《竹簡(肆)》所收録的四個木牘，再到業已報告的六個文書木牘，將它們彙總在一起進行論證。伊藤15的最終結論爲，"叩頭死罪白"木牘文書是① 爲上行文書；② 匯報了報告者業務内容概要；③ 一般來説，與置於木牘前的標題簡、文本簡、集計簡的竹簡群一同編綴，記載了簿籍、記録的概要；④ 也兼有簿籍、記録發單的職能。另外，前文所述的關尾 13D 中指出，這些木牘、竹簡同時編綴，並由都市史送到上級縣金曹處，此表明"白"文書是官府内部作爲上行文書廣汎利用的一種文書形式。

再者，柿沼陽平將吴與其前後的時代以及同時代的魏、蜀相對比，並嘗試確定其地位。柿沼 12 主張，雖然傳統觀點以世兵制和奉邑制爲依據，認爲吴政權將領具有自立性，但是吴簡中揭示了"保質"制度和俸禄制，以及向督軍糧都尉等領取軍糧等制度的存在，均説明其不擁有獨立性，而且這種情況在東漢就已出現。由進一步將軍制的觀點往經濟史延伸的柿沼 13 可得，就如吴簡所示，錢、布爲主要的國家結算手段和民間經濟的流通手段，人頭税主要徵收錢，且"調"各種各樣的物資，[①]市租等商業税的徵收等，吴從多方面繼承了東漢的制度，這點與魏蜀都不一樣。

雖然並非以長沙吴簡爲直接的研究對象，但吴簡相關的重要觀點書籍和論文都有必要提及。富谷 03 的關注點爲從漢到晋期間書寫材料從簡牘向紙質轉變的過程中吴簡中出現的"黄簿"一詞。之後的"黄籍"是簡牘時代就開始這麽稱呼的。

同樣關於簡牘和紙這兩種書寫材料並用的時代，籾山 01 針對文書傳達方式，根據實物所展開的議論中，提及了吴簡中的封檢。籾山 05 中推測，官吏用簡牘處理日常工作，而用紙文書處理政務。而籾山 06 根據吴的木牘得出，訊問時會使用拷問。

角谷 14 指出，從東漢中期到孫吴時期，"白"文書的格式已固定，但"君教"木牘各個部分的配置等有所變化。

以上均是對戰國秦漢魏晋長時段考察中提出的重要觀點。

八

以上陳述了日本吴簡研究的發展變化，還有許多整理不當之處。最後簡述些許個人感想。

日本的吴簡研究的細緻、嚴密，從上述的内容描述中可見一二。[②] 在承認這一優點的基礎上，安部 14 也指出吴簡研究中，對日本以存世文獻分析爲主的魏晋南北朝史研究積累的運用還有所不足。要如何運用它，使其成爲日本中國史研究的另一個特色也是今後的課題之一。雖然也有挑戰該課題的研究，但整體看來，我與他的觀點還是保持

① 吴簡的"調"作爲動詞來理解。

② 例如，伊藤敏雄的賦税納入簡相關的一系列論文充分闡述了這一特徵。

一致的。

同時，雖然僅靠已公布的簡牘就已獲得了如此多成果，但安部 14 中寫到，至今爲止在許多竹簡尚未公開的情況下所做的研究，依據今後公開的竹簡，期待會有更加清晰的進展，本人非常認同。在長沙市出土走馬樓吴簡後，在郴州市和益陽市又出現了魏晋時期的簡牘。通過與它們相比較，對長沙吴簡的理解也會逐漸加深，十分期待相關圖版和報告書早日刊布。① 不僅日本長沙吴簡研究會，中國的研究者們想必也同樣翹首以望。

文獻目録

Ⅰ 書籍

《報告 1》：長沙吴簡研究會：《嘉禾吏民田家莂研究—長沙吴簡研究報告—》第 1 集，2001 年。

《報告 2》：長沙吴簡研究會：《長沙吴簡研究報告》第 2 集，2004 年。

《報告 3》：長沙吴簡研究會：《長沙吴簡研究報告》第 3 集，2007 年。

《報告書》：《長沙走馬樓馬樓出土吴簡に關する比較史料學的研究とそのデータベース化》，2007 年。

《一覽 1》：《嘉禾吏民田家莂數值一覧（Ⅰ）》，2005 年。

阿部幸信編：《嘉禾吏民田家莂田土額一覧》。

伊藤敏雄編：《嘉禾吏民田家莂米納入狀況一覧》。

伊藤敏雄編：《嘉禾吏民田家莂における丘別・倉吏別米納入狀況一覧》。

《一覽 2》：《嘉禾吏民田家莂數值一覧（Ⅱ）》，2007 年。

伊藤敏雄編：《嘉禾吏民田家莂米納入狀況一覧(日付別)》。

伊藤敏雄編：《嘉禾吏民田家莂における日付別・倉吏別米納入狀況一覧》。

伊藤敏雄編：《嘉禾吏民田家莂における布・錢の折納と換算狀況一覧》。

《特刊 08》：長沙吴簡研究會：《長沙吴簡研究報告》2008 年度特刊，2009 年。

《特刊 09》：長沙吴簡研究會：《長沙吴簡研究報告》2009 年度特刊，2010 年。

《特刊 10》：長沙吴簡研究會：《長沙吴簡研究報告》2010 年度特刊，2011 年。

《湖南》：伊藤敏雄、窪添慶文、關尾史郎編：《湖南出土簡牘とその社會》，東京：汲古書院，2015 年。

《研究》：谷口建速：《長沙走馬樓吴簡の研究　倉庫關連簿よりみる孫吴政權の地方財政》，東京：早稲田大學出版部，2016 年。

---

① 以公開的郴州晋簡爲參考進行研究的有伊藤敏雄、永田拓治：《郴州晋簡初探—上計及び西晋武帝郡國上計吏敕戒等との關係を中心に(附・郴州晋簡所見田租—)》，長沙吴簡研究會：《長沙吴簡研究報告》2010 年度特刊，2011 年。

Ⅱ 學術論文(○印表示長沙簡牘博物館編《走馬樓吴簡研究論文精選》[長沙：嶽麓書社,2016年]收載的論文)

阿部幸信

阿部01:《長沙走馬樓吴簡所見田種初探》,長沙吴簡研究會:《嘉禾吏民田家莂研究—長沙吴簡研究報告—》第1集,2001年。

阿部04A:《嘉禾吏民田家莂"丘"再攷》,《東洋史研究》62—4,2004年。

阿部04B:《小型竹簡と旱敗率よりみた"丘"》,長沙吴簡研究會:《長沙吴簡研究報告》第2集,2004年。

阿部07:《嘉禾吏民田家莂數值データの整理と活用》,長沙吴簡研究會:《長沙吴簡研究報告》第3集,2007年。

阿部08:《長沙走馬樓吴簡所見調納入簡初探》,《立正史學》103,2008年。

阿部09:《長沙吴簡を實見して—調關連簡・波塘關連簡を中心に—》,長沙吴簡研究會:《長沙吴簡研究報告》2008年度特刊,2009年。

阿部10:《波塘關連簡續探》,長沙吴簡研究會:《長沙吴簡研究報告》2009年度特刊,2010年。

阿部11:《長沙走馬樓吴簡所見的"調"—以出納記録的檢討爲中心—》,《吴簡研究》第三輯,北京:中華書局,2011年。 ○

阿部13:《長沙吴簡所見的"市布"》,《簡帛研究二〇一二》,桂林:廣西師範大學出版社,2013年。

安部聰一郎

安部01:《嘉禾4年・5年吏民田家莂にみえる倉吏と丘》,長沙吴簡研究會:《嘉禾吏民田家莂研究—長沙吴簡研究報告—》第1集,2001年。

安部04:《長沙吴簡にみえる名籍の初步的檢討》,長沙吴簡研究會:《長沙吴簡研究報告》第2集,2004年。

安部06:《試論長沙走馬樓吴簡所見名籍之體式》,《吴簡研究》第二輯,武漢:崇文書局,2006年;日文編《報告集》。

安部09:《長沙吴簡における記載面裏側の狀況—名籍簡・"户品出錢"簡における—》,長沙吴簡研究會:《長沙吴簡研究報告》2008年度特刊,2009年。

安部10A:《長沙走馬樓三國吴簡にみえる"户品出錢"簡について》,愛媛大學資料學研究會:《資料學の方法を探る》9,2010年。

安部10B:《實見報告:書式と形態からみた"户品出錢"簡》,長沙吴簡研究會:《長沙吴簡研究報告》2009年度特刊,2010年。

安部11:《走馬樓吴簡中所見"户品出錢"簡の基礎的考察》,藤田勝久、松原弘宣編:《東アジア出土資料と情報伝達》,東京:汲古書院,2011年。

安部14:《3世紀中國の政治・社會と出土文字資料》,《歷史評論》769,2014年。

安部15:《典田掾・勸農掾的職掌與鄉——長沙吴簡中所見"户品出錢"簡的分析》,《簡帛研究二〇一五(秋冬卷)》,桂林:廣西師範大學出版社,2015年。

福原啓郎

福原04:《長沙吴簡に見える"刑"に關する初步的考察》,長沙吴簡研究會:《長沙吴簡研究報告》第2集,2004年。

福原 09:《長沙吳簡に見える疾病の表记に關する若干の檢討》,長沙吳簡研究會:《長沙吳簡研究報告》2008 年度特刊,2009 年。

福原 15:《長沙吳簡の傷病表記の特徵》,伊藤敏雄、窪添慶文、關尾史郎編:《湖南出土簡牘とその社會》,東京:汲古書院,2015 年。

高村武幸

高村 04:《長沙走馬樓吳簡にみえる鄉》,長沙吳簡研究會:《長沙吳簡研究報告》第 2 集,2004 年。

谷口建速

谷口 06A:《長沙走馬樓吳簡よりみる孫吳政權の穀物搬出システム》,《中國出土資料研究》10,2006 年;再録於谷口建速:《長沙走馬樓吳簡の研究　倉庫關連簿よりみる孫吳政權の地方財政》,東京:早稻田大學出版部,2016 年。

谷口 06B:《長沙走馬樓吳簡における穀倉關係簿初探》,《民衆史研究》72,2006 年;再録於谷口建速:《長沙走馬樓吳簡の研究　倉庫關連簿よりみる孫吳政權の地方財政》,東京:早稻田大學出版部,2016 年。

谷口 08:《長沙走馬樓吳簡にみえる"限米"—孫吳政權の財政に關する一考察—》,《三國志研究》3,2008 年;再録於谷口建速:《長沙走馬樓吳簡の研究　倉庫關連簿よりみる孫吳政權の地方財政》,東京:早稻田大學出版部,2016 年。

谷口 09A:《長沙走馬樓吳簡に見える穀物財政システム》,工藤元男、李成市編:《東アジア古代出土文字資料の研究》,東京:雄山閣,2009 年;再録於谷口建速:《長沙走馬樓吳簡の研究　倉庫關連簿よりみる孫吳政權の地方財政》,東京:早稻田大學出版部,2016 年。

谷口 09B:《穀物搬出記録とその周辺》,長沙吳簡研究會:《長沙吳簡研究報告》2008 年度特刊,2009 年。

谷口 10A:《長沙走馬樓吳簡所見孫吳政權的地方財政機構》,《簡帛》第五輯,上海:上海古籍出版社,2010 年。

谷口 10B:《長沙走馬樓吳簡にみえる"貸米"と"種粻"—孫吳政權初期における穀物貸與—》,早稻田大學史學會《史觀》162,2010 年;再録於谷口建速:《長沙走馬樓吳簡の研究　倉庫關連簿よりみる孫吳政權の地方財政》,東京:早稻田大學出版部,2016 年。

谷口 10C:《從長沙走馬樓吳簡看三國吳的給役與賦税》,《第 4 屆中國中古史青年學者國際研討會論文集》,臺灣大學,2010 年;日文編谷口建速:《長沙走馬樓吳簡の研究　倉庫關連簿よりみる孫吳政權の地方財政》,東京:早稻田大學出版部,2016 年。

谷口 10D:《穀物簿における"白"簡/"庫"の搬出記録》,長沙吳簡研究會:《長沙吳簡研究報告》2009 年度特刊,2010 年。

谷口 11A:《長沙走馬樓吳簡に見える"鹽米"—孫吳政權の財政に關する一考察・その2—》,《早稻田大學大學院文學研究科紀要》57,2011 年;再録於谷口建速:《長沙走馬樓吳簡の研究　倉庫關連簿よりみる孫吳政權の地方財政》,東京:早稻田大學出版部,2016 年。

谷口 11B:《穀物搬出記録の個別事情—"鹽賈米"を中心として—》,長沙吳簡研究會:《長沙吳簡研究報告》2010 年度特刊,2011 年。

谷口 15:《長沙吳簡にみえる佃客と限米》,伊藤敏雄、窪添慶文、關尾史郎編:《湖南出土簡牘とその社會》,東京:汲古書院,2015年。

關尾史郎

關尾01A:《長沙吴簡所見"丘"をめぐる諸問題》,長沙吴簡研究會:《嘉禾吏民田家莂研究—長沙吴簡研究報告—》第1集,2001年。

關尾01B:《吏民田家莂の性格と機能に關する一試論》,長沙吴簡研究會:《嘉禾吏民田家莂研究—長沙吴簡研究報告—》第1集,2001年。

關尾02:《長沙出土年次未詳吏民田家莂に關する一試論》,新潟大學大學院現代社會文化研究科プロジェクト成果報告書《中國世界における地域社會と地域文化に關する研究》1,新潟大學,2002年。

關尾05:《史料群としての長沙吴簡・試論》,《木簡研究》27,2005年。

關尾06A:《長沙吴簡中の名籍について—史料群としての長沙吴簡・試論(2)—》,《唐代史研究》9,2006年。

關尾06B:《長沙吴簡中の名籍について・補論—内訳簡の問題を中心として—》,新潟大學人文學部《人文科學研究》119,2006年。

關尾08:《魏晋"名刺簡"ノート》,《新潟史學》60,2008年。

關尾10A:《户品出錢簡の形式をめぐって—2009年9月の調查から—》,長沙吴簡研究會:《長沙吴簡研究報告》2009年度特刊,2010年。

關尾10B:《賦税納入簡の形式と機能をめぐって—2009年12月の調查から—》,長沙吴簡研究會:《長沙吴簡研究報告》2009年度特刊,2010年。

關尾11A:《"湖南長沙三國吴簡"の賦税納入木簡について》,長沙吴簡研究會:《長沙吴簡研究報告》2010年度特刊,2011年。

關尾11B:《"名刺簡"三論》,《吴簡研究》第三輯,北京:中華書局,2011年。

關尾11C:《名刺簡に關する二,三について》,長沙吴簡研究會:《長沙吴簡研究報告》2010年度特刊,2011年。

關尾12A:《長沙吴簡中の賦税納入簡について—符券としての側面を中心に—》,角谷常子代表科學研究費補助金報告書《東アジアの簡牘と社會》,2012年。

關尾12B:《長沙吴簡中の賦税納入簡について—作成者の問題を中心に—》,愛媛大學資料學研究會:《資料學研究》9,2012年。

關尾12C:《"最後の簡牘群"考—長沙吴簡を例として—》,愛媛大學資料學研究會:《資料學の方法を探る》11,2012年。

關尾13A:《出土狀況よりみた長沙吴簡—〈長沙走馬樓三國吴簡　竹簡[肆]〉所收の賦税納入簡を中心として—》,《中國出土資料研究》17,2013年。

關尾13B:《長沙出土鄉名不詳賦税納入簡に關する一試論—〈長沙走馬樓吴簡竹簡〉[肆]所收簡を中心として—》,愛媛大學資料學研究會:《資料學研究》10,2013年。

關尾13C:《破莂・别莂考—長沙吴簡を例として—》,藤田勝久編:《東アジアの資料學と情報伝達》,東京:汲古書院,2013年。

關尾13D:《"吴嘉禾6(237)年4月都市史唐玉白收送中外估具錢事"試釋》,《東洋學報》95—1,2013年。

關尾 14:《穀物の貸與と還納をめぐる文書行政システム一斑—東アジア古文書學の起点としての長沙吴簡—》,角谷常子編:《東アジア木簡學のために》,東京: 汲古書院,2014 年。

關尾 15A:《簿籍の作成と管理からみた臨湘侯國—名籍類を中心として—》,伊藤敏雄、窪添慶文、關尾史郎編:《湖南出土簡牘とその社會》,東京: 汲古書院,2015 年。

關尾 15B:《長沙吴簡吏民簿の研究(上)—"嘉禾 6(237)年廣成鄉吏民簿"の復元と分析—》,新潟大學人文學部《人文科學研究》137,2015 年。

關尾 15C:《魏晋簡牘のすがた—長沙吴簡を例として—》,《國立歴史民俗博物館研究報告》194,2015 年。 ○

鶴田一雄

鶴田 09:《長沙走馬樓吴簡調查ノート》,長沙吴簡研究會:《長沙吴簡研究報告》2008 年度特刊,2009 年。

鶴田 10:《長沙走馬樓吴簡の書風雜感》,長沙吴簡研究會:《長沙吴簡研究報告》2009 年度特刊,2010 年。

鷲尾祐子

鷲尾 10A:《走馬樓吴簡から見える家族の情況について—夫婦間の年齡差などから—》,長沙吴簡研究會:《長沙吴簡研究報告》2009 年度特刊,2010 年。

鷲尾 10B:《長沙走馬樓吴簡連記式名籍簡的探討—關於家族的記録—》,中國古代史論叢編集委員會編:《中國古代史論叢》7,京都: 立命館東洋史學會,2010;中文編《吴簡研究》第三輯,北京: 中華書局,2011 年。 ○

鷲尾 10C:《長沙走馬樓吴簡にみえる"限佃"名籍について》,《立命館文學》619,2010 年。

鷲尾 11:《示意圖簡册構成簡の檢討と户人の制度》,長沙吴簡研究會:《長沙吴簡研究報告》2010 年度特刊,2011 年。

鷲尾 12:《走馬樓吴簡吏民簿と鄉の狀況—家族研究のための予備的檢討—》,《立命館東洋史學》35,2012 年。

鷲尾 15A:《嘉禾 4—6 年(235—237)長沙の婚姻慣行—婚姻と年齡—》,《東洋學報》97—1,2015 年。

鷲尾 15B:《分異の時期と家族構成の变化について—長沙吴簡による檢討—》,伊藤敏雄、窪添慶文、關尾史郎編:《湖南出土簡牘とその社會》,東京: 汲古書院,2015 年。

満田剛

満田 01:《長沙走馬樓吏民田家莂に見える姓について》,長沙吴簡研究會:《嘉禾吏民田家莂研究—長沙吴簡研究報告—》第 1 集,2001 年。 ○

森本淳

森本 01:《嘉禾吏民田家莂にみえる同姓同名に關する一考察》,長沙吴簡研究會:《嘉禾吏民田家莂研究—長沙吴簡研究報告—》第 1 集,2001 年;再録於森本《三國軍制と長沙吴簡》,東京: 汲古書院,2012 年。 ○

森本 04:《長沙における簡牘研究の現狀と長沙吴簡に關する調查覚書》,長沙吴簡研究會:《長沙吴簡研究報告》第 2 集,2004 年;再録於森本:《三國軍制と長沙吴簡》,東京: 汲古書院,2012 年。

森本 09 年:《長沙吴簡からみる孫吴の下級軍事制度考初編》,長沙吴簡研究會:《長沙吴簡研究報告》2008 年度特刊,2009;再録於森本:《三國軍制と長沙吴簡》,東京: 汲古書院,2012 年。

石原遼平

石原 10:《長沙吴簡名籍考—書式と出土狀況を中心に—》,《中國出土資料研究》14,2010 年。

柿沼陽平

柿沼 12:《從走馬樓吴簡看孫吴的中央集權化和軍制》,中國魏晋南北朝史學會、山西大學歷史文化學院編:《中國魏晋南北朝史學會第十届年會暨國際學術研討會論文集》,太原: 北嶽文藝出版社,2012 年。

柿沼 13:《孫吴貨幣經濟的結構和特點》,《中國經濟史研究》2013—1,2013 年。 ○

町田隆吉

町田 07:《長沙吴簡よりみた"户"について—三國吴の家族構成に關する初步的考察—》,長沙吴簡研究會:《長沙吴簡研究報告》第 3 集,2007 年。 ○

窪添慶文

窪添 07:《走馬樓吴簡の庫吏關係簡について》,《長沙走馬樓馬樓出土吴簡に關する比較史料學的研究とそのデータベース化》,2007 年。

小嶋茂稔

小嶋 01:《"丘"についての一試論》,長沙吴簡研究會:《嘉禾吏民田家莂研究—長沙吴簡研究報告—》第 1 集,2001 年。

小嶋 07:《後漢孫吴交替期における臨湘縣の統治機構と在地社會—走馬樓吴簡と東牌樓簡牘の記述の比較を通して—》,長沙吴簡研究會:《長沙吴簡研究報告》第 3 集,2007 年。

小嶋 09:《"督郵"と"臨湘侯相"》,長沙吴簡研究會:《長沙吴簡研究報告》2008 年度特刊,2009 年。

小林洋介

小林 05:《正倉院籍帳と長沙走馬樓三國吴簡》,《史觀》153,2005 年。

伊藤敏雄

伊藤 03A:《三國吴の帳簿の計算ミス》,大坂經濟法科大學アジア研究所:《東アジア研究》37,2003 年。

伊藤 03B:《長沙走馬樓簡牘中の邸閣・州中倉・三州倉について》,《九州大學東洋史論集》31;中文編長沙市文物考古研究所編:《長沙三國吴簡暨百年來簡帛發現與研究國際學術研討會論文集》,北京: 中華書局,2005 年。

伊藤 06A:《〈長沙走馬樓三國吴簡　竹簡[壹]〉釋文補注(稿)》,大坂教育大學:《歷史研究》43,2006 年。

伊藤 06B:《從嘉禾吏民田家莂看米納入狀況與鄉・丘》,大坂教育大學:《歷史研究》43;中文編《吴簡研究》第二輯,武漢: 崇文書局,2006 年。

伊藤 07:《長沙走馬樓吴簡中の"邸閣"再檢討—米納入簡の書式と併せて—》,太田幸男、多田狷介編:《中國前近代史論集》,東京: 汲古書院,2007 年。

伊藤 09:《邸閣・穀物移送關係簡と水利關係簡について》,長沙吴簡研究會:《長沙吴簡研究報告》2008 年度特刊,2009 年。

伊藤 10A:《長沙吴簡における米納入狀況再考》,大坂教育大學:《歷史研究》47,2010 年。

伊藤 10B:《長沙吴簡中の朱痕・朱筆・"中"字について》,長沙吴簡研究會:《長沙吴簡研究報告》2009 年度特刊,2010 年。

伊藤 11:《長沙吴簡中の朱痕・朱筆・"中"字について(その2)—2011 年 3 月の調査結果をもとに—》,長沙吴簡研究會:《長沙吴簡研究報告》2010 年度特刊,2011 年。

伊藤 12:《長沙吴簡中の邸閣・倉吏とその關係》,大坂教育大學:《歷史研究》49,2012 年。

伊藤 13:《長沙吴簡中の生口売買と"估錢"徵收をめぐって—"白"文書木牘の一例として—》,大坂教育大學:《歷史研究》50,2013 年。

伊藤 14:《長沙吴簡中の"叩頭死罪白"文書木牘小考—文書木牘と竹簡との編綴を中心に—》,大坂教育大學:《歷史研究》51,2014 年。

伊藤 15:《長沙吴簡中的"叩頭死罪白"文書木牘》,伊藤敏雄、窪添慶文、關尾史郎編:《湖南出土簡牘とその社會》,東京:汲古書院,2015 年;中文編樓勁主編:《中國魏晋南北朝史學會第 11 届年會暨國際學術研討會論文集》,北京:中國社會科學出版社,2015 年。

永田拓治

永田 09:《長沙吴簡にみえる公乘・士伍について》,長沙吴簡研究會:《長沙吴簡研究報告》2008 年度特刊,2009 年。

永田 10:《長沙吴簡にみえる"公乘"・"士伍"簡研究の現狀と課題》,長沙吴簡研究會:《長沙吴簡研究報告》2009 年度特刊,2010 年。

中村威也

中村 04:《獸皮納入簡から見た長沙の環境》,長沙吴簡研究會:《長沙吴簡研究報告》第 2 集,2004;中文編《從獸皮納入簡看古代長沙之環境》,《吴簡研究》第二輯,武漢:崇文書局,2006 年。

中林隆之

中林 09:《"貸米"・"貸食米"簡をめぐる予備的考察》,長沙吴簡研究會:《長沙吴簡研究報告》2008 年度特刊,2009 年。

猪飼祥夫

猪飼 04:《〈長沙走馬樓三國吴簡・竹簡〉にみる病名について》,《医譚》復刊 81,2004 年。

猪飼 05:《〈長沙走馬樓吴簡・竹簡〉と"傷寒論"》,《日本医史學雜誌》51—2,2005 年。

佐川英治

佐川 10:《長沙走馬樓三國吴簡中の租税納入竹簡に關する基礎的調査(1)—"入米簿"中の"右"で始まる集計簡—》,長沙吴簡研究會:《長沙吴簡研究報告》2009 年度特刊,2010 年。

Ⅲ 書籍/論文涉及長沙吴簡

冨谷至

冨谷 03:《木簡・竹簡の語る中國古代—書記の文化史—》,東京:岩波書店,2003 年。

角谷常子

角谷 11:《漢・魏晋時代の謁と刺》,藤田勝久、松原弘宣編:《東アジア出土資料と情報伝達》,

東京：汲古書院，2011年。
角谷14：《木簡使用の變遷と意味》，角谷常子編：《東アジア木簡學のために》，東京：汲古書院，2014年。

籾山明

籾山01：《魏晋樓蘭簡の形態—封檢を中心に—》，冨谷至編：《流沙出土の文字資料—樓蘭・尼雅文書を中心に—》，京都：京都大學學術出版會，2001年，修訂於籾山：《秦漢出土文字史料の研究—形態・制度・社會—》，東京：創文社，2015年。
籾山05：《長沙・樓蘭・奈良——紙木並用時期的簡牘》，長沙市文物考古研究所編：《長沙三國吴簡暨百年來簡帛發現與研究國際學術研討會論文集》，北京：中華書局，2005年。
籾山06：《中國古代訴訟制度の研究》第二章“秦漢時代の刑事訴訟”，京都：京都大學學術出版會，2006年。

東亞簡牘文化圈的形成與發展

［韓］尹在碩

（韓國慶北大學史學系）

尊敬的各位女士們、先生們！

能前來參加“紀念走馬樓三國吴簡出土二十周年長沙簡帛研究國際學術研討會”，我非常高興，也非常榮幸！

湖南是中國簡牘發現大省，從戰國到魏晋簡牘，序列完整，其中著名的有里耶秦簡、五一廣場東漢簡、走馬樓吴簡、郴州晋簡等等。可以説，湖南不僅是中國，也是東亞簡牘文化圈的主要基地之一。

東亞簡牘文化圈是由東亞這一地理空間内共同出現的文化要素組成，是有史以來中國和以中國爲中心的周邊國家共有的歷史發展産物。從地理位置來看，大致包括今天的中國、朝鮮半島、日本、越南等地區。東亞地區周邊的自然環境阻礙了其他地區文化的流入以及東亞文化的對外傳播，這一地區的文化由此形成一個自成一體的、獨立的文化圈。而當時文化最爲發達的中國長期保持著宗主地位，將先進的中國文化傳播至其他東亞國家，這一文化的核心内容包括漢字、儒家思想、佛教、律令體制等。

對於東亞文化所具有的共同文化要素，以往學界往往只關注和研究其外在表現，對於上述核心内容的深層研究則明顯不足。例如，漢字曾是東亞各國共同使用的文字，但是對於東亞地區記載漢字文化形成與發展過程的書寫文化的綜合性研究卻不充分。

近年來，在全球一體化進程中，各地的政治、軍事、經濟區域劃分逐漸形成。並且，比起硬實力（hard power），以文化爲中心的軟實力（soft power）將成爲主導21世紀世界體系的主要因素，而反映軟實力的文化包括教育、人文、藝術等有關的所有領域。這種軟實力的開發與培育一方面體現在新文化的創造上，另一方面則體現在總結歷史經驗上。我們在對共通的文化要素進行再發現和再解釋的過程中，也可以實現軟實力的發現與繼承。與此同時,最近歷史學界跨越"一國史",關注於"地域史"、"地球史",甚至於"宇宙史",其主要原因在於21世紀世界政治、經濟、文化、環境等領域已進入全球化。因此,跨越"一國史"的軟性力量研究,不僅符合最近世界歷史學界的研究潮流,對開發在全球各地區的共同利益也很有裨益。

因此,有必要對漢字文化形成與發展進行深入的實證研究。漢字在文化交流與傳承過程中是最爲重要的載體,在中國文化向朝鮮半島、日本、越南等地區傳播時發揮了至關重要的作用。但是,迄今爲止的研究仍主要集中在語言學領域,有關以漢字作爲文化書寫手段和工具的研究卻十分稀少。當然,這首先是因爲可供研究的有關書寫文化的資料不足。

可是,近年來,由於東亞各國均加强了考古發掘工作,各國先後出土了相當數量的記載東亞地區文化傳播情況的漢字資料,其中最引人注目的就是簡牘資料。春秋戰國到秦漢時期是典型的古代中國文化的形成與發展時期,這一時期的文化資料均是在簡牘上書寫而成。其影響已波及朝鮮半島。大約在公元前300年左右,漢字從中國傳到朝鮮半島,這一史實已經得到考古資料的證實。公元前108年,漢武帝在朝鮮半島北部和中國的東北地區設置樂浪郡,而近來考古工作者在朝鮮半島北部出土了相關簡牘資料。而且,即使在已經進入普遍用紙書寫的時代,朝鮮半島和日本仍出土了包括《論語》等在内的大量木簡資料。以漢字爲載體的書寫文化和以漢字爲表達手段的儒家思想,自公元前2世紀以來便成爲韓、中、日三國共同的文化要素,也成爲東亞簡牘文化的象徵。其中,韓、中、日三國均發現出土的《論語》簡最具典型意義。

由於韓、日兩國同屬於中國主導的東亞文化圈,其歷代統治者長期崇尚儒家文化和推行儒學教育,《論語》成爲儒學教育最重要的科目。因此,《論語》對三個國家的歷史進程都産生過深遠影響。漢字作爲古代東亞書寫文化圈的通行文字,簡牘作爲古代東亞書寫文化的共同文字載體,在三個國家的文化交流方面發揮了至關重要的作用。《論語》簡作爲一個典型標誌,具體而微地反映出三國間古代文化的交流狀況。

對東亞簡牘文化的深入研究是了解東亞地區歷史文化核心主幹的基礎,也是今後在東亞文化圈内開掘和發展軟實力的重要契機。爲此,我們需要研究的課題有很多,例如隸屬於東亞簡牘文化圈的各國簡牘學界有必要提出共同的研究課題和簡帛學理論,采用統一的簡牘學用語,三個國家的簡牘機構共用從簡牘發掘到整理、出版、保護的科學技術,互相交流,共同進行簡牘的釋讀,等等。爲了實現這一目標,韓、中、日三國簡牘學會需要聯合主辦定期的"東亞簡牘文化國際研討會",通過對東亞簡牘文化圈的共同研究,擴大東亞文化圈的視野,進而達到對彼此文化的深入了解,實現三國間和平、發展的共同目標。

長沙走馬樓出土吴簡所見臨湘地域社會的特質*

[日] 關尾史郎

(日本新潟大學人文社會・教育科學系)

前　言

1996年10月在長沙市走馬樓街古窖J22,發現了大量三國吴時期的簡牘即所謂的長沙吴簡(以下簡稱“吴簡”),至今已有20年。20年來公開發表的吴簡相關的介紹性報道、論文已超過600篇。之所以如此,首要原因在於吴簡是彌補《三國志》等史書缺失的第一手歷史資料,再者,對於簡牘學及書法史等與歷史學相關領域的研究而言,其亦爲極有魅力的資料。

但是,吴簡是在古代爲臨湘縣(吴時期爲臨湘侯國)的長沙市及相隣地區作成,保管、使用後被廢棄,歷經將近1800年後在20世紀末被發現。其中記載的内容,大部分都與臨湘縣有關。因爲吴簡的發現,我們得以了解遠較孫吴治下其他縣更爲詳細的臨湘縣的真實面貌。臨湘縣因爲吴簡的存在,不僅在吴境内,甚至包括魏、蜀所轄地區在内,在三國時代中國全境内所置的所有縣中,也具有超群的、壓倒性數量的信息。更言之,即便是考慮到三國時代之前的秦漢時代及之後的南北朝、隋唐時代,作爲縣級單位的信息量其恐怕也是獨一無二的。

吴簡的史料特質如上所述,因此,我們應該運用這一史料群,積極推進描繪吴時期臨湘地域社會特質的研究。但是,我們尚未見到對相關課題和主題進行徹底探索的研

* 本稿爲2016年度日本學術振興會科學研究費補助金・基盤研究(A)“新出簡牘資料による漢魏交替期の地域社會と地方行政システムに關する總合的研究”(研究代表者: 關尾/課題番號: 25244033)的研究成果之一。

究成果。①

本稿試圖在關注上述研究現狀的同時,嘗試就題目進行初步的探討。另外,關於地域社會的觀點,曾受到平川南的以古代日本列島東北地方太平洋沿岸地域爲對象的先行研究的啓示。② 平川把被編入陸奥國的、行政上平等的地區,下級的郡内各自擁有豐富獨立性的這一事實,靈活運用編纂史料和出土史料進行了描述。將臨湘縣納入管轄的長沙郡曾是楚國的領地,《漢書》卷二八《地理志》中將其也視爲"江南"。雖然也是"江南",但各郡縣中與籍貫有聯繫的人們的動向與意識,以及圍繞他們的行政系統可能是多樣的。這一想法是本文起點,同時也是本文所到達的終點。

一　行政

衆所周知,吴簡中雖有若干名刺簡等私文書,③但絶大多數是官府作成的文書即官文書和簿籍。尤其是"吏民人名年紀口食簿"(以下簡稱爲"吏民簿")及倉庫莂(舊稱爲"賦税納入簡")所代表的各種簿籍構成的竹簡占史料群的大半。凌文超對此進行了總合性論述,其全面性成果已經出版。④ 其中的吏民簿,被認爲是具有與後世户籍相同功能的簿籍,在嘉禾年間(232—238)幾乎年年製作。⑤ 此事告訴我們,臨湘侯國已對吏民進行牢固控制。然而,出土的吏民簿的格式(記載事項及標記方法等)多樣,似乎没有既定格式。即便是同一鄉或里的吏民簿,因爲製作年份不同,格式也有差異。更極端的例子是,同年同里的吏民簿中竟然也有格式不同的情況。這種狀況應該如何解釋? 我們確實無法否定是制度不完備,然而當時對於吏民,記載各户内容(性别和年齡,甚至疾病、殘障等)、資産及職役的簿籍全都被稱爲吏民簿,這佐證了吏民簿並未如後世那樣,具有户籍、貲簿、差科簿等獨立的稱呼與格式。例如廣成鄉,應當是由負責鄉的勸農掾其下的數名吏,分别抄録多個

---

① 高敏:《從〈嘉禾吏民田家莂〉看長沙郡一帶的民情風俗與社會經濟狀況——讀長沙走馬樓簡牘札記之五》,收入所著《長沙走馬樓簡牘研究》,桂林: 廣西師範大學出版社,2008 年,第 36—43 頁;于振波:《從走馬樓吴簡看其時長沙民户的貧富差别》,《史學月刊》2008 年第 6 期,第 90—93 頁;王佩良:《走馬樓吴簡中的長沙風貌》,《文史博覽》2008 年第 11 期,第 87 頁;李鄂權、駱黄海:《從走馬樓吴簡看孫吴時期長沙郡的人口流動與民族融合》,《福建文博》2009 年第 4 期,第 35—41 頁,等等,但此數量絶對不多。

② [日] 平川南:《東北〈海道〉の古代史》,東京: 岩波書店,2012 年。

③ 龍臻偉:《長沙走馬樓三國吴簡名刺性質初探》,《出土文獻研究》第九輯,北京: 中華書局,2010 年,第 232—240 頁。

④ 凌文超:《走馬樓吴簡采集簿書整理與研究》,桂林: 廣西師範大學出版社,2015 年。

⑤ [日] 關尾史郎:《簿籍の作成と管理からみた臨湘侯國—名籍類を中心として—》,[日] 伊藤敏雄、窪添慶文、關尾史郎編:《湖南出土簡牘とその社會》,東京: 汲古書院,2015 年,第 95—116 頁。

里的吏民簿，然而各户中没有里名和紀年，如同後世差科簿的吏民簿，①各里在户人簡的長度與格式上施加了細微的差異。這是爲了避免抄寫的吏出錯。②

另外，相當於後世户籍的簿籍尚不只吏民簿。已知的還有"吏父兄(弟子)人名年紀簿"這種限定以吏及其家族爲對象的簿籍，以及以從事特殊職業的技能者及其家族爲對象的"師佐(母)妻子人名年紀簿"("師佐簿")。關於前者，又有相關聯的"吏兄弟叛走人名簿"，可見吏及其家族中"叛走"即離脱本籍者經常出現，③對此情況的掌握也是各鄉勸農掾的工作。

此外，竹簡倉庫莂及大木簡吏民田家莂，編綴後作爲簿籍由縣廷保管，同時，各自單獨時可能也具有券書的功能。④ 券書首先是在田曹、户曹、倉曹及庫曹等縣廷的諸曹，與負責田地的擁有者即諸税納税人本籍所在鄉的勸農掾之間發揮其功能。⑤ 這表示在地方的縣廷中，與諸税的賦課和納入相關的勘合確實實施過。而且，收納税米及租米的三州倉和州中倉的出納記録也彙總爲簿籍，編綴後保管。⑥

不過，這些簿籍中有不少錯誤。學者早已指出吏民田家莂的數字中有明顯錯誤，⑦吏民簿中的年齡亦有相當數量的不一致。此類錯誤的高頻度，與簿籍種類的多樣性及總數的龐大，以及負責鄉的勸農掾及典田掾集中參與簿籍製作等之間有著怎樣的因果關係，⑧是今後的研究課題。但可以想像，對行政人員來説，簿籍製作是相當大的負擔。

且説，如果説簿籍的製作是日常業務，那麽統計工作及上報統計數據的文書製作，對吏員來説便應屬於非日常業務了。文書簡牘既有"白"文書(縣廷内部)及"敢言之"文

① 侯旭東：《長沙走馬樓吴簡"嘉禾六年(廣成鄉)弦里吏民人名年紀口食簿"集成研究：三世紀初江南鄉里管理一瞥》，收入所著《近觀中古史：侯旭東自選集》，上海：中西書局，2015年，第108—142頁。

② [日]關尾史郎：《長沙吴簡吏民簿の研究—〈嘉禾六(二三七)年廣成鄉吏民簿〉の復元と分析—》(上)，《人文科學研究》第137輯，2015年，第27—98頁。

③ [日]關尾史郎：《長沙吴簡中の名籍について—史料群としての長沙吴簡・試論(2)—》，《唐代史研究》第9號，2006年，第73—87頁。

④ [日]關尾史郎：《破莂・別莂考—長沙吴簡を例として—》，[日]藤田勝久編：《東アジアの資料學と情報傳達》，東京：汲古書院，2013年，第109—132頁。

⑤ [日]關尾史郎：《吏民田家莂の性格と機能に關する一試論》，長沙吴簡研究會編：《嘉禾吏民田家莂研究—長沙吴簡研究報告—》第1集，東京：長沙吴簡研究會，2001年，第3—15頁。

⑥ [日]谷口建速：《長沙走馬樓吴簡の研究—倉庫關連簿よりみる孫吴政權の地方財政—》，東京：早稻田大學出版局，2016年。

⑦ [日]伊藤敏雄：《三國吴の帳簿の計算ミス》，《東アジア研究》(大阪經濟法科大學アジア研究所)第37號，2003年，第1—2頁；《嘉禾吏民田家莂における米納入狀況と鄉・丘》，《歷史研究》第43號，2006年，第47—81頁。

⑧ [日]安部聰一郎：《典田掾・勸農掾の職掌と鄉—長沙吴簡中所見〈户品出錢〉簡よりみる—》，[日]伊藤敏雄、窪添慶文、關尾史郎編：《湖南出土簡牘とその社會》，第117—141頁。

書(主要是從縣廷向上級機關)等上行文書,還有以"破莂保據"結句的平行文書(縣廷的掾史間)等。其中數量最引人注目的"白"文書,可與相關簿籍一起加深我們的理解。[①]雖然是在縣廷内部,但既然是官文書,就應該存在嚴格的區别使用原則。[②]

當然,由這類簿籍和官文書構成的文書行政體系並非單獨實施於臨湘侯國,所以不能稱其爲地域特質。若要勉强提出地域特質的話,可能就在於竹簡與木簡、竹牘與木牘之間可以互换,書寫材料並不固定。例如倉庫莂,在臨湘侯國轄下的鄉交納諸税時作成的竹簡倉庫莂中就混有可能來自他縣的檔,散見有木簡倉庫莂。[③] 如果考慮到南京出土的標有赤烏十三年(250 年)紀年的倉庫莂也是木簡,[④]那麽吴統治下作成的倉庫莂一般爲木簡的可能性很高。另外,"白"文書中,須要國相裁定的君教牘中混有竹牘和木牘,似乎没有區别使用的原則。[⑤] 在縣廷内部作成、處理的簿籍和官文書,對於書寫材料没有嚴格的區别使用原則嗎? 在湖南省各地及包括南京在内的江蘇省境内,各地都有自生的竹子。整體來説,吴簡中不但竹簡比例偏高,甚至於使用竹牘。從自由使用木和竹一事,可以窺見作成數量龐大的簿籍和官文書的臨湘侯國行政活動的一端。

二 社會

衆所周知,對於吏民中患有疾病、殘障者,其具體的疾病、殘障名稱會被注記在吏民簿上。在後世的户籍和差科簿中,比起疾病、殘障的具體狀況,更重視其病情的嚴重程度,因爲這直接關係到税役的徵課。在吴簡中,這種抽象化的痕迹幾乎無法確認。這是吴簡記載疾病、殘障的特徵,但也僅限於此。在這些疾病及殘障中,可能有如"(苦)腹心病"(日本住血吸蟲病)之類的被視爲地方流行病的疾病。[⑥] 整體而言,與後世的户籍和差科簿相比,疾病、殘障者在所有吏民中所占比例確實較高,甚至在吏卒和里魁等支撑

---

① [日] 伊藤敏雄:《長沙吴簡中の〈叩頭死罪白〉文書木牘》,[日] 伊藤敏雄、窪添慶文、關尾史郎編:《湖南出土簡牘とその社會》,第 35—59 頁。

② [日] 關尾史郎:《破莂・别莂考—長沙吴簡を例として—》,藤田勝久編:《東アジアの資料學と情報傳達》。

③ [日] 關尾史郎:《魏晋簡牘のすがた—長沙吴簡を例として—》,《國立歷史民俗博物館研究報告》第 194 集,2015 年,第 221—236 頁。

④ [日] 關尾史郎:《南京出土の名刺簡について—〈魏晋"名刺簡"ノート〉補遺—》,《資料學研究》第 7 號,2010 年,第 58—64 頁。

⑤ [日] 關尾史郎:《出土史料よりみた魏晋・〈五胡〉時代の教》,[日] 藤田勝久、關尾史郎編:《簡牘が描く中國古代の政治と社會》,東京:汲古書院,2017 年,第 261—280 頁。

⑥ [日] 福原啓郎:《長沙吴簡の傷病表記の特徵》,[日] 伊藤敏雄、窪添慶文、關尾史郎編:《湖南出土簡牘とその社會》,第 197—216 頁。

地方行政基層的吏民中也有病患者。① 雖然可以説這是臨湘地域社會所面臨的負面問題，但話雖如此，生活在臨湘侯國的吏民也並非特别短命。當然，對當時的平均壽命還無從知曉，但吏民簿中記載有不少高齡者，甚至可以見到 1 名超過百歲的人(《竹簡》捌·5477，巨妾 102 歲)。關於高齡者的人數，王素早已在長沙簡牘博物館的影片中予以介紹。鷲尾祐子所集成的 185 例夫婦中，夫 70 歲以上的夫婦有 25 例，最高齡的夫婦是夫 92 歲，妻 83 歲。② 即使低估吏民簿年齡記載的可信度，這麽多高齡者也值得注意。與這項特徵有關聯的，可能是臨湘侯國的自然環境。

倉庫莂所見税物中有獸皮，具體來説有麂、鹿、羊及水牛等的皮，作爲調而納入。釐清該項事實的中村威也推斷，臨湘侯國一帶遍布適於麂及鹿棲息的灌木地帶及丘陵地帶。③ 另外，援引阿部幸信的成果，④獸皮納入事例較多的廣成鄉，在相同地段面積中寬廣丘上的居民相對較多，由鄉名也可推測這是較新的鄉，可以想見其四周由森林及草叢環繞的景觀。

像這樣的自然環境以及江南原有的温暖氣候，或許可以説是超歷史性的條件。然而，雖然詳細不明，但吏民田家莂中所見的"火種田"之類的田種恐怕難以達到高産。受自然災害的打擊，食糧與苗種不足的情況並不少見。不用説，災害時當然實行了諸税的減免措施，這從吏民田家莂的記述也可確認，而除此以外還采取了多種政策。例如，將儲藏在三州倉及州中倉的穀物作爲食糧貸與給吏民，接受貸與的吏民要在一年内將半倍的利息一起返還。在這裏，負責鄉的勸農掾也發揮了很大作用，這類措施很有可能是頻繁施行的日常業務。因爲作成了與倉庫莂類似的莂。另外，除了這類救濟措施外，也實行過經過臨湘國相許可的種苗食糧兼用的穀物貸與。這些措施都須要國相認可，因此並非是頻繁且日常的執行作業。再者，在上述措施之外，另外一種無利息的穀物貸與，可能也在鄉内部實行過。即可以確認曾實施過多綫的、多層次的穀物貸與。⑤

這些救濟措施想必也並非只在臨湘侯國實施過，作爲地域社會的特質而列舉可能

① [日] 關尾史郎：《長沙吴簡吏民簿の研究—〈嘉禾六(二三七)年廣成鄉吏民簿〉の復元と分析—》(上)，《人文科學研究》第 137 輯，2015 年，第 27—98 頁。

② [日] 鷲尾祐子：《分異の時期と家族構成の變化について—長沙吴簡による檢討—》，[日] 伊藤敏雄、窪添慶文、關尾史郎編：《湖南出土簡牘とその社會》，第 167—196 頁。

③ [日] 中村威也：《獸皮納入簡から見た長沙の環境》，長沙吴簡研究會：《長沙吴簡研究報告》第 2 集，2004 年，第 54—68 頁。

④ [日] 阿部幸信：《嘉禾吏民田家莂〈丘〉再攷》，《東洋史研究》第 62 卷第 4 號，2004 年，第 32—59 頁。

⑤ [日] 谷口建速：《"貸食米"と"種粻"——孫吴政權初期における穀物貸與業務》，《長沙走馬樓吴簡の研究—倉庫關連簿よりみる孫吴政權の地方財政—》，第 273—299 頁；[日] 關尾史郎：《穀物の貸與と還納をめぐる文書行政システム一斑—東アジア古文書學の起點としての長沙吴簡—》，[日] 角谷常子編：《東アジア木簡學のために》，東京：汲古書院，2014 年，第 99—124 頁。

並不妥當。尤其是食糧專用的穀物貸與措施被後代繼承。然而,應關注的是穀物貸與是多綫的、多層次的這一點。每次作成的相關的官文書和簿籍,不是也值得特別提及嗎? 正如高村武幸所指出的那樣,[①]吴簡中無法看到各鄉設有鄉嗇夫的痕迹。替代鄉嗇夫執行職務的可能是負責鄉的勸農掾以及典田掾。至於鄉下的里,里魁之外,另任命有歲伍、月伍、比伍等,分掌里魁的職務。例如歲伍參與了吏民簿的製作,[②]我們也注意到從負責鄉的勸農掾到鄉老(?)、歲伍、月伍、比伍等人參與食糧專用的穀物貸與的例子。[③]既然鄉嗇夫從缺,若要使吏民再生産的措施能順利實施,不僅是各鄉的勸農掾及典田掾等縣吏的力量使然,里魁及某伍等里内部吏民的作用也不可輕視。

三　民族

另外,長沙郡一帶,早年是有大量非漢族的蠻所居住的地區。特别是,史書中可以見到的被稱爲武陵蠻的勢力,在後漢時代不僅在流經武陵郡的沅水及澧水,在資水及湘水等流域也廣泛分布。[④] 武陵、長沙兩郡是吴、蜀兩政權激烈争奪所有權的地區,史書中可以見到兩政權曾以官爵利誘蠻族首長的事例。[⑤] 由此推斷,長沙郡的首縣臨湘侯國中,也居住有具有蠻族血統的吏民。

《宋書》卷九七《夷蠻傳》等後世史書(尤其是其蠻傳)中,記載了許多蠻姓。滿田剛在吏民田家莂所見的納税者姓之中整理出史書中所見到的蠻姓。[⑥] 根據這項統計,吏民田家莂記載有名的吏民之中,有將近四成可能是蠻人。雖然僅止於可能性,但若依循先行研究成果,[⑦]則吏民簿内頻繁出現的番(潘)、文、區、雷、栂等諸姓可能來自蠻族。

關於蠻,以往多將其定位爲與吴、蜀兩政權等中國王朝相敵對的勢力。事實是,在吴簡紀年集中的嘉禾年間(232—238),吴與武陵蠻之間的對立激化,政府疲於應付。此

---

① [日]高村武幸:《長沙走馬樓吴簡にみえる鄉》,長沙吴簡研究會:《長沙吴簡研究報告》第2集,第24—38頁。

② [日]阿部幸信:《長沙走馬樓吴簡所見調納入簡初探》,《立正史學》第103號,2008年,第31—50頁。

③ [日]關尾史郎:《穀物の貸與と還納をめぐる文書行政システム一斑—東アジア古文書學の起點としての長沙吴簡—》,[日]角谷常子編:《東アジア木簡學のために》。

④ [日]谷口房男:《後漢時代の武陵蠻》,《華南民族史研究》,東京:緑蔭書房,1997年,第11—31頁。

⑤ [日]谷口房男:《三國時代の武陵蠻》,《華南民族史研究》,第33—55頁;[日]關尾史郎:《曹魏政權と山越》,西嶋定生博士追悼論文集編集委員會編:《西嶋定生博士追悼論文集東アジア史の展開と日本》,東京:山川出版社,2000年,第213—225頁。

⑥ [日]滿田剛:《長沙走馬樓吏民田家莂に見える姓について》,長沙吴簡研究會編:《嘉禾吏民田家莂研究—長沙吴簡研究報告—》第1集,第80—93頁。

⑦ 陳連慶:《中國古代少數民族姓氏研究——魏晋南北朝民族姓氏研究》,長春:吉林文史出版社,1993年。

種狀況的端倪，從吴簡的記述中也可窺見。[①] 然而這不過是蠻漢關係的一方面，很多蠻是作爲其支配下的吏民而被編成的，這從吴簡也可以知曉。

然而，這些人的存在形態如何，則未必那麽明了。關於這點，如衆所周知的那樣，多數吏民居住在"丘"這一點可供參考。"丘"的特性至今尚無定論，其未必僅是丘陵地的意思。恐怕將其解釋爲隣近田地的、城外的地更爲妥當。"丘"可能正是繼承了出身蠻族的吏民本來的存在形態之物。[②] 總之，對於歸順的蠻，政府采取了使其居住在城外的原住地或其附近，又遵守吏民掌握的原則，以鄉和里記録其本籍的彈性方法。這雖與先前所述有所矛盾，但對於吴簡中的鄉與里，尤其是里進行了何種程度的實體化這一點，長期以來一直存有疑問。如果依據吏民簿，絶大多數的里都由 50 户等固定户數構成。可能里的編成只是紙上的計劃。倉庫莂中一般會對納税者冠以其居住的丘名，極少數是代替丘名的"邑下"、"市會"等文字。[③] 不僅吏民，亦有日常、經常居住於城内而不是"丘"的人，但他們是手工業或商業的從業者，在全體吏民中可能只是少數。

"丘"不僅出現於吴簡，也見於郴州吴簡。[④] 我們無法否認這可能是常見於湘水流域的居住方式，但或許也可以認爲是農業生産和獲取獸皮的一種有效方法。

結　語

本文利用吴簡研究的成果，從"行政"、"社會"、"民族"三個方面對臨湘地域社會進行了論述。儘管標題是"地域社會的特質"，但本文所介紹的僅是"地域社會的真實面貌"的一隅。主要原因是吴簡向我們提供的信息量格外突出，使得我們難以與臨湘以外的其他縣作比較。最後，除了熱烈期盼大型圖録本《長沙走馬樓三國吴簡》能儘早完全發表外，爲了解明"地域社會的特質"，同時也期盼郴州、益陽，以及南京等地出土的魏晋簡牘能够早日完全公開，以此作爲本稿的結尾。

（蘇俊林 譯）

---

① 王素：《漢末吴初長沙郡紀年》，《吴簡研究》第一輯，武漢：崇文書局，2004 年，第 40—86 頁。

② ［日］關尾史郎：《長沙吴簡所見〈丘〉をめぐる諸問題》，長沙吴簡研究會編：《嘉禾吏民田家莂研究—長沙吴簡研究報告—》第 1 集，第 42—54 頁。

③ ［日］關尾史郎：《長沙吴簡の〈丘〉と〈邑下〉》，http://sekio516.exblog.jp/3667160/，2006 年，見於所著《長沙吴簡の〈市會〉》，http://sekio516.exblog.jp/3873337/，2006 年。

④ ［日］關尾史郎：《湖南省郴州市，蘇仙橋出土吴簡について》，《中國出土資料學會會報》第 38 號，2008 年，第 14—16 頁。

湖南長沙走馬樓三國吴簡性質新探

——從《竹簡(肆)》涉米簿書的復原説起

侯旭東

(清華大學歷史系、出土文獻與中國古代文明研究協同創新中心)

湖南長沙走馬樓三國吴簡自1996年10月發現,迄今已20年。據2015年11月統計,整理出版的吴簡已達48 028枚,占預計刊布簡牘76 552枚的62.7%。國内外發表吴簡研究的論文600餘篇,出版專著、論文集23部,博士論文7篇,碩士論文30餘篇。①到2016年8月,論著的數量當然會更多。研究亦已從早期以單純的讀簡釋詞與格式歸納、發掘簡牘與傳世文獻的對應關係研究爲主,發展到利用揭剥圖、盆號等考古信息以及筆迹等復原或集成册書的新階段。最近,有學者更上層樓,開始關注吴簡中的文書行政,試圖恢復不同册書之間的關係,②向更高層次上恢復吴簡原貌邁進。這是吴簡研究深入所必不可少的步驟,當然,要想達到最終復原出吴簡所見文書行政的完整過程,還有相當漫長的路要走。

總體上看,國内外的研究以走向細密與深入爲主,關注的焦點日益集中於具體問題,衆多細部問題取得長足進展,造成的結果是樹木日見清晰,森林反趨模糊,與吴簡有關的一些大問題有意無意受到忽略,妨礙了吴簡研究整體上的推進。

---

① 論著統計數字據長沙簡牘博物館編:《嘉禾一井傳天下——走馬樓吴簡的發現保護整理研究與利用》,長沙:嶽麓書社,2016年,第105頁。

② 如凌文超:《走馬樓吴簡舉私學簿整理與研究——兼論孫吴的占募》,《文史》2014年第2輯,第37—72頁;沈剛:《吴簡所見孫吴縣級草剌類文書處置問題考論》,《文史》2016年第1輯,第51—68頁;徐暢:《三國孫吴基層文書行政研究——以長沙走馬樓簡牘爲中心》,博士後出站報告,北京師範大學歷史學院,2016年。

關於吴簡性質,最近若干年,就少有學者專門討論。學界似乎多默認屬臨湘侯國的檔案,①但往往泛泛而言,未嘗細考。究竟是侯國中哪個機構或哪些機構的檔案,僅有個别學者涉及。② 目前已刊吴簡超過了擬刊布總數的六成,其中近 2 萬枚爲保存於古井内,經考古發掘出土的簡牘。每册公布的資料中都有多少不等的揭剥圖,描述了成坨簡牘的形貌,結合釋文,可以了解諸多簡牘内容上的關聯。還有,以往的研究中,對於各類簿籍與文書,從格式到册書的復原,均做過不少工作。儘管相對於數量龐大的吴簡,既有的復原研究還很不充分,更有不少類型的簿書與文書没有做過系統的整理,然而目前研究,已爲解決此問題提供了許多綫索和便利,值得作一番探索。

有鑒於此,本文采取和過去不同的思路。根據已刊吴簡的内容、形制及堆積情況,對於走馬樓 22 號井中發現的吴簡的性質重新作一探討,考察這批簡牘是在經歷了何種過程之後進入井中的,究竟是哪個(或哪些)機構放置於井中的,進而對吴簡的性質及其主人作一更爲精確的判斷。

當然,研究還須從具體問題入手。本文圍繞吴簡中數量最多的納米簿書展開,選取的例子是《竹簡(肆)》揭剥圖中與交納米有關的若干簿書,管中窺豹,關心的問題是吴簡各類簿書及文書經過哪些官吏的處理,如何彙集到一起,最終被放置到 22 號井之前,是由哪個或哪些機構的官吏來處置?如何處理?針對上述問題,文中更關注的是簿書與文書的編製者與經手者,除非必需,不對具體文書展開復原分析。分析中將綜合考古信息、簡牘内容、形制、文書處理過程、存放上的關聯等,對其構成與性質加以考察。在此基礎上,探討君教簡及整個吴簡的性質。

一 《竹簡(肆)》受米諸"簿"的構造與編製

通觀已刊吴簡,自名爲"××簿"者極多,而名爲"×籍"者甚少。前者包括了交納與支出各種米、錢、皮與布的簿書,以及多種與人口管理有關的簿書,如常見的"吏民人名年紀簿"、"兵曹徙作部工師及妻子簿"(即通常所説的"師佐籍"),還有諸多因臨時要求

① 如凌文超指出"(吴簡)内容主要是孫吴嘉禾年間臨湘侯國的行政'簿書'","走馬樓吴簡作爲孫吴縣一級(臨湘侯國)官文書集群",見所著《走馬樓吴簡采集簿書整理與研究》,桂林:廣西師範大學出版社,2015 年,第 1、16 頁。亦有少數學者視吴簡爲"孫吴時期地方政府的檔案",見沈剛:《長沙走馬樓三國竹簡研究》,北京:社會科學文獻出版社,2013 年,第 1—2、5 頁。

② 見關尾史郎:《史料群としての長沙吴簡・試論》,初刊《木簡研究》第 27 號,2005 年 11 月,後收入《長沙走馬樓出土吴簡に關する比較史料學的研究とそのデータベース化》(平成十六年度至平成十八年度科學研究費補助金〈基盤研究 B〉研究成果報告書),2007 年 3 月,第 61 頁。

而編製的簿書。而其中出現的“籍”不過十次,均在《竹簡(肆)》。多數是泛稱的“户籍”,[①]“名籍”見簡肆·4549;“籍簿”連用僅見於簡肆·1164。儘管吴簡中是否存在臨湘侯國的户籍,學界尚有分歧,[②]自名以“簿”爲多的現象亦暗示了兩者的不同。這裏就先從占吴簡數量最多的簿書入手,分析其構造與編製目的、處理過程。

關於吴簡中的簿書,學界已有很多研究,從格式到單個簿書的復原,乃至某類物品的簿書體系,均有涉及,限於篇幅,無法詳述。吴簡中涉及物品與人員的簿書中以前者爲多,前者中又以各類出、入米莂數量最多,相關研究亦不少,筆者亦曾做過分析。[③] 當時刊布資料有限,方法上亦存在不足,兹據後來新公布的資料,對其編製的流程加以討論。這裏以《竹簡(肆)》中涉及的嘉禾元年十一月三州倉吏谷漢所受的“入米莂”作爲案例。

《竹簡(肆)》中涉及出入米的簡牘頗多,有不少是州中倉吏黄諱潘慮的“月旦簿”及其他簿書,鄧瑋光曾做過復原研究,[④]還有三州倉吏鄭黑所受的各類米莂,交納的鄉有平鄉、桑鄉與東鄉,和谷漢相同,不過,這類集中於嘉禾二年和三年,且基本都是通過邸閣

---

① 見簡肆·4450、4460、4482、4490、4492、4493、4523(1)、5330。據凌文超研究,這些簡出自“隱核新占民簿”,詳參所著《走馬樓吴簡隱核新占民簿整理與研究》,《田餘慶先生九十華誕頌壽論文集》,北京:中華書局,2014年,第176—201頁。

② 關於“户籍”的内涵,學界存在不同意見。大體説來,部分學者將户籍視爲一個總的概念和名稱,認爲包含了多種内容和名稱不同的簿籍,這部分學者通常區分出廣義與狹義的户籍;另有學者則認爲那種作爲根本憑證的才是户籍,其他都應叫作“户口簿籍”。持前説的如汪小烜:《走馬樓吴簡户籍初論》,《吴簡研究》第一輯,武漢:崇文書局,2004年,第154頁;楊際平:《秦漢户籍管理制度研究》,《中華文史論叢》2007年第1期,第29—30頁;張榮强:《再論孫吴簡中的户籍文書——以結計簡爲中心的討論》,《北京師範大學學報》2014年第5期,第88—89頁;凌文超:《走馬樓吴簡采集簡“户籍簿”復原整理與研究——兼論吴簡“户籍簿”的類型與功能》,《吴簡研究》第三輯,北京:中華書局,2011年,第9—10頁。持後説的有胡平生:《新出漢簡户口簿籍研究》,《出土文獻研究》第十輯,北京:中華書局,2011年,第264頁;鄧瑋光:《走馬樓吴簡采集簿書的復原與研究》第五章,南京大學博士學位論文,2012年,第155頁;韓樹峰:《論漢魏時期户籍文書的著録内容》,《簡帛研究二〇一四》,桂林:廣西師範大學出版社,2014年,第250、256、260頁;凌文超:《孫吴户籍之確認——以嘉禾四年南鄉户籍爲中心》,《簡帛研究二〇一四》,第271—272、319頁;凌文超:《走馬樓吴簡采集簿書整理與研究》,第20—22、86—95頁。

③ 侯旭東:《長沙三國吴簡三州倉吏“入米簿”復原的初步研究》,《吴簡研究》第二輯,武漢:崇文書局,2006年,第1—13頁。

④ 分見鄧瑋光:《對州中倉十二月出米簡[肆]4012組的復原嘗試》,《蘇州文博論叢》第六輯,北京:文物出版社,2015年,第45—55頁;《走馬樓吴簡“出米簿”的復原與研究》,《簡帛研究二〇一五(春夏卷)》,桂林:廣西師範大學出版社,2015年,第201—217頁;《對中倉黄龍三年十一月旦簿的復原嘗試》,《簡帛研究二〇一五(秋冬卷)》,桂林:廣西師範大學出版社,2015年,第182—214頁;《對中倉黄龍三年十月旦簿的復原嘗試》,《魏晋南北朝史的新探索——中國魏晋南北朝史學會第十一届年會暨國際學術研討會論文集》,北京:中國社會科學出版社,2015年,第645—677頁。

董基轉運來的。[①] 谷漢在嘉禾二年九月亦曾負責受米工作(見簡肆·3388、3395、3450、3689),亦通過邸閣董基,僅此數例而已,是極爲罕見的情況。

餘下的"入米莂",只要是嘉禾元年十一月的,下端完整的,均署名"三州倉吏谷漢受",[②]最爲大宗。除去大量的散簡,這部分"莂"集中見於簡肆·982—1038(揭剥圖五:Ib①簡牘)、簡肆·1039—1054(揭剥圖六:Ib②簡牘)、簡肆·2262—2451(揭剥圖九:Ic1②簡牘)、簡肆·3120—3193(揭剥圖十三:Ic2①簡牘)及簡肆·3845—3863(揭剥圖十五:Ic2③簡牘)五坨,下文將重點討論。關尾史郎曾撰文分析過這五坨簡,外加屬嘉禾二年九月谷漢所受米及十至十二月鄭黑所受米的簡肆·3341—3417(揭剥圖十四),[③]並列表考察了各坨内容、交納數量、日期、統計周期,以及不同類型的米與鄉之間的關係,[④]兹在其研究基礎上,利用揭剥圖作些討論。

這類"莂"完整者如下:

1. 入小武陵鄉税米十斛三斗胄米畢𠄡嘉禾元年十一月廿七日中象丘彭成付三州倉吏谷漢受　中　(肆·2266)

【注】"中"爲朱筆迹。

很多簡都有上下兩道清晰的編痕,此外,揭剥圖九中的簡中發現了如下簡:"·右入税米六十五斛八升"(肆·2270),類似的簡該坨中共有至少12枚,[⑤]格式相同,僅税米斛數不同,均表明原先這些莂都曾編聯成册。此外,揭剥圖十五中出現了如下兩簡:

2. ·右平鄉入税米千一百九十八斛四斗四升　(肆·3846·15·2)
3. ·右平鄉入税米□百一十五斛一斗　(肆·3847·15·3)

該坨中位於兩簡旁邊的一簡爲小武陵鄉嘉禾元年十一月入米莂(肆·3845·15·1),其

---

① 基本完整的如簡肆·4272、4283、4287、4290、4298、4306、4307、4309、4310等。

② 嘉禾元年三州倉吏爲谷漢,二年爲谷漢、鄭黑兩人。最新的邸閣、倉吏與庫吏任職時間一覽表,見伊藤敏雄:《長沙呉簡中の邸閣·倉吏とその關係》之表一"邸閣·倉吏·庫吏擔當者一覽(三訂版)",《歷史研究》第49號,2012年3月,第24頁。感謝徐暢小姐示知此文。

③ 此坨未見完整簡,只有簡肆·3370有"☑[民]所貸嘉禾元年私學限米廿三斛"、肆·3382"☑貸嘉禾元年税米□□斛……☑"、肆·3385"☑入民所貸嘉禾元年税米卌八斛三斗五升"、肆·3401"☑……所貸嘉禾元年租米□斛",恐怕是吏民還貸嘉禾元年米的簿書。

④ 關尾史郎:《出土狀況よりみた長沙呉簡—〈長沙走馬樓三國呉簡·竹簡〉[肆]所收の賦税納入簡を中心として—》,《中國出土資料研究》第17號,2013年,第29—51頁。

⑤ 簡肆·2262·9·1、2267·9·6、2270·9·9、2307·9·46、2321·9·60、2333·9·72、2354·9·93、2379·9·118、2387乙·9·126乙、2412·9·151、2418·9·157、2444·9·183。

下數層中有 7 枚爲平鄉的入米莂，詳見下圖（彩圖參圖版壹）：

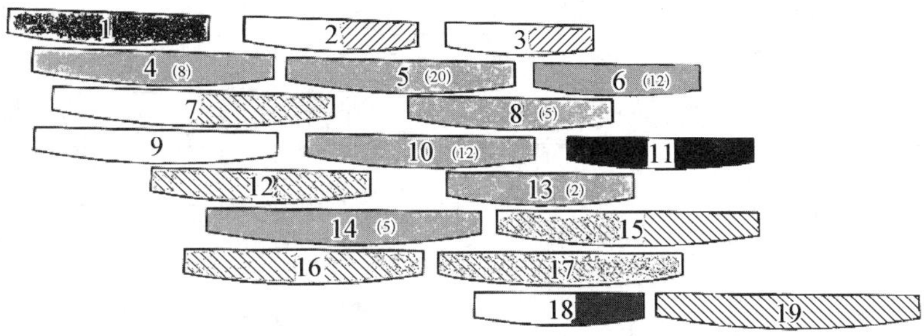

圖十五　Ⅰc2③簡牘揭剥位置示意圖

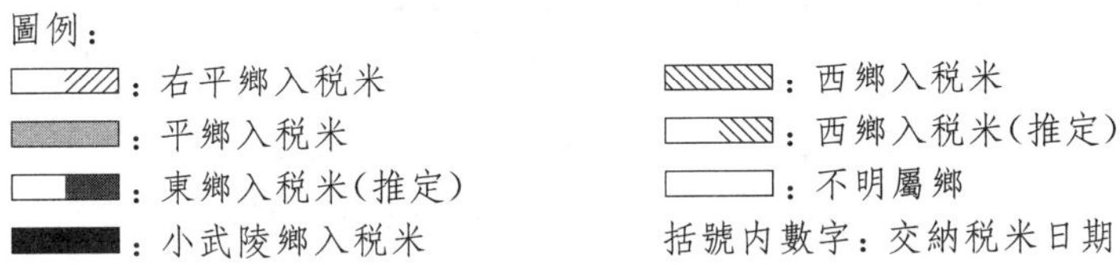

諦觀兩簡的圖版，除數字外，書寫格式並無不同，但首字"右"的位置有别，簡 2 的"右"字距頂部 1.8 釐米，簡 3"右"字偏下，距頂 3.2 釐米。兩簡當非位於原始位置，擾動後相鄰。關尾史郎根據逐日統計的受税米數額同簡 2、3 的數量關係，推測存在半個月一統計的周期，簡 3 或是半個月的統計，的確有此種可能性。類似的按鄉統計的税米簡還有如下兩簡：

4. • 右東鄉入税米二千一(?)百廿四斛九斗六升　　（肆 • 1190）

5. • 右武陵鄉入税米一千四百一十四斛六斗一升　　（肆 • 3574）

【注】"右"下似有"小"字，但筆迹已磨滅。

此二簡首字位置均靠上，與簡 2 相當，簡 4 距頂端有 2 個字的空間。且此三簡税米數額較大，很可能是十一月全月收到的税米額，而簡 3 則是其中某幾天的小計。而更爲多見的"右入税米×斛×斗"，没有標明屬鄉，《竹簡（肆）》中有此類簡 49 枚，上面常可能見到編繩痕迹，①應該是某個鄉某日收到税米的統計，②可能是在一天的收米工作完成後編製相應的簿册時統計後另簡寫好並編入簿册。觀察這些"右入税米"簡，完整者的形制一般均較普通的入税米莂窄且短，詳見下表：

---

① 如簡肆 • 1087 上清晰可見下道編繩，肆 • 1139 兩道，肆 • 1342 下道，肆 • 1861 下道，肆 • 2270 下道，肆 • 2418 上道，肆 • 2444 上道，肆 • 2568 下道，肆 • 3440 下道，肆 • 3576 上下兩道，肆 • 3970 下道等。

② 關尾史郎根據現存的入米簡（受米莂），按日統計了竹簡肆中平鄉嘉禾元年十一月税米交納數量，最多爲 127.65斛（4 日），最少 3 斛（27 日），見《出土狀況よりみた長沙吴簡—〈長沙走馬樓三國吴簡 • 竹簡〉［肆］所收の賦税納入簡を中心として—》表八。

簡號	1087	1139	1201	1202	1206	1333	1342	1418	1864	1956	2270	2307	3125
長度	23.6	23.1	23.05	23.65	23.65	22.4	23.1	22.9	22.1	22.9	23.1	22.4	22.6
上寬	0.95	0.75	0.65	0.9	1	1	0.85	0.7	0.95	0.8	0.7	1.1	0.9
下寬	0.6	0.8	0.65	0.6	0.6	1.1	0.7	0.7	0.85	0.8	0.7	0.7	0.9
簡號	3440	3762	3905										
長度	22.6	23	23.2										
上寬	0.8	1	0.7										
下寬	0.6 右殘	0.9	下裂										

據《竹簡(肆)》圖版測量,尺寸:釐米

一般的入税米莂,以平鄉爲例,完整者多數長度在 24.7—25.9 釐米、上下寬 1.1—1.3 釐米之間。使用這種形制有别的竹簡書寫,恐怕也是有意爲之,目的在於醒目。這或也可算作一種特殊的"視覺竹簡"吧。

這類簿册,當時恐怕還没有什麽"簿"一類的專稱,很可能就簡單地稱爲"三州倉吏谷漢起嘉禾元年十一月一日訖卅日所受嘉禾元年租税襍米莂",屬於其中的税米部分。迄今公布的吴簡簽牌數量不多,與此種百姓交納物最原始憑證相關的,無論是州中倉,還是庫吏接受的,不論是米,還是皮,均統稱爲"××莂"(見下圖[①]):

正　面	背　面	正　面	背　面
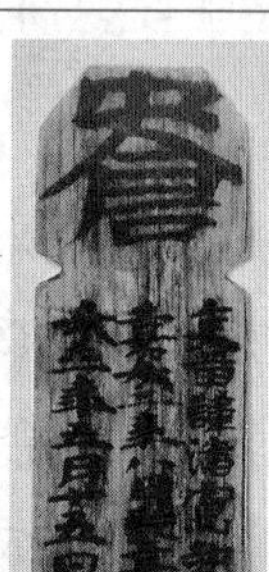			

據此,三州倉接受百姓交納米而形成的憑證亦不會有單獨的稱呼。姑且參照其他倉庫

① 以下兩件簽牌尚未正式公布,編號不明。圖片據宋少華主編:《中國簡牘書法系列·湖南長沙三國吴簡(六)》,重慶:重慶出版社,2010 年,第 27、29 頁。"布"亦如是。《竹簡(柒)》刊布了一件:

庫　吏殷連潘　蒲起二年七月　　(柒·4820[1]正)
訖三年五月十五日

庫　所受嘉禾二年　　(柒·4820[1]背)
品市布莂

“簽牌”上的稱呼,將此類“莂”統稱爲“受(税)米莂”册。[①]

這類莂是在百姓每年向官倉交納各類“米”時形成的,“莂”的主要書寫者應該是鄉吏(鄉書史,據簡肆·4653、5257、5311),因此,同鄉的莂的筆迹並不相同。倉吏谷漢只是在尾部署上“漢受”兩字,[②]並破莂,將其中一份保存在倉吏處,另外的一份交給百姓,應由其帶回交給鄉吏保管。百姓交納米的日期並不固定,且他們分屬不同的鄉,這些莂原先均是獨立存在的,只是每天要按照鄉、米的類别來歸類,且編入相應的“莂册”,先按鄉來分類,形成“×鄉×米莂”册,上面討論的是“平鄉税米莂”册,據上引簡4和5,還應有“東鄉税米莂”册、“小武陵鄉税米莂”册,此外入税米莂中有很多西鄉、桑鄉的記録,亦應有這兩鄉的“税米莂册”。另據下簡:

6. •右諸鄉入吏帥客限米一千一百五十四斛八斗四升 (肆·1002)

7. •右諸鄉入新吏限米四百六十六斛二斗 (肆·1034)

8. •右[諸]鄉入租米九百[卌]五斛七斗六升☑ (肆·1943)

諸鄉所受的同類米還要彙總統計,且這類簡上亦有編繩痕迹,如簡6、7可見上下兩道,肆·5340存上道,表明亦要編入册書,可證諸鄉所受同類米最終要彙集爲一册。谷漢十一月所受的諸鄉税米莂最終應彙編成“諸鄉税米莂”册。當然,臨湘地區民税田最多,税米數量最多,[③]交納人多,且有人不止交納一次,[④]此“莂册”恐怕最爲龐大。其他類型的“米”,如租米、各類限米的收受均循相同的方式編製莂册,編製過程中亦有間隔一段時間的小計,不過,因爲這些交納物遠少於税米,恐怕無需逐日小計,出土的“右入租米×斛”或“右入×限米×斛”的簡遠少於“右入税米”,可以爲證。《竹簡(肆)》不過如下數枚:

---

① 凌文超則將此類由“莂”構成的册書稱作“入受簿”,見所著《走馬樓吴簡采集簿書整理與研究》,第285—286、398頁;日本學者則多稱爲“米(穀物)納入簡”,泛稱爲“賦税納入簡”,不具引。

② 關於此問題,可參窪添慶文:《走馬樓吴簡の庫吏關係簡について》,收入《長沙走馬樓出土吴簡に關する比較史料學的研究とそのデータベース化》(平成十六年度—平成十八年度科學研究費補助金〈基盤研究B〉研究成果報告書),2007年3月,第47—48頁;邢義田:《漢至三國公文書中的簽署》,《文史》2012年第3輯,第182—185頁。邢義田對於竹簡别券(即本文所説的“受米莂”)上諸史的署名是否爲親筆,亦有一定程度的懷疑,見第185頁;伊藤敏雄對於是否爲親筆署名同樣抱有疑問,見《長沙吴簡中の朱痕·朱筆·“中”字について(その2)——2011年3月の調查結果をもとに》,《長沙吴簡研究報告》2010年度特刊,2011年,第13—16頁。

③ 兩者的關係可參侯旭東:《走馬樓竹簡的限米與田畝記録——從“田”的類型與納“米”類型的關係説起》,《吴簡研究》第二輯,第160—163頁。

④ 如東鄉頃丘的鄭經,嘉禾元年的税米就交納了二次,見簡肆·989和1003,分别是十一月十三日和廿日;同鄉大田丘的烝這亦如此,分别在十一月廿日交納了嘉禾元年税米八斛五斗(簡肆·1189),七天後的十一月廿七日又交了税米二斛一斗(簡肆·2424)。交納其他類型的米時亦存在此種情形,如小武陵鄉余元丘的男子烝勤就分兩次交納了嘉禾元年佃卒限米四斛(十一月八日,簡肆·1025)、二斛(十一月十五日,簡肆·1256)。

9. •右入吏子弟限米七十一斛四斗□升 (肆·999)

10. •右入租米卌八斛 (肆·1883)

11. •右入租米一百八十斛九斗七升八合 (肆·3166)

12. •右入租米卌九斛 ☐ (肆·3186)

13. •右入租米六十一斛七斗 (肆·3451)

14. •右入郡吏弟□ ☐ (肆·3464)

15. •右入租米七十九斛一斗九升 (肆·3759)

16. •右入租米百五十六斛七斗六升 (肆·3906)

這些簡形制與"右入税米×斛"簡相同,上面編繩痕迹亦存,如簡11、13、16等。統計周期究竟多長,還需研究。① 然後以月爲單位彙成各類米的莂册,最後一步是以月爲單位將各種米的莂册彙集起來,編成統一而龐大的"三州倉吏谷漢所受嘉禾元年租税襍米莂"册,這些"受米莂"册中各類米的統計數字構成了三州倉吏月旦簿的基礎數據之一部分。②

以上根據《竹簡(肆)》中相關簡文及圖版,考察了"三州倉吏谷漢所受嘉禾元年租税襍米莂"册的編製過程及其名稱。若再仔細追問,具體到各個鄉,各類米,谷漢又是如何來編製該莂册?各鄉排列的先後次序,各類米的莂册又是如何編排的?關尾史郎先生曾有初步的推測,如東鄉税米與限米相接,要比較精確地回答這些問題,就不能不將目光轉回到揭剥圖上。

前述五坨簡内容基本都是嘉禾元年十一月三州倉吏谷漢所受的諸鄉税米,先來看其中包含竹簡數量最多、性質最爲單純的揭剥圖九Ic1②簡牘(肆·2262—2451)。這坨190枚簡中,除去殘斷而交納物不明者,以及以下有一些諸鄉交納子弟限米(肆·2423·9·162、2425·9·164、2426·9·165、2427·9·166、2429·9·169、2430·9·170、2437·9·176、2442·9·181)、新吏限米(肆·2436·9·175、2440·9·179、2441·9·180、2449·9·188)、私學限米(肆·2428·9·167、2443·9·182?)與叛士限米(肆·2447·9·186、2450·9·189)外,其餘均是諸鄉交納税米給谷漢的記録,時間均在嘉禾元年十一月某日。下圖已經用不同圖案區分了諸鄉受米莂及"右"簡(彩圖參圖版貳):

---

① 吴簡竹木牘中所見州中倉倉吏小計受入襍米(税、租及限米、錢米)的周期爲3—6天,或可作爲參考,見徐暢《走馬樓吴簡竹木牘的刊布及相關問題研究綜述》(《魏晋南北朝隋唐史資料》第三十一輯,上海:上海古籍出版社,2015年,第48—54頁)所列諸牘,感謝徐暢小姐提示。

② 這些乃是其中的"新入簡"的基礎。關於此問題,魏斌分别稱爲"莂簿"與"要簿",前者爲原始檔册,是後者的基礎,見所著《走馬樓所出孫吴貸食簡初探》,《魏晋南北朝隋唐史資料》第二十三輯,武漢:武漢大學文科學報編輯部,2006年,第31—32頁。凌文超亦有所討論,見《走馬樓吴簡采集簿書整理與研究》,第370頁;《走馬樓吴簡庫布錢賬簿體系復原整理與研究》,《考古學報》2015年第2期,第221頁。他的研究是基於布與錢的徵收,屬於庫吏的工作,但當時倉與庫關係密切,文書流程應無區别。

圖九 Ⅰc1②簡牘揭剥位置示意圖①

圖例：
- 右入税米
- 平鄉入税米
- 平鄉入税米(推定)
- 平鄉入限米
- 東鄉入税米
- 東鄉入税米(推定)
- 小武陵鄉入税米
- 西鄉入税米
- 西鄉入税米(推定)
- 桑鄉入税米
- 桑鄉入限米
- 廣成鄉入限米
- 樂鄉入限米
- 不明屬鄉

子：子弟限米
私：私學限米
私?：疑爲私學限米
新：新吏限米
叛：叛士限米
最右側數字：交納限米日期
×：交納日期不明

① 殘斷或字迹磨泐無法確認屬鄉，但可根據丘名推定的簡，使用相應的圖案，但僅標注在數字右側，具體簡文如下：

肆·2272·9·11"⧄米十斛七斗胄畢嘉禾元年十一月三日南疆丘李墫付三州倉吏谷漢受　中"，據簡肆·2274、2318，可知屬於西鄉。

肆·2297·9·36"入□鄉税米十四斛三斗胄米畢丨Ⅹ嘉禾元年十一月十日杷丘大男烝欽付三州倉吏谷漢受"，據簡壹·3568、3865、4859、8214，叁·3696、3698、3726、3811，肆·1962、2309、2311、2323、2380、3434、3962，可知屬於平鄉。

肆·2300·9·39"入……胄畢丨Ⅹ嘉禾元年十一月廿二日高□丘男子逢困付三州倉吏谷漢受中"，據肆·3856"入西鄉税米四斛丨Ⅹ嘉禾元年十一月廿七日高樓丘逢困付三州倉吏谷漢受"，爲五天後同一人所交，可知屬於西鄉無疑。

肆·2303·9·42"入□鄉税米十二斛二斗胄畢丨Ⅹ嘉禾元年十一月二日劉里丘殷□付三州倉吏谷漢受"，據貳·8247，叁·2834、2841、3180、3736，肆·1047、1070、1078、1472、1676、2068、2291、4244、4264、4309、4310，所缺爲"東"字。另據貳·375，則爲都鄉；據叁·2880、6476，則爲桑鄉。

肆·2407·9·146"入□鄉税米□斛三斗胄畢丨Ⅹ嘉禾元年十一月卅日新城丘陳□⧄"，其餘簡中多作"新成丘"，據叁·3576、3678，肆·1114、2064、2584、4231，所缺爲"東"字。

肆·2439·9·178"⧄一斛三斗胄畢丨Ⅹ嘉禾元年十一月十一日伯丘⧄"，據肆·3139、3652，所缺爲"平"字。

觀察上圖,不難發現,此坨有字面均朝下,應是一大坨簡册中上面部分。從不同類别的米的受米莂的位置看,下面接近原坨中心的應該是各類限米的"受米莂"册,其後則是税米的"受米莂册",這些均是嘉禾元年十一月三州倉吏谷漢收到的米。兩者的界限大概在該坨最下面的五層與六層。五層以下税米莂與三種限米莂混雜,第六層以上則純爲諸鄉的受税米莂。

與此相關的還有另外兩坨,見下圖(彩圖參圖版叁):

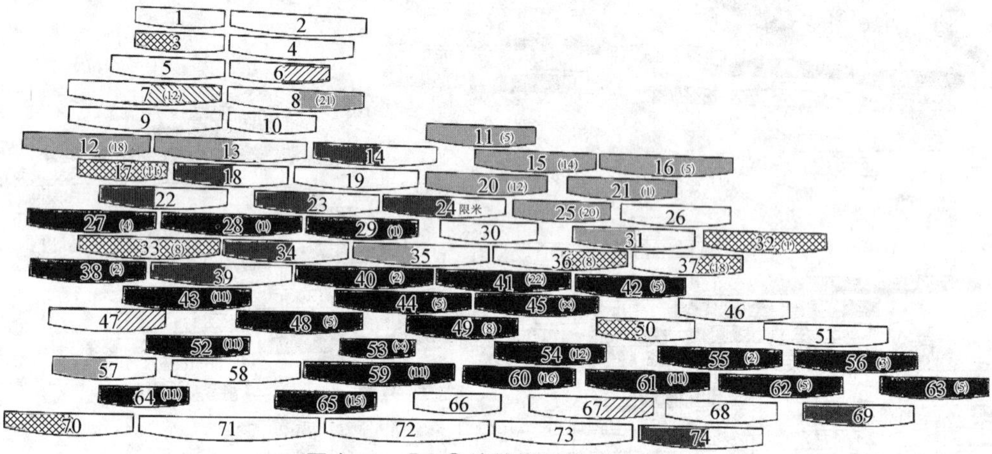

圖十三　Ic2①簡牘揭剥位置示意圖

圖例:
：右入租米　：小武陵鄉入税米　：不明屬鄉
：平鄉入税米　：西鄉入税米(推定)　括號内數字:交納税米日期
：平鄉入税米(推定)　：桑鄉入税米　×:交納日期不明
：平鄉入租米　：桑鄉入税米(推定)
：東鄉入租米　：桑鄉入租米

本坨的有字面均朝上,應該是大坨簡册中下半部的殘存。根據揭剥圖九(圖版貳)及揭剥圖十三(圖版叁)中不同類别的受米莂的層位分布,兩者拼合,大致可以斷定,簡册的中心部分是諸鄉各類限米的受米莂,其上則是諸鄉税米的受米莂,此類莂最多,可能其占據的簡册層次最多,從揭剥圖九(圖版貳)看,似乎如此。揭剥圖十三(圖版叁),税米莂册之上則是諸鄉租米的受米莂。餘下内容明確的除一例外均是受諸鄉租米莂,詳情見下表:

簡　號	屬　鄉	米的類型	交納日期
肆·3122·13·3	桑鄉	租米	11月20日
肆·3132·13·13	平鄉	租米	11月8日
肆·3133·13·14	東鄉	縣吏鄭湯租米	11月9日
肆·3137·13·18	東鄉	租米	11月18日
肆·3141·13·22	東鄉①	租米	11月3日

① 據肆·2316、2400、3486、3763,見《竹簡(肆)》下册,地名索引,第859頁。

續　表

簡　　號	屬　鄉	米的類型	交納日期
肆·3142·13·23	東鄉[①]	租米	11月25日
肆·3143·13·24	東鄉	□吏黄陽限米	11月25日
肆·3150·13·31	平鄉	租米	11月12日
肆·3153·13·34	東鄉	租米	11月7日
肆·3154·13·35	平鄉	租米	11月3日
肆·3158·13·39	東鄉	租米	11月30日
肆·3166·13·47	右入	租米	
肆·3169·13·50	桑鄉	租米	11月12日
肆·3176·13·57	平鄉	租米	11月23日
肆·3186·13·67	右入	租米	
肆·3188·13·69	東鄉	租米	11月9日
肆·3189·13·70	桑鄉	租米	11月3日
肆·3193·13·74	東鄉	吏烝贇租米	11月27日

此外,查揭剥圖十三(Ic2①,簡肆·3120—3193)以下,除揭剥圖十四(Ic2②,簡肆·3341—3417),到揭剥圖十五(Ic2③,簡肆·3845—3863)之間的簡文,内容基本都是嘉禾元年十一月受米莂,[②]鄉名及入米類别、年份可知者,不出上述五鄉,米則或是税米,或是租米,各種限米幾乎不見,[③]可以説,簡牘分布圖中I區c2小札中不成坨的嘉禾元年十一月的受米莂是以税米和租米占絶對數量,和揭剥圖十三(圖版叁)中諸簡的構成相一致。根據以上信息,可以推定,由内到外依次排列如下莂册:

諸鄉所受限米莂册　　(主體分布在揭剥圖九之1—5層,竄入到第6層)

諸鄉所受税米莂册

(揭剥圖九之6層—最上層,揭剥圖十三之1—15層,夾雜受租米莂)

諸鄉所受租米莂册

(主體分布揭剥圖十三之16、17層,夾雜受税米莂,並散落至其上數層)

相對於各册《竹簡》公布的成坨簡,這兩坨内部不同類型簡的分布較爲分散,揭剥圖九(圖版貳)的形狀更爲罕見,這可能是與《竹簡(肆)》所收爲“經擾亂後散落的部分”,整個本區(I

① 據肆·989、1003、1024、3133、3783,見《竹簡(肆)》下册,地名索引,第843頁。

② 揭剥圖十四所含的簡雖亦屬受米莂,但時間、受米類型均不同,經手人亦有谷漢,更多的是鄭黑,不能排除是在跌落過程中自鄰近簿書竄入的。

③ 偶見的例外有桑鄉私學限米(肆·3234)、樂鄉新吏限米(肆·3265、3509)、樂鄉子弟限米(肆·3296、3338、3619)、平鄉吏謝威子弟(限米)(肆·3300)。這些均爲斷簡,究竟是哪年交納的,並不清楚。

區)的簡"已不是原來堆積的層位,而是被破壞後,上層位的簡牘跌落下來散落殘存的部分"有關。[①] 因1996年此處建築施工,井的北半部爲施工機械挖走而騰空,導致南部堆積的簡牘失去憑依而跌落到地面,加上當時簡册編繩已不存,受此外力作用,跌下及落地過程中肯定會改變原先内部的組合關係,且造成簡的損害。不過,因衆多簡册本由泥土粘連,從南部簡牘堆積的最高點到挖開後形成的地面,垂直高度不足2米(據簡牘總立面示意圖測算),内部組合關係與方向縱然有改變,亦不會面目全非(此問題甚至可通過模擬實驗加以研究,此不贅)。揭剥圖九所屬簡出自Ic1②,揭剥圖十三則出自Ic2①,兩者同屬I區C小札,但再往下則分屬c1與c2不同的小札,此兩札之間存在叠壓關係,從"簡牘總平面分布圖"與"簡牘總立面示意圖"看,兩札跌落後堆積的方向不同:c1札呈西北—東南方向,而c2札似較散亂,大致呈東北—西南方向,兩札間有數十度的夾角。[②] 這種朝向上的差異恐怕是跌落造成的。考慮到跌落帶來的擾動,不同的受米莂册之間的相對位置,不拘泥於坨内錯亂的散簡位置,透過相互的叠壓關係,加上臨近的散簡,還是可以發現與確定的。[③]

下面討論其中簡牘數量最多的"諸鄉所受税米莂"册的構成。觀察揭剥圖九(圖版貳)中諸簡的分布,儘管多有錯亂與混雜,大體可以看出各鄉上下分層叠壓,最下面爲東鄉,其上應該是桑鄉,再上是平鄉,再上面可能是小武陵鄉,最外層可能是西鄉。谷漢的嘉禾元年十一月受(税)米莂册大致按照如下先後順序編聯起來(自内而外):

東鄉—桑鄉—平鄉—小武陵鄉—西鄉

參考揭剥圖十三(圖版叁),平鄉—小武陵鄉之間的内外關係亦得到確認。桑鄉究竟在何處,因樣本過少(僅3例),不易判定。再看上引揭剥圖十五(圖版壹),此坨簡牘數量較少,儘管如此,平鄉應在西鄉之前,應無問題,至於小武陵鄉與此兩鄉位置的先後,樣本太少,無從確定。雖然有上述三坨内容相關的簡,要完全斷定其中五鄉排列先後次序,仍有困難。平鄉在小武陵鄉與西鄉之前,可以確認。暫且采用上文的推定,即:

東鄉—桑鄉—平鄉—小武陵鄉—西鄉

---

① 《竹簡(肆)》下册,附録一"簡牘總平面分布圖"、"簡牘總立面示意圖"、"簡牘揭剥位置示意圖"的"總説明",第756頁。

② 《竹簡(肆)》下册,第756、758頁。

③ 需要指出的是,觀揭剥圖五(Ib①,簡肆・982—1038)中諸簡的内容與各鄉位置關係(詳見後文附圖),因有字面多朝上,似應是原簡册的下半部分,據此得出的結論則與上文相反,即收卷時東鄉受税米莂在内,而諸鄉受襍米(各類限米)莂在外。揭剥圖所示的這種内外關係,恐怕應是簡册在跌落過程中部分簡牘正反面發生顛倒所致。觀此坨簡不難發現,接近核心部分有4枚簡(肆・1020・5・39、1021・5・40、1022・5・41與1024・5・43)有字面朝下,而其他諸簡均是有字面朝上。此4枚居於核心的簡應保持了原先的上下方向。若此説不誤,則與上文的推測相合,即東鄉受税米莂之内爲受子弟限米莂等,亦與其他坨所示信息一致。

三坨中受稅米莂不出上述五鄉，其餘都鄉、中鄉、模鄉與廣成鄉等交納嘉禾元年稅米的“莂”不僅三坨中未見，《竹簡(肆)》中亦幾乎未見，可能屬於谷漢以外其他倉吏，甚至其他倉徵收的範圍。①

接下來的問題是各鄉内部如何編聯？過去筆者推測是按照日期先後進行，是否如此，還需要根據成坨的資料來檢驗。兹選擇揭剥圖九中竹簡數量較多的平鄉與東鄉爲例，具體在圖上看看各簡的交納日期分布，結果見下圖(彩圖參圖版肆)：

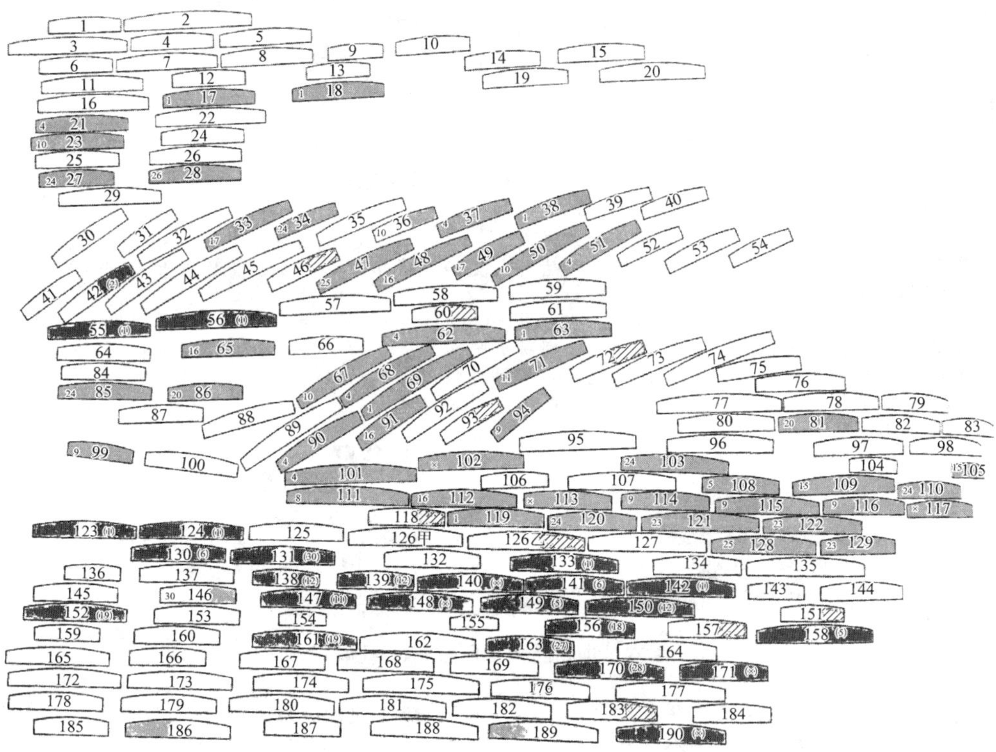

圖九　Ic1②簡牘揭剥位置示意圖

圖例：
：右入稅米
：平鄉入稅米
：平鄉入稅米(推定)
：平鄉入限米
：東鄉入稅米
：東鄉入稅米(推定)
：平鄉、東鄉以外其他鄉
左側數字：平鄉交納稅米日期
右側括號内數字：東鄉交納稅米日期
×：交納日期不明

此外，還有數坨竹簡包含了谷漢嘉禾元年十一月所受的平鄉與東鄉稅米莂：

① 張榮强最早提出存在“倉吏專人分區經辦制度”，見所著《孫吴〈嘉禾吏民田家莂〉中的幾個問題》，收入《漢唐籍帳制度研究》，北京：商務印書館，2010 年，第 302—306 頁，感謝徐暢小姐檢示。據關尾史郎的歸納，平鄉、廣成鄉、小武陵鄉、東鄉、桑鄉、樂鄉的納入倉爲三州倉，都鄉、模鄉爲州中倉，西鄉、中鄉兩倉皆有，例外很少，見所著《魏晋簡牘のすがた—長沙吳簡を例として—》，《國立歷史民俗博物館研究報告》194，2015 年 3 月，第 233 頁注釋 10。其歸納與上文的考察基本是一致的。

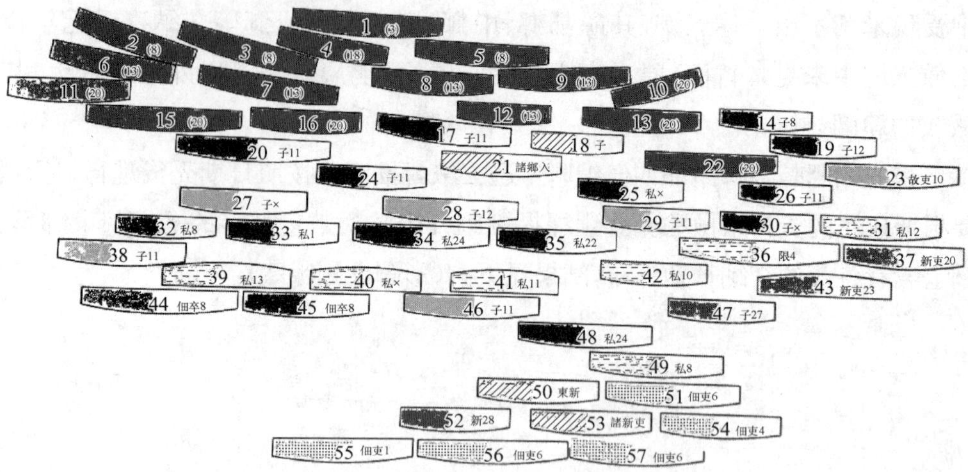

圖五 Ⅰb①簡牘揭剥位置示意圖

圖例：

- ：右入限米
- ：平鄉入限米
- ：東鄉入税米
- ：東鄉入限米
- ：小武陵鄉入限米
- ：廣成鄉入限米
- ：樂鄉入限米

子：子弟限米
諸鄉入：諸鄉入吏帥客限米
私：私學限米
新吏：新吏限米
東新：東鄉新吏限米
諸新吏：諸鄉新吏限米
故吏：故吏××子弟限米

佃吏：佃吏限米
佃卒：佃卒限米
括號内數字：交納税米日期
最右側數字：交納限米日期
×：交納日期不明

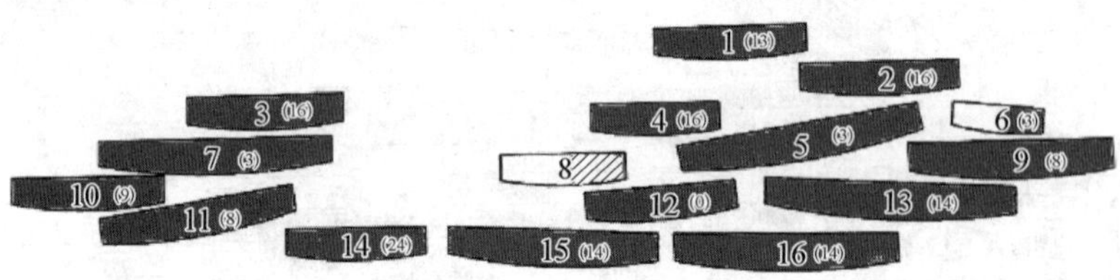

圖六 Ⅰb②簡牘揭剥位置示意圖

圖例：

- ：右入税米
- ：東鄉入税米
- ：東鄉入税米(推定)
- 括號内數字：交納税米日期

根據上述三幅揭剥圖(參圖版肆、伍、陸)，儘管諸簡位置已多有錯亂，仍可確定，按照受米的日期編排，應是遵循的基本作法。三幅揭剥圖中都可以見到不少同日的受米莂左右相接的情况，具體見下表：

<table>
<tr><th colspan="2">平　鄉</th><th colspan="2">東　鄉</th></tr>
<tr><td rowspan="7">圖九</td><td rowspan="2">17、18＝1 日</td><td rowspan="2">圖九</td><td>55、56＝1 日</td></tr>
<tr><td>123、124＝1 日</td></tr>
<tr><td>27、28＝26 日</td><td rowspan="3">圖五</td><td>2、3、5＝8 日</td></tr>
<tr><td>62、68、90、101＝4 日</td><td>6、7、8、9＝13 日</td></tr>
<tr><td rowspan="2">114、115、116＝9 日</td><td>10、11、13、15、16、22＝20 日</td></tr>
<tr><td rowspan="2">圖六</td><td>2、3、4＝16 日</td></tr>
<tr><td>121、122、128、129＝23 日，120＝24 日</td><td>13、14、15、16＝14 日</td></tr>
</table>

因此，受米莂是按日期，即自十一月一日到卅日[①]逐日編排並統計的，應無問題。至於這批莂在放入井中時是如何收捲的，根據上文分析的不同類型的受米莂相互疊壓情況，應該是將按順序編排好的整個受米莂一次收捲後放入井中的，不然不會形成層次明確的各類受米莂的上下層次關係。收卷的方式，應該是從莂册的尾部開始，所以各種莂册的起始部分，即十一月一日的受米莂（或日序較小的受米莂）一般都處於外部或不同類型的莂册交會處，日序大者多位於内層，揭剥圖九表現得比較明顯。

因該莂册涉及的莂數量極多，不便一一抄録復原。這裏就省略了這一步驟，直接考察後續的文書流程。

二　涉米月旦簿的編製與使用

以上利用多幅揭剥圖、考古信息對《竹簡（肆）》中最爲常見的三州倉吏谷漢嘉禾元年十一月所受米莂册進行了考察，分析了該莂册的構成，下面繼續討論這類莂册的編製與使用。

這個莂册中包含的莂大概有數千枚之多，如此龐大的資料彙集成莂册，目的何在？與其他簿書有什麽關係？這些都是筆者感興趣的問題。

魏斌研究貸食簡時分析過"莂簿"與"要簿"的關係，[②]王素專門討論過"月旦簿"、"四時簿"和"要簿"；[③]鄧瑋光曾對三州倉出米簡、"月旦簿"以及州中倉黄龍三年十一月、十二月出米簡以及簡肆・4012 組等諸多涉米簿書做過復原整理；[④]陳明光則對吴簡倉庫

---

① 按照現代學者推算的曆法，孫吴嘉禾元年十一月爲小月，僅 29 天，十一月癸亥朔，孫吴十二月壬辰朔，見徐錫祺：《新編中國三千年曆日檢索表》，北京：人民教育出版社，1992 年，第 117 頁。但實際與孫吴臨湘行用的曆譜不合。實際使用的曆譜十一月爲大月，較爲清晰的"嘉禾元年十一月卅日"見簡肆・3158。承徐暢告知，許迪案的相關干支朔閏，也都與現代學者推算不合。連先用最近系統討論了吴簡紀日中干支錯誤問題，不過，文中並未涉及此月的大小問題，見所著《走馬樓吴簡紀日干支錯亂問題試探》，《簡帛研究二〇一六（春夏卷）》，桂林：廣西師範大學出版社，2016 年，第 294—308 頁。

② 魏斌：《走馬樓所出孫吴貸食簡初探》，第 31—32 頁。

③ 王素：《長沙吴簡中的"月旦簿"與"四時簿"》，《文物》2010 年第 2 期，第 63—68、95 頁；《長沙吴簡中的"要簿"》，《吴簡研究》第三輯，第 176—183 頁。

④ 分見鄧瑋光：《走馬樓吴簡三州倉出米簡的復原與研究——兼論"横向比較復原法"》，《文史》2013 年第 1 輯，第 231—254 頁；《對三州倉"月旦簿"的復原嘗試——兼論"縱向比較復原法"的可行性》，《文史》2014 年第 2 輯，第 5—35 頁；《對州中倉十二月出米簡[肆]4012 組的復原嘗試》，《蘇州文博論叢》第六輯，第 45—55 頁；《走馬樓吴簡"出米簿"的復原與研究》，《簡帛研究二〇一五（春夏卷）》，第 201—217 頁；《對中倉黄龍三年十一月旦簿的復原嘗試》，《簡帛研究二〇一五（秋冬卷）》，第 182—214 頁；《對中倉黄龍三年十月旦簿的復原嘗試》，《魏晋南北朝史的新探索——中國魏晋南北朝史學會第十一届年會暨國際學術研討會論文集》，第 645—677 頁。

收支賬簿的層次與關係進行了總體考察，[①]這些均爲探討上述問題提供了便利。

正如學者已注意到的，受米莂册（或稱爲“莂簿”、“入米簿”）是最爲原始的記録，乃是後續簿書的基礎，但後續簿書究竟是什麽，學者尚有分歧。或認爲是“要簿”（魏斌説），或以爲是“承餘新入簿”（對布、錢而言，凌文超説）。

陳明光最早提出存在“承餘、新入簿”，[②]凌文超或是承其説。不過，筆者贊同鄧瑋光的看法，所謂“承餘新入簿”實際是“月旦簿”的組成部分，實際並不存在單獨的“承餘新入簿”。簿書通常的名稱如以下三簡所云：

17. 三州倉謹列所領税米出用餘見正月旦簿　　（叁・4559）

18. 三州倉謹列所領[税]米出用餘見二月旦簿　　（叁・4573）

19. 三州倉謹列所領[税]米出用餘見四月旦簿　　（叁・4750）

“月旦簿”是簡稱，見於簽牌，全稱或是“所領×米出用餘見×月旦簿”，對應於布，則稱爲“[主]庫史殷連謹列五月旦承餘新入布匹數簿”（肆・4718）。月旦簿中逐項列出當月内發生的各種出、入以及結餘的各類米的統計數字，内容較“受米莂”册簡化了不少，很多細節消失了，如具體交納時間、交納者，每個人的交納量等，但各類相加，數量依然很可觀，莂册的編製者應是當值的倉吏谷漢本人，《竹簡（叁）》中有以下四簡：

20. ☐……冑畢𫟄嘉禾元年正月廿七日□□丘毛改付三州倉吏谷漢受（叁・2667）

21. 入平鄉三年税米三斛𫟄嘉禾元年正月十四日男子于林付三州倉吏谷漢受　中　　（叁・2682）

22. ☐[二]斛[六]斗五升就畢𫟄嘉禾元年正月十二日杜丘陳烝關邸閣董基付三州倉吏谷漢受　　（叁・3728）

23. 嘉禾元年正月廿九日故倉吏谷漢白　　（叁・4584）

簡20—22説明嘉禾元年正月谷漢本人在負責收受米的工作，所以當月廿九日谷漢白中所列的正月旦簿應是對自己正月内所經手的各類米的出入賬目的總結。[③] 嘉禾元年正月旦簿如

---

① 陳明光：《走馬樓吴簡所見孫吴倉庫賬簿體系試探》，《中華文史論叢》2009年第1期，第27—56頁。

② 陳明光：《走馬樓吴簡所見孫吴倉庫賬簿體系試探》，《中華文史論叢》2009年第1期，第44頁。

③ 鄧瑋光已指出二月的月旦簿記録的是一月底的出入米的各項數字，見《對三州倉“月旦簿”的復原嘗試——兼論“縱向比較復原法”的可行性》，《文史》2014年第2輯，第8—9頁。作者後來的認識有變化，見《對中倉黄龍三年十月旦簿的復原嘗試》，《魏晋南北朝史的新探索——中國魏晋南北朝史學會第十一屆年會暨國際學術研討會論文集》，第652頁。這裏從其後説。簡捌・3125・253“二月卅日倉吏黄諱潘慮白”與捌・3141・269“中倉吏黄諱潘慮謹列二月旦簿”在揭剥圖七上位置相鄰，僅上下相隔一層，適可以爲證。

此，當年十一月的旦簿亦應如此，記録的是嘉禾元年十一月谷漢經手的出入及剩餘各類米的總賬，月底由谷漢整理成“十一月旦簿”上報。如上所考，谷漢每天都會對收受的税米進行分類統計，其他收受較少的種類，可能數日一小計，因此這類“月旦簿”賬目的編製恐怕會比較快。但是否能就如簡23所示，月底當天便完成“月旦簿”中各項數字的統計，還是僅僅是一種寫法，實際提交日期要延後，亦未可知。畢竟按照鄧瑋光的復原，“月旦簿”中記録的内容相當多。

不少受米莂的尾部用紅色書寫的“中”字，通檢《竹簡（肆）》的受米莂，並非所有完整的莂尾部都有，同一日的莂上亦非全部都有。這些“中”字可能是谷漢在收受米時實際稱量百姓交納物的容量後書寫的注記，但不是所有的都寫。不知他只是抽查部分百姓的交納物，還是書寫時有所省略。①

月旦簿的製作應該是先寫後編。如簡捌·3162“·其卌三斛一升吏民備船師栂朋傳忠建安廿六年折咸米”，抄寫時就有意低一欄，且在“師”與“栂”字之間預留了空間，以通過編繩，但實際編聯時，繩子壓在了“師”字上。又如簡捌·3104“ 其卌四斛一斗六升黃龍三年[税]米”，兩道編繩分别從“其”和“税”字上壓過，而原先預留的空間在“年”與“税”之間。當然，編繩從預留的空間穿過的簡更多。據此，這些後來彙編成月旦簿的簡最初均是分别寫成的，很可能是對照著各類受米莂的最終統計抄録的，抄録時便預留了編繩通過的空間，然後再按照一定的順序編聯爲册，這些工作都應該是谷漢完成的。

“月旦簿”編成後還要經過哪些處理步驟，就需要考察簡上出現的各種符號與另色書寫的字迹。關於其中的朱筆與“中”字出現的場合，伊藤敏雄有十分細緻的整理，②這

---

① 當然，也存在另一種可能，即這些紅色的“中”字是另一位三州倉吏，多半是鄭黑，對谷漢所受米進行抽查與覆核後寫的標記。“中”字作者究竟是誰，還需要更多的研究。過去王素、宋少華、羅新《長沙走馬樓簡牘整理的新收穫》認爲此類“中”字指“（州）中倉”（第38頁）；汪力工撰文進一步論證了此説（見所著《關於吴簡注記中的“中”字》，《故宫博物院院刊》2004年第5期，第53—61頁），現在看來是不對的。谷口建速、伊藤敏雄與張榮强均指出了前説的問題，認爲可能屬勾校符號，分見《長沙走馬樓吴簡における穀倉關係簿初探》，《民衆史研究》72號，2006年11月，第45—50頁；《長沙走馬樓吴簡中の“邸閣”再檢討—米納入簡の書式と併せて—》，太田幸男、多田狷介編：《中國前近代史論集》，東京：汲古書院，2007年，第301—326頁；《走馬樓户籍簡的“中”字注記》，收入所著《漢唐籍帳制度研究》，第177—186頁。關於穀物納入簡（即本文所説的受米莂）上的“中”，針對谷漢的受米莂上的“中”，伊藤敏雄推測莂上“谷漢”兩字並非其署名，“中”或“已”可能用作確認符號，見所著《長沙吴簡中の朱痕·朱筆·“中”字について（その2）——2011年3月の調査結果をもとに》，《長沙吴簡研究報告》2010年度特刊，2011年，第15—16頁，可備一説。

糧食受納的場面，漢晉的畫像石或壁畫上時有描繪，相關研究可參馬怡：《簡牘時代的倉廩圖：糧倉、量器與簡牘——從漢晉畫像所見糧食出納場景説起》，《中國社會科學院歷史研究所集刊》第七集，北京：商務印書館，2011年，第163—198頁。

② 伊藤敏雄：《長沙吴簡中的朱痕和“中”字再考》，紀念走馬樓三國吴簡發現二十周年長沙簡帛研究國際學術研討會論文，長沙，2016年8月27—28日。

裏主要討論各種符號與標記的書寫者。

谷漢編製月旦簿完成後則要呈送右倉曹來審核，據下簡：

24. 右倉曹史烝堂白　三州倉吏谷漢列　起嘉禾元年正月一　　(叁·4612)

此簡上下完整，抄寫時在"白"與"列"下留空，但編繩實際位置没有落入空中，上道痕壓在"堂"字上，下道部分壓在"起"字上。編在其後的簡未見，此簡前後均是三州倉出入米的記録，所呈爲"月旦簿"應無疑問，簿書截止日期不明。但谷漢編好的簿書要上呈右倉曹史是可以肯定的。右倉曹史接到簿書後又如何處理？

25. 七月簿到拘校復白 ☑　　(壹·2350)

簡25前後多是中倉的月旦簿，且出現了簡壹·2359"入倉吏黄諱番慮謹列所領雜米八月旦簿"的標題兼呈文，"簿到"亦説明拘校的承擔者並非製作者，而是收到簿書的人，可證拘校乃由其上級右倉曹史承擔。《竹簡(肆)》中的木牘肆·3904(1)"從掾位劉欽叩頭死罪白　謹達所出二年税米禾給貸民爲三年種粮謹羅列/人名爲簿如牒，請以付曹拘校。欽惶怖叩頭死罪死罪/　　詣　金　曹　/　八月四日白"出現了"請以付曹拘校"，此中的"曹"指金曹，可證曹要拘校簿書。這恐怕是臨湘侯國的諸曹主要工作之一。

右倉曹史審核後作出的標記，應該包含了兩類，一是在受米莂册上"右入"起首的小計簡上標注的"·"，一是在月旦簿上某些條目上標注的"·"。兩者之間未必有對應關係。前一類應該是核對右入之前的百姓受米莂，看看單枚莂所記的斛數之和與小計之間是否吻合。檢《竹簡(肆)》中的"右入"簡，絶大多數"右"字上都有"·"，亦有個别没有"·"，見下簡：

26. 右小武陵鄉入新吏限米卅六斛二斗　　(肆·1876)

27. 右入税米一百七十六斛八斗　☑　　(肆·2333)

28. 右入税米五十二斛□升　　(肆·3125)

29. 右入税米五十一斛二斗六升　　(肆·3905)

30. 右平鄉入貸食元年税米四斛 ☑　　(肆·5362)

31. 右西鄉入□米□□☑　　(肆·5447)

32. 右都鄉入民貸二年税米三☑　　(肆·5486)

這些恐怕是未審核或審核後因疏忽而忘記標注"·"。倉曹史不在收納米的現場，不可能一一核對百姓交納物是否足量，只能檢查收納物的單個數據相加與相應的分類合計之間是否一致。後一類"·"分别標在"其"或"右"字之上，前者應是檢查受米莂上的分類合計與月旦簿上對應條目數字之間是否吻合，以及月旦簿内容相關項目對比後留下的記號

(“其”前的“·”),後者則是針對月旦簿上的分項記録與合計之間是否吻合後的注記(“右”前的“·”)。兩類“·”應該均爲右倉曹史所添加。按照鄧瑋光的復原,“月旦簿”中的“其”類簡會出現在不同的部分,一是承餘,二是定領,三是别領,以及“出”與“餘”等部分,[①]但由於“其”類簡内容常有重複,實際位置不易復原,以上看法只是暫時性的結論。

《竹簡(叁)》揭剥圖五(簡叁·4504—4584)是三州倉吏上呈的“所領税米出用餘見正月旦簿”及同名的“二月旦簿”,鄧瑋光對此“月旦簿”做過復原。[②] 其年份爲嘉禾元年,簡23“嘉禾元年正月廿九日故倉吏谷漢白”是簿書編者寫的上白文書。此坨並不完整,主要包含了以“入”、“其”與“右”開頭的簡,還有“集凡”(叁·4527)、“定領”(叁·4561)。而涉及“出”的簡均散落在該坨之外。實際上,采集簡第33盆(叁·4268—4995)中的多數簡都屬此簿書,[③]包含的“月旦簿”還有三月(叁·4758)與四月(叁·4586、4750)。[④]最後這分簿書應該是上呈右倉曹史烝堂,並經過他的審核,再以他的名義上呈,所以出現了上引簡24,此簡完整,雖然散落在坨外,但同在33盆,且編號臨近,内容相關,説明原先就位於該坨附近,原屬一個簿書没有問題。值得注意的是,此簿書中只有“右”字開頭的簡上端帶有“·”,[⑤]具見下簡:

33. ·右禨米四千二百八□斛九斗二升四合七勺别領 (叁·4514)

34. ·右正月入禨吴平斛米五千八百九十二斛三斗七升九合七勺 (叁·4526)

35. ·右新入禨米四千八百九十七斛四斗 (叁·4564)

36. ·右禨米□千☒ (叁·4639)

37. ·右二月禨吴平斛米□千六十三斛九斗六升三合六勺 (叁·4669)

38. ·右入禨米一百九十七斛八斗三升一合 (叁·4708)

39. ·右三月□□吴平斛米三千八百八十四斛六斗七升三合一勺 其四百一十九斛二斗給稟不□□運(?) (叁·4743)

---

① 鄧瑋光:《對中倉黄龍三年十月旦簿的復原嘗試》,《魏晋南北朝史的新探索——中國魏晋南北朝史學會第十一届年會暨國際學術研討會論文集》,第661—677頁。

② 見鄧瑋光:《對三州倉“月旦簿”的復原嘗試——兼論“縱向比較復原法”的可行性》,《文史》2014年第2輯,第5—35頁。作者認爲本簿書可能是“三州倉領餘米起黄龍三年十二月一日迄嘉禾元年二月卅日一時簿”的殘件(第34頁)。此説恐誤,其内容應不含黄龍三年十二月,而純是嘉禾元年初數月的簿書,作者似乎過分拘泥於兩幅揭剥圖,而没有注意到上文所舉的簡叁·4586、4612、4750、4758等。

③ 據宋少華:《長沙三國吴簡的現場揭取與室内揭剥——兼談吴簡的盆號和揭剥圖》,《吴簡研究》第三輯,第4頁。

④ 叁·4697“嘉禾元年八月三日付大男谷文運詣”,圖版“年”、“月”之間模糊,原釋作“八”月,疑誤。

⑤ 亦有個别漏書的,如叁·4605“右二月出□□米九百廿七斛八斗五升□□麥五十一斛三斗六升大豆”。

“其”字、“定領”、“集凡”開頭的幾乎見不到“·”。[①] 考慮到此簿書乃是右倉曹吏上呈的簿書,“右”字上的“·”當爲丞堂進行核校後添加的標記,是他對同類單項數據加以驗算後與谷漢原先得出的數據吻合而做的記號。

與此相對,《竹簡(柒)》揭剥圖十五(簡柒·1978—2206)性質相同,亦是倉吏的月旦簿,據簡柒·2124(1)·148(1):

40. 君教重校　丞珍 如掾掾烝脩如曹　期會掾烝若校
　　已核　主記史陳 嗣省嘉禾三年正月十五日白嘉禾二年起四月一日訖閏月卅日襍
　　米旦簿草

嘉禾二年閏五月,這坨簡的主體應該是嘉禾二年四月一日至閏五月卅日三個月中出入的各種雜米旦簿草稿,因其中有不少“入”類簡注明“入三州倉運×年×米×斛”,如簡柒·2086、2095、2096、2101、2112 等,“出”類則有不少寫明“出倉吏黃諱潘慮所領×年×米×斛”,如簡柒·2017、2033、2042、2065、2079,因此旦簿草的最初編製者應是州中倉吏,很可能就是黃諱、潘慮兩人。目前所見的亦應是送到右倉曹史處,且經過其拘校而繼續上白並呈送上級的簿册。此坨中有“右入”上帶有“·”的,如下簡:

41. ·右出襍(?)吴平斛米九[百][卅][六][斛][四][斗][九][升]四合　(柒·2105)

便應是倉曹吏對月旦簿中的分項數據進行核算後在總計數據上作出的標記。具體到此簿册,是否爲烝堂所書,尚乏確證。[②] 内中可確定爲“其”字起首的簡 143 枚,只有 24 枚“其”字上方没有“·”,多集中在簡柒·2160·15·183 以後,觀揭剥圖,屬於簿書的外層,其餘均有。舉數例如下:

42. ·其□百九十八斛三斗九升郡縣佃吏嘉禾元年限米　(柒·2043)
43. ·其七斛五斗黄武七年麦種襍米　(柒·2044)
44. ·其二斛八斗郡士及都尉區弈嘉禾元年[租]米　(柒·2045)
45. ·其一百七十斛五斗私學嘉禾元年限米　(柒·2046)

觀圖版,這些“·”基本都位於上道編繩以上,諸簡上端的“·”位置大致平齊,僅見兩枚,即柒·1995 與柒·2063,“·”落在上道編繩的兩股之間,亦没有被編繩壓住。如前所述,這類簿册乃是先寫後編而成,字迹常有被編繩壓住的現象,但這些“·”却是例外,且有準確地落在編繩痕迹之中的,可證“·”應是簿册編好後書寫的。换言之,當是收到簿

① 個別的似乎有“·”,如叁·4567、4606、4715、4753 下端、4770、4781 下端、4806、4828、4852、4888。

② 柒·4481:“草言被督諸縣倉郡倉閣兼丞應縣問事　正月十五日右倉曹史趙野白”,是否與此簿册的編製有關,還需要更多的資料。録此備考。

册的官吏對照受米莂、出米記録之類原始賬目與月旦簿中對應的數據，驗證兩者一致後寫下的。既然符號相同，恐怕標注者亦應相同，當是右倉曹史。

簡40"君校簡"注明"期會掾烝若校"，"教"字下還分兩行注明"重校"、"已核"，其他"君教簡"中"校"基本是由期會掾與録事掾兩人完成，"重校"與"已核"或代表兩人各自的工作，列在上面的掾完成前一項任務，下面的完成後一項。此簡上"掾烝脩如曹"，只有"期會掾烝若"一人，兩項任務應該都由他獨自完成。他再次校核了一併上呈的原始受米莂册與月旦簿中對應的統計。其中簡柒·2143與2144底端各有一"中"字，[①]當是烝若"已核"後留下的記號。簡柒·2027上端有兩個"·"，上面的那個或許亦是他"重校"時添加的。

此外，竹簡中還有一些月旦簿中的記録上亦帶有朱色筆迹，這些應是期會掾進行"核對"後添加的標記。如以下諸簡：

46. 右米一萬二千五百卌斛牒録事主者致 （肆·1275）

【注】有朱色筆迹。

此簡所記米數爲該坨諸簡中數字最多的，亦是其中唯一有朱筆痕迹的。觀圖版，上道編繩之上似有"·"。其上一枚簡是"　　主簿劉　恒□"（肆·1274），查圖版，"恒"爲别筆署名，最後一字録文未釋，細觀即"省"字，只是"恒"字壓在"省"上半。簡肆·1261—1304原爲一坨（見揭剥圖七），兩簡在該坨中同在一層且左右相鄰，雖然如此，亦不能貿然認定竹簡上朱色筆迹出自主簿。再來看看更多的帶有朱色筆迹的簡：

47. ·集凡領連空米五萬六千六百廿六斛四斗七升三合二勺五撮三圭（肆·1227）

【注】有朱色筆迹。

48. 入三州倉運嘉禾三年吏帥客限米一千一百廿三斛二〼 （柒·4063）

【注】簡上有朱筆塗痕。

亦有一些兩種記號兼有，如以下五簡：

49. 右領及收財用錢十五萬九千四百一十一錢 （叁·6317）

【注】"右"上原有墨筆點記。簡中有朱筆塗痕。

50. 右出錢三萬九千四百八十五錢〼 （叁·6318）

【注】"右"上原有墨筆點記。簡中有朱筆塗痕。

51. 右出錢八十四萬七千一十三錢盡〼 （叁·6319）

【注】"右"上原有墨筆點記。簡中有朱筆塗痕。

① 按《竹簡(柒)》下册釋文，"中"字見於簡柒·2142與2143。查圖版，2142底端似乎看不到"中"字，反而是2144底端有個明顯的"中"字，疑釋文有誤。

52. 右出錢十九萬□千九百九十六錢 〼 (叁・7156)

【注】"右"上原有墨筆點記。簡中有朱筆塗痕。

53. 已入二百九十八斛六斗八升 (捌・5462)

【注】"已"上原有墨筆點記。簡中有朱筆塗痕。

更爲集中的見簡肆・4608—4720,出土時原爲一坨(見揭剥圖二十三),内容不止一個簿册,至少可以區分出一個屬於"右倉曹謹列嘉禾二年餘逋雜米已入付授簿"(肆・4621),另一爲"〼庫吏潘有所列所領民□□錢出用簿 〼"(肆・4694),不過以屬於前一簿册的簡爲主。其中簡肆・4608—4627之間的諸簡,無論是"領餘逋二年新吏限吴平斛米×斛"之類,還是"其"字開頭的簡,基本都有朱筆塗痕。[①] 因文物出版社所出《竹簡》爲黑白版,無法顯示,兹引2010年重慶出版社出版的《中國簡牘書法系列・湖南長沙三國吴簡(三)》中的三例(頁15,下圖左邊三簡,彩圖見圖版柒)。這些朱色筆迹蓋在數字上,多穿

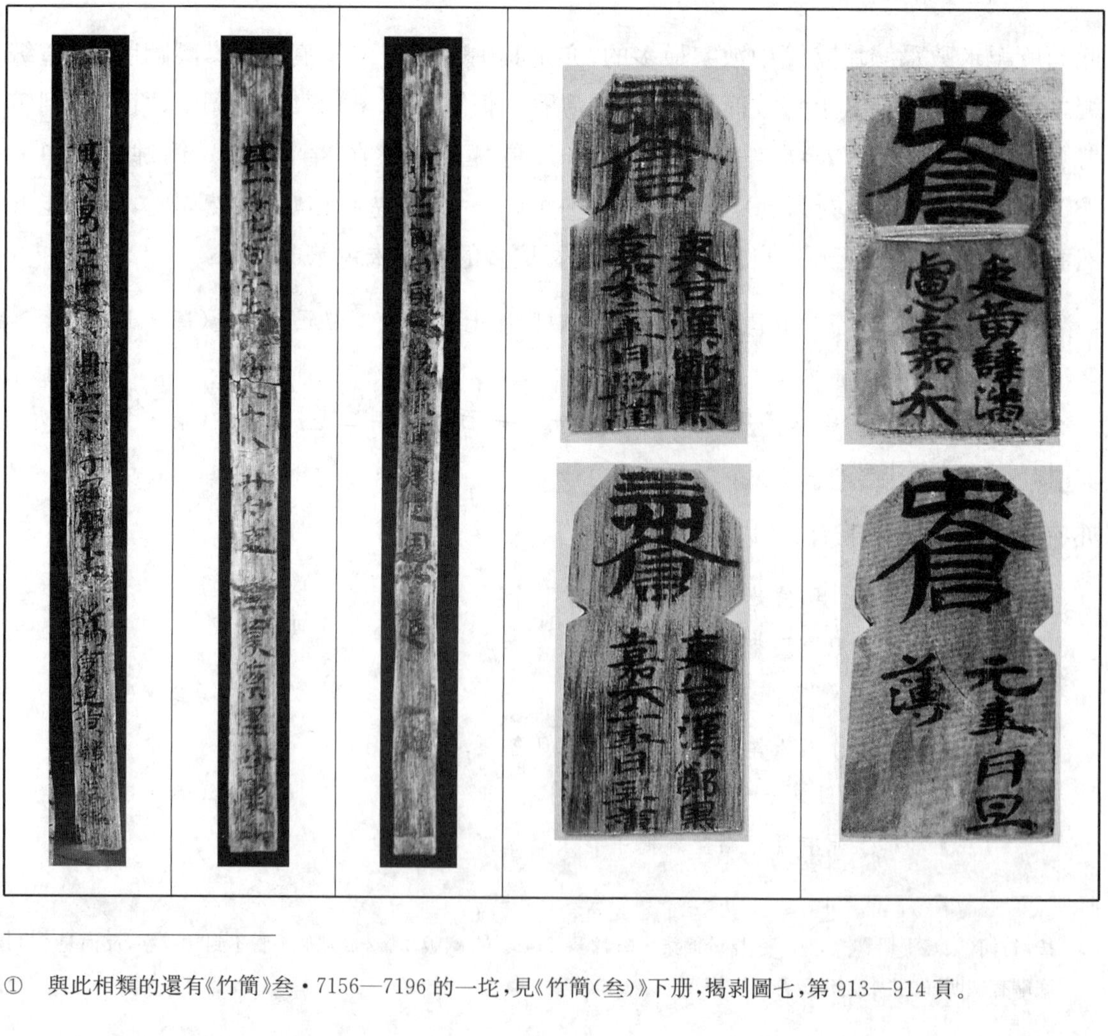

① 與此相類的還有《竹簡》叁・7156—7196的一坨,見《竹簡(叁)》下册,揭剥圖七,第913—914頁。

過了上道編繩,但編繩處基本不見朱色,亦應是編聯成册後所書,如伊藤敏雄所指出的,覆蓋在數字之上,[①]且該簿亦是右倉曹史上呈的簿書,朱色筆迹的書寫亦應是其上級在核查時所施加。因其施畫於數字上,應該屬於校、核時遺留的記號,不太可能是主簿或主記史所爲,若此,他們的任務也過於繁重了。右側兩個簽牌(見上圖右側),一爲"三州倉嘉禾二年月旦簿",一面上的朱色筆道覆蓋在"禾二年"三字上,當是過目谷漢與鄭黑全年的月旦簿後在簽牌上留下的標記,另一背面尚有字,朱筆畫在"嘉禾"二字上,[②]這倒更有可能是主簿或記史在看過("省")全部簿書後所做的記號。因此,前引帶有朱色筆迹的簡 46 更可能是期會掾之類的吏進行"核"時留下的記號,《竹簡》捌·2788 亦是一枚"君教簡",其上的"已核"便是朱筆批字。

漢代文書簡牘中"·"亦很常見,據研究主要用來提示標題,勾校符號則使用∟、∠、–、○、卩、|等,[③]吴簡中則有所變化。"·"不僅見於名籍、米、布等簿書中表示小計、合計的内容上,亦見於名籍中一些户内人口前,以及簿書賬目的具體細目前,視爲普通的提示符,已不合適,應該已轉化爲一種最爲常見的勾校符號或標記。與朱色的"中"、"已"、"見"、"留"、下端的圓點等一道構成了吴簡中的勾校符,體現了不同層級的小吏對文書内容的核查與監督。

三州倉的其他倉吏,如鄭黑,以及州中倉吏黄諱、潘慮,所經手的出入米賬目,應該都遵循同樣的文書處理過程:從最初的受米莂,到最後整理完畢的簿册送呈(右)倉曹史審核,然後由右倉曹史上呈,[④]並經處理,最終被(丢棄)置入井中。庫吏殷連、潘有經手的布、錢與皮的交納與賬目統計、核查過程亦與米的交納過程相同。所以吴簡中發現了如下簿書的呈文兼標題簡,首先是州中倉的:

54. 倉吏黄諱潘慮謹列所領襍米□□七月旦簿　□　　(壹·2218)

【注】第二□左半殘缺,右半爲"皮"。

55. 入[倉][吏]黄諱番慮謹列所領襍米八月旦簿　☐　　(壹·2359)

56. 倉吏鄭黑謹列故倉吏谷漢所度民還貸食連年襍米[簿]　　(壹·6522/12)

57. 中倉謹列起五月一日訖卅日黄龍元三年襍米種領[受]斛數簿 (壹·9545/14)

---

① 伊藤敏雄:《長沙吴簡中の朱痕·朱筆·"中"字について(その2)——2011 年 3 月の調査結果をもとに》,《長沙吴簡研究報告》2010 年度特刊,第 13 頁;《長沙吴簡中的朱痕和"中"字再考》,紀念走馬樓三國吴簡發現二十周年長沙簡帛研究國際學術研討會論文,第 1—6 頁。

② 圖中右側簽牌見《湘水流過:湖南地區出土簡牘展》,長沙:長沙簡牘博物館,2016 年 8 月 27 日拍攝。下面照片采自張春龍等主編:《瀟湘簡牘書法選集》,長沙:湖南美術出版社,2012 年,第 288 頁,疑是其另面。

③ 參李均明:《秦漢簡牘文書分類輯解》,北京:文物出版社,2009 年,第 392—398 頁。

④ 徐暢亦已指出此點,見《三國孫吴基層文書行政研究——以長沙走馬樓簡牘爲中心》,第 41、95 頁。

58. 中倉吏黄諱潘慮謹列八月旦簿　▨　(貳·3831)
59. 倉吏黄諱潘慮謹列襍米入出三月旦簿　(叁·1549)
60. 倉吏黄諱潘慮謹列……五月旦簿　(叁·1645)
61. 中倉吏黄諱潘慮謹列二月旦簿　(肆·4162)
62. 中倉吏黄諱潘慮謹列黄龍三年十月旦簿　(肆·4734·24·14)
63. 中倉吏黄諱潘慮謹列三年十月旦簿　(肆·4786·24·66)①
64. 倉吏黄諱潘慮謹列五月旦簿　(柒·1206)
65. 中倉吏黄諱潘慮謹列六月旦簿　(柒·4474)
66. 出倉吏黄諱潘慮謹列十一月旦簿　(捌·2916)
67. 中倉吏黄諱潘慮謹列二月旦簿　(捌·3141)
68. ·倉吏黄諱潘慮謹列閏月旦簿　(捌·3372)
69. 中倉謹列十二月旦簿▨　(捌·3757)
70. 中倉吏黄諱潘慮謹列七月旦簿　(捌·3766)

其次是三州倉的：

71. 三州倉吏鄭黑謹列嘉禾三▨　(叁·1157)
17. 三州倉謹列所領税米出用餘見正月旦簿　(叁·4559)
18. 三州倉謹列所領税米出用餘見二月旦簿　(叁·4573)
19. 三州倉謹列所領税米出用餘見四月旦簿　(叁·4750)
72. 三州倉吏鄭黑謹列▨　(叁·7314)
73. 三州倉吏鄭黑謹列嘉禾四年正月旦▨　(叁·7317)
74. 三州倉謹列承黄龍二年八月簿領餘逋□□月餘見九月旦簿　(肆·4977)
75. ▨三州倉謹列□□□年□一□□□十一月□簿▨　(肆·5064)
76. 三州謹列所領嘉禾三年租税襍限米□□□▨　(捌·5344)

【注】"三州"下應脱"倉"字。第一□右半殘缺，左半从"禾"。

最後是右倉曹史的呈文，兩倉兼有：

① 鄧瑋光在復原與整理州中倉黄龍三年十月旦簿時，更多地考慮的是數字上的加成與吻合，以及不同揭剥圖之間的關係，没有留心簡肆·4786·66，在格式復原上尚有缺陷，見所著《對中倉黄龍三年十月旦簿的復原嘗試》，《魏晋南北朝史的新探索——中國魏晋南北朝史學會第十一屆年會暨國際學術研討會論文集》，第645—677頁。據此，可能屬於旦簿末尾重複的呈文。另，作者將"出倉吏黄諱潘慮所領吴平斛中白米四百卌九斛一斗□升其卌二斛八斗五升黄龙二年"(肆·4750)一類的"出米簡"均視爲闌入簡，認爲十月旦簿另有出米簡(第659—660頁)，亦不妥。此需另文專論，不贅。

77. 右倉曹史烝堂白　中倉吏黄諱潘慮　列簿起嘉禾二年□　（柒·11）

78. 右倉曹史烝　白三☐　（叁·1734）[①]

24. 右倉曹史烝堂白　三州倉吏谷漢列　起嘉禾元年正月一　（叁·4612）

以下是庫吏殷連、潘有及主者不明的庫吏所列的簿：

79. □庫吏殷連謹列九月旦簿□餘新入嘉禾二年布匹 ☐　（壹·375）

80. 主庫吏殷連謹列十月旦承餘新入二年布匹數簿　☐　（貳·6233）

81. 主庫吏殷連謹列九月旦[承]餘新入米(?)數簿　（肆·1369）

82. 主庫吏殷連謹列四月旦承餘新入布匹數簿　（肆·2057）

83. [主]庫史殷連謹列五月旦承餘新入布匹數簿　（肆·4718）

84. 主庫吏殷連謹列三月旦承餘新入二年布匹數簿　（肆·4719）

85. □庫吏番有謹列正月旦……　（壹·5486/12）

86. □庫吏潘有謹列正月旦起月一日訖十二☐　（壹·5518/12）

87. ☐□潘有謹列起五月□日訖卅日所受雜米布莂如右☐　（貳·6228）

88. □[禾][五][年]十月所領襍錢[簿]領出用餘見簿　（叁·7305）

89. ☐□謹列三月□□□[承]餘新入布匹數簿　（肆·1338）

學者研究，臨湘侯國無庫曹，[②]按簡柒·1625"言入水牛皮二枚事"亦要由倉曹史白，説明入皮一類由庫吏負責的納入項目亦歸倉曹管轄。根據以上呈文兼標題簡，相關簿書的編製是倉吏（無論三州倉還是州中倉）、庫吏以及其上級右倉曹史按月要完成的工作，由此形成的簿書占據了吴簡最多的份額。所以也會出現專門的簽牌："中倉　吏黄諱潘慮　嘉禾二年月旦"（柒·4707[1]正）、"中倉　簿"（柒·4707[1]背），這些最終還要再次上呈，收到簿書的機構大致就是吴簡的主人。

除了"月旦簿"，三個月還需要編製"一時簿"，一年要編製"四時簿"。這些均屬於定期要完成的事務，形成的是定期簿書與定期文書。在此基礎上又編製"要簿"（跨年度的，針對某種特殊的要求而從上述賬目中摘録相關數據、彙總而成），進一步歸類和簡化。如下簡：

90. 右倉曹史烝堂白　州中倉吏黄諱潘慮列起嘉禾元[年]/正月一日訖三月卅
　　日旦簿☐　（壹·2039+1773/6）

① 查圖版，"烝"字下留空，當是待核查後署名，應是預先寫好編入簿册的。

② 徐暢：《走馬樓吴簡所見孫吴臨湘縣廷列曹設置及曹吏》，《吴簡研究》第三輯，第287—352頁。關尾史郎則認爲存在庫曹，見所著《魏晋簡牘のすがた—長沙吴簡を例として—》，《國立歷史民俗博物館研究報告》194，第222、228頁，實已刊吴簡中未見庫曹。

91. ☑倉曹吏烝堂白州中倉吏黄諱潘慮列起嘉禾元年四月/一日訖六月卅日旦簿□承餘三月襍領吴平斛米三萬 (壹·2243+2364/6)①

92. ☑嘉禾二年十二月一日訖卅日一時簿 ☑ (壹·5742/12)②

93. ☑三州倉領餘米起
□月卅日一時簿 (叁·5566)

前面兩組簡名爲"月旦簿",從時間範圍看,已屬於"一時簿"。"一時簿"與"四時簿"之説主要見於"君教"簡,具體記録方式與"月旦簿"有什麽異同,是否就是將三個月或一年的旦簿彙總後賦予的名稱,實際並無專門的簿書? 抑或是倉吏按月呈交,倉曹逐月核校,三個月一彙總,構成"一時簿"再上呈? 究竟如何,還需要進一步研究。"要簿"與"數簿"的呈文兼標題簡如下:

94. 中倉謹列起五月一日訖卅日黄龍元三年襍米種領受斛數簿 (壹·9545/14)

95. 中倉謹列起嘉禾元年正月一日訖三年三月卅日受三州倉運黄龍二年租税米要簿 (壹·9547/14)

96. 中倉謹列起嘉禾元年□月一日訖嘉禾三年四月卅日入黄龍元年二年襍米種領簿 (壹·9575/14)

97. 中倉謹列起嘉禾元年四月一日訖二年三月卅日□三州倉□黄龍元年□税襍限米要簿 (壹·9590/14)

98. □□謹列起嘉禾元年正月一日訖三年三月卅日受三州倉運黄武五六七年襍米要簿 (壹·9617/14)

據研究,"要簿"雖帶有一定"計最"性質,主要還是指"合計"之簿,即會合、彙總之簿。③上舉中倉的"要簿"實際統計時間多在二年或更長,應是對若干時間範圍内"月旦簿"中某類特定徵收項目的專項統計,這些都要呈交倉曹吏來審查。這類針對特定項目的"要簿"出現的次數不多,很可能是臨時根據上級的文書要求而編製的,屬於不定期簿書。

以上各類簿書,亦要經過倉吏以外的官吏的核查。前引簡 25:"七月簿到拘校復白

---

① 以上兩枚月旦簿呈文兼標題的復原據谷口建速,見所著《長沙走馬樓吴簡所見孫吴政權的地方財政機構》,簡帛網,2009 年 6 月 27 日。

② 此一時簿爲何包含一個月的數據,與該年閏五月有關,具體解釋參徐暢:《三國孫吴基層文書行政研究——以長沙走馬樓簡牘爲中心》,第 95—96 頁。

③ 王素:《長沙吴簡中的"要簿"》,《吴簡研究》第三輯,第 183 頁;具體"要簿"的復原,可參鄧瑋光:《對"中倉受三州倉運黄武五六七年襍米要簿"的復原嘗試》,紀念走馬樓三國吴簡發現二十周年長沙簡帛研究國際學術研討會論文,長沙,2016 年 8 月 27—28 日。

□”，雖有殘缺，大意還是清楚的，指的當是倉曹對中倉或三州倉吏上呈的七月簿書的拘校，倉曹史校完後則還要上交，簡肆·1460“拘校相[應]訁……頃白”或非出自納米有關的簿書，但其他曹進行拘校後的步驟大致仿此，需繼續上白。我們見到的則是最後由倉曹史上呈的文書，包含了從最原始的記録一直到最終經其校過的“要簿”。各類簿册大致都經過相同的文書處理過程。

官府通過各種賬簿的層層簡化來掌握各種物資的出入情況，最後可能是以一種簡要概括式的賬目呈交郡府：

99. 臨湘謹列起七月訖九月卅日收米租錢如牒 （壹·4336/11）

【注】“七月”下疑脱“一日”二字。

100. 臨湘謹列起七月一日訖[九]月卅日……收錢畝如牒 （壹·4366/11）

101. 臨湘謹列起四月訖六月卅日收市租米二[斛] （壹·4407/11）

【注】“四月”下疑脱“一日”二字。

102. 臨湘謹列連年懸空錢種領簿 （肆·1306）

103. 臨湘謹列官領(?)牛頭數齒色養者數簿 （肆·1435）

104. □臨湘[謹][條]列嘉禾□年釦和訁已入未畢□ （肆·5399）

層級越高，獲得的越是簡單的數字。相對而言，數據彙總、簡化的中心應該是在縣（侯國）。各類名籍編製情況大致亦如此。[1]

三　君教簡與吴簡的性質

以上對吴簡中數量最多的涉米簿書的構造與編製進行了扼要的分析。立基於此，還可對吴簡中多見的“君教簡”的性質再作些探討。

這類簡爲竹木牘，更準確的稱呼應是“牘”，姑且沿用習稱。據徐暢統計，已刊18枚，還有一些殘簡，[2]未刊的還有不少。相關研究亦已不少，詳參徐暢的綜述，[3]限於篇

① 關於各類名籍的綜合性概述，可參關尾史郎：《簿籍の作成と管理からみた臨湘侯國——名籍類を中心として》，收入伊藤敏雄、窪添慶文、關尾史郎編：《湖南出土簡牘とその社會》，東京：汲古書院，2015年，第95—116頁，此文的中譯本見楊振紅譯：《從簿籍的製作與管理看臨湘侯國——以名籍類爲中心》，《簡帛研究二〇一六（春夏卷）》，第323—337頁。

② 見徐暢：《走馬樓吴簡竹木牘的刊布及相關問題研究述評》，《魏晋南北朝隋唐史資料》第三十一輯，第41—47頁。

③ 徐暢：《走馬樓吴簡竹木牘的刊布及相關問題研究述評》，《魏晋南北朝隋唐史資料》第三十一輯，第41—42頁；《釋長沙吴簡“君教”文書牘中的“掾某如曹”》，《簡帛研究二〇一五（秋冬卷）》，第224—228頁。

幅,僅述及與本文相關者。

關於"君教簡"的性質,關尾史郎認爲是"縣廷日常業務的記録",王振華認爲是縣政務處理完畢後的記録,作爲摘要要呈侯相批示,屬於上行文書。李均明則認爲吴簡的"君教"簡與東漢的簡一脉相承,但程序有别,不認爲存在合議。[①] 凌文超與徐暢則據其上出現的"期會掾",認爲此類竹木牘展現的是臨湘侯國期會的行政過程,其中出現的"白"字之前的時間爲期會(約期聚會)的日期,其上出現的官吏則是參與集議的小吏;[②]李均明研究五一廣場東漢簡中的此類簡,認爲是"專爲合議草稿設置的批件牘,如公文的批件頁",並將其與漢代合議制度聯繫起來,[③]與後説有同有異。按照後説,此牘反映的是一次官吏的集體會議。楊芬則認爲其爲期會時呈長官批覆的,更接近上行文書。[④]

根據上文的分析,筆者更認同關尾史郎、王振華與李均明的看法。其上出現的"(年)×月×日白"實際是某曹史向上級呈送文書的用語,如上文所述,簡 40 中出現的"嘉禾三年正月十五日白"的作者應是右倉曹史,具體所指,就是上呈"嘉禾二年起四月一日訖閏月卅日襍米旦簿草",其中現存不少内容就見於《竹簡(柒)》中揭剥圖十五(簡柒·1978—2206),實際就是三個月"旦簿"的初稿,同時上呈的應該還有州中倉吏黄諱、潘慮相關月份的原始受米莂册。"君教"牘上注明的校、重校、已核,亦如上文所考證,均是不同簿書之間的比照、籌算與標記一類文書作業,由不同的吏分别完成,直接體現在簿書的各種記號上,基本不存在"集體會議"。

實際秦漢官文書中大量存在的"會×月×日"的説法,乃是對文書或事務完成期限的限定,並非需要官吏在該日集會。當時下級官吏應召到上級官府(詣廷言、詣府對),是並不常見的情況,絶大多數工作是依靠文書的上傳下達來實現的。進言之,"君教"簡中涉及的事務基本都是縣級官府日常面臨的定期事務或經常出現的事務,大多有先例、故事或律科可因循,無需衆官吏集會來討論處理,只需要檢查文書對工作進行得如何進

---

① 李均明《走馬樓吴簡"君教"批件解析》(紀念走馬樓三國吴簡發現二十周年長沙簡帛研究國際學術研討會論文集,長沙,2016 年 8 月 27—28 日)還提供了《竹簡(陸)》中的八枚簡。

② 詳見凌文超:《走馬樓吴簡舉私學簿整理與研究——兼論孫吴的占募》,《文史》2014 年第 2 輯,第 57—61 頁;徐暢:《釋長沙吴簡"君教"文書牘中的"掾某如曹"》,《簡帛研究二〇一五(秋冬卷)》,第 231—236 頁,又見氏著《三國孫吴基層文書行政研究——以長沙走馬樓簡牘爲中心》,第 38—39、93—97 頁。

③ 李均明:《東漢簡牘所見合議批件》,《簡帛研究二〇一六(春夏卷)》,第 256—264 頁。

④ 楊芬:《"君教"文書牘再論——以長沙五一廣場東漢簡牘和長沙走馬樓三國吴簡爲主考察》,紀念走馬樓三國吴簡發現二十周年長沙簡帛研究國際學術研討會論文,長沙,2016 年 8 月 27—28 日。

行監督和核驗。①

再進一步分析，結合《竹簡(柒)》中多見的"×曹言"簡，君教簡應該是在×曹通過"白"文書、"謹列言"等將其初步處理或核校過的文書、簿册上呈後才開始書寫的，書寫者可能就是"×曹言"文書上承擔"封"任務的書佐。相對於數量衆多的"×曹言"簡，已刊及未刊的"君教"簡數量不多，很可能並非所有事務都需要像君教簡上注明那樣經過幾次文書上的審核，最終還要侯相簽署意見，大量的常見事務，如不斷出現的某人被病事、某人物故事之類，直接由相關曹吏處置完畢，無需將相關文書上呈，只是將文書摘要，即以"×曹言×事　　×年×月×日書佐×封"形式，定期彙總上報備案即可。書寫完整的年月日，且用"封"字，表明事務已處理完畢，並將圍繞該事務的文書封存，加上簽牌。《湖湘簡牘書法選集》中公布了一枚吴簡中的簽牌：

105. 船曹　吏趙德所送棆船衡②

恐怕就是一例。長沙五一廣場出土的東漢簡中亦有不少木楬，標明"××本事"，性質亦與此相類。③

---

① 長沙五一廣場東漢簡出土的"君教"簡中多提到丞×掾×"議請"云云的，如 CWJ1③：305(例 25)、CWJ1③：325-1-103(例 45)、CWJ1③：325-2-9(例 46)、CWJ1③：325-5-21(例 47)、CWJ1③：143(例 136)、CWJ1③：165(例 138)等(以上均見長沙市文物考古研究所等編：《長沙五一廣場東漢簡牘選釋》，上海：中西書局，2015年)，當時有過丞與掾面對面的商議，僅 CWJ1③：165 提到"丞優詣府對"，其餘都應是兩人商議後提出處理書面建議("請")。從已刊資料看，五一廣場簡基本是與司法有關的文書，或是原屬賊曹上呈的文書，涉及案件複雜多樣，爲律令所難以規範，依事商議處理辦法，亦屬正常。此種議確如李均明先生所言，與兩漢朝廷中各種形式的集議類似，針對疑難問題而發，最終亦要形成文字報請丞相或皇帝決斷，詳參永田英正：《漢代の集議について》，《東方學報》第 43 册，1972 年，第 97—136 頁；廖伯源：《秦漢朝廷之論議制度》，收入所著《秦漢史論叢》，臺北：五南圖書出版公司，2003 年，第 155—200 頁。高村武幸則注意到地方官府決策過程中屬吏"議"的作用，並指出西漢後期則其所謂的"公文書的書信"使用漸多，替代了口頭的"議"。見所著《秦・漢時代地方行政における意思決定過程》，收入所著《秦漢簡牘史料研究》，東京：汲古書院，2015 年，第 201—209 頁。從五一廣場簡看，東漢中期，臨湘縣在司法裁判上，"議"還是相當頻繁。即便如此，"議"與期會依然不同，"君教"簡記録的仍是文書處理過程。例 45 右側上下 1/3 處有契口，抄寫上亦留空，確如陳松長、周海鋒所言，原先是與其他簡編聯在一起的，見所著《"君教諾"考論》，收入長沙市文物考古研究所等編：《長沙五一廣場東漢簡牘選釋》，第 325—330 頁。文書的抄寫格式上亦與孫吴不同，未出現主簿，抑或屬不同類型的"君教"？兩者之間的關係還需更多的研究。徐暢小姐提示筆者注意此問題，謹謝。

② 張春龍、宋少華、鄭曙斌主編：《湖湘簡牘書法選集》，長沙：湖南美術出版社，2012 年，第 289 頁。關於"船曹"及其曹吏的一般情況，可參徐暢：《走馬樓吴簡所見孫吴臨湘縣廷列曹設置及曹吏》，《吴簡研究》第三輯，第 345—346 頁。

③ 具體例子見長沙市文物考古研究所等編：《長沙五一廣場東漢簡牘選釋》，圖版 38、39、40、82、83、84、121、122、123、165—167，第 72、73、88、101—102、116—118 頁。

唯有一些重要的定期簿册(米、錢、布、皮等物資的月度、季度與年度出入賬目),以及特殊的事務(有疑問的人員身份變動,如私學等),或郡府需要的文書,才需要再由期會掾、核事掾與主簿等幾方核查,亦才需要準備"君教簡"。參與官吏的工作是查對相關簿書的數據是否準確,特殊事務的處理是否妥當,起草的回覆是否合適等,工作完成後都會在文書或簿册末尾事先編入的簡上簽名,如"期會掾烝若録事掾陳曠校"(肆·1305)、"☐兼主簿尹桓省☐"(叁·4056),①此簡上下皆殘,但上道編繩痕迹猶可見。上引簡肆·1274中"劉恒"兩字均是別筆書寫,"劉"字墨色尤其濃重。簡肆·4213"兼主記史栂 [綜]省",簡基本完整,上下編繩可見,"兼"字爲上道編繩所壓,釋文漏釋,"綜"爲另筆簽署。簡叁·5668基本完整,作"主簿　　省",無署名,却有編痕,則是預先寫好等待主簿"省"後簽字的簡。簡柒·67"主簿郭　宋省",上道編繩壓在"主"字上,可證此簡乃寫好後編入簡册。簡柒·2647"兼録事掾潘琬校","琬"乃二次書寫,簡端尚有一"·"。②

"君教簡"一方面彙總了上述諸吏的工作,另一方面,亦爲侯相最終批示提供了載體。可以説"君教簡"屬於縣廷門下官吏審查諸曹上呈的一些重要事務的轉單(李均明先生則稱爲"公文的批件頁"),功能至少有三:一是記録事務梗概(時間與内容),二是提示門下審查事務的程序,三是預備侯相批示。這三項功能實際構成一套通用的規矩,各類需如此處理的事務均要遵循,且據長沙五一廣場東漢簡,至晚東漢中期便已行用。

"君教簡"一般應附在記載相關事務的文書或簿册之後,當亦與這些文書或簿册編連。③ 前引《竹簡》柒·2124(1)便是如此,它出現在簡柒·1978—2206坨(揭剥圖十五)中,此坨内容便是州中倉嘉禾二年四月至閏五月卅日的襍米旦簿。簡柒·3197(1)事由是"嘉禾四年八月廿三日兼田曹史莣揖白料諸鄉粢租已入未畢事",出現在簡柒·3196—3228坨(揭剥圖三十)中,該牘附近的幾枚簡(柒·3197·30·2、3200·30·5)明確與此事相關,而坨以外的臨近簡,亦多涉此事(如簡柒·3189、3190、3195),相鄰的一

① "兼"字釋文原作"[傳]",據圖版改。初稿寫定後檢凌文超《走馬樓吴簡舉私學簿整理與研究——兼論孫吴的占募》(《文史》2014年第2輯,第59頁),亦已先於筆者指出此點。

② 相關資料可參徐暢:《走馬樓吴簡竹木牘的刊佈及相關問題研究述評》,《魏晋南北朝隋唐史資料》第三十一輯,第46—47頁。

③ 長沙五一廣場東漢簡中的"君教"簡便是如此,研究見前引陳松長、周海鋒:《"君教諾"考論》,收入長沙市文物考古研究所等編:《長沙五一廣場東漢簡牘選釋》,第329—330頁。吴簡的"君教"簡中有一些左下角僅書寫"(×年)×月×日干支白",亦因要與文書編聯在一起,才會如此扼要書寫。另,君教簡上下1/3處各有一道劃痕(如宋少華主編《湖南長沙三國吴簡(五)》第28頁的兩枚),應是書寫前刻好,爲編繩預留的空間。這些均可爲證。谷口建速亦已注意到簡貳·257、6871、6921、2056這些"君教"簡上存在横綫及編綴痕,見所著《穀物搬出記録とその周辺》,收入《長沙吴簡研究報告》2008年度特刊,2009年,第57—58、60頁。

坨(簡柒 · 3229—3313,揭剥圖三十一)有不少涉及“涤租”及“涤田”(尤其是柒 · 3256 以前諸簡)。①

需要準備“君教”簡的事務在“×曹言”簡上亦有所體現,即其中左下注明“×月×日×曹白”類的簡,這類數量不多。如下例:

106. 倉曹言邸閣馬維倉吏武河遺(?)玉(?)官印從科俗(?)□□罪法事
四月四日倉曹史吴王白 (柒 · 1441)

107. 户曹言□遣私學謝達本正户民不應□遣脱□□事 □月八日領户曹……白 (柒 · 1464)

108. □曹言私學郡吏子弟……事 □月廿七日右賊曹史郭邁白 (柒 · 1624)

前人對“×曹言”簡已有研究,亦曾注意其中左下署名官吏、時間標注及用語差别,②但解釋上未及此類,故略作補充。

附帶指出,臨湘侯國政務處理的分工,亦可據已刊資料作一初步歸納:諸曹是各類具體事務的直接處理機構,各鄉勸農掾與承辦具體事務的吏,如倉吏、庫吏、都市吏,以及處理許迪盜米案這種臨時事務的各種小吏,都需要將有關文書或簿册呈送給相關的“曹”,所以我們見到的很多木牘(叩頭死罪白文書)上都會在左側第二行下部要注明“詣×曹”,③實際就是指明此文書要送達的機構。很多事務在各曹就可以處理完畢,無需繼續上報。這些已經辦完事務,亦要書寫事務摘要,並將相關文書整理成册,交由門下書佐,摘要將彙總後定期上呈門下備案,文書則按事務封存(形成“×曹言”類的簡)。鄉與承辦具體事務的小吏不能直接將文書送到門下,必須先送到諸曹,所以我們只見到“×曹言”,而没有看到“×鄉言”的摘要。换言之,諸曹乃是臨湘侯國事務處理的第一層機構,所有事務都要先送到相關的“曹”來處置(有時可能是兩個,甚至更多的曹,如審核吏民田家莂,就是由田曹史、户曹史一起來校,五年“校”時則還增加了經用曹史),諸曹

① 陳榮杰對這批簡有所整理,見所著《試論走馬樓吴簡“涤田”及相關問題》,“首屆絲綢之路(敦煌)國際文化博覽會系列活動——簡牘學國際學術研討會”論文,蘭州:2016 年 8 月 17—18 日;李均明亦注意到此點,見《走馬樓“君教”批件解析》,紀念走馬樓三國吴簡發現二十周年長沙簡帛研究國際學術研討會論文,長沙,2016 年 8 月 27—28 日。

② 如徐暢:《走馬樓吴簡所見孫吴臨湘縣廷列曹設置及曹吏》,《吴簡研究》第三輯,第 296—299 頁;沈剛:《吴簡所見孫吴縣級草刺類文書處置問題考論》,《文史》2016 年第 1 輯,第 54、55—56 頁。

③ 此類木牘不少,如 J22-2695 起首“南鄉勸農掾番琬叩頭死罪白”,最末爲“詣功曹 十二月十五日庚午白”;肆 · 4550①“都市掾潘羜叩頭死罪白”,最後爲“詣户曹 十一月十五日辛丑白”。其他例子詳見徐暢:《走馬樓吴簡竹木牘的刊布及相關問題研究述評》,《魏晋南北朝隋唐史資料》第三十一輯,第 31—38 頁。

本身亦可以下發命令——“敕”，徐暢收集的“叩頭死罪白”文書中幾乎開頭都提到“被曹敕”，只有一例稱“被督郵敕”，即是其證。①

其中有部分事務諸曹無法自行決斷，或按律令科條要求，需要由門下及侯相審核的則在諸曹審核後繼續上呈，同樣會寫摘要，不過要采用“×曹白”的形式結尾，亦將文書、簿册一併呈送門下，由掾、主簿等再校與省，校與省之後則要將文書、簿册呈給侯相（批示、畫諾）。有些是根據郡府下發的文書産生的工作，則還要準備進一步的回覆。“草言府”類簡便是由諸曹擬定的回覆文書初稿（當時或稱爲“列言”?）的摘要，亦是要呈送門下乃至侯相審定，已刊的“草言”簡中個别的帶有勾校符號，如下簡：

109. 草言湘府吏張裕……□□無所發遣□□□所發遣……事　　已　五月二日保質曹史□□白　　（叁·496/23）②

“已”便是濃墨書寫的勾校符號，位置在簡中部偏左。又如：

110. 草言府移上下關馬張清公下都□□困詣鄉吏潘羽乞五囊宋蔡惠
羜九百一十斤合一千四百一十四斛事　已　嘉禾五年十二月□　☑　（叁·3563/29）

此簡兩行小字書寫，“已”字在左邊一行下部，亦濃墨所寫。這兩枚簡上的“已”字恐是“草”經過審核，謄録了正本，且已發送後的記號。爲何“草言”簡上見到的記號甚少，尚不清楚。最終形成的正本文書均已發送，現在保留下來的幾乎都是各類“草”。因爲諸曹掌握相關事務的處理詳情，所以由曹吏來草擬給郡府的答覆（如録事掾潘琬的一份上白文書便説“乞曹列言府”，J22-2540中則又説“乞曹重列言府”，所指便是請曹起草給府的匯報）。按照秦漢文書行政的規則，下級給上級的文書要由主官（具體到縣是令長或丞）發出，③所以會將這些草稿由諸曹送到門下。“草言府”之類簡上見不到編繩痕迹，但出土時亦多見成坨存在的，或是按時間、事務編排保存的，似乎與其所概括的文書或簿册放在一起。④

除了自行下達“敕”，諸曹亦應負責起草侯相下發全境的文書“記”、“告”，“草言”類簡中除了常見的“草言府”之外，還有一些以“草記告”一類開頭的簡，就是此類“草”的提要。如下簡：

---

① 詳見徐暢：《走馬樓吴簡竹木牘的刊布及相關問題研究述評》，《魏晋南北朝隋唐史資料》第三十一輯，第31—38頁。

② “保”字《竹簡（叁）》釋文未釋，據凌文超《長沙走馬樓孫吴“保質”簡考釋》（《文物》2015年第6期，第52頁）補，感謝徐暢小姐示知此文。

③ 藤田勝久：《里耶秦簡所見秦代郡縣的文書傳遞》，《簡帛》第八輯，上海：上海古籍出版社，2013年，第189—193頁。秦代如此，漢代亦如此。徐暢亦有類似看法，見徐暢：《走馬樓吴簡所見孫吴臨湘縣廷列曹設置及曹吏》，《吴簡研究》第三輯，第299頁。

④ 參沈剛：《吴簡所見孫吴縣級草刺類文書處置問題考論》，《文史》2016年第1輯，第61—64頁。

111. 草記[1]告典田掾蔡忠等出柏船……事　……　（柒 • 1228）

112. 草記[2]告鄉吏……有入……⧄　（柒 • 1480）

113. 草記告諸鄉……船師詣柏所事　　十月廿日船曹掾潘椎白　（柒 • 2896）

114. 草調諸鄉出禮摿杖事　嘉禾五年……白　（柒 • 3018）

115. 草言部吏……吏……主□罰□遣□□各(?)李問(?)草　八月一日兼金曹史李味白　（柒 • 3097）

116. 草記[3]告倉吏潘慮出米八十二斛貸吏陳曠等十七人爲取頭年四月食日食六升吏區單□　（柒 • 4431）

117. 草告府諸縣倉吏邸閣所領襍擿起訖米事　十一月十五日兼倉曹史□□白　（柒 • 4496）

這些簡幾無一完整，圖版亦頗爲模糊，推究其語氣與用語，屬於下行文書無疑。徐暢曾注意到其中多數簡，認爲諸曹製作下行縣吏、鄉吏的文書，並以諸曹名義發出，但又説經過“草刺”，“諸曹並不具備獨立的發文權”。在所繪臨湘侯國公文運轉流程圖 2-1 中，又將“草告”、“草記告”的發出方置於“侯國諸曹”。[4] 其看法前後矛盾且不確切。實際這些均是諸曹爲侯相起草的下行文書，最終要由侯相認可後，以侯相名義下發。

概括而言，諸曹乃是臨湘侯國日常事務處理的實際中心，而名義上的樞紐依然是以侯相爲核心的門下，兩者存在事務與職責上的分工與合作，前者分工處理日常事務，很多事務在諸曹便可處理完畢，同時亦負責替侯相起草對上、對平行機構文書與下行文書（記、告），對下亦可自行發布命令（曹敕）；後者抓大放小，核查重要簿册，處置疑難事務，審核諸曹擬定的上行、平行與下行文書草稿，製作正本文書，並統一負責與上級及平行機構的文書收發往來。“君教”簡顯示了門下與侯相的作用，而“×曹言”以及大量的文書簿册顯示了諸曹繁重的日常工作，“草言府”則揭示了郡府與侯國之間的職責與事務分工。因爲這些小吏均爲侯國屬吏，屬於一個官府，其間的關係比較親密，所以上行文

---

① “記”原釋作“乞”，徐暢改釋，見徐暢：《三國孫吴基層文書行政研究——以長沙走馬樓簡牘爲中心》，第 69 頁注釋 6。審圖版，可從。

② “記”原釋作“言”，徐暢改釋，見徐暢：《三國孫吴基層文書行政研究——以長沙走馬樓簡牘爲中心》，第 70 頁注釋 1。審圖版，可從。

③ “記”原釋作“乞”，徐暢改釋，見徐暢：《三國孫吴基層文書行政研究——以長沙走馬樓簡牘爲中心》，第 70 頁注釋 2。審圖版，可從。

④ 見徐暢：《三國孫吴基層文書行政研究——以長沙走馬樓簡牘爲中心》，第 69—70 頁。

書均使用"白"。[①]

廣言之,諸鄉、諸曹與門下及侯相工作上的事務處理上的分工和對口關係,與郡國、丞相府諸曹、丞相、尚書和皇帝之間的關係頗爲類似。

最後,再來討論一下吴簡的性質。

關於吴簡的性質,過去的看法多有分歧,最早多認爲是長沙郡下諸曹的文書,[②]或認爲"屬於吴長沙郡府、臨湘縣及臨湘侯國的文書",[③]具體説來,繳納賦税的"合同"(即通常所説的"田家莂")是長沙郡的文書檔案,還有一些出現"府"、"府君"及太守姓名的文書亦屬此類。[④] 2004年,王素撰文認爲這批檔案屬臨湘侯國,可成定論,但亦指出包含長沙郡的檔案亦應屬定論。[⑤] 更多學者認爲是侯國的文書,[⑥]羅新推測文書出自侯國某一機構,[⑦]具體則有關尾史郎認爲是臨湘侯國田户曹的各種文書。[⑧] 問題集中在作爲臨湘侯國的文書,如何看待其中發現的郡及外縣文書?是否包括長沙郡的檔案?以及屬臨湘侯國哪個機構的文書?

根據已刊吴簡並綜括上文,筆者以爲長沙走馬樓J22所出土的吴簡是臨湘侯國主簿與主記史所保管的若干年中經手與處理的部分文書及簿册(其原先保存文書的地點或許就是所謂的"記室"[⑨])。析言之,大致包含如下七類:

(一)數量最多的是倉曹上呈的由三州倉吏、州中倉吏與庫吏定期編製的各種收受物(各類米、布、錢、皮等)的月旦簿、一時簿、四時簿及要簿,還有作爲這些出入賬目基礎的原始受物莂册(以及附在這些簿書上的簽牌),乃至相關的田地簿(如與粢租有關的粢

---

① 徐暢亦有類似的看法,但論證角度不同,見徐暢:《三國孫吴基層文書行政研究——以長沙走馬樓簡牘爲中心》,第67—72頁。

② 如胡平生:《細説長沙走馬樓簡牘(上、下)》,《人民日報(海外版)》1997年第3月20日、3月22日第3版。

③ 長沙市文物工作隊、長沙市文物考古研究所:《長沙走馬樓J22發掘簡報》,《文物》1999年第5期,第24頁;王素、宋少華、羅新:《長沙走馬樓簡牘整理的新收獲》,《文物》1999年第5期,第42頁;《長沙走馬樓二十二號井發掘報告》,收入長沙市文物考古研究所等編:《長沙走馬樓三國吴簡·嘉禾吏民田家莂》上册,北京:文物出版社,1999年,第42頁。鄧瑋光亦認爲是"長沙郡與臨湘縣的地方文書檔案",見所著《走馬樓吴簡采集簿書的復原與研究》,第2頁。

④ 王素、宋少華、羅新:《長沙走馬樓簡牘整理的新收獲》,《文物》1999年第5期,第42頁。

⑤ 王素:《長沙走馬樓三國吴簡研究的回顧與展望》,《吴簡研究》第一輯,第15—16頁。

⑥ 最新的分析見徐暢:《三國孫吴基層文書行政研究——以長沙走馬樓簡牘爲中心》,第39—40頁。

⑦ 羅新:《走馬樓吴簡整理工作的新進展》,《北大史學》第七輯,北京:北京大學出版社,2000年,第338頁。

⑧ 前引關尾史郎:《史料群としての長沙吴簡・試論》,收入《長沙走馬樓出土吴簡に關する比较史料學的研究とそのデータベース化》,第61頁。

⑨ 凌文超先生提醒我注意簡捌·4115:門下功曹史烝若[省],此簡爲揭剥圖十四中一枚,與許迪割米案審理有關,可知門下不僅有主簿與記史,還有功曹史。可惜,門下功曹史目前只發現一例,詳情待考。

田簿[柒 · 3123]、諸鄉枯無波長深頃畝簿[叁 · 7204、7241])、貸民種糧的人名簿(如肆 · 3904[1])①、黄諱史陳嗣謹列前後所貸嘉禾米付授人名斛數簿(肆 · 4305)等等,以及編在這些簿書後面的相關簿書直接製作者及初次審核者的×曹吏的上呈文書(具體例子可見本文一、二部分的復原及凌文超整理復原的"隱核波田簿")②。

(二) 數量其次的是户曹上呈的因各種目的定期或不定期編製的吏民人名年紀口食簿(及相應的簽牌),基本是由里魁及鄉吏一起編製的,有些是涵蓋全部吏民的,有些只針對部分特定人群(吏、吏子弟、私學、新占民)。目的有的是爲徵發徭役或户調、户錢(如貳 · 8256"☐□□謹以所領户出錢上中下品人名爲簿"③)。徵收户調與户錢的簿書亦可能是上呈倉曹的,這還需更多的研究。

(三) 諸曹處理過的事務的摘要(×曹言類簡中以"年月日及書佐×封"結尾的簡)。④

(四) 諸曹不能處理的事務的文書(×曹言中以"月日及×曹白"結尾的簡及所指的文書和相應的簿册),以所謂"叩頭死罪白"木牘文書(或許應稱爲"諸曹列言文書")及附在前面的簿册爲主。⑤ 這些文書原本是呈送給諸曹的,因其無法處理或按規定要由侯相裁決,而繼續上呈給門下。其中亦包括臨時事務的文書,如審理許迪案的諸多相關文書(涉案的數枚"叩頭死罪白"文書木牘及簡捌 · 4002—4321,還有不少零星散簡)。

(五) 門下要處理的事務的轉單(君教簡)及附在其前的,記録與處理這些事務的文書簿册,即上舉除(三)以外的各類。

---

① 關於此簿的研究,見熊曲、宋少華:《走馬樓吴簡中的種糧給貸簿研究》,《簡帛》第十二輯,第 253—268 頁。

② 凌文超:《走馬樓吴簡采集簡簿書整理與研究》第八章"二、三",第 428—454 頁。

③ 相關研究見安部聰一郎:《典田掾、勸農掾的職掌與鄉——對長沙吴簡中所見"户品出錢"簡的分析》,中譯本,收入《簡帛研究二〇一五(秋冬卷)》,第 238—256 頁。

④ 亦有個别事務,雖已完成,還需列言郡府,如徐暢所注意到,簡柒 · 3164"言府三品調吏民出銅一萬四百斤事七月廿七日兵曹掾番棟白"與簡柒 · 2579"兵曹言部吏壬□□□户品限吏民上中下品出銅斤數要簿事 嘉禾四年七月廿一日書佐吕承封"時間相接,應爲一事,見所著《三國孫吴基層文書行政研究——以長沙走馬樓簡牘爲中心》,第 23—24 頁。兵曹將出銅斤數的"要簿"上呈門下後事務實際就結束了,故由書佐將"要簿"封存,但因此事源出郡府的命令,故在實際上交了 1 萬 4 百斤銅的同時,還要向郡彙報一下徵調情況,由兵曹提供,故有了簡柒 · 3164。

⑤ 關於叩頭死罪白文書作爲上行文書兼作内容概要、送達文書,與其前的文書或簿書編聯的研究,見伊藤敏雄:《長沙吴簡中の"叩頭死罪白"文書木牘》,收入《湖南出土簡牘とその社會》,第 35—59 頁,中文稿見《魏晋南北朝史的新探索》,第 624—644 頁。具體實例見凌文超:《走馬樓吴簡舉私學簿整理與研究——兼論孫吴的占募》,《文史》2014 年第 2 輯,第 37—72 頁。

（六）諸曹草擬的對郡府回覆文書、下行及給平行機構的文書（草言府所摘要記録的文書，以及吴簡中以“臨湘”開頭的很多文書與“×年×月×日臨湘侯相君、丞×叩頭死罪敢言之”、“侯相君丞×告/謂×”一類的簡①）、書佐爲主簿起草的文書（如肆·1267“嘉禾三年十一月癸巳朔日主簿羊君叩頭死罪敢言之”），有時這些“草”要附呈相關的簿册，即上舉第（一）、（二）類中的相關簿册，這些因需要經主簿及侯相、丞等的審核而送至此，在正本文書形成且發出後留作底本保存，過一段時間後被丢棄。

（七）其他，如私人信件、名刺、封檢等。

吏民田家莂屬第一類，是田曹史、户曹史，有時還有經用曹史共同校對之後上呈給主簿的都莂。“吏民田家莂”按鄉呈送，應由各鄉製作，甚至是里魁，②編製完成後送到田曹、户曹以及經用曹來審核，曹史校過後上呈門下，按照關尾的看法，有君教簡的内容和田家莂有關。③ 發現時位於簡牘最上層，恐怕是最後放入井中的文書。其事務與“桑樂二鄉謹列嘉禾四年租税褋米已入未畢要簿”（柒·2990）相聯，前者是按鄉—里—户的方式歸集排列的，後者是按鄉的分類統計，内容相對應，統計口徑有别。

吴簡中亦發現少量不屬臨湘侯國的文書或簿書。最爲集中的是“兵曹徙作部工師簿”（即過去習稱的“師佐籍”），據研究是保存在郡府的長沙郡中部各縣徙作部工師簿，出現於此的原因，則釋爲“長沙郡、臨湘侯國、作部的治所皆設置在一地”，④此説成立的可能性很低。筆者以爲，更可能的原因是，徵發中部諸縣的工師需要到臨湘集中，一起

① 如簡壹·5701、壹·6919、貳·7200、叁·5724、叁·6513、肆·1476、肆·3568、肆·3951、肆·4548、肆·5020、肆·5413、肆·5442、柒·3143、柒·3193、柒·4095、捌·4218、捌·4239、捌·4248、捌·5407，這些文書中出現的“君”均爲起草文書的屬吏在草稿上使用的尊稱，並非侯相的真實名字。徐暢亦指出此點，見《三國孫吴基層文書行政研究——以長沙走馬樓簡牘爲中心》，第20頁。查圖版，上述簡中常見一筆書寫，但“丞”字下留空的情況，如肆·1476；或整個簡一筆書寫，“丞”下不留空，亦無署名，如肆·3568、肆·3951、肆·5442；下行文書見肆·5020、肆·5413、柒·3143、柒·4095、捌·4218、捌·4284。兩種形式或表明有些草稿需要丞過目，有些則不需要此步驟。

② 王颯將字迹清晰的四年田家莂的筆迹細分爲9類，加上不清晰的，認爲書手可能有15人，五年的區分爲15類，全部書手可能有20人，兩年的書手有20人左右，並根據不同字迹的莂上户人的丘與屬鄉對照，認爲是縣製作的，又在邢義田文基礎上分析莂末尾田户曹史校的簽署，進一步認定爲縣裏製作，見所著《嘉禾吏民田家莂字迹及相關問題研究》第二、三章，吉林大學碩士學位論文，2014年，第53、86、92、99頁。作者研究中忽略了“鄉”下“里”的存在，以及同丘居民常常分屬不同里的情況。侯國田曹與户曹史僅區區數人，何人當值，亦不難爲鄉里所了解，抄寫田家莂中根據實情寫上校者的職位與姓，並不困難。此點仍不足以確定田家莂製作於縣。

③ 見宋少華主編：《湖南長沙三國吴簡（五）》，第28頁圖1；説見關尾史郎：《從出土史料看〈教〉——自長沙吴簡到吐魯番文書》，“魏晋南北朝史研究的新探索——魏晋南北朝史學會第十一届年會暨國際學術研討會”論文，北京，2014年10月12—15日。

④ 見凌文超：《走馬樓吴簡采集簿書整理與研究》，第170—282頁，特别是第270、272—274頁。

送往前綫,爲此將本簿放在臨湘侯國處作爲清點的依據。如江蘇尹灣漢簡5號木牘正面所示,西漢末年很多需要郡完成的工作便交由屬縣實際承辦,像送罰戍到上谷、輸錢都内之類,在屬縣發現郡的相關文書簿册很正常。此事或又是一例。

此外,在州中倉的"月旦簿"一類的簿書中出現一些外縣的吏民或倉入米或出米的記録,如簡肆·4610(十斛付醴陵漉浦倉吏周進)、4612、4615、4663及捌·2863,肆·4037(永新尉陳崇備黄龍二年税米)、4742、4790、4806、4755、5078以及壹·1783、肆·3664,並不奇怪。上述乃是因爲不知何故,永新尉陳崇多次將不同名目的米交到了臨湘的州中倉,又如,"受米莂"中還有臨湘居民向永新倉等交納米的情况。[1] 爲對賬,需要對方機構移來相應的賬目,進行核驗,所以吴簡中會出現如下簡:

118. 永新倉吏□阿謹列所領黄 ⧄ (肆·207)

119. 永新倉吏區善(?)謹列所領 ⧄ (肆·923)

醴陵漉浦倉的情況相同,只是已刊簡中尚未見到醴陵漉浦倉移來的賬目。過去學者研究過的"烝口倉"(《竹簡(壹)》以外還見於簡貳·7614,叁·43、67、2057,肆·4919,[2] 柒·2016,捌·2900、3092、3283、3405、3410、5646等,幾乎都是出現在月旦簿中,記録的是東部烝口倉吏孫陵備某種米,柒·2016與最後四簡所記似屬同一納入事件)亦是如此。[3] 概言之,涉及外縣倉的文書均應屬於此類情形。臨湘並非孤立的存在,它不斷與上級、周邊平行的機構及屬下諸鄉發生文書與人員、物資往來,在臨湘留下相應的文書稀鬆平常。就如同在秦代遷陵縣檔案庫發現朝廷、洞庭郡及周邊諸縣的文書一樣。若没有發現此類文書反而令人稱奇。[4]

如果將吴簡視爲田户曹的文書,上舉(三)(四)(五)(六)類文書,特别是第(三)類中

---

① 見宋少華主編:《湖南長沙三國吴簡(六)》,第24頁圖1。

② 釋文作"東鄉",誤,當爲"東部"。

③ 關尾史郎注意到受米莂中有爲永新倉一類外縣倉納米的情況,他將此和師佐籍聯繫起來,認爲受米莂(作者使用的是"賦税納入木簡")不止是臨湘侯國的,見所著《〈湖南長沙三國吴簡〉の賦税納入木簡について》,《長沙吴簡研究報告》2010年度特刊,2011年,第64—71頁;新近研究指出這類受物莂或使用木簡,又見所著《魏晋簡牘のすがた—長沙吴簡を例として—》,《國立歴史民俗博物館研究報告》194,第224—226頁。這等於對其吴簡爲臨湘侯國田户曹文書説提出了挑戰,實際並無扞格,解釋如上所言。戴衛紅據右倉曹史烝堂彙報的×月旦簿不僅包括州中倉、三州倉,還有劉陽倉、吴昌倉、醴陵倉、永新倉等,認爲烝堂是郡吏,見所著《長沙走馬樓吴簡所見孫吴時期的倉》,《史學月刊》2014年第11期,第100—106頁。徐暢已從倉庫制度上加以辨析,論證此説不確,見《三國孫吴基層文書行政研究——以長沙走馬樓簡牘爲中心》,第40—41頁。孤立地舉例論證倉的隸屬及和烝堂的關係是不够的,相關簿書的復原是釐清此問題的基礎。

④ 類似看法見徐暢:《三國孫吴基層文書行政研究——以長沙走馬樓簡牘爲中心》,第40頁。

田户曹以外的"×曹言"簡的出現,第(四)類中其他曹的"叩頭死罪白"文書以及第(六)類中與田户曹無關的"草言府"簡,連同諸多與臨湘侯相有關的文書底本/草稿,就都變得難以解釋了。

總之,長沙走馬樓22號井保存的只是主簿與主記史經手與處理過的部分文書簿册,涉及諸曹的,則以倉曹、户曹與田曹上呈的簿册爲多,其他諸曹基本只見文書摘要,實際文書不多,因此,並非主簿與主記史經手的全部文書,更遠非當時臨湘侯國文書的全部。對於吴簡中是否存在户籍的争論,亦可根據吴簡的性質作出一判斷。吴簡中發現的名籍類簿册,是諸曹因具體事務而上呈的,多數是定期的,少數是臨時性的。最初的簿書是爲完成某些具體工作而由鄉里吏編製的,並非户籍。實際此井亦不應發現户籍。原因很簡單,户籍應該保存在户曹與諸鄉,而非主簿處。吴簡所發現的各類名籍基本是依據户籍抄録的,但本身並非户籍。

《續漢書·百官志一》"太尉"條講到屬吏時説:"黄閤主簿録省衆事"、"記室令史主上章表報書記",《百官志五》"郡太守"條云"主記室史,主録記書,催期會",縣則是"諸曹略如郡員"。關於主簿,前人研究涉及不多,[①]吴簡中的主記史有學者作過整理與分析,[②]但主簿與主記史實際如何工作仍不清楚,吴簡可以説是主簿與主記史日常工作具體而微的展示,爲了解其職掌提供了寶貴的案例。

結　論

以上采取利用相關揭剥圖恢復簿書構造及不同簿書間關係的思路,從復原《竹簡(肆)》數幅揭剥圖中涉米簿書構造入手,分析了從受米莂册的編製到月旦簿逐級上呈的文書(事務)處理過程。通過莂册與月旦簿不同位置上的符號"中"、"·"與朱筆痕迹,推考其書寫者,進而考察了不同機構的小吏(三州倉吏谷漢、右倉曹史烝堂、期會掾、録事掾與主簿等)在其中發揮的作用,在此基礎上對"君教"簡的性質作出了新的推斷,認爲其製作於門下收到諸曹上白時,是針對需要門下審核的事務而製作的事務處理流程的"轉單",與編入文書或簿册尾部,注明"期會掾×録事掾×校"、"主簿×省"等竹簡相配

---

① 關於主簿的研究,見顧炎武:《日知録》卷二四"主簿",長沙:嶽麓書社,1994年,第858—859頁;嚴耕望:《中國地方行政制度史——秦漢地方行政制度》,臺北:"中研院"歷史語言研究所,1990年,第124—126、226頁;張玉興:《唐代縣主簿初探》,《史學月刊》2005年第3期,第40—41頁;李迎春:《秦漢郡縣屬吏制度演變考》,北京師範大學博士學位論文,2009年,第64—72頁。吴簡中的主簿,僅見凌文超略有涉獵,見所著《走馬樓吴簡舉私學簿整理與研究——兼論孫吴的占募》,《文史》2014年第2輯,第58—59頁。

② 王振華:《孫吴臨湘侯國主記史研究》,北京吴簡研討班,2014年9月14日,討論稿。

合。諸曹是臨湘侯國實際事務處理的中心，大量事務由其直接處理完成，少量則要繼續上呈門下。諸曹負責起草以侯相名義發出的上行、平行與下行文書，諸曹自己亦可下發“敕”，門下則是名義上的樞紐，審核諸曹上呈簿書及文書草稿，並負責以侯相名義制定的正式文書的審定與發送。最後對長沙走馬樓 22 號井出土吴簡的性質作出進一步的推定，認爲是臨湘侯國主簿與主記史所保管的部分文書簿册（以倉曹、户曹上呈者爲主，兼有少量田曹上呈的文書，其他曹文書則甚少）。其中不乏大膽的推論，是耶非耶，期待讀者的教正。

本文寫作修改過程中得到徐暢小姐、凌文超與關尾史郎先生的諸多幫助，11 月 1 日在首都師範大學歷史學院報告本文，得到凌文超先生的指教，謹此一併致謝！

2016 年 6—7 月初稿

2016 年 12 月修訂

走馬樓吴簡官牛簿補考[①]

凌文超

（中國社會科學院歷史研究所、
出土文獻與中國古代文明研究協同創新中心）

我們曾根據走馬樓吴簡考古學整理信息和簡牘遺存信息，集成整理了孫吴臨湘侯國官牛簿，並結合漢簡官牛簿對其内容進行了考釋。[②] 隨著吴簡的進一步公布，尤其是嘉禾五年“隱核波田簿”、“户品出錢人名簿”及“祠祀牛皮蹄甲枚數簿”的整理，爲我們進一步認識官牛簿提供了新的參照。爲此，我們嘗試著對吴簡官牛簿的編排、製作者、年份及其與屯田牛耕的關係提出新見解。

一　官牛簡的初步編排

吴簡牛犢簡爲官牛簡的初步編排提供了信息。吴簡牛犢簡或以其出生日期“嘉禾〇年〇月〇日乳”起始（簡 3、8、9、11、32），或以“從”起始（簡 4、35）。後者可能是牛犢簡的簡記方式。所謂“從”，當即子牛隨從母牛。這兩類牛犢簡天頭皆留空，它們應當編排在母牛簡之後，低格書寫。例如，簡 2 和 3、簡 31 和 32 應爲兩對子母牛，皆歸差養者民文春、張造餵養。

吴簡官牛簿中的官牛差編户民餵養，官牛似分散到民户由專人負責。如前所論，民文春、張造餵養了子母牛，還有 9 位差養者負責飼養兩頭官牛，如婁道（簡 5、6）、蔡劉（簡 15、16）、張客（簡 16、17）、謝張（簡 18、19）、吕尾（簡 22、23）、趙可（簡 24、25）、陳成（簡

① 本文爲國家社科基金青年項目“嘉禾吏民田家莂研究”（16CZS040）的階段性成果。

② 拙作《漢、吴簡官牛簿整理與研究》，《簡帛研究二〇一一》，桂林：廣西師範大學出版社，2013 年，第 184—202 頁。下文官牛簡釋文校訂請參此文，不另出注。

25、26）、蔡李（簡 29、30）、張須（簡 33、34）。餵養者負責的兩頭牛或是子母牛（有的由子母牛長成），或是因其他差養者物故分配而來的。大致看來，一人餵養兩頭牛應當是臨湘侯國當時的主要差養方式。同一差養者的兩枚官牛簡應當是前後編聯，例如吕尾飼養的兩頭官牛，簡 22 在"民"右下空白處補記"不見"，而簡 23 在"民"字上劃一豎綫，承前省記"不見"二字，簡 22、23 原來前後編聯。據此，我們根據整理號、差養者及子母牛的關係，將官牛簡進一步整理編排如下：

1. 臨湘謹列官領(?)牛頭數齒色養者爲簿 （肆・1435/2）
2. ⧄頭，齒五歲十一月日，左角長三寸，變烝栗色，民文春養 （肆・1352/2）
3. ⧄年八月廿九日乳，黄牸牛①一頭，齒一歲一月一日，左角長半〔尺〕，民文春養 （肆・1389/2）
4. 從黄牸□一頭，□□□，左角長四寸五，□ ⧄ （肆・1374/2）
5. 黄牸牛一頭，齒四歲七月日，左角長一尺，民婁道養 （肆・1439/2）
6. 黄牸牛一頭，齒二歲一月日，左角長一尺，民婁道養 （肆・1388/2）
7. 黄牸牛一頭，齒四歲二月□日，左角長六寸，民謝祐養 （肆・1390/2）
8. 嘉禾三年七月卅日□(乳)，黄牸犢一頭，齒六月日，左角長一寸，民王龍養 （肆・1392/2）
9. 嘉禾二年五月十日□(乳)，黄牸犢牛一頭，齒二歲八月日，左角長二寸一分，本蔡可牛，可物故，差民謝□養 （肆・1412/2）
10. 黄牸牛一頭，齒三歲□□日，左角長□□，盲左目，民謝便養 （肆・1413/2）
11. 嘉禾三年四月二日乳，黄牯犢一頭，齒一歲六月卅日，左角長四寸，變栗佐色，民吕民養 （肆・1417/2）
12. 黄牯牛一頭，齒三歲九月日，左角長八寸，變烏色，民□⧄ （肆・1427/2）
13. 黄牯牛一頭，齒四歲四月廿日，左角長一尺五寸，民胡□養 （肆・1440/2）
14. 黄牯牛一頭，齒四歲六月日，左角長八寸，民王⧄ （肆・1442/2）
15. ⧄齒二歲六月日，左角長九寸五分，變栗色，民蔡劉養 （肆・3580/4）
16. ⧄□色，決鼻，本蔡劉牛，差民張客養 （肆・1529/2）
17. 黄牯牛一頭，齒六歲四月日，左角長一尺，變烏色，任耕，本蔡長牛，差民張客養 （肆・1444/2）

---

① "牛"，核對圖版，字迹漫漶，疑作"犢"。

18. 黄牯牛一頭,齒四歲□月日,左角長一尺,孌柔栗色,任耕,民謝張養 (肆•3594/4)

19. ☒角長二寸五分,孌柔栗色,本張[可]牛,差民謝民謝張養 (肆•1604/2)

20. 黄牸牛一頭,齒三歲□□□,左角長九寸,民王吴養 (肆•1445/2)

21. 烏栗牸牛一頭,齒十七歲十月日,左角長一尺二寸,民□□□ (肆•1446/2)

22. ☒六寸,左尉乘,任耕,民"不見"吕尾養 (肆•3617/4)

23. 黄牸牛一頭,齒四歲五月廿日,左角長七寸,孌柔栗色,民—吕尾養 (肆•1447/2)

24. 黄牸牛一頭,齒九歲一□□,左角長一尺二寸,[本]趙可牛,可被病物故,差民唐定養 (肆•1450/2)

25. 黄牸一頭,齒五歲九月日,左角長九寸,孌柔栗色,任耕,本趙可牛,可被病物故,差民陳成養 (肆•1451/2)

26. 黄牸牛一頭,齒五歲六月日,左角長七寸,孌柔栗色,[民][陳][成][養] (叁•7335)

27. ☒□,左角長一尺一寸,孌☒ (肆•1639/2)

28. ☒三月日,左[角]☒ (肆•1666/2)

29. ☒[頭],齒四歲五月日,左角長一尺七寸,市卿乘,任耕,民蔡李☒ (肆•3475/4)

30. ☒角長一尺一寸三分,民蔡李養 (肆•1491/2)

31. 黄□牛一頭,齒□歲八月日,左角長一尺,孌柔栗色,……[民]張造養 (肆•3874/4)

32. 嘉禾四年六月十日乳,黄牯犢一頭,齒二月廿日,角未生,民張造養 (伍•總38683)[1]

33. ☒……,民張須養 (肆•3674/4)

34. ☒□[月]廿日,左角長一[尺],民張須養 (肆•3825/4)

35. [從]黄牸犆一頭,二歲六月日,左角長五寸,孌柔栗色,民區□[養]☒ (肆•3883/4)

36. 黄牯牛一頭,齒五歲五月十[五]日,左角長八寸,孌白色……民☒ (伍•總38689)

37. •右五頭將軍張承遣牛,府曹以别取養,不見 (肆•1426/2)

38. □[核]嘉禾三年起六月一日訖九月卅日簿食牛卅頭 (肆•1431/2)

39. ☒及新乳大小合卅三頭 (肆•1375/2)

---

[1] 該簡及下引簡伍•總38689見熊曲:《走馬樓吴簡中的官牛簿》,《出土文獻研究》第十一輯,上海:中西書局,2012年,第285頁。

二　簿書的製作者及年份

與吴簡中很多其他簿書由鄉編製不同，據標題簡（簡 1），官牛簿由臨湘侯國直接編製，其級别比較高。官牛雖然散入民户餵養，但有的具有特殊用途：如“左尉乘”（簡 22），當即配給臨湘左尉的服牛，以滿足他經常前往各地推索盗賊的需要；又如“市卿乘”（簡 29），當即配給臨湘侯國都市掾（市卿或爲都市掾之尊稱）的服牛，作爲運送物資之用。簡 37 記録了“五頭將軍張承遺牛，府曹以别取養”。此“將軍張承”當爲張昭之子。[1]據《三國志・吴書》的記載，建安二十四年（219 年），孫吴襲奪荆州，曹操表孫權爲驃騎將軍，假節領荆州牧。孫權辟張承爲“西曹掾，出爲長沙西部都尉”。[2] 嘉禾三年（234 年）夏五月，孫權派遣張承等向廣陵、淮陽。此時，張承已離開長沙，轉任濡須都督、奮威將軍。[3] 張承原任長沙西部都尉，其治應在湘南縣。[4] 張承離開長沙後，其遺牛由“府曹以别取養”，且登記在臨湘侯國所編製的官牛簿中。這裏的“府曹”應爲長沙郡府屬曹，張承在長沙郡治臨湘縣應有宅邸，其遺牛應是供他在臨湘境内活動的官牛，原本可能就由臨湘侯國進行管理。至於官牛的管理機構，按下簡：

40. 草言府吏利赤、孫儀、潘□傳送吏民牛二百二頭所[5]付吏事　六月廿三日虞曹史烝□白　（柒・2980）

應由臨湘侯國虞曹負責。簡 37 中的“府曹”具體而言也應是長沙郡府虞曹。曹魏尚書有虞曹郎，[6]大抵掌“園囿田獵”等事。[7] 從這些情形來看，孫吴從中央至地方可能設置了虞曹系統，管理官牛爲其職責之一。

---

① 參見熊曲：《走馬樓吴簡中的官牛簿》，《出土文獻研究》第十一輯，上海：中西書局，2012 年，第 282—283 頁。

② 《三國志》卷五二《吴書・張承傳》，北京：中華書局，1982 年，第 1224 頁。

③ 《三國志》卷四七《吴書・吴主傳》，第 1140 頁；《三國志》卷五二《吴書・張承傳》，第 1224 頁。

④ 孫亮太平二年（257 年），以長沙西部爲衡陽郡。《三國志》卷四八《吴書・孫亮傳》，第 1153 頁。《水經注》卷三八《湘水》云：“湘水又東北逕湘南縣東，又歷湘西縣南，分湘南置也，衡陽郡治。魏甘露二年，吴孫亮分長沙西部立治，晋湘南太守何承天，徙治湘西矣。”見〔北魏〕酈道元著，陳橋驛校證：《水經注校證》，北京：中華書局，2007 年，第 894 頁。

⑤ “所”，原釋作“不”，今據圖版改。

⑥ 《晋書》卷二四《職官志》云：至魏，尚書郎有虞曹等二十三郎。見《晋書》，北京：中華書局，1974 年，第 732 頁。《宋書》卷三九《百官志上》云：魏世有虞曹等二十三郎。見《宋書》，北京：中華書局，1974 年，第 1236 頁。

⑦ 《隋書》卷二七《百官志中》云：尚書省虞曹，“掌地圖、山川遠近，園囿田獵，殽膳雜味等事”。見《隋書》，北京：中華書局，1973 年，第 753 頁。

該簿書的製作年代是一個需要加以辨析的問題。結計簡 38 云"□核嘉禾三年起六月一日訖九月卅日簿食牛卅頭",所謂"嘉禾三年起六月一日訖九月卅日簿食牛卅頭",應是臨湘侯國虞曹按季度編製官牛簿食的記録,是虞曹日常管理官牛的體現。核查的官牛數,應當是製作該官牛簿時,查核之前簿記的官牛數。此官牛簿的製作時間應晚於嘉禾三年九月。

新乳(生)牛犢簡登記的生産日期和年齒爲我們判定簿書的製作年代提供了依據。新乳日期加上年齒後的日期應當就是該官牛簡的核查登記日期。據此,新乳(生)牛犢簡的登記日期分别是:某年九月(簡 3)、嘉禾四年二月(簡 8),嘉禾五年正月(簡 9),嘉禾四年十一月(簡 11),嘉禾四年九月(簡 32)。初生牛犢並非在生産當日就加以登記,一般在每年的九月、十一月(冬季來臨前後)或正月、二月(春季來臨前後)才記入册籍。其中的原因可能是,新乳牛犢是否需要給料,隨年齒的增長和季節的變化官牛是否需要增減食料,虞曹職吏綜合考慮這三個因素,最終決定修訂簿記中官牛的相關信息,更改造册的時期應集中在冬季或春季來臨前後,可能與冬季給料、春季備耕有關。從新乳(生)牛犢簡登記的日期不一致來看,吴簡官牛簿應當不是一次性地隱核登記造册,而是在已有簿記的基礎上抄録而成的。時間當在嘉禾五年正月以後,其製作的年份應當就在嘉禾五年。

三 官牛簿與屯田牛耕

臨湘侯國爲何責成虞曹抄製這樣一份官牛簿呢? 結合嘉禾五年的"隱核波田簿"、"户品出錢簿"、"祠祀牛皮蹄甲枚數簿"來看,是年臨湘侯國不僅對陂塘田畝進行了清查,[①]而且徵收户品出錢以興修水利,還設置了典田掾等專職吏,[②]甚至祠祀録山、明星以祈雨。[③] 這些工作都是圍繞田事而開展的。這使我們有理由認爲,嘉禾五年臨湘侯國官牛簿,很有可能也是爲了開展農事而編製的。

這些官牛用來備耕,在官牛簿中也有綫索可尋。首先,吴簡官牛簿中能釋讀出差養者姓名的有 26 枚簡,其中有 20 枚簡記録了 11 位差養者餵養或曾經餵養過兩頭牛。從這種情形來看,一人餵養兩頭牛應是臨湘侯國普遍的差養方式。這種差養方式與當時

---

① 參見拙文《考信於簿:走馬樓吴簡采集簿書整理與研究》,北京大學博士學位論文,2011 年,第 235 頁;以及拙作《走馬樓吴簡采集簿書整理與研究》第八章"隱核波田簿與孫吴陂塘的治理",桂林:廣西師範大學出版社,2015 年,第 424—454 頁。

② 參見拙作《走馬樓吴簡三鄉户品出錢人名簿整理與研究——兼論八億錢與波田的興建》,"出土文獻與物質文化——第五届出土文獻青年學者論壇"論文,香港浸會大學,2016 年 7 月 28—29 日。

③ 參見拙作《走馬樓吴簡祠祀牛皮蹄甲枚數簿整理與研究——兼論孫吴的地方祠祀》,《魏晋南北朝隋唐史資料》第三十三輯,上海:上海古籍出版社,2016 年,第 1—15 頁。

的牛耕方式存在共同之處。《三國志・吴書・吴主傳》載"今孤父子親自受田,車中八牛以爲四耦",[①]孫吴時期的主要牛耕方式當是二牛抬杠。[②] 臨湘侯國虞曹差民餵養兩頭官牛,其中應有讓農民教習二牛抬杠或滿足二牛抬杠耕地的用意。

其次,該官牛簿中有兩枚簡在"左尉乘"(簡 22)、"市卿乘"(簡 29)後記録了"任耕",這裏並非强調用犁牛來安乘,而是强調服牛亦能用來耕田,透露出這些官牛很可能是作爲犁牛之用。其他吴簡官牛簡,如同居延大灣漢代官牛簡一樣,[③]雖然没有"任耕"的記録,但都是用來耕犁。

吴簡官牛簿僅記録了卅三頭牛,即使全部用來耕田,對於臨湘侯國當時大量的待墾田地,其畜力資源也是極其不够的。據"隱核波田簿"的記録:

41. 亭下波一所,深一丈七尺,長廿丈,敗十一丈,泧田九頃,枯蕪十年,可用一萬夫 (叁・6320)

42. □□波一所,[深][七][丈],長十丈,敗□丈,[沃][田]七頃,枯蕪七年,可用七千夫 (叁・7212)

43. •右波九所,田合五百卅一頃卅畝,□給民自[墾][食] (叁・7226)

嘉禾四年底至五年初勸農掾隱核諸鄉陂塘田畝,不少陂田枯蕪,官府放任民衆據以墾食。簡 43 結計枯蕪的九所陂塘,灌溉田畝達五百卅一頃卅畝。這應當只是二三鄉的情況。[④] 如果臨湘侯國普遍興修枯蕪的陂塘田畝,搞好水利進行屯墾,無疑需要大量的人力、畜力。家母告知,長沙地區,人民公社時期,每個生産隊按 40 市畝(大致相當於三國吴的 53 畝)左右配備一頭耕牛;分田到户後,一人一牛一季深耕不會超過 100 市畝(大致相當於三國吴的 132 畝)。[⑤] 三國時期的牛耕技術雖然比較原始,但是深耕細作方面不及今天(枯蕪波田衆多,人均耕地面積遠超今天的人均一市畝左右),加上牛力本身、南方水稻耕種的季節時限古今基本上不會有太大的變化,綜合這些因素考慮,三國時期一頭牛平均耕地也應當在 100 市畝左右。據《晋書・食貨志》載,咸寧三年(277,孫吴天紀元年),杜預上疏云:

---

① 《三國志》卷四七《吴書・吴主傳》,第 1132 頁。

② "二牛抬杠"耕作方式可參見張傳璽:《兩漢大鐵犁研究》,《北京大學學報(哲學社會科學版)》1985 年第 1 期,收入所著《秦漢問題研究(增訂本)》,北京:北京大學出版社,1995 年,第 281—190 頁。

③ 參見拙作《漢、吴簡官牛簿整理與研究》,《簡帛研究二〇一一》,第 184—191 頁。

④ 參見拙著《走馬樓吴簡采集簿書整理與研究》第八章"隱核波田簿與孫吴陂塘的治理",第 424—454 頁。

⑤ 1964 年江西南昌市罈子口 1 號墓出土銅尺長 23.5 釐米,1979 年江西省南昌市高榮木出土銀乳釘竹尺長 24.2 釐米。參見丘光明編著:《中國歷代度量衡考》,北京:科學出版社,1992 年,第 60 頁。按一尺 24.2 釐米、一畝 240 步計算,孫吴一畝面積約 506 平方米。

東南以水田爲業,人無牛犢。今既壞陂,可分種牛三萬五千頭,以付二州將吏士庶,使及春耕。穀登之後,頭責三〔二〕百斛。是爲化無用之費,得運水次成穀七百萬斛,此又數年後之益也。①

以一頭牛責穀二百斛計之,三萬五千頭得穀七百萬斛,疑"三百"當作"二百"。按孫吴限米税率:

44. 右二年佃卒田三頃六十畝,々(畝)收限米二斛,合□〼 (壹·1534)

45. 領二年郵卒田六頃五十畝,々(畝)[收]限米二斛,合爲吴平斛米一千三百斛 (壹·1635)

46. 領二年佃(?)[卒](?)衛士田七十五畝,々(畝)收限米二斛,合爲吴平斛米一百五十斛 (壹·1669)

每畝繳納限米二斛。西晉屯田一頭牛收責三〔二〕百斛,大抵是150(100)畝的税米,與今天一頭牛耕地100市畝大致相當。又《齊民要術·雜説》云:

凡人家營田,須量己力,寧可少好,不可多惡。假如一具牛,總營得小畝三頃——據齊地大畝,一頃三〔二〕十五畝也。

如一具牛,兩個月秋耕,計得小畝三頃。②

北魏時期一具牛耕地小畝(一百步)三百畝,合大畝(二百四十步)一百二十五畝,折合142市畝。③ 即使不考慮二牛或三牛一犁,魏晉南北朝時期一頭牛最多耕地一頃多,僅簡43所記之波田,開墾就至少需要四五百頭耕牛。由此看來,吴簡官牛簿所記的卅三頭牛顯然遠不足以滿足臨湘侯國開發、屯墾枯蕪陂塘田畝的需要。

三國時期,南北方牛力資源不足是普遍現象。爲了彌補耕牛的不足,曹魏衛覬建議:

夫鹽,國之大寶也,自亂來散放,宜如舊置使者監賣,以其直益市犁牛。若有歸民,以供給之。勤耕積粟,以豐殖關中。④

通過鹽業官營市調犁牛,再租給還民勤耕積粟。孫吴也有類似的做法,例如,根據簡40

① 《晉書》卷二六《食貨志》,第788頁。

② 繆啓愉、繆桂龍撰:《齊民要術譯注·雜説》,上海:上海古籍出版社,2006年,第19、21頁。

③ 北魏前尺長27.88釐米,中尺27.97釐米,後尺29.59釐米。參見丘光明編著:《中國歷代度量衡考》,第68頁。《齊民要術》成書於北魏末年,其大畝面積按後尺計算,每大畝爲756平方米。

④ 《三國志》卷二一《魏書·衛覬傳》,第610頁。

虞曹的匯報,市吏孫儀等人傳送吏民牛達二百二頭,[①]其中可能含有通過市買手段徵調的耕牛,很可能也是這一時期爲了田事的需要。臨湘官府還從各地調集耕牛,如:

47. ☐□□調牯牛二[頭]□□☐ (壹 · 2667)

應是官府從各部門或者民間徵調用牛的記録。另外,臨湘侯國儘可能地將服牛用於耕地,例如簡 22、29 記録的"左尉乘"、"市卿乘"就是如此,其他記録"任耕"的官牛(簡 17、18、25),原來可能也是服牛,現在用來犁地,以彌補畜力的不足。

在這些舉措之下,嘉禾五年以後,臨湘侯國的官牛數應有所增加。例如,官牛簿中的差養者"張客"和"謝張"在吴簡中有對應的注記"養官牛"的户口簡貳 · 2448、2280,他們應是同一人。在采集簡第 16 盆中還有一些格式相同,同樣注記"養官牛"的户口簡,如簡貳 · 1887、1956、2011、2437、2498。這些户口簡都屬於嘉禾六年廣成鄉吏民人名年紀口食簿。[②] 嘉禾六年廣成鄉派役户籍簿的製作時間要晚於嘉禾五年官牛簿,其記録的養官牛的民男子多不見於官牛簿,應是新的差養者。嘉禾六年廣成鄉派役户籍簿中養官牛者較多地出現,就是應官牛數增加而新增差養者的反映。爲了合理分配牛力,臨湘侯國諸鄉可能都差養了官牛。[③]

這些官牛可能主要用於屯田,據吴簡記録:

48. □牛……
屯田民…… □☐ (柒 · 797)

49. ☐□田霸助四六佃吏嘉禾二年限米二斛二斗‖嘉禾三年四月廿四日☐ (貳 · 445)

50. ☐□四六佃吏限米五斛‖嘉禾五年十二月廿八日周陵丘惠捐[關]☐ (貳 · 8381)

51. ☐□年助四六佃吏限米二斛‖☐ (柒 · 1398)

52. 入平鄉嘉禾二年助四六佃吏限米七斛僦畢‖嘉禾三年四月十九日……關邸閣董基付三州倉吏鄭黑受 (柒 · 1605)

53. 入平鄉二年四六佃吏限米七斛胄畢‖嘉禾三年四月八日東丘吏番有關邸閣董基付三州倉吏鄭黑受 (柒 · 1607)

---

① 關於孫儀的職事,請參見拙作《吴簡中所見孫儀之職事》,《出土文獻研究》第十五輯,上海:中西書局,2016 年,第 443—449 頁。

② 參見侯旭東:《長沙走馬樓吴簡〈竹簡〉(貳)"吏民人名年紀口食簿"復原的初步研究》,《中華文史論叢》2009 年第 1 期,後收入所著《近觀中古史:侯旭東自選集》,上海:中西書局,2015 年,第 81—107 頁。

③ 《竹簡(捌)》中也有"養官牛"的户口簡,如"☐ [養]官牛"(捌 · 174),"其二户養官牛"(捌 · 753)。

54. 入嘉禾三年四六佃吏限米六斛五升 （叁·1797）
55. 入嘉禾三年四六佃吏限米六十四斛▨ （柒·2833）
56. 入嘉禾三年四六佃吏限米四斛 ▨ （柒·2837）
57. 入嘉禾二年四六佃吏限米二□▨ （捌·5191）
58. 入運三州倉嘉禾二年四六佃吏限米十斛 已 （叁·1887）
59. 入三州倉運嘉禾二年四六佃吏限米八十斛▨ （捌·5768）
60. ▨□□貸食黄龍三年四六佃吏限米廿斛五斗 （叁·2024）
61. ▨□□年四六佃吏限米 （捌·5088）
62. 其一户四六佃吏 （柒·5887）
63. ▨□郡四六佃吏限米使各還郡充▨ （捌·5949）

簡 48 應與屯田用牛有關。曹魏在興立屯田時，曾議論徵收租税的辦法，大多數人主張"計牛輸穀，佃科以定"，但在棗祗的計劃和堅持下，采取了"分田之術"，[①]即所謂"又舊兵持官牛者，官得六分，士得四分；自持私牛者，與官中分，施行來久，衆心安之"。[②] 吴簡所記"四六佃吏"應當就是使用官牛屯田的佃吏。簡 53 中的番有（潘珛），嘉禾二年其身份爲縣庫吏（參簡柒·4820①）。由於牛力資源珍貴，官府任職的吏員諸如庫吏番有比普通民衆優先獲持耕牛佃田。

總的看來，相對於長沙地區大量的待墾田地，臨湘侯國有限的牛力資源明顯不够。通過吴簡官牛簿，我們雖然能够看到臨湘侯國推廣屯田牛耕的努力，但是，由於牛力資源還相當有限，對於孫吴長沙地區牛耕的普及程度似乎不應估計過高。

① 《三國志》卷一六《魏書·任峻傳》，第 490 頁。

② 《晋書》卷四七《傅玄傳》，第 1321 頁。

走馬樓吴簡所見鄉級行政*

于振波

（湖南大學嶽麓書院、出土文獻與中國古代文明研究協同創新中心）

走馬樓吴簡所見，鄉作爲縣之下的一級行政區，事務繁多，與鄉級行政有關的吏員也非常複雜。已有許多學者對孫吴時期臨湘侯國的鄉與鄉吏問題展開討論，創獲良多，對若干問題的認識已取得共識或大體接近。另一方面，三國作爲承上啓下的過渡階段，鄉級行政有何特點？與漢、晋相比，鄉的職能有無變化？鄉的地位、作用有何不同？對於這些問題，儘管也有學者有所考察，但仍有值得討論的空間。

一　臨湘侯國屬鄉數目

臨湘侯國有多少個鄉？目前尚無定論。

較早討論這一問題的有侯旭東先生。他對《長沙走馬樓三國吴簡·竹簡（壹）》出現的28個鄉名是否都屬於臨湘縣表示懷疑，並參照《續漢書·郡國志》及尹灣漢簡的相關資料，認爲“臨湘侯國下轄10—20個鄉也是很有可能的”。①

孫聞博先生根據《竹簡（壹）》至《竹簡（叁）》及吴簡整理者的報告，找出鄉名約50個，但没有回答這些鄉是否都屬於臨湘侯國這一問題。②

楊振紅先生對《竹簡（壹）》至《竹簡（叁）》中出現的35個鄉名（其中5個鄉名不完整）進行詳細統計後指出，其中11鄉出現次數頻繁，其餘24鄉出現次數較少。進而參

* 本文獲國家社科基金重點項目“走馬樓吴簡與孫吴縣政研究”(13AZS009)及出土文獻與中國古文明研究協同創新中心資助。

① 侯旭東：《長沙走馬樓三國吴簡所見“鄉”與“鄉吏”》，《吴簡研究》第一輯，武漢：崇文書局，2004年，第87—113頁。

② 孫聞博：《走馬樓吴簡所見“鄉”的再研究》，《江漢考古》2009年第2期，第113—118、112頁。

照圖版，核對釋文，認爲出現次數較少的鄉名，或者是書寫者誤寫，或者是整理者誤釋造成的。她推斷臨湘侯國屬鄉可能爲 12 個，即吴簡中出現頻率最爲頻繁的東鄉、都鄉、廣成鄉、樂鄉、模鄉、南鄉、平鄉、桑鄉、西鄉、小武陵鄉和中鄉這 11 個鄉，再加上一個北鄉。①

此後整理公布的走馬樓吴簡中，又出現若干新的鄉名。《竹簡（肆）》出現"昌鄉"1 次，《竹簡（捌）》出現"新茨鄉"5 次，"羅西鄉"2 次。具體如下：

右出米合三百卌五斛六斗雇昌鄉民廿人□市布賈掾區能主　（肆·3903）

新茨鄉光麻入嘉禾二年子弟米九斛冑畢‖X嘉禾二年十一月十五日付倉吏劉達受副曹　（捌·4521）

新茨鄉新吏沅和入二年子弟米十三斛冑畢‖X嘉禾二年十一月十九日付郭浦倉吏劉達受副曹　（捌·4522）

新茨鄉黄赤入嘉禾二年子弟米卌六斛八升冑畢‖X嘉禾二年十一月十五日付倉吏劉達受副曹　（捌·4523）

新茨鄉區近入嘉禾二年吏客米十斛冑畢‖X嘉禾二年十一月六日付郭浦倉吏劉達受副曹　（捌·4524）

……入[新][茨]鄉嘉禾三年□□□⧄　（捌·5480）

⧄[税]米廿六斛‖X嘉禾二年十月廿九日羅西鄉石下丘大男黄汝關坙閣李嵩付倉吏黄諱史番慮受　（捌·4515）

⧄十月十九日羅[西]鄉[終]上丘大男鄧原關坙閣李嵩付倉吏黄諱潘慮受　（捌·4659）

"昌鄉"只出現一次，釋文無誤，或爲書寫者筆誤。

"新茨鄉"出現五次，其中有 4 枚簡簡號連續，圖版清晰，釋文無誤，書寫者筆誤的可能性也不大。細觀簡文，與同類性質的簡相比，有如下明顯不同：第一，簡文没有標明所繳納之"米"的性質（租米、税米、限米之類）；第二，簡文中没有丘名；第三，倉吏劉達目前僅見於這 4 枚簡，簡文標明時間爲嘉禾二年十一月，另外一枚殘簡標明時間爲嘉禾三年，時期、人名均已滅失。有鑒於此，新茨鄉是否爲臨湘侯國之屬鄉，有待進一步證明。

"羅西鄉"出現兩次。與其對應的丘有石下丘和終上丘。與石下丘對應的鄉非常

① 吴簡中"北鄉"出現的頻率也非常低，鑒於上述 11 個出現頻率極高的鄉中，與方位有關者有東鄉、西鄉、南鄉和中鄉，因此推斷臨湘縣可能還有北鄉。參見楊振紅：《長沙吴簡所見臨湘侯國屬鄉的數量與名稱》，《簡帛研究二〇一〇》，桂林：廣西師範大學出版社，2012 年，第 139—144 頁。

多，目前所見除“羅西鄉”而外，還有小武陵鄉（壹 · 3847）、東鄉（壹 · 4472）、廣成鄉（壹 · 7920）、都鄉（貳 · 351）、南鄉（貳 · 5628）、平鄉（肆 · 1844）等，各鄉與石下丘對應的簡文均不止一條，括弧中只是舉例言之。儘管如此，這些簡文仍然無法解決羅西鄉的歸屬問題。相對而言，提及終上丘的簡文則很少，目前僅見如下兩例，且均有殘損：

⧄十九日羅終上丘區□□⧄ （壹 · 145）

⧄月八日羅民終上丘潘鳩關邸閣李嵩付倉吏⧄ （貳 · 5825）

“羅終上丘”頗令人費解，但“羅民終上丘”則表明，“羅”當指羅縣，羅民潘鳩在臨湘侯國之終上丘種田，並向當地倉繳納租税。如此看來，“羅終上丘”可能是“羅民終上丘”之脱誤，而“羅西鄉”或許是指從羅縣遷徙到臨湘的移民而居住在西鄉者。也就是説，“羅西鄉”並不是一個鄉名。

至此，能够肯定是臨湘侯國屬鄉者，至少有 11 個。其他各鄉名稱出現的頻率非常低，多者不過 6 次，少者僅 1 次，最終能够確定爲臨湘侯國屬鄉者，恐怕爲數很少。然而，對於臨湘侯國而言，十幾個屬鄉的存在，仍然不容小覷。

據《續漢志 · 郡國四》載，東漢順帝時，長沙郡轄縣及侯國 13 個，户數爲 255 854，口數爲 1 059 372。[①] 平均每縣、侯國户數爲 19 681，口數爲 81 490。若臨湘縣按 11 鄉計，則平均每鄉有 1 789 户，若按 15 鄉計，則平均每鄉有 1 312 户。然而，漢順帝時期東漢尚處在承平時期，所載户口數字爲東漢時期最高户口數，而走馬樓吴簡所處時代在漢末黄巾、長沙蠻之亂之後，吴蜀之間圍繞荆州的争奪結束不久，長年的戰亂，造成人口大量死難、逃亡，[②]因此，簡牘所見諸鄉户口數量遠遠低於上述數字：

⧄右小武陵鄉領四年吏民一百九十四□民口九百五十一人吏口□□□筭一千三百卅四錢 （壹 · 4985）

集凡樂鄉領嘉禾四年吏民合一百七十三户口食七百九十五人 ⧄ （壹 · 8482）

□凡廣成鄉領吏民□□五十户口食二千三百一十人 （貳 · 2529）

⧄集凡中鄉領吏民三百卌九户口食一千七十一人 （肆 · 899）

樂鄉吏民僅 173 户，中鄉吏民也不過 349 户。廣成鄉户數只存尾數 50，按每户 5 人計，2 310 人不過 462 户，估計最多不會超過 550 户，這已是目前所見鄉户數最高者。

據尹灣漢簡《集簿》，西漢晚期，東海郡有縣、邑、侯國 38 個，鄉 170 個，民户 266 290，

---

① 《後漢書》志二十二《郡國四》，北京：中華書局，1965 年，第 3485 頁。

② 王素：《漢末吴初長沙郡紀年》，《吴簡研究》第一輯，第 40—86 頁。

平均每縣 4.47 鄉,每鄉 1 566 户。① 根據《東海郡吏員簿》中每縣、邑、侯國之鄉有秩、鄉嗇夫數量推斷,10 鄉以上的縣、邑、侯國只有 4 個(海西、下邳、郯、蘭陵)。② 相比之下,三國時期,臨湘侯國每鄉吏民户數如此之少,卻没有裁撤合併,説明鄉作爲基層一級行政區,有其不可替代的作用。

二 鄉的職能

走馬樓吴簡所涉及的絶大多數地方行政事務都與鄉有關。具體而言,一是户籍及與户籍有關的各種簿籍的編製,二是各種賦税雜徵的收取,都離不開鄉。

關於户籍管理,凌文超復原出一組“南鄉謹列嘉禾四年吏民户數口食人名年紀簿”,認爲其性質爲户籍。户籍的編製程序是,最初由各里里魁分别編製本里户口名簿籍,然後彙總到鄉,再經專人抄寫,形成一鄉户籍。户訾注記於户籍中。雖然户口名簿籍中有各里謹列户口人名口食年紀簿的標題簡,但簿籍的編製一般以鄉爲單位,由鄉彙編諸里簿。③ 也就是説,孫吴户籍正本存鄉、副本藏縣的制度是漢制的延續。④

如所周知,口筭、徭役也注記於以户籍爲基礎而編製的簿籍中,而這類簿籍的彙總編製也是以鄉爲單位。正因如此,學界對於注記口筭、徭役的户口名簿籍是否屬於户籍,迄今並未取得一致意見。⑤ “任役”的情況大概也是以鄉爲單位進行彙總:

> ☑言部諸鄉吏郭宋等依書條列衆吏大奴見吏子弟任役事　六月十日兼□曹史唐□白　(柒·4443)

值得注意的是,口筭的徵收記録並非以里爲單位,而是標注丘名和鄉名,彙總則以鄉爲單位。例如:

> ☑右小武陵鄉領四年吏民一百九十四□民口九百五十一人吏口□□□筭一千三百卌四錢　(壹·4985)
>
> 右[諸]鄉入二年口筭錢□[千]四百　(叁·3273)
>
> ☑鄉[撈]丘鄧馮嘉禾二年口筭錢二千〼嘉禾三年二月廿□☑　(貳·4218)

① 連雲港市博物館等:《尹灣漢墓簡牘》,北京:中華書局,1997 年,第 77 頁。

② 連雲港市博物館等:《尹灣漢墓簡牘》,第 79 頁。

③ 凌文超:《嘉禾四年南鄉户籍與孫吴户籍的確認》,見於所著《走馬樓吴簡采集簡書整理與研究》,桂林:廣西師範大學出版社,2015 年,第 12—95 頁。

④ 目前走馬樓吴簡中所見名籍類簿籍中,只有師佐是以縣爲單位編製的,是否也承自兩漢制度,待考。

⑤ 前引凌文超文對各家見解已有評述。

入西鄉口筭錢一千‖㸚嘉禾二年三月二日大男魯滌付庫吏殷 ☑

（叁·3169）

嘉禾吏民田家莂有如下標題簡，説明是以鄉爲單位編製的：

南鄉謹列嘉禾四年吏民田家别頃畝旱熟收米錢布付授吏姓名年月都莂

（4.1）

[東]鄉謹列四年吏民田家别莂（4.3）

每一枚莂券詳細列出每一田家佃田種類、數量、旱熟情況及繳納米（租米、税米）、布、錢的數目和付給倉、庫吏的姓名、日期等。當時吏民繳納米、布、錢應當各有一份券書，田家莂則是將這些券書彙總到每一田家名下形成的總券書。[①] 田家莂以鄉爲單位加以彙編，於是就有了上述標題簡。彙總爲田家莂之前的單項租税券，也有大量發現。舉例如下：

入模鄉嘉禾二年布四匹三丈七尺‖㸚嘉禾二年八月廿六日上恩丘早力付庫吏殷連受（壹·7499）

入平鄉嘉禾二年火種租米一斛九斗冑畢‖㸚嘉禾三年四月廿四日[慮][丘]□□關坒閣董基付三州倉吏鄭黑[受]（柒·1572）

入西鄉嘉禾二年税米九斛‖㸚嘉禾二年十月十四日上俗丘文客關坒閣李嵩付倉吏黄諱史潘慮受☑（捌·2847）

這類單項租税券都注有丘名和鄉名。不僅如此，事實上，幾乎每種賦税（不論經常性的賦税還是臨時性的徵調）的繳納記録，都注有丘名和鄉名。例如：

入中鄉吏許醜所備何黑錢二千‖㸚嘉禾二年二月十日付[庫]☑（壹·1672）

入南鄉嘉禾二年財用錢七千‖㸚嘉禾二年七月五日男子雷渚廬仵付庫吏殷連受（壹·2805）

入廣成鄉二年所調布一匹‖㸚嘉禾二年十一月廿二日小胡丘大男□□[付]庫吏殷[連][受]（壹·7501）

入中鄉羊皮三枚‖㸚嘉禾元二年二月六日東夫丘大男李敬付庫吏殷連受

（貳·8881）

① 長沙市文物考古研究所等編：《長沙走馬樓三國吴簡·嘉禾吏民田家莂》，北京：文物出版社，1999年，上册第71頁。

入廣成鄉三州丘男子番郡二年鹿皮一枚‖𠄌嘉禾二年十一月三日烝弁付庫吏殷連受 (叁·1241)

入桑鄉吏谷水備監運掾𡛼度漬米十斛‖𠄌嘉禾元年九月十二日谷焉付倉吏谷漢受 (叁·2707)

入中鄉所買鋘賈錢一萬‖𠄌嘉禾二年五月廿日小赤丘男子番萇付庫吏殷連受 (叁·3166)

入平鄉船師張蓋折咸米十四斛二斗‖𠄌嘉禾元年九月五日盡丘番池付倉吏谷漢受　中 (叁·3710)

入廣成鄉嘉禾三年私學限米十斛三斗冑畢‖𠄌嘉禾二年四月十八日渚丘潘䢄關邸閣董基付三州倉吏鄭黑受 (柒·1477)

各項賦税徵調幾乎都以鄉爲單位進行彙總。例如：

右東鄉入財用錢十一萬八百一十　⧄ (壹·1440)

右南鄉入何黑錢二萬二千八百 (壹·1698)

右廣成鄉入調布六匹…… (壹·8225)

右都鄉入皮十五枚　⧄ (壹·8378)

右平鄉入皮五十八枚 (壹·8423)

右諸鄉入鋘賈錢三千十四 (叁·3171)

右平鄉入船師張蓋折咸米十四斛二斗 (叁·3689)

右都鄉入佃帥限米卅六斛二斗　⧄ (叁·5008)

走馬樓吴簡中還有一種按户品出錢的税目，舉例如下：

模鄉郡吏何奇故户上品出錢一萬二千臨湘侯相見嘉禾五年十二月十八日模鄉典田掾烝若白(正面)

入錢畢民自送牒還縣不得持還鄉典田吏及帥(背面) (貳·8259)

簡文主要記録諸鄉吏民按照户等品級交納相應錢數給臨湘侯相。張榮强先生認爲，孫吴時期的完税憑證至少是三份，除當事人雙方(納税人、經手人)保有外，尚有一份由吏民上繳鄉或縣吏以作完税之證。户品出錢牒由鄉典田掾出具，背面的簡文要求吏民納錢完畢後，將完税憑證直接送交縣廷，鄉典田吏及帥不再彙總，這表明通常情況下，吏民是將納税憑證送交鄉吏，由鄉吏彙總後上呈縣廷。① 上述諸多例證證明，這一推斷當與事實相去不遠。

---

① 張榮强：《吴簡中的"户品"問題》，《吴簡研究》第一輯，第190—202頁。

綜上所述,鄉級行政事務可謂繁冗。

三 鄉吏

走馬樓吴簡所見鄉吏多爲臨時性的“因事而設”的縣吏,常設鄉吏如鳳毛麟角,這與鄉級行政事務如此繁冗的狀況很不協調。

“因事而設”的縣吏,主要是吴簡中比較常見的勸農掾與典田掾。這類鄉吏已有很多學者做過討論。[①] 沈剛先生指出,勸農掾、典田掾都不是純粹以鄉里事務作爲其職掌。[②] 凌文超先生認爲,勸農掾很可能是由縣廷因事派駐各鄉的縣吏,是“因事而設”,而非“因時而設”。[③] 安部聰一郎先生基本認同凌文超的觀點,同時指出作爲臨時制度而重複設置勸農掾、典田掾這類職掌相近的官職是不可理解的,認爲嘉禾四年與五年之交,存在將勸農掾向典田掾轉换的可能。[④] 徐暢先生利用更多新公布的走馬樓竹簡資料進行詳細統計、排比,進一步印證了上述各家的觀點,指出鄉勸農掾與鄉典田掾,雖名稱有異,職掌卻相近,皆需接受縣廷部署處理不定期事務,但勸農掾出現在嘉禾二至五年,此後,這批鄉吏轉任典田掾。[⑤]

由於勸農掾、典田掾在走馬樓吴簡所呈現的鄉級行政中表現比較活躍,而秦漢以來作爲鄉級行政重要角色的鄉有秩、鄉嗇夫、鄉佐等在吴簡中卻很少出現,引發了不少學者的研究興趣。孫聞博先生認爲,吴簡中絶少“鄉嗇夫”職稱,以廷掾下鄉,反映其時鄉制衰落,國家對基層社會控制上後撤。漢末三國之際,國家對鄉的管理經歷了由派出機構到派出部吏的轉化。[⑥] 徐暢先生基本贊同上述觀點,她認爲,漢晉之際,由於縣級政權行政力的向下擴散,以及基層里吏行政功能的凸顯,鄉級原應承擔的各種定期、不定期事務,在實質上已爲縣派駐下鄉的廷掾,以及更基層的管理者如里魁、歲伍、月伍等所分

① 徐暢先生對各家觀點做了很好的梳理。參見徐暢:《走馬樓簡所見孫吴“鄉勸農掾”的再研究——對漢晉之際鄉級政權的再思考》,《文史》2016 年第 1 期,第 23—50 頁。

② 沈剛:《長沙走馬樓三國竹簡研究》第三篇第二章“鄉吏”,北京:社會科學文獻出版社,2013 年,第 158—169 頁。

③ 凌文超:《隱核波田簿與孫吴陂塘的治理》,見於所著《走馬樓吴簡采集簿書整理與研究》,第 424—454 頁。

④ [日] 安部聰一郎:《典田掾、勸農掾的職掌與鄉——對長沙吴簡中所見“户品出錢”簡的分析》,《簡帛研究二〇一五(秋冬卷)》,桂林:廣西師範大學出版社,2015 年,第 238—256 頁。

⑤ 徐暢:《走馬樓簡所見孫吴“鄉勸農掾”的再研究——對漢晉之際鄉級政權的再思考》,《文史》2016 年第 1 期,第 23—50 頁。

⑥ 參見孫聞博:《走馬樓吴簡所見“鄉”的再研究》,《江漢考古》2009 年第 2 期,第 113—118、112 頁;孫聞博:《簡牘所見秦漢鄉政新探》,《簡帛》第六輯,上海:上海古籍出版社,2011 年,第 473—474 頁。

有;鄉雖然還有個别屬吏,其行政職能已走向微末。①

要回答三國時期孫吴的鄉級行政職能是否已經走向微末,需要弄清楚這樣的問題,即此時里吏的行政功能與秦漢時期相比是否有所凸顯? 縣吏權力的向下擴散在多大程度上取代了原有鄉吏的職能?

首先,我們看秦漢時期里吏的職能。

里耶秦簡中有一組户籍簡,其編製單位是“南陽里”。② 湖北江陵鳳凰山 10 號漢墓木牘中保存了西漢文景時期算賦、芻稾税和户賦等資料,這些賦税都是以里爲單位徵收的。③ 至於睡虎地秦簡、張家山漢簡的秦漢法律條文中對里典的職能也有若干規定,這裏就不再引述了。總而言之,目前已公布的吴簡資料尚不足以證明當時里吏的職能比秦漢時期有什麼凸顯。

其次,我們再看孫吴縣吏權力向下擴散的問題。

如上述學者所説,勸農掾、典田掾等只是奉命前往各鄉從事縣廷臨時指派的事務,迄今尚没有證據證明他們已經承擔起鄉的常態事務或日常行政職責。

兩漢時期,户籍藏鄉,副上縣廷,户籍管理是鄉的重要職能之一。④ 孫吴時期鄉藏户籍由縣廷“因事而設”、臨時派往各鄉的縣吏保管,這種看法只是一種推測,證據遠遠不够。據徐暢先生的研究,勸農掾不僅是臨時設置,而且是不固定的,有的勸農掾同時負責兩三個鄉,有的鄉同一年先後有兩三個勸農掾。⑤ 鄉藏户籍由這類走馬燈一樣的官吏來保管,是不可思議的。

兩漢時期鄉的常設官職及其日常行政事務,史載如下:

> 鄉有三老、有秩、嗇夫、游徼。三老掌教化;嗇夫職聽訟,收賦税;游徼徼循禁賊盜。⑥ (《漢書·百官公卿表上》)

---

① 徐暢:《走馬樓簡所見孫吴“鄉勸農掾”的再研究——對漢晉之際鄉級政權的再思考》,《文史》2016 年第 1 期,第 23—50 頁。

② 湖南省文物考古研究所:《里耶發掘報告》,長沙:嶽麓書社,2007 年,第 203—207 頁。

③ 李均明、何雙全編:《散見簡牘合輯》,北京:文物出版社,1990 年,第 66—76 頁。

④ 參見居延漢簡 81.10:“建平三年二月壬子朔丙辰都鄉嗇夫長敢言之☐(第 1 行)同均户籍臧鄉名籍如牒毋官獄征事當得☐(第 2 行)”見謝桂華、李均明、朱國照:《居延漢簡釋文合校》,北京:文物出版社,1987 年。《二年律令·户律》:“恒以八月令鄉部嗇夫、吏、令史相雜案户籍,副臧(藏)其廷。”見張家山二四七號漢墓竹簡整理小組編著:《張家山漢墓竹簡〔二四七號墓〕》,北京:文物出版社,2001 年,第 177 頁。

⑤ 徐暢:《走馬樓簡所見孫吴“鄉勸農掾”的再研究——對漢晉之際鄉級政權的再思考》,《文史》2016 年第 1 期,第 23—50 頁。

⑥ 《漢書》卷一九上《百官公卿表上》,北京:中華書局,1964 年,第 742 頁。

> 鄉置有秩、三老、游徼。本注曰：有秩，郡所署，秩百石，掌一鄉人；其鄉小者，縣置嗇夫一人。皆主知民善惡，爲役先後，知民貧富，爲賦多少，平其差品。三老掌教化。凡有孝子順孫，貞女義婦，讓財救患，及學士爲民法式者，皆扁表其門，以興善行。游徼掌徼循，禁司奸盗。又有鄉佐，屬鄉，主民收賦税。
>
> （《續漢書·百官志》）[①]

據嚴耕望先生和卜憲群先生考證，游徼屬於"縣職之外部者"。[②] 也就是説，兩漢時期的游徼是縣吏，[③]鄉級行政的常設官職只有三老、有秩或嗇夫和鄉佐，其中，三老掌教化，有秩或嗇夫與鄉佐管理民政。

據尹灣漢簡，西漢晚期東海郡有 170 個鄉，266 290 户，鄉三老 170 人，鄉有秩 25 人，鄉嗇夫 137 人，鄉佐 88 人。[④] 據此可知，當時有將近一半的鄉只有鄉三老以及鄉有秩或鄉嗇夫，没有鄉佐。即使鄉三老、鄉有秩或鄉嗇夫、鄉佐齊備，一鄉之常設官吏也只有 3 人。可見，在兩漢時期，作爲常設鄉吏，本來就是非常少的。

據《晋書·職官志》：

> 郡國及縣，農月皆隨所領户多少爲差，散吏爲勸農。又縣五百以上皆置鄉，三千以上置二鄉，五千以上置三鄉，萬以上置四鄉，鄉置嗇夫一人。鄉户不滿千以下，置治書史一人；千以上置史、佐各一人，正一人；五千五百以上，置史一人，佐二人。[⑤]

西漢晚期東海郡平均每鄉 1 566 户，屬於"千以上"之鄉，其常設鄉吏數量居然達不到西晋時期設定的鄉級吏員標準。如果説魏晋時期鄉的行政職能已走向微末，那又如何解釋尹灣漢簡呈現出來的上述現象？[⑥]

---

① 《後漢書》志第二八《百官志五》，北京：中華書局，1965 年，第 3624 頁。

② 參見嚴耕望：《中國地方行政制度史甲部·秦漢地方行政制度》，臺北："中研院"歷史語言研究所，1990 年，第 227—228 頁；卜憲群：《西漢東海郡吏員設置考述》，《中國史研究》1998 年第 1 期，第 62—70 頁。

③ 《晋書·職官志》將遊徼列爲縣之屬吏，雖是晋朝制度，應是對漢制的沿用。參見《晋書》卷二四《職官志》，北京：中華書局，1974 年，第 746 頁。

④ 參考連雲港市博物館等編：《尹灣漢墓簡牘》，第 77—81 頁；謝桂華：《尹灣漢墓所見東海郡行政文書考述》，連雲港市博物館、中國文物研究所編：《尹灣漢墓簡牘綜論》，北京：科學出版社，1999 年，第 22—45 頁，表第 33—36 頁；楊際平：《漢代内郡的吏員構成與鄉、亭、里關係——東海郡尹灣漢簡研究》，《厦門大學學報（哲社版）》1998 年第 4 期，第 28—36 頁。

⑤ 《晋書》卷二四《職官志》，第 746 頁。

⑥ 《晋書·職官志》中没有提到鄉三老、鄉有秩，而據嚴耕望先生考證，這些官吏在西晋仍然存在。參見嚴耕望：《中國地方行政制度史乙部·魏晋南北朝地方行政制度》，臺北："中研院"歷史語言研究所，第 344—345 頁。

需要强調的是，走馬樓吴簡儘管數量巨大，然而作爲臨湘侯國的行政文書，所涉及的行政事務並不全面。大體上説，這批簡牘以人口户籍、賦税雜徵、倉庫出納類文書爲主，家訾、口筭、徭役方面的内容雖有呈現，至於如何徵發，卻語焉不詳，土地管理、盜賊、獄訟類文書屈指可數，侯國各部門、各級吏員的任除遷轉類文書迄無一見。在這種情況下，通過默證進行推論尤其需要謹慎。

徐暢先生已注意到走馬樓吴簡中鄉嗇夫與鄉書史的資料：[①]

□□都鄉嗇夫□……　　（叁·6982）

領鄉書史一户下品　　（肆·4653）

領鄉書史一户下品　　（肆·5257）

領鄉書史一户下品⧄　　（肆·5311）

⧄□諸鄉書史給船旁事

十月□日□曹掾□□白　　（柒·1434）

涉及鄉嗇夫的簡文目前只發現這一條，而且圖版不清晰。鄉書史應該是鄉的常設官職之一。除此而外，筆者覺得“鄉帥”也值得關注：

⧄鄉帥烝益布二四‖嘉禾元年八月六日關丞　付庫吏殷　連受

（肆·833）

入西鄉帥子弟限米三⧄　　（肆·2934）

筆者認爲，“鄉帥”有可能是鄉嗇夫的另一種稱呼。在户品出錢類簡之背面文字頗值能説明問題，僅舉一例：

中鄉大男□□故户下品出錢四千四百侯相　嘉禾□年正月十二日都鄉典田掾烝史白（正面）

入錢畢民自送牒還縣不得持還鄉典田吏及帥（背面）　　（柒·2519）

簡背文字强調要把作爲完納憑證的“牒”送交縣廷，而不是“鄉典田吏及帥”，説明通常情況下，完納憑證是要交給“鄉典田吏及帥”的。“鄉典田吏”理應包括正面文字提到的鄉典田掾，是“因事而設”的縣吏，那麼“帥”即“鄉帥”，很可能是鄉的常設官吏。

吴簡中提到“鄉吏魁帥”、“鄉吏帥”，例如：

致假課鄉吏魁帥絞詭負者懸□入□□其卒主死　　（肆·1337）

---

① 徐暢：《走馬樓簡所見孫吴“鄉勸農掾”的再研究——對漢晉之際鄉級政權的再思考》，《文史》2016年第1期，第23—50頁。

鄉吏帥即斬丞尉收下品罪令長□□☒ （肆·4206）

□者宜明以賞如有所匿鄉吏帥即斬丞尉收 （肆·4211）

廣成鄉勸農掾區光叩頭死罪白前被制(?)絞促二鄉粢租米有入上道言 （柒·2629）

“絞詭”、“絞促”大概是通過强制力督促、追查之意。“鄉吏魁帥”、“鄉吏帥”很值得玩味。“鄉吏”是一種通稱，既可以指縣廷“因事而設”的鄉勸農掾、典田掾等縣吏，也可以指鄉的常設官吏。[①] “魁”既有里魁，也有丘魁，例如：

集凡五唐里魁周□領吏民五十户口食二百八十九人 （肆·380）

☒禾二年十月十八日厭下丘魁鄭升關堅閣李嵩付倉吏黄諱番慮受 （捌·3920）

“帥”則除了鄉帥而外，還有丘帥，例如：

入屯田司馬黄松嘉禾二年限米一百五斛‖嘉禾三年正月四日石淳丘帥謝□關邸閣李嵩付倉吏黄諱史番慮 （貳·365）

□□長沙李俗年廿 狀俗白衣居臨湘東鄉茗上丘帥鄭各主 （肆·3991）

私學長沙烝梟年卅 狀梟白衣居臨湘東鄉□丘帥烝□主 □送兵户 （肆·4078）

綜上所述，“鄉吏魁帥”或“鄉吏帥”也是一種通稱，既包括縣廷臨時派往各鄉從事某項事務的縣吏，也包括鄉、里、丘的常設官吏。

結 語

作爲縣之下的一級行政區劃，鄉的常設官吏在秦漢時期就非常有限，主要有鄉三老、鄉有秩或鄉嗇夫以及鄉佐，他們負責户籍的管理、正常的賦税徭役徵發，以及處理較輕微的民事糾紛等。田地由田嗇夫、田典負責，[②]督盗賊由作爲縣吏的游徼及亭長負責，[③]管理倉庫的也都是縣吏。也就是説，早在秦漢時期，鄉級政權的吏員數量就很少，

---

① 王子今：《走馬樓簡牘所見“吏”在城鄉聯繫中的特殊作用》，《浙江社會科學》2005 年第 5 期，第 155—160、121 頁。

② 參見裘錫圭：《嗇夫初探》，見於所著《古代文史研究新探》，南京：江蘇古籍出版社，1992 年，第 430—523 頁；于振波：《走馬樓吴簡中的里與丘》，《文史》2005 年第 1 期，第 11—32 頁。

③ 王毓銓：《漢代“亭”與“鄉”、“里”不同性質不同行政系統説——“十里一亭……十亭一鄉”辨正》，《歷史研究》1954 年第 2 期，第 127—135 頁。

行政職能也很有限,很多事務都是由縣吏負責。三國時期,時局動盪,戰亂不斷,爲數有限的常設鄉吏難以應付複雜的局面,大量的臨時事務由縣廷委派縣吏來做實屬必然。然而,因爲縣吏的活躍而否定常設鄉吏的存在及其在日常行政中的作用,證據並不充分。

長沙走馬樓三國吴簡中所見“鄉”與“丘”對應關係的再研究*

［日］安部聰一郎

（日本金澤大學歷史言語文化學系）

前　言

1996年出土的走馬樓吴簡，對於三國時期的地方行政制度研究提供了豐富而具體的史料，其中出現的“丘”尤其引人矚目。“丘”除了在嘉禾吏民田家莂中大量出現之外，主要常見於有關繳納賦税的竹簡。在有關繳納賦税的竹簡中，“丘”通常與“鄉”一起出現，有時緊接在“鄉”後面。如：

1. 入南鄉桐唐丘陳文李勉嘉禾二年布一匹||| 嘉 禾 二 年 十一 月 ☐（壹・6920）
2. 入都鄉石下丘嘉禾元年税米九十四斛三斗六升|||嘉禾元年十一月九日大男張高關邸閣郭據付倉吏黄諱潘慮受（貳・351）
3. 入桑鄉嘉禾二年新調布三丈九尺|||嘉禾二年七月十七日唐下丘男子殷 良 ☐（貳・5354）
4. 入南鄉嘉禾二年調布七匹三丈九尺|||嘉禾二年七月廿五日伻丘力田李帛(?)付庫吏殷連受（貳・5537）
5. 入小武陵鄉嘉禾二年所調布二匹|||嘉禾二年八月廿日石下丘廬(盧)戰付庫吏殷連受（貳・6229）
6. 入東鄉三年税米二斛五斗胄畢|||嘉禾元年十月十三日石下丘男子黄伯付三

* 本文研究得到了JSPS科研費(15K02891，15KK0045，25244033)的資助。

州倉吏谷漢受　(叁・2712)

7. 入廣成鄉三年税米一斛冑米畢‖Ⅹ嘉禾元年十一月十日伻丘男子李□付三州倉吏谷漢受　中　(參・2786)

8. 入東鄉税米七斛五斗冑畢‖Ⅹ嘉禾元年十一月十九日唐下丘李鼠付三州倉吏谷漢受　中　(肆・1041)

9. 入桑鄉税米五斛五斗九升冑米畢‖Ⅹ嘉禾元年十一月八日平樂丘男子李念付三州倉吏谷漢受　(肆・3152)

10. 入平鄉税米廿三斛六斗冑畢‖Ⅹ嘉禾元年十一月二日平樂丘□□付三州倉吏谷漢受　(肆・3651)

11. 入廣成鄉嘉禾二年佃帥子弟限米六斛九斗冑畢‖Ⅹ嘉禾三年三月十日平樂丘□□關坚閣董基付倉吏鄭黑受　(柒・1594)

12. 入平鄉嘉禾二年税米一斛九斗僦畢‖Ⅹ嘉禾二年十一月十日平樂丘郡吏張□⧄　(捌・6038)

此處的"丘"與"鄉"、"里"之間的關係,在走馬樓吴簡出土後立即受到研究者的矚目,通過對這個問題的探討,也能對"丘"的性質進行研究。對於丘的性質,王素先生統整過去相關研究,以丘即是"里"之説爲首,列舉十個主要觀點,並認爲丘是包括田地的實際居住地,可謂定論。[1] 如果將丘理解爲包括田地的居住地,丘當然占有一定的空間。

而這個觀點最難處理的問題是,在繳納賦税的竹簡中經常出現同一丘居民分别向兩個以上的鄉繳納賦税的例子。這種叫做"同丘不同鄉"關係,暗示單一丘同時屬於兩個以上的"鄉"的可能性。對於這個問題最早深入研究的是侯旭東先生,[2]然後在此基礎上開展更進一步研究的是蘇衛國和岳慶平兩位先生。[3] 侯旭東先生首先對多鄉對一丘關係進行統計並發現二十個例子,認爲如果"同一丘的居民分别隸屬於不同的鄉,這些丘則應視爲他們分别所屬的不同的鄉的界綫之所在",並據此整理"鄉"與丘的關係,繪出"吴簡所見臨湘侯國部分鄉相對位置示意圖"。關於侯旭東先生的理解,如韓樹峰先生所指出

---

① 參見王素:《中日における長沙吴簡研究の現段階》,長沙吴簡研究會編:《長沙吴簡研究報告》第3集,東京:長沙吴簡研究會,2007年;伊藤敏雄:《從嘉禾吏民田家莂看米的繳納狀況與鄉、丘》,《吴簡研究》第二輯,武漢:崇文書局,2006年。

② 侯旭東:《長沙走馬樓三國吴簡所見"鄉"與"鄉吏"》,《北朝村民的生活世界——朝廷、州縣與村里》,北京:商務印書館,2005年,原載於《吴簡研究》第一輯,武漢:崇文書局,2004年。

③ 蘇衛國、岳慶平:《走馬樓吴簡鄉丘關係初探》,《湖南大學學報(社會科學版)》2005年第5期。

的那樣,[①]存在有些丘在示意圖上無法復原位置的問題,還有居民爲何被劃分爲不同的鄉,徵收或繳納賦税爲何這麽複雜等疑問。蘇衛國和岳慶平先生以這些研究成果與疑問爲基礎,對於多鄉對一丘關係進行深入細緻的分析,利用專門分析社會網絡的 Ucinet 軟件重新繪出"吴簡所見臨湘侯國部分鄉相對位置示意圖",但是像侯説的情況一樣,不少丘仍然無法確定其位置。蘇衛國和岳慶平先生指出對這一問題的理解需要"跳出舊有鄉丘隸屬關係的思維模式"。並且,根據張家山漢簡《二年律令·户律》,認爲三國吴還有分配田宅的制度,據此推測由於不斷增加的田地需求引起新田的開發,這種新開的田地由"鄉吏"分配到各家,因此造成同一丘田地分爲多鄉殖民户所耕作的情況。蘇衛國和岳慶平先生所謂的"跳出舊有鄉丘隸屬關係的思維模式",可説是根據鄉跟居民的關係來解釋多鄉對一丘關係,亦即在他們的理解中,丘是包括田地的實際居住地,鄉則是管理居民的行政單位。關注户籍問題的郭浩先生,也可説采用類似此種鄉與居民關係的觀點來進行探討。[②]

與此不同,王素先生不采取這種鄉跟丘的理解方式,而是參考存在於湖北、湖南的"冲",指出丘是丘崗中的狹長谷地的可能性。[③] 王素先生認爲,長沙周邊是丘崗地區,因此丘崗中的谷地跨越多鄉而存在。

以上研究都根據《嘉禾吏民田家莂》與《竹簡(壹)》,似乎没有利用後來刊出的《竹簡(貳)》、《竹簡(叁)》、《竹簡(肆)》、《竹簡(柒)》、《竹簡(捌)》等史料。《竹簡(貳)》至《竹簡(捌)》的特點是包括很多平面分布圖、立面示意圖與揭剥位置示意圖,近幾年越來越多的研究充分利用這些示意圖,以及仔細比較圖版中的字迹來進行討論,尤其是"吏民簿"(名籍)研究方面,已經有了許多成果。[④] 但是,對於上面提到的鄉跟丘的問題而言,似乎還没有依照這種研究方法來進行的討論。關於多鄉對一丘的原因,除了上面所提的部分原因之外,還存在同名丘,以及簡文書寫錯誤或釋文錯漏等的可能性,因此需要充分利用示意圖跟圖版來探討這個問題。而且,由於在名簿(名籍)研究中往往以鄉跟丘的關係當作旁證,因而有必要利用《竹簡(貳)》至《竹簡(捌)》的史料重新探討鄉跟丘的關係。

個人曾經通過"户品出錢"簡的整理,討論過鄉與勸農掾、典田掾和屯田掾的問題,指出在有關徵收租米、"户品出錢"等的標題簡中可發現兩個鄉的特定組合,舉出小武陵鄉和西鄉、桑鄉和樂鄉、都鄉和中鄉、平鄉和廣成鄉等實例説明。[⑤] 個人也將這些組合與侯旭東

---

① 韓樹峰:《關於吴簡"鄉"研究的意見》,《吴簡研究》第一輯。

② 郭浩:《從漢"里"談長沙走馬樓吴簡中的"里"和"丘"》,《史學月刊》2008 年第 6 期。

③ 王素:《中日における長沙吴簡研究の現段階》,長沙吴簡研究會編:《長沙吴簡研究報告》第 3 集。

④ 參見凌文超:《走馬樓吴簡采集簿書整理與研究》,桂林:廣西師範大學出版社,2015 年。

⑤ 參見拙作《典田掾、勸農掾的職掌與鄉——對長沙吴建中所見"户品出錢"簡的分析》,《簡帛研究二〇一五(秋冬卷)》,桂林:廣西師範大學出版社,2015 年。

先生的“相對位置示意圖”進行比較，發現這些組合不能對應該示意圖所提示的位置關係，並據此指出有必要利用《竹簡(貳)》至《竹簡(捌)》重新探討鄉跟丘的關係。本文就是延續這個論點進行討論。總之，本文主要利用已出版的所有《長沙走馬樓三國吴簡・竹簡》史料，尤其關注過去尚未充分利用的示意圖跟圖版的比較分析，據此重新討論鄉跟丘的關係。

一　丘跟鄉關係的整理

表一從《竹簡(壹)》、《竹簡(貳)》、《竹簡(叁)》、《竹簡(肆)》、《竹簡(柒)》、《竹簡(捌)》的釋文中抽出丘與“鄉”一起出現的簡，據此以釐清與多鄉有對應關係的丘。表格中的阿拉伯數字表示史料件數，例如在第二列的平支丘，表示有一枚簡與平鄉一起出現，有一枚簡與模鄉一起出現，另有二十四枚簡與小武陵鄉一起出現。如同上述，丘與“鄉”一起出現的簡幾乎都是有關繳納賦税的竹簡，其中不僅有丘緊接在“鄉”後面之例，也有丘遠離“鄉”排在後面的例子。但是討論丘與“鄉”的對應關係時，這兩類史料不作區分。①

表一

鄉名 / 丘名	都	中	東	西	南	北	桑	樂	平	模	廣成	小武陵	合計
彈渡			1	1			1	1	2		22		28
平支									1	1		24	26
石下	1		8		1				1		1	11	23
劉里	1		20				2						23
上俗		1		19							1		21
栗									16		4		20
上利			14			1			4				19
上和			1				1		17				19
唐下		6	2	3			7						18
漂									1		16		17
平樂			1				4		6		5		16
東平			2				13						15
撈	1										14		15
監沱	1								13				14

① 伊藤敏雄：《從嘉禾吏民田家莂看米的繳納狀況與鄉、丘》，《吴簡研究》第二輯。

續 表

鄉名 / 丘名	都	中	東	西	南	北	桑	樂	平	模	廣成	小武陵	合計
盡							1		11	1			13
上薄									1		11		12
周陵							1		3		8		12
龍穴		1		10									11
泊							1		10				11
寇							1		8	1	1		11
頃		1	1					9					11
敷							10	1					11
下象								6				4	10
何							9	1					10
區			1				9						10
蒷	1	1	7	1									10
大田		1	7	1									9
新唐	6			1	2								9
東			1						8				9
柚								6	2		1		9
石唐			6							1		1	8
白石	1											7	8
緒中		6								1			7
林									3	4			7
專							1		6				7
東扶		5		1									6
東薄	2										4		6
桐唐					3				1		1	1	6
領山			1					3			1	1	6
亮				1							5		6
楮			3						1	2			6
廉	2		1									3	6
露							5					1	6
下和			3						2				5

續　表

鄉名 丘名	都	中	東	西	南	北	桑	樂	平	模	廣成	小武陵	合計
下衆								3	1			1	5
巾竹							2		3				5
石文		1							4				5
空渡		1									4		5
夫			3					2					5
利			1							1		3	5
伻			1		1						2	1	5
温				3					2				5
鷂		1		4									5
山下		3		1									4
平陽		1							3				4
苦竹				2			2						4
唐中	2								2				4
湛龍		3		1									4
厭下	1	1								2			4
丈								2				2	4
慮				1					3				4
沙渚		2		1									3
領下			2								1		3
渚田							1	1		1			3
合				1			1					1	3
旱		1		2									3
俗				2				1					3
尋								2				1	3
上於	1	1											2
松田				1			1						2
桐山					1						1		2
桐佃		1		1									2
渚下	1								1				2
壬	1						1						2

續 表

鄉名 / 丘名	都	中	東	西	南	北	桑	樂	平	模	廣成	小武陵	合計
枞				1					1				2
吴			1									1	2
困							1		1				2
金							1					1	2
常			1	1									2
莫			1	1									2
復							1				1		2
無			1							1			2
監			1									1	2
夢			1								1		2
語					1			1					2
横	1										1		2
龍			1	1									2

根據表一,目前可發現 87 個丘與多鄉有對應關係。與鄉名一起出現的丘共有 544 個,因此與多鄉有對應關係的丘占 15.99%,其中與 3 個以上的鄉有對應關係的丘占 4.96%(27 個),與 4 個以上的鄉有對應關係的丘占 1.65%(9 個)。[①] 最多的是彈溲丘與石下丘,都與 6 個鄉有對應關係。

表二

都	中	東	西	南	北	桑	樂	平	模	廣成	小武陵	
\	3	4	2	2	0	2	0	4	1	4	3	都
3	\	5	12	0	0	1	1	2	2	2	0	中
4	5	\	7	2	1	7	3	8	4	7	8	東
2	12	7	\	1	0	5	2	4	2	2	0	西
2	0	2	1	\	0	0	1	2	0	4	3	南
0	0	1	0	0	\	0	0	1	0	0	0	北

① 個人認爲,存在同名丘的可能性雖然不能否定,但是其數量應該很少。因爲根據這些比率,可認爲丘與鄉大約有一對一的關係,還有按照表一,與多鄉有對應關係的丘大概集中於特定的鄉。如果存在很多同名丘,這些丘應該分散到更多的鄉。

續 表

都	中	東	西	南	北	桑	樂	平	模	廣成	小武陵	
2	1	7	5	0	0	\	4	10	2	5	3	桑
0	1	3	2	1	0	4	\	3	1	3	5	樂
4	2	8	4	2	1	10	3	\	4	10	4	平
1	2	4	2	0	0	2	1	4	\	0	3	模
4	2	7	2	4	0	5	3	10	0	\	4	廣成
3	0	8	0	3	0	3	5	4	3	4	\	小武陵

表二根據表一所顯示的多鄉對一丘的關係,以釐清鄉與鄉的關係。表中的阿拉伯數字,是表示與上面標題行中寫出的鄉、右邊標題列中寫出的鄉都有對應關係的丘數,例如,與都鄉跟小武陵鄉都有對應關係的丘有 3 個(石下丘、白石丘和廉丘)。與多鄉有對應關係的情況,各分成 2 個鄉的組合來統計,例如,上俗丘與中鄉、西鄉和廣成鄉有對應關係,因此在表二中分成中鄉與西鄉、中鄉與廣成鄉、西鄉與廣成鄉的 3 個組合來統計。

值得注意的是,除了史料件數過少的北鄉之外,每個鄉幾乎都存在相互對應關係,其中東鄉、平鄉這 2 個鄉與所有鄉都有對應關係,都鄉、西鄉、桑鄉、樂鄉、廣成鄉也與 10 個鄉有對應關係。從每個鄉的史料件數而言,平鄉多達 283 件,東鄉也有 190 件,因此可說這 2 個鄉都有 200—300 件左右的史料。與此相對,除了廣成鄉超過 200 件(206 件)之外,其他鄉都不超過 170 件,都鄉有 103 件,西鄉 121 件,桑鄉 161 件,樂鄉 66 件。由此可知,鄉與其他各鄉的整體對應關係會受到史料數量多少的影響,因而隨著《長沙走馬樓三國吳簡·竹簡》的陸續出版,有對應關係的鄉數也會隨之增加。所以個人認爲,東鄉和平鄉之外的鄉也與其他各鄉都有對應關係的可能性很高。

但是,鄉與鄉的關係之間確實有所差異,尤其是丘的對應關係超過 10 個的鄉,有中鄉和西鄉、平鄉和桑鄉、廣成鄉和平鄉 3 組,廣成鄉和桑鄉也有 5 個丘的對應關係。從丘跟鄉的關係而言,平鄉、廣成鄉和桑鄉彼此間也有密切的關係。而且,東鄉與其他鄉的關係特别密切,在 5 個以上的丘與桑鄉、小武陵鄉、西鄉、中鄉、平鄉和廣成鄉有對應關係,因此從丘跟鄉的關係而言,東鄉可説這類關係的重點。

蘇衛國和岳慶平先生利用 Ucinet 軟件重新繪出"吴簡所見臨湘侯國部分鄉相對位置示意圖"時指出,一些鄉和丘的關係在二維空間上無法找到適合的位置,只有在三維空間中才能得到和諧的體現。過往研究提供的例子和數據中,與 4 個鄉有對應關係的丘只有 1 例,與 3 個鄉有對應關係的丘有 4 例,其他的丘都是與 2 個鄉有對應關係。如前所述,個人這次爲了釐清鄉與丘的對應關係所整理的數據更加錯綜複雜,不得不認爲實際上無法繪出在鄉和丘的關係上没有矛盾的相對位置示意圖。

但是關於鄉和丘的關係,還存在同名丘、簡文書寫錯誤或釋文錯漏等可能性,因此需要充分利用示意圖跟圖版來探討,接著就從這個角度來進行討論。

二　竹簡上出現的鄉名與丘名

上面舉出的表一中,與四個以上的鄉有對應關係的丘共有 9 例,其中 2 個丘與 6 個鄉有對應關係。如若將丘當作包括田地的實際居住地,將很難理解爲何現實上 1 個丘會與 6 個鄉同時有對應關係。如上面所說,近幾年充分利用示意圖,以及仔細比較圖版中的字迹來進行討論的研究愈來愈多,尤其是名簿(名籍)研究方面,已經有了許多成果。本文也采取這種研究方式,在上述九個丘中選擇石下丘、唐下丘、平樂丘與伻丘進行具體探討,因爲有關這些丘的簡狀態尚可,簡上的字迹大致可以辨别,適合利用示意圖與圖版進行比較。

(一) 石下丘

共 23 枚簡,其中包括都鄉、東鄉、南鄉、平鄉、廣成鄉與小武陵鄉等。其中都鄉、東鄉、南鄉與小武陵鄉在圖版中都有可以明顯地看出鄉名的例子,這些鄉跟石下丘無疑都有對應關係。例如,都鄉有貳 · 351,東鄉有叁 · 2712,南鄉有貳 · 5628,小武陵鄉有貳 · 6229 以及肆 · 2336,這些例子的紀年都在從嘉禾元年十月至二年八月之内,時間差距不大。平鄉只有肆 · 1844 的一例,但是若將此簡“石下”的寫法與肆 · 2289 和肆 · 2326“石文”的寫法進行比較,可發現這三者的寫法相同,因此肆 · 1844 的丘名可以改釋爲“石文丘”(參見圖一)。竹簡中有 4 枚石文丘與平鄉一起出現的例子,兩者應有對應關係。廣

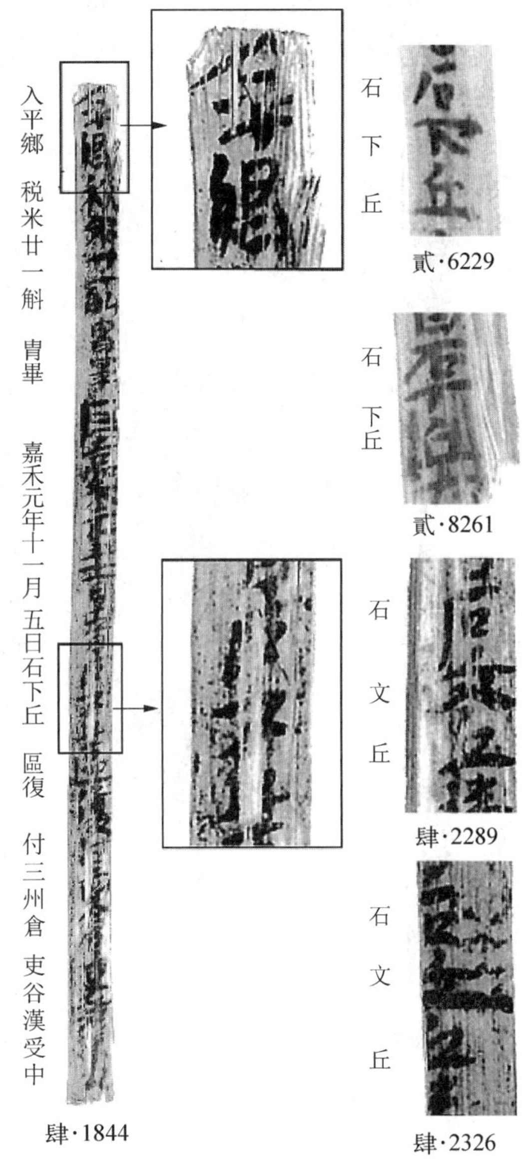

圖一　石下丘

成鄉也只有壹·7920的一例,這枚簡的文字在圖版中模糊不清而很難釋讀,只能暫時采用原釋文。總之,我們可以認爲石下丘與五個鄉有對應關係,至少可以確定與四個鄉(都、東、南和小武陵)有對應關係。

(二)唐下丘

共有18枚簡,其中包括中鄉、東鄉、西鄉與桑鄉等。關於中鄉與桑鄉,在圖版中都有明顯看出這兩鄉名的例子(例如,中鄉有貳·5502,桑鄉有貳·5354和貳·5713),因此可説唐下丘與這兩鄉確實有對應關係。東鄉有肆·1041和肆·1042兩例,雖然這兩例的鄉名在圖版中模糊不清,但由於這兩例都屬於Ib②坨,而且在屬於這坨的簡中明顯看出的鄉名只有東鄉,因此可以認爲這兩例的鄉名也是東鄉。西鄉有三個例子,貳·24、捌·2808和捌·2857,其中貳·24和捌·2857在圖版中鄉名模糊不清。只有捌·2808可以看出鄉名部分的簡文。雖然捌·2808簡的"鄉"字筆畫有缺,但是與捌·2794的"西鄉"和捌·2793的"中鄉"比較,可以認爲該簡鄉名部分的字迹接近捌·2793的"中鄉"(參見圖二)。① 另一方面,將釋讀爲"中鄉"的捌·3943鄉名部分的字迹與捌·3967的"中鄉"和捌·3868的"西鄉"進行比較,可認爲字迹接近捌·3868的"西鄉"。由此可知,尤其是在字迹殘缺或磨滅的情況,"中"與"西"很難辨識。總之,雖然與西鄉的對應關係還留下疑問,但是可説唐下丘至少與3個鄉(中鄉、東鄉和桑鄉)確實有對應關係。值得注意的是,這些鄉都有2個以上的例子,而且各鄉在圖版中都有可以明顯看出這些鄉名的簡。此外,這些簡的紀年也都是嘉禾元年十一月至二年十月之内,時間差距不大。因此個人認爲,唐下丘與這些鄉的對應關係不是因簡文書寫錯誤而出現的。

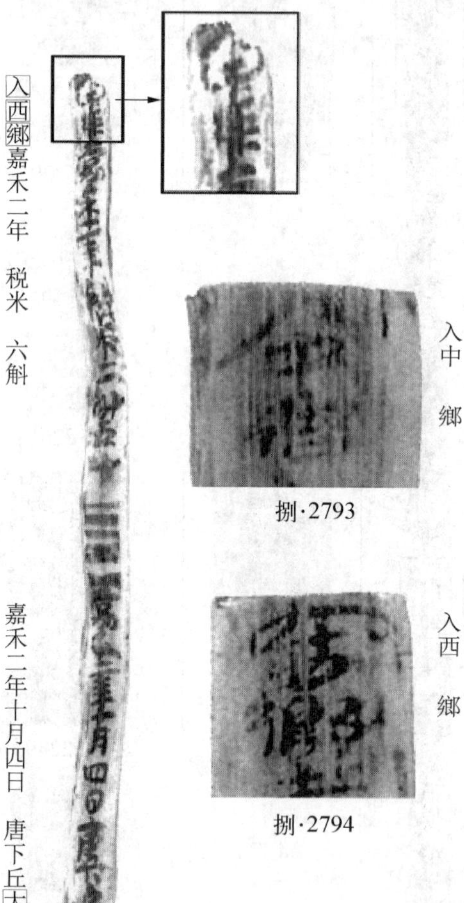

圖二 唐下丘

① 個人在2016年12月對這3枚都進行了實物考察,確認了捌·2808的鄉名的確可改釋爲"中鄉"。

（三）平樂丘

共有 16 枚簡，其中包括東鄉、桑鄉、平鄉與廣成鄉等。東鄉只有肆・1040 一例，由於該簡也屬於 Ib②坨，因此可以認爲該簡的鄉名也是東鄉。關於桑鄉、平鄉與廣成鄉，各鄉在圖版中都有 2 個以上可以明確看出鄉名之例（例如，桑鄉有肆・3152 和肆・3789，平鄉有肆・1238、肆・3651 和捌・6038，廣成鄉有叁・2792 和柒・1594）。而在紀年方面，除了捌・6038 和柒・1594 之外，各簡都是嘉禾元年十一月，因此可説平樂丘在同一時期跟 4 個鄉確實有對應關係。

（四）伻丘

伻丘的例子較少，僅 5 枚簡，包括東鄉、南鄉、廣成鄉與小武陵鄉等。南鄉與廣成鄉都可明顯看出鄉名（南鄉在貳・5537 中，廣成鄉在貳・5551 和叁・2786 中），與伻丘無疑有對應關係。東鄉只有貳・8382 一例，該簡鄉名與丘名都模糊不清，鄉名的中間部分字迹缺漏，丘名也缺漏左半部分。但是比較貳・8384 的"東鄉"與貳・5551 的"伻丘"，該簡的鄉名與丘名確實可釋爲"東鄉"與"伻丘"（參見圖三）。小武陵鄉也只有肆・2738 一例，該簡鄉名部分可以辨識，但是丘名部分的字迹跟上述"伻丘"字迹有差異。通過與叁・202 的"勺下丘"進行比較，個人認爲該簡丘名可以改釋爲"勺丘"（參見圖四）。在紀年方面，除了"東鄉"簡的嘉禾五年十一月之外，其他簡都是嘉禾元年十一月或二年七月。總之，我們可以認爲伻丘與 3 個鄉（東鄉、南鄉和廣成鄉）有對應關係，還有南鄉和廣成鄉在同一時期跟伻丘有對應關係的可能性很高。

根據以上探討，石下丘與 5 個鄉有對應關係，至少可以確定與 4 個鄉（都鄉、東鄉、南鄉和小武陵鄉）有對應關係。還有與 4 個鄉有對應關係的 7 個丘中，平樂丘與 4 個鄉，唐下丘及伻丘與 3 個鄉確實有對應關係。

除了這些丘之外，有關其他丘的竹簡中有很多狀態不好、無法明顯地看出簡上鄉名的簡，圖版上可明顯看出的鄉名不超過一半。例如，彈溲丘的例子最多，共有 28 枚，但是其中廣成鄉的簡占有 22 枚，其他鄉的簡各有一兩件而已。廣成鄉與平鄉有明顯看出鄉名的例子（廣成鄉見叁・280 和叁・3677 等，平鄉見肆・4346），但是東鄉、西鄉、桑鄉與樂鄉都只有模糊不清、難以釋讀的例子。[①] 因此雖然彈溲丘的確有與六鄉有對應關係

① 東鄉、西鄉、桑鄉與樂鄉都只有一例而已，其中對於東鄉（肆・992）與西鄉（貳・6010），個人在 2016 年 12 月進行過實物考察，確認了肆・992 的丘名不是彈溲丘，而是東溲丘。肆・992 的鄉名雖然可明顯看出"東"，但是其丘名中"彈"字的偏旁不寫作"單"，而寫作"東"。其他彈溲丘的"彈"字的偏旁都寫作"單"，而且東鄉東溲丘有兩例（肆・1045 和肆・1179），因此肆・992 的丘名可改釋爲東溲丘。貳・6010 的鄉名的確可以釋爲"西"。

的可能性，不過現在還不能確定。寇丘、桐唐丘、領山丘與蕢丘也一樣，現在還不能確定有對應關係的鄉數。

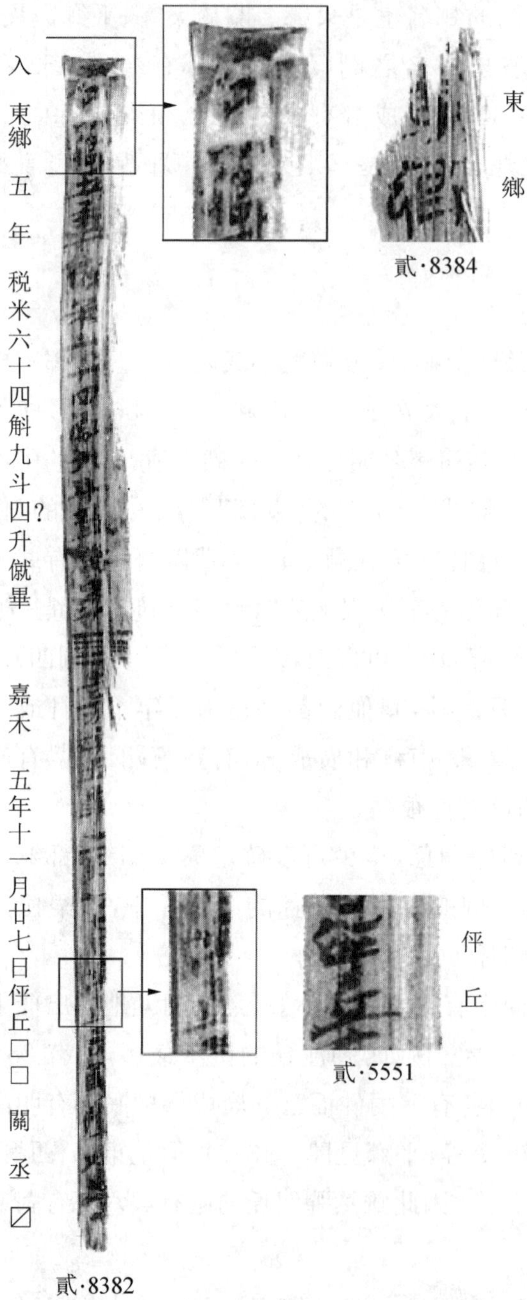

圖三　伻丘1

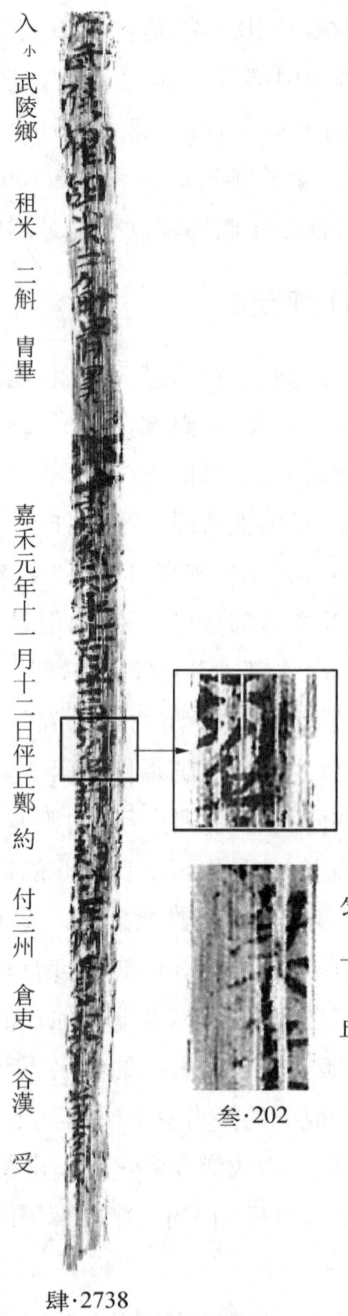

圖四　伻丘2

小　結

本文發現,雖然數量不多,但是確實存在與 3 個以上的鄉有對應關係的丘,尤其重要的是平樂丘的例子,目前所見的材料都可以明確釋讀與平樂丘對應的鄉名。還有關於東鄉簡所屬的 Ib②坨,由於以"入"字開頭的繳納賦税竹簡被認爲定期編綴成簿("入米簿"),[①]因此 Ib②坨可説原來是"入米簿"的一部分,而且個人認爲這種簿中鄉名、丘名書寫錯誤的可能性比較低。總之,雖然這次探討限於一部分的丘,但是已可推知所有丘當中的 3%—4%與 3 個以上的鄉有對應關係,其中至少 2 個丘與 4 個以上的鄉有對應關係。

其次,從丘跟鄉的關係而言,中鄉和西鄉兩鄉之間,還有平鄉、廣成鄉和桑鄉三鄉之間有密切關係。但是依照前文的探討,由於字迹殘缺或磨滅,"中"字與"西"字很難辨識,因此中鄉和西鄉之間密切度的高低,可能也會受到辨識難度的影響。值得注意的是,這些組合幾乎都不符合上述在標題簡中所發現的兩鄉的特定組合,尤其是關於小武陵鄉和西鄉的組合,如表二所示,根據繳納賦税竹簡所見丘跟鄉之間的關係,目前並不存在。至於其他組合,除了平鄉和廣成鄉之外例子都不多,都不超過 4 件。

根據這次探討的結果來看,丘跟鄉的關係基本上不符合過往相關研究的成果。例如,將丘視爲包括田地的實際居住地的看法,通過過往研究已將其當成一個鐵證;還有如個人在前稿所示,在與勸農掾、典田掾和屯田掾有關的史料中,這些鄉吏對吏民進行隱核時常見"鄉界"這一詞,因此也不得不認爲鄉存在固定領域。但是如果以這些看法爲前提,認爲丘在不同鄉的界綫上的情況發生隸屬不同鄉的現象,實際上無法繪出鄉丘關係没有矛盾的相對位置示意圖。隨著將來相關竹簡史料的增加,做成全面而完整的相對位置示意圖的可能性恐怕只會更低。即使把丘視爲類似"沖"的存在,跨越四五鄉的丘面積仍然過於廣大,容易讓人産生爲何不分割的疑問。總之,以鄉跟丘的關係當作旁證進行研究時,應該需要注意上述難以整合的情況。

個人認爲,若要進一步追究鄉與丘的關係,"鄉界"這一概念所指的範圍應該值得探討。還有,蘇衛國和岳慶平先生曾經推測在三國吴有類似分配田宅的制度,並且據此解

---

① 參見侯旭東:《長沙三國吴簡三州倉吏"入米簿"復原的初步研究》,《吴簡研究》第二輯;谷口建速:《長沙走馬樓吴簡の研究——倉庫關連簿よりみる孫吴政權の地方財政》,東京:早稲田大學出版部,2016 年,尤其是其中的第一章"走馬樓吴簡における穀倉關係簿",第二章"長沙走馬樓吴簡よりみる孫吴政權の穀物搬出システム"。

釋鄉與丘的關係。從這個角度而言,由於繳納賦税竹簡中常見徵收與屯田、私學等有關的限米記録,今後丘和鄉對應關係的研究,將可通過以這類賦税方式爲綫索進行更深入的探討。

許迪割米案中的兩個法律問題*

韓樹峰

（中國人民大學歷史系、出土文獻與中國古代文明研究協同創新中心）

1999年，《長沙走馬樓J22發掘簡報》公布了一枚關於許迪割米的木牘圖版，[①]許迪割米案由此引起學界關注，此後伴隨著相關簡牘的陸續公布，對許迪割米案文書的釋文、案情、案件考實過程、司法程序及相關法律術語等問題的研究獲得了很大的突破。[②]2015年，《竹簡（捌）》正式出版，[③]其中涉及許迪割米案的竹簡有500餘枚，在相當程度上可以推進學界對相關問題的進一步研究，王素、宋少華據此對木牘釋文的補正以及徐暢對該案司法程序的復原，在這方面已經做出了很好的範例。[④] 本文的關注點不是許迪案的具體案情，而是該案在審理過程中所涉及的兩個法律問題，這是《竹簡（捌）》正式出

* 本文爲中國人民大學科學研究基金（中央高校基本科研業務費專項資金資助）項目成果，項目批准號：15XNI007。

① 長沙市文物工作隊、長沙市文物考古研究所：《長沙走馬樓J22發掘簡報》，《文物》1999年第5期，彩版三：2。

② 關於許迪割米案的討論可參胡平生：《長沙走馬樓三國孫吴簡牘三文書考證》，《文物》1999年第5期，第45—48頁；王素：《長沙走馬樓三國孫吴簡牘三文書新探》，《文物》1999年第9期，第46—48頁；王素：《"若"即"諾"可以作爲定論——長沙走馬樓簡牘研究辨誤》，《光明日報》2000年8月25日第三版；王子今：《走馬樓簡許迪割米事文牘釋讀商榷》，《鄭州大學學報》2001年第4期，第109—111頁；秦暉：《傳統中華帝國的鄉村基層控制：漢唐間的鄉村組織》，收入所著《農民中國：歷史反思與現實選擇》，石家莊：河北人民出版社，2003年，第238—239頁；徐世虹：《對兩件簡牘法律文書的補考》，《中國古代法律文獻研究》第二輯，北京：中國政法大學出版社，2004年，第96—104頁；[日] 籾山明著，李力譯：《中國古代訴訟制度研究》，上海：上海古籍出版社，2009，第88—91頁；王素、宋少華：《長沙走馬樓三國吴簡的新材料與舊問題——以邸閣、許迪案、私學身份爲中心》，《中華文史論叢》2009年第1輯，第8—13頁；王彬：《吴簡許迪割米案相關文書所見孫吴臨湘侯國的司法運作》，《文史》2014年第2輯，第73—91頁；王素、宋少華：《長沙吴簡〈録事掾潘琬白爲考實吏許迪割用餘米事〉釋文補正》，《文史》2015年第1輯，第279—282頁。

③ 長沙簡牘博物館等編：《長沙走馬樓三國吴簡·竹簡（捌）》，北京：文物出版社，2015年。

④ 王素、宋少華：《長沙吴簡〈録事掾潘琬白爲考實吏許迪割用餘米事〉釋文補正》，《文史》2015年第1輯；徐暢：《新刊長沙走馬樓吴簡與許迪割米案司法程序的復原》，《文物》2015年第12期。

版之前,已經公布的其他走馬樓簡牘未曾包含的内容。

一　案情概述

許迪割米案是孫吴嘉禾年間發生的一起官吏盗割官府稻米的重大案件,該案案情複雜,屢有反復,而且審級複雜、上下文書往來繁多,完全復原其案情及司法程序具有相當的難度。但是,根據迄今爲止已經公開的簡牘,可以大致描繪出該案的主要情節,爲下文討論的方便,結合王素、宋少華及徐暢所撰兩文,將案情及判決結果簡述如下。

許迪原爲下雋縣民,少失父遜,與母妾、兄八(一作别)、弟冰、妻小、子讓、讓弟黝、八妻營(一作榮)、冰妻足,俱居下雋南鄉稊丘,佃作爲業。許迪以建安廿一年(216 年)中給吏,先給縣吏,後給郡吏,黄龍三年(231 年)爲臨湘淕口典鹽掾。

許迪任職典鹽掾時,受官鹽一千四百卅七斛一斗一升,並酒七十五斛六斗四升五合,鹽酒總計一千五百一十二斛七斗五升五合,以其中一千八十六斛五升六勺的鹽酒出賣,换取錢、米、雜物,剩下的四百廿六斛一斗九升八合四勺鹽,純用來兑换米。其中四斛五斗七升鹽以 1∶7 的比例换米(4.57×7),四百廿一斛六斗二升八合四勺鹽以 1∶6 的比例兑换(421.628 4×6),總共得米二千五百六十斛六斗八升。[①] 許迪利用職務之便,僅將二千四百四十九斛一升米上交,剩餘的一百一十二斛六斗八升據爲己有。

嘉禾四年(235 年),許迪割米一事被發覺。經過反復拷問與多方審訊,許迪最終交待了作案實情。嘉禾六年,臨湘侯國援引法律條文,對刑事案件的被告及相關責任人作出了判決。最終判決情況是:迪按科當斬,特於都市行軍法。迪妻小、子讓、讓弟黝,按科條均被没爲生口,由臨湘知會原籍下雋縣攝録没官。迪母妾年八十五,按科條,犯臧應没爲生口者,年八十以上八歲以下,可以不坐,迪母免被没爲生口。迪兄八、弟冰、八妻營、冰妻足,與迪别門異居且不知情,從寬不坐,但許八、許冰兩人須爲許迪湊足十六萬九千廿的罰金交納給官府。

二　許迪母子兄弟"别門異居"

該案中,許迪的兄弟許八、許冰及妻子也受到牽連,不過,由於他們與許迪已經"别門異居",因此從寬處理,未受連坐。許迪兄弟的别門異居在以下 5 枚竹簡中均有反映:

1. 迪兄八々男弟冰八妻榮冰妻足四人别門異居科文不載請行迪　(捌·4022)

① 據徐暢研究,許迪領受、典賣官鹽的數量有三個不同的版本,此處采用其第一個版本的説法。

2. 年八十五於科不坐八冰荣足别門異居科文不及請於都市行迪軍法本臧已入畢乞嚴下雋 （捌·4136）

3. 應斬妾於科不坐小讓黝没入爲生口八冰桊足四人别門異 （捌·4247）

4. 部吏傳送小讓黝詣府並隱核妾年紀八冰異居□□ （捌·4249）

5. 黝於科不坐迪兄八々男弟冰别門異居不知情科文不載請不與☒ （捌·4291）

按簡4，許迪兄弟三人“别門異居”是經過政府調查而確認的，調查的依據應該是户籍。兄弟别籍並不奇怪，即使在禁止别籍比較嚴厲的唐代早期，兄弟只是爲父母服喪期間不得别籍，[①]服喪之後是否異籍，百姓大概是有選擇權的。但是，許迪之母尚在，三人“别門異居”，就意味著至少有兩人與母親已經分籍，這在唐律中，屬於十惡不赦的重罪。

孫吴不禁止父子别籍，應該是繼承了漢代的制度。《二年律令·户律》：“民欲先令相分田宅、奴婢、財物，鄉部嗇夫身聽其令，皆參辨券書之，輒上如户籍。……所分田宅，不爲户，得有之，至八月書户。”[②]百姓可以析分田宅，但享有田宅者必須在政府八月編制户籍時立户，父子之間分割田宅實際意味著别籍。許迪母子分籍之初，我們不知道誰是主動的一方，在漢代，主動提出分籍的，可以是子：“諸後欲分父母、子、同産、主母、叚（假）母，及主母、叚（假）母欲分孽子、叚（假）子田以爲户者，皆許之。”不過，漢代父子别籍並非完全不受限制，《户律》云：“寡夫、寡婦毋子及同居，若有子，子年未盈十四，及寡子年未盈十八，及夫妻皆瘁（癃）病，及老年七十以上，毋異其子；今毋它子，欲令歸户入養，許之。”[③]律文前一部分明確禁止父母與子分籍的兩種情況：一是寡夫、寡婦没有其他人與之同籍時，子未滿十四歲，或者獨子未滿十八歲；二是夫妻二人殘疾或者年齡七十歲以上。後一部分規定，寡夫、寡婦以及夫妻二人均殘或年過七十者，如無其他兒子共籍，可以命令别籍之子歸户供養。照這個規定可以反推，如未經以上處於特殊狀況的父母的允許，獨子是不可以與父母别籍的，類似律條顯然是爲了保護父母的權益。按許迪供詞，母妾身爲寡婦，而且已經85歲，單從文書中看不出這位母親的户籍狀況，但按漢代律條推測，她很可能與其中一子共籍。儘管如此，其餘兩子仍然是單獨立籍的，這與唐代“諸祖父母、父母在，而子孫别籍、異財者，徒三年”的嚴格規定有本質區别。[④]

---

① 劉俊文：《唐律疏議箋解》卷一二《户律》“居父母喪生子”條，北京：中華書局，1996年，第939頁。

② 彭浩、陳偉、工藤元男主編：《二年律令與奏讞書——張家山二四七號漢墓出土法律文獻釋讀》，上海：上海古籍出版社，2007年，第223—224頁。下文注釋引此書簡稱《二年律令與奏讞書》。

③ 彭浩、陳偉、工藤元男主編：《二年律令與奏讞書》，第226頁。

④ 劉俊文：《唐律疏議箋解》卷一二《户律》“子孫别籍異財”條，第936頁。

由於吴簡户口類文書的散亂,孫吴時期父子别籍的具體情況已經無法了解清楚,但記載户人的連記簡仍可以爲我們提供某些信息。按正常情況,如果户人不到 40 歲,父母或者至少其中一個在世是極有可能的,下面列出數枚 40 歲以下户人的連記簡進行分析:

6. 梨下里户人公乘黄䜴年廿九　妻大女思年廿六　(壹·1653)
7. 湛龍里户人公乘吴易年廿一　妻思年廿　子女□年三歲　(壹·1655)
8. 小赤里户人公乘潘奴年廿　妻阿年⍁　(貳·58)
9. 首里户人公乘黄誼年廿七　妻女年廿六　小男□⍁　(叁·3429)
10. 上鄉里户人□遠年廿二　妻具年十七　遠子⍁　(柒·639)
11. 常遷里户人公乘李漢年卅七　妻大女思年卅二　(壹·1642)
12. 吉陽里户人公乘李堤年卅　妻大女服年廿五　(貳·80)
13. 首里户人公乘五婁年卅□　妻思年廿九……　(叁·3519)
14. 上鄉里户人谷萇年卅四　妻思年廿九　萇子女婢年八歲　(柒·449)
15. 上鄉里户人潘度年卅七聾耳　度妻姑年卅　度子男郭年六歲(柒·536)
16. 宜陽里户人□□年廿四軍吏　父蕬年六十一　蕬妻□年卌……(柒·2293)
17. 上鄉里户人吴般年卅三踵足　母妾年七十四　般妻汝年卅一(柒·2368)
18. 萬歲里户人謝皓年廿七　妻如年廿二　男弟主年十七　(柒·211)
19. 新成里户人公乘區文年卅　妻大女妾年廿二　文男弟弘年廿五(叁·4308)

在簡 16、17 中,户人與父母共籍。按簡 17 的書寫格式,在户口類文書中,如户人已婚,父母與子共籍,一般登録在户人妻子之前,這在吴簡中有大量反映。簡 6—15 未記載户人的父母,但父母均已去世的可能性不大,按簡 17 書式可以推測,其中某些户人可能已經與父母别籍異居。簡 18、19 未著録户人父母卻著録了弟弟,户人既然可以與弟弟共籍,若非有特殊情況,與父母别籍的概率極低,大概他們的父母已經去世。所以,這類竹簡不能成爲父子别籍的證明。在走馬樓户人簡中,排除這類不著録父母而著録旁系親屬的連記簡,其他未著録父母而著録妻子兒女的連記簡共有 52 例。不能否認,在這些例子中,父母有去世的可能,但大概不會全部去世,從情理上推測,這些户人大多與父母别門異居了。

當然,類似簡 16、17 户人與父母共籍的例子也不在少數,至於兄弟共籍的例子,在吴簡中也不少見。綜合這些情況分析,孫吴時期百姓别籍還是共籍,在一般情況下是有選擇權的,這種自由選擇顯然是繼承漢制而來。在當時的北方,情況與孫吴有所不同。《晋書·刑法志》:"除異子之科,使父子無異財也。"[①]異子科是曹操當政時頒布的,目的

---

① 《晋書》卷三〇《刑法志》,北京:中華書局,2011 年,第 925 頁。

在於通過别户異籍，以增加政府的户調收入，這是對漢制的改變。異子科客觀上導致了父子異財，百姓的户等可能因此而降低，而户等的降低，同樣影響政府的財政收入。大概是意識到這一弊端，曹魏修《新律》時，廢除了異子科，但是否禁止父子異籍卻無從得知，推測起來，大概是聽憑百姓自願。[①]這樣，北方經過一翻變化，最終與南方殊途同歸。

百姓自由選擇别籍、共籍的情況，在兩晋南朝時期似乎受到了限制。《晋書·殷仲堪傳》："又以異姓相養，禮律所不許，子孫繼親族無後者，唯令主其蒸嘗，不聽别籍以避役也。"[②]殷仲堪不允許百姓别籍避役，不是他在荆州擅自立制，而是重申已有的法律，這從他强調"異姓相養，禮律所不許"可以推測出來。百姓爲了避役，只能假借"繼親族無後者"的名義與父别籍，可以想見，在正常情況下是不允許父子别籍的。也許這種規定始自於西晋《泰始律》，後來又被東晋繼承。南朝時期，情況似乎再次發生變化。南齊黄門郎虞玩之論當時户籍巧僞導致户口減少，表現之一是："抱子並居，竟不編户。"[③]"不編户"一般指不編入户籍，不過如果是這個意思，虞玩之没有必要特意指斥"抱子"者。細味此語，似指責兒子已婚且已生子，仍不單獨立籍而是與父母共籍這種弊端。如果這一説法没有太大問題，那麽，當時的法律是禁止已婚之子與父母共籍的。不過，劉宋政府似乎並不禁止已婚兄弟共籍，《宋書·蔣恭傳》記載，蔣恭妻弟吴晞張牽涉劫案，妻子避難於蔣恭家中，蔣恭因此受到牽連，恭兄協欲代恭頂罪，"協列協是户主，延制所由，有罪之日，關協而已，求遣弟恭"。[④] 從這個例子看，蔣恭兄弟顯然屬於同一户籍，户主爲蔣協。已婚兄弟可以共籍，那麽與父母共籍，當然也不應該在禁止之列。也許南齊對劉宋法律在繼承的基礎上，做出了一些具體的改變，所以有了禁止已婚之子與父母共籍的規定。當然，受資料所限，這只是一種推測。

從孫吴到南朝，對於父子兄弟共籍還是别籍，法律規定出現了數次反復，這可能暗示著，這個問題一直是南方政府探討的重要議題，且難以解決，因爲這個問題牽涉到不止一方面，這其中既需要關注倫理道德，也需要重視政府的財政收入，還需要考量法律的連帶責任。三者做到平衡協調，不是一件輕而易舉的事，直到唐代，政府才終於找到了解決這一問題的出口，即"父母在，兄弟不得别籍異財"。

---

① 韓樹峰：《從"分異令"到"異子科"》，收入所著《漢魏法律與社會》，北京：社會科學文獻出版社，2011 年，第 167—169 頁。

② 《晋書》卷八四《殷仲堪傳》，第 2195 頁。

③ 《南齊書》卷三四《虞玩之傳》，北京：中華書局，2011 年，第 609 頁。

④ 《宋書》卷九一《孝義·蔣恭傳》，北京：中華書局，2011 年，第 2251 頁。

三　八十以上八歲以下"於科不坐"

許迪割米案中,母、妻、子是有連帶責任的,但是否應該處刑,與年齡直接相關。在該案各種往來文書中,數次涉及按年齡減免處罰及許迪母親"於科不坐"的問題:

20. 部吏傳送小讓䵝詣府並隱核妾年紀八冰異居□□　(捌·4249)
21. 應斬妾於科不坐小讓䵝没入爲生口八冰榮足四人别門異　(捌·4247)
22. 爲生口妾年八十五於科不坐八冰訾足别門異居科文不載請　(捌·4011)
23. 妻小子男讓々男弟䵝三人爲生口迪母妾年八十五於科不坐　(捌·4023)
24. 年八十五於科不坐八冰榮足别門異居科文不及請於都市行迪軍法本臧已入畢乞嚴下雋　(捌·4136)
25. 應斬妻小子男讓々弟䵝三人爲生口迪母妾年八十五於科不　(捌·4285)
26. 䵝於科不坐迪兄八々男弟冰别門異居不知情科文不載請不與⧄　(捌·4291)
27. 上八歲以下不應罪坐如科迪見吏明知科行典受官寶卻敢　(捌·4016)
28. 以考所市平賈直臧坐科一條諸犯臧應没者年八十以上八歲以下不没諸生口如科迪見吏明知科行典受官寶卻敢　(捌·4085)

按簡 20,審理許迪一案時,政府特别調查了許迪家屬的年齡及兄弟是否異居,這兩項内容都是減輕或免除連坐責任的主要依據。根據調查,如第 21—25 簡所明示,許迪的母親因爲處於 85 歲的高年,免除連坐責任。簡 21、23、25 説明,許迪小子䵝被連坐,没有減免處罰,而捌·4084、4125、4188、4189、4209、4213 諸簡則證明,最終判罰時,䵝確實被没爲了生口。不過,簡 26 卻記載"䵝於科不坐"。雖然此簡内容接序上簡而來,但"䵝"不應上讀,否則"於科不坐"就失去了對象。因此按該簡,"於科不坐"者至少包括了䵝,如果考慮到與上簡内容的關聯性,也許還包括了許迪的母親。簡 26 與其他諸簡的矛盾,或是由於許迪案由多個層級審理所造成,"䵝於科不坐"可能是某次依科結罪時所做的判決,但在以後審理時,又進行了改判。

影響許迪老母與小子命運的,是他們各自的年齡。按簡 27、28,孫吴有 8 歲以下、80 歲以上"不應罪坐"、"不没諸生口"的科令,母妾年 85 歲,所以最終"於科不坐",子䵝年齡不詳,但大概是過了 8 歲,因此被没。"不應罪坐"是概指,"不没諸生口"是特指,後者大概是官吏引用前者時所做的具體説明,未必有具體的科條。"不應罪坐"置於許迪案的具體背景之下,可以理解爲不受連坐,但這仍未必是法律的原初之意。我想,孫吴對8歲以下、80歲以上的優待應該不僅限於連坐,大概本人所犯的一般罪行均免予懲處,也就是説,孫吴只有一條8歲以下、80歲以上犯罪免予處罰的規定,而不受連坐是包括在其中的。

如果以唐律衡量,上述的推論未免武斷。按《唐律》,老、小犯罪,按所犯罪刑輕罪,依三個層級區别對待,即15歲以下、70歲以上;10歲以下、80歲以上;7歲以下、90歲以上。劉俊文認爲,老、幼犯罪按階級減免的制度首備於漢,漢制將老、小分爲三級,規定節級減免刑事責任。[①] 其實,按三個層級減免刑事責任的做法,大概是南北朝或者隋唐王朝的創舉,漢代是不存在這一制度的,相反,漢文帝以後,老、小減免刑罰的原則,是向一個層級方向發展的,孫吴老、小減免的原則即係繼承東漢制度而來。

劉俊文論證漢代將老、小分爲三級減免刑罰,主要依據如下資料:老七十以上當刑者完之,八十非誣告殺傷人皆不坐,八十以上非手殺人皆不坐;小未滿十歲當刑者完之,未滿八歲非手殺人他皆不坐,未滿七歲賊斗殺人及犯殊死上請。這些資料排列在一起,似乎確實可以證明三級説的正確性,但這裏存在兩個問題:首先,這些不同的資料分處不同的時期。如以老年人而言,第一條在惠帝即位(前194年),第二條在漢宣帝元康四年(前62年),第三條在東漢時期。三條史料時間相隔如此懸遠,很難證明在同一時期同時存在這三個級别。其次,對史料中年齡段的區分有誤。按以上史料排列,老分爲70歲以上、80歲、80歲以上三個年齡段,小分爲10歲以下、8歲以下、7歲以下三個年齡段。80歲以上顯然以80歲爲始齡,很難設想,政府還會單獨爲80歲的老人另外制定律條;而小的減免,7歲和8歲僅相隔一歲,這意味著8歲的幼小也有單獨減免的律條,這同樣不合情理。三個年齡段之所以存在齟齬,是因爲將不同時代的史料視爲同一時代所致。再次,没有細緻區分漢代幼小減免處罰在不同時期層級不同。

那麽,漢代老年、幼小按年齡減免處罰的實際狀況如何呢?概括説來,老年減免的年齡隨時代而變化,但始終只有一個層級;而幼小的年齡同樣在變化之中,但有一個總的演變趨勢,即從兩個層級向一個層級發展,最終與老年走向一致。《二年律令·具律》:

29. 公士、公士妻及□□行年七十以上,若年不盈十七歲,有罪當刑者,皆完之。

30. 有罪年不盈十歲,除;其殺人,完爲城旦舂。[②]

《漢書·惠帝紀》載惠帝詔曰:"民年七十以上若不滿十歲有罪當刑者,皆完之。"[③]簡29

---

① 劉俊文:《唐律疏議箋解》卷四《名例》"老小及疾有犯"條,第298—301、306頁。

② 彭浩、陳偉、工藤元男主編:《二年律令與奏讞書》,第124、125頁。

③ 《漢書》卷二《惠帝紀》,北京:中華書局,2011年,第85頁。

即脱胎於該詔書内容而來。不過,惠帝詔中的 10 歲可能是班固筆誤,也可能是在後來的抄傳過程中漏寫了“七”字,免肉刑的年齡界綫當以《具律》所載爲準。[①] 根據兩簡可以知道,10—17 歲犯肉刑之罪,免除肉刑,處以完刑;10 歲以下殺人,完爲城旦舂,其他罪行一律免予處罰。老年只有 70 歲以上一個年齡層級,享受與 10—17 歲相同的待遇。

文帝前元十三年(前 167 年)對刑罰進行改革,廢除肉刑,這給老人減免刑罰的原則帶來了很大的衝擊。肉刑廢除後,70 歲以上的老人享受優待的律條名存實亡,因此必須制定新的制度取代舊制。宣帝元康四年詔曰:“朕惟耆老之人,髮齒墮落,血氣衰微,亦亡暴虐之心,今或罹文法,拘執囹圄,不終天命,朕甚憐之。自今以來,諸年八十以上,非誣告殺傷人,佗皆勿坐。”[②]宣帝哀憐耆老之人“罹文法,拘執囹圄,不終天命”,因此下令 80 歲以上“非誣告殺傷人,佗皆勿坐”,説明在這道詔書頒布之前,任何老人犯罪均不在免刑之列。《刑法志》亦載此詔,關於老年免罪云:“諸年八十非誣告殺傷人,它皆勿坐。”[③]此詔内容固然與《宣帝紀》詔書基本相同,但文字多有差異,省略“以上”兩字並非不可能。鄭衆注《周禮》引東漢律云:“年未滿八歲,八十以上,非手殺人,他皆不坐。”[④]從内容看,該律條脱胎於宣帝詔書,只是將“非誣告殺傷”改變爲“非手殺”。所以,從宣帝時期到東漢,老年減免處罰只有 80 歲以上一個年齡層級。

與老年不同,廢除肉刑後,在幼小中,10—17 歲的年齡段儘管同樣無法享受優待,但 10 歲以下的年齡段除殺人外,不追究刑事責任的規定仍然可以繼續執行,宣帝詔僅規定對老年的減免而不涉及幼小,原因大概即在於此。可以説,文帝廢肉刑,客觀上導致幼小減免處罰也僅剩一個年齡層級。漢成帝時期,頒布了對幼小減免處罰的新規定,《漢書·刑法志》載成帝鴻嘉元年(前 20 年)詔:“年未滿七歲,賊斗殺人及犯殊死者,上請廷尉以聞,得減死。”[⑤]按此前的法律規定,10 歲以下殺人是不判死刑的,這與成帝詔性質相同。如果此條律文繼續存在,成帝詔就失去了意義,因此,成帝詔的 7 歲是對幼小犯罪的重新規定,這個詔令出臺後,10 歲以下這個層級也許就不再存在了。所以,成帝時期,幼小也不存在兩個年齡層級。同樣,上引東漢律文“未滿八歲……非手殺人,他皆不坐”,與成帝詔 7 歲以下的規定並存也有違情理,因此,這條規定可能是對成帝詔的改易,它的出臺代替了 7 歲以下這個層級,也就是説,東漢時期幼小減免刑事責任,也只有一個年齡層級,只是將西漢的 7 歲改爲 8 歲。

---

① 韓樹峰:《完刑、耐刑與徒刑》,收入所著《漢魏法律與社會》,第 9 頁。

② 《漢書》卷八《宣帝紀》,第 258 頁。

③ 《漢書》卷二三《刑法志》,第 1106 頁。

④ 〔清〕孫詒讓著,王文錦、陳玉霞點校:《周禮正義》卷六六《秋官·司剌》,北京:中華書局,1987 年,第 2844 頁。

⑤ 《漢書》卷二三《刑法志》,第 1106 頁。

觀察從西漢初年到東漢末期老、幼減免刑罰制度的演變可以發現，老年、幼小的減免漢文帝之前不僅有年齡層級的區别，而且在漢成帝帝以前，兩者的處罰也不相同。按簡 29、30，儘管 10—17 歲犯肉刑之罪與 70 歲以上者處罰相同，但 10 歲以下除殺人完爲城旦舂外，其他罪行一律免予處罰，這是任何年齡段的老人都享受不到的優待。宣帝元康四年之前，兩者處罰的不成比例更爲嚴重。元康詔書的内容説明，在這道詔書頒布之前，任何老人犯罪均不在免刑之列；即以此詔而論，80 歲以上老人犯誣告及傷人罪，仍加以處罰，與 10 歲以下者除殺人外不追究刑事責任比較，處罰仍顯嚴厲。成帝時期，大概元康詔書仍在執行，80 歲以上者除誣告和殺人、傷人外，免予處罰；而鴻嘉詔書則規定，未滿 7 歲賊斗殺人及犯殊死者，可以減死，其他犯罪如何處理，没有記載，但揆諸此前的律令，大概亦免予處罰。從傷人所受處罰看，老人仍較幼小嚴厲，但畢竟在一般犯罪方面，獲得了與幼小大致相等的權利。東漢頒布"年未滿八歲，八十以上，非手殺人，他皆不坐"的律條後，老年、幼小終於統一在同一條法律條文之下，老、小處罰的減免原則由此取得了一致。

自西漢初年到東漢，老幼減免處罰層級有别，輕重有異，主要是因爲對犯罪的處罰，以責任能力爲標準，責任能力越强，處罰越重。按現代刑法，這種責任能力指行爲人辨認和控制自己行爲的能力，一般情況下，責任能力的有無强弱主要取決於年齡和精神狀況，未成年人和精神病患者或者不具備這種能力或者能力較弱，而正常的成年人則具備了完全能力，而且一般不會在進入老年以後隨之減弱乃至喪失。古人對責任能力的認識或許不如今人深刻、全面，但已經具備了這種意識是無可置疑的，《周禮》主張赦免幼小和惷愚，即以此爲出發點。

對某些特殊群體刑事責任的減免，古人甚至包括現代學者一再從矜恤的角度加以申説。[①] 我們不否認這種看法有一定的道理，但對幼小而言，仍然以責任能力爲衡量要素，否則既没有必要對其劃分年齡層次，也没有必要將他們與老年區别對待。《二年律令》規定："年未盈十歲爲气（乞）鞫，勿聽。""年未盈十歲及毄（繫）者、城旦舂、鬼薪白粲告人，皆勿聽。"[②]法律禁止 10 歲以下的幼年上訴和控告他人，顯然是從其不具備完全責任能力這一角度著眼的。這説明，無論對幼小刑事責任的減免還是控訴權的限制，政府考慮的，主要是責任能力而不是矜恤幼小。

---

① 典型者如《孔叢子・刑論》："古之聽訟者，察貧窮，哀孤獨及鰥寡，宥老弱不肖而無告者，雖得其情，必哀矜之。死者不可生，斷者不可屬。若老而刑之，謂之悖；弱而刑之，謂之克；……老弱不受刑，先王之道也。"（傅亞庶：《孔叢子校釋》卷二《刑論》，北京：中華書局，2011 年，第 79 頁）《唐律疏議・名例》"老小及疾有犯"條疏議："爲矜老小及疾，故流罪以下收贖。"（劉俊文：《唐律疏議箋解》卷四《名例》，第 298 頁）

② 彭浩、陳偉、工藤元男主編：《二年律令與奏讞書》，第 139、146 頁。

老年的情況有所不同，無論漢初還是宣帝以後，其刑事責任的減免，主要體現恤老原則。但是，受制於老年具有完全責任能力這一因素，減免只能是有限度的，這主要表現爲漢代初期老年既不分層級，亦不能免刑。宣帝以後，儒家思想對法律的影響日益明顯，恤老原則更受重視，因此特别規定 80 歲以上老人"非誣告殺傷人，它皆勿坐"，不過，處罰仍重於幼小。東漢以後，法律儒家化的色彩愈益濃厚，老年刑事責任的減免終於獲得了和幼小一致的待遇。

發展至唐代，無論按年齡劃分的層級，還是責任的減免，老、小已經完全一致。不過，這不是向漢代劃分層級的簡單回歸，而是儒家思想對法律産生深刻影響的進一步體現。也許這種複雜的層級劃分在西晋時期就已初步形成，因爲那畢竟是一個儒家思想與法律緊密結合的關鍵時期，[①]經過南北朝的繼承和發展，層級劃分和責任減免最終以更爲整齊的面貌出現在唐朝的歷史中，並一直影響到後世。許迪割米案中，"八十以上八歲以下於科不坐"的規定，顯而易見是對東漢法律的繼承，也可能是此前法律的最後絶唱，但它的出現並不是没有意義，因爲它構成了中國古代前期法律演變的一個鏈條，使我們在一定程度上可以推測或窺見魏晋南北朝在中國法律制度演變史上的重要地位和影響。

① 晋律有如下規定："若八十，非殺傷人，他皆勿論，即誣告謀反者反坐。十歲，不得告言人。"(《晋書》卷三〇《刑法志》，第 930 頁)該條刑罰減免僅涉及 80 歲以上的老人，70 及 90 歲以上的老人是否另有規定，不得而知。而幼小僅言及 10 歲以下不得告發他人，至於刑罰減免的年齡是否 10 歲，以及 10 歲以下是否還有年齡層級，也不清楚。

許迪割米案與三國孫吴的法治狀況*

徐　暢

（北京師範大學古籍與傳統文化研究院）

引　言

長沙走馬樓吴簡數量巨大，發現之初，計有封檢 8 枚，簽牌 68 枚，木牘 165 枚，小木簡 60 枚，大木簡 2 548 枚，竹簡 136 729 枚；[①]最新的統計爲有字簡 76 552 枚，有墨痕簡 2 萬餘枚，木牘 376 枚。[②] 這些簡牘大部分用來記載賦税收支、倉庫出入、户口名籍等，可歸爲簿籍系統；在此之外，記録嘉禾年間長沙郡臨湘侯國一樁刑事訴訟——許迪案的司法文書簡牘，顯得彌足珍貴。

吴簡發現的次年，胡平生、宋少華就率先介紹了與許迪案相關的録事掾潘琬考實木牘（J22-2540，牘・50）與中賊曹掾陳曠考實木牘（J22-2673，牘・353）；[③]1999 年問世的《發掘簡報》披露了上述兩件木牘的圖版。[④] 此後，學者們圍繞潘琬木牘末尾的濃墨草

---

* 本文係 2016 年度國家社科基金青年項目“長沙走馬樓三國孫吴簡牘官文書整理與研究”（16CZS039）的階段性成果。

① 汪力工：《略談長沙三國吴簡的清理與保護》，《中國文物報》2002 年 12 月 13 日第 8 版。

② 資料來自長沙簡牘博物館編：《嘉禾一井傳天下：走馬樓吴簡的發現保護整理研究與利用》，長沙：嶽麓書社，2016 年，第 37 頁。

③ 胡平生、宋少華：《新發現的長沙走馬樓簡牘的重大意義》，《光明日報》1997 年 1 月 14 日第 5 版。

④ 長沙市文物工作隊、長沙市文物考古研究所：《長沙走馬樓 J22 發掘簡報》，《文物》1999 年第 5 期，彩版三：2，圖二五右。

書，聯繫畫諾制度，展開了争論，今畫諾已成定論。① 但該木牘的釋文與標點，卻一直言人人殊。② 直到 2015 年初，王素、宋少華根據正在整理的《竹簡(捌)》中關於許迪案的新材料，依公文用語邏輯、行文習慣，才給出該木牘的釋文"定本"。③

基礎工作之外，學者們從法制史的角度解析了許迪案的考實過程、司法程序，所涉法律術語的含義等；④王子今關注木牘揭示的孫吴嘉禾五年鹽米比價，以及長沙地區鹽的運輸、消費、存儲情況。⑤ 2009 年，王素、宋少華對前揭潘琬、陳曠兩枚木牘做了新録文，依據兩枚木牘及已刊竹簡中與許迪案相關的 8 枚竹簡，梳理了案件的參與官吏，考實、審結時間，涉案人員，並期冀新材料推助案件的解讀。⑥

此後，與許迪案相關的另外兩枚官文書木牘(牘・224、牘・34)亦走入研究者視野。王彬捕捉到這些信息，對四枚"叩頭死罪白"類考實木牘進行了時間排序，佐以已刊 11 枚與案情相關的竹簡，梳理了案件審理流程、文書運作及上、下傳遞關係，但他未見牘・34 的圖版；⑦我則指出該枚木牘時間之誤釋，從而重新排列四木牘揭示的考實時間，提出許迪案未在嘉禾五年審結，而跨越了嘉禾四年至六年三個年頭；⑧王素、宋少華提示了

① 關於畫諾的討論參考胡平生：《長沙走馬樓三國孫吴簡牘三文書考證》，《文物》1999 年第 5 期；王素：《長沙走馬樓三國孫吴簡牘三文書新探》，《文物》1999 年第 9 期；王素：《"若"即"諾"可以作爲定論——長沙走馬樓簡牘研究辨誤(三)》，《光明日報》2000 年 8 月 25 日第 3 版等。

② 王素、宋少華：《長沙走馬樓三國吴簡的新材料與舊問題——以邸閣、許迪案、私學身份爲中心》，《中華文史論叢》2009 年第 1 輯；王子今：《走馬樓簡許迪割米事文牘釋讀商榷》，《鄭州大學學報》2001 年第 4 期；徐世虹：《對兩件簡牘法律文書的補考》，《中國古代法律文獻研究》第二輯，北京：中國政法大學出版社，2004 年，第 86—104 頁；王彬：《吴簡許迪割米案相關文書所見孫吴臨湘侯國的司法運作》，《文史》2014 年第 2 輯，第 75 頁。

③ 王素、宋少華：《長沙吴簡〈録事掾潘琬白爲考實吏許迪割用餘米事〉釋文補正》，《文史》2015 年第 1 輯，第 278 頁。

④ 見徐世虹：《對兩件簡牘法律文書的補考》，《中國古代法律文獻研究》第二輯，第 86—104 頁；籾山明著，李力譯：《中國古代訴訟制度研究》，上海：上海古籍出版社，2009 年，第 88—91 頁；秦暉：《傳統中華帝國的鄉村基層控制：漢唐間的鄉村組織》，《農民中國：歷史反思與現實選擇》，石家莊：河北人民出版社，2003 年，第 238—240 頁。

⑤ 王子今：《走馬樓許迪割米案文牘所見鹽米比價及相關問題》，長沙市文物考古研究所編：《長沙三國吴簡暨百年來簡帛發現與研究國際學術研討會論文集》，北京：中華書局，2005 年，第 99—106 頁。

⑥ 王素、宋少華：《長沙走馬樓三國吴簡的新材料與舊問題——以邸閣、許迪案、私學身份爲中心》，《中華文史論叢》2009 年第 1 輯。

⑦ 王彬：《吴簡許迪割米案相關文書所見孫吴臨湘侯國的司法運作》，《文史》2014 年第 2 輯。

⑧ 拙文《走馬樓吴簡竹木牘的刊布及相關研究述評》，《魏晉南北朝隋唐史資料》第三十一輯，上海：上海古籍出版社，2015 年，第 25—74 頁。

《竹簡(捌)》揭示的許迪家庭情況,給吏經歷等。[①] 但整個案情仍然無法得到完整復原。

2015 年,《長沙走馬樓三國吴簡·竹簡(捌)》正式出版,據初步統計,其中關於許迪案的竹簡多達 400 餘枚,[②]尤其集中在出版號 4001—4322 之間;從 4100—4322 號屬於Ⅱ-c-39 之一坨,排列情況詳書後附揭剥圖十四。[③] 從形制看,相關簡的長短、寬窄雖不盡相同,但簡面皆保留兩道明顯的編繩痕迹,完全具備編聯爲册書的條件。細察圖版,各簡的墨色、書法亦有異,似乎有兩到三種書體,一種爲細小工整之隸書,一種爲結體放宕灑脱之行草,對比明顯,推測其中包含多份不同級别的審訊、考實記録,或即簡文中所謂"解書"。理想的情況是依據揭剥圖,借助外在形制的差别,先進行册書復原。然而觀察揭剥圖,編爲 401 個號的竹簡,除 82 號或爲受擠壓錯置外,其餘 400 枚皆爲有字面(竹黄面)朝下,不存在簡面相對的簡層,無法確定起始層;也就是説,本坨簡對應的簡册受擾亂較嚴重,下半部分全部離散。現存上半部分與許迪案相關的 15 個簡層(從 22 號到 343 號所在層)含簡數亦不齊整,最多的一層有 22 枚,説明簡册上半部分兩側的簡牘亦有殘缺。在這種情況下,揭剥圖爲許迪案册復原提供的信息是有限的。

試讀相關簡文的内容,我們則可以發現,由於案件牽涉多方、多次考實,各方皆有記録,因而留下多份解書、呈文,僅記録許迪以官鹽兑换米的經過,就有至少六七份類似的版本,可對多份記録進行横向比較;同時,這份刑事案件的審理遵循漢魏間訴訟程序,有的簡文中還殘留審訊日期,可利用各步驟間的邏輯關係,進行歷時性考察,作縱向比較。本文將主要采取上述兩個維度,以簡文殘留信息爲主要綫索,結合揭剥圖、外在形制等相關信息,嘗試進行簡牘的初步編聯。由於册書本身殘缺,目標並非完整復原册書,而是以編聯起來的若干個竹簡群提供的信息爲基礎,進行案件司法程序的復原工作。在此基礎上,以許迪案爲切面,透視三國孫吴政權統轄下,郡縣基層單位的執法情況。由於傳世文獻對孫吴法治著墨不多,且記載帶有傾向性,以往學界多將孫吴貼上重刑主義的標籤,[④]本文以出土簡牘爲依託,希望通過分析許迪案的執法細節以及卷宗中保留的吴科遺文,呈現孫吴法制的别樣圖景。

---

① 王素、宋少華:《長沙吴簡〈録事掾潘琬白爲考實吏許迪割用餘米事〉釋文補正》,《文史》2015 年第 1 輯,第 280 頁。

② 這裏采用王彬的統計結果,見《長沙走馬樓吴簡"許迪割米案"相關文書的集成研究——三國時期基層司法制度管窺之一》,"紀念走馬樓三國吴簡出土二十周年長沙簡帛研究國際學術研討會"論文,長沙,2016 年 8 月 27—28 日。

③ 長沙簡牘博物館等編:《長沙走馬樓三國吴簡·竹簡(捌)》,北京:文物出版社,2015 年。

④ 以孫吴執法酷暴且於立法無所建樹,爲三國法制史中配角的相關論説,詳本文第四節。

一 許迪的家庭與仕宦

已往研究對許迪的關注始於嘉禾四年割米案發，而許迪的身份，木牘中或稱爲"吏"，或稱爲"大男"，因而割米案被認定爲職務犯罪。弄清許迪的身份、家庭情況，對於把握整個案情的性質至關重要。漢魏時案件審訊，嫌疑人的供辭須先交待"名縣爵里年姓官除"，[①]許迪案亦不例外，《竹簡(捌)》保留了許迪的若干套供辭，其中有一個較完整的開頭：

> 十一月七日大男許迪辭本下雋縣民少失父遜與母妾兄別々男弟冰迪妻小冰妻足別妻營子男讓々男弟黝俱居其縣南鄉秎丘佃作爲業迪以建安廿一年
>
> （捌·4117+4106）

可知許迪原非臨湘本地人，爲下雋縣民。據《續漢書·郡國志》，下雋，東漢爲荆州長沙郡十三縣之一，至建安末仍屬長沙，[②]見於吴簡有下雋師佐。[③] 許迪全家居住在縣南鄉秎丘，靠佃田耕作而生存；其家庭成員，這則開頭中已有交待，但特别注意到簡捌·4215"君叩頭死罪死罪案文書輒考實迪辭本下雋縣民少失父遜與母妾妻小子男奸讓男"，各種"迪辭"及結案後對其家庭成員處理記録中都只提及許迪之兩子，許讓與許黝，唯獨此處出現了"子男奸"，核對圖版，釋文無誤非衍字；或許奸爲許迪長子，早夭，[④]嘉禾案發時已去世多年，故陳辭中略去不表，連坐之家庭成員中自然亦無此人。將許迪家庭情況圖示如下：

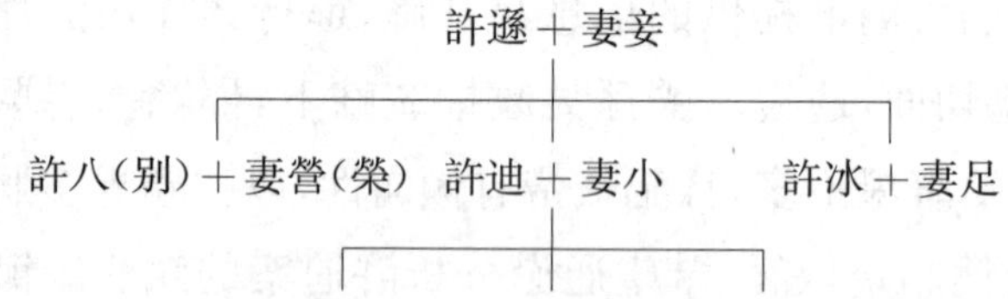

許迪的家族世系

---

① 語出簡文"⧄□市人等名縣爵里年姓官除辭"(E.P.T52：155)，甘肅省文物考古研究所等編：《居延新簡——甲渠候官與第四燧》，北京：文物出版社，1990年，第239頁。

② 《後漢書》卷一一二《郡國志四》，中華書局，1965年，第3484頁。

③ 如竹簡壹·5932、6683、6727等。

④ 此處采納王素先生的意見，見王素、宋少華：《長沙吴簡〈録事掾潘琬白爲考實吏許迪割用餘米事〉釋文補正》，《文史》2015年第1輯，第279頁注②。

依據“九千廿不與坐各出別門異居迪以建安廿一年中給吏到黄龍三年正月廿日受曹遣於淕口典受官鹽到嘉禾二年領受鹽一千四百卌七斛一斗一升其年募賣合售一千三百九十□斛四斗一合溢□”(捌·4243+4097+4096),以及“出給縣吏以吏次後不覺年中復給郡吏以黄龍三年正月廿日爲曹所選爲淕”(捌·4075)、“廿一年中出給吏到過黄龍三年正月廿日受曹遣於淕口典受官鹽一千七百廿四斛九斗皆得”(捌·4177),可梳理許迪仕宦經歷:漢末建安廿一年(216年),作爲平民的許迪出給縣吏,若干年後,給郡吏,到黄龍三年(231年),身份已經是正式的吏了。簡文顯示,在這年正月廿日,他受差遣到淕口典賣官鹽,此職事,捌·4061、4082號簡稱爲“淕口典鹽掾”,由於孫吴實施鹽鐵、酒專賣,此身份應相當於官方指定的經手及經銷人,[1]屬因事而設的郡掾之一。

那麽此前許迪爲何種郡吏?簡文提示其“受曹遣”。後漢三國郡縣兩級機構中諸曹系統甚爲發達,[2]而曹主要從事以文書爲主的工作,具體外出巡行辦理諸事務,不勞曹吏,而由專職之吏負責,典鹽掾即屬此類。差遣許迪之“曹”,據“已列言乞傅前解詣司鹽曹”(捌·4193),應爲郡之司鹽曹,或係孫吴鹽鐵業專賣政策下基層爲管理鹽務所設,不見於嚴耕望梳理的漢郡府列曹。許迪此前或爲長沙郡司鹽曹吏。

二 許迪割用餘米的經過

典鹽掾許迪領取官鹽後,工作是銷售官鹽,换取米(稱鹽賈米)、雜物、錢,然後納入官倉、庫。《竹簡(捌)》保留了許迪本人及兼金曹史李珠在數次考實中陳述的典賣官鹽、割用餘米的經過,細節有所不同,統合梳理一下,至少有三個版本。第一種版本:

> 鹽一千四百卌七斛一斗一升收酒七十五斛六斗四升五合通合一千五百一十二斛七斗五升五合其一千八十六斛五升六勺募☑賣得錢米雜物料核相應餘鹽四百廿六斛一斗九升八合四勺合得米二千五百六十一斛六斗九升迪舉簿言郡但列二千四百卌九斛一升出付倉吏鄧隆謝靖等受餘米一百一十二斛六斗八升迪先割用飲食不復列廖咨所覺米不見☑
>
> (捌·4102+4113+4012+4008+4005+4002)

但這批簡並未交待許迪“募賣得錢米雜物”的詳情,以及“鹽米量”(捌·4095)。王子今

---

① 參蔣福亞:《走馬樓吴簡所見鹽鐵官營和酒類專賣》,《史學月刊》2011年第12期。

② 參讀嚴耕望:《中國地方行政制度史——秦漢地方行政制度》,上海:上海古籍出版社,2007年,第73—146、216—244頁;拙文《走馬樓簡所見孫吴臨湘縣廷列曹設置及曹吏》,《吴簡研究》第三輯,北京:中華書局,2011年,第287—352頁。

先生曾據牘·50記録的許迪賣鹽、得米數，估算嘉禾五年鹽米比價爲1斗鹽＝6.01斗米，大致爲6∶1。① 在另一份辭狀中，我們發現了對“鹽米量”的詳細交待：

> 千四百卅七斛一斗一升收酒七十五斛六斗四升五合通合一千五百一十二斛七斗五升五合其一千八十六斛五升六勺募賣得錢米雜物料核相應餘鹽四百廿六斛一斗九升八合四勺其四斛五斗七升爲七量四百廿一斛六斗二升八合四勺爲六量☐合爲米二千五百六十一斛六斗九升已出二千四百卌九斛一升
>
> （捌·4101＋4091＋4007＋4272）

現略作總結，許迪受官鹽一千四百卅七斛一斗一升，並酒七十五斛六斗四升五合，鹽酒總計一千五百一十二斛七斗五升五合，以其中一千八十六斛五升六勺的鹽酒出賣，換取錢、米、雜物，剩下的四百廿六斛一斗九升八合四勺鹽，純用來兑换米。其中四斛五斗七升鹽以1∶7的比例换米(4.57×7)，而大部分，四百廿一斛六斗二升八合四勺鹽以1∶6的比例兑换(421.628 4×6)，這樣總共得到米二千五百六十斛六斗八升。“□爲吏雷裸所收送付縣爲人所覺後已别以米補償以過六月一日付倉吏黄瑛輒依條平”(捌·4018)似乎還提示，許迪曾將隱匿之米交付吏雷裸，令其送回家口所在之縣。

許迪在覆審中，又交待了其領受、典賣官鹽的另一種版本：

> 口賣鹽吏典賣官鹽以嘉禾元年二年賣所領鹽一千七百廿四斛九斗賣得絹九十匹二丈三尺絳十四匹二丈九尺緒八十一匹三丈七尺得行錢六十二萬二千六百米九千六百七十斛一斗估錢廿四萬三千□百□六錢□□結錢悉已出付倉吏謝靖張脩黄瑛等受米已出九千五百五十七斛四斗一升餘米一百一十二斛六斗八升瑛等已出迪所□□　　（捌·4094＋4135＋4134＋4133）

另外“絹九十八匹二丈三尺絳十四匹二丈九尺緒八十一匹三丈七尺得行錢六十二萬二千六百估佰錢□□萬三千”(捌·4148)的内容可與上述對照。概括起來，許迪在嘉禾元年、二年共賣所領官鹽一千七百廿四斛九斗，换得雜物包括絹九十八匹二丈三尺、絳十四匹二丈九尺、緒八十一匹三丈七尺，换得行錢六十二萬二千六百、估錢廿四萬三千□百□六，另有米九千六百七十斛一斗。此應即第一種版本所述“賣得錢米雜物”，但數字不相同。錢、物交庫，米入倉，但許迪僅以九千五百五十七斛四斗一升米出給倉吏黄瑛，剩餘一百一十二斛六斗八升爲其自用。

即使是這種版本，許迪交待的數字亦有出入：

---

① 王子今：《走馬樓許迪割米案文牘所見鹽米比價及相關問題》，長沙市文物考古研究所：《長沙三國吴簡暨百年來簡帛發現與研究國際學術研討會論文集》，第99—100頁。

十一月十三日許迪後辭以黄龍三年正月廿日受曹遣於淕口受官鹽一千七百☐四斛九斗賣得米九千七百八十二斛七斗八升已出九千六百七十斛一斗付倉吏鄧隆谷榮黄瑛等受餘米一百一十二斛六斗八升應當出付瑛等迪本受諸將

（捌・4036＋4038＋4065）

這裏許迪以鹽一千七百廿四斛九斗换得的米爲九千七百八十二斛七斗八升，而交付倉吏的爲九千六百七十斛一斗，是上述得米之全數，這兩個數字之差，恰好也是一百一十二斛六斗八升。

之所以會出現這樣的差異，版本一側重講述大批量鹽兑换完畢後，一小部分鹽與米的折納，而版本二似乎涉及總賬目中的數字；許迪經手鹽及物資、鹽賈米數量巨大，而他又有所隱匿，在案發後還曾"令弟冰持萆歸家改定"（牘・353），僞造以米雇擿的記録，這都可能導致官鹽簿及倉、庫出入記録的混亂。但許迪盗用餘米一百一十二斛六斗八升是不争的事實。

三　割米案程序的復原

王彬曾提出將許迪的審判置於秦漢"告訴、告發—逮捕、拘禁、訊問—通知縣鄉—查封—審判、再審"的程序中去考察，這種做法有利於還原許迪案的司法語境。[①] 但問題在於，細讀《竹簡（捌）》中存留的司法文書簡，結合揣摩許迪案四枚木牘的程序與術語，我們發現，漢末三國時代的刑事訴訟程序、訊獄用語，較之秦漢已經發生了很大變化。秦簡《封診式》提示的訊獄過程："凡訊獄，必先盡聽其言而書之，各展其辭，雖智（知）其訑，勿庸輒詰。其辭已盡書而毋（無）解，乃以詰者詰之。詰之有（又）盡聽書其解辭，有（又）視其它毋（無）解者以覆詰之。詰之極而數訑，更言不服，其律當治（笞）諒（掠）者，乃治（笞）諒（掠）。治（笞）諒（掠）之必書曰：爰書：以某數更言，毋（無）解辭，治（笞）訊某。"[②]"展其辭"、"言不服"而笞掠的環節在許迪案考實中還存在，但告劾、傳爰書、詰問、鞫、乞鞫、論當等秦漢時代審訊不同階段的固有術語，[③]竟不見於整個考實過程中。

出土於臨近地點，記録東漢晚期（光和六年）臨湘縣民事糾紛的東牌樓簡《諍田自相

① 王彬：《吴簡許迪割米案相關文書所見孫吴臨湘侯國的司法運作》，《文史》2014年第2輯，第74頁。

② 睡虎地秦墓竹簡整理小組編：《睡虎地秦墓竹簡》，北京：文物出版社，1990年，第246頁。

③ 對秦漢訴訟程序的討論，如李均明：《簡牘所反映的漢代訴訟關係》，《文史》2002年第3輯；籾山明著，李力譯：《中國古代訴訟制度研究》第二章"秦漢時代的刑事訴訟"，第47—100頁；張建國：《漢簡〈奏讞書〉和秦漢刑事訴訟程序初探》，《中外法學》1997年第2期；徐世虹：《漢劾制管窺》，《簡帛研究》第二輯，法律出版社，1996年，第312—324頁等。

和從書》透露出的與司法、判案相關的語彙如"列"、"辭"、"辭如牒"、"自言"、"考問"、"實核"、"續解覆言"、"彈處罪法"等,[①]倒與走馬樓簡許迪案的考實用語極爲接近。我們有理由相信,漢末三國孫吴政權統治下,長沙郡縣鄉的基層法治具有獨特性,未可簡單以秦漢制度比附。這也就是王素先生特别提出應該考慮吴簡時代性的原因。[②]

爲此,下面梳理許迪割米案的司法程序,一般不套用秦漢術語,而以吴簡中的語彙勾勒全過程,必要時附加今語説明。

(一) 事"覺"與"表上"(案發)

秦漢《律》關於倉儲管理、查驗,倉吏交接中的過失與處罰,已有細緻規定。孫吴倉庫中亦有嚴密的財務稽查制度,見於吴簡中有大量倉米"料校不見前已列言更詭責負者"的記録。[③] 據魏斌統計,僅黄武六年到黄龍元年諸簡中"料校不見"的倉米,合計近兩千斛,推測孫吴各級官吏挪用官物的情況十分嚴重。[④] 據秦《效律》、《倉律》,穀物儲藏出現不足數或敗壞,或交接時賬目不符,皆需由倉吏負責;[⑤]許迪案的發覺,緣於嘉禾四年入倉料校存米的廖直事,見"☐斗八升迪散用飲食後廖直事及吏朱訢到料校米不見勑迪備入即□□"(捌·4083),"匿不列見後廖直事及吏朱訢到料校米不見勑迪備入□□"(捌·4054)。又據簡捌·4046、4062,直事名廖咨,任官"從史位",從史位係郡縣官員之散職,無固定職掌;"直事",當從《文選》左思《魏都賦》李善注"若今之當直也"解;[⑥]新近整理的五一廣場簡中有"直符文書"。[⑦] 從史位廖咨當直巡查倉庫,在與吏朱訢一同料校倉米過程中(可能同時稽核賬目),發現賬目數與實存數不符,追查至典鹽掾許迪。

據牘·50,此後不久,六月一日,許迪私下將所割用之米一百一十二斛六斗八升交付給倉吏黄瑛,企圖掩蓋盜官物事實,現存倉出入米簿中,確能找到這筆賬目,"出郡吏許迪所領三年鹽賈吴平斛米一百一十二斛六斗八升擿量　嘉禾四年六月一日關堅[閣]

① 長沙文物考古研究所、中國文物研究所編:《長沙東牌樓東漢簡牘》,北京:文物出版社,2006 年,第 73—74 頁。

② 詳參王素:《長沙走馬樓三國吴簡時代特徵新論》,《文物》2015 年第 12 期,第 60—70 頁。

③ 如《竹簡》壹·3085、6227、8125 等。

④ 魏斌:《走馬樓出土孫吴"加臧米"簡試論》,《魏晋南北朝隋唐史資料》第二十五輯,武漢:武漢大學文科學報編輯部,2009 年,第 19—31 頁。

⑤ 睡虎地秦墓竹簡整理小組編:《睡虎地秦墓竹簡》,第 97、101 頁。

⑥ 〔梁〕蕭統編,〔唐〕李善注:《文選·京都下》,上海:上海古籍出版社,1986 年,第 270 頁。

⑦ 李均明:《長沙五一廣場出土東漢木牘"直符"文書解析》,《齊魯學刊》2013 年第 4 期,第 35—37 頁。

郭嵩付倉吏黄瑛受”(捌 · 4076)。大概孫吴檢校稽查制度,一旦發現事故,需及時上報。兩個月後,廖直事將相關事實列“表”,相關資料上奏,移送長吏,許迪案發,見“備入官米謹表上臣咨誠惶誠恐頓首死罪死罪”(捌 · 4034),“嘉禾四年八月丁未朔十八日甲子從史位廖咨頓首死罪々”(捌 · 4046),“嘉禾四年八月丁未朔十八日甲子從史位臣廖咨頓首死罪十八……”(捌 · 4062),“八月十八日甲子從史位咨移”(捌 · 4179)。這個環節,相當於秦漢官員依據職權所進行之“劾”。

(二) 逮捕

進入訴訟程序後,先應拘禁嫌疑人,由於簡册殘缺較多,未見相關記載。但據“加誣言答(?)須(?)加捶杖實不枉加捶杖獄吏□□□☑”(捌 · 4287)中出現的“獄吏”推測,許迪被拘捕後,或被關押在長沙郡首縣臨湘的監獄中。[①]

(三) 考實(第一次)

治獄,吴簡中多用“考實”、“考核”、“實核”一類詞語指稱。“考實”,即經考案而查實,多見於《後漢書》等傳世文獻,徐世虹已指出,吴簡中係指嫌疑人被告發後,具有定罪量刑判決權的司法機構要求嫌疑人所在地的下級機構審訊、查實案件真相時所履行的程序。[②]依漢魏司法工作的責任層級,許迪案理應先由臨湘侯國(縣)負責審理(考實),竹簡中確實保留有臨湘侯相君、侯丞考實、上報案情的記録,如“君叩頭死罪死罪案文書輒考實迪辭本下雋縣民少失父遜與母妾妻小子男奸讓男”(捌 · 4215)、“嘉禾四年十一月丙子朔□日臨湘侯相君丞叩頭死罪敢言之”(捌 · 4239)。但木牘與竹簡又顯示,長沙郡中部督郵一開始亦介入此案,如牘 · 50“被督郵勑,考實吏許迪”,這或許由於許迪非臨湘本地人,且身份爲郡吏。簡捌 · 4048、4171 顯示具體職責此案的是督郵書掾晃督察。

在縣長吏與督郵參與下的第一輪考實於四年十一月七日開始,據木牘、竹簡,臨湘侯國部署録事掾潘琬,核事掾趙譚、這貴,都典掾烝若,主者掾石彭、主者史李珠,中賊曹掾陳曠等,共同考核此案。王彬以爲類似於漢代高層司法中的雜治,其實漢魏基層普通案件審理中,亦有若干官員雜治的情況,如居延簡訴訟文書“建始元年四月甲午朔乙未,臨木候長憲敢言之:爰書,雜與候史輔驗問隧長忠等七人……”,[③]案件由候長與候史共

---

① 尹灣漢簡顯示,東海郡無監獄,人犯往往關押在郡首縣監獄中。長沙郡亦同。宋傑有漢代郡國獄所置於各縣的判斷,見於所著《漢代監獄制度研究》,北京:中華書局,2013 年,第 180—185 頁。

② 徐世虹:《對兩件簡牘法律文書的補考》,《中國古代法律文獻研究》第二輯,第 98—99 頁。

③ E.P.T51:228,甘肅省文物考古研究所等編:《居延新簡——甲渠候官與第四燧》,第 192 頁。

同驗問。王彬所謂抽調相關官吏組成"專案組"的説法值得重視,上述吏員除趙譚、這貴本職不明,烝若本職看不出與此案有關外,[①]録事掾潘琬當主要負責考實中文書工作,故我們見到的此案四件呈文(木牘),三件皆由潘琬書寫上報;石彭、李珠分别爲主者掾與主者史,李珠多見於相關簡文,本職爲縣兼金曹史,正是由於許迪從事官鹽貿易與金曹職掌相關,而考實中還曾向李珠問辭,他才成爲本案"主者史",依據這個思路,石彭的本職很有可能是臨湘縣某曹掾,該曹事務與案情相關,或者是倉曹;中賊曹掾陳曠的參與,應涉及結案後罪罰等相關事項。

竹簡恰好保留了第一輪考實中許迪的供辭:

> 十一月七日大男許迪辭本下雋縣民少失父遜與母妾兄别々男弟冰迪妻小冰妻足别妻訾子男讓々男弟黝俱居其縣南鄉秎丘佃作爲業迪以建安廿一年……十一月七日發(?) (捌·4117+4106+4118)

可知考實開始後有被告人陳辭的環節。翌日,可見到掌控案件審理的中部督郵書掾將相關文書移送的記録,"十一月八日癸未長沙大守兼中部督郵書掾晃督察移　月□日發(?)"(捌·4048)。漢制,審訊案件後要留下口供,審問一次後要"復問之",以驗證前後口供,這中間的間隔,據《漢書·張湯傳》張晏注"訊考三日復問之",一般是三天,當時的實例,如建武三年十二月候粟君所責寇恩事册書中就有當月乙卯、戊辰日前後兩次審訊的爰書。[②] 而許迪案中,十一月九日又可見到核事掾趙譚、這貴的第二輪考實,見"嘉禾四年十一月丙子朔九日甲申核事掾趙譚這貴叩頭死罪敢言之□被曹勅考核大男許迪坐割□盗用所典鹽賈米一百一十二斛六斗八升……"(捌·4081+4238),"核事掾趙譚、這貴言輒考實大男許迪坐割用所典鹽賈米一百一十二斛六斗八升……"(捌·4196),"臧没入縣官謹據言譚、貴誠惶誠恐叩頭死罪死罪敢言之"(捌·4208)。這中間間隔爲兩天,當爲孫吴制度。

趙譚考實結束後,許迪似已服辭,承認割盗官米,而臨湘縣經過認定案情,查找與犯罪事實相應的法律條文,迅速完成了秦漢稱之爲"鞫"與"當"的階段,簡捌·4172、4307皆是臨湘縣廷就吏許迪結正罪法事進行期會的文書,時間在十一月十四日到十七日之間。許迪依吴"辛丑科"被結以斬罪。漢魏縣級機構並無執行死刑的權力,據《二年律令·興律》:"縣道官所治死罪及過失、戲而殺人,獄已具,勿庸論,上獄屬所二千石官。二千石官令毋害都吏復案,問(聞)二千石官,二千石官丞謹掾,當論,乃告縣道官以從

① 烝若嘉禾三年至六年爲模鄉典田掾。

② 參見甘肅居延考古隊簡册整理小組編:《"建武三年候粟君所責寇恩事"釋文》,《文物》1978年第1期。

事。徹侯邑上在所郡守。”[①]郡一級掌握對死刑案件的覆審權，必要的時候，還需奏請廷尉及皇帝親自處理，[②]故臨湘縣將與本案相關的審訊文書“解書”上報長沙郡，見：

> 臨湘言部核事掾趙譚考實吏許迪坐割盜所典鹽米一百一十二斛六斗八升具服依科結正罪法尚解書詣府□□　　(捌·4199+4232)

又如：

> 應言君叩頭々々死罪々々案文書被書輒部核事掾趙譚考實迪辭本下雋縣民少失父與母妾兄八男弟冰迪妻小子男讓男弟黝八妻營冰妻足俱居南鄉秭丘佃作爲業八冰以過十一(捌·4014+4015+4020)

上報之時間，據“嘉禾四年十一月丙子朔廿一丙申日臨湘侯相君丞叩頭死罪敢言之”(捌·4248)，應是在十一月下旬。漢代郡府負責覆核死刑及處理乞鞫案件的是毋害都吏，據《漢書·文帝紀》元年三月詔：“二千石遣都吏循行，不稱者督之。”顔注引如淳曰：“律説，都吏今督郵是也。閑惠曉事，即爲文無害都吏。”一般以爲毋(無)害都吏就是後來發展起來的督郵系統。許迪案考實結束後，自然先將相關材料、結果呈送上文提及的長沙郡中部督郵，但由於督郵從一開始就參與了此案的進程，對於最後的死刑判決，是否還有相當於上級的“復案權”？

從簡文提示的情況看，此案上報後在督郵手中似乎滯留了近兩個月時間，至轉年(嘉禾五年)，作爲長沙太守兼中部督郵書掾的晃督察將此案移送至他處，見“正月十七日戊寅長沙大守兼中部勸農督郵書掾晃督察移”(捌·4308)，[③]與此相對應，嘉禾五年正月十七日，有録事(掾)所編許迪案文件，見“〼嘉禾五年正月十七日兼録事□……〼……許迪軍法草”(貳·7192)。[④]

(四) 録見都尉(死刑上報、録囚、翻供)

負責覆核許迪案、録見許迪的官員，中部督郵書掾移書的對象，牘·50、34皆表述爲“都尉”。王素最早提出應爲長沙郡中部都尉，典軍事，其介入許迪案是因爲該案所

---

① 張家山二四七號漢墓竹簡整理小組：《張家山漢墓竹簡〔二四七號墓〕(釋文修訂本)》，北京：文物出版社，2006年，第62頁。

② 相關制度參讀鷹取祐司：《漢代の死刑奏請制度》，《史林》第88卷第5號，2005年。

③ 本簡下注文據干支將此條繫於嘉禾二年正月。由於吴易東漢四分曆爲乾象曆，諸曆譜對於孫吴紀年曆日的推算多與竹簡所記有出入。具體到許迪案相關簡牘，我們應儘量避免以干支來推算年份。

④ 按：“草”原作“萆”，據王素、宋少華前揭《長沙走馬樓三國吴簡的新材料與舊問題——以邸閣、許迪案、私學身份爲中心》文改正。

涉恐與軍糧有關;[①]王彬最近提出四枚木牘中所見“都尉”、“督軍”皆指督軍糧都尉,爲録囚工作的主持者。[②] 督軍糧都尉,經討論,已明晰屬於孫吴節度系統,[③]軍糧調配工作由督軍糧都尉下書地方倉庫執行,如果説其省稱爲“都尉”尚可,似無省稱爲“督軍”之可能。

那麽録見許迪之“都尉”究竟是何種性質?在“都尉”、“督軍”之外,簡文中又有“督軍都尉”的表述,如“言叩□□見督軍都尉下□米□行不見不割用狼見頃□”(肆·3567),又如“□長沙督軍都尉郡大守丞掾寫移書到勑郡□迪□□”(捌·4180),細繹相關簡文,發現此“督軍都尉”應爲省稱,全稱爲“督軍行立義都尉”,見“□三月廿三日丁未部督軍行立義都尉規督察告”(壹·1134),“☑督軍行義都尉規督察□告”(肆·4499),且又稱爲“規督察”,全名“蔡規”,見零星復原之司法文書:

> 尚書前言長沙郡所列嘉禾二年官鹽簿淕口典鹽掾許迪賣鹽四百廿六斛一斗九升八合四勺得米二千四百卌九斛一升不列鹽米量設移部督軍蔡規功曹隱核别處 (捌·4061+4078+4095)

這裏有必要對督軍都尉的性質加以討論,以明了爲何由此職録囚。三國孫吴雖然私兵、部曲有所壯大,地方軍隊應處於國家掌控,至少是監控之中,朝廷不斷派出督軍使者、督軍御史對州郡兵進行監管,[④]從名稱來看,這些督軍主要來自中央御史臺系統。戴衛紅曾指出,三國有以御史出督軍糧的情況,[⑤]則由御史臺系統延伸出督軍職責,也並不意外。這些官員被外派到地方駐軍之處,行使督察職責,故亦可呼爲“督察”;其從事軍隊工作,亦帶有雜號軍職,往往是都尉,如上所見“督軍行立義都尉”,另有“九月二日戊子部督軍武都尉□督察□□”(肆·4638),皆省稱爲督軍都尉。《三國志》載陸凱弟陸胤曾任“衡陽督軍都尉”,由於這種督軍都尉常駐各郡(凡有駐軍之郡),久之,其前直接冠

① 王素:《長沙走馬樓三國孫吴簡牘三文書新探》,《文物》1999 年第 9 期。

② 王彬:《吴簡許迪割米案相關文書所見孫吴臨湘侯國的司法運作》,《文史》2014 年第 2 輯,第 85 頁。

③ 見羅新:《吴簡中的“督軍糧都尉”簡》,《歷史研究》2001 年第 4 期;侯旭東:《吴簡所見“折咸米”補釋——兼論倉米的轉運與吏的職務行爲過失補償》,《吴簡研究》第二輯,武漢:崇文書局,2006 年,第 176—191 頁;戴衛紅:《長沙走馬樓吴簡中軍糧調配問題初探》,《簡帛研究二〇〇七》,桂林:廣西師範大學出版社,2010 年,第 194—224 頁。

④ 孫吴中央對地方軍隊的掌控與監督參讀何德章:《三國孫吴兵制二題》,《魏晋南北朝隋唐史資料》第二十五輯,第 37—47 頁。

⑤ 參考戴衛紅:《長沙走馬樓吴簡中軍糧調配問題初探》,《簡帛研究二〇〇七》。吴簡中亦有督軍糧御史,如“入□□□鄉□□里嘉禾元年租米□一斛⋉嘉禾元年十一月廿一日督軍糧御(?)史勸□關邸閣郭據付倉吏黄諱番慮受”(貳·384)。

以郡名，成爲郡太守、丞之外的要職，[①]簡捌·4180 顯示，許迪所見爲“長沙督軍都尉”。

録見的時間，大約在嘉禾五年二月。簡捌·3497“二月廿六日下雋大男許迪辭以嘉禾二年於淕口賣餘鹽四百廿”似爲許迪見督軍時陳辭。[②] 據連綴起來的三枚竹簡“死罪々々案文書規郡……輒實問迪辭令更列簿其鹽四斛五斗七升爲七量四百廿一斛六斗二升八合四勺爲六量通合爲米二千五百六十一斛六斗九升訬米有出郡前簿一百一十二斛六斗八升”(捌·4165+4167+4175)，“規”，即督軍都尉細緻地核對了案情，令許迪重新解釋典賣官鹽，换取錢米雜物的過程；尤其是，臨湘縣考即時許迪供辭“不列鹽米量”，此次重列，交割清楚。

根據第一次考實許迪快速招認服辭來推測，他似乎未料到結罪至於斬首棄市，因而，録見督軍都尉給了他改辭翻供的機會，即牘·50 敘述的“前録見都尉，知罪深重，詣言：不割用米”，牘·353 所謂“縣前結迪斬罪，懼怖罪重，支辭虚言，以米雇擿，令弟冰持萆歸家改定”。竹簡中亦保留了許迪改辭的記録，“淕口典鹽掾許迪前依□促考問不堪搥杖招言割用實不割”(捌·4066)，“飲食盡前見都尉實怖死詣府對云以米備擿”(捌·4003)，即許迪對督軍謊稱未入之一百一十餘斛六斗八升是他預留作爲搬運、加工費的餘米，自己並未據爲私用，因爲縣吏使用刑訊，不堪拷打，才服言割用，爲配合這些“虚言”，還指使弟許冰篡改相關賬目要簿。“備入米一百一十二斛六斗八升付壐閣郭嵩倉吏黄瑛交悉畢前怖猥死爲都尉所見問怖□對都尉怒以先備□府□□□□□死□□□”(捌·4041+4043)顯示督軍都尉聞許迪改辭，頗爲惱怒，據“别函言勿失限會日如督軍都尉旁書科令”(捌·4040)，都尉下書(稱旁書)，令相關官員復案此獄，限定日期匯報結果。

(五) 重考實(第二次)

由於許迪改辭，案情顯得異常複雜，督軍都尉之外，長沙郡府相關曹司、中部督郵(見捌·4053)，乃至長沙太守、丞皆介入到審訊中來，部署對案件的重考實。牘·224 記録的正是嘉禾五年正月，臨湘縣録事掾潘琬應郡府所召，加緊考實許迪案的情況：

1 録事掾潘琬死罪白：關啓：應府曹召，坐大男許迪見督軍支辭，言不
2 割食所領鹽賈米一百一十二斛六斗八升。郡曹啓府君，執鞭録事掾
3 陳曠一百，杖琬卅，勑令更五毒考迪。請勑曠及主者掾石彭考實

---

① 參讀森本淳：《長沙呉簡からみる孫呉の下級軍事制度考初編》，《長沙吴簡研究報告》2008 年度特刊，2009 年，第 70—74 頁。

② 這裏二月廿六日不可能是嘉禾四年，而據後介紹，嘉禾五年底許迪已再次辭服，六年二月亦不可能陳辭，只能繫於五年。

4 迪,務得事實。琬死罪死罪。

5 **然考人當如官法,不得妄加毒痛**。

6 五月七日壬申白

【注】"然考人當如官法,不得妄加毒痛"爲批語。①

呈文顯示,由於翻供,郡府責許迪案初審之縣諸掾史考實不力,對録事掾陳曠、潘琬分别處以鞭一百,杖卅的體罰。對許迪,令"五毒"考問,"務得事實"。"五毒",多見於後漢文獻,徐世虹有討論,指其爲法外酷刑,不一定真對應著某五種刑。② 臨湘侯相、侯丞負責組織對此案之重考實,並指示勿使用刑訊逼供,此又見於若干簡,如"臨湘丞掾寫移書到亟促部吏考核迪務得事實據"(捌·4049)、"臨湘丞掾寫移書到亟促考核迪務得姦情據科彈正罪"(捌·4176)等。

覆審應亦分爲幾輪考核,由"臨湘侯相管呰叩頭死罪白重部吏潘琬核校陸口賣鹽"(捌·4159)、"臨湘侯相管呰叩頭死罪白重部核事掾趙譚實核吏許迪"(捌·4139)、"☐重(?)部吏陳曠實核吏許迪辭割食所領鹽"(捌·4055)等簡知分别由吏潘琬、趙譚、陳曠等主持。嘉禾五年十一月,有對此案的集中核實,"十一月十一日領長沙大守行立節校尉望丞羲省兼中部督郵書掾李"(捌·4195)、"嘉禾五年十一月己巳中部督郵行立節校尉望丞羲□兼中部督"(捌·4236)等簡文顯示長沙太守于望、郡丞羲及中部督郵書掾介入或指示這次考實。十一月十三日,許迪提供了其典賣官鹽、割用餘米的版本二,見上引簡4036+4038+4065。而據"已畢乞可哀省如冰辭處罪當據□科文正冰□□"(捌·4235),爲確認割用米事實,似提審過許迪之弟許冰。主掌重考實之録事掾潘琬爲促使許迪招認,使用刑訊手段,據牘·50記"前後搒押迪凡百卅下,不加五毒",而竹簡捌·4206作"琬所列得以□□□一百押已列合四百五十迪不堪搥杖服言",這兩個數字並不吻合。十五天後,許迪終於再次承認割用米事實,前録見都尉所言爲虚,爲此録事掾潘琬再次呈文臨湘侯國金曹,報告重考實並辭服情況,並連同許迪辭狀一同呈上,此即牘·34揭示的内容:

1 録事掾潘琬死罪白:被敇,重考實吏許迪坐割盜鹽米意。狀言:案文書,重實

2 録,迪辭:賣餘鹽四百廿六斛一斗九升八合四勺,得米二千五百六十一斛六斗九升,前列草

① 該木牘圖、文最早由劉濤刊布,見《中國書法史·魏晉南北朝卷》(南京:江蘇教育出版社,2002年),但品質有問題。此處録文據王素、宋少華:《長沙走馬樓吳簡書法綜論》,《中國書法》2014年第5期;日文本收入《湖南出土簡牘とその社會》,東京:汲古書院,2015年,第61—92頁。

② 徐世虹:《對兩件簡牘法律文書的補考》,《中國古代法律文獻研究》第二輯,第100頁。

3 言郡,但列得米二千四百卌九斛一斗(升),餘米一百一十二斛六斗八升,迪割用飲食。前見

4 都尉,虚言用備擿米,迪實割用米。審實。謹列迪辭狀如牒,乞曹列言府。

5 琬誠惶誠恐,叩頭死罪死罪。

6 詣金曹

7 十一[①]月廿八日白[②]

竹簡中尚殘留著許迪服割用米之辭狀,如"備入米付倉吏黄瑛悉畢前實怖猥死對都尉云以米備擿實如今辭□□"(捌・4004),"數備入米付倉吏黄瑛受入畢前實怖死詣對都尉云以米備擿□迪實散用飲食米實如今辭……"(捌・4257+4259)。爲確保考實無誤,避免造成冤屈,據"正月廿一日大男李珠辭前給縣金曹史□□□吏許迪□典賣官"(捌・4219),似乎在嘉禾六年的正月,原任縣兼金曹史之李珠還提供過證辭。

於是,在嘉禾六年二月,案情終於水落石出,縣級審訊完成,録事掾潘琬請求縣金曹將重考實結果上報郡府,此即牘・50的形成,録文如下:[③]

1 録事掾潘琬叩頭死罪白:過四年十一月七日,被督郵勑,考實吏許迪。輒與核事吏趙譚、

2 都典掾烝若、主者史李珠,前後窮核考問。迪辭:賣官餘鹽四百廿六斛一斗九升八合四勺,得米

3 二千五百六十一斛六斗九升已。二千四百卌九斛一升,付倉吏鄧隆、谷榮等。餘米一百一十二斛六斗八升,迪割

4 用飲食不見。爲廖直事所覺後,迪以四年六月一日,備[④]入所割用米畢,付倉吏黄瑛受。

5 前録見都尉,知罪深重,詣言:不割用米。重複實核,迪故下辭,服割用米。審。前後搒押迪凡百

6 卅下,不加五毒,據以迪今年服辭結罪,不枉考迪。乞曹重列言府。傅前解,謹下啓。琬誠

① 此處月份,王彬、伊藤敏雄皆録爲"三月"(參見王彬前揭文意見),審圖版,應改録爲"十一"。

② 此號木牘録文參拙文《走馬樓吴簡竹木牘的刊布及相關研究述評》,《魏晋南北朝隋唐史資料》第三十一輯。

③ 定本底文據王素、宋少華《長沙吴簡〈録事掾潘琬白爲考實吏許迪割用餘米事〉釋文補正》一文。

④ 此處原釋"偷",從圖版看,似並不完全與字形密合,而伊强注意到與許迪案有關簡文,相關語法位置多見"備入"的表述,"備"與木牘字形亦合,今從伊强改釋,參伊强:《走馬樓吴簡許迪案文書中幾處文句的釋讀》,"紀念走馬樓三國吴簡出土二十周年長沙簡帛研究國際學術研討會"論文,長沙,2016年8月27—28日。

7 惶誠恐，叩頭死罪死罪。

8 **若**濃墨草書　　二月十九日戊戌白

這裏的"乙曹重列言府"的"曹"應指金曹。與此相對應，我們果然找到了二個月後縣金曹掾上報郡府許迪案結，行迪軍法等相關事宜，先送至縣，提請縣長吏審查的草稿之目録，①即"草言府縣不枉考入吏許迪罪法傳前解行□軍法事　四月廿九日金曹掾□□白"（柒·4419），而"……嘉禾六年四月廿日金曹掾□□□□□都鹽食□□□鹽賈□米一百一十二斛六斗八升軍法草"（捌·4267），從書寫體式看應爲君教類文書後半部分，縣廷就許迪案舉行期會，審定上報内容，在四月廿七日，由臨湘侯相君最後將覆審情況上報，見"嘉禾六年四月丁卯朔廿七日癸巳□□臨湘侯相君丞叩頭死罪敢言之"（捌·4218）。大約會呈請中部督郵、督軍都尉、長沙郡太守、郡丞最後審定。

（六）獄具，依科結罪

許迪案訴訟過程結束後，進入"結正迪罪"、"行迪軍法"階段，即援引法律條文對刑事案件的被告及相關責任人作出判決。這個環節，具體是由縣道一級，即臨湘侯國來執行的。簡文可見中部督郵書掾晃敦促侯國（縣廷）對許迪依科裁判，執行軍法，如"審實是科正非記到晃亟攝縣據科行迪軍法乞嚴下雋"（捌·4211），"☑己亥書到晃亟切縣諦更據科正處迪罪法所□☑"（捌·4304），而臨湘侯丞之掾屬再移書至相關官司，見"臨湘丞掾寫移書到亟促部吏據科正處迪罪法所應不得稽留言如府旁書科令"（捌·4024）。相關官司，從牘·353陳曠的呈文看，當指賊曹。兩漢三國郡、縣列曹中，賊曹主盜賊，共獄捕：

1 中賊曹掾陳曠叩頭死罪白：被曹敇，考實大男許迪，知斷用所賣官鹽賈米一百一十二斛六斗

2 八升，與不言。案文書，被敇，輒考問。迪辭：所領鹽賈米一百一十二斛六斗八升，迪自散用飲食盡。

3 縣前結迪斬罪，懼怖罪重，支辭虚言，以米雇擿，令弟冰持草歸家改定。迪手下辭：不以米

4 雇擿，自割食米。審實，謹列見辭狀如牒，請以辭付本曹，據科治罪，謹下啓白。曠誠惶誠

5 恐，叩頭死罪死罪。

---

① 草刺類文書性質的討論參李均明：《走馬樓吴簡"草刺"考校》，《史學月刊》2008年第6期；拙文《走馬樓簡所見孫吴臨湘縣廷列曹設置及曹吏》，《吴簡研究》第三輯；沈剛：《吴簡所見孫吴縣級草刺類文書處置問題考論》，《文史》2016年第1輯，51—68頁。

6 若　　　　　　　　　　　　　　　　　　　　四月廿一日白[①]

呈文中之"請以辭付本曹,據科治罪",伊藤敏雄以爲指功曹,[②]但由中賊曹掾上報,稱"本曹",應爲賊曹無疑。

覆審大概維持了原判,許迪盗用官鹽賈米一百餘斛,依科結斬罪,法律依據是"辛丑科",見"☐……一千五百迪凡臧十六萬九千廿案辛丑科罪"(捌·4245)。殘簡中還保留了辛丑科的相關科條,如"凡鹽滿一石米二石雜物直錢五千皆斬没入妻子科一條吏民坐臧入直應當死者恐猲受取一萬諸盗官物直臧五萬皆應"(捌·4021),"所載鹽滿一石米二斛雜物直五千皆斬没入妻子一條人年八十以上八歲以下不應罪坐如科迪見吏明知科行典受官實卻敢"(捌·4122+4016),陳述了盗官物應斬的數量上限,及寬宥老幼的相關規定。從許迪案審結時屢屢强調"依科"、"案辭正科"來看,孫吴基層司法實踐,多重視"科"這一法律形式的作用。

按辛丑科盗官物斬罪中還有"没入妻子"一項,可以推測孫吴仍實行家屬連坐制。第一部分介紹過許迪家庭,其成員在此案中亦廣受牽連,現散存簡中敘述對許迪一家的處置,亦至少有六段敘事相近,用語或簡或繁的版本,或當屬不同卷宗之末尾,現引述較完整一份:

> 妻小子男讓々男弟黝三人爲生口迪母妾年八十五於科不坐迪兄八々男弟冰八妻桀冰妻足四人别門異居科文不載請行迪軍法本臧已入畢乞嚴下雋録小讓黝爲生口並隱核迪家中悉如辭與不詭責八冰爲迪入加臧錢十六萬九千廿案辭
> (捌·4023+4022+4213+4138)[③]

最後提及,由於許迪偷盗軍糧,家人爲其入加臧錢,魏斌曾判斷加臧錢爲科罪征贓的罰金,確是。[④] 十六萬九千廿的數目如何計定,簡文中亦有相關信息:

> □爲吏雷禖所收送付縣爲人所覺後已别以米補償以過六月一日付倉吏黄瑛輒依條平賈米斛直錢一千五百合直錢一十六萬九千廿案辭正科罪迪具服辛丑科目今諸樓船都尉監運倉曹司馬運鹽米穀雜物當明檢迪船師作子敢有草竊别占者　　　　　　　　(捌·4018+4019+4037)

---

① 圖版較早刊布,此處録文據拙文《走馬樓吴簡竹木牘的刊布及相關研究述評》,《魏晋南北朝隋唐史資料》第三十一輯。

② 伊藤敏雄:《長沙吴簡中の"叩頭死罪白"文書》,伊藤敏雄、窪添慶文、關尾史郎編:《湖南出土簡牘とその社會》,東京:汲古書院,2015年,第35—60頁。

③ 與此相近的段落尚有捌·4140+4247+4130、4010+4011+4244、4300+4560、4136+4209、4006+4188等,兹不贅引。

④ 魏斌:《走馬樓出土孫吴"加臧米"簡試論》,《魏晋南北朝隋唐史資料》第二十五輯。

嘉禾六年，米價以斛一千五百計，許迪割用米一百一十二斛六斗八升，共折錢數正好爲十六萬九千廿。

據上引簡文綜述許迪案的處理，迪盜官物，罪應斬，于都市行軍法；迪妻小、子男許讓、許黝均没入爲生口，[①]由臨湘知會原籍下雋縣攝録没官；許迪兄許八（捌）、妻枈（營），弟許冰、妻足這兩家，由於與許迪分家，"别門異居"，所以没有受到牽連，但許八、許冰兩人爲許迪湊足十六萬九千廿的罰金交納給官府；許迪的母親妾，年已八十五，辛丑科特别規定"人年八十以上，八歲以下，不應罪坐"，在孫吴法律寬恤長者的精神下，亦未連坐。臨湘侯國相關執法人員（中賊曹掾陳曠等）的態度頗爲審慎。還曾至許迪家中聽取家人供辭，隱核家人與許迪辭狀是否一致，並借許迪案提示相關從事運輸、監運的官員在今後工作中應加以警惕。

四　從案件看三國孫吴的法治狀況

中國古代法制史的研究自來與出土文獻"一體兩面"，[②]睡虎地秦簡、張家山漢簡以及近年來嶽麓秦簡法律文書簡的整理與刊布，[③]共同推動了秦漢法律研究峰值的到來。與此相比，漢末、三國至西晋這一段時間，出土材料卻明顯稀少，可歸諸法律文獻的或者僅有東牌樓東漢《光和六年諍田自相和從書》，[④]甘肅臨澤出《西晋建興元年田產争訟案件》[⑤]等寥寥數種，且以民事訴訟材料爲主。職此之故，法史學者對這一承上啓下時段法

---

① 韓樹峰注意到在涉及按年齡減免處罰的數枚竹簡中，似有一枚提及許黝（許迪小男）未連坐，見捌·4291，依吴制，八歲以下可免罪坐，是否黝即適用之，略備一説，今從大部分簡例。參韓樹峰：《許迪割米案中的兩個法律問題》，"紀念走馬樓三國吴簡出土二十周年長沙簡帛研究國際學術研討會"論文，長沙，2016 年 8 月 27—28 日。

② 語出徐世虹，見徐世虹、支强：《秦漢法律研究百年（三）——1970 年代中期至今：研究的繁榮期》，《中國古代法律文獻研究》第六輯，北京：社會科學文獻出版社，2012 年，第 164 頁。

③ 朱漢民、陳松長主編：《嶽麓書院藏秦簡（壹）、（貳）、（叁）、（肆）》，上海：上海辭書出版社，2010—2016 年。

④ 長沙文物考古研究所、中國文物研究所編：《長沙東牌樓東漢簡牘》，第 73—74 頁。對其相關討論如鄔文玲：《長沙東牌樓東漢簡牘〈光和六年自相和從書〉研究》，《南都學壇》2010 年第 3 期，第 10—18 頁；莊小霞：《東牌樓東漢簡牘所見"督盜賊"補考》，《南都學壇》2010 年第 3 期，第 19—21 頁；侯旭東：《長沙東牌樓東漢簡〈光和六年諍田自相和從書〉考釋》，黎明釗主編：《漢帝國的制度與社會秩序》，香港：牛津大學出版社，2012 年，第 247—275 頁，修訂版見簡帛網，2014 年 2 月 21 日，等。

⑤ 參考賈小軍：《臨澤出土"田產争訟爰書"釋讀及相關問題》，《魯東大學學報》2012 年第 5 期；楊國譽、湯惠生：《從〈臨澤晋簡〉再看西晋"占田課田制"研究中的幾個問題》，《史學月刊》2013 年第 11 期；町田隆吉：《河西出土魏晋・五胡十六國時代漢語文獻の基礎的整理 補遺(一)》，《西北出土文獻研究》第 11 號，2013 年 12 月，第 53—54 頁。對照圖版較準確的録文參張榮强：《甘肅臨澤新出西晋簡册考釋》，《魏晋南北朝隋唐史資料》第三十二輯，上海：上海古籍出版社，2016 年。

治的研究,多爲依據傳世史書所作的印象式描述。譬如將三國定位爲一個重刑主義的時代,而魏蜀吴國對比中,又以立法成就最大者爲曹魏,執法情況最好者爲蜀漢,惟東吴立法既無建樹,執法亦暴酷野蠻。

喬偉利用《吴書》之《吴主傳》、《黄蓋傳》、《陸遜傳》等相關資料,勾勒了以孫權、孫皓爲代表的嚴刑峻法主張,與以張昭、顧雍、闞澤、陸遜、陸凱等人的寬刑省罰之對立,總結了孫吴政權使用的刑罰及法外酷刑,以及與此相關的族刑、連坐、保質制度。[①] 徐世虹更以吴簡中屢見於户籍簿家口成員注記中的"刑"爲刖刑意義上的新肉刑,推測吴大帝孫權重刑,已悄然恢復西漢以來廢棄之肉刑,且孫吴平民中受刑者比例不會太低。[②] 嚴刑峻法標籤之外,孫吴的法治狀況究竟如何? 處在漢制向晋制過渡時期的地方政權,是否如已往的描述,無心創制,頗少建樹? 本文所論許迪案,正是大帝孫權嘉禾年間,東吴郡縣基層法治執行情況的横切面。筆者擬從兩個角度切入討論。

(一)"辛丑科"與孫吴的立法建樹

既往研究中有孫吴襲漢律令,在立法上一無建樹的成説。三國時代,曹魏是立法成就最大的政權,《三國志·魏書·何夔傳》:"是時太祖始制新科下州郡,又收租税綿絹。"[③]《晋書·刑法志》記魏武帝定甲子科,"又嫌漢律太重,故令依律論者聽得科半,使從半減也"。即以新創立之科頒下州郡與漢之律令並行,推動"科"這一法律形式。曹魏的作法,係因當時漢祚未移,"難以藩國改漢朝之制",[④]科以律令爲根本,不悖漢制,同時又以其靈活多變之體式能適應地方實際需要,解決當下社會問題,因而成爲漢魏之際最主要的法律形式。受其横向影響,據《三國志·蜀書·伊籍傳》,蜀漢政權亦定立蜀科,[⑤]張建國先生推測在建安十九年至二十四年,[⑥]相關學者對魏科、蜀科評價較高,以其成爲治理兩國主要的法律形式,或稱"新法律集合體"。[⑦] 雖然《吴書·吴主傳》亦載孫吴黄武

---

① 喬偉:《中國法制通史》第三卷《魏晋南北朝》,北京:法律出版社,1999年,第152—155頁。

② 徐世虹:《走馬樓三國吴簡户籍所見刑事制裁記録》,《簡帛研究二〇〇一》,桂林:廣西師範大學出版社,2001年,第523—529頁。關於吴簡中"刑"字討論頗多,意見分歧,王素總結出八種不同意見,但肉刑説已不被認同,參王素:《中日長沙吴簡研究述評》,《故宫學刊》第三輯,北京:紫禁城出版社,2006年,第550頁。

③ 《三國志》卷一二《魏書·何夔傳》,第380頁。

④ 《晋書》卷三〇《刑法志》,第922頁。

⑤ 《三國志》卷三八《蜀書·伊籍傳》,第971頁。

⑥ 張建國:《"科"的變遷及其歷史作用》,《北京大學學報》1987年第3期,第125頁。

⑦ 見張忠煒:《從"如律令"到"如科令"》,《秦漢律令法系研究初編》,北京:社科文獻出版社,2012年,第210—212頁。

年間有科條,嘉禾三年,"年谷不豐,頗有盜賊,乃表定科令",[①]嘉禾五年"設盜鑄之科",[②]但論者似並不以吴科與魏、蜀科有同等地位,不認可吴科已具豐滿條目,上升到國家法律彙編的主體地位。[③]

許迪案中,不僅出現了吴科的具體名稱"辛丑科",還有吴科的條文截取:

> 所載鹽滿一石米二斛雜物直五千皆斬没入妻子一條/人年八十以上八歲以下不應罪坐如科/迪見吏明知科行典受官寶御敢 (捌・4122+4016)
>
> 凡鹽滿一石米二石雜物直錢五千皆斬没入妻子科一條/吏民坐臧入直應當死者恐猲受取一萬諸盜官物直臧五萬皆應 (捌・4021)

這些簡記載的是審判人援引法律,據之對許迪罪狀予以處理,相當於漢代治獄後"論當"的階段,[④]説明在孫吴,科已取代律"定罪正刑"的功用,成爲基層司法實踐中活躍而具有實效的法律文本。案卷中的科條爲簡述,似涉及盜官物斬没入妻子和吏民坐臧爲盜的處理兩條,皆與處罰盜竊相關,不過我們仍可窺見辛丑科的樣貌,應爲若干條科條彙編在一起,有類漢代將施行詔書"集類爲篇",定爲令甲、令乙、令丙等令集。辛丑科作爲科集,體量應不小,故有類似"科目"之説,[⑤]這都是吴科已成爲較成熟法律集合體的明證。

以干支命名,所謂"辛丑",讓我們直接聯想到漢代的干支令,但對於令之甲、乙、丙的含義及其編纂原則,法史學界衆説紛紜,尚無可信之結論,[⑥]且令篇名僅有天干無地支,與我們要討論的干支科尚有差距,此處不作對比;但緊接其後,東漢中後期直至魏晋開始流行以干支命名的詔書,則與吴簡中的干支科有著直接的關係。樓勁先生指出,詔書之干支爲其下達之日期,兩漢一直在以下達時間爲序,統一編纂本朝施行詔書,稱"法令",作爲當時立法依據,曹魏之"甲子科",據《晋書・刑法制》"又嫌漢律太重,故令依律論者聽得科半,使從半減也",[⑦]亦是依據這種形式的"法令"删定修改編纂而成,固仍循原本命名習慣,若科之首條爲"甲子詔書"(甲子日頒布詔書法令化爲甲子令書),或頒行

---

① 《三國志》卷五九《吴書・吴主五子傳・孫登》,第1364頁。

② 《三國志》卷四七《吴書・吴主傳》,第1140頁。

③ 張忠煒以魏、蜀科爲成熟法典,唯獨没有提及吴科地位,見《從"如律令"到"如科令"》,《秦漢律令法系研究初編》,第210—213頁。

④ 形式爲"律曰:……令曰……以此當某人"的含義及運用,可參考李均明的討論,見《簡牘所反映的漢代訴訟關係》,《簡牘法制論稿》,桂林:廣西師範大學出版社,2011年,第70—73頁。

⑤ 見簡捌・4019"賈米斛直錢一千五百合直錢一十六萬九千廿案辭正科罪迪具服辛丑科目令"。

⑥ 關於漢代干支令的研究,參考徐世虹《秦漢法律研究百年(二)——1920—1970年代中期:律令體系研究的發展時期》(《中國古代法律文獻研究》第六輯,第83—85頁)一文之綜述、梳理。

⑦ 《晋書》卷三〇《刑法志》,第922頁。

新科條集的詔書下於甲子日,新科即稱甲子科。這是目前見到的對於三國時代"干支科"最可信從的解釋。[①] 吴之"辛丑科",亦可作類似推測,科文所收首條爲由辛丑日詔書、令書演變來的相關規定,或頒行新科之詔下於辛丑日,故以是日干支名;又再次説明,吴科已成爲科條集、科條彙編。孫吴官方亦有對頒行詔令整理、删定,以形成新的行用法律——吴科的立法作爲。

還有一點需要特別説明,漢科雖已作爲一種獨立的法律形式,但如"科謂事條,比謂類例"[②]這樣的概括,應理解爲細則、事項條目,附屬規定,補充律令之副法。與定罪正刑無任何關係。但從吴簡相關内容看,吴科似脱去了最初事條的含義,與刑罰緊密聯繫,因而在孫吴刑事案件審理中,發揮類似於漢律之作用。除上引許迪案中辛丑科對於盜官物處罰規定外,竹簡中屢見據科對吏民進行處罰的草刺文書,如:

草言故吏曤裕弟林□依科逐事　七月十六日兵曹史謝詔白　(柒•655)

户曹言依科結正大男陳脩罪名事

嘉禾六年三月十三日干蔡□封　(柒•4436)

☐依科結正故運書史許咨杝帥葛宜罪法事　嘉禾四年三月七日右金曹史趙野白　(柒•4507)

所謂"依科結正"罪法,"依科逐",强調了"科"的罪罰功用。三國時代之科是否普遍如此,還有待深究。

(二) 孫吴基層的執法情況

《三國志・吴書・吴主傳》在行文中確實一直在强調當時"法令太稠,刑罰微重",而孫權"性多嫌忌,果於殺戮,暨臻末年,彌以滋甚",曾任用酷吏(典中書吕壹),在朝臣中濫施刑罰,[③]喬偉先生羅列的東吴法外酷刑有車裂,燒鋸斷頭,刀環撞殺、拉條等多種,手段慘烈。[④] 問題是,這幅面目,是陳壽之渲染重構,還是當時江東各級官府的司法實況?許迪案牽涉到孫吴郡、縣兩級行政單位,可作爲窺探基層法治之窗。

首先,上古時代,"皋陶不爲盜制死刑",[⑤]竊盜傳統罪不至死,而許迪盜官米一百餘

---

① 見樓勁:《魏晋時期的干支詔書及其編纂問題》,《中國魏晋南北朝史學會第十屆年會暨國際學術研討會論文集》,太原:北嶽文藝出版社,2011 年,第 3—16 頁。

② 《後漢書》卷二八上《桓譚傳》"校定科比"注,第 959 頁。

③ 《三國志》卷四七《吴書・吴主傳》,第 1226 頁。

④ 喬偉:《中國法制通史》第三卷《魏晋南北朝》,第 154—155 頁。

⑤ 《後漢書》卷三五《曹褒傳》,第 1202 頁。

斛,就被處以斬刑,妻、子連坐,處罰是否過重。對於這個問題,我們應當注意簡文中如下表述:"以考所市平賈直臧坐科一條諸犯臧應没者年八十以上八歲以下不没諸生口如科迪見吏明知科行典受官賨郤敢"(捌·4085),其實説明了許迪案的性質,盜竊案發生時,許迪的身份是典鹽掾,即"典受官賨",他所割用的正是自己經手的鹽賈米,屬於漢律所謂"主守盜",《唐律》稱爲"監臨主守自盜",[①]這種情況有别於一般竊盜,量刑自然較重;張家山漢簡《奏讞書》中有西漢前期醴陽縣令恢於任上盜縣官米二百六十三石八斗的案例,引漢律"盜臧(贓)直(值)過六百六十錢,黥爲城旦",[②]已屬重刑;《漢書·陳咸傳》"主守盜,受所監"條如淳曰"律,主守而盜直十金,棄市",其引漢律條正可與吴辛丑科"凡鹽滿一石米二石雜物直錢五千皆斬"相對照,又據從重的精神,許迪被結斬罪,並非由於孫吴用法嚴酷,而恰是孫吴尊從刑罰傳統的説明。[③]

其次,牘·224中提及郡府敕令"五毒考迪",並因翻供責罰執事不力之小吏,對録事掾陳曠、潘琬使用鞭杖,這是否意味著孫吴基層濫用刑罰?前文已有述及,漢魏時期,鞭撲、鞭杖是一種常見的長吏責罰下屬的方式,即魏明帝詔所謂"鞭作官刑,所以糾慢怠也",[④]《吴書》所見黄蓋任石城令時,對於刁猾縣吏慣常的處理方式亦爲鞭杖。[⑤]許迪案初審掾史由於失刑而受體罰,不爲過分。

再説對許迪的處理,不否認使用了刑訊手段,"前後搒押迪凡百卅下",由於其前後供辭不一,態度狡黠,而郡府盛怒中亦聲稱欲"五毒考迪",但實際上,以臨湘侯相爲首的縣級司法審判是審慎的,重考實開始時,侯相特别曉諭陳曠及石彭"然考人當如官法,不得妄加毒痛",指示雖要加緊拷問,但不得使用法外酷刑,捌·4287簡似爲負責此案獄吏的報告,聲明對許迪"不枉加捶杖"。所謂"前後搒押迪凡百卅下",榜,《漢書·張耳陳餘傳》師古注"榜謂捶擊之也,音彭。他皆類此。"[⑥]而《後漢書·章帝紀》顯示,榜是漢律許可的考問、刑訊方式,秋七月丁未,詔曰:"律云'掠者唯得榜、笞、立'。"[⑦]孫吴官方始終未用五毒之類酷刑逼供。

---

① 《唐律》之《賊盜律》:"諸監臨主守自盜及盜所監臨財物者,加凡盜二等,三十疋絞。"劉俊文點校:《唐律疏議》,北京:中華書局,1983年,第358頁。

② 張家山二四七號漢墓竹簡整理小組:《張家山漢墓竹簡〔二四七號墓〕(釋文修訂本)》,第98頁。

③ 相關案例,又如《三國志·吴書·顧雍傳》引《吴書》:"雍母弟徽,字子歎,少遊學,有唇吻。孫權統事,聞徽有才辯,召署主簿。嘗近出行,見營軍將一男子至市行刑,問之何罪,云盜百錢,徽語使住。須臾,馳詣闕陳啓:'方今畜養士衆以圖北虜,視此兵丁壯健兒,且所盜少,愚乞哀原。'權許而嘉之。"(第1228頁)

④ 《三國志》卷三《魏書·明帝紀》,第101頁。

⑤ 《三國志》卷五五《吴書·黄蓋傳》,第1284頁。

⑥ 《漢書》卷三二《張耳陳餘傳》,第1840頁。

⑦ 《後漢書》卷三,第146頁。

再看許迪案的進程與結罪後的處理。此案有事覺告劾、逮捕、考實(初審)、死刑上報、録囚、重考實(再審)、最終服辭結罪、行刑等一系列過程,可以説經歷了漢魏訴訟程序中所有能預想到的環節,揆諸《奏讞書》所録漢代疑難案例,其複雜曲折,堪與對舉者,唯"淮陽守行縣掾新郪獄"一案;[①]在考實過程中,充分尊重了嫌疑人(被告人)的觀點與意願,爲避免誤判、失刑,長沙郡太守于望、督軍行立義都尉蔡規或指示或親自參與録囚,再三申敕,具體負責考實的臨湘侯國還成立了專案組,從立案到審結,歷時三年。論者曾以孫吴大量使用族刑、連坐,還對軍將家屬實行保質,[②]從許迪案看,許迪被結斬罪後,其家屬並未悉數連坐,除妻、子外,許迪的長兄、弟弟兩個家庭,由於未與許迪家一起居住,"科文不載",免於從坐;而許迪之嫡母妾"年八十五於科不坐","年八十以上八歲以下不應罪坐",乃至寫入吴科,這正是漢代以來"赦幼弱老眊"法律傳統之延續。[③]

上述環節無一不透露出孫吴官方對生命的重視,以及司法審判制度之理性。就許迪一案可見,孫吴基層似未大規模施行嚴刑酷法,各級官員執法時態度審慎、寬容而不失理性。我們從吴簡所見長沙地方的情況來看,可以説,孫吴的法治狀況是井然有序的,堪稱良好。

說明:本文引言及前三節曾以"新刊長沙走馬樓吴簡與許迪割米案司法程序的復原"爲題刊《文物》2015 年第 12 期,限於篇幅作删減處理;今在原文基礎上增訂,並新加第四節,合併爲新題。特予以説明,提請讀者留意。

---

① 張家山二四七號漢墓竹簡整理小組:《張家山漢墓竹簡〔二四七號墓〕(釋文修訂本)》,第 219—220 頁。此爲郡二千石長官録囚而促成覆審的案例。

② 參見喬偉:《中國法制通史》第三卷《魏晋南北朝》,第 152—155 頁。

③ 《漢書》卷二三《刑法志》成帝鴻嘉元年定令後之案語,又據《刑法志》西漢景帝、宣帝、成帝、平帝曾屢屢頒布在獄案中優恤年八十以上,(七)八歲以下人群,可勿坐的詔令(第 1106 頁)。

走馬樓吴簡許迪案文書中幾處文句的釋讀

伊　强

（中國石油大學[華東]）

在走馬樓三國吴簡中，有不少與許迪案相關的簡牘文書，學者們已從多個方面做了頗爲深入的研究。相關木牘，徐暢先生對釋文及相關研究已做了很好的綜述，①本文所引木牘釋文皆依據徐暢先生文，不再贅注。本人在閲讀這些簡牘的過程中，發現文書中字詞及文句的解讀仍有可繼續推敲之處，因此不揣淺陋，提出一點粗淺的看法，請各位方家指正。

先來看一件被稱爲《録事掾潘琬白爲考實吏許迪割用餘米事》的文書牘，爲論述方便，把文書的釋文移録如下：

1. 録事掾潘琬叩頭死罪白：過四年十一月七日，被督郵敕，考實吏許迪。輒與核事吏趙譚、
都典掾烝若、主者史李珠，前後窮核考問。迪辭：賣官餘鹽四百廿六斛一斗九升八合四勺，
得米二千五百六十一斛六斗九升已。二千四百卌九斛一升，付倉吏鄧隆、穀榮等。餘米一百一十二斛六斗八升，迪割
用飲食不見。爲廖直事所覺後，迪以四年六月一日，偷入所割用米畢，付倉史黄瑛受。
前録見都尉，知罪深重，詣言：不割用米。重復實核，迪故下辭，服割用米。

① 徐暢：《走馬樓吴簡竹木牘的刊布及相關研究述評》，《魏晋南北朝隋唐史資料》第三十一輯，上海：上海古籍出版社，2015年，第25—74頁。

審。前後榜押迪凡百
卅下，不加五毒，據以迪今年服辭結罪，不枉考迪。乞曹重列言府。傅前解，
謹下啓。琬誠
惶誠恐，叩頭死罪死罪。
若（濃墨草書）二月十九日戊戌白 （J22-2540）

先來看其中的“迪割用飲食不見”該如何斷句及理解。“割”，王子今先生指出即非法劫取。《後漢書·韋彪傳》：“賦發充常調而貪吏割其財。”《北齊書·尉景傳》：“爾割天下調。”《新唐書·李渤傳》：“聚斂之臣割上媚下。”“割”的文意皆與走馬樓簡許迪案“割米”之“割”接近。① “寥”，前或釋爲“廪”，各家以此所作的解釋及各種論説，本文不再稱引。王素、宋少華二位先生據紅外綫版釋作“寥”，並指出：“寥直事姓‘寥’名‘咨’，時任‘直事’，與許迪‘割用飲食’或‘散用飲食’一事關係密切。”②照此理解，“爲寥直事所覺”乃常見的“爲……所……”式被動句，句意通暢。至於“迪割用飲食不見”一句，則並未作解釋。類似的話也見如下一簡：

2. 事出，付瑛等。迪先割用飲食，不見。後直事寥咨到倉料物，米不見。今郡
七日爲郡所招□ （捌·4035）

其中的“迪先割用飲食不見”，無疑與所討論的“迪割用飲食不見”意義基本一致。

與許迪案密切相關的34號木牘，原文如下：

3. 録事掾潘琬死罪白：被敕，重考實吏許迪坐割盜鹽米意。狀言：案文書，
重實
録，迪辭：賣餘鹽四百廿六斛一斗九升八合四勺，得米二千五百六十一斛六
斗九升，前列草
言郡，但列得米二千四百卌九斛一斗（升），餘米一百一十二斛六斗八升，迪
割用飲食。前見
都尉，虚言用備擿米，迪實割用米。審實。謹列迪辭狀如牒，乞曹列言府。
琬誠惶誠恐，叩頭死罪死罪。

詣金曹

十一月廿八日白（34）

---

① 王子今：《走馬樓許迪割米案所見鹽米比價及相關問題》，長沙市文物考古研究所編：《長沙三國吴簡暨百年來簡帛發現與研究國際學術研討會論文集》，北京：中華書局，2005年，第106頁。

② 王素、宋少華：《長沙吴簡〈録事掾潘琬白爲考實吏許迪割用餘米事〉釋文補正》，《文史》2015年第1輯。

其中“迪割用飲食”可單獨成句，對比可知，“迪割用飲食不見”也可斷開作“迪割用飲食，不見”。徐暢先生曾將吴簡中與許迪案有關的簡牘，從司法程序的角度作了一定復原，並指出“僅記録許迪以官鹽兑换米的經過，就有至少六七個類似的版本，可對多份記録進行横向比較”。① 並且所勾稽的一些相關簡文，對“横向比較”來理解這句話提供了很好的參照(下文所引簡 4、5 主要依據徐暢先生的釋文)。

4. ……☒賣得錢米雜物料核相應，餘鹽四百廿六斛一斗九升八合四勺，合得米二千五百六十一斛六斗九升，迪舉簿言郡，但列二千四百卌九斛一升付倉里鄧隆、謝請等，受餘米一百一十二斛六斗八升，迪先割用飲食，不復列，寥咨所覺米不見☒　　(捌·4102＋4113＋4012＋4008＋4005＋4002)

5. 匿不列見，後寥直事及吏朱诉到料校米不見，敕迪備入即□□ (捌·4054)

結合以上兩條簡文，上文所討論的“迪割用飲食不見”中的“不見”，大概就是“匿不列見”的意思，如此理解的話，簡 1、2 前後文意也能貫通無礙。但是在吴簡裏還有大量“倉米料校前已列見更詭責負者”的記録，②其中常見“料校不見”的話，也見於許迪案相關的文書，除上引簡 5 外，還有如下一簡：

6. ☒斗八升。迪散用飲食，後寥直事及吏朱訢到料校，米不見。敕迪備入即□□　　(捌·4083)

上所論“料校不見”，“不見”按字面意思理解爲“不存在”的意思。秦簡中有如下簡文：

7. 禾、芻稾積廥，有贏、不備而匿弗謁，及者(諸)移贏以賞(償)不備，群它物當負賞(償)而僞出之以彼賞(償)，皆與盜同灋(法)。

(睡虎地秦簡《秦律十八種》簡 174—175)③

蔣非非曾將簡 7 中“不備”與吴簡中的“料校不見”對比，指出二者在賬物不符這點上是相同的，但“不備”有不足額定量之義，而吴簡只是較比賬物、按實際缺少數量記賬而已。④ 在漢代簡牘裏面還有與“校”相關的“不具”一詞，可以與上所論吴簡合觀：

8. 建武三年七月乙酉朔丁酉，萬歲候長憲敢言之，徙署，廼癸巳視事，校閲兵物，多不具。實何辤，與循俱休田，循服六石弩一、稾矢銅鍭百，鎧鍉瞀各一，

① 徐暢：《新刊長沙走馬樓吴簡與許迪割米案司法程序的復原》，《文物》2015 年第 12 期。

② 徐暢：《新刊長沙走馬樓吴簡與許迪割米案司法程序的復原》，《文物》2015 年第 12 期。

③ 陳偉主編，彭浩、劉樂賢等撰著：《秦簡牘合集釋文注釋修訂本(壹)》，武漢：武漢大學出版社，2016 年，第 130 頁。

④ 蔣非非：《走馬樓吴簡師佐及家屬籍注記“見”考》，《吴簡研究》第三輯，北京：中華書局，2011 年，第 119 頁。

持歸。游塹亭循何□　　　　　　　　　　(居延新簡 EPF22.61)[1]

簡 8 的"不具"也即"不備"的意思。

與許迪案相關的賊曹掾陳曠的呈文:

9. 中賊曹掾陳曠叩頭死罪白:被曹敕,考實大男許迪,知斷用所賣官鹽米一百一十二斛六斗
八升,與不言。案文書,被敕,輒考問。迪辭:所領鹽賈米一百一十二斛六斗八升,迪自散用飲食盡。
縣前結迪斬罪,懼怖罪重,支辭虚言,以米雇擿,令弟冰持草歸家改定。迪手下辭:不以米
雇擿,自割食米。審實,謹列見辭狀如牒,請以剌付本曹,據科治罪,謹下啓白。曠誠惶誠
恐,叩頭死罪死罪。
若　　　　　　　　　　　　四月廿一日白　　　　　　(J22-2673)

其中的"……與不言",可對照以下簡文:

10. 小武陵鄉勸農掾文騰叩頭死罪白:戊戌記曰:各以何日被壬寅書,發遣州所白私學烝陽詣廷,并隱核人名户籍與不,從來積久,素無到者,隱核知有户籍,皆會月十五日言。案文書……(下略)　　　　(J22-2616)

11. 中鄉勸農掾五惒叩頭死罪白:被曹敕,列處男子龍攀是正户五與不,分别言。案文書……(下略)　　　　(225)

凌文超先生認爲"與不"即"與否",[2]極是。簡 9"與不言"之"言",也就是回覆陳明的意思,可與簡 10、11 中的劃綫部分作比。

簡 3 中的"録事掾潘琬死罪白:被敕,重考實吏許迪坐割盗鹽米意。狀言:案文書……",其中的"意狀"二字,研究者在稱引時多將其分屬上下句,"狀言"連讀且其後多標以冒號,如所引徐暢先生釋文。也有不同的標點,如伊藤敏雄先生在"狀言"之後爲句

---

① 引文據馬怡、張榮强:《居延新簡釋校(下)》,天津:天津古籍出版社,2013 年,第 759 頁。圖版見甘肅省文物考古研究所等編:《居延漢簡——甲渠候官》,北京:中華書局,1994 年,下册第 480 頁,但此簡圖版不清。

② 凌文超:《走馬樓吴簡舉私學簿整理與研究——兼論孫吴的占募》,長沙簡牘博物館編:《走馬樓吴簡研究論文精選》,長沙:嶽麓書社,2016 年,下册第 137 頁。

號。[①] 其實,“意狀”當連讀,魏晉時期已成詞:

《漢書》卷二四《食貨志上》:“二千石遣令長、三老、力田及里父老善田者受田器,學耕種養苗狀。”顔師古注引蘇林曰:“爲法意狀也。”

《三國志》卷一七《魏書·張遼傳》:“黄初二年,遼朝洛陽宫,文帝引遼會建始殿,親問破吴意狀。”

《晋書》卷一六《律曆志上》:“謹條牒諸律,問和意狀如左。”

《晋書》卷八九《吉挹傳》:“挹參軍史穎,近於賊中得還,齎挹臨終手疏,并具説意狀。”

“意狀”即情況、情狀的意思,簡3“重考實吏許迪坐割盗鹽米意狀”連讀則語意順暢。對比上文討論的簡9—11,可知“……意狀”之後的“言”字也是“回覆言明”的意思。“重考實吏許迪坐割盗鹽米意狀言”當屬於“敕”的内容。凌文超先生曾總結此類文書格式爲:

〇〇掾〇〇叩頭死罪白:被曹敕……言:案文書,輒……辭……如〇辭。願曹列言〇〇……又……謹列言。〇誠惶誠恐,叩頭死罪死罪

詣功曹

〇月〇日〇〇白[②]

徐暢先生將此類文書格式則歸納爲:

某某掾+姓名叩頭死罪白:被曹敕/督郵敕,……案文書,輒……列言(府)/以辭付本曹。某誠惶誠恐,(叩頭)死罪死罪。

長官批示/詣某曹

某月某日白[③]

二者歸納的格式頗多一致。結合上文論述,就“被曹敕……言”文句看,徐暢先生的處理似更好一些。

簡1、9中的“下辭”應該是招認的意思,亦見於古書:

《三國志》卷九《魏書·夏侯玄傳》裴松之注引《世語》:“玄至廷尉,不肯下

① [日]伊藤敏雄:《長沙吴簡中的〈叩頭死罪白〉文書木牘》,長沙簡牘博物館編:《走馬樓吴簡研究論文精選》,下册第583頁。

② 凌文超:《走馬樓吴簡舉私學簿整理與研究——兼論孫吴的占募》,長沙簡牘博物館編:《走馬樓吴簡研究論文精選》,下册第129頁。

③ 徐暢:《走馬樓吴簡竹木牘的刊布及相關研究述評》,《魏晋南北朝隋唐史資料》第三十一輯,第38頁。

辭。廷尉鍾毓自臨治玄。玄正色責毓曰:'吾當何辭? 卿爲令史責人也,卿便爲吾作。'"

《宋書》卷五七《蔡廓傳》:"宋臺建,爲侍中,建議以爲:'鞫獄不宜令子孫下辭明言父祖之罪,虧教傷情,莫此爲大。自今但令家人與囚相見,無乞鞫之訴,便足以明伏罪,不須責家人下辭。'"

簡1"迪故下辭"之"故"當是以前、原先之義。簡9"迪手下辭"之"手"從文意看當是親自、親身之義。

簡9的"支辭",也見於以下文書牘:

12. 録事掾潘琬死罪白:關啓:應府曹召,坐大男許迪見督軍支辭,言不
割食所領鹽賈米一百一十二斛六斗八升。郡曹啓府君,執鞭録事掾
陳曠一百,杖琬卅,敕令更五毒考迪。請敕曠及主者掾彭考實
迪,務得事實。琬死罪死罪。
然考人當如官法,不得妄加毒痛。
五月七日壬申白 (224)

簡9、12的"支辭",學者們或釋爲"反",或釋爲"又",或釋爲"支"。[①] 其原字形分别作、,[②]從原字形看當以徐暢先生釋"支"爲是。研究者似將"支辭"理解爲"翻供"的意思,[③]但並未見舉出確實的證據;查各類古漢語字典也未檢得"支"字有與"翻供"相關的義項。排比與此案相關文書中的類似表述,爲直觀計皆引在下邊:

前見都尉,虚言用備擿米,迪實割用米。 (上文簡1)

縣前結迪斬罪,懼怖罪重,支辭虚言,以米雇擿,令弟冰持草歸家改定。 (上文簡9)

應府曹召,坐大男許迪見督軍支辭,言不割食所領鹽賈米一百一十二斛六斗八升。 (上文簡12)

① 關於"支"的不同釋讀,詳見伊藤敏雄:《長沙吴簡中的〈叩頭死罪白〉文書木牘》,長沙簡牘博物館編:《走馬樓吴簡研究論文精選》,下册第584頁。伊藤先生釋爲"反",但與原字形不合。

② 簡9圖版據張春龍、宋少華、鄭曙斌:《湖湘簡牘書法選集》,長沙:湖南美術出版社,2012年,第278頁;簡12圖版據徐暢:《新刊長沙走馬樓吴簡與許迪割米案司法程序的復原》,《文物》2015年第12期。

③ [日]伊藤敏雄:《長沙吴簡中的〈叩頭死罪白〉文書木牘》,長沙簡牘博物館編:《走馬樓吴簡研究論文精選》,下册第585頁;王彬:《吴簡許迪割米案相關文書所見孫吴臨湘侯國的司法運作》,《文史》2014年第2輯,第83頁;徐暢:《新刊長沙走馬樓吴簡與許迪割米案司法程序的復原》,《文物》2015年第12期。

揣摩以上文句,“攴辭”可能與“虚言”詞義接近,辭例如《漢書·藝文志》“便辭巧説”、《論衡·知實》“空説虚言”。“攴辭”也就是現在説的“假話”之義。這樣理解,皆能上下文意貫通。需要説明的是,傳世古書及出土秦漢文字資料裏,“攴”作爲偏旁(隸變之後多寫作“攵”)很常見,但作爲獨體字的用例卻極少。因此吴簡裏的這個“攴”字大概只能從通假或俗字的角度加以解釋,但目前從這兩個角度而言都尚未找到很直接的證據,只能闕疑不論了。

民初時的學者孫德謙先生曾著有《古書讀法略例》一書,其中有“統上文而説乃通例”,云:“讀古人書須統合全書,乃可通其説。至於一篇之中,必然互相貫攝,若不將上文統觀之,其義有不可通者。”並云:“近世爲考據之學者,惟取一字之可通,往往上下文且不統貫。”又有“統下文而義自明例”,云:“古書中自成一章者,其上下之文詳略互見,豈得但憑上文,而於下文則不顧,反且病上文之義爲不備乎?抑知讀其書者,使果統合下文,而其義自然明達也。”①書中還舉了不少古書中的例子,此不贅引。聯繫上所討論的吴簡文書,也可説明,在案件的不同文書中,或角度不同或性質不同等,對同一事件的記述,用語上也就有差别,或時有省略也實屬正常。若單考慮同一件文書,對其中的字詞或文句的考釋,用熟知的“承前省略”、“蒙後省略”等方法顯然有很大的局限。只有將這些相關文書參互對照,有些詞語或文句自然能够得到較爲清楚完整的理解。

---

① 〔清〕孫德謙著,黄曙輝整理:《古書讀法略例》,桂林:廣西師範大學出版社,2006年,第62、65、66頁。

“表坐割匿用米行軍法”案勾稽考校

楊小亮

（清華大學出土文獻研究與保護中心、中國文化遺産研究院、出土文獻與中國古代文明研究協同創新中心）

《長沙走馬樓三國吴簡·竹簡（柒）》[①]中，大約在簡4082—4144號段間，有多枚竹簡的内容和其他出入錢米及吏民簿籍明顯不同，涉及“表以文入没溺米”、“自首”、“行軍法”及等事，一些簡文甚至可以連讀；其書體風格也基本一致，通簡書寫，字距較其他簿籍類型的疏朗寬大；兩道編痕尤其明顯。號段内間雜有和以上内容無關的如4091、4096、4137、4142等簿籍簡，[②]推想其相關諸簡或許原爲同一册書，[③]散亂所致。另外，在簡2526周圍，也發現少量明顯和該事件相關的簡文，形制也大體相當，按揭剥示意圖，簡4082號段位於Ⅱc⑯，簡2326位於Ⅱc⑤，應該也有編聯的可能。

---

① 長沙簡牘博物館等編：《長沙走馬樓三國吴簡·竹簡（柒）》，北京：文物出版社，2013年。本文引用吴簡如未單獨説明，均出自此書。

② 4091：右初家口食五人筭四訾五十

4092：妻池年五十一筭一子男□年十九筭一

4137正：中鄉大男□□故户下品出錢四千四百侯相嘉禾六年正月十二日都鄉典田掾蔡忠白

4137背：入錢畢民自送牒還縣不得持還鄉典田吏及帥

4142正：▨□達故户下品出錢四千四百侯相嘉禾六年正月十二日都鄉典田掾蔡忠白

4142背：▨入錢畢民自送牒還縣不得持還鄉典田吏及帥

以上諸簡皆明顯與册書内容無關。

③ 本文在撰寫過程中，蒙長沙簡牘博物館楊芬先生惠贈《長沙走馬樓三國吴簡·竹簡（柒）》電子版，内中簡8082下楊芬女士案語：“此簡4082—4144，可能爲一册簡，只是中間夾雜了一些出錢簡。”簡4086下也指出：“4086＋4083連讀。”

經過初步考察,我們發現,原簡的釋文存在一些誤釋和漏釋現象,直接影響到對簡文的理解。對此,可根據現有圖版予以訂正,並結合相關簡文的文例及行文關係對一些字辭進行補釋。其次,從形制上來講,比如長度和寬度等,上述號段内的相關竹簡實際存有兩種不同的尺寸,這些形制上的差異,似乎表明有關"表以文入没溺米"及"自首"等事的相關簡册實際包含兩個至少在形制上相對獨立的册書,至於這兩部分册書是否會編聯在一起以形成完整的册書,還需要從文書内容以及行文的邏輯關係上進行判斷。第三,從册書復原的角度考量,由於簡文字迹漶漫、缺簡以及目前尚無完整的三國孫吴的司法文書文本可資借鑒等原因,可能並不能做到真正文本意義上的編聯和復原。

基於以上幾點,本文擬先根據圖版對相關簡文逐條核驗,利用内容相同或相關以及在文辭上有呼應關係的簡文對釋文進行訂正和補充。然後根據竹簡形制,分組編聯,或按照一定的邏輯順序排列簡文。注意個别形制不同,但簡文有編聯或邏輯關係的情況存在,適當予以調整。最後,根據編排結果,對案情進行勾稽梳理,對相關問題進行考校。

一　相關簡文的修訂及增補

吴簡的資料尤其是竹簡部分,有很多是漫漶不清的,一些字迹僅剩殘筆或者輪廓,而且污損嚴重,污漬或叠壓、變形、反印等情況對文字的釋讀多有干擾,因此許多文字的釋讀必須依靠圖版並結合文例進行。本文中所涉及的簡文也存在一些相同或相關的文例,我們可參考文例,並根據圖版中殘留的筆畫及字迹的大概輪廓對釋文加以修訂。下文擬迻録和案情相關的簡文,並將内容相同或相關者排列在一起,以更直觀地了解簡文的關聯性。釋讀從整理者原文,去除整理者所加"(?)"及字外方框;改、補字詞逕自改寫,其下加横綫,在注文中予以説明。

(一) 以下諸簡肯定和案情相關

匿用米一百七十斛表後[一]以四月九日有辭以米雇昔所遺兵賈到其[二]　(2526)

米一百七十斛表後以四月九日有辭以米雇[三]昔所遺兵賈□其[四]　(4098)

收四月九日□[五]臨湘更[六]□自首乞言以雇[七]昔所遺兵賈[八]到其自首□　(4104)

[一] "表後",原不釋,依圖版及4098辭例補。此簡雖非屬上述號段内,但内容明顯相關。2526周圍可能還有他簡也與號段内竹簡相關。

[二] "雇昔所遺兵賈到其",原釋爲"一斛……所……賈□其",依圖版及文例增補。

［三］“雇”，原不釋，依圖版及文例補。

［四］“賈□其”，原不釋，依圖版及文例補。

［五］此字原釋爲“發”，可疑。

［六］“更”，原釋爲“吏”，依圖版及文意改。

［七］“雇”，原隸定爲“雇”，其實可直接隸定爲“雇”。

2526

4098

4104

［八］“賈”，2526、4104 原分别釋作“買”、“覓”，實應爲同一字，人名。依圖版改。

2526

4098

4104

（二）以下諸簡肯定和案情相關

月十八日更復有辭以米□□□非自散用事既在真所覺仁後又[一]　(2533)

月十八日更復有辭以米給莽仁非自散用事既在真所覺[二]□　(4097)

自首不如狀到十八日[三]表即復首對實□給莽[四]等明十六日如見　(4111)

［一］此簡原僅釋“月九日……所覺……”，漏釋較多，依圖版及文例補。

［二］“覺”，原不釋，依圖版補。

［三］“到十八日”，原釋爲“斛斗□”，誤，依圖版及文意改。

［四］“莽”字原漏釋，據圖版補。

（三）以下諸簡肯定和案情相關

解行表軍法當遣主簿詣府白狀縣倉[一]治下吏役不得　(4082 正)

……覺後不應爲自首[二]乞傅[三]前解[四]行表軍法……　(4131)

會日遣主簿詣府白狀[五]不得稽留言如府記[六]科令[七]　(4101)

復正罪法可應會日……主簿……言表……　(4115)

［一］“倉”，原釋爲“在”，不辭，據圖版及文意改。此案涉及糧米事，“縣倉治下吏”即“縣倉吏”，簡 4496 有“草告府諸縣倉吏……”云云。

［二］“應爲自首”，原無釋，依據圖版補。簡 4094 有“不應爲自首”句。

［三］“傅”，原無釋，依圖版補。

［四］“解”，原爲“□□□□”，依圖版僅有一個字的位置。

[五]“詣府白狀”,原無釋,依圖版及 4101 文例補。

[六]“言如府記”,原無釋,依圖版補。簡 4129、4144 均言“記到”,即“府記到”。

[七]“科令”後原有省略號,但依照圖版其後似無字。又從文書格式而言,“言如府記科令”猶“如律令”,其後文字當另行書寫。

(四) 以下諸簡肯定和案情相關

事史潘真以三月廿八日承詔覆量中倉襍米以四月六[一]日畢訖覺[二]得表所割　(4083 正)

以今年正月廿日詣縣自[三]繫曹遣吏張孟傳表以二月四日付臨湘録　(4086)

府[四]中部督郵移辛酉詔曰寫下度辭如牒又表以文入没溺米事　(4087)

承[五]詔覆量中倉襍米以四月六日畢訖□得表□□匿用[六]　(4116)

度辭[七]如牒又表以文入没溺米事今年正[八]月廿日詣縣獄自繫　(4118)

曹[九]遣吏張孟傳表以二月四日付臨湘録事史潘真以三月廿八[十]　(4121)

[一]“六”,原釋爲“二”。按此字殘,簡 4116 相同簡文中此字亦模糊,但從殘留筆畫看,當爲“六”。

[二]“覺”,原釋爲“覓”,誤,據圖版改。①

[三]“自”,原釋爲“督”,不辭,誤,據圖版及 4118 文例改。

[四]“府”,原釋爲“官”,誤。簡 3112 有“府中部督郵辛丑書曰”文例。“府”字殘畫和“官”較相似,從圖版改。

4087

3112

[五]“承”,原無釋,從圖版和 4083 文例補。

[六]“□得表□□匿用”,原無釋,依圖版補。

[七]“度辭”,原無釋,據圖版和 4087 文例補。

[八]“正”,原無釋,據圖版和 4086 文例補。

[九]“曹”,原無釋,據圖版和 4086 文例補。

[十]“八”,原釋爲“七”,據圖版和 4083 文例補。

(五) 以下諸簡肯定和案情相關

□又表已先收繫自首前[一]謂事未覺[二]若覺後自[三]首[四]謂□□　(4085)

---

① 楊芬在其電子稿中也已注明此字當釋“覺”。

亡而不亡謂故在識表已先收傳繫其有姧臧懷匿重罪□ (4089)

□消息不□自覺主者問轉踵自首不□□姧臧表雖自覺[五] (4092)

以表自首皆在直所覺後令聞□□□訟愬□勉重罪者 (4093)

不應爲自首前已□□結表罪[六]罪自□□科正坐割[七]□□ (4094)

溺米事罪[八]事冬[九]畢願乞依事覺後自首私結罪所□恐[十] (4102)

不[十一]如狀後吏實列乃米實已還曹[十二]表雖[十三]先拘繫[十四]自以文入没 (4105)

承[十五]獄今臨湘結解斗數[十六]後表自首狀具[十七]唯其[十八]所用米事覺自首 (4120)

先自覺主者問轉踵[十九]自首不應爲□[二〇]表雖□□皆爲[二一]廖所覺[二二] (4122)

□□先□繫自首□謂事[二三]未覺若覺後□□[二四]對謂□得□更□□ (4127)

[一]"前",原釋爲"者",據圖版改。

[二]"事未覺",原無釋,據圖版補。此與簡4127内容大略相同,可參考。

[三]"覺後自",原無釋,據圖版補。

[四]"首",原釋爲"前",據圖版改。

[五]"姧臧表雖自覺",原釋爲"□□克□□□",據圖版改。

[六]"結表罪",原釋爲"給□□",據圖版改補。

[七]"坐割",原無釋,據圖版補。

[八]"罪",原釋爲"録",誤,據圖版改。

[九]"冬",原釋爲"各",誤。當爲"冬",讀爲"終"。

[十]"所□恐",原釋爲"不覺愬",據圖版和文意改。

[十一]"不",原釋爲"所",誤,據圖版及文意補。

[十二]"曹",原無釋,據圖版補。

[十三]"雖",原無釋,據圖版及文意補。

[十四]"拘繫",原釋爲"□記",據圖版及文意改補。

[十五]"承",原無釋,據圖版補。

[十六]"數",原無釋,據文意補。

[十七]"具",原無釋,據圖版補。

[十八]從此字上部殘存筆畫判斷,當爲"表"或"其"字,文意皆通。

[十九]"問轉踵",原釋爲"間縛□繫",誤,據圖版改補。此簡與4092内容大略相

同,可參。

［二〇］“□”,原釋爲“自首”,當誤。據圖版,此字雖不能辨識,但只有一個字的距離;據文意,當爲“奸”或“臧”字。與簡 4092 略同,可參。

［二一］“雖□□皆爲”,原釋爲“唯以□月七日吏”,誤。據圖版改補。

［二二］“所覺”,原無釋,據圖版補。

［二三］“謂事”,原無釋,據圖版補。

［二四］依圖版及簡 4085 文例,此處當有兩個字的距離,補“□”。

(六) 以下諸簡極可能和案情相關

右尉寫下書到亟促依書識更察科正譖罪法 (4084)

五[一]月十八日臨湘侯相君告核事掾□記識…… (4095)

臨湘書掾寫[二]□覺[三]皆對[四]□□□…… (4113)

□□[五]□□□□□下□兼中部督郵□□□尉寫移□□□[六] (4117)

……記到…… (4129)

臨湘□□□[七]寫部右尉[八]……[九]復考實吴昌長 (4130)

□月日關中部督郵……⧄ (4132)

［一］原釋爲“正”,或爲“五”。

［二］“寫”,原釋爲“葛”,依圖版改。

［三］此字原無釋,似爲“覺”字,依圖版補。

［四］“皆對”,原釋爲“□曰”,依圖版改補。

［五］此字原釋爲“吏(?)”,不可信。

［六］“□□□尉寫移□□□”,原爲“……”,依圖版補。

［七］“臨湘□□□”,原釋爲“正月一日吏昌”。依圖版,第一字右旁下部存“品”字,實不爲“正”,當爲“臨”;“昌”字也不可信。依文例,似應爲“臨湘侯相君”,但後三字和殘留筆畫實在較難對應,故只改補“臨湘”二字。

［八］“部右尉”,原無釋。

［九］此省略號前原釋有“録事史”,但根據圖版,没有找出對應的墨迹。

上六簡除形制相當外,簡文中均出現與事件相關的信息,如 4084、4095 中均出現人名“識”,在組(五)中肯定和案件相關的 4089 簡中也出現相同人名。行文機構也極可能和案件程序相關,如 4129“記到”,應指“府記到”,可與組(三)中簡 4101“言如府記科令”對應;4117、4132“中部督郵”可與組(四)中 4087“府中部督郵移辛酉詔曰”對應;4095、4113、4130 中“臨湘”可與組(四)中 4086 等相對應。故判斷上六簡極可能與案件相關。

(七) 以下諸簡極可能和案情或事件相關

明府願無濟育吏[一]□乞□斷[二]理楊金表[三]澈仰求哀求哀白 (4088)

□謹賈嚴[四]上聞恩唯[五] (4103)

丹楊大男朱渡求哀以促俱[六]父表給吴昌昔遣吏鄱[七]莽予諸葛府君 (4107)

…… 嘉禾六年五月十七日起倉曹 (4114)

嘉禾六年五[八]月□□日…… (4123)

[一]"吏",原無釋,據圖版補。

[二]"□",原釋爲"可",不可信。"斷"字或可釋爲"料",圖版上左"米"右"斤",爲"料"字之俗體。"斷理"和"料理"辭義相當。

[三]"表"原無釋,據圖版補。

[四]"賈嚴",原釋爲"買叢",據圖版改。

[五]"唯"後原有省略號,但據圖版及文例,"唯"後當無字,後接内容一般另行書寫。

[六]"俱",原釋爲"作",據圖版改。

[七]"鄱",原釋爲"鄁(?)",據圖版改。

[八]"正"或爲"五"。

簡 4103 和 4088 可連讀? 編繩痕迹不一樣,4103 字迹偏左,可能左側縱列,而内容又與 4107 及事件相關。如"求哀"一詞,目前之出現在這幾枚簡中,而"表"、"莽"等人與事件中的人名合,"朱渡"應即前簡中出現的"度辭如牒"之"度"。標注時間的簡 4114、4123 可能即案件發生的真實年份,具體詳下文考證。

(八) 以下諸簡極可能和案情相關①

入種粻米即已還□□莽[一]一百七十斛□□□[二]塈閣朱翻倉吏王 (4099)

道里長遠時值□□無□資斷换以中倉溢[三]米七十[四]斛給莽仁 (4106)

□□傍爲道上粻米五十斛兩傍人各廿五斛及表[五]□□詣府君 (4108)

□得潘椽文書□白表用米給莽等斛數相應表未見□□ (4110)

椽□□□張[六]等乞從府還轉以倉中溢米七十斛□□□□□□□ (4112)

① 4109 簡之形制與組内他簡相當,簡文云"换取南鄉□□□□□民所還種粻米十斛先給役□吏□周","南鄉"、"先",原漏釋,均據圖版補。其内容似並無明顯可和他簡聯繫者,暫記其簡號,不做編聯。

□□米表坐割還□中[七]倉吏□□所領溢米一百七十斛潘真[八]畢　(4128)

[一]“還□□莽”,原釋爲“買宜(?)見(?)米(?)”,據圖版改。其中第二個□疑即“賈”,即組(一)“遺兵賈”之“賈”。

[二]此處原釋四個方框,但核圖版,可能僅有三字的距離。

[三]“溢”,原爲“□□”,據圖版,僅有一字距離,當補“溢”字。

[四]“七十”,原爲“□”,據圖版當有兩個字,補。

[五]“表”,原釋爲“告”,誤,據圖版改。

[六]“張”,原無釋,據圖版補。

[七]“中”,原無釋,據圖版改。

[八]“潘真”,原不釋,據圖版補。

以上諸簡涉及“表”、“莽”、“潘掾(真)”及種粮米數量如“一百七十斛”等,極可能和事件相關。

(九)以下諸簡極可能和案情相關

府[一]告兼中部督郵書掾王偉臨湘侯相君[二]　(4119)

皆□真所覺白後罪明科正事當促竟記到偉竝力[三]□□□　(4144)

[一]“府”,原釋爲“敢言之”,誤。據圖版改。“府”指太守府,行文格式中常將“府”字最後一筆加重拉長,以示尊敬和强調。五一廣場21號木牘“府告”二字的格式與此簡完全相同。①

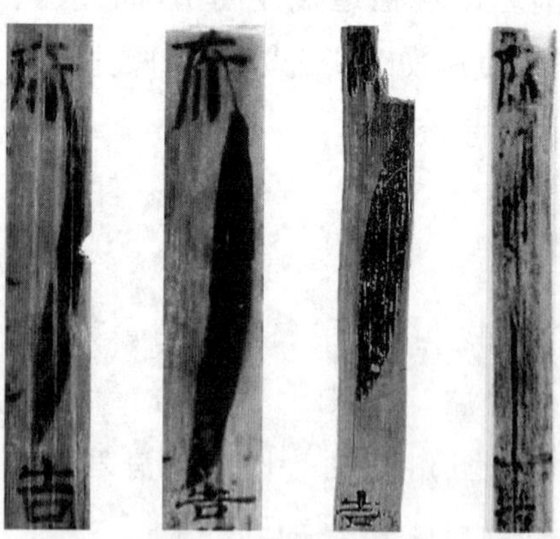

21　117　173　4119

[二]“侯相君”,字迹模糊,原無釋,據圖版補。簡4095有“臨湘侯相君”。

① 長沙市文物考古研究所等編:《長沙五一廣場東漢簡牘選釋》,上海:中西書局,2015年,圖版二十一。

[三] "竝力",原無釋,據圖版補。

上二簡有行文上的邏輯關係,簡 4119 爲轉述太守府下達文書的起始句,簡 4144 是中部督郵書掾王偉對太守府文書的回應。從上二簡的關係中,可判斷出太守府下發的文書在該事件中稱爲"府記",正可與 4101 簡文"不得稽留,言如府記科令"相印證。

二 簡文的編聯與排序

經過測量圖版,和"表以文入没溺米"、"自首"等事相關的竹簡,包括號段内和以内容相關而搜求的其他竹簡,實際可分爲兩組不同的尺寸:一組較短、較窄,另一組較長、寬,兩者長、寬相差約 1 釐米和 0.5 釐米。詳見下表。另外,兩組竹簡上留存的兩道編繩痕迹的高低位置也略有差異,這些都是編聯排序時應該考慮的因素。

按照形制的不同,可將竹簡分爲兩組,組内各自進行編聯和排序。這可能更符合册書原貌,同時也從技術層面排除了一些干擾,如某支竹簡按内容,大概既可與第一組編聯,也可與第二組編聯,勢必會造成困擾;而按形制分組編聯,則預先就可排除其中的一種可能。下文擬對修訂之簡文試加標點,並分組編聯排序:内容可連讀者,連續迻録,不分段;不可連讀者,僅按其内容的邏輯關係列出其大概位置,每簡一個段落。之後,再對編聯或排序緣由做簡單説明,對文書結構及層次稍加剖析。

第一組		第二組①	
簡號	尺寸(長×寬)	簡號	尺寸(長×寬)
4085	23.4 釐米×1.2 釐米	4082	24.3 釐米×1.7 釐米
4088	23.4 釐米×1.1 釐米	4083	24.9 釐米×1.7 釐米
4089	23.4 釐米×1.2 釐米	4084	24.7 釐米×1.7 釐米
4092	23.5 釐米×1.4 釐米	4086	25.0 釐米×1.7 釐米
4097	23.3 釐米×1.2 釐米	4087	24.9 釐米×1.9 釐米
4098	23.3 釐米×1.3 釐米	4093	24.7 釐米×1.6 釐米
4099	23.5 釐米×1.2 釐米	4094	24.1 釐米×1.6 釐米
4101	23.2 釐米×1.1 釐米	4095	24.7 釐米×1.8 釐米
4102	23.5 釐米×1.1 釐米	4122	24.7 釐米×1.5 釐米
4103	23.5 釐米×1.2 釐米	4123	24.7 釐米×2.0 釐米

① 簡 4128、4131 的尺寸介於兩組之間,先暫列於第二組,編聯排序時再作檢驗。簡 4132 下部殘缺約 1/3 簡長。

續 表

第一組		第二組	
簡號	尺寸(長×寬)	簡號	尺寸(長×寬)
4104	23.4 釐米×1.2 釐米	4124	24.7 釐米×1.7 釐米
4105	23.2 釐米×1.1 釐米	4125	24.7 釐米×2.0 釐米
4106	23.2 釐米×1.2 釐米	4126	24.6 釐米×1.8 釐米
4107	23.4 釐米×1.1 釐米	4127	24.7 釐米×1.7 釐米
4108	23.4 釐米×1.1 釐米	4128	23.9 釐米×1.4 釐米
4110	23.4 釐米×1.1 釐米	4129	24.4 釐米×1.7 釐米
4111	23.4 釐米×1.1 釐米	4130	24.3 釐米×1.7 釐米
4112	23.4 釐米×1.2 釐米	4131	23.9 釐米×1.5 釐米
4113	23.3 釐米×1.2 釐米	4132	17.3 釐米×1.7 釐米(殘)
4114	23.3 釐米×1.1 釐米		
4115	23.4 釐米×1.2 釐米	2526	24.9 釐米×1.7 釐米
4116	23.3 釐米×1.2 釐米	2533	24.9 釐米×1.8 釐米
4117	23.3 釐米×1.2 釐米		
4118	23.4 釐米×1.3 釐米		
4120	23.3 釐米×1.1 釐米		
4121	23.5 釐米×1.2 釐米		
4134	23.6 釐米×1.2 釐米		
4135	23.5 釐米×1.1 釐米		
4144	23.1 釐米×1.1 釐米		

第一組

共有 30 枚竹簡,長約 23.2—23.6 釐米、寬約 1.1—1.4 釐米。簡號分别爲:4085、4088、4089、4092、4097、4098、4099、4101、4102、4103、4104、4105、4106、4107、4108、4110、4111、4112、4113、4114、4115、4116、4117、4118、4119、4120、4121、4134、4135、4144。

府告兼中部督郵書掾王偉、臨湘侯相君:4119 丹楊大男朱渡求哀,以促作父表給吴昌,昔遣吏鄱莽予諸葛府君。4107 道里長遠,時值□□無□資斷,换以中倉溢米七十斛給莽、仁,4106□□傍爲道上粻米五十斛,兩傍人各廿五斛。及表□□詣府君,4108 掾□□□張等乞從府還轉,以倉中溢米七十斛□□□□□□4112

□得潘掾文書□白,表用米給莽等,斛數相應。表未見□□4110

入種粻米即已還□□莽一百七十斛□□□，壄閣朱翻、倉吏王 4099

□謹買嚴上聞恩，唯 4103 明府願無濟育吏□，乞□斷理楊金表澈仰求哀求哀白。4088

收四月九日□臨湘，更□自首乞言，以雇昔所遺兵賈。到其自首，□4104 月十八日更復有辭，以米給莽、仁，非自散用。事既在真所覺，□4097

亡而不亡，謂故在識。表已先收傳繫，其有姧臧，懷匿重罪□4089

皆□真所覺。白後罪明科正，事當促竟。記到，偉竝力□□□4144

會日遣主簿詣府白狀，不得稽留，言如府記科令。4101

□□□□□□□下□兼中部督郵□□□尉寫移□□□4117 度辭如牒。又表以文入没溺米事，今年正月廿日詣縣獄自繫。4118 曹遣吏張孟傳表，以二月四日付臨湘。録事史潘真以三月廿八 4121 承詔覆量中倉禖米，以四月六日畢訖，□得表□□匿用 4116 米一百七十斛。表後以四月九日有辭，以米雇昔所遺兵賈。□其 4098 自首，不如狀。到十八日，表即復首對實，□給莽等。明十六日，賈 4111

臨湘書掾寫□覺，皆對，□□□……4113

承獄。今臨湘結斛斗數後，表自首狀具，唯其所用米事覺，自首，4120 不如狀。後吏實列乃米實已還曹。表雖先拘繫，自以文入没 4105 溺米事，罪。事冬畢，願乞依事。覺後自首私結罪，所□恐 4102

□消息不□自覺。主者問轉踵自首，不□□姧臧，表雖自覺，4092

□又表已先收繫，自首。前謂事未覺，若覺後自首，謂□□4085

復正罪法。可應會日……主簿……言表……4115

…… 嘉禾六年五月十七日起倉曹。4114

第一組簡文中，【4119、4107、4106、4108、4112】似乎可以連讀；【4103、4088】、[①]【4104、4097】、【4117、4118、4121、4116、4098、4111】、【4120、4105、4102】則確定可分别連讀。其他簡文間或有缺簡。

第二組

共 21 枚竹簡，長約 24.3—25.0 釐米、寬約 1.5—2.0 釐米。簡號分别爲：2526、2533、4082、4083、4084、4086、4087、4093、4094、4095、4122、4127、4123、4124、4125、4126、4128、

① 應該指出，經核對圖版發現，簡 4103 的下編繩痕迹與同組其他簡的下編繩痕迹不合，下移約 1 釐米，而與第二組竹簡的上、下編繩吻合。但從文意上來説，二者的連讀是没有問題的。不過從已知道册書的編聯情況來看，這種誤差應該是可以理解的。

4129、4130、4131、4132。4090、4133 形制雖與此組相當,但一枚不可辨識,一枚留存文字過少,暫時排除在外。

五月十八日臨湘侯相君告核事掾□記,識……4095

臨湘□□□寫部右尉……復考實吴昌長 4130

……記到……4129

以表自首,皆在直所覺後。令聞□□□訟愬□勉重罪者,4093 不應爲自首。前已□□結表罪,罪自□□科正,坐割□□4094

解,行表軍法。當遣主簿詣府白狀。縣倉治下吏役不得 4082

府中部督郵移辛酉詔曰:寫下度辭如牒。又表以文入没溺米事,4087 以今年正月廿日詣縣自繫。曹遣吏張孟傳表,以二月四日付臨湘。録 4086 事史潘真以三月廿八日承詔覆量中倉襍米,以四月六日畢訖,覺得表所割 4083 匿用米一百七十斛。表後以四月九日有辭,以米雇昔所遺兵賈。2526 月十八日更復有辭,以米□□□,非自散用。事既在真所覺,仁後又 2533

先自覺。主者問轉踵自首,不應爲□。表雖□□,皆爲廖所覺 4122

□□先□繫,自首。□謂事未覺,若覺後□□。對謂□得□吏□□4127

……覺後不應爲自首。乞傳前解,行表軍法。……4131

□月日關中部督郵……☑ 4132

右尉寫下書到,亟促依書,識吏察科正,譴罪法。4084

□□米表坐割還□中倉吏□□所領溢米一百七十斛,潘真畢。4128

嘉禾六年五月□□日……4123

主簿□□省 4124

……右……□
紀…… 4125

……見上□4126

第二組中,【4093、4094】、【4087、4086、4083、2526、2533】應可確定分别連讀。其他簡文間或有缺簡。

編聯或排序的依據,除有相關或相同的簡文可參照外,如第一組和第二組有關"中部督郵書"的部分幾乎完全一致,所以此部分的編聯當無異議。另外"審辭氣"對於具體簡文的排序也很有幫助,當然這並不局限於僅僅只注重對"虚詞"的揣摩,而是要把握句子的語氣,公文類文書一般都程式化,嚴謹而呆板,但也有自己的語氣表達。如第一組中簡 4101"會日遣主簿詣府白狀,不得稽留,言如府記科令"與簡 4115"復正罪法。可應會日……主簿……言表……”語義大概相當，但細琢磨則有分别，“不得稽留”更帶有“命令”異味，而“可應會日”語氣就緩和得多。所以在保證文意順暢的情况下，將簡 4101 歸入“府記”，是上級對下級的口吻；而將簡 4115 納入“中部督郵書”，是中部督郵之於臨湘的用語。同理，第二組中簡 4082“解，行表軍法。當遣主簿詣府白狀。縣倉治下吏役不得”列於“府記”，而將 4131“……覺後不應爲自首。乞傳前解，行表軍法……”收入中部督郵發送給臨湘的文書部分。

而在文書大的結構上則可參照已知相關材料，如“五一簡”中的“府告”文書：

> 府告兼賊曹史湯、臨湘：臨湘言，攸右尉謝栩與賊捕掾黄忠等别問僦趙明宅者完城旦徒孫詩，住立，詩畏痛自誣：南陽新野男子陳育、李昌、董孟陵、趙□[等]劫殺明及王得等。推辟謁舍，亭例船刺無次公等名。縣不與栩等集問詩，詩自誣，無檢驗。又詩辭：於其門聞不處姓名三男子言渚下有流死二人。逐捕名李光、陳常等，自期有書。案[謹]移湯書。詩辭：持船於湘中糴（糴）米，見流死人。縣又不緑（録）湯書而末殺，不塞所問，巨異不相應，何？咎在主者不欲實事。記到，湯、縣各實核不相應狀，明正處言，皆會月十五日。毋佝（拘）毄（繫）無罪、毆擊人。有府君教。
>
> 五月九日開
>
> 永元十五年五月七日晝漏盡起府
>
> （《長沙五一廣場東漢簡牘選釋》一一七）

“五一簡”和吴簡的出土地點相接，時代相近，當可參照。該文書的發文機構爲太守府，其内容可分爲三個層次，第一是抄録臨湘上報的文書内容，第二是對案件審理進行分析，指出案件辦理不力原因，第三是提出處理意見。這些層次在同類文書中應具有共性，以上兩組的簡文的編排主要即是依照這種結構。

編排後的第一組簡文按層次可分爲兩個部分，第一部分爲“府記”，即從“府告”到“言如府記科令”這一段文字。發文機構爲太守府，收文機構（或責任人）是中部督郵書掾王偉和臨湘侯相君。“府記”按内容又可分爲三個層次：丹楊大男朱渡的辯詞，從第一個“求哀”到“求哀白”；對案情的簡單分析案語，到“事當促竟”止；提出處理意見，要求偉竝力“實核”、“主簿詣府白狀”。“言如府記科令”表明“府記”部分到此結束。第二部分爲“中部督郵書”或按照第二組的題法叫“右尉寫下書”，是中部督郵接到太守府文書之後針對案件的應對辦法，大約也可分爲三個層次：“度辭如牒”，即指第一部分第一層次的内容；對案件審理過程比較詳細的分析；最後要求遵照“府記”的意見處理，“可應會日……主簿……言表……”。“嘉禾六年五月十七日起倉曹”表明文書的發送時間，以及發文機構。第二組簡文層次較多，約可分爲四個層次：第一部分是援引的"府記"，太守府指定的收文機構（或責任人）是中部督郵書掾和臨湘侯相君；第二部分抄録"中部督郵書"，第三部分爲臨湘的在接到"府記"和"中部督郵書"後對案件的處理辦法，即尊照指示儘快結案；第四部分由於留存文字太少，不太確定。但如果可以編聯的話，應該是"附件"，是主簿對太守府的要求"詣府白狀"的書證回應。

綜上分析，兩組文書都是結構較爲完整的册書，其中，第一組爲下行文書，其發文機構爲中部督郵，"府記"部分是對太守府文書的抄録，收文機構應爲"臨湘"，主要内容是援引"府記"催促"臨湘"儘快結案。第二組文書爲上行文書，發文機構應爲臨湘，收文機構可能是太守府，或者太守府和中部督郵。兩份文書在時間上也前後銜接，前者的發文時間爲"嘉禾六年五月十七日"，後者則在文書開始就表示"五月十八日"太守府"記到"、中部督郵"右尉寫下書到"。也就是説，第二組文書是針對第一組文書的上報文。從册書的角度理解，兩組文書當可編聯爲同一册書，第一組在前，第二組在後，從而形成一份較完整的册書檔案。當然，仍缺失案件前期的上報、審判等文書，以及最後的具體判決結果，但對於勾稽案情的基本過程並無大的影響。

三　相關案情的勾稽與梳理

（一）人物

事主名"表"，其身份及完整姓名在簡文中並不能得到明示。簡 4107"丹楊大男朱渡求哀，以促作父表給吴昌，昔遣吏鄱莽予諸葛府君"，其中"以促作父表給吴昌"不好解，句中"促作父"是一種身份（此"父"可能相當於西北簡中"車父"之"父"），還是説"表"爲"朱度"的父親呢？暫不可妄斷。另外，簡 4088"明府願無濟育吏□，乞□斷理楊金表澈仰求哀求哀白"中出現的"楊金表"似是人名，但也可能是由於釋文不準確而造成的誤讀。但無論如何，從簡 4093"以表自首，皆在直所覺後"、4086"曹遣吏張孟傳表，以二月四日付臨湘"，以及簡 4130"臨湘□□□寫部右尉……復考實吴昌長"等綜合判斷，"表"的身份或非"吴昌長"而爲"吴昌長吏"。[①]

此案中涉有多名人員，鄱莽爲"吏"，賈爲"昔所遺兵"，仁未明言。朱渡（度）無論涉案程度如何，其"度辭"都起到了關鍵"證辭"的作用。參與辦理案件的官員有廖，其身份

① 簡 4130"吴昌長"後缺簡，不可據此判斷"表"即爲"吴昌長"。而"長吏"的表述，可參《竹簡》柒 · 2639"□曹言長吏□□事嘉禾六年五月廿日史吴衡封"。

可能爲"直符史"(發覺案情)、曹吏張猛(解押人)、録事史潘真(料校倉庫)、書掾王偉(中部督郵責任人)、識(核事掾?臨湘責任人)以及主簿等。

(二) 時間

簡4086"以今年正月廿日詣縣自繫"、4118"今年正月廿日詣縣獄自繫"説明表自首的時間,也可看作是案發的時間,但實際上,"以表自首,皆在直所覺後",即表自首前,已經被"直符史"發覺。簡4114"嘉禾六年五月十七日起倉曹"、4095"五月十八日臨湘侯相君告核事掾□記、識……"已明確文書的發送和到達的時間,也是册書具體的製作時間,説明表自首的日期"今年正月廿日"即"嘉禾六年正月廿日",也表明此案的審理周期至少自正月廿日直至五月十八日之後。

至於表實施犯罪的時間,可從朱渡(度)的"證詞"即上引簡4107"昔遣吏鄱莽予諸葛府君"略作考證。"諸葛府君",即東吴重臣諸葛恪。嘉禾三年(235年)任丹楊太守。《三國志·吴書·吴主傳》:"(嘉禾)三年……秋八月,以諸葛恪爲丹楊太守,討山越。"[①]《陳表傳》:"嘉禾三年,諸葛恪領丹楊太守,討平山越。"[②]諸葛恪在嘉禾三年秋八月才以後任丹楊太守,也就是説,表實施犯罪的時間當在嘉禾三年秋八月之後至嘉禾六年正月廿日之間,而更可能是嘉禾五年左右。

(三) 案件緣由及審理經過

嘉禾三年秋八月至嘉禾六年正月廿日之間,按"度辭",表在負責給前往"諸葛府"的吏鄱莽調撥途中食用口糧時,可能未按規定,私自割用"中倉"米應急,其中"七十斛給莽、仁",又"爲道上粻米五十斛"、給兩傍人"各廿五斛",共計一百七十斛。按"中部督郵書",後表"私結罪",在正月廿日"以文入没溺米事"至吴昌縣獄自首。二月四日,被曹吏張猛自吴昌解押至臨湘,案件由臨湘接手審理。三月八日,録事史潘真"承詔覆量中倉褋米",應該主要是利用文書憑證進行核對,至四月六日完畢,發現表"割匿用米一百七十斛",即所謂"自首,不如狀"。並且臨湘在核實"斛斗數"後,發現"乃米實已還曹",即表已將所挪用米的虧空彌補上了。四月九日、四月十八日,表又分别申辯所割米的用途,辭有反復,與前引"度辭"不盡相同。從中部督郵書的發文時間來看,其所抄録的"府記"的發文時間當在五月十七日之前,説明府記中"度辭"的形成時間也當在五月十七日之前,四月十八日表第二次申辯之後。至遲在五月十八日,臨湘判决表"不應爲自首。

---

① 《三國志》卷四七《吴書·吴主傳》,中華書局,1959年,第1140頁。

② 《三國志》卷五五《吴書·陳表傳》,第1290頁。

乞傅前解,行表軍法”。從“辛酉詔”、“承詔”等判斷,此案當屬重大案件,且審理過程或有曲折,“前解”即“先前的處理結果”以及案件的審理周期等都反映出,關於此案,臨湘縣、中部督郵和長沙太守府間曾有多次的文書往來,就案件的相關問題進行指導和請示。

此案的焦點在於“自首不如狀”,這其間有兩層含義:

1. 不應爲自首。表以正月廿日“自首”,但審理過程中發現,“表雖□□,皆爲廖所覺”,即表是“覺後自首”,被發現以後才去自首,即所謂“勉重罪者,不應爲自首”。“廖”,可能就是“許迪案”中的“廖直事”廖咨。[①] “值班報告”中一般會對發現的問題有所體現。[②] 這是從程序上說不應爲自首。

2. 辭不如狀。表是“以文入没溺米”自首。根據熊曲的討論,“没溺米”大概指被水浸泡過的米,[③]可理解爲質量較差的米。“以文入没溺米”大約是指在文辭上弄虛作假將質量較差的米收入倉中,但實際審理的結果卻是表“坐割”、“割匿用米”。根據案情分析,表先“割用米”一百七十斛,後以質量較差的“没溺米”充當好米“還曹”,而自首時可能僅妄稱誤將“没溺米”入庫,簿籍記載不實,這當屬“文書犯罪”。而“割匿”、“割用”米,且數量達一百七十斛,比許迪所割盗一百以十二斛六斗八升還要多,當屬重罪。[④] 這二者的差别相當大,即是說,表自首的罪名和實際罪名“不相應”。按文書,表所犯有輕罪“以文入没溺米”,有重罪“割用”中倉米,而表僅“以文入没溺米”事自罪,企圖以輕罪代替重罪,逃避刑罰。所以說自首不如狀。

(四) 定名

册書名稱和案件名稱以其側重點的不同或許應有不同。以册書而論,事件本身更爲重要一些;而以册書中所反映的案件而論,所犯罪行及判決結果可能更能體現案件的内容。爲簡略記,略去時間、地點、機構等名稱後,册書可定爲“表以文入没溺米自首事”册,幾乎所有内容都是圍繞這一事件展開的;案件名則宜爲“表坐割溺用米行軍法”案,

---

① 徐暢根據《長沙走馬樓三國吴簡·竹簡[捌]》中簡 4046、4062 指出“廖直事”爲廖咨,“從史位”。參徐暢:《新刊走馬樓簡牘與許迪割米案司法程序的復原——兼論三國孫吴的法制狀況》,“第三届簡帛學國際學術研討會暨謝桂華先生《漢晋簡牘論叢》出版座談會”會議論文,桂林,2015 年 11 月,此文後刊於《文物》2015 年 12 期。

② 有關“直事”及“直符”、“值班報告”的討論,可參李均明:《長沙五一廣場東漢木牘“直符”文書解析》,《齊魯學刊》2013 年第 4 期。

③ 熊曲:《吴簡折咸米、漬米、没溺米及相關問題》,《吴簡研究》第三輯,北京:中華書局,2011 年。

④ “許迪案”中,割用、割盗官物,依科結斬罪,於都市行軍法。參上引徐暢文。

事主、罪行及審判結果在題名中均有體現。

小 結

其實，就案件本身而言，本案並不複雜，但由於文字殘損缺失嚴重，以及缺簡等因素，關於案情還有許多細節不甚清晰，如表的具體身份信息、“割用”米的細節、“以文入没溺米”的過程、具體審判結果等，表自繫於他縣又何以移交臨湘審判，表“割用”中倉米又何以行軍法，以及由此引發的臨湘與中倉是否有地緣關係，中倉是否與“軍倉”有關等等，都需要深入考慮。“許迪案”作爲吴簡中的一個著名案例，與本案有共同點，二者相互參校，或能解開一些疑團，並對孫吴時期的法制研究有所幫助。

限於篇幅，本文僅通過釋文修訂，結合簡牘形制對簡文加以編聯和排序，揭示吴簡中一個重要司法樣例。期待日後可依據紅外影像提供更加準確的釋文底本，從而做出真正文本意義上的册書復原。時間倉促，對當下吴簡研究的最新成果也並未搜羅齊備，掛一漏萬，還請批評指正。

附記：會後蒙楊芬先生告知，有未發表的簡文可證“表”確爲“朱表”，其與“朱度”爲父子關係。因未見到相關材料，所以本文基本未作修訂，一仍其舊。

長沙走馬樓隱核州吏、軍吏父兄子弟木牘補論*

沈　剛

（吉林大學古籍研究所、出土文獻與中國古代文明研究協同創新中心）

漢末三國，各割據勢力爲了征戰和政權建設需要，竭力斂取社會資源，對人口控制即爲其中重要的内容。反映孫吴早期歷史的走馬樓吴簡中的户籍類簡，具體再現了孫吴前期臨湘地區人口管理的實況。除了這種定期整理、登記的簿書外，吴簡中還出現了幾種内容、格式比較接近，事關隱核州、軍吏父兄子弟的木牘，也與人口管理相關。這類木牘在發掘簡報首先披露，[①]此後亦間或刊布了幾種，引起學界的注意，從格式、内容、性質等方面進行了討論。徐暢先生在總結吴簡竹木牘刊布與研究情況時，將此作爲破莂保據類，專門對其著録和研究情況作了介紹和梳理。[②] 新近公布的《竹簡（捌）》中，也出現了一枚同類木牘。最近，凌文超先生對走馬樓吴簡隱核州、軍吏父兄子弟簿作了系統的整理和研究，並且又補充了兩枚同類木牘。[③] 另外，凌先生對《竹簡（肆）》中的一組相關文書，命名爲"隱核新占民簿"，作了系統的梳理，内容也與此類木牘相關。[④] 本文即以

---

* 本文爲國家社科基金重點項目"秦簡所見地方行政制度研究"（16AZS006）階段成果。

① 長沙市文物工作隊、長沙市文物考古研究所：《長沙走馬樓 J22 發掘簡報》，《文物》1999 年第 5 期。

② 徐暢：《走馬樓吴簡竹木牘的刊布及相關研究述評》，《魏晋南北朝隋唐史資料》第三十一輯，上海：上海古籍出版社，2015 年。文後附有《吴簡竹木牘圖文及研究索引》以及《圍繞木牘的幾個研究熱點》，對於這類材料的研究現狀均有涉及，可參看，本文不再贅述。

③ 凌文超：《走馬樓吴簡隱核州、軍吏父兄子弟簿整理與研究——兼論孫吴吏、民分籍和在籍人口》，紀念走馬樓三國吴簡發現二十周年長沙簡帛研究國際學術研討會論文，長沙，2016 年 8 月 27—28 日。

④ 凌文超：《走馬樓吴簡隱核新占民簿整理與研究——兼論孫吴户籍的基本體例》，北京大學中國古代史研究中心編：《田餘慶先生九十華誕頌壽論文集》，北京：中華書局，2014 年。

這些材料爲基礎，觀察孫吴地方政權對特殊人口問題管理的一些方面，以成續貂之作。

一　隱核州、軍吏父兄子弟木牘補論

在目前所有已公布的吴簡中，關於隱核州、軍吏父兄子弟内容的木牘有四枚，因爲公布時間不一，學界對釋文和解釋也不斷修正。本文將其中先期發表的三枚木牘以徐暢先生最新發表的釋文爲基礎，[①]結合後來《竹簡(捌)》刊布的另外一枚木牘和凌文超先生補充的兩枚木牘，來觀察這類文書，並對木牘内容中涉及的一些問題進行補充論説。爲敘述方便，我們先將四枚木牘釋文移録如下：

1\. ‖X廣成鄉勸農掾區光言：被書，條列州吏父兄子弟狀、處、人名、年紀爲簿。輒隱核鄉

‖X界，州吏七人，父兄子弟合廿三人。其四人並踵聾歐病，一人被病物故，四人真身已送及

‖X隨本主官，十二人細小，一人限佃，一人先出給縣吏，隱核人名、年紀相應，無有遺脱。

‖X若後爲他官所覺，光自坐。嘉禾四年八月廿六日破莂保據。

2\. ‖X南鄉勸農掾謝韶，被書，條列鄉界州吏父兄子弟[年]一以上，狀、處爲簿。輒部歲伍潘祇、謝

‖X黄、巨力、謝琕、陳魯等，條鄉領州吏父兄子弟合十二人。其二人被病物故，一人先給郡吏，一人老

‖X鈍刑盲，七人細小。謹破莂保據，無有遺脱、年紀虚欺。爲他官所覺，韶自坐。嘉禾四年

‖X八月廿六日破莂保據。　　(捌·3342①)

3\. ‖X都鄉勸[農]掾郭宋言：被書，條列軍吏父兄子弟人名、年紀爲簿。輒隱核鄉界，軍吏[八][人]、父兄[子]

‖X弟合十一人。其一人被病物故，四人叛走，定見六人。其三人跰踵，二人守業，已下户民自代，一人

‖X[給][吏]。隱核人名、年紀、死、叛相應，無有遺脱。若爲他官所覺，宋自坐。

---

① 徐暢：《走馬樓吴簡竹木牘的刊布及相關研究述評》，《魏晋南北朝隋唐史資料》第三十一輯。

嘉禾四年八月廿六日破莂保據。

4. ‖東鄉勸農掾殷連[言],被書,條列州吏父兄人名、年紀爲簿。輒料核鄉界,州吏三人,父

‖兄二人,刑踵、叛走,以下户民自代。謹列年紀以審實,無有遺脱。若有他官所覺,連

‖自坐。嘉[禾]四年八月廿六日破莂保據。

5. ‖廣成鄉勸農掾區光言:被書,條列軍吏父兄子弟狀、處、人名、年紀爲簿。輒料核鄉界,軍吏五人,父兄子弟合十七人,其四人老鈍刑盲踵病,一人宫限佃客,一人爲獝狩(禽獸)所害殺,一人給郡吏,九人細小,一人給限佃客下户民代。隱核人名、年【紀】相應,無有遺脱。若後爲他官所覺,光自坐。嘉禾四年八月廿六日破莂保據。(編號不詳)

6. ‖平鄉勸農掾區光言:被書,條列軍吏父兄子弟狀、處、人名、年紀爲簿。輒隱核鄉界,軍吏十八人,父兄子弟合七十八人。其十八人老鈍盲踵病,一十四人被病物故;十一人各前後叛走;一人先給郡吏;四人隨本吏在宫;三人給子弟佃帥,爲官限佃;五人任給吏;三人吏父,老鈍;十九人細小。隱核人名、年紀、死、叛相應,無有遺脱。若後爲他官發覺,光自坐。嘉禾四年四月廿六日破莂保據。①

這幾枚木牘,皆有合同符號。説明這是"破莂保據"後保留下來的兩份莂券之一。從簡2和簡4圖版看,爲左側剖開,也就是這是莂的右半部分,它收藏在政府手中。簡文中"條列州吏父兄子弟狀處人名年紀爲簿",其中所言簿書似乎和莂是分開的。簡捌·3342①周圍伴出的簡,皆爲米出入記録,找不到一支相關的簡。這種"州吏父兄子弟狀、處、人名、年紀簿"雖然在這枚木牘周圍没有找到配套的簿籍,但見於《竹簡(叁)》叁·2939—3117中,除了中間一小部分(叁·2982—2997)爲入米記録外,其餘爲户口記録。在這批户口記録中,户主與其他多爲公乘某某不同,他多數爲州吏或軍吏。其中州吏出現11次,軍吏出現8次,還有兩次州故吏。且簡文還涉及州吏男性親屬的自然情況,如"細小"(叁·2944等15次)、"老鈍"(叁·2968)、"在宫"(叁·2950等5次)、"叛走"(叁·3039)、"限佃"(叁·3053)、"以下户民自代"(叁·3028)等。更重要的是,在這組簡中,還有幾條呈報總結類的簡:

集凡平鄉領州吏三人父子兄弟合五人　　(叁·3032)

① 簡5、6照録凌文超先生引文,故格式與前四枚不同,無分行,合同符號只在段首標出。

右都鄉軍吏八人…… (叁·3043)

集凡中鄉州軍吏四人父子兄弟三人　中 (叁·3012)

簿如牒盡力重復審實無有遺脱□簿保□君誠惶誠恐叩頭叩頭死罪 (叁·3011)

臨湘□□□□□□□□□□□□□□□十人父兄子弟十九人其二人被病物故一人叛□ (叁·3017)

户人見一人任吏□□刑腫叛走以下户民自代□□□□人名年紀爲簿 (叁·3003)

總結簡是以鄉爲單位的合計,其統計内容與莂正相呼應。呈報類的三支簡雖然不完整,但其中涉及"被病物故"、"任吏"、"刑腫叛走"、"以下户民自代"、"人名年紀爲簿"等也與莂的記録相吻合。遺憾的是,這批是采集簡,本卷後没有這部分的揭剥圖。但如果不是整理者有意識將它們排到一起,那麽這很可能是同一簿書中的部分簡牘。而且這個簿書就是莂書中所説的"州(軍)吏父兄子弟狀處人名年紀簿"。[1] 另外同樣在《竹簡(叁)》中,侯旭東先生還初步復原出"某鄉州軍吏父兄子弟人名年紀簿"中的四家名籍,亦可佐證。[2]

從隱核對象看,四枚木牘皆爲"州(軍)吏父兄(子弟)"。接下來列出州(軍)吏父兄(子弟)的人數。從"條列州(軍)吏父兄子弟人名、年紀爲簿"這句話的字面看,有兩種可能:一是隱核對象包括吏及父兄子弟,二是僅爲吏之父兄子弟。侯旭東先生認爲是後者。[3] 從分析其後的分類統計明細更能坐實這一點。簡1父兄子弟23人,分列項目中物故、叛走與定見人數之和恰好爲23人。簡3、5、6也同樣吻合。簡4中2人没有具體説明,大概是因爲人數較少,不需要一一羅列。簡2有些特殊,州吏父子兄弟共12人,而明細累加共11人,但凌文超先生認爲是原釋文將"州吏二人"的"二"誤釋爲"三",這樣也無窒礙了。

父兄子弟皆爲男性,而不統計女性,説明是以斂取吏父兄子弟勞動力資源爲目的。州吏爲政府服役,而其父兄子弟亦被嚴格控制,這暗示著有空户從役的傾向,[4]至少州吏之父兄子弟也是州吏的後備軍。這幾份莂券,在開頭或結尾處皆强調年紀、人名,無有

① 凌文超先生已對這批簿籍已經作了復原和研究,參看凌文超:《走馬樓吴簡隱核州、軍吏父兄子弟簿整理與研究——兼論孫吴吏、民分籍和在籍人口》,紀念走馬樓三國吴簡發現二十周年長沙簡帛研究國際學術研討會論文,長沙,2016年8月27—28日。

② 侯旭東:《長沙走馬樓三國吴簡所見給吏與吏子弟》,《中國史研究》2011年第3期。

③ 侯旭東:《長沙走馬樓三國吴簡所見給吏與吏子弟》,《中國史研究》2011年第3期。

④ 韓樹峰:《走馬樓吴簡中的"真吏"與"給吏"》,《吴簡研究》第二輯,武漢:崇文書局,2006年。

遺脱,説明這樣審核州、軍吏男性親屬的目的,在於保證州吏、軍吏隊伍的穩定,逐一核實其下落。强調年紀,或與其服役(或起役)年齡有關,達到一定年齡,州吏出現空缺就要補充進來。

從隱核的内容看,簡1"狀、處、人名、年紀爲簿"表明具體爲姓名、年齡、居處、現狀。不過從後面的記述看,這幾件文書的主體内容只是重點强調了"狀"這一項目,其他並没有體現。這可能是因爲在配套的"簿"上有詳細記述,爲常規統計項目,無須在莂券中特别説明。"狀"包括病、死、叛、徙、給役等幾種情況,其共同特點是因某種原因無法提供力役,因而可以進一步認爲隱核州、軍吏之父兄子弟的目的在於强制這類人口服役,而且從"先給郡縣吏"看,服役者的身份和一般給役還有所區别,即使已經給郡縣吏,但也要兼有州、軍吏男性家屬的身份,反映了政府對州、軍吏家庭的特殊控制,他們與郡縣吏還是有所區分的。特别是簡3、4中提到"以下户民自代",説明這批人服役種類或勞動量額定不變,即使無法服役,出現缺額也要找下户民遞補。就州吏、軍吏而言,二者也不盡相同,簡1和簡5均是勸農掾區光在嘉禾四年八月廿六日同一天對廣成鄉州吏和軍吏進行隱核,但是需要分别編製簿書統計,這些都反映了吴簡中諸種吏役的差别。

簡2中有"輒部歲伍潘祇、謝黄、巨力、謝琕、陳魯等條鄉領州吏父兄子弟",其他幾枚簡並無這句話,但這並不能説明這枚簡具有特殊性。在基本内容都相同的情況下,這只是南鄉勸農掾謝韶個人書寫習慣所致。其他幾鄉勸農掾也應都交由歲伍來完成隱核任務,但因爲這一程序不是破莂保據必須書寫的内容,故而省略。[①]

爲何由歲伍來完成操作呢?以前我們曾推測歲伍是負責丘中人口的胥吏,[②]但也有一個疑問:爲何吴簡中丘的數量衆多,而歲伍出現人數極少?從簡2來看,歲伍可能是由鄉中統一來設置,而非每丘一個歲伍。凌文超先生認爲歲伍和里魁分别負責不同系統的人口管理。[③] 不過,我們認爲還可以有另外一種解釋:里魁負責社會人口的日常管理,歲伍則在人口核查等特殊情況下行使職責。因爲里中户口記録雖然明確而整齊,但因爲人口移動,記録在案的人口可能散居於不同的丘中,呈現動態的變化,因而單單依靠户籍類簿書上的記録未必能查到人口現狀的真實情況。簡2稱"年紀虚欺",這就需要實地調查,而不是從簿書中得來。這樣就體現出歲伍行使其實地調查的職能,而作爲

---

① 黎石生先生曾指出勸農掾不是"走家串户計點人口、清查民户的直接當事人",但因爲當時簡2尚未公布,他推測是鄉嗇夫、里魁負責此事。參看黎石生:《長沙走馬樓簡牘所見户籍檢核制度及其相關問題》,《東南文化》2002年第9期。

② 沈剛:《長沙走馬樓三國竹簡研究》,北京:社會科學文獻出版社,2013年,第177頁。

③ 凌文超:《走馬樓吴簡隱核新占民簿整理與研究——兼論孫吴户籍的基本體例》,北京大學中國古代史研究中心編:《田餘慶先生九十華誕頌壽論文集》。

縣吏的勸農掾若親自對散居各處的特殊人口一一核實則頗有難度，鄉中的多名歲伍就成爲連接勸農掾和基層社會的紐帶。

二 隱核軍、州吏父兄子弟的程序保障與效果

以上幾件木牘最後都有“若有（爲）他官所覺，自坐”的字樣。魏斌先生認爲：“這反過來説明文書不實的情況必然經常出現，所以要立莂存證。”①不過我們認爲，這雖然是莂書中類似約誓部分，但也非程式化的文書用語。揆諸吴簡，其中亦有相應的配套制度作爲保證。

首先，對吏之父兄子弟叛走，皆有相應的機構和官員負責處理。若叛逃之後，政府會布置追捕：

> 草言府逐捕叛士□若不還縣界長留今□事　六月十四日兵曹掾謝韶白（柒·558）
>
> 草言府被書部吏唐王等逐捕叛□簡□張□□事　五月廿二日中賊曹史張惕白（柒·3162）

兵曹、賊曹逐捕叛逃者，雖然没有明言是州吏父兄子弟，但應該包含在内當無問題。而叛逃者自首則由部曲田曹負責：

> 草言府叛士□關□□等三人自首事　⧄（捌·293）
>
> 草言府條列叛自首士五人爲簿事　八月十九日部曲田曹史蕊（柒·4434）

前一支簡是説叛士除了被逐捕，也可以自首。後一條則説明由部曲田曹負責，並單獨編爲簿籍。叛士的處理也歸由兵曹：

> 草言府依科結正叛士謝客罪法□□事四月十九日兵曹史監宗關掾□□白（柒·4447）

依科之“科”，當指旁書科令，爲頒下文書的旁邊書寫（附録）了相應的法令科條。② 結正，定案判決。同期文獻《三國志·魏志·陳矯傳》：“曲周民父病，以牛禱，縣結正棄市。”這也就是説，兵曹依據旁科律令對叛士謝客某種行爲作了判決。對叛走吏民的處理的各

---

① 魏斌：《“原除”簡與“捐除名簿”》，《吴簡研究》第三輯，北京：中華書局，2011年。

② 凌文超：《走馬樓吴簡隱核新占民簿整理與研究——兼論孫吴户籍的基本體例》，北京大學中國古代史研究中心編：《田餘慶先生九十華誕頌壽論文集》。

個環節，有多個部門參與，如果勸農掾在核查州吏父兄子弟情況時弄虚作假，很容易在其他環節（即他官）暴露出來。

簡 1、簡 2 在記録州軍吏父兄子弟去向時，有一條爲給郡縣吏。同樣也有與之相關的行政程序：

□□□變易姓名留在諸縣爲吏宜各隱核縣若有新出　（捌 · 3512）

☑無有他郡縣新出給縣吏者輒寫部諸鄉典田掾蔡　（捌 · 3517）

雖然這兩條簡文均有殘缺，但尚可看出基本内容。第一條是説要隱核出"變易姓名留在諸縣爲吏"，倘若勸農掾在隱核"父兄子弟"没有列出給郡縣吏者，在另外的隱核人口工作中就可能被發現。第二條也是和新給縣吏者有關，這些都是出於不同目的所生成的行政文書，可以和勸農掾所書寫的"州吏父兄人名年紀爲簿"互相參證，防止隱核工作弄虚作假，流於形式。

這種周密複雜的行政文書，一方面可以防範官吏在隱核工作中的失誤，另一方面也可以爲隱核工作提供幫助，甚至憑藉。在户籍文書統計過程中，對不同身份的人口均有標注，且分别統計，這就成爲勸農掾核查州、軍吏的材料基礎。比如，在户口統計的里的結計簡中有一類情況值得注意：

集凡富貴里魁鄭理領吏民五十户口食二百五十九人　（柒 · 5593）

其六十一人女　（柒 · 5594）

其八十五人男　（柒 · 5595）

右新占民□廿二户口食一百卌六人　（柒 · 5597）

在這組簡中，5594 和 5595 人數之和正好與簡 5597 吻合，位置接近，也就是表明在里計簡中，新占民要作爲一類民户要再次單獨統計。但吴簡中一里的户數爲 50 户左右，如"集凡樂安里領吏民五十户口食二百七十人　魁　文　當（?）　主"（柒 · 373）。22 户只是其中一部分，所以還應有和其相對稱的民户，在吴簡中里中結計簡部分有這樣的簡文：

右黄簿民卌九户口食二百廿九人　（捌 · 495）

黄簿民與新占民對稱，在有的簡文中稱爲故户，如"集凡魁區䔍領故户卅户合二百六十一人"（捌 · 1569）。[①] 在檢核户口身份時，這樣的記録的確也曾發生過作用，在早先討論

① 關於黄簿民和新占民問題，連先用先生已經作了系統的研究，參看連先用：《試論吴簡中的"黄簿民"與"新占民"》，待刊。

較多舉番倚私學文書：

> 南鄉勸農掾番琬叩頭死罪白，被曹敕，發遣吏陳晶所舉私學番倚詣廷言。案文書：倚一名文。文父廣奏辭："本鄉正户民，不爲遺脱。"輒操黄簿審實，不應爲私學。乞曹列言府。琬誠惶誠恐，叩頭死罪死罪，詣功曹
>
> 十二月十五日庚午白[1]

南鄉勸農掾判斷番倚是否爲遺脱，其基本依據是"操黄簿"，知其爲正户民，不是遺脱。這些檔案爲户曹掌管：

> 户曹言□遣私學謝達本正户民不應□遺脱□□事□月八日領户曹……白（柒·1464）

正是因爲户曹的這些底檔，使得審實工作能够順利進行。同理，對州吏、軍吏父兄子弟身份及去向的隱核，也需要以户籍的記録爲基礎進行。另外，"以下户自代"，户等也是户籍類文書記載的内容：

> 其十户下户之下新占（柒·372）
>
> 右一户下户之下新占（柒·398）

勸農掾也可將這些内容相互核校，爲其工作提供便利。

除了本文討論的隱核州、軍吏父兄子弟以外，吴簡中也有隱核其他人口的記録，比如師佐：

> 兵曹言部諸鄉典田掾蔡忠等重復隱核鍛師事
>
> 嘉禾六年三月十四日書佐吕承封（柒·2585）

鍛師是師佐的一種，負責隱核的官吏與州吏、軍吏不同，是典田掾，也能看出對不同人口的隱核工作是由不同的官吏負責。另外，還有對叛走者的隱核：

> □絞詖負者□□隱核逋出吏帥□依□□叛者（肆·1210）

簡文有缺失，但根據已有的内容判斷是隱核叛走逋逃吏民。在《竹簡（肆）》中，有一批隱核"方遠授居民"的簡牘，凌文超先生進行了復原和研究，這些"方遠授居民"包括兩類人，一類是"諸郡生子遠授居比郡縣者"，即孫吴境内那些在相鄰郡縣生子，且未上户籍

---

① 釋文標點引自徐暢：《走馬樓吴簡竹木牘的刊布及相關研究述評》，《魏晋南北朝隋唐史資料》第三十一輯。

的兒童；一類是"方遠客人"，即外來的流民。[①] 這也就是説，吴簡中隱核的多是包括方遠授居民、師佐、叛走等特殊人口。凌先生還通過復原的簡册指出，隱核要求是由太常府發出，由郡縣鄉逐級下發。

以上均説明勸農掾隱核州吏、軍吏父兄子弟的工作是孫吴政權衆多類隱核人口工作中的一種，反映了政府對人口管理之嚴密，同時這也是國家人口控制複雜體系中的一個環節，通過對人口的分類管理、去向細節的追究、官吏追責等方式形成對人口的有效控制。

① 凌文超：《走馬樓吴簡隱核新占民簿整理與研究——兼論孫吴户籍的基本體例》，北京大學中國古代史研究中心編：《田餘慶先生九十華誕頌壽論文集》。

“在官”與“在宫”

孟彦弘

（中國社會科學院歷史研究所、北京大學中國古代史研究中心）

《竹簡（貳）》中，有識讀爲“在宫”的幾枚簡：①

1. •白弟仕伍念年七歲隨軍在宫　　□姊薤年六十七踵（腫）兩足（貳·2435）
2. •其一人真身送宫　▼　（貳·7093）
3. •其二人子弟隨本主在宫　（貳·7098）
4. ☐　•其四人真身已送及隨本（？）主在宫　▼　（貳·8936）
5. ☐真身送宫八人細小七人假（？）下户民以自代謹條列☐　（貳·8977）

我在討論子弟、吏户的問題時，曾引用其中的簡3、簡4，懷疑“在宫”應作“在官”，指吏之子弟“隨本主”在官服吏役；簡4“其四人真身已送”，是指吏子弟被徵派服役時的統計。② 但我並没有進一步論證。次年，王素先生據《竹簡（柒）》中的兩枚“入宫事”、“詣宫事”簡，認爲我所推測的“在官”仍應作“在宫”；宫，即武昌宫。③ 近凌文超先生進行了系統論證，④這促使我重新思考這一問題。

文超認爲作“宫”字無誤。宫主要是指處所、所在、地方，官主要是指官方、政府、公家。關於後者，他舉出了“官鋘”、“官所賣醬賈米”、“官禾”、“官鹽”、“官牛”等。“‘宫’與

---

① 長沙簡牘博物館等編：《長沙走馬樓三國吴簡·竹簡（貳）》，北京：文物出版社，2007年。以下簡作“貳·簡號”（下引各卷同）。☐表示斷簡。本文引用的其他各卷竹簡均由文物出版社出版，《竹簡（壹）》，2003年；《竹簡（叁）》，2008年；《竹簡（肆）》，2011年；《竹簡（柒）》，2013年；《竹簡（捌）》，2015年。

② 孟彦弘：《吴簡所見的“子弟”與孫吴的吏户制》，見氏著《出土文獻與漢唐典制研究》，北京：北京大學出版社，2015年，第76頁。

③ 王素：《長沙吴簡勸農掾條列軍州吏等人名年紀三文書新探》，《魏晋南北朝隋唐史資料》第二十五輯，武漢：武漢大學文科學報編輯部，2009年，第10頁。

④ 凌文超：《走馬樓吴簡中所見的“宫”》，《出土文獻》第七輯，上海：中西書局，2015年，第254—266頁。

‘官’的具體内涵並不相同，因此，第一種意見今不取。”①所謂第一種意見，即我所推測的“宫”應作“官”的意見。

對我推測的否定，無論從邏輯還是所依據史料，我都以爲不大妥當。文超將有關宫的簡，分作了六類，即隱核州軍吏父兄子弟簿、舉私學簿、君教簡及相關文書、户口簡、原除簡以及記録宫的竹簡。我所引用的兩支簡，在他所歸類的第一類中。這類簡，與他用以否定我推測的“官鋘”、“官所賣醬賈米”、“官禾”、“官鹽”、“官牛”，性質完全不同，説得完全不是一回事，不能用一類來否定另一類。換言之，“官鋘”、“官禾”、“官鹽”、“官牛”的“官”，不能肯定或否定“真身已送”或“隨本主”所在的應該是“官”還是“宫”。

與王素先生意見不同，文超認爲簡中的“宫”未必是武昌宫，而應是建業宫（吴簡迄今未見武昌宫，有二例建業宫）。他對“丞灰固還宫”（貳・4472），及州、軍吏子弟“隨〇在宫”這兩類簡作了分析，認爲這兩類簡中的“宫”就是建業宫，最後他認爲將宫理解爲建業宫，符合孫吴政局的發展趨勢（孫權加强皇權，削弱諸將的權力）。

第一類，文超考訂，這位丞是丁琰。因患病而“還宫”，此宫，即建業宫。對這一史料的解讀，我不討論，即使這確是“宫”，也跟我所推測的服吏役者稱作“在官”抑或“在宫”没有關係。況且，吴簡中也確實有涉及“宫”的記録，王素先生引用的兩枚有關宫的簡是：

6. 草言……入官事☐　　　　　　　　　　（柒・2733）

7. □曹言……詣(?)官事 嘉 禾 六 年 五 月 □□ 日 …… 封　　　　　　　　　　（柒・3094）

文超也引用了一支明確作建康宫的簡：

8. 草言府……軍吏……建業宫事　□月七日兼兵曹 掾 □□ 白　　　　　　（柒・3185）

另一枚涉及建業宫者，大概即：

9. □□□吏李便□齎蓑(?)已嘉禾四年五月十一日於建業宫入付吏陳彊何玄便　　　　　　（肆・3835）

但是，不能因爲有“宫”的記録（無論是建業宫還是武昌宫），就認爲服吏役者只能是“在宫”，這就像簡中確實有官牛、官禾、官鋘的“官”，但不能據此認定以上三枚簡簡 6—8 釋作“宫”是錯誤的。即使孫權爲加强集權、削弱諸將的權力，大部分吏役被徵發至建康宫或建業宫，也不能説其他地方就没有吏役。就字形而論，“官”、“宫”二字形近，就像“升”

① 凌文超：《走馬樓吴簡中所見的“宫”》，《出土文獻》第七輯，第 259 頁。

與"斗",即使寫者,也極易混寫。[①] 釋讀者弄混,也就在情理之中。一些釋爲"宫"的簡,放到簡文中,也頗令人生疑。如:

10. 其百五斛負者□還宫無有家屬可詭責者已列言依癸 (貳·178)

11. ⧄宫無有家□□所詭責前已列言依癸卯書原除 (叁·6329)

這大概是對官府欠負的統計,而且據"癸卯書",曾作過原免。[②] 與此類似者,還有:

12. 其一百一十五斛負者見詭課貧窮無有錢入已列言依癸卯 (貳·180)

13. ⧄……絹(?)□税(?)者租錢□□詭責前已列言□ (叁·3438)

14. ⧄……年卌八斛七斗七升已依癸卯書絶置⧄ (肆·5532)

類似的簡,似乎多見於《竹簡(貳)》,其中多殘留結尾,有的還有官府核實時所作的標識。如:

15. □民無有家屬可詭責者已列言依癸卯書原除 (貳·139)

16. ⧄□□□□無有家屬可詭責負者已列言依癸卯書原除 (貳·841)

17. 無有家屬可詭責者已列⧄ (貳·301)

18. ⧄無有家屬以詭責者依癸卯書⧄ (貳·4447)

19. 家屬可詭責者已列言依癸卯書原除 (貳·51)

20. ⧄可詭責者依癸卯書原除　中 (貳·238)

21. 無所詭責已列言依癸卯書原除　▼ (貳·892)

22. 詭責已列言依癸卯書原除 (貳·254)

23. 詭責已列言依癸卯書原⧄ (貳·1015)

24. 詭責已列言依癸卯書原除　▼ (貳·2706)

25. 列言依癸卯書原除 (貳·798)

26. 亡依癸卯書原除 (肆·4698)

原除的原因,多爲"無有家屬",如上舉簡10、15—18。也有因物故而原除的,如:

27. 物故無所詭責已列言依癸卯書原除　中 (貳·720)

由這一類簡來看,與其將簡10、11中的"還宫"、"⧄宫",釋成欠建康宫或建業宫等宫,還

---

① 關於升、斗之因形近致誤,賀昌群曾著《升斗辨》(原刊1958年,此據《賀昌群史學論著選》,北京:中國科會科學出版社,1985年,第78—88頁)加以説明,可參看。

② 關於這類原除簡,魏斌《"原除"簡與"捐除名簿"》(《吴簡研究》第三輯,北京:中華書局,2011年)作過研究,可參看,特别是第185—186、191頁。

不如釋作"還官",即所欠者未還官爲更合情理。他們因"無有家屬",據"癸卯書",可以得到原除。

"在官",在典籍中屢見不鮮,意指爲官在任。如黄龍六年(237 年)正月,爲奔喪事下詔,稱"長吏在官,當須交代,而故犯之,雖隨糾坐,猶已廢曠",要先公後私,不得隨意離職,並要大家討論,制定"奔喪立科"。① 官府中的府史之類吏職,也稱爲"在官"。如《隋書·禮儀志六》,言及北周的"庶士之服一:玄冠"時,自注:"庶士,庶人在官,府史之屬。"②但能不能用"在官"指稱或標識正在爲官府服役的狀態呢?如果可以,那麽它是涵蓋所有官府的役,還是僅指某種或某幾種役?

師佐是一類有專門技術的手工業者,他們有專屬户籍。官府對他們也常常進行查核、統計。對他們的服役情況所作的注記,有"留"、"在本縣"、"屯將行"、"今送"(或今見送)、"别使"(或使到武昌)或"别使録送"等,③並未將他們正在服役時標作"在官"。因此,我很懷疑作"在官"標識者可能只針對吏役。

已出簡中,我們常見到有查核吏父兄子弟情況。爲學界反復引用的,就是"東鄉勸農掾殷連被書,條列州吏父兄人名年紀爲簿"(J22-2543)和"廣成鄉勸農掾區光言:被書條列州吏父兄子弟伏〔狀?〕處人名年紀爲簿"。④《竹簡(捌)》有南鄉勸農掾謝韶條列鄉界州吏父兄子弟的一塊木牘:

行 1. 南鄉勸農掾謝韶被書條列鄉界州吏父兄子弟年一以上狀處爲簿輒部歲伍潘祇謝

行 2. 黄巨力謝琕陳魯等條鄉領州吏父兄子弟合十二人其二人被病物故一人先給郡吏一人老

行 3. 鈍刑盲七人細小謹破莂保據無有遺脱年紀虚欺爲他官所覺詔自坐嘉禾四年

行 4. 八月廿六日破莂保據 (捌·3342①)

---

① 《三國志》卷四七《吴書·吴主傳》,北京:中華書局,1982 年,第 1141 頁。

② 《隋書》卷一一,北京:中華書局,1982 年,第 247 頁。

③ 見韓樹峰:《長沙走馬樓三國吴簡所見師佐籍考》,《吴簡研究》第一輯,武漢:崇文書局,2004 年,第 167—176 頁。有關作部工師的編聯復原,參凌文超:《走馬樓吴簡采集簿書整理與研究》第五章,桂林:廣西師範大學出版社,2015 年。

④ 《長沙走馬樓二十號井發掘報告》,見長沙市文物考古研究所等編:《長沙走馬樓三國吴簡·嘉禾吏民田家莂》,北京:文物出版社,1999 年,第 32 頁。"伏處",原釋作"伙處",侯旭東《三國吴簡兩文書初探》(《歷史研究》2001 年第 4 期)改釋爲"伏處"(第 173 頁)。上引凌文超文,已改釋爲"狀",見《走馬樓吴簡中所見的"宫"》,《出土文獻研究》第七輯,第 255 頁注[1]。據下引《竹簡》捌·3342①"南鄉勸農掾謝韶被書條列鄉界州吏父兄子弟年一以上狀處爲簿",作"狀處"爲是。

這三起查核,都發生在嘉禾四年八月,這或與八月案比有關。[1] 查核吏父兄情況,還見於竹簡,[2]如:

28. 諸 鄉 謹列郡縣吏兄弟叛走人名簿 (壹·7849)

29. ☑模鄉謹列軍吏父兄人名年紀爲簿 (叁·3814)

在引起大家關注的草刺簡中,也涉及條列吏父兄子弟事:

30. 草言府□諸鄉條列郡縣吏父兄人名事 八月□日□曹掾□□白 (柒·583)

31. 草言府記(?)諸鄉吏依書注條列郎吏以下所有客奴婢縣吏死子弟事 七月……白 (柒·3187)

32. ☑言部諸鄉吏郭宋等依書條列衆吏大奴見吏子弟任役事 六月十日兼□曹史唐□白 (柒·4443)

33. 草言府部吏烝師條列郡縣吏父兄子弟人名年紀□□遣□賚詣府傳 (捌·304)

這些統計内容,大致是人名、年紀、年身狀況、是否叛走、任役情況。而下面這枚簡的統計内容,值得我們格外重視:

34. ☑ □吏父兄有名及已給官(?)者吏名 (肆·3771)

統計的内容是兩項,即父兄人名(全部)和其中"給官"即正在任吏役者。"給官",就是去官府服吏役。倘是隨父兄去的,那麽就應該是吴簡中所標識的"隨主在官"。聯繫到《晋陽秋》對孫吴滅國時的户口統計,將吏、兵與普通百姓並列,[3]可知吏並不是一個小的數字。在整個吏役中,"在宫"的人數,最多不會超過一半吧。所以,將吴簡中出現的"在官"都釋在"在宫",我想是不妥當的。

簡 3、簡 4 説到"隨本主"。所謂"本主",大概是指像部曲與主人、將吏與統師、掾屬與主官建立起的具有濃厚私人之間的依附關係。如晋王敦在永昌元年(322 年)以誅劉隗爲名上疏時稱:

> 當陛下踐阼之始,投刺王官,本以非常之慶使豫蒙榮分。而更充征役,復

---

① 有關八月案比事,參邢義田:《漢代案比在縣或在鄉?》,收入所著《治國安邦:法制、行政與軍事》,北京:中華書局,2011 年。

② 凌文超《走馬樓吴簡采集簿書整理與研究》第四章認爲這類木牘與吏父兄叛走簡,並非同一簿書,要區分處理(第 164 頁)。按,這是從簿册編聯復原來看的。如果從處理的事務來看,它們無疑處理的是同一類問題。另,該書還引用了"都鄉勸農掾宋言被書條列軍吏父兄子弟人名年紀爲簿"(第 162 頁)。

③ 《三國志·吴書·孫皓傳》裴注引,第 1177 頁。

依舊名，普取出客，從來久遠，經涉年載，或死亡滅絶，或自贖得免，或見放遣，或父兄時事身所不及，有所不得，輒罪本主，百姓哀憤，怨聲盈路。①

與簡3、簡4的語法結構相似的用例，古籍中也有。如《三國志・吳書・陸遜傳》：

陸遜字伯言，吳郡吳人也。……遜少孤，隨從祖廬江太守康在官。②

因此，我也很懷疑，與“本主”相關的簡，可能都是與吏役相關者。如：

36. 者輸入所連其本主反叛無所詭責者□被吏三(?)組主者備 (肆・1245)
37. 九十二斛一斗五升九合主各死叛及傳□者僦□□詭責三萬 (肆・1335)

它們反映的大概就是吏死亡、叛走後的情況。《竹簡(叁)》有數枚簡，原釋作“在宮”：

38. 平子男主年八歲細小□聾兩耳隨□在宮 (叁・1605)
39. 右四人給僮居州曹□□ 三人隨本吏在宮 (叁・1771)
40. 春兄子男絮年廿五隨春在宮 (叁・1992)
41. 絮男弟智年十四隨父春在宮 (叁・2011)
42. 儀兄子男汝年十四細小隨儀在宮一名海 中 (叁・2950)
43. □兄子男進年十三細小 □前在宮 中 (叁・3021)
44. ……年三歲 聾兩耳□□□在宮 (叁・3035)
45. 春兄子男絮年廿五隨春在宮 (叁・3066)
46. □姪子男□年□歲細小隨□在宮 (叁・7270)
47. 吏□□年□一□宮□□☑ (叁・8047)

這些簡，是否存在編聯綴合的關係，尚不得知。簡38、41、42、43、44，隨其人“在宮”者，都只有八歲、十三歲、十四歲，甚至僅有三歲者。被派往建康宮或建業宮，很難想象允許拖家帶口前去服役吧。他們大概就是隨父兄服吏役，以釋作“在官”，或更爲妥當。屢爲學者徵引的永安元年十一壬子詔書，稱：

諸吏家有五人三人兼爲重役，父兄在都，子弟給郡縣吏，既出限米，軍出又行……其有五人三人爲役，聽其父兄所欲留，爲留一人，除其米限，軍出不行。③

“父兄在都”云云，是否意指吏役往往父兄一起被徵發，甚至拖家帶口呢？换言之，出現這類情況的，大多是指吏役。孫吳這個時期，吏役已以户爲單位進行徵發。該户被簽發

① 《晉書》卷九八《王敦傳》，北京：中華書局，1982年，第2558頁。
② 《三國志》卷五八《吳書・陸遜傳》，第1343頁。
③ 《三國志》卷四八《吳書・孫休傳》，第1157頁。

爲吏户,則全户服吏役,我稱作"户的身份性"。[①] 所以,"東鄉勸農掾殷連被書,條列州吏父兄人名年紀爲簿"(J22-2543)中,有"州吏三人,父兄二人刑踵叛走,以下户自代",即需從下户中再重新簽派某户,作爲吏户,以取代父兄刑踵叛走的這一户,承擔吏役。

總之,我並不是否認,吴簡的任吏役者,没有"在宫"的情況。但如果將此類簡都釋作"在宫",即在武昌宫或建業宫任役,那顯然是將"在宫"擴大化了。在詞意上説,"在宫",也是"在官"之一種,即"在官"包括了"在宫"。如簡 39,簡中小字標注,作"隨本吏在宫";我們不排除隨本吏往建康宫或建業宫去服吏役,但如果釋作"在官",或更妥帖。或者説,像這一類簡,在無法明確識别究竟是泛指"在官"服吏役,還是專指"在宫"服役,我以爲釋作"在官"或更爲慎重。

2016 年 7 月初稿

2016 年 8 月改訂

① 參孟彦弘:《吴簡所見的"子弟"與孫吴的吏户制》,見氏著《出土文獻與漢唐典制研究》,第 85—89 頁。

論走馬樓吴簡中的“以下户民自代”

熊　曲

（長沙簡牘博物館）

關於走馬樓吴簡中的“給吏”，學界討論很多，又因其以民爲給吏，所以，隱核州吏、軍吏木牘中的“以下户民自代”常常被學者用於“給吏”的探討。但大家只是利用它説明民可以代替給吏或吏役，我們認爲，“以下户民自代”還有探討的空間，本文就是專門對其在吴簡中的情況進行分析和闡述。

“以下户民自代”出現在隱核州、軍吏木牘中，下面我們將已出版的相關木牘條列如下：

1. ‖Ⅸ東鄉勸農掾殷連〔言〕：被書，條列州吏父兄人名、年紀爲簿。輒料核鄉界，州吏二人，父
‖Ⅸ兄二人，刑踵、叛走，以下户民自代。謹列年紀以審實，無有遺脱。若有他官所覺，連
‖Ⅸ自坐。嘉〔禾〕四年八月廿六日破莂保據。（209）

2. ‖Ⅸ都鄉勸農掾郭宋言：被書，條列軍吏父兄子弟人名、年紀爲簿。輒隱核鄉界，軍吏八人，父兄子
‖Ⅸ弟合十一人。其一人被病物故，四人叛走，定見六人。其三人跰踵，二人守業，已下户民自代，一人
‖Ⅸ給吏。隱核人名、年紀、死、叛相應，無有遺脱。若爲他官所覺，宋自坐。嘉禾四年八月廿六日破莂
‖Ⅸ保據。（376）

3. ‖Ⅸ廣成鄉勸農掾區光言：被書，條列州吏父兄子弟狀[①]、處、人名、年紀爲簿。

---

① “狀”，原釋或作“伏”，或作“伙”。凌文超據圖版改，《走馬樓吴簡隱核州、軍吏父兄子弟簿整理與研究——兼論孫吴吏、民分籍及在籍人口》，《中國史研究》2017年第2期，第84頁。

輒隱核鄉

||X界,州吏七人,父兄子弟合廿三人。其四人刑踵聾歐病,一人被病物故,四人真身已送及

||X隨本主在宫,十二人細小,一人限佃,一人先出給縣吏。隱核人名、年紀相應,無有遺脱。

||X若後爲他官所覺,光自坐。嘉禾四年八月廿六日破莂保據。 (57)

【注】此木牘上部同文符處有朱筆痕。

簡1是因逃亡,簡2是因"守業"①而以下户民代替服役。與"以下户民自代"語言格式相同的還有"以户下奴自代":

4. ☑以户下奴自代如故 (肆·3278)

5. ☑……記奴得自代如故② (肆·1501)

這裏應是吏民用户下奴代替自己服役。而"自代"從字面上理解指代替自己。我們認爲,"以下户民自代"可以與"以户下奴自代"作相同的理解。其中的"自代"爲"代替自己"之義。那么,隱核州、軍吏木牘中的"以下户民自代"指州、軍吏的父兄子弟如果不能自己服役,就讓下户民代替自己。同時,這種服役應該是臨時性的。

關尾史郎對簡2中的"已下户民自代,一人給吏",解釋爲"以下户代替自己復(服)吏役者1人"。③ 雖然我們不認同他將兩句放在一起解釋,但"自代"的理解卻和我們一樣。在《長沙走馬樓三國吴簡·竹簡(貳)》中有隱核州、軍吏木牘内容相關的竹簡,其中,有這樣一枚簡:

6. • 其七人假人自代 (貳·7494)

所謂"假人自代",從字面上理解應是找人代替自己。既然是代替自己,應是自己找人代替。如簡2中二人因"守業",自己從下户民中,找人代替自己服役。簡1和簡2均有逃亡,之所以前者有下户民代替,而後者没有,我們認爲,這3枚木牘是勸農掾據隱核州、軍吏父兄子弟實際情況所作的報告,簡1中的逃亡,可能是州吏家庭中已找下户民代替,而後者應是没有。可見,政府是允許他們找人或者用户下奴代替自己服役的,並且

---

① 關尾史郎認爲"守業"指經營生業。見[日]關尾史郎:《破莂、别莂考——以長沙吴簡爲例》,長沙簡牘博物館編:《走馬樓吴簡研究論文精選》,長沙:嶽麓書社,2016年,下册第523頁。

② "故"原釋作"詔",據圖版及文例改。

③ [日]關尾史郎:《破莂、别莂考——以長沙吴簡爲例》,長沙簡牘博物館編:《走馬樓吴簡研究論文精選》,上册第523頁。

還對代役人的情況作了記録。如：

7. 六人縣吏兄各假一人自代　三人如本主 三人不如本主　·　（伍·38708）

8. □曹言答府部吏區光等料實今年下户未訖事　十一月廿日户曹掾兼□曹史趙野白　（柒·4466）

9. 兵曹言下户唐文□□□軍吏不得遣□□事　嘉禾六年三月十二日書佐吕承封　（柒·4515）

除了州吏、軍吏父兄子弟外，這裏有縣吏父兄子弟找人代役的。我們認爲，可能吏的父兄子弟都需服役，吴簡中有專門統計縣吏父兄子弟叛走人名簿也可證明。這種對代役人的記録，應是政府對代役工作的管理的表現。簡 8、9 説明下户民在官府服役，官府對他們的情況進行核實管理。

從以上 3 枚木牘來看，州、軍吏父兄子弟疾病、殘疾、老鈍、細小，都不需服役。但在吴簡吏民名籍中，我們發現民户刑踵等疾病、殘疾任給役的：

10. 民男子蔡指(?)年六十四刑左手養官牛　妻大女枚年五十五刑左手（貳·2011）

11. 民男子周車年五十三腹心病給囷父　·車妻大女妻年五十（貳·1686）

12. □年廣成里户人公乘周車年五十二腹心病給關父　（肆·1924）

13. 嘉禾四年廣成里户人公乘朱萇年六十六刑左足給亭雜人　（肆·2042）

14. 常遷里户人公乘石宜年五十一刑佐手給縣卒　（捌·1700）

【注】"佐"應爲"左"之通假。

15. 常遷里户人公乘烝枯年廿一雀右手指給郡吏　（捌·725）

簡 10、13 年齡甚至超過六十歲，且身體有疾病。但同時，在吴簡中我們又可以看到以下情況：

16. 　其十三户刑踵貧窮老孤寡不任役　（捌·490）

17. 　其一户窮老女户不任役　下品之下　（捌·3620）

簡 17 由於只有一户，可以肯定這户家庭是因其既窮又老，還屬於女户才不任役，所以，不是所有的女户都可以不任役。吴簡中另有女户爲下品，這種女户應該需要服役。① 但從以上 3 枚木牘内容來看，女性本身是不需要服役的。所以，簡 17 中的不任

① 于振波先生根據肆·1792"陽貴里户人大女吴妾年七十六　不任役"，認爲孫吴女性需要服役。我們認爲這枚簡應是指女户，且屬於老鈍一類，這裏"不任役"指該女户不任役，而非僅指其人。

役應該具有“刑踵、貧窮、老、孤、寡”中至少兩項的吏民户，並且达到“下品之下”的標準。我們認爲，簡 16 並不能説明普通民衆刑踵無需服役。不過，超過六十歲已達到了不用服役的年齡。韓樹峰先生認爲：“他們從事給役，並非政府救濟弱勢群體的惠政，可能是這個群體迫不得已、自謀生路的生存手段。”[①]但從養官牛的民户來看，以殘疾爲主，[②]這既反映了勞動力的缺乏，也可能是政府的救濟行爲。在吴簡中，簡 10—15 中的给役現象並不常見。所以，不管是政府救濟行爲，還是他們自謀生路的手段，都屬於一種特殊的現象。所以，我們認爲，吏民同樣都會因刑踵、老鈍及疾病等情況而不需服役。

州吏、軍吏父兄子弟服役，從木牘來看，有的任給吏，有的隨著州吏、軍吏到宫服役，[③]有的充當官府的限佃客。他們因各種原因不能服役，就找下户民或户下奴代替服役。首先我們認爲，我們在州吏、軍吏木牘中並没有明確看到以下户民任給吏；其次，木牘中有明確以下户民代替給限佃客。侯旭東先生認爲，吴簡中應存在子弟限田。由成年的、没有承擔給吏任務、在家的吏家子弟耕種，並交納子弟限米。因吏子弟逃亡頻繁、疾病與年幼等出現勞力不敷時，也會徵發本鄉下户民耕種，這便是名籍中所見民户“給子弟”(如貳・1754)以及其他簡中出現的“子弟限佃客”或“限佃民”，這亦是爲何存在身份不是“子弟”者交納子弟限米的原因。[④] 這裏，我們認爲給限佃客應該是充當官府佃客，從事農業生産，並交納限米。在吴簡中有限佃民、限佃吏、限佃客：

18. 其[八]户限佃民 其二户中品
其六户下品 (柒・3662)

19. 其四户限佃吏 (柒・454)

20. 其四户限佃客 (柒・546)

21. □集凡小武陵西二乡新住限佃[客]卅四户口食卌一人故户中□ (貳・35)

我們可以看到，限佃民不僅僅只有下品，還有中品。雖然限佃吏和限佃客未見其户品的材料，如果以限佃民爲參照的話，也應該有不同的户品。那麼，限佃民、限佃吏、限佃客是孫吴吏民中的一種身份，未必是因吏子弟這種勞力不够而從下户民徵發而産生的。至於不是吏子弟而交子弟限米的原因，我們認爲，是吏子弟給限佃客，以下户民代替自

① 韓樹峰：《論吴簡所見的真吏與給吏》，長沙簡牘博物館編：《走馬樓吴簡研究論文精選》，上册第 320 頁。

② 拙稿《論走馬樓吴簡中的官牛簿》，《出土文獻研究》第十二輯，上海：中西書局，2012 年。

③ 孟彦弘先生認爲“隨本主在宫”中的“在宫”爲“在官”，指吏子弟“隨本主”在官服役，見紀念走馬樓三國吴簡發現二十周年長沙簡帛研究國際學術研討會論文，長沙，2016 年 8 月 27—28 日。

④ 侯旭東：《長沙走馬樓三國吴簡所見給吏與吏子弟——從漢代的“給事”説起》，《中國史研究》2011 年第 3 期，第 40 頁。

己服役,並由下户民交納限米。這也許也是在吴簡中我們並没有發現子弟限田的原因吧。蔣福亞先生認爲下户民是代替子弟之役。“子弟”先從諸吏的父子兄弟中徵發,缺額再由民户代替。所謂“子弟”或“給子弟”就是成爲國家佃客,被强制耕種上“限田”,繳納“限米”,稱爲“子弟限米”。[①] 他和侯旭東先生一樣,認爲民户給子弟,就是耕種限田,繳納子弟限米。區别在於對於以上 3 枚木牘的“以下户民自代”中下户民代替的是什麽。蔣福亞先生認爲是代替子弟之役,即爲國家佃客,而侯旭東先生認爲是給吏。

雖然在州吏、軍吏木牘中,没有明確看到以下户民代替給吏,但既然可以以下户民代替,給吏又是吏父兄子弟所服之役之一,同時,在吴簡中有較多户品爲下品的民衆任給吏,所以,以下户民代替給吏不是没有可能性。且“以下户自代”是走馬樓吴簡文書中明確出現以“民”代替服役的文書用語,所以,學界把它用於討論“給吏”的來源之一。于振波先生認爲“給吏”、“給卒”是下户民承擔的特殊徭役。黎虎先生認爲,“給吏”的來源有民和吏子弟兩種。[②] 侯旭東先生認爲,孫吴初年臨湘地區的“給吏”出自民户與吏家的父兄子弟。並説,民户是吏家的父兄子弟因種種原因不足時的補充人選,暗示包括“給吏”在内的針對民户的安排帶有補缺性質。[③] 通過以上對州吏、軍吏父兄子弟木牘的分析,我們認爲,民户任給吏並非是政府徵發下户民代替吏家子弟,所以,民户代替吏父兄子弟的補缺性質還有探討的空間。

關於爲何選擇下户民,我們需要了解下户民在臨湘縣的比例。于振波先生利用《竹簡(壹)》、《竹簡(貳)》中“户品出錢”簡統計分析,認爲下品和下品之下占的民户占絶大多數。[④] 我們現在將所有“户品出錢”簡作統計分析,判斷各户品的情況。走馬樓吴簡中的“户品出錢”簡分爲三個鄉,即都鄉、模鄉和中鄉,分布在《竹簡(壹)》、《竹簡(貳)》、《竹簡(叁)》、《竹簡(肆)》、《竹簡(伍)》、《竹簡(柒)》中。其中都鄉集中於《竹簡(壹)》、《竹簡(貳)》、《竹簡(叁)》,模鄉集中於《竹簡(壹)》、《竹簡(貳)》、《竹簡(叁)》、《竹簡(肆)》、《竹簡(伍)》,中鄉則集中於《竹簡(伍)》、《竹簡(柒)》。我們利用安部聰一郎先生的成果,[⑤] 采用同樣的方法對《竹簡(伍)》中的“户品出錢”簡進行統計和分析,並對其文中的《户品的分布(鄉别)》進行了補充(見表一)。

---

① 蔣福亞:《再論走馬樓吴簡中的諸吏》,《史學月刊》2013 年第 1 期,第 31 頁。

② 黎虎:《説“給吏”——從長沙走馬樓吴簡談起》,《社會科學戰綫》2008 年第 11 期,第 88—95 頁。

③ 侯旭東:《長沙走馬樓三國吴簡所見給吏與吏子弟——從漢代的“給事”説起》,《中國史研究》2011 年第 3 期,第 35 頁。

④ 于振波:《從走馬樓吴簡看其時長沙民户的貧富差别》,《史學月刊》2008 年第 6 期,第 90—93 頁。

⑤ [日] 安部聰一郎:《典田掾、勸農掾的職掌與鄉——對長沙吴簡中所見“户品出錢”簡的分析》,《簡帛研究二〇一五(秋冬卷)》,桂林:廣西師範大學出版社,2015 年,第 243—261 頁。

表一　户品的分布(鄉别)

	故户				新户				不明				合計
	上品	中品	下品	不明	上品	中品	下品	不明	上品	中品	下品	不明	
都鄉	22	49	49	14	2	5	7	0	1	1	2	120	272
中鄉	21	55	115	10	0	0	0	0	0	0	0	14	215
都/中鄉		8	7				1	1	1		7	34	59
模鄉	18	18	4	2	10	19	32	1	0	0	3	54	161
合計	61	130	175	26	20	24	40	2	3	1	12	222	707

由於都鄉與中鄉的書式相同,且都是都鄉典田掾蔡忠負責,時間均爲嘉禾六年正月十二日,所以,對於同樣書式而鄉别缺乏或不清楚,又没有相關的揭剥圖進行分析的情况下,我們無法判斷簡文是屬於都鄉還是中鄉,但將這類情况列爲都/中鄉。不過,《竹簡(伍)》中,除去情况不明者外,只有兩枚簡是都鄉。

安部聰一郎先生認爲"户品出錢"簡是以鄉的全部吏民爲對象徵收的。結論的得出,利用了都鄉計算上、中、下品的比率(上品 19.7%、中品 39.3%、下品 41%)。通過上表,我們發現,都鄉的不明户品就有 120 枚,這種計算出的户品比率可信度不高。而中鄉只有故户,户品不明 14 枚,數量達到 215 户。中鄉的户數,肆·899 有明確記載,爲 349 户。① 如果加上都、中鄉不明的簡數的話,中鄉的"户品出錢"簡占了整個鄉户數的絶大部分。

此外,我們找到了"户品出錢"簡的 3 枚小結簡:

22. 右一百六十[一]户下品出錢四千四百合七十萬八千四百　(柒·4077 正)

【注】此爲正面,背面無字。"右"上原有墨筆點記。

23. 右廿六户故户上品[户]出錢一萬二千合卌一萬[二]千　(伍·37704 正)

入錢畢民自送牒還縣不得持還鄉典田吏及帥　(伍·37704 背)

24. 右六十九户故中品户出錢八千合五十五萬二千　(伍·37203 正)

入錢畢民自送牒還縣不得持還鄉典田吏及帥　(伍·37203 背)

簡 22 每户收錢四千四百,應是故户下品。這 3 枚簡都是故户,並囊括了上、中、下品。

---

① "☑集凡中鄉領吏民三百卌九户口食一千七十一人"(肆·899)楊芬《孫吴嘉禾年間臨湘中鄉所轄里復原初步研究》(中日長沙吴簡學術研討會,2011 年)認爲中鄉包括七個里,其中東扶里和緒中里。在《竹簡(肆)》中前者記録是嘉禾六年,後者是嘉禾五年。所以,我們認爲肆·899 中統計中鄉的户數不是嘉禾五年,就是嘉禾六年,與中鄉"户品出錢"簡的時間差不多。這樣,肆·899 就可代表製作"户品出錢"簡時中鄉的户數。

其中上品 26 户,中品 69 户,下品 161 户,不僅不同户品的數量,而且計算所得的比率,都與我們統計表中的數值相當接近。那麽,這 3 枚小結簡可能是中鄉故户的小結簡。這樣看來,不管是按户品分布表,還是按小結簡計算户品比率,下品都是占大部分。同時,我們在吴簡名籍簡中發現了統計簡:

25.　其二百户下品　☑　(柒·2797)

中間的二百户是統計的一個鄉的下品户數,這也間接地印證了我們的結論。

我們在《竹簡(柒)》中發現一枚簡與户品有關:

26. □□□故□二百五十九户三品出錢合一百五十六萬[①]□☑　(柒·2641)

原釋文爲 159 户,推算平均每户徵收近 10 000 錢,我們認爲它與以下品户占大部分的情況不符。所以,户數應爲 259 户。這枚簡將户品的主要信息體現出來了:一是"三品"很清楚,表明記録與户品的上、中、下品有關;二是户品數;三是錢數。前面的 3 枚小結簡的户數相加爲 246 户,户品出錢 1 572 400,與這枚簡 259 户,及錢數1 560 000,都很接近,説明這簡枚應是都鄉或者模鄉的小結簡。既然都鄉有 272 户,那麽應該爲模鄉。但在《竹簡(柒)》中,全部是中鄉的"户品出錢"簡,而中鄉的故户出錢數已超過這枚簡。所以,我們認爲,它可能是模鄉散落出來的簡。因爲竹簡肆開始爲考古正式發掘簡,在發掘簡中,户品簡分散在《竹簡》肆、伍、柒。雖然都較集中分布在不同竹簡卷次裏,因其之前被人爲破壞過,如都鄉大部分在采集簡中,所以,散落出來簡屬於正常現象。

如果這樣推論不誤的話,前面中鄉故户"户品出錢"計算所得的平均值是 6 392 錢,簡 27 約 6 023 錢,那麽,這枚簡不是故户户品數,就是一鄉全部户品數。我們將户品分布表中的模户所有户品簡計算其出錢數,不明情況的都按故户下品出錢數計算,得 1 122 802錢。簡 27 的 259 户減去統計的模鄉户數 161,與以故户下品出錢數相乘,再與前面算出的錢數相加爲 1 554 002。這與簡 27 中的 156 000 相差不遠,即兩、三個故户下品出錢數。所以,我們認爲簡 27 中的 259 户,就是模鄉"户品出錢"簡的全部户數。那麽,中鄉故户的 246 户也應該是其全部户數,而都鄉户數爲 298 户,不過,我們看到中鄉故户小結簡背面也有同樣的字迹,這樣在都鄉的 298 户中應該還有幾枚爲小結簡。根據以上的論述,我們認爲,都、中、模鄉的"户品出錢"簡不是以一鄉的全部户數爲徵收對象的。那麽,哪些户無需按"户品出錢"呢?

---

① "萬"原釋作"簿","九□"原釋作"出錢",據圖版改。

我們對這三鄉交户品錢的吏民身份進行了統計(見表二)：①

表二　鄉别、身份的分布

	州吏	郡吏	縣吏	軍吏	州卒	郡卒	大男	男子	大女	不明	合計
都鄉	2	2	2	1	2	1	17	86	0	145	258
中鄉	0	2	5	0	0	0	186	0	4	18	215
都/中鄉							16			43	59
模鄉	0	4	2	0	0	0	69	1	2	72	150
合計	2	8	9	1	2	1	288	87	6	278	682

從上表看,吏、卒交納“户品出錢”簡的比例是很小的。在嘉禾四年的《都鄉隱核軍吏父兄子弟人名簿》(即簡 2)中,軍吏有 8 人,這裏只有 1 人。簡叁・3012“集凡中鄉州軍吏四人父[子]兄弟三人”中,表明中鄉是有軍吏的,但這裏没有體現。又,都鄉不明情況的達 145 枚,這樣計算的吏、卒比例誤差較大。雖然我們不能清楚吏、卒在一鄉中的比例,但可以從側面窺探：

27. 領二年民田三百七十六頃六十[五]畝二百卌八步畝收米一斛二斗合四萬五千一百九十九斛一斗　(壹・1637)

28. ☑……吏民田七百卌九頃七十七畝一十步事　□月十二[日]田曹史蔡□白　(柒・3000)

簡 27 是嘉禾二年臨湘縣的民田數量。② 那麽,簡 28 應該是臨湘縣吏民田數量。雖然不知是嘉禾幾年,不過,田地數量應該不會增減太大。如果不計增減因素,吏田與民田數量相差僅 13 頃多。所以,一鄉中的吏、卒比例應該比“户品出錢”簡中的比例高得多。那麽,没有“户品出錢”的人中應有吏、卒。

此外,我們認爲,還應包括下品之下。吴簡中,下品之下可以不任調役。如：

29. ☑　其卌四户各窮老及刑踵女户下品之下不任調役　(叁・6327)

30. ☑□女户下品之下不任調☑　(壹・4233)

31. 其七户□□女户不任調　下品之下　(叁・4301)

① 表二與表一一樣,都是在安部聰一郎先生的統計數據基礎上補充的。見[日] 安部聰一郎：《典田掾、勸農掾的職掌與鄉——對長沙吴簡中所見“户品出錢”簡的分析》,《簡帛研究二〇一五(秋冬卷)》。

② 拙稿《“白衣衛士”試釋》,《簡帛研究二〇一六(春夏卷)》,桂林：廣西師範大學出版社,2016 年,第 275 頁。

侯旭東先生認爲“任”表示“堪、能”。[①]“調”指吴簡中的徵調。[②]“下品之下”因“窮老”、“刑踵”、“女户”等各種原因造成極度貧困，而不堪徵調。在吴簡中，徵調除“户品出錢”外，還有三品調銅、[③]三品調布[④]等。如果這樣理解不誤的話，“户品出錢”也不可能包括一鄉的全部吏民。通過對走馬樓吴簡中的“户品出錢簡”統計分析，臨湘縣是以下品户占大多數。下品吏民中的人數最多，可挑選的範圍大一些。

黎虎先生認爲與孫吴地區的政治生態環境有關，從東漢後期到魏晋時期，郡縣吏上綱多被地方世族豪家所把持，尤以孫吴地區爲甚，而吏務需求又不斷膨脹，於是不得不從下户小民中調發“給吏”以滿足需求。[⑤]侯旭東先生雖然認同吴簡中以下户民任給吏，並認爲吴簡中注明“給×吏”者應是從下户民中揀出承擔“給吏”任務者。但對這些人是否具備使用文字的能力，能否承擔“吏”的文書工作不無疑問。[⑥]蔣福亞先生認爲這類民户已繳不了什么賦役，特别容易逃逸。被徵爲子弟，嚴加控制，還可以從他身上榨取一點油水。[⑦]黎虎先生和侯旭東先生是從以下户代替給吏來談的，而蔣福亞則是從以民代替吏子弟，成爲國家佃客來説的。除此之外，我們認爲，首先從前文的論述可知，臨湘縣以下户民占大多數；其次，相對來説，下户民比上、中品貧困些，他們對於代替服役的意願大一些；其三，代替服役應該是有報酬的。

政府允許以民代替吏子弟服役，使州郡縣諸吏父兄子弟能不完全被政府束縛，可以從事自己想做的事。雖然孫吴對吏及其子弟專門登記造册，記録其“狀、處”情况，管理很嚴格，但現實中，又給他們另一選擇。黎虎先生説，孫吴郡縣吏由地方世族豪家把持，才不得不從下户民中調發，以滿足需要。我們認爲，正因爲郡縣吏被地方世族豪家把持，所以，爲了保證郡縣吏及其父兄子弟的利益，官府允許他們以下户民自代。同時，我們看到，侯旭東先生質疑下户民任給吏的文書工作能力，所以，下户民代替吏子弟所服之役可能更多的是力役性差遣。

---

① 侯旭東：《長沙走馬樓吴簡所見給吏與吏子弟——從漢代的“給事”説起》，《中國史研究》2011 年第 3 期，第 37 頁。

② 譚翠認爲“下品之下”不應徵調義務，徵調包括“三品布”、“户品出錢”。見譚翠：《走馬樓吴簡中的“四品布”》，《湖南省博物館館刊》2013 年第 10 輯，第 298—302 頁。

③ 柒 · 3164：“言府三品調吏民出銅一萬四百斤事　七月廿七日兵曹掾番棟白”。

④ 叁 · 7058：“☑[領]一萬四千九百卌[獲](?)三品[布]”。凌文超：《走馬樓吴簡采集庫布賬簿體系整理與研究——兼論孫吴的户調》，《文史》2012 年第 1 期，第 59 頁。

⑤ 黎虎：《説“給吏”——從長沙走馬樓吴簡談起(修訂本)》，《走馬樓吴簡研究論文精選》，上册第 267 頁。

⑥ 侯旭東：《長沙走馬樓三國吴簡所見給吏與吏子弟——從漢代的“給事説起》，《中國史研究》2011 年第 3 期，第 38 頁。

⑦ 蔣福亞：《再論走馬樓吴簡中的諸吏》，《史學月刊》2013 年第 1 期，第 34 頁。

論吴簡中的“正户民”*

袁延勝

（鄭州大學歷史學院）

走馬樓吴簡中出現了“正户民”一詞：

1. 南鄉勸農掾番琬叩頭死罪白：被曹敕，發遣吏陳晶所舉私學番倚詣廷言。案文書，倚一名文。文父廣奏辭：“本鄉正户民，不爲遺脱。”輒操黄簿審實，不應爲私學，已曹列言府，琬誠惶誠恐，叩頭死罪死罪。詣功曹。

十二月十五日庚午白(J22-2695)①

胡平生先生認爲這件文書是臨湘侯國南鄉勸農掾番琬遵照長沙郡府功曹的命令，將本鄉得到官吏陳晶舉薦的私學生番倚送往郡府問話，並調查核實番倚的身份報告。番琬從檔案中得知，番倚的别名叫文，文的父親叫廣。報告説：番倚是本鄉户口在册的鄉民，並無遺漏，户籍記録確確實實，番倚不是私學生。②

除了簡 1 之外，吴簡中還有幾枚記載有“正户民”的簡：

2. 草言私學謝稚廬(盧)金正户民，推求□□無有張達知□□□□

五月十一日(貳·6912)

3. 君教若，丞涘如期會，掾蒸若、録事掾陳曠校，十二月廿一日白從史位周基所舉私學，兼主簿劉恒省　□□正户民，不應發遣事修行吴□主　(肆·4850)

4. 户曹言□遣私學謝達本正户民，不應□遺脱□□事

□月八日領户曹……白(柒·1464)

---

* 本文爲國家社科基金項目“走馬樓吴簡所見孫吴人口問題研究”(15AZS004)階段性成果之一。

① 長沙市文物工作隊、長沙市文物考古研究所：《長沙走馬樓 J22 發掘簡報》，《文物》1999 年第 5 期，第 20 頁。

② 胡平生：《長沙走馬樓三國孫吴簡牘三文書考證》，《文物》1999 年第 5 期，第 51 頁。

對於涉及孫吴時期的户籍制度的正户民，胡平生先生説：

> 正户民，編入正籍之民。《韓非子·亡徵》："公家虚而大臣實，正户貧而寄寓富。"陳其猷《集釋》引太田方曰："謂有正籍而不移徙之民也。"①

王素先生則對非國家"正户"作了闡述，他説：

> 過去，關於魏晋南北朝時期的非國家"正户"，僅知奴婢之外，只有兵、吏、客、部曲、百工雜户等數種，現在，根據走馬樓簡牘，始知遠遠不止此數。……其中，"私學"作爲非國家"正户"之一種，由逃亡户口産生。②

侯旭東先生説：

> 正户民指郡縣管理的編户民。③

吴簡中還有一枚關於"正户民"的簡文：

> 5. 私學黄客，狀客，本正户民☑　　（肆·3943）

李均明、宋少華先生説：

> "客"乃相對於長住人口而言，常住人口或稱"正户民"，見例(一二)。《三國志·吴書·陳武傳》："下郡縣，料正户羸民以補其處。"由於客大多是生面孔，故需狀其貌，即登記其外貌特徵(起著今日身份照片的作用)，以便管理。④

仔細分析簡1"本鄉正户民，不爲遺脱"簡文，知道正户民首先是國家户籍上登記之民，或者説國家控制之民，"不爲遺脱"，即没有脱籍，還在籍之意。簡5"私學黄客，狀客，本正户民"中的"狀客"，意思是外貌像"客"，即外來人口之意。因爲私學多是客居者，户籍並不在本地。如"私學汝南陳苗，年廿，狀苗，白衣，居長沙縣□☑"(肆·3982)；"☑長沙黄□，年廿六，狀□，白衣，居臨湘都鄉吴溏丘，帥襲傳[主]。無有□"(肆·3979)；"私學長沙劉廣，年卅七，狀廣，白衣，居臨湘桑鄉□☑"(肆·4009)。正因爲是外來人口，客居他地，因此才被特别管理。從簡5"本正户民"一語來看，私學黄客可能現在的身份已經不是"正户民"了。而簡1中的番倚之所以被判定爲"不應爲私學"，正是因爲他"不爲遺

① 胡平生：《長沙走馬樓三國孫吴簡牘三文書考證》，《文物》1999年第5期，第50頁。

② 王素：《長沙走馬樓三國孫吴簡牘三文書新探》，《文物》1999年第9期，第48頁。

③ 侯旭東：《長沙三國吴簡所見私學考》，《簡帛研究二〇〇一》，桂林：廣西師範大學出版社，2001年，下册第521頁。

④ 李均明、宋少華：《〈長沙走馬樓三國吴簡〉竹簡[四]內容解析八則》，《出土文獻研究》第八輯，上海：上海古籍出版社，2007年，第187頁。

脱”,即没有脱籍,没有流動到外地,還在本鄉的緣故。由此可見,即使是正户民,如果“遺脱”即脱籍,就會變爲國家的非“正户民”。

但這裏存在一個問題,“私學”之類的特殊群體,即便不是國家的“正户民”,但仍然在國家控制之下,在國家的户籍上體現。吴簡“其五户私學新吏”(肆·528)就表明私學還在國家的户籍上,只是被特别標注而已。就是説私學之類人員即使移居外地,但仍被政府控制,被納入新的居住地的户籍管理中。吴簡“☑諸郡生子受居比郡縣者及方遠客人皆應上户籍”(肆·4490)、“☑□受居方遠應占著户籍,督條列人姓名”(肆·4492)中,“方遠客人皆應上户籍”、“方遠應占著户籍”,都是强調對外來人口的登記管理,這種管理可能就包括私學。

如果私學之類人員,也在國家的户籍上登記,應該屬於國家的編户齊民,但爲什麽不是國家的“正户民”呢?即使如王素先生所説的奴婢之類的非國家“正户民”,根據吴簡“户下奴”、“户下婢”的記載,他們也是登記在民户户籍上的,但他們卻不是國家的“正户民”。由此看來,是否在國家户籍上登記,並不能作爲判斷“正户民”和非“正户民”的標準。那麽,二者的分界綫在哪裏呢?讓我們分析一下《三國志》中唯一一處關於“正户民”的記載。《三國志·吴書·陳武傳》載陳武之弟陳表:

> 嘉禾三年,諸葛恪領丹楊太守,討平山越,以表領新安都尉,與恪參勢。初,表所受賜復人得二百家,在會稽新安縣。表簡視其人,皆堪好兵,乃上疏陳讓,乞以還官,充足精鋭。詔曰:“先將軍有功於國,國家以此報之,卿何得辭焉?”表乃稱曰:“今除國賊,報父之仇,以人爲本。空枉此勁鋭以爲僮僕,非表志也。”皆輒料取以充部伍。所在以聞,權甚嘉之。下郡縣,料正户羸民以補其處。表在官三年,廣開降納,得兵萬餘人。事捷當出,會鄱陽民吴遽等爲亂,攻没城郭,屬縣摇動,表便越界赴討,遽以破敗,遂降。陸遜拜表偏將軍,進封都鄉侯,北屯章阬。年三十四卒。①

這段史料提到陳表“所受賜復人得二百家”,其中的“復人”可能就是吴簡中的“復民”。略舉簡例如下:

> 南鄉領復民田六十四畝,畝一百廿步,收□☑ (壹·1605)
> ……□復民二年租錢…… (壹·5150)
> ……二千,復民三年租錢 (壹·5180)
> 其二千,三年復民租錢 (壹·5287)

① 《三國志》卷五五《吴書·陳武傳》,北京:中華書局,1959年,第1290頁。

入邑下復民楊樊租錢四千 (壹·5328)

右領新入復民租錢四百 已 (壹·5377)

承二月旦簿，餘嘉禾二年復民租錢四千☐ (壹·5630)

承三月旦簿，餘嘉禾二年復民租錢四千 (壹·5639)

入四年復民租米十四斛三斗五升 (叁·1983)

入四年復民租米廿斛一斗 (叁·2041)

其五斛一斗一升復民嘉禾元年租米 (柒·18)

王素等先生在"免役與復民"一節中説：

> 1997年整理的木簡，多見"復民"。這種"復民"，大多集中住在當時的長沙郡"己酉丘"。我們這次整理的竹簡，所見"復民"，則大多集中住在當時的臨湘縣"邑下"。他們佃田，按時上繳錢糧，卻未見服役記載。可見他們亦屬免役階層。不過，他們的身份更爲特殊。①

對於《三國志·吴書·陳武傳》所載的"復人"，王素等先生又説：

> 此處"復人"，集中居住，均免兵役，應即簡牘所見"復民"。這種"復人"即"復民"，應是當時專門配給功臣的一種特殊依附人口。這種依附人口，不服官役，不屬國家"正户"，因而未見服役記載，在前舉正式户口籍簿中也無記録。②

王素等先生所説的"復民"、"復人"屬於免役階層，不服官役的觀點，值得重視。從《三國志》陳表"所受賜復人得二百家"看，這二百家居民原來是國家的編户，爲國家服役，現在賜予陳表，變爲陳表的依附民。而這裏的"復人"，正是免除這二百户居民對國家的徭役義務，而直接服務於陳表之意。换句話説，"復人"原來的服役義務由國家轉爲了私人。《三國志》陳表"簡視其人，皆堪好兵，乃上疏陳讓，乞以還官，充足精鋭"，是説把這部分身體强壯，可以服兵役的人又歸還給國家，讓他們恢復"正户民"的身份。陳表回答孫權的"空枉此勁鋭以爲僮僕，非表志也"之語，表明這些"復人"確實是陳表的依附民，身份類似於"僮僕"。"下郡縣，料正户羸民以補其處"的記載，則表明孫權給陳表的"復人"由原來的"正户"强壯之人，换成了身體虚弱的"正户羸民"。這樣做的目的，就是儘量把可以服役的人留在國家體制内，由國家控制。這裏"正户"與"復人"的區别，恰是服役對象的不同，一是對國家，一是對私人。但二者應該都在國家的户籍上登記。

由服役對象的不同而區分爲"正户民"和非"正户民"，由此可以解釋吴簡中"應役

① 王素、宋少華、羅新：《長沙走馬樓簡牘整理的新收獲》，《文物》1999年第5期，第34頁。

② 王素、宋少華、羅新：《長沙走馬樓簡牘整理的新收獲》，《文物》1999年第5期，第34頁。

民"的問題。吴簡的户籍簡總計簡中,有"應役民"的統計。如新成里的小結簡:

其一百卅八人男 (叁•4315)

其八十一人女 (叁•4311)

其一户給軍吏,下品 (叁•4303)

其五户□□民,下品 (叁•4302)

其七户□□女户,不任調,下品之下 (叁•4301)

定領役民卅七户 (叁•4300)

廣成里小結簡:

右廣成里領吏民五十户,口食二百九十□人 (貳•1671)

其五户尫羸老頓貧窮女户 (貳•1705)

▨ •定應役民廿户 (貳•1704)

其一户給朝丞 (貳•1702)

其二户給郡園父① (貳•1701)

其他簡文還有:

領應役民廿六户 (貳•617)

領應役民十九户 (貳•660)

領應役民卅户▨ (貳•757)

領應役 民 十 七▨ (叁•4045)

定領役民卅七户 (叁•4300)

凡領應役民卌户 (肆•767)

定領應役民五户 (肆•792)

定應役民廿三户 (柒•3665)

吴簡"應役民",應是指可以爲國家服役之民。這一部分"應役民"只是"吏民"的一部分,如廣成里有吏民 50 户,而"應役民"只有 20 户。而這 20 户的"應役民"無疑應是國家的"正户民"。但"正户民"似乎並不局限於"應役民",如廣成里的"其五户尫羸老頓貧窮女户"(貳•1705),她們應該也是國家的"正户民",只不過由於身體殘疾或者年老遲鈍等原因而被免除了賦役,但這並不能抹殺他們"正户民"的身份。由此看來,"應役民"只是

① 侯旭東:《長沙走馬樓吴簡〈竹簡〉[貳]"吏民人名年紀口食簿"復原的初步研究》,《中華文史論叢》2009 年第 1 期,第 78 頁。

國家"正户民"的一部分,或者説主體,並不是"正户民"的全部。"正户民"還包括那些由於身體殘疾等原因而免除賦役的人。

綜上所論,"正户民"應是指在國家户籍上登記的,並且爲國家服役的民户。那些儘管在國家户籍上登記,但不是爲國家服役的人,如奴婢、私學、復民、吏帥客①等,就不是國家的"正户民"。②

① 對於吏帥客,陳爽先生認爲,是由國家控制的屯田民,其身份還不是國家的正户,其籍屬獨立於正户之外,甚至可能尚未編入固定的户籍,並推測這和孫吴政府討山越的背景有關。陳爽:《走馬樓吴簡所見"吏帥客"試解》,《吴簡研究》第二輯,武漢:崇文書局,2006年,第56—66頁。

② 由國家控制的、爲國家服役的特殊人群還有一技之長的手工業者師、佐。他們有特殊的名籍——"師佐籍",這些師佐可能並不是國家的"正户民"。韓樹峰先生説:"這些師、佐及其家庭成員均以縣爲籍貫,其與以里爲籍貫的農民有明顯區别","師佐籍就是長沙郡屬縣爲響應長沙郡徵發師、佐及其家屬而造的花名册。"見韓樹峰:《長沙走馬樓三國吴簡所見師佐籍考》,《吴簡研究》第一輯,武漢:崇文書局,2004年,第185頁。

走馬樓吴簡“役民”、“應役民”、“事役民”辨析

——兼論走馬樓吴簡所見孫吴傜役制度

莊小霞

（中國社會科學院歷史研究所、出土文獻與中國古代文明研究協同創新中心）

走馬樓吴簡中分别出現了“役民”、“應役民”、“事役民”的記載，其具體何指，可進一步探討。筆者認爲吴簡中的“役民”、“應役民”、“事役民”疑分别指正常承擔傜役的百姓、受徵召服勞役的百姓以及承擔某類具體事務（雜役）的百姓，通過對“役民”、“應役民”、“事役民”的研究辨析，試圖更進一步了解孫吴的傜役制度。

魏晋南北朝這一時期的歷史文獻中與走馬樓吴簡所見“役民”含義一致的記載，大概應爲《南齊書》卷四六《陸慧曉傳》附《顧憲之傳》所載“役民”：

> 山陰一縣，課户二萬，其民貲不滿三千者，殆將居半，刻又刻之，猶且三分餘一。凡有貲者，多是（土）〔士〕人復除。其貧極者，悉皆露户役民。三五屬官，蓋惟分定，百端輸調，又則常然。比衆局檢校，首尾尋續，横相質累者，亦復不少。[①]

上文“役民”是指正常應當服役的百姓，其所承擔的是一般意義上的傜役。[②] 走馬樓吴簡中的“役民”簡數量比較多，舉例如下：

1. 定領役民卅七户　　（叁·4300）[③]

---

① 《南齊書》卷四六《陸慧曉傳附顧憲之傳》，北京：中華書局，1972 年，第 809 頁。

② 廣義的傜役應包括力役和兵役，本文所談主要爲狹義的傜役，即力（勞）役，不含兵役。

③ 長沙簡牘博物館等編著：《長沙走馬樓三國吴簡・竹簡（叁）》，北京：文物出版社，2008 年。以下同，不另出注。

2. 定領役民卅二人 (叁·5564)
3. □領役民廿六户 (肆·2815)[①]
4. 定領役民卅一户 (柒·276)[②]
5. 定領役民卌一户 (柒·450)
6. 定見役民卅四户 (柒·1214)
7. 定領役民卌三户 (捌·620)[③]
8. 其十户縣役民 (捌·739)
9. 定領役民廿户 (捌·5392)
10. 定領役民二百六十一人 (捌·5495)

以上簡中比較特殊的是簡6“定見役民卅四户”和簡8“其十户縣役民”,下文會專門講到。此外還有一枚簡可能相關,兹録如下:

11. 役户卅四户 (肆·885)

上簡簡文完整意思即可承擔勞役的户數共三十四户。此前學者多已關注到“應役民”,並對“應役民”進行研究,[④]走馬樓吴簡中出現的“應役民”簡如下:

12. 其二户口食四人新民應役户 (貳·241)[⑤]
13. 領應役民廿六户 (貳·617)
14. 領應役民十九户 (貳·660)
15. 領應役民卅户 ☒ (貳·757)
16. ☒ ·定應役民廿户 (貳·1704)
17. 定應役民十九户 (貳·1973)
18. ☒定應役民廿户 (貳·2303)

---

① 長沙簡牘博物館等編著:《長沙走馬樓三國吴簡·竹簡(肆)》,北京:文物出版社,2011年。以下同,不另出注。

② 長沙簡牘博物館等編著:《長沙走馬樓三國吴簡·竹簡(柒)》,北京:文物出版社,2013年。以下同,不另出注。

③ 長沙簡牘博物館等編著:《長沙走馬樓三國吴簡·竹簡(捌)》,北京:文物出版社,2015年。以下同,不另出注。

④ 以下文章都涉及對“應役民”的研究,如沈剛:《長沙走馬樓三國竹簡研究》,北京:社會科學文獻出版社,2013年;侯旭東:《長沙走馬樓吴簡“嘉禾六年(廣成鄉)弦里吏民人名年紀口食簿”集成研究:三世紀初江南鄉里管理一瞥》,收入所著《近觀中古史:侯旭東自選集》,上海:中西書局,2015年;張榮强:《再論孫吴簡中的户籍文書——以結計簡爲中心的討論》,《北京師範大學學報(社會科學版)》2014年第5期等等。李均明先生應該是最早對“應役民”進行定義的學者,“‘應役民’應指符合服徭役條件或正在服徭役的百姓”,李均明先生並認爲“應役民”或作“使役民”、“事役民”(以上參見李均明:《長沙走馬樓吴簡所反映的户類與户等》,《華學》第九、十輯,上海:上海古籍出版社,2008年,第272頁)。

⑤ 長沙簡牘博物館等編著:《長沙走馬樓三國吴簡·竹簡(貳)》,北京:文物出版社,2007年。以下同,不另出注。

19. 領應役 民 十 七 (叁·4045)
20. 凡領應役民卌户 (肆·767)
21. 定領應役民五户 (肆·792)
22. 定應役民廿三户 (柒·3665)
23. 定應役民廿一户 (捌·464)
24. 定應役民卅户 (捌·3672)

可以看到走馬樓吴簡中的"役民"簡與"應役民"簡格式極爲相似,如以上"應役民"簡的簡21"定領應役民五户"與之前所舉"役民"簡的簡1"定領役民卅七户"。雖然兩類簡極爲相似,但"役民"與"應役民"明顯有區别,否則無法解釋吴簡中爲何會出現如此多的"役民"簡與"應役民"簡,如果只是將原因歸於把"應役民"的"應"漏寫而成"役民",似乎並不能説通,所以將"役民"與"應役民"二者所指區分開來,還是有意義的。就字面上講,"役民"、"應役民"疑分别指正常承擔徭役的百姓、受徵召服勞役的百姓,二者的關係是"役民"是對於所有應正常承擔徭役的百姓的稱呼,而"應役民"是"役民"中的一部分人,是指"役民"當中受徵召服勞役的百姓。

在"役民"、"應役民"、"事役民"三者中,學者最早關注最多的也是"應役民",大都認爲"應役"表示應當承擔徭役,"定應役民户"是指需要承擔正常徭役的民户。[①] 上舉"役民"簡、"應役民"簡中大部分簡用了"領"、"定"、"定領"起首,從簡牘功能性質上來講這類簡大都爲統計簡。簡文中的"領"實際均應作"記録"解。[②]至於"定",侯旭東先生已指出所謂"定應役民×户"中的"定"應是清查計算後表示實際情況的意思。[③] 侯旭東先生和凌文超先生根據揭剥圖先後都復原了"廣成里吏民人名年紀口食簿",[④]凌文超先生的復原如下:

25. 其一户給朝丞 (貳·1702)
26. 其二户給郡園父 · (貳·1701)

---

① 如侯旭東:《長沙走馬樓吴簡"嘉禾六年(廣成鄉)弦里吏民人名年紀口食簿"集成研究:三世紀初江南鄉里管理一瞥》,收入所著《近觀中古史:侯旭東自選集》。

② 侯旭東:《長沙走馬樓吴簡"嘉禾六年(廣成鄉)弦里吏民人名年紀口食簿"集成研究:三世紀初江南鄉里管理一瞥》,收入所著《近觀中古史:侯旭東自選集》。

③ 侯旭東:《長沙走馬樓吴簡"嘉禾六年(廣成鄉)弦里吏民人名年紀口食簿"集成研究:三世紀初江南鄉里管理一瞥》,收入所著《近觀中古史:侯旭東自選集》。

④ 侯旭東:《長沙走馬樓吴簡〈竹簡〉[貳]"吏民人名年紀口食簿"復原的初步研究》,《中華文史論叢》2009年第1期;凌文超:《考信於簿——走馬樓吴簡采集簿書復原整理與研究》,桂林:廣西師範大學出版社,2015年。

27. ·其五户尪羸老頓貧窮女户 (貳·1705)

16. ☑·定應役民廿户 (貳·1704)[①]

以上復原中最後一枚簡,即上文例舉的"應役民"簡的簡16。同理相似,還可以將下面幾枚編號鄰近的簡復原如下,其中最後一枚簡是上文例舉的"役民"簡的簡1:

28. 其一户給軍吏　下品 (叁·4303)

29. 其五户□□民　下品 (叁·4302)

30. 其七户□□女户不任調　下品之下 (叁·4301)

1. 定領役民卌七户 (叁·4300)[②]

以上一是應役民户的統計,一是役民户的統計,二者之間的區别是什麽呢?筆者以爲前者是對受徵召服勞役民户的統計,後者是對承擔正常徭役的民户的統計,所以才會有這樣一枚簡的出現,即上面提到的簡6"定見役民卌四户","見"字表明本簡是除了受徵召服勞役的應役民之外剩下的役民的統計。由此,我們可知走馬樓吴簡對受徵召服勞役的民户和承擔正常徭役的民户經常進行分别統計,應役民是指受徵召的役民。

侯旭東先生認爲"應役民户"所承擔的徭役是排除了"那些擔任各種吏、卒的人户,以及承擔了給吏與雜役的民户不再承擔此處所説的役",統計"定應役民户"製作簿書是爲了"清點鄉里中承擔吏職、給吏與雜役的人户,以及不任役的尪羸老頓貧窮女户,確定未來可以承擔正役的民户的清單,目的是爲侯國安排鄉里民户的徭役提供依據"。[③] 但從上述復原結果來看,無論是"應役民"户的統計還是"役民"户的統計,應該都是基於"擔任各種吏、卒的人户,以及承擔了給吏與雜役的民户"的統計。侯文所説的擔任各種吏、卒的人户以及給吏與雜役的人户,走馬樓吴簡中大都可以找到相應的例子。首先擔任各種吏、卒的人户,如以下簡:

31. 其三户縣吏 (柒·364)

32. 其六户郡縣吏 (柒·422)

33. 其一户郵卒 (柒·248)

---

① 關於復原討論參見凌文超:《考信於簿——走馬樓吴簡采集簿書復原整理與研究》,第123頁。

② 關於復原討論參見凌文超:《考信於簿——走馬樓吴簡采集簿書復原整理與研究》,第122頁。

③ 侯旭東:《長沙走馬樓吴簡"嘉禾六年(廣成鄉)弦里吏民人名年紀口食簿"集成研究:三世紀初江南鄉里管理一瞥》,收入所著《近觀中古史:侯旭東自選集》。

張家山漢簡《二年律令·行書律》簡266:“令郵人行制書、急書、復,勿令爲它事。”①孫吴很可能承繼漢制,郵卒也是不承擔徭役的,如簡33所反映。

走馬樓吴簡中給吏的例子也很多,如:

34. 其卅二户給郡吏 (壹·9997)②

35. 其九户給郡縣 吏…… (貳·1570)

36. 其九户給州吏 (捌·2605)

以上給吏之役,也就是通常所被稱爲的“吏役”。③ 至於侯文所引提到的“雜役”,理解無誤的話應當是指正役之外的徭役,下文所舉的並閭民、樵炭民、炭民、樵民應當就是對孫吴時期雜役的反映。上文所舉簡29漫漶不清,但由簡文“其五户□□民 下品”的格式,我們可以還找到以下簡:

37. 領並閭民一户下品 (貳·803)

38. 領小府炭民一户 (肆·5335)

40. 其十二户府縣樵炭民 (捌·797)

41. 其十三户官樵民 (捌·2069)

上面所列簡都是“××/×民”的格式,並且簡37“領並閭民一户下品”與簡29“其五户□□民 下品”都是“××民下品”的格式,我們有理由相信並閭民、樵炭民、炭民、樵民反映了孫吴百姓所承擔的幾種徭役。上述四枚簡是反映孫吴時期雜役情況的珍貴資料,其藴含的信息還可再探討,比如簡38“小府”指的是少府,《續漢志》少府條引《漢官》曰:“少者小也,小故稱少府。王者以租税爲公用,山澤陂池之税以供王之私用。古皆作小府。”④漢代少府在中央和地方都設有分支機搆掌管各項事宜,並在地方上興辦手工業,這裏簡38的“小府炭民”應當是地方上服務於少府以滿足宫廷需要的特殊民户,而簡40“其十二户府縣樵炭民”,所謂“府”應指長沙太守府,“縣”應指臨湘縣,由此也可幫助我們理解簡8“其十户縣役民”的意義,即“役民”有服務於中央少府,有服務於縣,還有服務於郡的。⑤

---

① 張家山二四七號漢墓竹簡整理小組:《張家山漢墓竹簡[二四七號墓](釋文修訂本)》,北京:文物出版社,2006年,第45頁。

② 長沙簡牘博物館等編著:《長沙走馬樓三國吴簡·竹簡(壹)》,北京:文物出版社,2003年。

③ 所謂“吏役”,是以“吏”的身份或名稱出現的服役者。這種“吏”,不是一般的官吏之“吏”,而是一種特殊的服役者的名稱。參見高敏主編:《中國經濟通史·魏晋南北朝》,北京:經濟日報出版社,2007年,下册第472頁。

④ 《後漢書》志第二六《百官三》,北京:中華書局,1965年,第3592頁。

⑤ 詳細考述參見拙文《走馬樓吴簡“並閭民”、“樵炭民”考》,待刊。

之前學者們的關注重點主要集中在“應役民”上，對於走馬樓吴簡中的“役民”以及“事役民”關注都不多。在走馬樓吴簡中還可以見到“事役民”的記載，如下：

42. 領事役民廿三户 (肆·5175)

43. 領事役民□□ (肆·5208)

44. 領事役民卌户 (肆·5302)

45. 領事役民十二户 (肆·5308)

46. 定領事役民卅七户 (柒·5513)

47. 定領事役民卅二人 (柒·5883)

48. 定領事役廿九户 (捌·481)

49. 定應事役□四户 (捌·826)

50. 定事役卅三户 (捌·1552)

51. 定事役廿一户 (捌·1727)

52. 定應事役卅九户 (捌·2552)

上舉簡中簡 35 中“事役”後應略了“民”，但並不影響理解。此外略做補説，就是走馬樓吴簡還出現了“使役民”，迄今爲止僅見一例“領使役民廿三户”(肆·5147)。

“事役”一詞漢末魏晋時期文獻出現比較多，如東漢末徐幹《中論·民數》：“事役既均，故民盡其心而人盡其力。”魏明帝青龍年間，明帝“愈增崇宫殿”，大興土木，高堂隆爲此上疏切諫“今無若時之急，而使公卿大夫並與廝徒共供事役，聞之四夷，非嘉聲也，垂之竹帛，非令名也”。[①]《晋書·唐彬傳》：“(鄧艾)又好施行事役，數勞衆力。”[②]“自(孫皓)登位以來，法禁轉苛，賦調益繁；中宫内豎，分布州郡，横興事役，競造奸利。”[③]《宋書·武帝紀中》：“加以舊章乖昧，事役頻苦，童耄奪養，老稚服戎，空户從役，或越紼應召。”[④]以上文獻中，通常的理解都是將“事役”與普通一般勞役等同，但從走馬樓吴簡中看到，非常明確分别出現了“定應役民×户”和“定應事役×户”，“領應役民×人”和“定領事役民×人”，“應役民”和“事役民”所指也有區别。由“事役民”的命名來看，其重點在於“事”，《晋書·庾亮傳附庾和傳》載晋穆帝升平年間，“(庾)和代孔嚴爲丹陽尹，表除衆役六十餘事”，[⑤]可見丹陽一處各種役事已在六十項以上。筆者以爲“事役”

① 《三國志》卷二五《魏書·高堂隆傳》，北京：中華書局，1982 年，第 713 頁。

② 《晋書》卷四二《唐彬傳》，北京：中華書局，1974 年，第 1218 頁。

③ 《三國志》卷六五《吴書·王樓賀韋華傳》，第 1457—1458 頁。

④ 《宋書》卷二《武帝本紀》，北京：中華書局，1974 年，第 35 頁。

⑤ 此據百衲本《晋書》卷七三《庾亮附子和傳》，中華標點本“衆”作“重”(第 1926 頁)。

或是指從事某項具體事務，按照這一原則，在走馬樓吴簡中找到如下簡：

53. 其二户養官牛 （捌 • 753）

上簡從格式來講與上述簡25“其一户給朝丞”等簡相似，都是“其某户＋具體内容”，但從簡53的内容來看，“其二户養官牛”，其服役的工作，究其性質或應當屬“雜役”，承擔這類雜役的百姓按照走馬樓吴簡中的説法應當就是“事役民”。走馬樓吴簡中有數量不少記載百姓養官牛的簡文，具體形式如下：

54. 民男子蔡典年卅六養官牛 （貳 • 1887）
55. 民男子蔡棠年廿五盲左目養官牛 （貳 • 1956）
56. 民男子蔡指(?)年六十四刑左手養官牛 （貳 • 2011）
57. 民男子謝張年卅八養官牛 （貳 • 2280）
58. 民男子張客年五十二刑右足養官牛 （貳 • 2448）
59. □□蒸勤年六十八苦腹心病給養官牛 （貳 • 2498）

張家山漢簡《二年律令 • 傅律》中有關於“免老”的規定：“大夫以上年五十八，不更六十二，簪裹六十三，上造六十四，公士六十五，公卒以下六十六，皆爲免老。”[①]于振波先生認爲吴簡中繳納算賦者的最高年齡爲59歲，而“老”的起始年齡爲60歲，吴簡中高年者的家庭成員延續漢制在某種程度上還享受免除算賦的待遇。[②] 上舉“養官牛”的民其中年紀最少者二十五歲，年紀最長的六十八歲，六十歲以上有兩位分别是六十四歲和六十八歲，而六十八歲的年齡已超過《二年律令 • 傅律》記載的無爵者六十六免老的規定。此外，無論是盲左目、刑左手還是腹心病等等，即使身患這些疾病，也並不能得到復除，仍然要承擔“養官牛”，由此亦可見“事役”與一般徭役不同。

傳世文獻記載的孫吴徭役制度資料不多，走馬樓吴簡所記載的内容補充了文獻所缺。孫吴時期的“役民”是對於所有應正常承擔徭役的百姓的稱呼，“應役民”是指受徵召的“役民”。除了一般的正役，另外還存在雜役，具體如“養官牛”，承擔這類事役的百姓爲“事役民”。唐長孺先生在《魏晋南北朝時期的吏役》中曾指出魏晋南北朝吏役之重始於孫吴，[③]張榮强先生進一步指出“實際上不僅是吏役，整個魏晋南北朝時

---

① 張家山二四七號漢墓竹簡整理小組：《張家山漢墓竹簡[二四七號墓]（釋文修訂本）》，第57頁。

② 參見于振波：《略説走馬樓吴簡中的“老”》，《史學月刊》2007年第5期。

③ 唐長孺：《魏晋南北朝時期的吏役》，《江漢論壇》1988年第8期。

期的徭役也重於前承的兩漢及後來的隋唐”。[①] 走馬樓吴簡所見“役民”、“應役民”、“事役民”的記載,從一個方面反映了孫吴時期百姓徭役沉重的情况,並可以印證之前學者們的研究。

① 張榮强:《説孫吴户籍簡中的“事”》,《吴簡研究》第一輯,武漢:崇文書局,2004年,又收入氏著《漢唐籍帳制度研究》,北京:商務印書館,2010年,第161頁。

伍·伍長·歲伍、月伍

馬智全

（甘肅簡牘博物館）

在長沙走馬樓吴簡中，有歲伍、月伍的身份稱謂，不見於史傳記載，引起了研究者的關注。① 在新刊布的肩水金關漢簡中，又有"伍長"出入關的記載，也是值得注意的文獻資料。考察伍從先秦兩漢到東吴的承接軌迹，對於認識古代伍這一基層社會組織形式或有啓發意義。

一 先秦時的伍及伍長

伍，《説文》："伍，相參伍也。"伍本爲統計人數的數量單位，段玉裁《説文解字注》："參，三也。伍，五也。《周禮》曰：五人爲伍，凡言參伍者，皆謂錯綜以求之。"五人爲一組，在生産生活中互相協助，計數便捷，逐漸成爲社會組織的一種形式。

私有制産生以後，家庭在生産生活中的作用更加重要，五家一組，便於協作，於是有了以五家爲"伍"的社會組織形式。《管子·乘馬》："五家而伍，十家而連。"②《周禮·地官·族師》："五家爲比，十家爲聯；五人爲伍，十人爲聯；四閭爲族，八閭爲聯。使之相保相受，刑罰慶賞，相及相共，以受邦職，以役國事，以相葬埋。"③可見以五家爲伍，使這些人員互相擔保，如有刑罰及賞賜，則共同承擔。一起參與邦内職事及國家役事，有人去世則共同參與葬埋。伍這種社會組織形式在先秦時就有豐富的内涵。

---

① 黎石生：《走馬樓吴簡所見"士伍"、"歲伍"、"月伍"考》，《史學月刊》2008 年第 6 期，第 94—96 頁；沈剛：《走馬樓吴簡所見"歲伍"、"月伍"新解》，《魯東大學學報》2011 年第 5 期，第 78—81 頁。

② 黎翔鳳撰，梁運華整理：《管子校注》，北京：中華書局，2004 年，第 89 頁。

③ 李學勤主編：《十三經注疏·周禮注疏》，北京：北京大學出版社，1999 年，第 308 頁。

五家爲一組的組織形式，還産生了伍長這一職務。《管子・度地》："故吏者所以教順也，三老、里有司、伍長者，所以爲率也。"[①]《鶡冠子・王鈇第九》："其制邑理都，使矔習者五家爲伍，伍爲之長；十伍爲里，里置有司；四里爲扁，扁爲之長；十扁爲鄉，鄉置師；五鄉爲縣，縣有嗇夫治焉；十縣爲郡，有大夫守焉，命曰官屬。"[②]可見伍設伍長，從而使伍有了具體的負責人員。

先秦時期軍事上也有伍的組織形式。《周禮・夏官・諸子》："合其卒伍，置其有司，以軍法治之。"鄭玄注："軍法百人爲卒，五人爲伍。"[③]《左傳》桓公五年："先偏後伍。"杜預注："五人爲伍。"[④]《尉繚子・兵教上》："伍長教成，合之什長。什長教成，合之卒長。卒長教成，合之伯長。伯長教成，合之兵尉。兵尉教成，合之裨將。裨將教成，合之大將。"[⑤]由五人爲伍組成的軍事編制單位，與五家爲伍不同，是軍事上獨特的組織形式。

二　漢代的伍及伍長

伍在漢代仍有設置，也體現爲鄉里與軍事兩種形式。

首先，關於鄉里設置的伍，見於《續漢書・百官志》："里有里魁，民有什伍，善惡以告。本注曰：里魁掌一里百家。什主十家，伍主五家，以相檢察，民有善事惡事，以告監官。"[⑥]可見"伍主五家"正是伍的社會組織形式。設置伍的目的是"民有善事惡事，以告監官"，就是互相監督，及時向上級部門報告伍中發生的善事惡事。《釋名・釋州國》："五家爲伍，以五爲名也。又謂之鄰。鄰，連也，相接連也。又曰比，相親比也。"[⑦]也是説明伍家相連，這與先秦時期伍的設置是一樣的。

漢代伍的設置還見於史傳記載。《漢書・尹翁歸傳》："治如在東海故迹，奸邪罪名亦縣縣有名籍。盜賊發其比伍中，翁歸輒召其縣長吏，曉告以奸黠主名，教使用類推迹盜賊所過抵，類常如翁歸言，無有遺脱。"顔師古注："五家爲伍，若今五保也。"[⑧]"比伍"，正是伍這種社會組織形式的體現。又《漢書・韓延壽傳》："延壽爲吏，上禮義，好古教

---

① 黎翔鳳撰，梁運華整理：《管子校注》，第 1064 頁。

② 黄懷信撰：《鶡冠子彙校集注》，北京：中華書局，2004 年，第 179 頁。

③ 李學勤主編：《十三經注疏・周禮注疏》，第 821 頁。

④ 李學勤主編：《十三經注疏・春秋左傳正義》，北京：北京大學出版社，1999 年，第 166 頁。

⑤ 劉春生譯注：《尉繚子全譯》，貴陽：貴州人民出版社，1993 年，第 90 頁。

⑥ 《後漢書》志第二八《百官志五》，北京：中華書局，1965 年，第 3625 頁。

⑦ 〔東漢〕劉熙撰，〔清〕畢沅疏證，王先謙補：《釋名疏證補》，北京：中華書局，2008 年，第 59 頁。

⑧ 《漢書》卷七六《尹翁歸傳》，北京：中華書局，1962 年，第 3208 頁。

化，所至必聘其賢士，以禮待用，廣謀議，納諫争；舉行喪讓財，表孝弟有行；修治學官，春秋鄉射，陳鍾鼓管弦，盛升降揖讓，及都試講武，設斧鉞旌旗，習射御之事，治城郭，收賦租，先明布告其日，以期會爲大事，吏民敬畏趨鄉之。又置正、五長，相率以孝弟，不得舍奸人。"①韓延壽設置正、伍長，目的是嚴明法治，可見"伍"的設置在基層社會能起到有效的管理作用。張家山漢簡《二年律令·□市律》："市販匿不自占租，坐所匿租臧（贓）爲盗，没入其所販賣及賈錢縣官，奪之列。列長，伍人弗告，罰金各一斤。"②這是漢初二年律令規定的内容，如有販賣不如實申報的情況，要以坐贓論罪，將販賣物及錢財没入官。如果伍人不向上級報告，則要罰金一斤，即萬錢。充分反映出漢代初期伍已經設置，並在社會管理中發揮著重要作用。

伍的制度，運用到邊邑，也具有組織作用。漢代晁錯曾對漢文帝奏言説："臣又聞古之制邊縣以備敵也，使五家爲伍，伍有長，十長一里，里有假士，四里一連，連有假五百，十連一邑，邑有假候，皆擇其邑之賢材有護，習地形知民心者，居則習民於射法，出則教民於應敵。"③可見伍能够互相救應保障，是重要的社會組織形式。

其次，漢代軍事組織中仍有伍的設置。孫星衍輯衛宏《漢官舊儀》卷下："五人爲伍，伍長一人。十人爲什，什長一人。百人爲卒，卒史一人。五百人爲旅，旅帥一人。二千五百人爲師，師帥一人。萬二千五百人爲軍，軍將一人。"④可見伍仍然是軍事組織的最基層形式。伍設有伍長，與先秦時代是一致的。

但是伍作爲最基層的組織形式，在史書中的記載畢竟不多，而且上述《漢書·韓延壽傳》所言"又置正、五長"，似乎暗示了伍長並不是漢代的常規設置。正如沈剛先生所言："依行文看，韓延壽置正、五長只是一個個案，並不是漢代普遍實行的一種制度。"⑤那麽，伍這種組織形式在漢代是否普遍設置，還有没有其他相關資料佐證？有幸的是，在新近刊布的肩水金關漢簡中，出現了數枚"伍長"的簡文，具有一定的啓發意義：

·右伍長 (73EJT23：779)⑥

■右伍長柳應☑ (73EJT30：158)

■右伍長董信☑ (73EJT30：159)

---

① 《漢書》卷七六《韓延壽傳》，第3211頁。

② 張家山二四七號漢墓竹簡整理小組：《張家山漢墓竹簡》，北京：文物出版社，2006年，第44頁。

③ 《漢書》卷九四《晁錯傳》，第2289頁。

④ 〔清〕孫星衍等輯：《漢官六種》，北京：中華書局，1990年，第53頁。

⑤ 沈剛：《走馬樓吴簡所見"歲伍"、"月伍"新解》，《魯東大學學報》2011年第5期，第80頁。

⑥ 甘肅簡牘保護研究中心等編：《肩水金關漢簡（貳）》，上海：中西書局，2012年。相同簡號者爲肩水金關漢簡，下不注。

■右伍長王廷年☐　(73EJH1：56)

　　年廿五　　練襲一領白布單衣　革履一兩
萬年里任廣漢大奴據　　車牛一兩　　·右伍長卩
　　墨色　　一領布袜一兩　(73EJT23：975)

以上五簡,是新刊肩水金關漢簡對伍長的記載。這五枚漢簡的性質,都屬於出入關名籍,即肩水金關對出入關隘人員信息的登記。前四簡是標題簡,説明伍長的姓名信息。第五簡内容具體,記載了"萬年里任廣漢"出入關的信息。任廣漢隨從人員有"大奴據",漢簡中多見吏員隨從奴婢的情況。任廣漢身份又是伍長,似乎也是吏的一種。"年廿五墨色"是對大奴據年齡及膚色的記載,"車牛一兩"是任廣漢乘坐車輛的情況,"練襲一領白布單衣一領布袜一兩革履一兩"是出入關人員的衣著信息,應該是對任廣漢信息的記載。最後説明"右伍長",是出入關人物身份的補充説明。因爲"大奴據"是依附身份,所以不可能是伍長,那麽伍長只能是任廣漢。從出入關名籍的通常情況看,官奴婢大多隨從官吏出入關隘,則伍長也應是基層小吏的一種。其他漢簡記載的"右伍長"柳應、董信、王廷年,也應是伍長出入關隘的記載。

肩水金關漢簡中有關伍長的簡文主要反映的是西漢中後期的情況。東漢時期也有相關文獻記載了伍的設置:

> ☐廣陵令解登、巨鹿鄃守長張建、廣宗長☐☐福登令曹掾許敦、門下吏肜石、游徼龍進☐
>
> 兵馬徐、沙福亭長樊赦等,令宗室劉江、劉俞、劉樹、劉舉等,著赤幘爲伍長,守街治滞☐☐☐　(《散見簡牘合輯》37)[①]

這是甘肅出土的甘谷漢簡中的一枚簡,該簡册是東漢延熹元年(158 年)的一封奏書,是説東漢末年宗室受到欺凌,應該得到尊重,簡文説讓宗室"劉江、劉俞、劉樹、劉舉等,著赤幘爲伍長,守街治滞",就是讓這些宗室載上紅色頭巾,任伍長而從事監察職事,可見伍在東漢末期還在設置。

東漢碑刻文獻中也有伍的記載:

> [府]　[告][宛],[男]子張景記言,府南門外勸[農]土牛,☐☐☐☐調發十四鄉正,相賦斂作治,並土人、犁、耒、廾、蓎、屋,功費六十十萬,重勞人功,吏正患苦,願以家錢,義作土牛,上瓦屋、欄楯、什物,歲歲作治。乞不爲縣吏、列長、伍長、徵發小繇。審如[景]言,施行復除,傳後子孫。明檢匠所作,務令嚴事,畢成

① 李均明、何雙全編:《散見簡牘合輯》,北京:文物出版社,1990 年,第 6 頁。

言，會廿四府君教。大守丞印。延熹二年八月十七日甲申起八月十九日丙戌，宛令右丞慴告追皷賊曹掾石梁，寫移□遣景作治五駕瓦屋二間，周欄楯拾尺，於匠務令功堅。奉□畢成言，會月廿五日，他如府記律令。掾趙述□□府　告宛言，男子張景以家錢義於府南門外，守□□□瓦屋，以省賦斂，乞不爲縣吏、列長、伍長、小繇□□……①

這是河南南陽出土的漢張景造土牛碑，碑文記載的縣吏、列長、伍長，都是漢代基層的吏員，可見伍長制度在東漢確有設置。

從上面的討論可以看出，西漢初期、中後期及東漢時期均有伍的設置。由於伍是漢代社會最爲低下的一級組織，在實際政治生活中所起的作用極其有限，因此傳世文獻記載不多。出土文獻作爲基層社會的實録，卻清晰地反映出漢代伍的設置情況。

三　吴簡中的歲伍、月伍

與先秦兩漢對伍及伍長的記載不同，長沙走馬樓吴簡中出現了歲伍、月伍的稱謂，應是三國時期伍設置狀況的進一步發展。

入中鄉所買鋘賈錢六千‖嘉禾二年五月廿四日歲伍潘萇付庫吏殷☑ (叁・3185)

入□鄉二年調布七匹‖嘉禾二年八月十九日上利(?)丘歲伍烝□☑ (貳・4550)

入都鄉二年新調布一匹‖嘉禾二年八月廿日因𢇛丘歲伍吴滏民黄漢付庫吏殷連受 (貳・5318)

☑年新調布一匹三丈八尺‖嘉禾二年八月廿四日因𢇛丘歲伍吴滏民□如付庫吏殷連受 (貳・5471)

入中鄉嘉禾二年布二匹‖嘉禾二年八月三日唐下丘歲伍潘䑣(船)付主庫吏殷連受 (貳・5502)

入都鄉皮二枚‖嘉禾二年八月廿六日吴唐丘歲伍供便付庫吏殷連受 (貳・8888)

右歲伍卒□領吏民八十八户 (貳・519)

・右歲伍謝胥(?)領吏民七十五户☑ (貳・1105)

---

① 鄭傑祥：《南陽新出土的東漢張景造土牛碑》，《文物》1963年第11期，第1頁。

☒□歲伍番祝領吏民五十五户 （貳·619）

☒十六人　歲　伍　區　將　主 （壹·8054）

☒□貧民還所貸食歲伍謝□☒ （叁·1171）

關於歲伍，由於不見文獻記載，所以只能結合簡文語境推測其含義。從簡文記載來看，歲伍應是丘一級組織的下屬吏員。歲伍向庫吏交付布匹等物，可能有兩種情況，一是繳納自己所承擔的賦税，二是代人繳納賦税，這從簡文來看尚難以斷定。不過簡文明確記載了歲伍領有吏民的情況，其中“歲伍卒□領吏民八十八户”，“歲伍謝胥(?)領吏民七十五户”，“歲伍番祝領吏民五十五户”，通過這些記載可以看出，歲伍的確存在領有民户的情況，這與秦漢時期伍長領有户人是一致的，那麽歲伍繳納賦税就有代人繳納的可能性。歲伍所領民户數量較多，並不是文獻記載的五人爲伍之意，應當與歲伍的特定名稱有關。伍作爲一種基層的組織形式，概念已經泛化，不再僅限以數量統計，而成了具有穩定含義的稱謂。

入廣成鄉調杋皮一枚‖嘉禾二年八月十三日彈溲丘月伍李名付庫吏☒ （壹·8368）

☒杋(麂)皮二枚‖嘉禾三年二月廿七日夌傳丘月伍區哃付庫吏潘☒ （貳·6414）

入都鄉嘉禾二年税米四斛‖嘉禾三年正月十二日渚下丘月伍五□關邸閣□□☒ （貳·568）

入都鄉嘉禾二年税米五斛‖嘉禾三年正月十一日緒下丘月伍五大關邸閣李嵩付倉吏黄諱史潘慮 （貳·703）

☒□二年税白米二斛‖嘉禾三年五月十一日進渚丘月伍劉嘉關邸閣李嵩付倉吏黄諱史潘慮 （貳·701）

□田丘月伍區□領田二頃五畝一十□☒ （叁·2017）

以上是月伍繳納税米及皮料的記載，據沈剛先生推測，也很有可能是代人繳納，那麽月伍也應該是秦漢以來伍的延續。不過同時也要考慮到的是這些賦税繳納的記載，並不能完全排除月伍自身所繳的可能，但這不影響月伍的身份確認。月伍領有田地，沈剛先生推測“月伍負責土地管理”[①]亦有道理，只是還需要充實的材料來佐證。

領歲月伍五户下品　▼ （貳·580）

領月伍四户☒ （肆·5154）

---

① 沈剛：《走馬樓吴簡所見“歲伍”、“月伍”新解》，《魯東大學學報》2011年第5期，第81頁。

領歲月伍五户▨ (肆·5280)

領歲月伍二户下品 (肆·5256)

領歲月伍十一户下品 (肆·5283)

與前述歲伍領有吏民户的記載不同,這些簡文記載的是"領歲月伍"的情況,户數普遍不多,可能是更上一級吏員管理歲伍及月伍的情況。

▨禾元年十一月廿一日郭渚丘比伍杜忽關邸閣郭據付▨ (貳·888)

入東鄉亭伍李自息二年布一匹▥嘉禾二年十月十九日烝弁付庫吏殷連受 (壹·7601)

"比伍"與"亭伍"的身份不詳,但依據"郭渚丘比伍"、"東鄉亭伍"來看,也應是"伍"的一種組織形式。

綜合以上先秦文獻、漢代簡牘碑刻、長沙吴簡中伍的記載可以看出,伍的設置,自先秦時期已經出現,經兩漢延續而至東吴。伍本是五家相保,互相聯繫爲一個休戚與共的集體,是社會組織的一種形式。伍的負責人被稱爲伍長,具有組織作用。在軍事系統中,五人爲伍,是伍的另一種形式。漢代伍的設置繼續存在,"伍主伍家,以相檢察",就是伍的職能體現。肩水金關漢簡反映出邊塞也有伍長的存在,其中一枚簡記載了伍長帶領大奴出入關的情況,則伍長與一些低級吏員相似。甘谷漢簡記載"著赤幘爲伍長,守街治滯",可見伍長還是有一定的身份,可以作爲優待宗室的政策。漢張景造土牛碑也反映出伍長是一種低級吏員,在東漢亦有設置。三國吴簡中的伍比較特殊,名稱有歲伍、月伍、比伍、亭伍等。簡文記載歲伍與月伍下屬於丘,需要向庫繳納布料等物品,歲伍還領有民户七八十户。月伍也需向庫吏繳納皮革、税米,歲伍與月伍繳納税米等物,是有代吏民户繳納賦税的可能。歲伍所領吏民户的人數,達到七八十户,可見歲伍所領民户數不少。從伍的名稱考慮,傳統認爲五家爲伍,伍有伍長,但後來伍已經演變爲一種基層役吏,歲伍與月伍所領民户數自然也不拘於數。歲伍與月伍的區别,應該與當地的社會生産生活有關。

總之,從先秦經兩漢到三國孫吴,伍作爲一種社會基層組織形式一直是存在的,但是因爲伍的身份低微,所以歷史文獻記載不多。通過出土簡牘及碑刻來看,伍的組織及伍長、歲伍、月伍在基層社會中一直發揮著積極作用。長沙吴簡中的歲伍與月伍,應該是伍的一種衍變形式。當然因職務不同,他們所領的民户數及負責事務有别,不過總體來看,他們仍是一種低級役吏。

走馬樓吴簡"君教"批件解析

李均明

（清華大學出土文獻研究與保護中心、
出土文獻與中國古代文明研究協同創新中心）

走馬樓三國吴簡中有若干木牘形制較寬，書寫格式特殊，通常分三欄：上端皆書"君教"二字，其下或署"若"，或批注其他文字，共占一欄；第二欄載省察監督者名單；第三欄載合校或合審人員名單、審批事項等。此牘之作用類似今天公文的批件頁，是主管官員對相關事項所作的批示：所批通常爲贊同或提出修訂意見。它對我們了解當時的行政程序及具體事項頗有幫助，今試舉例並解析如下：

1.　　丞出給民種粻。掾烝□如　曹。期會掾谷水校。
君教　　　　　　　　嘉禾三年五月十三日付三州倉領雜米起
　　主簿　省。　　　嘉禾元年七月一日訖九月卅日一時簿。
（貳・257）①

2. 君教□□丞出給民種粻。掾烝　潘　如曹。期會掾烝　、録事掾谷　校。
　　□□　（貳・6921）

3.　　已若
君教　　丞出給民種糧。掾烝　如曹。期會掾烝　、録事掾谷　校。
（肆・1644）②

4. 君教若　丞溪如。期會掾烝若、録事掾陳　曠校。
　　　　十二月廿一日白從史位周基所舉私學
　　兼主簿劉　恒省。

---

① 長沙簡牘博物館等編：《長沙走馬樓三國吴簡・竹簡（貳）》，北京：文物出版社，2007年。本文簡稱"貳"，下同。

② 長沙簡牘博物館等編：《長沙走馬樓三國吴簡・竹簡（肆）》，北京：文物出版社，2011年。本文簡稱"肆"，下同。

□□正户民不應發遣事,脩行吴□[主]。(肆·4850[1])

5. 君教✓ 丞灰固還官。掾烝循如曹。録事掾潘琬校。

主簿尹桓省。嘉禾四年六月十五日白。 (陸·1001[1])①

6. 君教✓ 丞灰固還宫。掾烝循、潘棟、谷水如曹。都典掾烝若、録事掾潘琬校。

已已 主簿尹桓省。 嘉禾四年五月廿七日乙巳白。

(陸·625[1])

7. 君教✓ 丞灰固還宫。掾烝循、潘棟如曹。都典掾烝若、録事掾潘琬校。

已 主簿尹桓省。 嘉禾四年五月廿七日乙巳白。

(陸·2192[1])

8. 君教✓ 故若 丞追捕何賊。期會掾烝若、録事掾陳曠校。

主簿 省。嘉禾三年正月七日白出錢付吏李珠雜米事。

(陸·4277[1])

9. □ 已書 丞出給民種糧。掾烝循、潘棟中倉。期會掾烝 、録事掾谷水校。

主簿 嘉禾三年五月十二日白庫領雜錢、

倉嘉禾二年□月一日訖閏月卅日一時簿。

(陸·4659)

10. 君教 丞出給民種粻。掾烝 如曹。期會掾烝若、録事掾谷水校。

已已入 主簿 省。 嘉禾三年五月十三日白三州倉吏領雜

米起嘉禾二年九月一日訖卅日一時簿。

(陸·5423[1])

11. 君教 丞出給民種粻。掾烝 循、潘□如曹。期會掾烝□、録事掾谷水校。

主簿 省。 三年……

領雜錢起嘉禾…… (陸·5423[1])

12. ☐ 録事掾谷水校。

☐□庫領雜錢起

☐日……☐ (陸·5938)

13. 君教重核已校 丞珍如掾。掾烝脩如曹。期會掾烝若校。

① 長沙簡牘博物館等編:《長沙走馬樓三國吴簡·竹簡(陸)》,北京:文物出版社待刊。本文簡稱"陸",下同。

主記史陳嗣省。　嘉禾三年正月十五日白嘉禾二年起四月一日訖閏月卅日雜米旦簿草。

（柒·2124[1]）①

14.　　　丞缺。録事掾潘　琬校。

君教若　　　　　　　　嘉禾四年八月廿二日兼田曹史

兼主簿　蔡　忠省。莅揖白料諸鄉粢租已入未畢事。

（柒·3197[1]）

15. 君教若　丞他坐。期會掾烝若、録事掾謝　韶校。

主簿郭　宋省。　正月二日　丁巳白。　（柒·4236[1]）

16. 君教若　丞他坐。期會掾烝　若、録事掾謝　韶校。

主簿郭　宋省。　十二月四日甲午白。　（柒·4379[1]）

上述十六枚批件牘，大致皆經過多次書寫的過程：首次書寫基本内容，第二次以後爲簽名或批注具體意見。

簽名及批注以外的其他文字都屬於基本内容，主要包括："君教"——首長指示；審查監督人；核對經辦人，或加具體事項及申報日期等。具體細節則因時因事因人而異。基本内容由基層史官，如簡14"兼田曹史莅楫"之流起草書寫。

批件牘的第一層面是主管首長的批示，但在經辦過程中屬最後一個程序。

"君教"之君，是起草人對上級主官的尊稱。《書·君奭》"周公若曰，君奭"，蔡沈集傳："君者，尊者之稱。"以"君"指代主管首長屢見於走馬樓吴簡，根據相關人員間的關係，此"君"當指臨湘侯相（詳下文）。草稿中臨湘侯相稱"君"不稱名者如：

嘉禾三年十一月辛巳朔日□臨湘侯相君、丞 叩頭死罪，敢言之。

（壹·6919）②

嘉禾二年十二月壬辰朔卅日辛酉，臨湘侯相君、丞叩頭死罪，敢言之。

（肆·1476）

教，命令。《孟子·萬章下》"是不待教而誅之者也"，焦循正義："教，亦命也。""教"下文字是臨湘侯相的具體意見。上文所見有三種情況：

如果贊同就批"若"字或包含此意義之符號，如簡4、14、15、16批"若"字。若，讀"諾"，應辭，此處指同意、批准。《詩·魯頌·閟宫》"莫敢不諾"，鄭玄箋："諾，應辭也。"

---

① 長沙簡牘博物館等編：《長沙走馬樓三國吴簡·竹簡（柒）》，北京：文物出版社，2013年。本文簡稱"柒"，下同。

② 長沙市文物考古研究所等編：《長沙走馬樓三國吴簡·竹簡（壹）》，北京：文物出版社，2003年。本文簡稱"壹"，下同。

"若"爲後署字,是上級主管親筆書寫的批准畫押,通常用較草率的字體。由於"若"字是後寫的,所以常常壓在"君教"二字的筆畫之上。例五、六、七、八則於"君教"後畫"✓",此✓乃以符號代替"若"字,意義相同。尚有例三署"已若"二字,就字面而言,已得到批准是無疑的,但此二字未必是主君所寫,或許僅是旁人的記録。

第二種情況是未批准或未上報,則"君教"下空白無字,簡 1、10、11 所見即是。

第三種是提出改進意見。如簡 2 見四字痕迹,但未能釋出。簡 13 見"重核"、"已校"四字,其中"重核"指重新核對,當是主君的意見,但不一定是親筆寫的,經由他人代署的可能性更大。"已校"則無疑是執行者所書,非主君批示。

簡 9、12 則由於簡殘字缺,未能判斷屬於何種情形。

批件牘的第二個層面是審查監督及相關人士的情況:

最常見的審查監督人是丞及主簿、主記史。

省,審查監督。《禮記·樂記》"省其文采",鄭玄注:"省,猶審也。"《資治通鑑·漢紀四十六》"不經御省",胡三省注:"省,猶今言省審也。"丞與主簿當爲法定省者。上引十六例中雖然無一有丞在場參加審監的例子,但都要寫上其不在場的理由,如簡 1、2、10、11"丞出給民種粻"。種,種籽。粻,訓糧。《爾雅·釋言》:"粻,糧也。"簡 3、9 則徑作"丞出給民種糧",即相丞外出供民種籽、糧食去了。簡 14"丞缺"指丞位空缺。簡 16"丞他坐",指丞因違規或犯罪缺席。簡 5、6、7"丞灰固還宫"之"宫"未能確知爲何宫,但亦説出丞缺席的理由。簡 8"丞追捕何賊"則指丞外出追捕罪犯了。

審查監督過程中,主簿是不可或缺的角色,有時也以主記史替代。除上引批件所見,又見於簡貳·658:"☑主簿省。"簡肆·1550:"已若　主簿　省。"主簿、主記史是當時各級主官屬下掌管文書的佐史。《趙儀碑》:"建安十三年十一月廿日癸酉,試守漢嘉長蜀郡臨邛張河,字起南,將主簿文堅、主記史邯伍、功曹……"《金石粹編》卷十八《郃陽令曹全碑》見"故主簿鄧化孔產。"主記史,主記室史的簡稱。《後漢書·百官志》"督郵曹掾"下有"主記室史,主録記書,催期會"。《金石粹編》卷十七《校官碑》見"主記史吴超"。批件所見主簿亦常見於走馬樓吴簡他簡。

主簿劉恒,除見於例四外,又有如下記載:

主簿劉恒□　　(肆·1274)

得入遣五□錢事。主者掾史劉恒、潘典、烝堂等詣郡　　(肆·1263)

☑□□□恩苦腹心踵病事。　　(柒·1429)
二月廿一日功曹史劉恒白。

☑□功曹史劉恒白。　　(柒·2716)

知劉恒亦曾任功曹史等職。

主簿尹桓,除見於簡 5、6、7 外,又:

☒　主簿尹桓省☒　　(叁 · 4056)[①]

☒尹桓省　☒　　(叁 · 4120)

☒事。
□月□日户曹史尹桓白。　　(叁 · 7796)

☒□　中　三月三日兵曹史尹桓白。　　(壹 · 1059)

知尹桓亦曾任户曹史、兵曹史等職。

兼主簿蔡忠,除見於例一四外,屢見於走馬樓吴簡,如:

草言府:西部屯田掾蔡忠、區光等當署丘里,不得使民舟入吴界事。
十二月三日領列(?)　　(柒 · 1436)

草言府:部屯田掾蔡忠□□□□叛士鄭馬等四人事。
二月十五日兵曹掾□□白。　　(柒 · 1457)

中鄉縣吏□衣,故户,下品,出錢四千四百。臨湘侯相　嘉禾□年正月十二日模鄉典田掾蔡忠白。　　(柒 · 2521 正)

中鄉大男胡□,故户,下品,出錢四千四百。臨湘侯相　嘉禾□年正月十二日模鄉典田掾蔡忠白。　　(柒 · 2529 正)

☒……嘉禾六年正月三日都鄉典田掾蔡忠白。　　(貳 · 4219 正)

☒嘉禾六年正月十一日都鄉典田掾蔡忠白。　　(貳 · 4220 正)

主簿爲蔡忠兼職位,其主位爲典田掾,歷任模鄉典田掾及都鄉典田掾,又曾任屯田掾,業務範圍一致,吴簡中屢見,以上僅舉例。

主簿郭宋,除簡 15、16 所見,又:

主簿郭宋省。　　(柒 · 67)

九日,主簿郭宋付鄉老當陽大男潘桐運　　(肆 · 4349)

出桑鄉嘉禾元年租米六斛八斗。‖✕嘉禾二年四月廿二日,主簿郭宋付上佳丘大男黄利、守録　　(柒 · 139)

五月日臨湘侯相君丞谷諸鄉勸農掾郭宋、謝韶、區光、黄欣　　(柒 · 3143)

嘉禾四年六月戊申朔七日甲寅,南、都鄉勸農掾郭宋叩頭死罪敢言之。
(柒 · 3242)

---

① 長沙簡牘博物館等編:《長沙走馬樓三國吴簡 · 竹簡(叁)》,北京:文物出版社,2008 年。本文簡稱"叁",下同。

由上可知,郭宋無疑是專職主簿,有時也被派出當勸農掾。

主記史陳嗣,除簡14所見,又:

> 主記史陳嗣謹列所稱得禾、干腊豆[及]貸民[食]□所付授☑ (肆·4347)
>
> 四月十四日主記史陳嗣白。 (肆·4351)
>
> ☑……[限]米□斛‖嘉禾二年四月□[日][主][記][史][陳]嗣、書史謝候付☑ (肆·4352)
>
> ☑日,[主](?)記史陳嗣付庫[吏]☑ (叁·143)

陳嗣亦當爲專職主記史。

批件牘的第三個層面是具體的核校辦事人員。有的還有關於核校對象的概要説明。

校,核校。《論語·泰伯》"犯而不校",朱熹集注:"校,計校也。"校者是具體參加核對的人員。上引批件所見,核校工作由期會掾與録事掾承擔。期會,約期會集,包括人員與文件的集中。《漢書·賈誼傳》"而大臣特以簿書不報,期會之間,以爲大故",師古曰:"特,徒也。言公卿大臣特以簿書期會爲意,不知正風俗,厲行義也。"期會掾即主持期會事的負責人。録事,主文書事。録事掾當爲其主管。《金石粹編》卷十《蒼頡廟碑》見"録事史楊禽孟布三百"。

上文簡1、9所見,谷水爲期會掾;而簡10、11、12所見則任録事掾。二者業務範圍相類。他簡所見谷水如:

> 入桑鄉吏谷水備[監][運][掾][姃][度][漬][米][十][斛]‖[嘉][禾][元][年][九][月][十][二][日],[谷][焉][付][倉][吏][谷][漢][受]。 (叁·2707)

其餘多簡所見谷水亦僅署"吏",未説明具體職位。

期會掾烝若,見簡4、8、10、13、15、16,但簡6、7又稱"都典掾"。都典掾,都鄉典田掾的簡稱。他簡所見如:

> 期會掾烝若、録事掾陳曠校。 (肆·1167)
>
> 期會掾烝若、録事掾陳曠校。 (肆·1305)
>
> ☑　正月卅日典田掾烝若白。 (肆·1555)
>
> ☑　若 嘉禾五年十二月十八日模鄉典田掾[烝][若][白]。 (壹·2746)
>
> ☑都典掾烝若、録事□☑ (貳·7242)
>
> 鄉佃田掾烝若謹列[所]出禾人名如牒　☑ (肆·3692)

烝若所任佃田掾之業務也與典田掾相類。簡貳·7228、7231尚見烝若"領主簿"職。

録事掾陳曠，除例四及上引肆·1167、1305所見，又：

入廣成鄉吏陳曠子弟限米十二斛□畢‖嘉禾元年十一月五日☑（肆·2135）

他簡亦見稱"鄉吏"者，但未署具體職務。

録事掾潘琬，見簡5、6、7、8、14，又：

兼録曹掾潘琬校。（柒·2647）

君□□省　録事掾　潘　琬　白。（柒·4143）

☑　五月卅日録事掾番琬白。（柒·3434）

録事掾謝韶，見簡15、16，又：

草言府：逐捕叛士□笞不還縣界，長留今□事。　六月十四日兵曹掾謝韶白。（柒·558）

草言：故吏曚裕弟林□依科逐事。　七月十六日兵曹史謝韶白。（柒·655）

嘉禾四年六月戊申朔十一日戊午，南鄉勸農掾謝韶叩頭死罪敢言之。（柒·2262）

他簡多見謝韶任兵曹掾職，任勸農掾僅見此。

從上可知，擔任審查監督的爲丞及主簿或主記史，具體核校者爲期會掾及録事掾。

凡已經參加審校的人員都需要親自在批件上簽字，當然其姓已經提前寫上了，當事人只要署名即可，所署名往往比較草率且有個性。又一人見數職的現象，存在同名異人的可能，但概率極小。

除上述四類人之外，尚有些人任務未明，如簡1、3、10"掾烝□如曹"，簡5"掾烝循如曹"，簡6"掾烝循、潘棟、谷水如曹"，簡7"掾烝循、潘棟如曹"，簡11"掾烝循、潘□如曹"，簡13"掾烝脩如曹"，簡9"掾烝循、潘□中倉"。如，前往。《漢書·高帝紀》"沛公如薛"，師古曰："如，往也。"簡文所云"如曹"或指前往與所審核事項相關的部門，猶例九之前往中倉。例九所審校即包括"倉嘉禾二年□月一日訖閏月卅日一時簿"，故派人實地調查。

今日常見的批件頁，必定附著在被批閱的文件之上，吴簡"君教"批件牘亦然。今試以經科學發掘，地層關係明確且呈册書狀態的簡13進行剖析。

簡13批件牘及其附著的文件皆見《竹簡（柒）》附録一《簡牘揭剥示意圖》之圖十五Ⅱb57簡牘揭剥位置示意圖中。但批件牘釋文號碼2124(1)，在《竹簡整理編號與示意圖號對應表》中對應的示意圖號是147(1)，而在揭剥示意圖中標爲148(1)，後者或誤。

從揭剥示意圖可看出批件牘處在一坨竹簡的近乎中心位置。凡 229 枚簡牘,排列整齊緊密,内容亦多相關,所見竹簡當即批件牘所云"嘉禾三年正月十五日白嘉禾二年起四月一日訖閏月卅日雜米旦簿草",但周邊有與之無關的滲入者。

批件牘的長度與同坨其他竹簡大體相同,約 24 釐米。尤值得注意的是批件牘存在兩道編痕:第一道編痕距上端 7.5 釐米,第二道編痕距下端約 7.8 釐米,其他竹簡的編痕情況亦與之大體相同。則可知此批件牘與其他竹簡原來是編聯在一起的,或至少是與部分竹簡編聯在一起。

可排除的如上部外圍示意號爲 1、2、3、5 者,釋文見下:

> 户下婢妾,年十四。(柒·1978)
>
> 大女陳單,年六十五。(柒·1979)
>
> 麦男弟兒,年八歲。(柒·1980)
>
> 春妻昭,年廿二。　春男弟麗(?),年十七。(柒·1981)

上述四例皆爲户籍名單,與批件内容無關。又右側外圍示意號爲 53、55 者:

> ☒□□五十一户口食……人。(柒·2030)
>
> 草言府:縣不取吏民所市船事。　六月十七日□曹掾番□白。(柒·2032)

再,同側示意號爲 161、162 者:

> 兵曹言大男樂會等三人傳任事。嘉禾六年三月二日書佐吕承封。(柒·2138)
>
> □曹言州中倉米二百八斛□司馬王□等卌五人事。　嘉禾六年十二月九日書佐吕承封。(柒·2139)

顯然,上述四例之内容也與批件無關。當然不排除無關的簡也會插入中心部位,但畢竟是極少數。

其他與批件相關的簡,即批件所云"嘉禾三年正月十五日白嘉禾二年起四月一日訖閏月卅日雜米旦簿草",由若干主項及若干次項組合而成,主項頂格書寫,以"承餘"、"入"、"出"、"今餘"等字打頭,次項書於第一道編繩之下,以"其"字打頭。

"承餘"指承接上期結餘,簡文所見如:

> 承四月旦簿餘吴平斛米一萬四千一百卌四斛七斗三升七合。(柒·2049)

承接日期"四月旦"正好與批件所云"起四月一日"吻合。"吴平斛米一萬四千一百卌四斛七斗三升七合"是承接前期糧食的總數。

"入"的對象皆指嘉禾二年四月一日後新入的糧食，簡文所見如：

入嘉禾元年租米一百一十七斛一斗四升。　其三斛九斗□米。　(柒·2004)

入郡縣佃吏谷葛、番昌、唐裕、蔡喬、番春等嘉禾元年限米……斛三斗五升。　其三斛九斗□米。　(柒·2015)

入三州倉運嘉禾元年粢租米一百八十九斛六斗四升。　(柒·2112)

入嘉禾元年税米五百八十四斛二斗三升。　其五百一斛三斗三升三州倉運米。　(柒·2113)

所入雖然是嘉禾元年(他簡還有更早的)各種名目的米，但收入時間皆當在嘉禾二年四月一日之後。據陳垣《二十史朔閏表》，當年閏五月，則收入下限當在嘉禾二年閏五月之前。

"出"當指嘉禾二年四月一日之後支出的糧食，如：

出倉吏黄諱、潘慮所領嘉禾元年税吴平斛米二百斛，爲稟斛米二百八十斛三斗三升一勺。　(柒·1996)

出倉吏黄諱、潘慮所領嘉禾元年税吴平斛米卌五斛三斗二升，爲稟斛米卌七斛二斗　(柒·2033)

出倉吏黄諱、潘慮所領嘉禾元年税吴平斛米三斛八斗四升，爲稟斛米四斛，邸閣右郎中　(柒·2065)

由上可知，支出的糧食大多從糧倉中運走。

相關簡文中數量最多的是"其"字打頭者，如：

其四百八十三斛五斗司馬黄升嘉禾元年限米。　(柒·2011)

其九千九十八斛二斗七升四合嘉禾元年税米。　(柒·2012)

其七斛四斗東部烝口倉吏孫陵備黄龍元年税米。　(柒·2016)

其卌一斛監池司馬鄧昭嘉禾元年限錢米。　(柒·2048)

其一百一十一斛五斗郵卒嘉禾元年限米。　(柒·2056)

其六十四斛八斗八升佃卒黄龍元年限米。　(柒·2060)

其一百五十斛九斗故吏番觀所備船師張盖建安廿六年折咸米。　(柒·2078)

其二千五百九十九斛八斗七升吏帥客嘉禾元年限米。　(柒·2122)

上述各簡皆以數據爲主，當分别屬於"承餘"、"入"、"出"、"今餘"各項。今僅述其組合原理，未能做到一一對應並全面復原。

上文所引十六例中，簡 1、8、9、10、11、13、14 批件上署有被審校文件的概要。而簡

2、3、4、5、6、7、15、16則未見。正因爲批件與被批件是編聯在一起的，所以即使没有寫上概要，他們之間的關係還是明確的。不過如今二者大多已分離，從而對復原工作造成極大的麻煩。

類似上述所見"君教"批件，東漢時已常見，試舉二例：

兼辭曹史煇、助史襄白：民自言，辭如牒。
教屬曹分别白。案：惠前遣姊子毐、小自言，易永元十七年
君教諾。　中，以由從惠質錢八百。由去，當還惠錢。屬主記爲移長刺部
曲平亭長壽考實，未言，兩相誣。丞優、掾暘議請勑理訟
掾伉、史寶實核治决。會月廿五日復白。
延平元年八月廿三日戊辰白。
（《長沙五一東漢簡牘選釋》CWJ1③：325－5－21）[1]

辭曹史伉，助史脩、弘白：民詣都部督郵掾自言，辭如牒。
案文
書，武前詣府自言，部待事掾楊武、王倫，守史毛佑等考，當
畀，各巨異。
君追賊小武陵亭部。　今武辭，與子男潰貇（墾）食，更三赦，當應居得。願請大
吏一人案行覆考
如武辭。丞優、掾遺議請屬功曹選得吏當，被書復白。
永初元年正月廿六日戊申白。
（《長沙五一東漢簡牘選釋》CWJ1③：325－1－103）

兩相比較，東漢批件與三國吴批件形式與原理相同，只是詳略程度及程序稍有差别：東漢簡牘所見之審批過程中，丞與掾直接合議進行具體審查並提出處理意見；三國吴簡牘則由相關掾具體審校，丞與主簿（或主記史）在其中省臨監督。最後皆由主官君批准畫押或提出改正意見。又，東漢批件對有關事項的陳述更爲詳細，而且還列出具體的報告人。顯然，兩個時代的批件牘一脈相承。

綜上，"君教"批件牘當屬内部文件，不在本機構外傳遞，是機構首長對其下屬經辦事務的批示（批示内容通常包括批准、不批准或退回重辦）。下屬所經辦具體事務則形成文字稿作爲附件附著在批件牘上，經批准後此附件即轉化爲正式文件得到執行、上傳或下傳。批件牘先由經辦具體事務的曹掾、史起草；再呈丞、主簿或主記史省查簽名；最

① 長沙市文物考古研究所等編：《長沙五一廣場東漢簡牘選釋》，上海：中西書局，2015年。

後由主管首長(臨湘侯相)批示。其形成顯然歷經由下而上,再由上而下的過程,僅適用於機構内部。批件牘之附件經批准後則作爲正式文件進入另一個運行過程,或上行,或下行,當視具體需要而定。

“君教”文書牘再論*

楊　芬

（長沙簡牘博物館）

長沙走馬樓三國吴簡中有一類竹、木牘，這類簡牘版式格式比較一致，最爲明顯的特徵是簡首部分大書“君教”二字。近年來，隨着吴簡資料的不斷發布，此類文書牘也得以更多地公布，引起了學者的廣泛關注。[①] 日本學者伊藤敏雄先生在依據形制、内容對木牘文書進行分類時，首先提出“君教”文書爲一類；[②]關尾史郎先生稱之爲“教”文書；[③]徐暢稱之爲“君教”文書牘。[④] 長沙五一廣場東漢簡牘也有類似的“君教”文書牘，《長沙五一廣場東漢簡牘選釋》一書即收録了數枚。[⑤] 因五一廣場東漢簡牘與走馬樓吴簡時代、發現地點相近，將兩批簡牘中的“君教”文書牘結合考慮，更有利於對這類文書的研究。

---

* 本文得到國家社科基金重點項目“走馬樓吴簡與孫吴縣政研究”（13AZS009）資助。

① 相關研究參看凌文超：《走馬樓吴簡舉私學簿整理與研究——兼論孫吴的占募》，《文史》2014 年第 2 輯，第 37—71 頁；王振華：《孫吴臨湘侯國主記史研究》，北京吴簡研討班討論稿，未刊；徐暢：《釋長沙吴簡“君教”文書牘中的“掾某如曹”》，《簡帛研究二〇一五（秋冬卷）》，桂林：廣西師範大學出版社，2015 年，第 224—237 頁。2016 年 8 月 27—28 日，在長沙舉辦的紀念走馬樓三國吴簡發現二十周年長沙簡帛研究國際學術研討會上，也提交了幾篇相關文章，如侯旭東：《湖南長沙走馬樓三國吴簡性質新探——從〈竹簡肆〉涉米簿書的復原説起》，第 49—78 頁；李均明：《走馬樓吴簡“君教”批件解析》，第 190—197 頁；徐暢：《走馬樓簡牘公文書中諸曹性質的判定——兼論三國孫吴基層公文運轉機制》，第 222—242 頁等。

② ［日］伊藤敏雄：《長沙吴簡中の生口賣買と“估錢”徵收をめぐって—“白”文書木牘の一例として—》，《歷史研究》第 50 號，2013 年，第 97—128 頁。

③ ［日］關尾史郎：《從出土史料看〈教〉——自長沙吴簡到吐魯番文書》，“魏晋南北朝史研究的新探索——魏晋南北朝史學會第十一届年會暨國際學術研討會”論文，北京，2014 年 10 月 12—15 日。

④ 徐暢：《釋長沙吴簡“君教”文書牘中的“掾某如曹”》，《簡帛研究二〇一五（秋冬卷）》，第 225 頁。

⑤ 長沙市文物考古研究所等編：《長沙五一廣場東漢簡牘選釋》，上海：中西書局，2015 年。相關簡的整理編號分别是 13、27、46、47、48、136、138、156。

君教文書牘的一種常見格式即簡首大書"君教"二字,但是這類文書牘也有僅大書"君"字,無"教"字的形式。《長沙五一廣場東漢簡牘選釋》中編號爲25、27的兩枚簡,其簡首只有"君"字,但從簡形制、書寫版式看,應與"君教"文書牘是同一類型的簡。五一廣場東漢簡牘整理組成員陳松長、周海鋒二位即意識到這兩枚簡牘與"君教"文書牘的相關性,並撰文進行討論。① 他們重點討論的是25號文書牘(文末附圖一),現將該簡釋文迻録如下:

> 君追殺人賊小武陵亭部
>
> 兼左賊史順、助史條白:待事掾王純言,前格殺殺人賊黄㑭、郭幽。今㑭同産兄宗、宗弟禹於純門外欲逐殺純。教屬曹今白。守丞護、兼掾英議請移書賊捕掾浩等考實姦詐。白草。
>
> 延平元年四月廿四日辛未白。 (25)

整理小組認爲其中"君"是文秘吏對主管官員之尊稱。"君追殺人賊小武陵亭部",表明主官此時正在小武陵亭部處理案件。② 但是,同爲整理小組成員的陳松長、周海鋒兩位學者則認爲"君"應該是文書起草者對縣長吏的尊稱。"追殺人賊小武陵亭部"即"待事掾王純追捕殺人賊黄㑭、郭幽於小武陵亭部",似可理解爲"請您對待事掾王純追捕殺人賊黄㑭、郭幽於小武陵亭部之案件的相關事宜作出指示"。③ 整理者之間觀點的不一致,正説明對文書牘中"君"和"追殺人賊小武陵亭部"的理解還有商討餘地。

一

首先,我們談談"君"該作何理解? 李均明先生曾討論過五一廣場東漢簡中的三件"君教諾"的簡牘,他認爲其中"君教"二字是佐史寫上的,稱"君"是對首長的尊稱。"君"指臨湘侯國相,"諾"即相之應諾畫押。④ 並認爲,大部分草稿由秘書人員而非文件責任人起草,由於起草人不便直書上級名,常稱責任人爲"君",如:

> 建武三年十月乙亥,甲渠候君移過所,遣城北隧長 (EPT26.1)

---

① 陳松長、周海鋒:《"君教諾"考論》,長沙市文物考古研究所等編:《長沙五一廣場東漢簡牘選釋》,第325—330頁。

② 長沙市文物考古研究所等編:《長沙五一廣場東漢簡牘選釋》,第142頁。

③ 陳松長、周海鋒:《"君教諾"考論》,長沙市文物考古研究所等編:《長沙五一廣場東漢簡牘選釋》,第328頁。

④ 李均明:《簡牘所見的簽名與畫押》,《出土文獻研究》第十三輯,上海:中西書局,2014年,第340頁。

甲渠鄣守候君,免冠叩頭死罪,奉職數毋狀,罪當萬死。叩頭,死罪死罪。

十月廿八日,胡虜犯塞,略得吏 (EPF16.36、37)

都尉君移戊部尉: 械逮故若絶城錢況等有書,今…… (《敦》203)[①]

長沙走馬樓三國吴簡亦有頗多"君教"文書牘,對其中"君"的理解也有利於我們認識五一廣場君教文書牘中"君"的具體所指。

已有數位學者對其中的"君"進行過討論。徐暢通過考察柒·3197(1)君教木牘,[②]認爲"君教"上的濃墨勾勒,應爲長吏(臨湘侯相)之批示。[③] 後她再次重申認爲,吴簡中的"君教"爲縣長吏所出無疑。[④] 凌文超以肆·4850(1)爲例,[⑤]認爲這件木牘公文中的"君"應指臨湘國侯相。並據肆·1230、1297兩枚簡判斷當時臨湘侯相名郭君。[⑥] 王振華、王素先生、李均明先生均也贊成走馬樓吴簡"君教"簡中的"君"指臨湘侯相。[⑦] 以上討論相關簡釋文如下:

丞缺録事掾潘琬校

[君][教]若 嘉禾四年八月廿二日兼田曹史

兼主簿蔡忠省 蕊揖白料諸鄉粢租已入未畢事

(柒·3197[1])

君教若 丞琰如掾期會掾烝若録事掾陳曠校

兼主簿劉恒省 十二月廿一日白從史位周基所舉私學

□□正户民不應發遣事脩行吴贊[主][⑧]

(肆·4850[1])

① 李均明:《秦漢文書制度考察——簡牘文書的起草、審批與收發》,《耕耘録——簡牘研究叢稿》,北京:人民美術出版社,2015年,第75頁。

② 長沙簡牘博物館等編:《長沙走馬樓三國吴簡·竹簡(柒)》,北京:文物出版社,2013年。

③ 徐暢:《走馬樓簡所見孫吴臨湘縣廷列曹設置及曹史》,《吴簡研究》第三輯,北京:中華書局,2011年,第310頁。

④ 徐暢:《釋長沙吴簡"君教"文書牘中的"掾某如曹"》,《簡帛研究二〇一五(秋冬卷)》,第226頁。

⑤ 長沙簡牘博物館等編:《長沙走馬樓三國吴簡·竹簡(肆)》,北京:文物出版社,2011年。

⑥ 凌文超:《走馬樓吴簡舉私學簿整理與研究——兼論孫吴的占募》,《文史》2014年第2輯,第56頁。

⑦ 王振華:《孫吴臨湘侯國主記史研究》,北京吴簡研討班討論稿,未刊;王素:《"畫諾"問題縱横談——以長沙漢吴簡牘爲中心》,《中華文史論叢》2017年第1期,第132頁;李均明:《走馬樓吴簡"君教"批件解析》,第191頁。

⑧ "琰"原釋作"浂","如掾"之"掾"原闕釋,"遣"原釋作"遺","贊"原闕釋,據凌文超文章改。參見凌文超:《走馬樓吴簡舉私學簿整理與研究——兼論孫吴的占募》,《文史》2014年第2輯,第47頁。

·右連年逋空雜米三千五百二斛三斗八升□合□侯相郭君丞區讓 （肆·1230）

相郭君丞唐(?)祁録事主者周岑石彭謝進 （肆·1297）

從傳世與出土文獻看，兩漢三國地方郡級行政機構長官多稱作“明府”、“府君”等，但縣級行政機構長官的稱謂卻只能從出土文獻中看到。從五一廣場東漢簡和走馬樓三國吴簡看，當時官府文書中，對縣令長或侯相一般稱作“君”，“君”是對縣級長官的尊稱。在吴簡上行文書中稱侯相令長爲“君”常見，如下：

嘉禾二年十二月壬辰朔卅日辛酉臨湘侯相君丞琰[1]叩頭死罪敢言之 （肆·1476）

嘉禾二年十一月丁亥朔日臨湘侯相君丞叩頭死罪敢言⊠ （肆·3951）

嘉禾三年十一月辛巳朔日　臨湘侯相君丞叩頭死罪敢言之 （壹·6919）

嘉禾四年八月丁未朔日[2]臨湘侯相君丞敢言之 （肆·3568）

嘉禾二年十月丁巳朔廿日丙子　安成長君□叩頭死罪敢言之（柒·1971 正）

安 成 長 印月日 □□□ 卒史 白解 領 史 □ （柒·1971 背）

嘉禾五年二月壬辰朔□□臨湘侯相管君叩頭死罪白被紙 （總·陸·43646）

臨湘侯相管呰叩頭死罪白重部核事掾趙譚實核吏許迪 （捌·4139）

從“敢言之”等文書用語來看，這些簡均是上行文書。其中安成長稱爲“君”，臨湘侯相自稱爲“管呰”，也稱作“君”“管君”。雖然是上行文書，但可能以文秘吏角度起草，所以不能判斷其中稱謂是他人稱令長侯相，還是令長侯相自稱。但其中簡肆·1476（文末附圖二）中“君”與“丞”連寫未留白，“丞”與“叩頭死罪”之間留有簽名的空白位置。其中“琰”字明顯不同於簡中其他文字，寫得隨性，變化豐富，爲丞“琰”自己的簽名。這是否能説明文書在文秘吏擬寫之時，就設定了侯相不用簽名，直接用“君”作爲上行文書中的稱謂，而“丞”則需在文書上簽字呢？

在下行文書或文書記録中，臨湘侯相亦稱作“君”，舉例如下：

□月日臨湘侯相君　調 （肆·5020）

⊠□八月十日辛未臨湘侯相君調⊠ （肆·5413）

---

① “琰”字原未釋，據凌文超文章改。參見凌文超：《走馬樓吴簡舉私學簿整理與研究——兼論孫吴的占募》，《文史》2014 年第 2 輯，第 56 頁。

② “日”原釋爲“曰”，據文意改釋。

五月日臨湘侯相君丞[告]①諸鄉勸農掾郭宋謝韶區光黄欣 (柒·3143)

侯相趙君送柏船 (柒·4239)

從吴簡資料看,"君"可以是縣令長的尊稱,但並非專稱。如肆·1267"嘉禾三年十一月癸巳朔日主簿羊君叩頭死罪敢言之"中,"主簿某"也稱作"羊君"。但筆者認爲,在没有特定稱"某君"或"某職某君"的情況下,官府文書中僅見"君",應是縣令長侯相的專稱,正如稱郡太守或王國相爲"府君"。所以,五一廣場東漢簡牘、走馬樓吴簡中"君教"文牘中書於簡首的"君",應當專指臨湘令或侯相。

二

對於"君追殺人賊小武陵亭部"的意義,除了整理組認爲指臨湘令正在小武陵亭部處理案件,不在臨湘治所。李均明先生也持同樣意見,他認爲"君追殺人賊小武陵亭部",原因是主管君未在常駐治所,無法簽署意見,故在批件上專門注明主管君的去向,以説明未簽署的理由。② 筆者也贊同這種觀點。

與25號牘相關的139號牘爲待事掾王純的上言,其釋文如下:

待事掾王純叩頭死罪白。男子黄𠊎前賊殺男子左建,亡。與殺人宿命賊郭幽等俱强盗女子王綏牛,發覺。純逐捕𠊎、幽,𠊎、幽不就捕,各拔刀、戟□□□□刺擊。純格殺𠊎、幽。到今年二月不處日,純使之醴陵追逐故市亭長慶陸,不在。𠊎同産兄宗、宗弟禹將二男子不處姓名,各摻(操)兵之純門,司(伺)候純。三月不處日,宗、禹復之純門。今月十三日,禹於純對門李平舍欲徼殺純。平於道中告語純,純使弟子便歸家取刀矛自捄(救)禹瘦(度)平後落去。𠊎、禹仇怨奉公,純孤單,妻子嬴(羸)弱,恐爲宗、禹所賊害。唯明廷財(裁)省嚴部吏考實宗、禹與二男子,謀議形埶。純愚戇惶恐叩頭死罪死罪。今爲言,今開。　　四月廿二日白。 (139)

從王純上言可看出其上言時間是"四月廿二日",内容是因宗、禹二人慾賊害純及妻、子,而希望上級部門"嚴部吏考實宗、禹與二男子",並非針對早已發生的"王純追捕殺人賊黄𠊎、郭幽之案件"。而25號牘的上言者是"兼左賊史順、助史條",發生時間是王純上

---

① "告"原釋作"谷",據圖版和文意改。

② 李均明:《東漢簡牘所見合議批件》,《簡帛研究二〇一六(春夏卷)》,桂林:廣西師範大學出版社,2016年,第260頁。

言兩天後的"四月廿四日",内容是對王純上言進行議請。因而,"追殺人賊小武陵亭部",不能看作是對所請示内容的概括。

另外,五一廣場東漢簡牘45號和25號牘的形制、書寫版式十分接近,其釋文如下:

君追賊小武陵亭部

辤曹史伉,助史脩、弘白:民詣都部督郵掾自言,辤如牒。案文書,武前詣府自言,部待事掾楊武、王倫、守史毛佑等考,當畀,各巨異。今武辤,與子男潰貇(墾)食,更三赦,當應居得。願請大吏一人案行覆考如武辤。丞優、掾遺議請屬功曹選得吏當,被書復白。

永初元年正月廿六日戊申白　　(45)

這件文牘中,"君追賊小武陵亭部"亦不能看作是該議請文書的概述。

走馬樓吴簡中有一枚木牘,或能幫助我們更清楚認識以上木牘。其釋文如下:

君出送柏船　領丞寛(?)如曹期會掾烝若録事掾謝韶校

主簿郭宋省　二月三日白書左劉章脩行(?)吕□　　(未發表)

這枚簡和走馬樓吴簡中的"君教"簡在布局版式、行文格式、内容簽署等方面非常相似。最爲不同的地方是這枚簡的簡首部分僅簽"君"字,下面所寫内容爲"出送柏船"。説明臨湘侯相當時並未在臨湘治所,而是外出執行運送柏船的公務。

因此,與上枚簡相似,五一廣場東漢簡中"君追殺人賊小武陵亭部"、"君追賊小武陵亭部"均可表述爲"君出追殺人賊小武陵亭部"、"君出追賊小武陵亭部"。縣令長官不在治所,也就不能給予指示並批諾。五一廣場東漢簡,簡首有"君教"二字和僅有"君"字的文牘,區别在於君當時是否在臨湘治所,在治所則君對議請的文書進行批覆,所以會有大寫粗筆的畫"諾"。臨湘縣令不在治所,則説明其去向,則此類簡並未見令長畫"諾"。

三

在簡牘文獻中,除了上揭"君教"或"君"字位於簡首的文書牘,還有一些簡出現了"君教"或"教"字,但與前揭"君教"文書牘的版面格式大不一樣。如:

府告:居延甲渠鄣候,卅井關守丞匡十一月壬辰檄言,居延都田嗇夫丁宫、禄福男子王歆等入關檄。甲午日入到府。匡乙未復檄言,男子郭長入關檄,丁酉食時到府。皆后宫等到,留遲。記到,各推辟界中,定吏主當坐者名,會月晦。有教。建武四年十一月戊戌起府。十一月辛丑,甲渠守候告尉,謂不

侵候長憲等，寫移檄到，各推辟界中，相付受日時具狀，會月廿六日。如府記律令。 (EPF22.151A、B、C、D)

府告居延、甲渠、卅井、殄北鄣候，方有警備。記到，數循行，教勑吏卒，明蓬火，謹候望。有所聞見，亟言。有教。　　建武三年六月戊辰，起府。

(EPF22.459)[①]

府告兼賊曹史湯、臨湘：臨湘言攸右尉謝栩與賊捕掾黄忠等别問僦趙明宅者……記到，湯、縣各實核不相應狀，明正處言，皆會月十五日。毋徇(拘)毄(繫)無罪，毆擊人。有府君教

五月九日開

永元十五年五月七日晝漏盡起府　　(《五一廣場東漢簡牘選釋》117)

府告臨湘：……記到，縣趣課充、弘逐捕社、賀、高、隆、四男子等，復不發得。充、弘詣府對，會十六年正月廿五日。令卅日勉思謀略，有以自效，有府君教。

長沙大守丞印　　永元十五年十二月廿日晝漏盡起

(《五一廣場東漢簡牘選釋》21)

以上是四枚簡牘，分别發現於西北烽燧遺址和長沙古井遺址，時代均爲東漢時期。西北兩件時間爲東漢初年的建武年間，長沙兩件時間爲東漢中期的永元年間。對於上引居延漢簡簡文中出現的“記”、“教”，汪桂海先生討論如下：漢代作爲下行文書的記又可稱爲教，記與教在這裏是一種文書。教是上級官屬給下屬的命令文書，這和上面所説記的特點是很相符的。另外，從“教”這種文書的使用者和施用對象來看，也與記一致。漢代作爲官府下行文書的記與教没有根本區别，二者應當是一種文書的兩個名稱。[②]

汪桂海先生的觀點給我們很大啓發，但是同一件文書中先後出現“記到”、“有教”的措辭，説明其中的“記”與“教”應當有一定的區别。我們認爲“記到”之“記”當代指這件文書，而“教”當另有所指。

以上四件文書，均有類似記載如“會月晦，有教”、“有所聞見，亟言。有教”、“會十六年正月廿五日……有府君教”、“皆會月十五日……有府君教”，似乎説明根據“記”的要求，文書的接受者似必須赴期會或回覆上級，等待長官批覆。若四件文書中提及的“教”

① 甘肅省文物考古研究所等編：《居延新簡——甲渠候官與第四燧》，北京：文物出版社，1990年，第486、507頁。

② 汪桂海：《漢代官文書制度》，南寧：廣西教育出版社，1999年，第51頁。

是文書,或許就類似於簡首書有"君教"的文書牘。①

關於"君教簡"的性質,關尾史郎先生認爲是"縣廷日常業務的記録",②王振華認爲是縣政務處理完畢後的記録,作爲摘要呈侯相批示,屬於上行文書。③ 凌文超與徐暢則據其上出現的"期會掾",認爲此類竹木牘展現的是臨湘侯國期會的行政過程。④ 李均明先生認爲五一廣場東漢簡中的此類簡,是專爲合議草稿設置的批件牘,如公文的批件頁,東漢批件與三國吴批件形式與原理相同,只是詳略程度及程序稍有差别。批件牘形成顯然歷經由下而上、再由上而下的過程。⑤ 侯旭東先生贊同關尾史郎先生、王振華、李均明先生的看法,認爲吴簡"君教簡"屬於縣廷門下官吏審查諸曹上呈的一些重要事務的轉單。⑥

漢魏時期,官府有期會之制。《續漢書·百官五》州郡條本注曰:"主記室史,主録記書,催期會。"⑦《漢書·禮樂志》記載文帝時,賈誼以爲"漢承秦之敗俗,廢禮義,捐廉恥,今其甚者殺父兄,盜者取廟器,而大臣特以簿書不報期會爲故,至於風俗流溢,恬而不怪,以爲是適然耳"。顔師古注:"言公卿但以文案簿書報答爲事也。"⑧從文獻記載看,似乎漢魏時的一大陋習,即官吏以期會之時上報或回覆文案簿書爲官府大事。《後漢書·文苑列傳》記載劉梁在桓帝時,任北新城長。告縣人曰:"昔文翁在蜀,道著巴漢,庚桑瑣隸,風移碨磥。吾雖小宰,猶有社稷,苟赴期會,理文墨,豈本志乎!"⑨可見"赴期會,理文墨"是漢魏時期縣令長必須履行的經常性事務。

前文舉例的"君教"文書牘中,無論五一廣場的議請類的"君教"簡牘,還是走馬樓吴簡中檢核簿書的"君教"文書牘,都存在臨湘令(侯相)不在治所的情況。這説明在君教

① 許慎《説文》:"教,上所施下所效也。"劉勰《文心雕龍·詔策》:"效也,出言而民效也。"那"有教",或爲"有效",即進行核驗或批覆之意。睡虎地秦簡和張家山漢簡二年律令均有《效律》,整理者即認爲效律是關於核驗官府物資財産的法律。

② 轉引自侯旭東:《湖南長沙走馬樓吴簡性質新探——從〈竹簡肆〉涉米簿書的復原説起》,第70頁。

③ 王振華:《孫吴臨湘侯國主記史研究》,北京吴簡研討班討論稿。

④ 參看凌文超:《走馬樓吴簡舉私學簿整理與研究——兼論孫吴的占募》,《文史》2014年第2輯,第57—61頁;徐暢:《釋長沙吴簡"君教"文書牘中的"掾某如曹"》,《簡帛研究二〇一五(秋冬卷)》,第227頁。

⑤ 李均明:《東漢簡牘所見合議批件》,《簡帛研究二〇一六(春夏卷)》,第256頁;李均明:《走馬樓吴簡"君教"批件解析》,第197頁。"批件牘形成顯然歷經由下而上、再由上而下的過程"的觀點可參看李先生於會後提交給承辦方的論文修訂稿。

⑥ 侯旭東:《湖南長沙走馬樓三國吴簡性質新探——從〈竹簡肆〉涉米簿書的復原説起》,第71頁。

⑦ 《續漢書》志第二八《百官五》,北京:中華書局,1965年,第3717頁。

⑧ 《漢書》卷二二《禮樂志第二》,北京:中華書局,1962年,第1030頁。

⑨ 《後漢書》卷八〇下《劉梁傳》,北京:中華書局,1965年,第2639頁。

文書牘起草之時,君是否能批"諾",即已書寫在文書牘上。因此,這類文書更接近期會之時呈長官批覆的文書。

傳世文獻留下不少告諭類的"教",舉例如下:

太守歐陽歙請爲功曹。汝南舊俗,十月饗會,百里内縣皆齎牛酒到府讌飲。時臨饗禮訖,歙教曰:"西部督郵繇延,天資忠貞,稟性公方,摧破姦凶,不嚴而理。今與衆儒共論延功,顯之于朝。太守敬嘉厥休,牛酒養德。"

(《下教論繇延功》)①

諸山越不賓,有寇難之縣,輒用(黄)蓋爲守長。石城縣吏,特難檢御,蓋乃署兩掾,分主諸曹。教曰:"令長不德,徒以武功爲官,不以文吏爲稱。今賊寇未平,有軍旅之務,一以文書委付兩掾,當檢攝諸曹,糾擿謬誤。兩掾所署,事入諾出,若有姦欺,終不加以鞭杖,宜各盡心,無爲衆先。"

(《署兩掾分主諸曹教》)②

以上兩例告諭類"教"爲下行文書無疑。但與簡牘中的"君教"類簡"教"有差異。關於君教文書是上行或下行,筆者最初認爲其更接近上行。但經過與學者們的討論,覺得不能簡單上行或下行來歸納其性質。或許可參照李均明先生的觀點,是一個由下而上,再由上而下的過程。

本文的寫作得到了羅小華、李洪財、周海鋒、朱錦程、王振華、王彬等學友的幫助,特此感謝!

---

① 《後漢書》卷二九《郅惲傳》,第1027—1028頁。

② 《三國志》卷五五《吴書·黄蓋傳》,北京:中華書局,1982年,第1284頁。

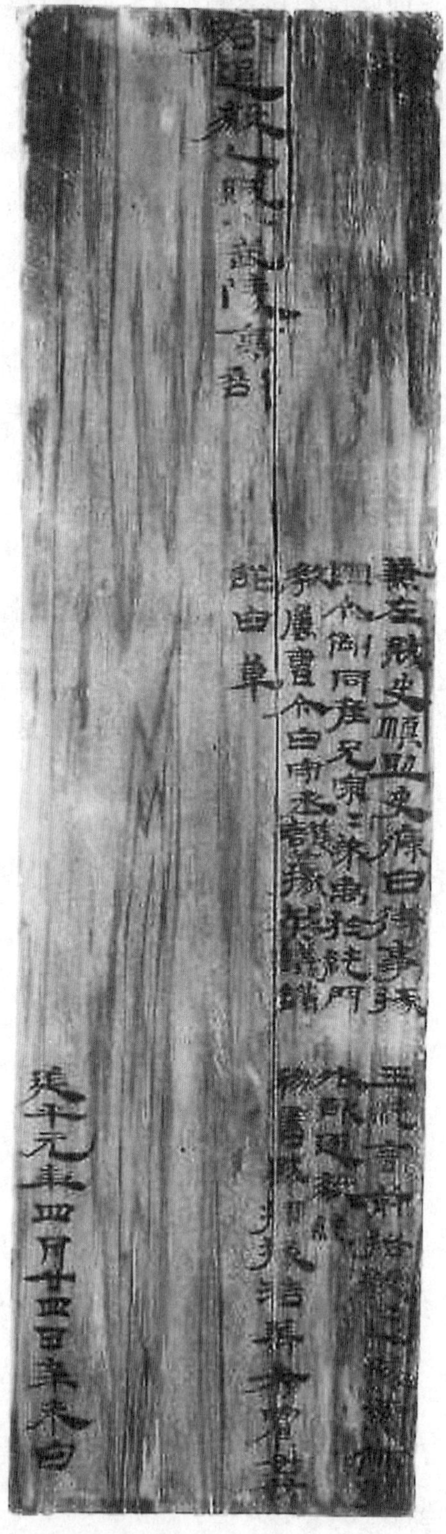

附圖一

附圖二

長沙走馬樓吴簡名刺再探

龍臻偉

（長沙簡牘博物館）

前　言

關於走馬樓吴簡名刺的相關學術問題，筆者於 2009 年撰寫了一篇粗淺的論文——《長沙走馬樓三國吴簡名刺性質初探》，[①]在文中對走馬樓名刺與其他地點出土的魏晋時期名刺作了初步比較，對吴簡中的名刺性質作出了初步推斷。

後來有幸拜讀了關尾史郎先生的《"名刺簡"三論》，[②]文中對張勳燎、白彬二位先生的"名刺簡"論斷作了探討，認爲其"墓葬出土的名刺簡係道教冥器"的觀點讓人無法信服。同時通過對《孔宙碑》研究，討論了弟子與童子的含義。以吴簡中出土名刺及周邊出土的實用名刺來反駁了白彬先生的"墓葬中只要出土名刺的，要麽是道士墓，要麽是道教信衆墓"[③]的論點。

筆者在寫《初探》的時候與白彬先生交流過這個問題，覺得認爲"墓葬中出土名刺都係道教明器"，"墓葬中只要出土名刺的，要麽是道士墓，要麽是道教信徒墓"的論點有些以偏概全。

對於關尾史郎先生《"名刺簡"三論》中對白彬先生論點的否定，以及其文中對弟子、童子含義的論點，筆者認爲其中尚有值得商榷之處。

---

① 龍臻偉：《長沙走馬樓三國吴簡名刺性質初探》，《出土文獻研究》第九輯，北京：中華書局，2010 年，第 222—240 頁。

② ［日］關尾史郎：《"名刺簡"三論》，《吴簡研究》第三輯，北京：中華書局，2011 年，第 167—175 頁。

③ 白彬：《中國南方地區唐以前道教墓葬研究》，武漢：湖北教育出版社，2004 年，第 497 頁。

一　先行研究中的"名刺簡"論

關於名刺簡的性質,學術界衆説紛紜,争議之處頗多。筆者在《初探》中對學界的"名刺"論作了簡單介紹,現在再回顧一下這些論點。

李均明先生認爲"名刺是古人用於通報自己身份、姓名之文書"。① 楊泓先生認爲"名刺"是"供死者在陰間使用的迷信品,但形制一如生前實用名刺"。② 楊泓先生定義的是墓葬中的明器名刺,但這個定義不完全準確。一部分明器名刺與實用名刺在形制上是有區别的。白彬先生認爲"名刺是早期道教遺存,是道教葬儀内所用的一種特殊明器"。③ 白彬先生是從宗教的角度,對明器名刺的一個定義。程志娟先生則認爲"名謁是告地策,而不是名謁"。④ 蔡萬進先生認爲"將名謁視爲告地策是一種很荒謬的觀點"。⑤ 胡平生先生認爲"墓葬中單獨書寫自己官職、籍貫、姓名的名謁,很可能具有向陰間冥府告謁的功能"。⑥ 關尾史郎先生認爲"那些没記載弟子等這樣的稱呼,只記載本貫和姓名的名刺簡,還可以認爲也具有提交給組織(官府)的用途。也就是説,可以承認比冠有弟子等稱呼的名刺簡具有更廣泛的使用範圍"。⑦ 同時也認爲"將名刺簡作爲道教信仰的證據,這樣的論點是難以成立的"。王育成先生認爲"根據《南齊書》卷一〇《祥瑞志》中南齊建元元年四月,書成木簡的'廬山道人張陵再拜謁詣起居'的出土,鄭丑、高榮、史綽、朱然、吴應等人的名刺簡應該是道教信仰的證據"。⑧ 筆者認爲通過吴簡中實用名刺與墓葬中出土的明器名刺相比較,名刺應該可以分爲實用名刺與明器名刺兩類,其中的明器名刺應該是具有向陰間冥府告謁功能的。

二　"名刺"簡之宗教性質考

關於墓葬中出土的考古名刺材料,筆者在《初探》中已經詳細例舉,若有疏漏,在所

---

① 李均明:《秦漢簡牘文書分類輯解》,北京:文物出版社,2009 年,第 417 頁。

② 楊泓:《三國考古的新發現——讀朱然墓簡報劄記》,《文物》1986 年第 3 期,第 16—24 頁。

③ 張勳燎、白彬:《中國道教考古》第三卷,北京:綫裝書局,2005 年,第 944 頁。

④ 程志娟:《尹灣漢墓簡牘反映的漢代葬俗中的幾個問題》,《尹灣漢墓簡牘綜述》,北京:科學出版社,1999 年,第 200—203 頁。

⑤ 蔡萬進:《尹灣漢墓簡牘論考》,臺北:臺灣古籍出版有限公司,2002 年,第 154—159 頁。

⑥ 胡平生:《長江流域出土簡牘研究》,武漢:湖北教育出版社,2004 年,第 497 頁。

⑦ [日] 關尾史郎:《"名刺簡"三論》,《吴簡研究》第三輯,第 167—175 頁。

⑧ 王育成:《考古所見道教簡牘考述》,《考古學報》2003 年第 4 期,第 483—510 頁。

難免。關尾史郎先生在分析了一部分名刺材料後認爲"將名刺簡分爲一般的明器和道教系明器的理解是行不通的",並以長沙走馬樓、長沙東牌樓、郴州蘇仙橋等地出土的實用名刺爲例,認爲"墓葬中出土的名刺應該是死者的生前用品,並不具備道教明器的證據"。吴簡中的名刺簡除《發掘報告》中公布的"弟子黄朝再拜　問起居　長沙益陽字元寶"之外,還有一批尚未公布的名刺簡,其格式基本一致,例舉其中二枚:"弟子潘軍再拜　問起居　字元國","弟子吕承再拜　問起居"。

將走馬樓的實用名刺與墓葬中的明器名刺相比較,有一部分是格式一致的。如江西南昌高榮墓出土的名刺,上書"弟子高榮再拜　問起居　沛國相字萬綬",江西南昌吴應墓出土的"弟子吴應再拜　問起居　南昌字子遠",安徽馬鞍山朱然墓出土的"弟子朱然再拜　問起居　字義封",其他墓葬中也有與走馬樓名刺格式完全一致的,不一一例舉。這些格式與走馬樓吴簡名刺一致的墓葬出土名刺,是否能證明墓葬中出土的名刺就是死者生前的實用名刺? 筆者認爲不能就此簡單得出結論。因爲墓葬中也出土了大量與走馬樓吴簡名刺格式不一致的名刺簡。如江西南昌吴應墓的"中郎豫章南昌都鄉吉陽里吴應年七十三字子遠",江蘇南京薛秋墓的"折鋒校尉沛國竹邑東鄉安平里公乘薛秋年六十六字子春"。這兩個墓葬中出土這種格式的名刺無疑是明器,名刺上書寫的年齡基本上可以推斷爲使用者的死亡年齡,走馬樓吴簡等實用名刺中没有書寫使用者年齡的格式。那這些名刺的性質就顯而易見,是死者向陰間冥府告謁用的,具有"告地策"功用,即向冥府通報死者生前的籍貫、職官、壽年、姓名等信息。那這些明器是否就是道教系的呢? 是否能確定其宗教性質呢?

筆者認爲應該先從道教的宗教特點談起。道教的産生是由鬼神崇拜、神仙思想及黄老思潮與宗天、讖緯、神學互相摻和交融的産物。[①] 鬼神崇拜認爲"靈魂可以獨立於人體之外,人死後離開了人體的靈魂即稱之爲鬼"。《禮記 • 祭法》説:"人死曰鬼。"《禮記 • 祭義》稱:"終生必死,死必歸土,此之謂鬼。"鬼神崇拜是道教宗教信仰中的一個最重要的思想特點。道教的另一個宗教特點就是齋醮科儀。齋醮科儀是鬼神崇拜影響下的宗教儀式,其符咒、齋醮、科儀,多來源於先秦至漢的鬼神祭禮活動與巫術。[②]

再來看一下湖北武昌任家灣鄭丑墓出土的名刺。1955 年,湖北武昌任家灣磚墓(M113)共出土名刺木牘 3 枚,長 18.8—21.5 釐米,寬 3.5 釐米,只有一枚可辨認,爲"道士鄭丑再拜……",與名刺伴出的器物有陶器、瓷器、漆器、金屬器等。發掘者推測此墓爲六朝初期墓葬。

---

① 卿希泰:《中國道教史》,成都: 四川人民出版社,1996 年,第 41 頁。

② 麻天祥、姚彬彬、沈庭:《中國宗教史》,武漢: 武漢大學出版社,2012 年,第 106 頁。

鄭丑墓爲道士墓,所出名刺是道教葬儀的一部分應該是没有疑問的。走馬樓吴簡中的名刺毫無疑問是實用名刺,是現實生活中使用的一種禮儀。關尾史郎先生例舉了朱然墓、吴應墓、薛秋墓中出土的名刺,認爲"將這些名刺理解爲道教系明器是行不通的",這些名刺"完全没有道教性的因素"。

通過墓葬出土的名刺與走馬樓吴簡名刺對比,不難發現這些名刺間的異同。吴應墓、薛秋墓等墓葬中的名刺格式明顯有别於走馬樓吴簡中的名刺,此類書寫墓主人壽年的名刺應該具有向陰間冥府告謁的功能。名刺在陽間具有"通名"、"告謁"的功能,漢魏之際"事死如生",認爲人死後變成鬼繼續在陰間使用生前物品,墓葬中的名刺就爲死者在陰間"詣告"之用,這與道教的鬼神崇拜是密不可分的。

從道教的鬼神崇拜與宗教科儀來看墓葬中出土的名刺,道士鄭丑墓應該能證實這些名刺與鬼神崇拜間的聯繫。在墓葬中放置名刺的這一葬儀也應該是道教齋醮科儀中的一部分。從走馬樓出土的現實社會中使用的名刺,到鄭丑墓、吴應墓、薛秋墓等墓葬中出土的明器名刺,這一傳承證明了死者"屍解"後在另一個世界繼續使用生前物品的宗教信仰。墓葬中放置名刺這一葬儀,既符合道教的齋醮科儀的特徵,又符合道教鬼神崇拜的特徵,這些墓葬中的名刺應該是具有道教的宗教性質的。但名刺中的"弟子",是否就是道教弟子,下文考述。

三 "弟子"再考

無論是實用名刺還是明器名刺,許多簡上都冠有"弟子"二字,關於"弟子"之含義,學界争議頗多。學界的争議主要是圍繞私學的身份性質展開的,主要有以下幾種説法:

1. "私學"是"吏役"之一種,由地方豪强没入逃亡户口産生,是地方豪强的依附人口。①

2. "私學"乃"私學生",或稱"私學弟子","私學"乃相對於"官學","私學"或實或虚,"私學弟子"應當是不編入正籍的,他們是不在官役者,享受著復除官役或減免租税的政策優惠。②

3. "私學"是秦漢學吏制度的延續,被記録在黄簿中,表示學吏者的身份,能够被選舉爲吏。③

關於"私學"的考證與争論,已持續多年,除了上述觀點外,于振波、李均明、侯旭東、

① 王素:《走馬樓三國孫吴簡牘三文書新探》,《文物》1999 年第 9 期,第 26—44 頁。

② 胡平生:《胡平生簡牘文物論稿》,上海:中西書局,2012 年,第 400—403 頁。

③ 鄧瑋光:《走馬樓所見吴簡"私學"考》,《東南文化》2010 年第 3 期,第 66—72 頁。

王子今、李迎春等衆多學者均有自己的見解。如今雖談不上塵埃落定，但大部分學者接受了"私學"即"私學弟子"，私學弟子能被舉薦的論點。吴簡中的弟子即私學弟子，在吴簡中有材料可以證明："私學弟子南郡周基年廿五字公業任吏居在西部新陽縣下嘉禾二年十一月一日監下關清公掾張闓舉。"①私學弟子能被舉薦在這段簡文中也能看出來。走馬樓吴簡中私學弟子被舉薦的例證還有，在此不再枚舉。

筆者本文要考證的問題重點不再是"私學"之身份性質，而是"弟子"之含義性質。名刺簡中大都是"弟子××再拜"之格式，冠有"弟子"的名刺簡，無論是墓葬中或井窖中均有出土，"弟子"的含義也同樣頗有争議，所以關於"弟子"含義的考訂還是很有必要的。

關於"弟子"之定義，白彬先生在《中國道教考古》中有一篇題爲《吴晋南朝買地券、名刺和衣物疏的道教考古研究》的論文，②該文從宗教的角度對名刺簡進行定義，認爲"墓葬中出土名刺的，要麽是道士墓，要麽是道教信衆墓"，並認爲"弟子"是道教徒的自稱，即爲"道教弟子"。關尾史郎先生通過對《孔宙碑》的研究，認爲"弟子是碑主孔宙退任泰山都尉後，與他産生關係的人們的總稱，還有一個解釋是在孔宙生前没能結成像門生、門童、故吏、故民那樣親密關係的人們的總稱"，且認爲"弟子兩字與其説直接意味著是否有師徒關係，不如説自我謙讓的意思更爲重要"。③

上述兩個觀點分别指出了弟子的兩個重要含義。其一，道教徒、佛教徒徒衆自稱。《後漢書・皇甫嵩傳》："鉅鹿張角自稱大賢良師，奉事黄老道，畜養弟子，跪拜首過，符水祝説以療病。"其二，學生。《儀禮・士相見禮》："與老者言，言使弟子。"賈公彦疏引雷次宗云："學生事師，雖無服，有父兄之恩，故稱弟子也。""弟子"除以上兩種含義外，亦有多種含義，本文不贅述。名刺簡中的弟子應該是何含義，白彬與關尾史郎兩位先生卻有截然不同的理解。筆者對名刺簡中的弟子亦有自己之管見，請方家指正。

先來談白彬先生弟子即道教弟子的觀點。在墓葬中出土的名刺格式其實有兩種：一種是與走馬樓吴簡中的名刺格式一致的，如江西南昌吴應墓出土的名刺，上書"弟子吴應再拜問起居南昌字子遠"；同時吴應墓還出土了與走馬樓吴簡名刺格式不一致的名刺，上書"中郎豫章南昌都鄉吉陽里吴應年七十三字子遠"。墓葬中出土的名刺大抵就這兩種格式，筆者在拙著《初探》中詳舉了墓葬中出土名刺的考古材料，本文不復贅述。白彬先生根據墓葬中的名刺材料，得出弟子即道教弟子的結論，單從墓葬中的材料看，似乎並無不妥。如果結合走馬樓吴簡名刺來看，這個結論又值得商榷。

---

① 胡平生：《讀長沙走馬樓簡牘劄記》，《光明日報》2000 年 4 月 7 日第 3 版(歷史周刊)。

② 張勳燎、白彬：《中國道教考古》第三卷，第 944 頁。

③ ［日］關尾史郎：《名刺簡三論》，《吴簡研究》第三輯，第 172 頁。

筆者認爲走馬樓吴簡中的"弟子"就是"私學弟子","私學弟子"能被舉薦爲官吏。名刺簡中的弟子將名刺遞交給師長,除了問安之外,筆者推測其還有另外一個重要用途。即學生被舉薦前的書面文書存根,師長從這些名刺中舉薦一部分優秀的學生擔任官吏,或舉薦學生升職。墓葬中出土的與吴簡格式一致的名刺,很有可能就是墓主人生前的實用名刺,那其"弟子"之含義就並非一定是道教弟子了。因爲吴簡中的弟子肯定不是道教弟子,而是私學弟子。但是在墓葬中放置名刺這一葬儀,並放置書有墓主人壽年的專有明器名刺,可以推測這一葬儀是有道教信仰的因素在内的。這些明器名刺有類似於告地策的作用,是隨葬品的重要組成部分。

再來討論關尾史郎先生弟子只是一種謙稱的觀點。關尾史郎先生認爲"弟子二字與其説直接意味著師徒關係,不如説自我謙讓的意思更重要"。弟子的關係比門生、故吏、故民與主人的關係要疏遠,並以《孔宙碑》爲例,來證實這一論點。事實是否如此呢?筆者認爲同樣有待商榷。

首先從傳統文獻看,歐陽修認爲"親自傳授稱弟子,轉相傳授爲門生。"清代吴敬梓的小説《儒林外史》也有弟子與門生的描述,雖説時代較晚,可能意義已有變遷,但與歐陽修的"弟子"之意是相當接近的。傳統文獻中弟子的含義與關尾史郎先生的解釋剛好相反,弟子並非發生關係的人的總稱,也不是不能結成親密關係的人。弟子恰好是與主人有著最親密關係的人,有親相傳授之恩,有舉薦之德。"雖無服,有父兄之恩,故稱弟子"。而通過弟子轉相傳授的,則稱門生,門生是弟子之弟子或朋友。在科舉制度下,門生還有一個含義,考中的進士稱主考官爲老師,這些進士則爲主考官的門生。老師對門生並無授業之實,卻有識才提舉之恩,這是門生的另一個含義。要理解名刺中"弟子"之含義,首先應從漢魏的薦舉制度來考慮。

《文獻通考·選舉考》關於漢代選舉制度有記載:"按漢制,郡國舉士,其目大概有三:曰賢良方正也,孝廉也,博士弟子也。然是三者,在後世則各自爲科目,其與鄉舉里選,又自殊塗也,姑載其方法之始,略見於此,而其詳略各見本考。"①

再看《漢輿服志》裏關於儒生冠服的記載:"進賢冠,古緇布冠,文儒者之服也,前高七寸,後三寸,長八寸,公侯三梁,中二千石以下至博士二梁,千石以下至小史私學弟子皆一梁,宗室劉氏亦兩梁。"②

《續漢書·輿服志下》記載:"進賢冠,古緇布冠也,文儒者之服也。前高七寸,後高三寸,長八寸。公侯三梁,中二千石以下至博士兩梁,自博士以下至小史私學弟子皆一

① 〔元〕馬端臨:《文獻通考》卷二八"選舉一",北京:中華書局,2003年,考二六四。

② 〔宋〕李昉:《太平御覽》卷六八五引曹魏董巴《漢輿服志》,北京:中華書局,1960年,第3703頁。

梁。宗室劉氏亦兩梁,示加服也。""佩雙印,長寸二分,方六分。乘輿、諸侯王、公、列侯以白玉,中二千石以下至四百石皆以黑犀,二百石至私學弟子皆以象牙。"①

從以上傳世文獻可以看出,私學弟子這一名稱確實是一種身份,是最低階的儒生官吏,戴一梁進賢冠,佩象牙印,俸禄在二百石以下。漢代選舉的有博士弟子,應與賢良方正、孝廉一樣,是低階的職官。私學弟子應與博士弟子一樣,是踏入了官吏的門檻,領取一定的俸禄,可以著最低階的官服,佩官印。博士是職官,品階還不低,私學應該也是職官,品階應低於博士。而博士弟子、私學弟子,應該也是職官,品階較低,與博士、私學之間,既有師徒關係,又有上下級關係。

考察"私學弟子"的來源,應該與秦漢的"學吏制度"關聯起來考慮,問題或許能迎刃而解。秦始皇在頒布"焚書令"同時規定:"若有欲學法令,以吏爲師。"②張金光先生在《論秦漢的學吏制度》中指出:"漢代,除在學官學吏外,當然還可以直接向長吏去學,亦即先去做小吏","其實自門食之下皆兼具學徒吏性質"。③ 關於"私學弟子"的性質,李迎春先生在《走馬樓簡牘所見"私學"身份探析》④一文中提出了自己的見解,認爲走馬樓簡牘中的"私學"應該是一種吏。于振波先生也對"私學"的性質作過探討,認爲"私學當指儒者以私人身份招收的學生以及雖遊學於學官但不屬於正式員額的學生"。⑤ 關於"私學"的性質問題,本文不再作深入討論。關於"弟子"的問題,除了王素先生的"由逃亡户口産生的依附人口"之説法與學生没有關係之外,胡平生、侯旭東、張榮强、于振波、王子今等學者都認爲"弟子"是與學生、儒生密不可分的。傳世文獻中漢代對於自己舉薦的官吏,舉薦者是有責任的。

"按齊桓公内政之法,與漢高皇、孝武二詔俱爲舉賢設矣,觀其辭旨,皆以爲人才之遺佚,咎在公卿之蔽賢,至立法以論其罪。後來之法,嚴謬舉之罰而限其塗轍者有之矣。"⑥

關尾史郎先生以《孔宙碑》爲例,從門生、故吏、弟子的本貫以及碑刻上人名的先後順序,認爲門生名字在最前,弟子在最後,所以門生關係最近,弟子關係最遠。但何以門生 42 人,弟子卻只有 10 人?這與社會關係的發散規律是不相符合的。但反過來説,弟子 10 人,轉相傳授的門生 42 人,似乎更合邏輯些。

---

① 《續漢書》,北京:中華書局,1982 年,第 3666、3673 頁。

② 《史記》,北京:中華書局,1982 年,第 255 頁。

③ 張金光:《論秦漢的學吏制度》,《文史哲》1984 年第 1 期,第 30—39 頁。

④ 李迎春:《走馬樓簡牘所見"私學"身份探析》,《考古與文物》2010 年第 4 期,第 52 頁。

⑤ 于振波:《走馬樓吴簡之"私學"身份考述》,《大學教育科學》2005 年第 5 期。

⑥ 〔元〕馬端臨:《文獻通考》卷二八"選舉一",考二六四。

高敏先生對門生故吏有一段精闢的論述：漢代盛行察舉制度，士人想要進入仕途，地方官吏的舉薦是其關鍵。久而久之，舉薦與被舉薦者之間就自然而然地產生了一種特殊的隸屬關係。被舉薦者成了舉薦者的"故吏"、"門生"，被舉薦者視舉薦者爲舉主，尊之爲"本朝"、"舊君"，彼此之間形成了一種類似君、臣的關係，如《後漢書》卷三〇上《楊厚傳》謂其"教授門生，上名録者三千餘人"。一旦列入門生名録，就要對其主人有"資禮"之義務。這種關係意味著"門生"、"故吏"有向其舉薦者盡節、效忠之義務，而舉薦者亦有庇蔭和保護其"門生"、"故吏"的職責。①

綜上所述，吴簡中的弟子與學生肯定是有密切聯繫的，無論是道教弟子也好，儒家弟子也罷，終歸是與授業者之間有師徒之實的。在這些簡當中，弟子不會更多是一種謙稱，也不會是關係最遠而不能結成像"門生"、"故吏"那種親密關係的人。弟子與師父或者舉薦者之間是有著非常親密關係的。

結　論

關於"名刺"簡的宗教性質問題，筆者認爲在墓葬中放置名刺的這一葬儀是有道教信仰因素在内的。這些名刺與告地策一樣，存在溝通陰陽、通告地府的功用。但認爲墓葬中出土名刺，上書"弟子"再拜格式的，其"弟子"一定是道教弟子的結論也是不恰當的。其"弟子"的含義可能是儒家弟子，可能是私學弟子。

"弟子"的含義演變頗大，在漢魏之際，吴簡名刺中所書弟子之意應爲私學弟子。私學弟子並非嚴格意義上私學的學生，而是一種身份，一種被察舉爲吏的身份，是國家最低等級的一種吏。弟子既不是逃亡户口産生的依附人口，也不是相對於官學的私學生，而是在察舉制度下能被長吏選舉的一種小吏。有了私學弟子這個身份，"弟子"須對舉薦者效力，二者既有師徒之宜，亦有上下之屬。弟子的關係肯定比門生故吏與主官的關係更近。

當然鑒於三國時期的吏役制度，吏的社會地位每況愈下，三國時期的"私學弟子"可能没有兩漢時期的"私學弟子"社會地位高，但其仍是吏的一種。他們雖然在"限米"徵收方面比"正户民"要高，但卻没有其他徭役的記録，"私學弟子"社會地位應該是高於"正户民"的。②

關尾史郎先生認爲的"弟子"是對特定人物的謙稱，而不具備師徒關係的論點也是不恰當的。吴簡中的"私學弟子"與舉薦者之間應具有密切的關係，從秦漢的"學吏"制度來看，更多是有師徒關係的。

① 高敏：《魏晋南北朝史發微》，《魏晋南朝"送故"制度考略》，北京：中華書局，2005 年，第 390 頁。

② 于振波：《走馬樓吴簡之"私學"身份考述》，《大學教育科學》2005 年第 5 期，第 65—69 頁。

嘉禾四至六年吏民簿所見夫妻齡差

［日］鷲尾祐子

（日本立命館大學文學部）

序

針對嘉禾四至六年長沙婚姻慣例，本文以夫妻齡差問題爲中心，居民家庭名簿（“吏民簿”[①]）爲史料進行探討。

夫妻在國家制度上爲不可分單位，[②]亦是社會基層單位。於國家儒學綱領，夫妻作爲人倫之始，[③]是一切社會關係的根源。此外，婚姻是不同宗族聯結之契機，也是形成當地社會秩序的手段。[④] 故而對於婚嫁習俗的考察，即是對國家、社會關係基礎的考察。

基層系統雖如此，漢代離婚、再婚卻不罕見，再婚一般並不規避，因出妻頻繁導致了婚姻關係的隨意變動以及個體小家庭的不稳定。[⑤] 據以往研究，離異、喪偶後再婚，男女

① 參考汪小烜：《走馬樓吴簡户籍初論》，《吴簡研究》第一輯，武漢：崇文書局，2004 年。

② 參考《二年律令·户律》簡 345、簡 323—324。

③ 《易經·序卦傳》：“有天地，然後有萬物；有萬物，然後有男女；有男女，然後有夫婦；有夫婦，然後有父子；有父子，然後有君臣；有君臣，然後有上下；有上下，然後禮儀有所錯。夫婦之道，不可以不久也，故受之以恒；恒者，久也。”《荀子·大略篇》：“易之咸，見夫婦。夫婦之道，不可不正也，君臣父子之本也。”

④ 《漢書·趙廣漢傳》：“先是，潁川豪杰大姓相與爲婚姻，吏俗朋黨。”

⑤ 閻愛民：《漢晋家族研究》，上海：上海人民出版社，2005 年，第 55 頁。

同爲常見,①且自三國持續至晋。②

這些考察均以朝代全域爲對象,當然也是由於具有地區差異的史料未見於典籍。因此,判明吴國初期的長沙是否也屬同類情形是有意義的。

走馬樓吴簡吏民簿記載了户籍成員的年齡、性别、相互關係等信息,是極爲珍貴的資料,③但目前已公布的"吏民簿"並不完整,不僅不能看到全簿,能復原一家全體成員的實例幾乎也不存在。

利用有限的史料,本文試以夫妻齡差爲核心稍作探討。自夫妻齡差明確婚姻慣例的研究中,有以日本古代户籍爲史料的今津勝紀的成果。④ 今津先生指出夫妻齡差(夫齡・妻齡)是隨著夫之年齡段變高而擴大,因爲死去妻子的男性多與年輕女性再婚。以對應的年齡上升齡差的探討開始,我們擬以判明再婚普遍性這一方法,根據夫妻齡差,就再婚的普遍性與再婚可能年齡展開討論。

固然,通過吴簡吏民簿、"師佐籍"對婚姻慣例的研究已在進行,主要以婚齡與夫妻齡差來探討。⑤ 尤其就齡差,黎石生先生進行了深究,認爲從婚齡來看,夫較妻年長 2—17 歲、妻較夫年長 1—5 歲均屬正常,而長沙的情況,可能屬於這一範圍。⑥ 此外,彭衛、楊振江先生也指出走馬樓吴簡所見夫妻齡差是拉開著的,此爲當地婚嫁習俗或受戰亂影響所致。對黎石生先生解釋的漢代爲普遍趨勢,彭衛、楊振紅强調了長沙的特殊性。⑦ 拙論亦從夫妻平均齡差就再婚的普遍性進行了考察,⑧但停留在由夫之年齡段中尋求平

① 劉增貴先生認爲漢代再嫁之風頗盛。見劉增貴:《漢代婚姻制度》,臺北:華世出版社,1980 年,第 25 頁。彭衛先生認爲漢代與後世相比貞潔觀念不被重視,再嫁改嫁是普遍之事,並分析了其社會背景。見彭衛:《漢代婚姻形態》,西安:三秦出版社,1988 年,第 195—202 頁。閻愛民先生在《漢晋家族研究》第一章中闡述,女子再婚普遍(第 54—55 頁)。彭衛、楊振紅先生也列舉事例論述兩漢時期婦女再婚很普遍,主流輿論褒揚女子的貞潔,卻不曾譴責改嫁再嫁的女子。見彭衛、楊振紅:《中國婦女通史》,杭州:杭州出版社,2010 年。

② 瞿宣穎:《中國社會史料叢鈔》甲集下册,上海:上海書店,1985 年,第 590—592 頁。

③ 筆者認爲"户"相當於同居共財成員所成立的團體。參考拙作:《中國古代の專制國家と民間社會—家族・風俗・公私》第二章,京都:立命館東洋史學會,2009 年。

④ [日] 今津勝紀:《日本古代の村落と地域社會》(考古學研究會第四十九回總會研究報告),(岡山)《考古學研究》第 50 卷第 3 號。

⑤ 以吴簡對初婚年齡進行的研究,如于振波:《吴簡户籍文書所見女子婚齡》,《走馬樓吴簡續探》,臺北:文津出版社,2007 年,第 45 頁;拙論《嘉禾四年—六年(235—237)長沙の婚姻慣行:婚姻と年齡》,(東京)《東洋學報》第 97 卷第 1 號,2015 年等。

⑥ 黎石生:《孫吴時期長沙郡吏民婚育狀況考察》,《吴簡研究》第二輯,武漢:崇文書局,2006 年。

⑦ 彭衛、楊振紅:《中國婦女通史》。

⑧ 拙作《走馬樓吴簡から見える家族の情況について—夫婦間の年齡差などから》,科研費基盤研究(A)・三菱財团人文科學研究助成プロジェクト2010 所收(日本,新潟),2010 年。

均齡差上。在此試以妻之年齡段平均齡差或年齡段中中值的算出等,就實際情況予以把握。此外,針對女性可能的婚齡拙作中已有考察,[①]雖論述了女性到50年齡段可能再婚,但從夫妻齡差出發想再度就此問題進行探討。

一　再婚普遍性與再婚可能年齡

(一) 平均齡差

在把握夫妻齡差之前,首先必須確定記述的是誰與誰爲一對夫妻。對於編綴斷毁、記述紊亂的吴簡,認定夫妻最可靠的定例是,夫妻爲同一簡所連記(連記簡爲安部聰一郎命名)。但純連記簡很少,這就要搜集記録於不同竹簡却又可判斷爲夫妻的簡例。從不同簡確定同户成員的前提是,它們必須同屬一簿。我們從《竹簡(壹)》至《竹簡(肆)》所收吏民簿(參考文末所附史料:吏民簿1—6)中,由同一簿妻記録開頭處所附夫名爲綫索推出夫妻組合,進而從格式是否相同、尺寸和綴痕位置是否趨同、揭剥圖所示出土位置是否相近等方面探討綴合是否妥當。

由采集的夫妻簡例著手求齡差(夫齡减妻齡,因整體來看夫年長的事例居多),按夫齡順序登載的是表一"夫妻齡差表"(含小妻、中妻等庶妻,204位中有13位,占6%,因庶妻後轉爲正妻的可能性也有)。以此表爲基準,我們從夫年齡段算出平均夫妻齡差(表二),再從妻年齡段算出平均夫妻齡差(表三)。

表一　夫婦齡差表

序號	引用的書	簿	簡號(夫/妻)	夫、妻的記録	夫齡	妻齡	齡差(夫—妻)
1	《竹簡(貳)》	【吏民簿2】	1719/1718	署子公乘解年十三刑目 解妻大女頃年十五踵(腫)	13	15	−2
2	《竹簡(貳)》	【吏民簿2】	2078/1943	□男姪公乘坑年十五▨坑妻大女歡年十四	15	14	1
3	《竹簡(肆)》	【吏民簿5】	154/151	□子男耳年十六筭一　耳妻末年十七筭一	16	17	−1
4	《竹簡(壹)》	【吏民簿1】	10048/10060	高遷里户人公乘苗覇年十七筭一給郡吏　覇妻大女□年廿九筭一	17	29	−12

① 拙作:《嘉禾四年—六年(235—237)長沙の婚姻慣行:婚姻と年齢》,(東京)《東洋學報》第97卷第1號,2015年。

續 表

序號	引用的書	簿	簡號(夫/妻)	夫、妻的記録	夫齡	妻齡	齡差(夫—妻)
5	《竹簡(貳)》	【吏民簿2】	1727	潘(?)弟公乘橋年十八盲左目　橋妻大女連年十九筭一	18	19	—1
6	《竹簡(貳)》	【吏民簿2】	1737	□子公乘農年十八腹心病　農妻大女姑年十九筭一	18	19	—1
7	《竹簡(貳)》	【吏民簿2】	2119/2117	縣卒區象年十八　象小妻大女汝年廿①	18	20	—2
8	《竹簡(貳)》	【吏民簿2】	2119	縣卒區象年十八　象妻大女沾年廿一筭一	18	21	—3
9	《竹簡(貳)》	【吏民簿2】	2021/2367	□弟公乘惕年十九刑右手　惕妻大女婢年卅一	19	31	—12
10	《竹簡(貳)》	【吏民簿2】	2063/2097	誌男姪公乘咼(胥?)年廿給縣卒　咼(胥?)妻大女息年十六	20	16	4
11	《竹簡(貳)》	【吏民簿2】	1792	碓弟公乘圭年廿腹心病　圭妻大女譙年廿三踵(腫)足	20	23	—3
12	《竹簡(肆)》	【吏民簿5】	458/457	子男吒年廿一　吒妻從(?)年十五	21	15	6
13	《竹簡(貳)》	【吏民簿2】	1590/1957	☑卒潘囊年廿一　·妻大女姑年十八	21	18	3
14	《竹簡(壹)》	【吏民簿3】	7631/8635	縣吏唐達年廿一　達妻牛年十八	21	18	3
15	《竹簡(貳)》	【吏民簿2】	2084/1841	子公乘岑年廿一腹心病　岑小妻大女齎年廿	21	20	1
16	《竹簡(貳)》	【吏民簿2】	2013	囷弟公乘大年廿一　妻大女□年廿一	21	21	0
17	《竹簡(貳)》	【吏民簿2】	2084/1841	子公乘岑年廿一腹心病　岑妻大女客年廿三	21	23	—2
18	《竹簡(貳)》	【吏民簿2】	1759	橋子公乘種(?)年廿(?)二腹心病　種妻大女孫年十六筭一	22	16	6
19	《竹簡(壹)》	【吏民簿3】	8614	桓男弟平年廿二　平妻姑十八	22	18	4
20	《竹簡(貳)》	【吏民簿2】	1610	……年廿二　□妻大女牛年廿筭一	22	20	2
21	《竹簡(壹)》	【吏民簿3】	9007/9206	宜陽里户人公乘番覇年廿二真吏　覇妻大女汝年廿一	22	21	1
22	《竹簡(壹)》	【吏民簿3】	9340/9284	詔兄德年廿三苦腹心病　德妻大女汝年廿一	23	21	2
23	《竹簡(貳)》	【吏民簿2】	1782	民男子周□年廿三□□　□妻大女□年廿二筭一	23	22	1
24	《竹簡(貳)》	【吏民簿2】	1708/1696	郡卒潘囊年廿三　囊妻大女初年廿六	23	26	—3

① 原釋文作"十"。根據2014年的調查結果改。

續 表

序號	引用的書	簿	簡號（夫/妻）	夫、妻的記録	夫齡	妻齡	齡差（夫—妻）
25	《竹簡（貳）》	【吏民簿 2】	1658	司子公乘强年廿四腹心病　　强妻大女禮年十九筭一	24	19	5
26	《竹簡（貳）》	【吏民簿 2】	1698/1699	縣卒謝午年廿四　午妻大女傅年廿	24	20	4
27	《竹簡（肆）》	【吏民簿 5】	331/330	大男周春年廿五　妻姑年廿	25	20	5
28	《竹簡（貳）》	【吏民簿 2】	1691/1938	子公乘世年廿五給習射　世妻大女姑年廿三	25	23	2
29	《竹簡（壹）》	【吏民簿 1】	10447/10452	□子男羊年廿五筭一　羊妻大女屈年廿四筭一	25	24	1
30	《竹簡（貳）》	【吏民簿 2】	1917	縣吏朱蘭年廿六　　蘭妻大女度年廿一筭一	26	21	5
31	《竹簡（肆）》	【吏民簿 5】	403/401	嘉禾六年東扶里户人公乘鄧展年廿六筭一　妻莽年廿一筭一	26	21	5
32	《竹簡（肆）》	【吏民簿 5】	414/413	嘉禾六年東扶里户人公乘李匆年廿六踵佐足　妻孔年廿九筭一	26	29	—3
33	《竹簡（壹）》	【吏民簿 1】	10263/10260	東陽里户人公乘謝高年廿六①筭一盲左目　高妻大女□卌一筭一	26	31	—5
34	《竹簡（貳）》	【吏民簿 2】	1729	縣吏鄧播年廿七　　潘②妻大女金年廿一筭	27	21	6
35	《竹簡（貳）》	【吏民簿 2】	1808	卓（?）子公乘碓年廿七刑左足　　碓妻大女汝年廿二筭一	27	22	5
36	《竹簡（貳）》	【吏民簿 2】	1550	縣卒吴帛年廿七　　帛妻大女貪年廿三	27	23	4
37	《竹簡（貳）》	【吏民簿 2】	2304	悳（?）弟鹿年廿七狂病　　鹿妻姑年廿七	27	27	0
38	《竹簡（壹）》	【吏民簿 3】	8416/8400	尚書吏劉露年廿八　露妻笄年廿	28	20	8
39	《竹簡（壹）》	【吏民簿 1】	10367/10359	吉陽里户人公乘區張年廿八筭一給州吏　張妻大女□年廿九③筭一	28	29	—1
40	《竹簡（壹）》	【吏民簿 3】	9322/9408	宜陽里户人公乘張厥年廿九　厥妻大女瞻年廿一	29	21	8
41	《竹簡（壹）》	【吏民簿 1】	10149/10143	吉陽里户人公乘嚴④追年廿九筭一給州吏　追妻大女思年卅筭一	29	30	1

① 原釋文作“卌六”。據《竹簡（柒）》中同一人物的記述的圖版改。

② 原釋文作“璠”。據圖版改。

③ 原釋文作“十九”。據《竹簡（柒）》中同一人物的記述改。

④ 原釋文作“篰”。據凌文超 2011 改爲“嚴”。

續 表

序號	引用的書	簿	簡號(夫/妻)	夫、妻的記録	夫齡	妻齡	齡差(夫—妻)
42	《竹簡(叁)》	【吏民簿 4】	4308	新成里户人公乘區文年卅　妻大女妾年廿二	30	22	8
43	《竹簡(壹)》	【吏民簿 1】	10412/10415	高遷里户人公乘張喬年卅筭一給縣吏　喬妻大女健年廿五筭一	30	25	5
44	《竹簡(貳)》	【吏民簿 2】	1979/1598	詔弟公乘毛年卅給習射　毛妻大女□年廿八	30	28	2
45	《竹簡(壹)》	【吏民簿 3】	8410	士小父日年卅苦腹心病　日妻金年卅①	30	30	0
46	《竹簡(壹)》	【吏民簿 1】	10246/10247	平陽里户人公乘朱碩年卅一筭一　碩妻大女蚤年廿一筭一	31	21	10
47	《竹簡(肆)》	【吏民簿 5】	406/404	嘉禾六年東扶里户人公乘李果卅一筭　果妻世年廿一筭	31	21	10
48	《竹簡(貳)》	【吏民簿 2】	1657	豪(?)子公乘齎(?)年卅一給官瓦師　齎(?)妻大女思年廿四筭一	31	24	7
49	《竹簡(壹)》	【吏民簿 3】	9360/9417	宜陽里户人公乘黄阿年卅一②真吏　阿妻大女□年廿六	31	26	5
50	《竹簡(貳)》	【吏民簿 2】	1621	野弟公乘沾年卅一腹心病　沾妻大女新年卅六筭	31	36	—5
51	《竹簡(壹)》	【吏民簿 3】	9133/9259	葢男弟客年卅一雀兩足盲　客妻大女汝年卅七	31	37	—6
52	《竹簡(肆)》	【吏民簿 6】	1937/1925	☐人公乘蔡廉年卅二　廉妻大女臺年廿五	32	25	7
53	《竹簡(貳)》	【吏民簿 2】	1785	民男子周托年卅二盲□□　托妻大女汝年廿七雀(截)卻(脚)□□□	32	27	5
54	《竹簡(貳)》	【吏民簿 2】	1822	州卒蔡區年卅二　區妻大女□年廿七筭	32	27	5
55	《竹簡(壹)》	【吏民簿 1】	10480/10481	平陽里户人公乘烝平年卅二筭一腫兩足　平妻大女取年廿八筭一	32	28	4
56	《竹簡(貳)》	【吏民簿 2】	1539/1883	州卒栂誌(?)年卅二　誌小妻大女立年卅八	32	38	—6
57	《竹簡(貳)》	【吏民簿 2】	1539/1883	州卒栂③誌(?)年卅二　誌妻大女紫年卌一	32	41	—9

① 原釋文作"廿"。據圖版改爲"卅"。

② 原釋文作"八十一"。據凌文超 2015 改。

③ 原釋文作"梅"。據侯旭東 2013 改。

續　表

序號	引用的書	簿	簡號（夫/妻）	夫、妻的記録	夫齡	妻齡	齡差（夫—妻）
58	《竹簡（肆）》	【吏民簿 5】	637/217	大男胡萇年卅三　萇妻思年卅二	33	32	1
59	《竹簡（壹）》	【吏民簿 3】	9309/9121	宜陽里户人公乘文慎年卅三真吏　慎妻大女汝年卅三	33	33	0
60	《竹簡（肆）》	【吏民簿 6】	2495/2484	嘉禾四年平樂里户人公乘李客年卅三筭一　客妻□□①年卅三	33	33	0
61	《竹簡（貳）》	【吏民簿 2】	1552/1948	州吏潘釘年卅三　□妻大女酎年卅六	33	36	—3
62	《竹簡（貳）》	【吏民簿 2】	1877/1881	縣卒蔡庫年卅三　庫小妻大女移年卅七	33	37	—4
63	《竹簡（貳）》	【吏民簿 2】	1877/1881	縣卒蔡庫年卅三　庫妻大女思年卅八	33	38	—5
64	《竹簡（貳）》	【吏民簿 2】	1854/1689	民男子吴遠年卅三腹心病　遠妻大女聞年卌二	33	42	—9
65	《竹簡（壹）》	【吏民簿 3】	8629/8472	縣吏尹②桓年卅四　桓妻汝年廿一	34	21	13
66	《竹簡（叁）》	【吏民簿 4】	4338	豪兄禮年卅四　禮妻大女左年廿二	34	22	12
67	《竹簡（壹）》	【吏民簿 1】	10080/10128	高遷里户人公乘松棐年卅四筭一給縣吏壱　棐妻大女絮年卅一筭一	34	31	3
68	《竹簡（肆）》	【吏民簿 6】	2651	級（?）子公乘威年卅四給縣吏　威妻大女姑年卅一筭一	34	31	3
69	《竹簡（肆）》	【吏民簿 6】	2696	韋子公乘碩年卅四給州卒　碩妻大女姑年卅二	34	32	2
70	《竹簡（壹）》	【吏民簿 1】	10381/10382	吉陽里户人公乘孫潘年卅五筭一　潘妻大女蔦年十九筭一	35	19	16
71	《竹簡（叁）》	【吏民簿 4】	4270/4269	子男客卅五　客妻大女草年卅三	35	23	12
72	《竹簡（壹）》	【吏民簿 1】	10407/10409	高遷里户人公乘五將年卅五筭一　將妻大女筭年廿五筭一	35	25	10
73	《竹簡（貳）》	【吏民簿 2】	1723	軍吏朱謙年卅五　謙妻大女壹年廿六筭一	35	26	9
74	《竹簡（壹）》	【吏民簿 1】	10407/10408	高遷里户人公乘五將年卅五筭一　將妻大女□卅一筭一	35	31	4
75	《竹簡（壹）》	【吏民簿 1】	10107/10117	吉陽里户人公乘蔦羊年卅五筭一　羊妻大女微年卅二筭一	35	32	3
76	《竹簡（貳）》	【吏民簿 2】	2492	兄公乘桐年卅五給習射刑右手　妻大女難年卅二筭一	35	32	3

① 原釋文作“□”一字。據圖版改。

② 原釋文作“五”。據圖版改。

續　表

序號	引用的書	簿	簡號(夫/妻)	夫、妻的記録	夫齡	妻齡	齡差(夫—妻)
77	《竹簡(貳)》	【吏民簿 2】	1906	民男子廬(盧)文年卅六　文妻大女署年廿三筭一	36	23	13
78	《竹簡(叁)》	【吏民簿 4】	4356/4355	宜陽里户人公乘謝唐年卅六　唐妻大女登年卅一	36	31	5
79	《竹簡(肆)》	【吏民簿 5】	526/525	平甿里户人公乘何殄年卅六　殄妻姑年卅一	36	31	5
80	《竹簡(壹)》	【吏民簿 3】	8639/8641	尚書吏吕不年卅六　不妻原年卅二	36	32	4
81	《竹簡(貳)》	【吏民簿 2】	1811	民男子周明(?)年卅六①　明(?)妻大女□年卅四筭一	36	34	2
82	《竹簡(貳)》	【吏民簿 2】	1710	民男子劉宜年卅六□盲右目　宜妻大女汝年卅八筭	36	38	—2
83	《竹簡(貳)》	【吏民簿 2】	1714	州吏吕次年卅七　次妻大女庣年卅三	37	33	4
84	《竹簡(貳)》	【吏民簿 2】	1781	民男子蔡若年卅七給驛兵　若妻大女賜年卌筭一	37	40	—3
85	《竹簡(貳)》	【吏民簿 2】	1945	子弟黄樂(?)年卅八腹心病　樂(?)妻大女暉年廿二筭一	38	22	16
86	《竹簡(貳)》	【吏民簿 2】	2417	郡吏區邯年卅八　邯妻大女平年廿二筭一	38	22	16
87	《竹簡(壹)》	【吏民簿 3】	9138/9063	奇男弟崇年卅八　崇妻大女定年廿七	38	27	11
88	《竹簡(貳)》	【吏民簿 2】	1612	□□□□年卅八　□妻大女文卅五筭	38	35	3
89	《竹簡(貳)》	【吏民簿 2】	2280	民男子謝張年卅八養官牛　妻大女泓年卅八	38	38	0
90	《竹簡(貳)》	【吏民簿 2】	2242/1850	縣(?)吏潘翔②年卅九　翔小妻大女諫年廿四	39	24	15
91	《竹簡(貳)》	【吏民簿 2】	1635	盞弟盡年卅九　盡妻大女□年卅	39	30	9
92	《竹簡(肆)》	【吏民簿 6】	2025/2021	嘉禾四年廣成里户人公乘利邴年卅九刑右手　邴妻大女監年卅	39	30	9
93	《竹簡(肆)》	【吏民簿 5】	789/790	嘉禾六年東夫里户人公乘□租年卅九筭一苦腹心病　祖妻告年卅三□	39	33	6
94	《竹簡(壹)》	【吏民簿 3】	8928/8941	宜陽里户人公乘劉桓年卅九真吏　桓妻□年卌二	39	42	—3

① 原釋文未釋。據《竹簡(柒)》同一人物的同年的記述改。

② 原釋文作"翌"。據圖版改。

續 表

序號	引用的書	簿	簡號（夫/妻）	夫、妻的記録	夫齡	妻齡	齡差（夫—妻）
95	《竹簡（壹）》	【吏民簿 1】	10289/10284	高遷里户人公乘張象①年卌筭一刑右足　象妻大女亭年廿五筭一	40	25	15
96	《竹簡（貳）》	【吏民簿 2】	1825	民男子張褒年卌刑右足　　褒妻大女監年卅一筭一	40	31	9
97	《竹簡（肆）》	【吏民簿 5】	395/391	嘉禾六年東扶里户人公乘周城年卌筭一　妻積年卅一筭一	40	31	9
98	《竹簡（壹）》	【吏民簿 3】	9338/9443	宜陽里户人公乘鄧便②年卌　便小妻慈年卅五	40	35	5
99	《竹簡（壹）》	【吏民簿 3】	9281/9312	義成里户人公乘番麦年卌　麦妻大女婢年卅六	40	36	4
100	《竹簡（貳）》	【吏民簿 2】	1815	子弟黄澤年卌　　澤妻大女濯年卅八筭一	40	38	2
101	《竹簡（肆）》	【吏民簿 5】	663/664	平甿里户人公乘黄陽年卌　妻恙年卌	40	40	0
102	《竹簡（壹）》	【吏民簿 1】	10385/10386	吉陽里户人公乘勇客卌一筭一踵兩足　客妻大女姑年卅一筭一	41	31	10
103	《竹簡（壹）》	【吏民簿 1】	10269/10264	東陽里户人公乘烝敦年卌一筭一刑左手　敦妻大女思年卅七筭一	41	37	4
104	《竹簡（貳）》	【吏民簿 2】	1707	民男子李兒年卌一　　兒妻大女智（?）卅八筭	41	38	3
105	《竹簡（貳）》	【吏民簿 2】	1587	倫兄公乘觀年卌一刑右足　　觀妻大婢年卌五刑□□	41	45	－4
106	《竹簡（貳）》	【吏民簿 2】	1764	民男子范宜年卌二刑右足　　宜妻大女姑年卅二筭一	42	32	10
107	《竹簡（貳）》	【吏民簿 2】	1886/1851	陶弟公乘堅年卌二刑足　堅小妻大女令年卅五	42	35	7
108	《竹簡（肆）》	【吏民簿 5】	341/340	大男鄭佶年卌二　妻思年卌	42	40	2
109	《竹簡（貳）》	【吏民簿 2】	1886/1851	陶弟公乘堅年卌二刑足　堅妻大女秋年卌一	42	41	1
110	《竹簡（貳）》	【吏民簿 2】	2348/2065	民男子盧客年卌二踵（腫）兩足　客妻大女忌年卌六筭一	42	46	－4
111	《竹簡（貳）》	【吏民簿 2】	2110	州卒區汙年卌二　　汙妻大女婢年五十三	42	53	11

① 原釋文作"傷"。據圖版改。

② 原釋文作"僅"。據凌文超 2015 改。

續 表

序號	引用的書	簿	簡號(夫/妻)	夫、妻的記録	夫齡	妻齡	齡差(夫—妻)
112	《竹簡(壹)》	【吏民簿 1】	9820/10471	東陽里户人公乘謝車年卌三筭一　車妻大女然[①]年卅六筭一	43	36	7
113	《竹簡(壹)》	【吏民簿 3】	9085/9150	宜陽里户人公乘徐熙年卌四真吏　熙妻大女劉年廿三	44	23	21
114	《竹簡(貳)》	【吏民簿 2】	1801	民男子黄鼠年卌四盲右目　鼠妻大女汝年卌一筭一	44	41	3
115	《竹簡(貳)》	【吏民簿 2】	1562	邪兄公乘炭年卌五給佃帥　炭妻大女陵年卅四	45	34	11
116	《竹簡(貳)》	【吏民簿 2】	1633	州吏尹澤年卌五　澤妻大女沲年卌筭□	45	40	5
117	《竹簡(貳)》	【吏民簿 2】	1706/1538	□(郡?)吏蔡賢年卌六　賢妻大女婢年卅三	46	33	13
118	《竹簡(壹)》	【吏民簿 3】	9212/9016	石門里户人公乘廬仵年卌八雀左手驲　仵妻大女絮年卅二	48	32	16
119	《竹簡(貳)》	【吏民簿 2】	2083	得父公乘侚年卌八腹心病　侚妻大女禑(?)年卌三□□☑	48	43	5
120	《竹簡(壹)》	【吏民簿 3】	9196/9245	平樂里户人公乘秦香年卌八　香妻大女汝年卌四	48	44	4
121	《竹簡(貳)》	【吏民簿 2】	2056	民男子烝尾年卌九　妻大女汝年卅	49	30	19
122	《竹簡(貳)》	【吏民簿 2】	1799/1796	邴弟公乘期年五十腹心病　期[②]妻事年卅八筭一	50	38	12
123	《竹簡(壹)》	【吏民簿 1】	10430/10424	高遷里户人公乘烝約年五十筭一　約妻大女囷年卅九筭一	50	39	11
124	《竹簡(肆)》	【吏民簿 5】	443/442	曼溲里户人杜忽年五十　忽妻□年卌	50	40	10
125	《竹簡(壹)》	【吏民簿 3】	8934	□男弟期年五十腹心病給□吏　期妻事年卌七	50	47	3
126	《竹簡(壹)》	【吏民簿 3】	9294/9285	妾子男成年五十一苦腹心病　成妻大女汝年卅三	51	33	18
127	《竹簡(肆)》	【吏民簿 5】	419/418	嘉禾六年東扶里户人公乘李夳年五十一筭一　妻思年卌七筭一	51	47	4
128	《竹簡(壹)》	【吏民簿 1】	10371/10356	吉陽里户人公乘董得年五十一筭一　得妻大女難年卌九筭一	51	49	2

① 原釋文作“嗰”。據《竹簡(柒)》中同一人物的圖版改。

② 原釋文作“□”。據圖版改。

續 表

序號	引用的書	簿	簡號(夫/妻)	夫、妻的記録	夫齡	妻齡	齡差(夫—妻)
129	《竹簡(壹)》	【吏民簿 1】	10286/10288	吉①陽里户人公乘□宜年五十二筭一 宜妻大女導年卌一筭一	52	41	11
130	《竹簡(貳)》	【吏民簿 2】	2448	民男子張客年五十二刑右足養官牛 客妻大女愁(?)年卌五	52	45	7
131	《竹簡(貳)》	【吏民簿 2】	1724	民男子黄張年五十三踵(腫)兩足　盲 張妻大女庶(?)年卌三筭一	53	43	10
132	《竹簡(貳)》	【吏民簿 2】	1686	民男子周車年五十三腹心病給囷父 車妻大女屈年五十	53	50	3
133	《竹簡(叁)》	【吏民簿 4】	4359/4358	宜陽里户人公乘烝陽年五十四　妻大女□年卌九	54	39	15
134	《竹簡(貳)》	【吏民簿 2】	1666/1664	怡(?)兄公乘莽年五十五刑右足　莽妻大女妾年五十四	55	54	1
135	《竹簡(壹)》	【吏民簿 3】	9156/9073	宜陽里户人公乘陳顔年五十六真吏　顔妻大女妾年卌	56	40	16
136	《竹簡(肆)》	【吏民簿 6】	1921	廉(?)小父公乘伯年五十六踵兩足　□妻大女霞(?)年六十	56	60	−4
137	《竹簡(壹)》	【吏民簿 3】	9398/9409	宜陽里户人公乘周秃年五十七　秃妻大女思年廿六	57	26	31
138	《竹簡(貳)》	【吏民簿 2】	1720/1719	蔦父公乘署年五十七　署妻大女客年五十三	57	53	4
139	《竹簡(壹)》	【吏民簿 1】	10475/10485	平陽里户人公乘劉戰年五十八刑兩足 戰妻大女取年卌一筭一	58	41	17
140	《竹簡(貳)》	【吏民簿 2】	1922	民男子陳苴(?)年五十九　苴(?)妻大女思年卅八筭一	59	38	21
141	《竹簡(貳)》	【吏民簿 2】	1911	民男子蔡蒩年五十九　蒩妻大女閆(?)年卌三□□☒	59	43	16
142	《竹簡(貳)》	【吏民簿 2】	2388/2405	敘子公乘狶年六十踵(腫)左足　狶小妻大女瑣(?)年卅筭一	60	30	30
143	《竹簡(貳)》	【吏民簿 2】	2388/2405	敘子公乘狶年六十踵(腫)左足　狶中妻大女弱年卅五筭一□	60	35	25
144	《竹簡(貳)》	【吏民簿 2】	2467	☒……桐年六十刑右手　桐妻大女若年卅七	60	37	23

① 原釋文作"東"。據凌文超 2011 改。

續　表

序號	引用的書	簿	簡號（夫/妻）	夫、妻的記録	夫齡	妻齡	齡差（夫—妻）
145	《竹簡（貳）》	【吏民簿 2】	1804	民男子吴司年六十　司妻大女運年卌筭一	60	40	20
146	《竹簡（貳）》	【吏民簿 2】	1795	民男子楊禿年六十　禿妻大女姑年卌九筭一	60	49	11
147	《竹簡（貳）》	【吏民簿 2】	2388	☐　敘子公乘狶年六十踵（腫）左足　·狶妻大女緣年五十	60	50	10
148	《竹簡（壹）》	【吏民簿 3】	8987/8951	民朱堅年六十踵兩足　堅妻兼年五十三	60	53	7
149	《竹簡（貳）》	【吏民簿 2】	1703	☐縣吏唐晊年六十　晊妻大女妾年六十踵（腫）足	60	60	0
150	《竹簡（貳）》	【吏民簿 2】	1588	釘兄公乘桐年六十盲左目　桐妻大女梨年六十二	60	62	—2
151	《竹簡（壹）》	【吏民簿 3】	9356/9308	宜①陽里户人公乘何統六十一真吏　統妻大女汝年廿五	61	25	36
152	《竹簡（貳）》	【吏民簿 2】	1786	民男子張卒年六十一　卒妻大女誅年卌三筭一	61	43	18
153	《竹簡（貳）》	【吏民簿 2】	1696/1694	囊父公乘尋年六十一苦虐（?）病　尋妻大女司年卌四踵（腫）右足	61	44	17
154	《竹簡（壹）》	【吏民簿 3】	9089/9451	囊從兄將年六十一　將妻大妻姑年卌八	61	48	13
155	《竹簡（肆）》	【吏民簿 5】	347/346	大男周顏（?）年六十一踵右足　妻綠年五十七	61	57	4
156	《竹簡（壹）》	【吏民簿 1】	10476/10477	平陽里户人公乘朱佃年六十一　佃妻大女畢年五十八筭一	61	58	3
157	《竹簡（貳）》	【吏民簿 2】	1768	民男子朱賢年六十一□□　賢妻大女□年五十九□□	61	59	2
158	《竹簡（貳）》	【吏民簿 2】	2015/2019	子弟蔡囷年六十二　囷小妻大女濯年廿六盲左目	62	26	36
159	《竹簡（貳）》	【吏民簿 2】	2015/2010	子弟蔡囷年六十二　囷妻大女蒜年卅一	62	31	31
160	《竹簡（貳）》	【吏民簿 2】	1903/1752	民男子蔡喬年六十二給驛兵　憍（?）小妻大女□年卅一踵（腫）足	62	31	31
161	《竹簡（貳）》	【吏民簿 2】	1687	明從兄公乘梁年六十二踵（腫）兩足　梁妻大女至卌四筭一	62	44	18
162	《竹簡（貳）》	【吏民簿 2】	1903	民男子蔡喬年六十二給驛兵　橋妻大女典年卌八筭	62	48	14

① 據真吏的記述推測。

續　表

序號	引用的書	簿	簡號（夫/妻）	夫、妻的記録	夫齡	妻齡	齡差（夫—妻）
163	《竹簡（貳）》	【吏民簿 2】	1771	民男子屈騎年六十二刑右□　騎妻大女客年五十三	62	53	9
164	《竹簡（肆）》	【吏民簿 5】	308/309	大男周慶（?）年六十二筭一　妻合年六十	62	60	2
165	《竹簡（壹）》	【吏民簿 1】	10267/10265	東陽里户人公乘謝囷年六十二　囷妻大女□年六十一	62	61	1
166	《竹簡（貳）》	【吏民簿 2】	1855/1953	民男子區鄧年六十三□□　鄧小妻專年卌	63	40	23
167	《竹簡（貳）》	【吏民簿 2】	2043	汙兄客年六十三　客妻大女招年卌五☑	63	45	18
168	《竹簡（貳）》	【吏民簿 2】	1855	民男子區鄧年六十三□□　鄧妻大女累年五十	63	50	13
169	《竹簡（壹）》	【吏民簿 3】	7664/7671	民胡文年六十三腹心病　文妻婢年五十二	63	52	11
170	《竹簡（貳）》	【吏民簿 2】	1775	民男子□文年六十四　文妻大女婢年五十二	64	52	12
171	《竹簡（貳）》	【吏民簿 2】	2011	民男子蔡指（?）年六十四刑左手養官牛　妻大女枚年五十五刑左手	64	55	9
172	《竹簡（叁）》	【吏民簿 4】	4320	□姪弟刀年六十五　刀妻大女汝年五十三	65	53	12
173	《竹簡（貳）》	【吏民簿 2】	1904	張父公乘濟年六十五給子弟　齎妻大女舉（?）年五十四踵右足	65	54	11
174	《竹簡（貳）》	【吏民簿 2】	1773	民男子朱萇年六十七□□亭復人　萇妻大女禮年卌三筭一	67	43	24
175	《竹簡（貳）》	【吏民簿 2】	2414	昭小父緒年六十七　緒妻大女妾年卌一筭一	67	41	26
176	《竹簡（貳）》	【吏民簿 2】	1675/1937	巴父公乘司年六十七張（漲）病　司妻大女益年五十八	67	58	9
177	《竹簡（叁）》	【吏民簿 4】	4271/4270	平陽里户人公乘黄風年六十八　妻大女□年七十七	68	77	—9
178	《竹簡（壹）》	【吏民簿 1】	10089/10088	吉陽里户人公乘□純年七十一盲右目　純妻大女□年五十一筭一	71	51	20
179	《竹簡（壹）》	【吏民簿 3】	9446/9474	義成里户人公乘番廣年七十一踵兩足　廣妻大女汝年七十一	71	71	0
180	《竹簡（貳）》	【吏民簿 2】	1957/1884	囊父公乘足年七十二踵（腫）兩足　足妻大女適年五十三	72	53	19

續 表

序號	引用的書	簿	簡號(夫/妻)	夫、妻的記録	夫齡	妻齡	齡差(夫—妻)
181	《竹簡(貳)》	【吏民簿 2】	1940	潘父几①年七十二𤸇(癃)病　几妻大女陵年五十四	72	54	18
182	《竹簡(壹)》	【吏民簿 3】	8986/8935	民馮漢年七十二踵兩足復　漢妻宗年六十二	72	62	10
183	《竹簡(貳)》	【吏民簿 2】	1852	民男子區遠年七十三　遠妻大女布年六十	73	60	13
184	《竹簡(貳)》	【吏民簿 2】	1755	民男子□漢年七十三踵(腫)兩足　漢妻大女宜年六十三	73	63	10
185	《竹簡(貳)》	【吏民簿 2】	2057	認從兄公乘郭年七十三　郭妻大女思年六十五	73	65	8
186	《竹簡(貳)》	【吏民簿 2】	1762/1763	民男子謝文年七十四　文小妻大女婢年卌六踵(腫)兩足	74	46	28
187	《竹簡(貳)》	【吏民簿 2】	1762	民男子謝文年七十四　文妻大女邽(?)年六十	74	60	14
188	《竹簡(叁)》	【吏民簿 4】	4347	□父栂戰年七十四刑左足　戰妻大女妾年六十二	74	62	12
189	《竹簡(壹)》	【吏民簿 1】	10449/10419	高遷里户人公乘聶首年七十五　首妻大女姑年六十七	75	67	8
190	《竹簡(貳)》	【吏民簿 2】	2409	☑……年七十六腹心病　□妻大女鴈(?)年五十一踵(腫)兩足	76	51	25
191	《竹簡(貳)》	【吏民簿 2】	2117/1536	象父公乘專年七十六　專妻大女□年六十	76	60	16
192	《竹簡(貳)》	【吏民簿 2】	1873	翔②(狞?)父公乘盡年七十七盲右目　妻大女婢年六十三	77	63	14
193	《竹簡(肆)》	【吏民簿 5】	665/666	陽從兄平年七十八踵兩足　平妻大女尋卌八	78	48	30
194	《竹簡(壹)》	【吏民簿 3】	8643	露父張年七十九　張妻婢年六十踵兩足	79	60	19
195	《竹簡(貳)》	【吏民簿 2】	1680/1681	敢(?)父公乘利年八十給子弟　利妻大女執年七十	80	70	10
196	《竹簡(貳)》	【吏民簿 2】	1551	□老父公乘閤年八十一盲兩目　閤妻大女熹年六十一	81	61	20
197	《竹簡(壹)》	【吏民簿 1】	10094/10093	吉陽里户人公乘殷叙年八十一　叙妻大女妾年七十一	81	71	10

① 原釋文作“九”。據《竹簡(壹)》第 13 盆同一人物的記述的圖版改。

② 原釋文作“駆”。據圖版改。

續 表

序號	引用的書	簿	簡號(夫/妻)	夫、妻的記録	夫齡	妻齡	齡差(夫—妻)
198	《竹簡(壹)》	【吏民簿 3】	9159/9061	顏從兄奇年八十二刑左手盲左目　奇妻大女青年五十一	82	51	31
199	《竹簡(貳)》	【吏民簿 2】	1772	民男子唐金年八十二　　金妻貞年五十二	82	52	30
200	《竹簡(貳)》	【吏民簿 2】	1645	貴父公乘宿年八十二死　　宿妻大女得年七十六	82	76	6
201	《竹簡(貳)》	【吏民簿 2】	2404	民男子蔡梁年八十三盲右目　　梁妻大女姑年五十二	83	52	31
202	《竹簡(壹)》	【吏民簿 1】	10271/10270	東陽里户人公乘烝得年八十四　得妻大女思年六十六	84	66	18
203	《竹簡(貳)》	【吏民簿 2】	1778	民男子楊明年八十六給驛兵　　明妻大女敬年六十二	86	62	24
204	《竹簡(肆)》	【吏民簿 6】	2720/2721	嘉禾四年平樂里户人公乘谷兒年九十二　兒妻大女□年八十三盲佐目	92	83	9

説明：

1. 就本表所用吏民簿記述，是在 2009 年 12 月、2011 年 3 月、2014 年 3 月、2014 年 8 月長沙簡牘博物館實物調查結果的基礎上修正，參考圖版所進行的探討。同時尊重先行研究成果(侯旭東 2009、侯旭東 2013、凌文超 2011、凌文超 2015)進行了修改。

2. 夫妻的復原，參考以下考證：町田隆吉 2007、侯旭東 2009、侯旭東 2013、李均明 2008、凌文超 2011、凌文超 2015、羅新 2000、楊際平 2007、王子今 2004a.b。

3. 一字不明的情況以□代替。

表二　夫年齡段平均齡差

夫年齡段	夫婦數	總計	平均齡差
10—19 歲	9	−21	−2.62
20—29 歲	32	75	2.34
30—39 歲	53	222	4.19
40—49 歲	27	188	6.96
50—59 歲	20	208	10.40
60—69 歲	36	518	14.39
70—79 歲	17	264	15.53
80—90 歲	9	180	20.00

表三　妻年齡段平均齡差

妻年齡段	夫婦數	總計	平均齡差
10—19 歲	13	43	3.31
20—29 歲	52	365	7.02
30—39 歲	55	365	6.64
40—49 歲	36	344	9.56
50—59 歲	24	305	12.71
60—69 歲	18	183	10.17
70—80 歲	5	17	3.40

首先我們注意看關於夫的年齡段中平均齡差的趨勢，低齡段（10—20 年齡段）則齡差小，但隨年齡段增高，齡差在擴大。10 年齡段夫的情況下妻方有偏年長趨勢（平均齡差爲－2.62），20 年齡段起逆轉，之後齡差逐漸擴大。到達 50 年齡段後拉開 10 歲之差，80 年齡段則達 20 歲差。總之，從夫年齡段的平均齡差看得出來，隨著夫齡上升，齡差傾向擴大。

那妻方情況如何？與夫的趨勢既有共性又有不同。共同點是隨著年齡段變高齡差擴大；不同點是齡差擴大是到 50 年齡段，這之後轉而減小（但 70 年齡段例子少，難以判斷）。妻在 10 年齡段有平均年長 3.31 歲的夫，總之大體爲同代近齡的組合，而 20 年齡段之後齡差擴大，40 年齡段拉開近 10 歲（9.56 歲差），進一步 50 年齡段平均差在 12.71 歲且稍微擴大，而 60 年齡段則差距偏縮小（10.17 歲）。由此可以說，妻情況之下雖然也是隨著年齡上升同丈夫的齡差擴大，但 60 年齡段之後變爲縮小。

綜上，根據夫與妻齡差的年齡段平均值來看，男女雖同在 10 年齡段和 20 年齡段與近齡者結婚，但不一起隨年齡上升，夫在較年長方向呈夫妻齡差拉開狀很明確。總之，推測 10—20 年齡段與此之後爲非同一配偶，我們認爲這種擴大即使依再婚也是適格的。不過，因爲夫 60 年齡段以後差距也越拉越開，而妻 60 年齡段以後則改爲縮小，所以認爲男性雖然 60 年齡段以後仍再婚，但是女性到了這個年齡段多不再婚。

（二）從中值來考慮齡差變化

然而，男女同在 30 年齡段之後，分散於各夫妻間的齡差中存在極大數字（如在 30 年齡段夫年長 16 歲就存在三例，參考 70、85、86），這可能使得平均數值上升。爲了解較普遍的趨勢，我們求出夫妻年齡段裏齡差的中值（見表四"夫年齡段夫妻齡差中值"、表五"妻年齡段夫妻齡差中值"）。

表四　夫年齡段夫妻齡差中值

夫年齡段	夫婦數	中值
10—19 歲	9	−2
20—29 歲	32	2.5
30—39 歲	53	4
40—49 歲	27	5
50—59 歲	20	11
60—69 歲	36	13
70—80 歲	17	14

表五　妻年齡段夫妻齡差中值

妻年齡段	夫婦數	中值
10—19 歲	13	3
20—29 歲	53	5
30—39 歲	55	4
40—49 歲	36	10
50—59 歲	24	11
60—69 歲	18	10
70—80 歲	5	10

表四所顯現的夫年齡段齡差中值的趨勢也同齡差平均值一樣，並未隨年齡上升而擴大。然齡差平均值雖未隨年齡段變高而遞增，但在中值情況之下，夫在 40 年齡段一下子擴大，其他年齡段則變化很小。首先，10—20 年齡段從−2 歲差起有著 2.5 歲差呈 2 倍以上變化，30—40 年齡段則無變化，40—50 年齡段間再度擴大到 2 倍以上差。總之 10—20 年齡段間與 40—50 年齡段間的擴大明顯，在此年齡層可以看出男性傾向與較年少的女性再婚。

妻年齡段的齡差中值（表五）雖總體上可以説也同男性一樣並未隨年齡的上升而擴大差距，但最大的不同點在於，40 年齡段齡差一下擴大，除此之外變化很小。初婚時候的 10 年齡段則與同代結婚（中值 3），這之後到 30 年齡段則齡差幾乎未拉開（中值 4）。但 40 年齡段呈 2 倍擴大（中值 10），之後基本没拉開。由此，女性在 10—30 年齡段雖大致嫁同代偏年長的男性，但可看出，40 年齡段傾向與大 10 多歲的男性再婚。

這樣，從中值變化來看，夫 50 年齡段、妻 40 年齡段齡差明顯傾向擴大（也就是説配偶變更，獲得較小/較年長配偶），而這意味著什麽？

應注意的是，夫 50 年齡段妻 40 年齡段再婚的時候，他們再婚前的配偶同爲 40 年齡段後半段至 50 年齡段前半段。夫到 40 年齡段大概有小 5 歲的妻，50 年齡段的時候再婚前夕離異的話，原配妻子的年齡是 45—54 歲。妻到 30 代則有大 4—5 歲的夫，再婚時 40 年齡段女性的原配丈夫假定即將離異後則爲 44—54 歲。但實際上很難認爲離異不久就能找到新配偶，可能要個幾年時間吧。如此一來，男性所去的 43—52 歲的妻，女性則被 42—52 歲的夫所去。再婚前配偶推定年齡大致相同，這對年齡難道没什么意義嗎？

若尋求 40 年齡段這一年齡段意義，其一是人死年齡。彭衛先生算出前漢皇帝平均壽命得出 41 這個數字。① 再者，從吏民簿 1、2、5、6 年齡段人口的演進來看（參表六。以吏民簿 3 爲對象的鄉與年度同吏民簿 1、6 重複、吏民簿 4 與吏民簿 1 重複，因此排除在

① 見彭衛：《漢代婚姻形態》，第 114 頁。

外），40 年齡段開始人口在減少，證實了彭衛先生的推測。40 年齡段起便開始迎壽絶非過早，如日本奈良時代户籍的例子就是推測即使幼年幸存者也大概在 40 年齡段去世。[①] 這樣看來，即使在中國古代也是有可能的。所以 40 年齡段喪偶後，妻與大 10 歲的男性、夫與小 10 歲的女性再婚的話，符合中值變化。

表六　吏民簿 1、2、5、6 性別年齡層別人口構成（包括户下奴婢）

年齡層	男性	女性	計
1—9 歲	446	224	670
10—19 歲	167	146	313
20—29 歲	126	152	278
30—39 歲	120	157	277
40—49 歲	61	80	141
50—59 歲	53	65	118
60—69 歲	73	71	144
70—79 歲	35	43	78
80—89 歲	16	21	37
90—100 歲	5	4	9
計	1 102	963	2 065

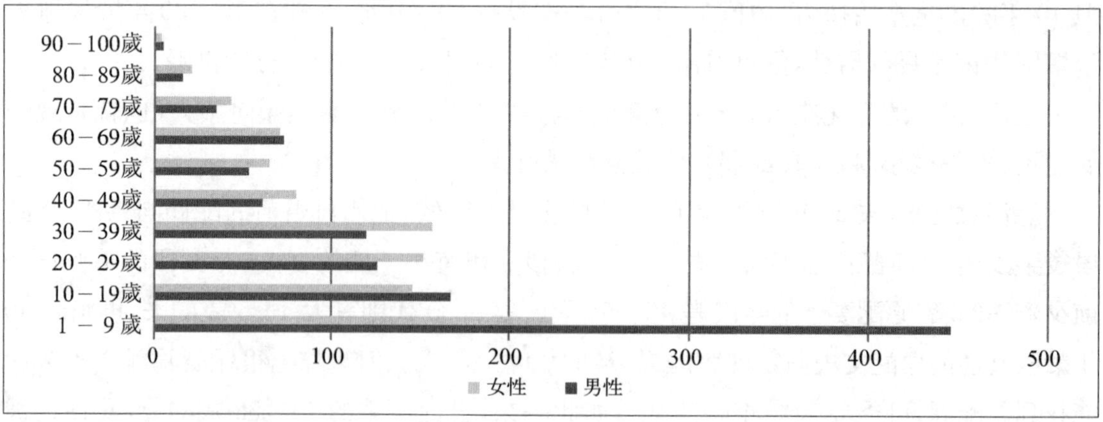

作爲另一種可能性，女性 45—54 歲爲更年期，推測是由於到了不孕年齡而離的婚。無子故而休妻的例子在典籍裏隨處可見。劉增貴先生舉在後漢初何湯因其師恒榮之妻無子故而被休等例（《後漢書・恒榮傳》李賢注引《謝承書》曰："（桓）榮年四十無子，湯乃

① William Wayne Farris, "Population, Disease, and Land in Early Japan, 645—900", Council on East Asian Studies, Harvard University, and the Harvard-Yanching Institute (Massachusetts), 1995, p.43.

去榮妻爲更娶,生三子。"),論述漢代因無子離婚的事例並不少。

時代推移,即使南朝也存在因無子而休妻的例子(《梁書·張稷傳》:"稷長女楚瑗,適會稽孔氏,無子歸宗。")。無子者面临不孕年齡,被休的可能性也存在。但正如拙作[①]所闡述的,40—50 年齡段女性有配偶率也很高,九成女性尚有配偶,即使以這個理由離異這之後也會再婚。一方面,反映出平均值、中間值同妻自 60 年齡段起與配偶的齡差在縮小,這之後再次再婚很少。但齡差擴大到 50 年齡段是明確的。

此外,女性在 60 歲之後雖然平均齡差未擴大齡差中值也不增加,但男性即使 60 歲以上齡差也在擴大。如此一來,暗示女性在 60 歲之後雖不再婚,而男性即使相當高齡也有再婚可能。此爲從表一齡差超過 20 歲夫妻裏抽出來的,23 組中 20 組也能表明夫 60 年齡段之後的這一事實。引最大齡差進行舉例:

> 宜陽里户人公乘何統六十一真吏統妻大女汝年廿五
>
> (吏民簿 3,151 號、壹 9356/9308)
>
> 子弟蔡琁年六十二　琁小妻大女濯年廿六[盲左目]
>
> (吏民簿 2,158 號、貳 2015/2019)

能够表現齡差另外一個顯著特徵是男性 10 年齡段的情況下與配偶的平均齡差爲負數,一般會有年長的妻。從 10 年齡段男性與其配偶組合的事例來看(1—9 號),除兩例外其他的妻年齡都大。换言之,在 10 年齡段迎來初婚的男性,一般會與年長的女性結婚。其中有兩例,妻方大 12 歲,也有童養媳的可能性。[②]

以上夫婦齡差來看,嘉禾四年至六年的長沙,初婚時 10—20 年齡段則與同代結婚,一般男到 40 年齡段、女到 30 年齡段有同代配偶者多,而女性 40 年齡段、男性 50 年齡段的時候以喪偶而再婚的居多,表明這時男性與小 10 歲左右的女性結婚,女性則與大 10 歲左右的男性結婚。

男性即使 60 年齡段以後仍再婚,女性卻不會。10 年齡段男性的配偶較他本人年長,10 年齡段初婚時男性有娶年長妻子傾向。

二　年齡與婚姻慣例

那麼,隨著高齡化夫妻齡差拉開的事例普遍嗎?據《國語·越語上》,越王勾踐期望

---

① 拙作:《嘉禾四年—六年(235—237)長沙の婚姻慣行:婚姻と年齡》,(東京)《東洋學報》第 97 卷第 1 號,2015 年。

② 參高凱:《從吴簡看孫吴初期長沙郡吏民的生活習俗》,《許昌學院學報》2008 年第 1 期。

人口增加:"令壯者無取老婦,令老者無取壯妻。"刻意禁止則反倒表示這種現象存在。雖然表明夫妻齡差的事例少,但在古代中國就其是否特殊有必要再作探討。再者,嘉禾年間事例之下,男性一方即使超過 60 歲也將再婚,這是特殊情況嗎?

一般認爲男女到什麽年齡可能結婚?在後漢末經學是男子爲 60、女子爲 50(《詩經·國風·桃夭》孔穎達疏中指出,鰥寡是指因高齡而不婚者,鄭玄《孝經》注中引用"丈夫六十無妻曰鰥,婦人五十無夫曰寡也")。但據甘肅省武威縣出土被認爲後漢的記述《王杖詔書令册》[①]可以看到"……年六十以上毋子男爲鯤、女子年六十以上毋子男爲寡"(第二簡),可見 60 歲以上毋子男男子爲鯤,60 歲以上毋子男女性爲寡。這表示不是將僅無兒子作爲鰥寡條件,而是以鰥寡表示無配偶這一條件,尤其 60 歲以上毋子男這一存在作爲法令對象來限定。不僅把毋子男作鰥寡這點,即使女性對象年齡也與男性同爲 60 以上這點上也與方才的經學見解大爲不同。後漢時,針對結婚下限年齡,男性爲 60 是準確的,但關於女性不就存在 50 與 60 兩説嗎?那麽,在吴簡以外的例中,實際結婚何時爲止呢?

年歲大的男性再婚的例子,雖爲後漢事例,但《後漢書·朱暉傳》李賢注引《華嶠書》曰:"暉年五十失妻,昆弟欲爲繼室。"可見,兄弟要給 50 歲男性介紹妻子。再有,三國魏鍾繇,老年娶正室。雖庶妻非嫡妻,但在《風俗通義》佚文中可見,陳留 90 歲無子,與其妾行夫妻之事後便去世,之後産一男孩。[②] 諸如此類,男性雖 50 歲以上也再婚。

作爲《風俗通義》的另一例子認爲,朱暉有子爲繼承者雖已無必要生子,但需要承擔家務者。裴松之指出,鍾繇是需要主婦才結婚的。即使高齡也要主婦的理由,據《曾子問》孔穎達疏,是爲宗廟祭祀。但當時在高級官僚間宗廟祭祀並不普遍,因此裴松之所指應是更廣義的家事。[③]

這樣我們認爲老年結婚就有得子、獲得家務擔當者等某種合理的理由。且不論放到哪里較年少女性一方都很合適,因此可能説明齡差的擴大。

此外,雖没有 40—50 年齡段那樣顯著,夫 30 年齡段也是變化期,到達這一年齡段後,夫年長 10 多歲的事例便開始顯現出來:

吉陽里户人公乘孫潘年卅五筭一 潘妻大女蔦年十九筭一

(吏民簿 1,70 號、壹 10381/10382)

子弟黄樂(?)年卅八腹心病 樂(?)妻大女暉年廿二筭一

(吏民簿 2,85 號、貳 1945)

---

① 李均明、何雙全:《散見簡牘合輯》,北京:文物出版社,1990 年。

② 王利器:《風俗通義校注》,臺北:明文書局,1982 年。

③ 拙作《嘉禾四年—六年(235—237)長沙の婚姻慣行:婚姻と年齢》,(東京)《東洋學報》第 97 卷第 1 號,2015 年。

郡吏區邯年卅[八] 邯妻大女平年廿二筭一　　(吏民簿 2,86 號、貳 2417)

夫在 10—20 年齡段齡差還未這般拉大,開始擴大是在 30 年齡段。换言之,從這時起再婚開始變多,且不論何種理由與配偶離異,再婚之際出現男性有較小、女性有較大配偶傾向。

三國時期齡差拉開 10 多歲夫妻的事例也隨處可見。32 歲的曹操把後來成爲正室的 20 歲卞夫人貶作庶妻,而二人間有 12 歲齡差。[①] 劉備與足足小 20 多歲的孫權之妹政治聯婚。10—20 歲齡差不足爲奇。前舉《風俗通義》所載成爲老翁之妾的女性可以産子的年齡即使變高也不會超過 40 年齡段,因此與夫間有 40 歲齡差。

再者典籍、其他出土文字史料中多婚事例也隨處可見。比如陳平妻有五次喪偶再婚經歷,陳平是其第六任夫(《史記·陳丞相世家》:"久之,户牖富人有張負,張負女孫五嫁而夫輒死,人莫敢娶。平欲得之。")。自揚州市出土的公元 1 世紀初文書《先令券書》中,嫗結三次婚。在長沙,多婚也屢見不鮮。

但如前所述根據配偶壽命以喪偶爲契機再婚的很多,因此我們決不能説夫妻關係是一時權宜之計。

同時,10 年齡段的夫中大齡妻較多這一現象,不正是指望妻的勞動力嗎? 陳鵬闡述,農户爲從事生産,欲以長婦提高勞動效率。[②] 换言之,年長妻被預期作爲勞動補充。正如拙文所述,當時的"家務"含家産的打理,獲得收入、助生計也在家事之内。[③]

結　語

綜上,從夫妻齡差考察了當時的婚姻慣例。男女均在 10—20 年齡段有同代配偶,但未隨年齡上升而傾向擴大,明確再婚是普遍的。特别是在男性 50 年齡段女性 40 年齡段,因喪偶而再婚盛行。女性至 50 年齡段再婚,60 年齡段以後則不再婚;男性即使高齡也再婚。

那麽,人一生數次變配偶這會給夫妻、母子關係産生造成怎樣的影響,女性經歷多個家庭其歸屬會如何,以婚姻所締結的家庭與家庭關係會否脆弱,就尋求這種具體關係的狀態作爲今後的課題。

---

① 潘偉斌:《曹操夫人卞氏年齡考》,(東京)《三國志研究》第七號,2012 年。

② 陳鵬:《中國婚姻史稿》,北京:中華書局,1990 年,第 390 頁。

③ 拙作:《嘉禾四年—六年(235—237)長沙の婚姻慣行:婚姻と年齡》,(東京)《東洋學報》第 97 卷第 1 號,2015 年。

參考文獻

長沙文物考古研究所等編:《長沙走馬樓三國吴簡·竹簡(壹)》,北京:文物出版社,2003年。

長沙簡牘博物館等編:《長沙走馬樓三國吴簡·竹簡(貳)》,北京:文物出版社,2007年。

長沙簡牘博物館等編:《長沙走馬樓三國吴簡·竹簡(叁)》,北京:文物出版社,2008年。

長沙簡牘博物館等編:《長沙走馬樓三國吴簡·竹簡(肆)》,北京:文物出版社,2011年。

長沙簡牘博物館等編:《長沙走馬樓三國吴簡·竹簡(柒)》,北京:文物出版社,2013年。

陳鵬:《中國婚姻史稿》,北京:中華書局,1990年,第390頁。

高凱:《從吴簡看孫吴初期長沙郡吏民的生活習俗》,《許昌學院學報》2008年第1期。

侯旭東:《長沙走馬樓吴簡〈竹簡〉貳"吏民人名年紀口食簿"復原的初步研究》,《中華文史論叢》2009年第1期。

侯旭東:《長沙走馬樓吴簡"嘉禾六年(廣成鄉)弦里吏民人名年紀口食簿"集成研究:三世紀初江南鄉里管理一瞥》,《第四届國際漢學會議論文集古代庶民社會》,臺北:"中央研究院",2013年。

鷲尾祐子:《長沙走馬樓吴簡連記式名籍簡的探討——關於家族的記録》,《吴簡研究》第三輯,北京:中華書局,2011年。

黎石生:《孫吴時期長沙郡吏民婚育狀況考察》,《吴簡研究》第二輯,武漢:崇文書局,2006年。

李均明:《走馬樓吴簡人口管理初探》,《簡帛研究二〇〇六》,桂林:廣西師範大學出版社,2008年。

李均明、何雙全:《散見簡牘合輯》,北京:文物出版社,1990年。

凌文超:《走馬樓吴簡采集簡"户籍簿"復原整理与研究——兼論吴簡"户籍簿"的類型與功能》,《吴簡研究》第三輯,北京:中華書局,2011年。

凌文超:《嘉禾四年南鄉户籍與孫吴户籍的確認》,《走馬樓吴簡采集簿書整理與研究》,桂林:廣西師範大學出版社,2015年。

劉增貴:《漢代婚姻制度》,臺北:華世出版社,1980年。

羅新:《走馬樓吴簡整理工作的新進展》,《北大史學》第7期,北京:北京大學出版社,2000年。

彭衛:《漢代婚姻形態》,西安:三秦出版社,1988年。

彭衛、楊振紅:《中國婦女通史》,杭州:杭州出版社,2010年。

瞿宣穎:《中國社會史料叢鈔》甲集下册,上海:上海書店,1985年。

宋少華:《長沙三國吴簡的現場揭取與室内揭剥——兼談吴簡的盆號和揭剥圖》,《吴簡研究》第三輯,北京:中華書局,2011年。

王子今:《三國孫吴鄉村家族中的"寡嫂"和"孤兄子"——以走馬樓竹簡爲中心考察》,收入《古史性别研究叢稿》,北京:社會科學文獻出版社,2004年。

王子今:《説走馬樓所見"小妻"——兼論兩漢三國社會的多妻現象》,《學術月刊》2004年第10期,又收入《古史性别研究叢稿》,北京:社會科學文獻出版社,2004年。

王利器:《風俗通義校注》,臺北:明文書局,1982年。

汪小烜:《走馬樓吴簡户籍初論》,《吴簡研究》第一輯,武漢:崇文書局,2004年。

閻愛民:《漢晋家族研究》,上海:上海人民出版社,2005年。

楊芬:《孫吴嘉禾年間臨湘中鄉所轄里初步研究》,中日長沙吴簡學術研討會,長沙,2011年

3 月。
楊際平：《秦漢户籍管理制度研究》,《中華文史論叢》2007 年第 1 期。
楊樹達：《漢代婚喪禮俗考》,上海：上海古籍出版社,2000 年。
揚州博物館：《江蘇儀徵胥父 101 號漢墓》,《文物》1987 年第 1 期。
于振波：《吴簡户籍文書所見女子婚齡》,《走馬樓吴簡續探》,臺北：文津出版社,2007 年。
張榮强：《孫吴簡中的户籍文書》,《歷史研究》2006 年第 4 期,又收入《漢唐籍帳制度研究》,北京：商務印書館,2010 年。
張榮强：《〈前秦建元二十年籍〉與漢唐間籍帳制度的變化》,收入《漢唐籍帳制度研究》,北京：商務印書館,2010 年。
安部聰一郎：《長沙吴簡にみえる名籍の初步的検討》,《長沙吴簡研究報告》第 2 集,2004 年。
今津勝紀：《日本古代の村落と地域社會》(考古學研究會第四十九回總會研究報告),(岡山)《考古學研究》第 50 卷第 3 號,2003 年。
潘偉斌：《曹操夫人卞氏年齡考》,(東京)《三國志研究》第七號,2012 年。
町田隆吉：《長沙吴簡よりみた"户"について—三國吴の家族構成に關する初步的考察—》,《長沙吴簡研究報告》第 3 集,2007 年。
鷲尾祐子：《中國古代の專制國家と民間社會—家族・風俗・公私—》,(京都)立命館東洋史學會,2009 年。
鷲尾祐子：《走馬樓吴簡吏民簿と鄉の狀況—家族研究のための予備的検討—》,(京都)《立命館東洋史學》第 35 號,2012 年。
鷲尾祐子：《長沙走馬樓吴簡連記簡の検討—家族の記録について》,《中國古代史論叢》第 7 號,(京都)立命館東洋史學會,2010 年。
鷲尾祐子：《走馬樓吴簡から見える家族の情況について—夫婦間の年齡差などから—》,科研費基盤研究(A)・三菱財團人文科學研究助成プロジェクト2010 所收(新潟)。
鷲尾祐子：《嘉禾四年—六年(235—237)長沙の婚姻慣行：婚姻と年齡》,(東京)《東洋學報》第 97 卷第 1 號,2015 年。
William Wayne Farris, "Population, Disease, and Land in Early Japan, 645 - 900", Council on East Asian Studies, Harvard University, and the Harvard-Yanching Institute (Massachusetts), 1995.

附史料：吏民簿 1—6

【吏民簿 1】《竹簡(壹)》嘉禾四年小武陵鄉簿(参見張榮强 2006、凌文超 2011、鷲尾祐子 2012、張榮强 2010)

① 簡號：14 盆 10040 - 10545,共 493 枚。由《竹簡(壹)》示意圖 1、2 及前後連續的相同書式的簡組成。以下 13 枚簡除外：10201、10072、10150、10201、10496、10520、10526、10532、10533、10536、10538、10539、10540。

② 作成時期、調查對象：嘉禾四年(235 年),小武陵鄉。("小武陵鄉□嘉禾四年吏民人名妻子年紀簿",示意圖 1,10153)

③ 可能掌握的人數：388 人(性別、親屬關係、年齡明確者)。

【吏民簿 2】《竹簡(貳)》嘉禾六年廣成鄉簿(參見侯旭東 2009、關尾史郎 2015、鷲尾祐子 2010a、鷲尾祐子 2011、鷲尾祐子 2012)

① 簡號：《竹簡(貳)》1536－2496(16 盆,參見宋少華 2011),共 870 枚。僅剩斷片及書式不同的 91 枚簡除外：1543、1600、1603、1605、1606、1812、1882、1999、2023、2024、2025、2062、2094、2096、2099、2133、2134、2135、2137、2138、2140、2141、2143、2144、2146、2150、2157、2159、2160、2179、2180、2193、2212、2215、2218、2226、2227、2228、2229、2230、2231、2232、2233、2235、2236、2237、2240、2241、2243、2244、2245、2247、2252、2253、2257、2258、2260、2261、2268、2289、2294、2330、2340、2345、2350、2351、2361、2394、2395、2421、2424、2427、2430、2431、2432、2449、2450、2451、2452、2453、2454、2456、2457、2458、2461、2466、2474、2479、2485、2488、2490。

② 作成時期：嘉禾六年(237 年)。

③ 調查對象：廣成鄉。

④ 可能掌握的人數：911 人(再次檢視鷲尾祐子 2012 中的表,將物故、死者除外)。

【吏民簿 3】《竹簡(壹)》嘉禾四年諸鄉簿

① 簡號：14 盆 8891－9509,共 578 枚。書式不同的 41 枚簡除外：8908、8909、8912、8919、8926、8940、8942、8946、8947、8948、8952、8957、8958、8959、8966、8967、8968、8977、8990、8991、8993、8996、8998、9002、9004、9114、9118、9155、9230、9262、9263、9277、9278、9280、9297、9305、9317、9319、9321、9423、9483。

② 作成時期：嘉禾四年。

③ 調查對象：南鄉、小武陵鄉、廣成鄉、中鄉。

④ 可能掌握的人數：459 人(性別、親屬關係、年齡明確者)。

【吏民簿 4】《竹簡(叁)》嘉禾四年簿示意圖 2、4(參見凌文超 2011)

① 簡號：《竹簡(叁)》33 盆 4268—4503,共 137 枚。由《竹簡(叁)》示意圖 2、4 所含的簡及簡號連續的簡組成。以下書式不同的簡除外：4361—4409、4414—4434、4437—4440、4442—4444、4446—4448、4450—4451、4453—4456、4459、4463—4469、4471—4475。

② 作成時期：可能與【吏民簿 1】嘉禾四年簿爲同一時期(存在多例與【吏民簿 1】同名同年齡同里的用例)。

③ 作成對象：小武陵鄉和南鄉？可以見到與【吏民簿 1】中相同的高遷里和平陽里,也可以見到新成里、宜都里、宜陽里等小武陵鄉以外的里名。宜陽里見於【吏民簿 3】的南鄉。(參見凌文超 2011)

④ 可能掌握的人數：131 人(性別、親屬關係、年齡明確者)。

【吏民簿 5】《竹簡(肆)》嘉禾五年、六年中鄉簿(參見楊芬 2011)

① 簡號：1－899(井户内 1 盆),共 877 枚。包含示意圖 1—4 中諸簡及編號連續的簡,以下 22 枚簡除外：198、213、225、497、498、499、515、811、824、825、826、827、830、831、832、833、834、

835、886、887、889、894。

② 作成時期：嘉禾五年、六年(嘉禾五年緒中里和嘉禾六年東扶里相互混雜。)

③ 作成對象：中鄉。("集凡中鄉領吏民三百卌九户口食一千七十一人",《竹簡(肆)》30899)(參見杨芬 2011)

④ 可能掌握的口數：536 人(性别、親屬關係、年齡明確者)。

【吏民簿 6】《竹簡(肆)》嘉禾四年廣成鄉簿

① 簡號：1917－2056 及示意圖 10、11 的 2452－2724(3 盆),共 340 枚。以下 73 枚簡除外：2547、2554、2560、2568、2569、2570、2571、2572、2573、2574、2575、2576、2577、2578、2584、2585、2586、2587、2588、2589、2590、2594、2597、2602、2608、2611、2613、2630、2635、2653、2654、1943、1944、1945、1946、1947、1948、1949、1950、1951、1952、1953、1954、1955、1956、1957、1958、1959、1960、1961、1962、1970、1976、1977、1980、1981、1983、1986、1987、1990、1992、1995、1997、1998、1999、2002、2004、2005、2008、2010、2011、2013、2039。

② 作成時期：嘉禾四年(户人簡中可見到嘉禾四年)。

③ 作成對象：主要爲廣成里(廣成鄉)、平樂里(參見廣成鄉【吏民簿 3】),可能混有其他鄉。

④ 可能掌握的口數：230 人(性别、親屬關係、年齡明確者)。

走馬樓吴簡"妻"、"弟"稱謂使用問題初探

林益德

（中興大學歷史學系）

前　言

長沙走馬樓三國吴簡（以下簡稱"走馬樓吴簡"）係於 1996 年在湖南省長沙市出土，其數量約達十萬枚之譜。在這批簡牘之中，有著數量龐大而且種類繁多的孫吴時期長沙郡臨湘縣居民之資料。關於這些簡文中之文書格式、名詞解釋、性質、相關制度等諸多課題，已有許多學者研究並取得可觀成果。① 但是，若深入探究走馬樓吴簡中的親屬

---

① 王彦輝：《出土秦漢户籍簡的類别及登記内容的演變》，《史學集刊》2013 年第 3 期，第 25 頁；賀雙非、羅威：《從走馬樓吴簡看漢、吴户籍制度的異同》，《湖南城市學院學報（人文社會科學版）》2003 年第 5 期，第 85—86 頁。

在這些衆多研究之中，與親屬稱謂較有關係者，有汪小烜，其指出走馬樓吴簡家庭成員的排序與睡虎地秦簡爰書、居延漢簡吏卒家屬名籍相似，皆運用妻子、子女、奴婢等稱謂，但未必依男女的次序，也不盡按照年齡大小排列。又如侯旭東在重建走馬樓吴簡户籍簡時，利用簡牘揭剥位置、内容、筆迹重建走馬樓吴簡户籍簡之可能排序方式。趙國華《〈長沙走馬樓三國吴簡·竹簡〉稱謂語研究》一文探討走馬樓吴簡中所見各種稱謂語，親屬稱謂語爲趙國華所探討的重點之一。趙氏在討論親屬稱謂語時，主要在釋義這些親屬稱謂語。另特别針對大、中、小妻，還有各種"寡"，探討這些用詞在孫吴社會中的意義。還有王子今在其《秦漢稱謂研究》一書之中，有專篇探討走馬樓吴簡中所見的若干親屬稱謂。這些分别可見汪小烜：《走馬樓吴簡户籍初論》，《吴簡研究》第一輯，武漢：崇文書局，2004 年，第 147 頁；侯旭東：《長沙走馬樓吴簡〈竹簡〉[貳]——"吏民人名年紀口食簿"復原的初步研究》，《中華文史論叢》2009 年第 1 期，第 63—64 頁；趙國華：《〈長沙走馬樓三國吴簡·竹簡〉稱謂語研究》，西南大學碩士學位論文，2009 年；王子今：《秦漢稱謂研究》，北京：中國社會科學出版社，2014 年。

（轉下頁）

稱謂用語，則可注意到其中之"妻"、"弟"兩種親屬稱謂，存在若干特别現象。這些親屬稱謂之所以會構成重要課題，蓋因親屬稱謂已成爲探討孫吴社會的關鍵，①若是這些親屬稱謂本身就充滿不確定性，必然導致難以進行後續研究。

爲探討走馬樓吴簡簿籍簡中之親屬稱謂的特殊現象，此處有必要先行説明相關簡文之格式。在若干走馬樓吴簡簿籍文書中會記載當地居民的簿籍資料，如簡壹·11"妻大女思年卌三"，②此簡記載當時有位年紀42歲，名爲"思"，身份爲"大女"之女子，她是某人之"妻"。這些記載看似稀鬆平常，但是其中卻包含著很重要的特色。這就是本文所欲探討之内容。

本文以《長沙三國走馬樓吴簡·竹簡(壹)》至《長沙三國走馬樓吴簡·竹簡(肆)》四卷爲探討核心，③在這四卷中親屬稱謂數量前五多的分别爲"妻"(1 595人)、"弟"(1 458人)、"子"(1 180人)、"母"(184人)、"姪子"(174人)等，④其中"妻"、"弟"數量最多，但問題也正出在這兩個親屬稱謂之上。

然因走馬樓吴簡出土時之嚴重擾動散亂，再者走馬樓吴簡中的人名重名現象嚴重，不同時間點的文書又混雜其中，導致不同枚簡牘内容之間的親屬關係難以釐清。⑤ 因此，爲確保本文所論内容之正確性，本文探究走馬樓吴簡中親屬的相對關

(接上頁) 此外又有若干從語言角度探討走馬樓吴簡中所見親屬稱謂之文章。賈利青《走馬樓三國吴簡親屬稱謂語研究》一文從語言角度探討走馬樓吴簡中各種親屬稱謂用語，賈氏先説明這些親屬稱謂用語主要指涉的親屬對象，再説明這些用語在語言應用上的變化。陳順成《走馬樓吴簡親屬稱謂詞語的特點》一文主要由語言角度探討走馬樓吴簡中各種親屬稱謂用語之差異，最後還簡單説明了這些親屬稱謂在運用時的基本原則。分别可見賈利青：《走馬樓三國吴簡親屬稱謂語研究》，《學行堂文史集刊》2014年第1期，第25—33頁；陳順成：《走馬樓吴簡親屬稱謂詞語的特點》，《淮海工學院學報(人文社會科學版)》第10卷第18期，2012年9月，第70—72頁。

① 如于振波就試圖從親屬關係入手探討孫吴時期户的結構，賈麗英則藉此探討孫吴的家庭結構。分别見于振波：《吴簡所見户的結構小議》，收於氏著《走馬樓吴簡續探》，臺北：文津出版社，2007年，第25—36頁；賈麗英：《〈長沙走馬樓三國吴簡〉看三國吴的家庭結構》，《中國史研究》2010年第3期，第171—174頁。

② 長沙市文物考古研究所等編：《長沙走馬樓三國吴簡·竹簡(壹)》，北京：文物出版社，2003年，第895頁。

③ 長沙市文物考古研究所等編：《長沙走馬樓三國吴簡·竹簡(壹)》；長沙簡牘博物館等編：《長沙走馬樓三國吴簡·竹簡(貳)》，北京：文物出版社，2007年；長沙簡牘博物館等編：《長沙走馬樓三國吴簡·竹簡(叁)》，北京：文物出版社，2008年；長沙簡牘博物館等編：《長沙走馬樓三國吴簡·竹簡(肆)》，北京：文物出版社，2011年。

④ 相關數據參見林益德：《漢晉時期荆州南部的社會與經濟——以走馬樓吴簡爲中心的討論》，臺灣師範大學歷史學系博士論文，2015年，第214頁。

⑤ 走馬樓吴簡重名問題可參考林益德：《走馬樓吴簡中女性姓名問題初探》，《中華簡牘學會通報》第3期，2010年12月，第75—101頁。其實重名現象在現代社會亦爲常態，如錢進選出96個人名用字，共有27 188位女性使用。可參見錢進：《姓名用字的性别差異統計分析》，《常州工學院學報》2004年第5期，第60—61頁。

係時，除引用侯旭東所復原的簡文時會應用跨簡之親屬稱謂外，①其餘主要使用同一枚簡記載兩人以上資料者，以此確定兩人確實屬於同一户，如此應可避免若干錯誤。

一　以夫爲主——"妻"稱謂的優先性

一般而言，女性嫁入夫家後户籍與之轉入，這名女性在此家庭中相對於不同的人，便會具備不同的親屬關係，她是自身丈夫的"妻"，也是小孩之"母"，還是小叔之"嫂"，此類親屬關係不一而足。而在簿籍文書中僅會記録其中一個親屬關係作爲該名女性的親屬稱謂，要以何種親屬稱謂爲基準，就是此處所欲探討的内容，在探究這種基準的過程中，就可以發現走馬樓吴簡的特别之處。

在目前較常見的漢代簿籍文書之中，此種相對親屬關係大多從户主角度出發。最能够與走馬樓吴簡所見情形相較，並突出兩者書寫方式之差異者，莫過於在同一簿籍之中同時具備"父"、"母"、"妻"這三種親屬稱謂之簡文。在居延漢簡之中共有兩個此類例子，首先是居延漢簡簡 203.12：

父大男偃年五十二
第六隧卒寧蓋邑　母大女請卿年卌九
妻大女女足年廿一②

其次則是居延新簡簡 E.P.T.65.478 所載：

父大男長年五十
甲渠三堠隧卒當遂里左豐　母大女□年卌八
妻大女用年廿二③

在上列兩簡之中，同時可以看到父、母、妻等親屬稱謂。由於簡中家庭成員並無其他特别標記，而且由當事人的年紀差距觀察，此處只能親屬稱謂顯然是相對於户主的親

① 關於本文所采用侯旭東於《長沙走馬樓吴簡〈竹簡[貳]〉——"吏民人名年紀口食簿"復原的初步研究》一文重建的家庭計有五户，分别爲貳・1708、1696、1694，貳・1775、1776，貳・1735、1736，貳・1789—1792，貳・1662、1664—1666。

② 謝桂華、李均明、朱國炤：《居延漢簡釋文合校》，北京：文物出版社，1987 年，第 316 頁。

③ 甘肅省文物考古研究所等編：《居延新簡——甲渠候官》，北京：中華書局，1994 年，第 198 頁。

屬稱謂。惟惜漢代時間雖長,然缺乏足够案例與孫吴時期做更廣泛之比較。[①] 在這兩枚簡之中,特别值得注意其中的"母"、"妻"親屬稱謂,縱使户主的父親同時存在此一户及中,但是仍然是相對於户主的親屬稱謂,此點就是與走馬樓吴簡有較明顯差異之處。

在走馬樓吴簡中可觀察到一種較大的變化,最主要是女性只要與同一簿籍中任一人構成夫妻關係,則不論該女性之夫是否爲户主,該女性之親屬稱謂就必定記載爲她丈夫的"妻",忽略該名女性與户主或其他任何人之親屬關係。

至於何謂"構成夫妻關係"?這類原則在相關簡文中具體運作情形又是爲何?以下分别從現代意義中之妻、母親、舅媽、嫂、媳婦、弟媳、姪媳等不同情形論起。

"妻"的親屬稱謂數量甚多,類似於簡貳·2448"民男子張客年五十二刑右足養官牛　客妻大女愁(?)年卌五"的例子甚多,[②]此簡先記載"張客"的資料,再記載"愁"爲"張客"的妻子,兩人之間爲典型的夫妻關係。此外,並非所有簡文都會記載"妻"的相對人爲何,[③]如簡壹·932"妻大女員年卌九筭一腫兩足　小妻銀年腫",[④]此簡上之妻與小妻皆未記載相對人爲何,但應可理解爲户主之妻,此類案例較爲可靠。

然家中其他成員的妻,至少有相對於丈夫及相對於户主兩種親屬關係,在簡文上要如何記載其稱謂即是問題之所在。首先可從"母"看起,這或可以簡貳·1708、1696、1694 的家庭作爲範例説明,其簡文爲:

> 郡卒潘囊年廿三
>
> 囊妻大女初年廿六　　囊父公乘尋年六十苦虐(?)病
>
> 尋妻大女司年卌四踵(腫)右足　　囊男弟公乘祀年十一[⑤]

基於此處簡文可以重建其親屬關係如圖一。在圖一中可以注意到户主父親"尋"之妻"司","司"、潘囊兩人又屬母子之間合理的年齡差距,故可認爲"司"就是户主潘囊之母,但是簡文卻記載"司"是"尋"之妻,而非"囊"之母。此種例子屢見不鮮,目前明確可見者

---

① 當然,還是有其他漢代户籍文書出土,如居延漢簡 254.11 簡(有母),新居延漢簡 E.P.F. 25.17(有母)、E.P.T. 65.145(有父、有妻)等,數量亦不在少。但是要凸顯女性親屬稱謂之差異,一定要"父"、"母"、"妻"三者同時存在,若少其中之一就難以説明特色。所以,其餘僅具備其中之一的簡文,本文暫不討論。以上兩則簡文分見甘肅省文物考古研究所等編:《居延新簡——甲渠候官》,第 237、189 頁。

② 長沙簡牘博物館等編:《長沙走馬樓三國吴簡·竹簡(貳)》,第 767 頁。

③ 此處需注意,前述"愁"的"妻"稱謂係相對於"張客"存在,故"張客"可視爲"愁"的相對人,下文所稱相對人若未特别説明,則皆當事人親屬稱謂所相對的對象。

④ 長沙市文物考古研究所等編:《長沙走馬樓三國吴簡·竹簡(壹)》,第 913 頁。

⑤ 長沙簡牘博物館等編:《長沙走馬樓三國吴簡·竹簡(貳)》,第 751—752 頁。

即有簡壹·945、壹·7663、壹·8410、壹·8419、壹·8469、壹·8643、貳·1551、貳·1645、貳·1904、貳·2083、貳·2386、貳·2414、叁·4347、叁·6247等14例。① 爲免跨簡討論時可能産生的錯誤,此處姑且只取見於同一簡,可確認必爲户主父親的妻子之例,若擴大至跨簡之案例,其數量顯然會更多。

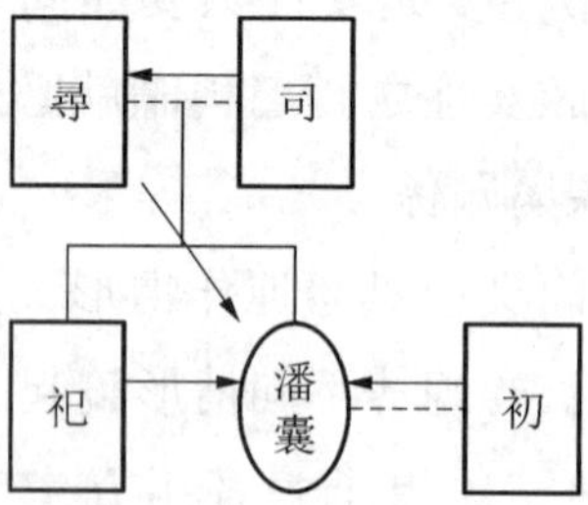

圖一　貳·1708、1696、1694家庭結構圖②

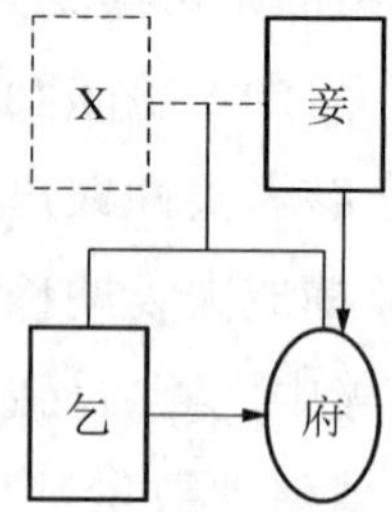

圖二　貳·1793家庭結構圖③

深入細究走馬樓吴簡後,更可發現作爲親屬稱謂的"父"、"母"不會同時出現於一户之中。誠然,走馬樓吴簡中確實存在親屬稱謂"母",但其前提條件是身爲父親者並"不存在"於該户之中。由於此位具備"母"親屬關係之女性,在該户之中不能再直接稱爲某人之"妻",才會改用相對於自身子輩的"母"稱謂。簡貳·1793所載"府(?)女弟气(乞)年十六算一　府(?)母大女妾年七十一物故"可爲最佳範例,④其親屬關係結構可見圖二。

易言之,作爲同一人的"父"、"母"之親屬稱謂,並不會同時出現在簿籍之中,有"父"則其"母"必以父之"妻"的形式呈現,有"母"則代表無"父"。而且,任何與"母"性質相似或由其延伸出的親屬稱謂皆具備此特性,諸如簡壹·9344的"小母"、壹·10455之"叔母"、壹·7364"季母"、壹·9238"祖母"等,⑤這些"母"的共通點是她們的丈夫並不存在於該户中。

---

① 長沙市文物考古研究所等編:《長沙三國走馬樓吴簡·竹簡(貳)》,第913、1053、1069、1070、1074頁;長沙簡牘博物館等編:《長沙三國走馬樓吴簡·竹簡(貳)》,第748、750、756、760、765、766頁;長沙簡牘博物館等編:《長沙三國走馬樓吴簡·竹簡(叁)》,第819、859頁。

② 家庭結構圖中之橢圓形指户主,箭頭標明各當事人相對親屬關係之對象,如"初"爲"潘囊"之妻,所以箭頭由"初"指向"潘囊"。實綫表示血緣關係,虚綫表示婚姻關係,左側爲男,右側爲女。其他以下家庭結構圖若未特别説明,皆按此原則處理。

③ 圖中虚綫方格表示實際上應存在,但是户籍上不存在於該户之人員。以圖中情形爲例,妾係户主府的母親,府本來應該還有父親,只是未見於此處之户籍資料,所以在此處就標示爲虚綫方格。其次,又因户主父親姓名不詳,所以用"X"符號暫代姓名。以下各例若無特别説明,皆按照此原則處理。

④ 長沙簡牘博物館等編:《長沙走馬樓三國吴簡·竹簡(貳)》,第754頁。

⑤ 長沙市文物考古研究所等編:《長沙走馬樓三國吴簡·竹簡(壹)》,第1087、1109、1046、1085頁。

女性以“妻”親屬稱謂爲優先之例，還可以由“嫂”論起。在走馬樓吴簡中可以見及“兄”之親屬稱謂，而“兄”之妻子相對於户主的親屬關係應爲“嫂”，但是查諸簡貳·1562可見“邪兄公乘炭年卌五給佃師　炭妻大女陵年卅四”，[①]“炭”是邪之兄，“陵”是邪之嫂，然在此例中“陵”的親屬稱謂被記載爲“炭”之妻。相似的例子還可見於簡貳·1587、貳·1588、貳·1687、貳·2043、貳·2057、叁·4338 等 7 例，[②]這些簡文的共同特性是該名女子之丈夫與自身同時存在於相同户籍中，故不稱“嫂”，而是被記載爲其丈夫之妻。

詳考走馬樓吴簡確有“嫂”之親屬稱謂，如簡貳·4494“贇嫂大女是年廿二筭一　是子男設年六歲”，[③]此簡“是”被記載爲嫂，而其子“設”是以母親爲相對人，“是”的丈夫、“設”的父親並不存在於這一簿籍中。而且，“嫂”在走馬樓吴簡中主要以“寡嫂”形式呈現，如簡貳·4670“·亮男弟養年十四　亮寡嫂大女妾年六十一”，[④]“妾”之丈夫顯然已經死亡，所以才會見及“寡嫂”之稱謂。與“母”的稱謂類似，“嫂”親屬稱謂的存在前提是其丈夫不存在於相同户籍中，當事人無法適用於“妻”之親屬稱謂，此時才會使用其他稱謂。

相似的狀況還見於兒媳、弟媳之親屬稱謂。在走馬樓吴簡中，經常可見已結婚之兒子或弟弟與其父、兄共處一户的情形，如簡貳·4644“贇男弟丞(?)年廿筭一　丞(?)妻大女倉年十六筭一”，[⑤]在此簡中“丞”爲“贇”之弟，“倉”在此載爲“丞”之“妻”，而非與“贇”的相對關係。又如簡貳·2904“子男節年十七筭一　節妻大女公年十四”，[⑥]“節”身爲人子，而“公”記載爲節之妻而非與家翁的相對關係。此種户主之弟有妻的例子，尚可見於簡壹·6106、壹·8614、壹·8934、貳·1621、貳·1635、貳·1727、貳·1792、貳·2304、貳·2508、貳·2528、貳·2914、貳·4793、肆·2029、肆·2541、肆·2625 等 15 例。[⑦] 至於户主之子有妻的案例，有貳·1657、貳·1658、貳·1737、貳·1759、貳·

① 長沙簡牘博物館等編：《長沙走馬樓三國吴簡·竹簡(貳)》，第 749 頁。

② 長沙簡牘博物館等編：《長沙走馬樓三國吴簡·竹簡(貳)》，第 749、751、759 頁；長沙簡牘博物館等編：《長沙走馬樓三國吴簡·竹簡(叁)》，第 818 頁。

③ 長沙簡牘博物館等編：《長沙走馬樓三國吴簡·竹簡(貳)》，第 811 頁。

④ 長沙簡牘博物館等編：《長沙走馬樓三國吴簡·竹簡(貳)》，第 812 頁。

⑤ 長沙簡牘博物館等編：《長沙走馬樓三國吴簡·竹簡(貳)》，第 811 頁。

⑥ 長沙簡牘博物館等編：《長沙走馬樓三國吴簡·竹簡(貳)》，第 776 頁。

⑦ 長沙市文物考古研究所等編：《長沙走馬樓三國吴簡·竹簡(壹)》，第 1021、1073、1079 頁；長沙簡牘博物館等編：《長沙走馬樓三國吴簡·竹簡(貳)》，第 750、752、754、764、768、776、815 頁；長沙簡牘博物館等：《長沙走馬樓三國吴簡·竹簡(肆)》，第 669、682、684 頁。

1815、貳·2388 等 6 例。①

這些子輩、弟弟之妻,只有在其夫不存在於同一個户籍時,才會使用其他親屬稱謂。而其所適用之親屬稱謂,最常見者就是寡婦,而寡婦此一親屬稱謂固不待言,必反映當事人丈夫已經不存在。就目前《竹簡(壹)》至《竹簡(肆)》所見各簡,皆未見兒子、弟弟之妻存在其他同性質的親屬稱謂,她們若非"妻"即爲"寡婦"。

從以上母、嫂等諸多親屬稱謂看起,基本上可以認爲任一位已出嫁女性與其丈夫共同處於一户時,不論這名女性與户主的具體關係爲何,文書上皆會忽略其他一切可適用的相對親屬稱謂,僅使用"妻"之稱謂。只有當事人之丈夫不存在時,簿籍上才會使用其他親屬稱謂。此種特性的確切形成年代由於資料缺乏無法探明,惟至少需形成於簿籍資料會記載相對人名之後,才能應用此種書寫方式。②

至於此種特性延用至何時,則非本文所討論之範圍,亦難以確定。但在吐魯番出土文獻所見《前秦建元二十年三月高昌郡高寧縣都鄉安邑里籍》中,仍然可以見到此種特性,該簿籍資料如下:

> 高昌郡高寧縣都鄉安邑里民張晏年廿三
> 叔聰年卅五物故
> 母荆年五十三
> 叔妻劉年卌六③

其中可注意此一簿籍資料中未見户主之父,所以有"母"。在簿籍中有"叔",其妻之親屬稱謂就仍用"叔妻",並未使用其他親屬稱謂。這或許可以説明此種特性在吐魯番文書之中依然存在。

二 "弟"稱謂的優先性

走馬樓吴簡中親屬稱謂數量第二多的"弟"與前文所提之"妻"相似,同樣是一種具有優先性的親屬關係。這反映在實際簿籍文書中,就是"弟"的數量竟比"子"還多,釐清了此種現象的成因,才有可能解釋此一時期家庭、社會之結構。

---

① 長沙簡牘博物館等編:《長沙走馬樓三國吴簡·竹簡(貳)》,第 751—765 頁。

② 在肩水金關漢簡 73.E.J.T. 3.3 簡已經可見:"兄昌年卌五　昌子男賀年十三"(甘肅簡牘研究保護中心等編:《肩水金關漢簡(壹)》,上海:中西書局,2011 年,第 29 頁),只是此種書寫方式的使用規模顯然尚未如走馬樓吴簡一般普遍,故僅能在少數簡文中見及。

③ 榮新江等編:《新獲吐魯番出土文獻》,北京:中華書局,2008 年,第 179 頁。

爲解釋走馬樓吴簡中"弟"比"子"多的情形，此處可先從漢代涉及這兩種稱謂之文書看起。首先針對"弟"，漢代簿籍文書大多記載户中成員相對於户主之親屬稱謂，如居延漢簡簡 133.20 載：

	弟大男輔年十九
第四隧卒張霸	弟使男勛年七
	妻大女年十九[①]

此處記載之"弟"，皆是相對於户主之親屬稱謂。相似的例子還有居延漢簡簡 133.20、254.11。其次，關於"子"則可見如居延新簡簡 E.P.T. 65.411 所載：

	妻大女阿年卌五
武誠隧卒徐親	子大男譚年十九
	子大男朝年十六[②]

此處所記載的"子"皆是徐親之子，至於"譚"、"朝"兩者之間的相對親屬關係爲何，此處並未記載。

在此特别列舉户中同時有兩個弟、兩個子之例，重點就是在彰顯這些户内成員之親屬稱謂，顯然都是相對於户主之存在。此類漢代文書中相似的例子不勝枚舉，在此僅先列出兩例，其共同特色就是家中成員大多使用相對於户主之親屬稱謂。

然而，在走馬樓吴簡的文書之中，親屬稱謂使用方式的另一個最大特色是"弟"的親屬關係具有優先性，而非是與户主之相對關係。只有在無法適用"弟"親屬稱謂的前提下，才會記載當事人相對於户主、父親或其他人之親屬稱謂。這種現象在走馬樓吴簡之中，可由子、姪子、户主之弟等三種可見的實例論起。

首先，就"子"而言，大多數狀況下是只有父親在該簿籍中最年長之"子"會記載爲該父親的"子"，其餘各子大多會依序記載爲前一子之"弟"。除非户主並非最年長之子，此時才有可能脱離此種原則，進而見及"兄"、"姊"等稱謂。這可從簡貳 · 1775、1776 之家庭論起：

民男子□文年六十四	文妻大女婢年五十二
文子公乘饒年十五筭	饒女弟汝年八歲[③]

① 謝桂華、李均明、朱國炤：《居延漢簡釋文合校》，第 223 頁。

② 甘肅省文物考古研究所等編：《居延新簡——甲渠候官》，第 446 頁。

③ 長沙簡牘博物館等編：《長沙走馬樓三國吴簡 · 竹簡(貳)》，第 753 頁。

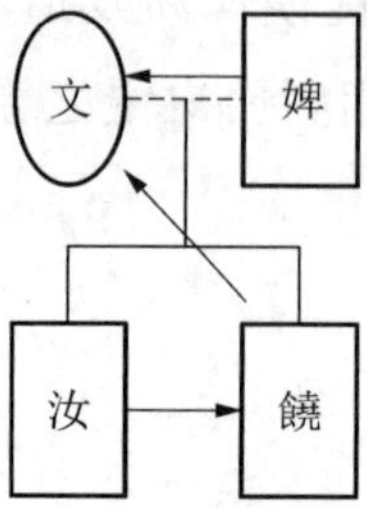

圖三 貳·1775、1776 家庭結構圖

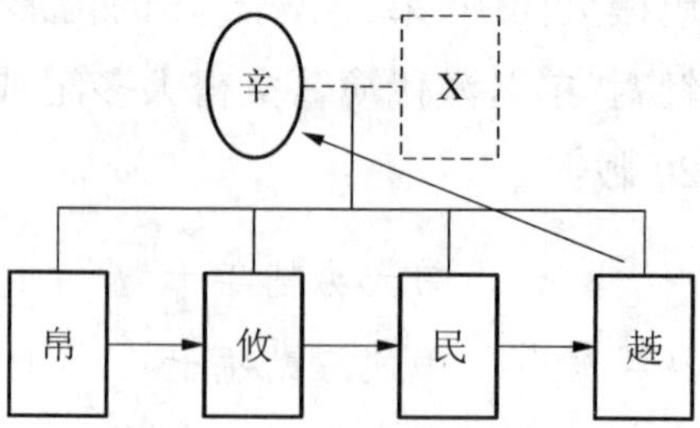

圖四 貳·1735、1736 家庭結構圖

此家庭關係之結構可見圖三。此户的户主爲"文","饒"因爲身爲"文"的第一子,所以親屬稱謂才記載爲"子"。至於"汝",雖然也是"文"之子,但是在此處則記載爲"饒"之弟。又如簡貳·1735、1736 之家庭,其簡文爲:

> 辛子女赿(趑)年九歲　　赿(趑)女弟民年六歲
>
> 民弟仕伍攸年四歲　　　攸女弟帛年二歲[①]

相對應之家庭結構圖可見圖四。其中除赿因爲身爲第一子,所以親屬稱謂記載爲"子"之外,其餘"民"、"攸"、"帛"等雖然皆爲"辛"之子,但是親屬稱謂都記載爲前一人之弟。相似的例子,還可見於簡壹·1352、壹·4144、壹·7629、壹·8526、壹·8620、壹·8916、壹·8960、貳·1558、貳·1572、貳·1574、貳·1586、貳·1631、貳·1660、貳·1758、貳·1769、貳·1774、貳·1777、貳·1787、貳·1799、貳·1813、貳·1844、貳·1858、貳·1878、貳·1912、貳·1928、貳·1936、貳·2006、貳·2109、貳·2118、貳·2148、貳·2325、貳·2419、貳·2495、貳·3102、貳·3295、貳·4632、貳·4795、叁·4282、叁·4337、叁·4351、叁·6143、肆·2033、肆·2981 等 43 例。[②]

其次,就"姪子"而言,縱使在同一户中有多人相對於户主構成"姪子"關係,但只有無法運用"弟"稱謂者,才會使用"姪"稱謂,其餘皆會記載爲前一人之"弟"。簡壹·4471 的内容爲"登姪子男由龍年十一　龍女弟客年十",[③]"由龍"被記載爲"登"的"姪子","客"雖然亦是"登"的"姪子",但是在此處則只寫"客"是"龍"的"女弟"。類似的例子還

---

① 長沙簡牘博物館等編:《長沙走馬樓三國吴簡·竹簡(貳)》,第 752 頁。

② 長沙市文物考古研究所等編:《長沙走馬樓三國吴簡·竹簡(壹)》,第 921、981、1052、1071、1073、1079、1080 頁;長沙簡牘博物館等編:《長沙走馬樓三國吴簡·竹簡(貳)》,第 749—751、753—758、760、761、764、766、768、780、784、811、815 頁;長沙簡牘博物館等編:《長沙走馬樓三國吴簡·竹簡(叁)》,第 817—819、856 頁;長沙簡牘博物館等編:《長沙走馬樓三國吴簡·竹簡(肆)》,第 669、692 頁。

③ 長沙市文物考古研究所等編:《長沙走馬樓三國吴簡·竹簡(壹)》,第 988 頁。

可見於簡壹・18、貳・1716、貳・1942、叁・4286、叁・4290、叁・4293 等六例。①

最後爲户主之弟，雖然理論上這種關係最爲單純，只需記載爲"弟"即可，但走馬樓吴簡中親屬關係最難確認者即是户主之弟。此種現象的直接起源，正是因爲走馬樓吴簡中"弟"之親屬稱謂具有優先性，導致難以區分簡中所提人士究竟是否爲户主的弟弟。

户主之"弟"最清楚的案例，應當爲簡貳・1789、1792，其簡文云：

> 碓弟公乘圭年廿腹心病　　圭妻大女譙年廿三踵(腫)足
>
> 碓(?)弟仕伍頭年六歲　　　頭弟仕伍奴年四歲②

其親屬關係可見圖五。此户由於結構較爲簡單，主要由兄弟所構成，因此"圭"、"頭"、"奴"的親屬稱謂都是前一人之"弟"，本質上皆是户主之弟。但是，有更多的"弟"未必是户主之"弟"。前面已可見及子輩、姪輩之第二人皆記載爲"弟"，這些"弟"並非是户主之"弟"，而且此處係因爲單簡記載兩人以上的資料，透過兩人親屬稱謂之不同，才能實際辨明他們是何人之"弟"。不然，恐怕難以釐清簡文所見"弟"與户主之真正關係。

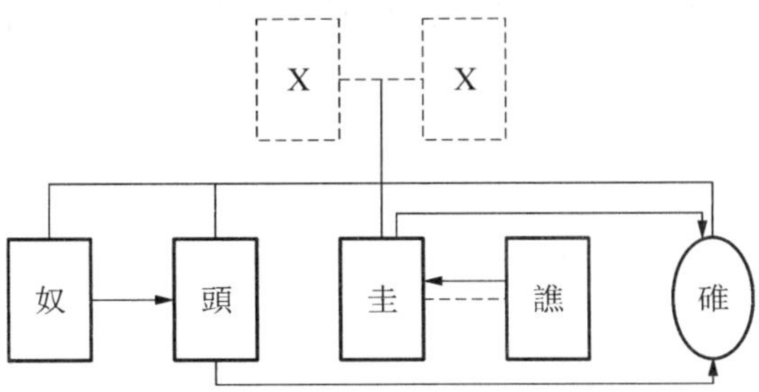

圖五　貳・1789、1792 家庭結構圖

縱使是結構較爲單純者如簡壹・2 所載"健妻大女仵(?)年廿五　　健女弟洎年廿一腫兩足"，③"洎"雖爲"健"之女弟，但由於無從確認"健"在其所屬籍簿文書家庭内之關係，此處的"妻"雖看似明顯，然無法確定她究竟是該户之女主人，還是該户主之媳婦，又或是該户主之弟媳，根本不能確定這些人相對於户主之關係。類似情況頗多，親屬關係

① 長沙市文物考古研究所等編：《長沙走馬樓三國吴簡・竹簡(壹)》，第 895 頁；長沙簡牘博物館等編：《長沙走馬樓三國吴簡・竹簡(貳)》，第 752、757 頁；長沙簡牘博物館等編：《長沙走馬樓三國吴簡・竹簡(叁)》，第 817 頁。

② 長沙簡牘博物館等編：《長沙走馬樓三國吴簡・竹簡(貳)》，第 753—754 頁。這兩枚簡是否相連其實不無疑問，因爲類似文書之中，在書寫親屬稱謂時很少會有跨過前一人，直接書寫與户主關係之例。再者，走馬樓吴簡之中，重名狀况相當常見，故兩簡也有可能是相對於同名但事實上不同人之對象。不過，雖然有這些疑點，但這無礙此處舉例，惟還是無法排除這些人確實爲兄弟之可能，所以此處就先依侯旭東之復原排列。

③ 長沙市文物考古研究所等編：《長沙走馬樓三國吴簡・竹簡(壹)》，第 895 頁。

看似清楚,但只要無法確定户主簡,就無法釐清這些家中成員相對於户主之關係。更遑論若是綫索更少者如簡貳·4672"郡女弟排年四歲　　排女弟囷(?)年三歲",[①]這些親屬稱謂皆爲"弟",卻無從分辨排、囷二人究竟是户主的女兒,還是户主的妹妹。

最複雜的例子,或許還可以由簡貳·1662、1664—1666之家庭論起,其簡文爲:

邑女弟賈年六歲	賈男弟仕伍[武]年四歲[盲]
武女弟取年二歲	怡(?)兄公乘惁年五十五刑右足
惁妻大女妾年五十四	惁子女婢年十歲
婢男弟仕伍屬年八歲	屬女弟汝年六歲[②]

其親屬結構圖可見圖六。此户實質上包含兩個家庭,在此結構圖中具有"弟"親屬稱謂者有"賈"、"武"、"取"、"屬"、"汝",這五人實際上分別屬於不同家庭,其中有户主之子,但也有户主兄之子,若非是這一組簡係經復原,單就當事人個別親屬稱謂看起,全部都稱爲"弟",極難區别彼此關係。試問單就簡貳·1662載之"賈"與簡貳·1665所載的"汝"言,兩者親屬稱謂皆是"女弟",如何能够理解兩人事實上是堂姊妹關係?

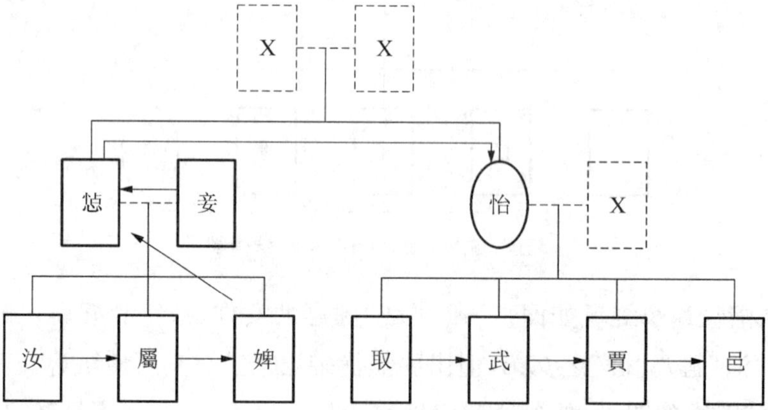

圖六　貳·1662、1664—1666家庭結構圖

從以上諸多例證可以得知,在走馬樓吴簡文書之中,只要家中成員可以適用"弟"之親屬稱謂時,必然優先使用"弟"之稱謂,而非相對於户主的親屬稱謂。在此種前提之下,最難辨認的親屬實爲户主之"弟"。因爲"弟"有可能是户主之弟,也有可能是户主第二子,又有可能是户中第二個姪子等,存在各種情況,缺乏足够資料區别當事人是何人之"弟"。

① 長沙簡牘博物館等編:《長沙走馬樓三國吴簡·竹簡(貳)》,第812頁。

② 長沙簡牘博物館等編:《長沙走馬樓三國吴簡·竹簡(貳)》,第751頁。

這種書寫方式的起源，同樣由於資料缺乏而難以斷定。後世使用至何時，亦非本文所探討之範圍，不過走馬樓吴簡中以"弟"爲先之特色，在《新獲吐魯番出土文獻》中之《前秦建元二十年三月高昌郡高寧縣都鄉安邑里籍》依然可見：

高昌郡高寧縣都鄉安邑里民崔奣▨
弟平年▨
奣妻□年▨
平妻郭年廿▨
奣息女顏年廿一從夫 ▨
顏男弟仕年十四 ▨
仕女弟訓年十二
平息男生年三新上
生男弟麴(?)年一新上[1]

在此文書之中，可以理解"平"是户主"崔奣"之弟。"仕"、"訓"雖然分别爲"崔奣"的息男、息女，但是都記載爲前一人之弟。"麴"雖爲"平"之息男、"崔奣"之姪子，也記載爲"生"之弟。這顯然表示，此時仍以"弟"爲優先適用的親屬稱謂。

結　語

總之，在走馬樓吴簡各類文書之中，包含著豐富的親屬稱謂資料，這些資料足以作爲研究當時社會現象的重要資料。可是，親屬稱謂事實上是一種相對性的稱謂，同一個人物面對不同相對對象時，就會具備不同的親屬稱謂。在目前可見漢代文書之中，若記載親屬稱謂，大多數是相對於户主之親屬稱謂。這種穩定的書寫方式，較易於分析整體社會之家庭概況。而在走馬樓吴簡之中，"妻"、"弟"是應用最爲廣泛的兩個親屬稱謂，但背後卻有非常複雜之情形。

"妻"是走馬樓吴簡各類文書之中，最常見的一種親屬稱謂，但其中狀況較爲複雜。任何一位已出嫁女性只要與其丈夫共同存在於同一簿籍之中，這名女性之親屬稱謂必然寫成其丈夫之"妻"，不論她的丈夫與户主之具體親屬稱謂爲何，都會如此應用。舉例而言，只要户主的父母親共存於簿籍之中，則户主母親之親屬稱謂必然寫成"妻"，而不會寫成户主之母。除非這名已出嫁女性的丈夫並不存在於該簿籍之中，才會記載她相

---

① 榮新江等編：《新獲吐魯番出土文獻》，第 177 頁。

對於户主之親屬稱謂。

"弟"則是走馬樓吴簡之中,第二常見的親屬稱謂,但這並不代表户主有特别多"弟",而是此爲一種具有優先性的親屬稱謂。與"妻"的情形相似,任一當事人只要適用於"弟"親屬稱謂時,在相關文書上就必然會用"弟"這個親屬稱謂,而不管當事人與户主之親屬稱謂。所以,户主之弟的親屬稱謂寫"弟",但是户主第二個小孩也會寫成第一個小孩之"弟",户主姪子之弟也是寫成"弟"。而在相關文書之中,有機會稱爲"弟"的場合甚多,不勝枚舉,這同時代表"弟"這一親屬稱謂之使用非常複雜,極難確定其與户主實際的親屬關係。

走馬樓吴簡這種優先適用"妻"、"弟"親屬稱謂之特色,恐怕會導致研究走馬樓吴簡家庭結構之困難。蓋因此種親屬稱謂之特性將會掩蓋其他親屬關係,如見及"妻"之親屬稱謂也無法確定該人究竟是户主之妻、母、嫂。同樣地,見及"弟"之親屬稱謂亦無法確定該人究竟和户主有何關係,因爲户主之弟、户主之子,在條件符合時,他們的親屬關係都會記載爲弟。只有待完整整理且復原相關簿籍文書後,才有機會再探究相關的家庭結構問題。

針對走馬樓吴簡相關簿籍文書中親屬稱謂之使用方式,本文已指出走馬樓吴簡簿籍文書中户内成員有優先適用"妻"、"弟"親屬稱謂之情形,這與前引居延漢簡簡203.12、新居延漢簡簡E.P.T.65.478有顯著差異。有一種解釋方式是指這與資料載體有關,因爲前引兩例居延漢簡、居延新簡的簡文將全户成員記載於同一簡,因此自可書寫相對於户主之親屬關係。而走馬樓吴簡分開書寫,因此只記載相對於前一人之親屬關係,有利於整理相關簡文。此説固非無見,但是在走馬樓吴簡之中情形略有不同。在走馬樓吴簡之中,任何簿籍文書上當事人的親屬稱謂並非只是相對於前一人,縱使具有兩筆以上資料之簡文,不論是第一筆或是第二筆,都不盡然相對於前一人。除本文所述的"妻"、"弟"情形外,還有若干情形,"母"、"妻"等與其他親屬稱謂之間的關係亦是如此,這尚有待日後再作更多説明。

説“鹽”、“酒”

——走馬樓簡研讀劄記

王子今

（中國人民大學國學院、出土文獻與中國古代文明研究協同創新中心）

長沙走馬樓出土簡牘可見“鹽”、“酒”同出於一條簿籍記録的簡文。其内容或可結合古人有關“鹽酒”的經濟政策評論，了解三國孫吴政權的“鹽”、“酒”專營政策。“鹽”、“酒”“通合”簡例，以及“酒錢”、“酒租錢”、“酒租具錢”和“收酒”及或可理解爲“付”“酒”的簡文，可以看作反映“鹽”、“酒”生産、流通與消費之經濟管理形式的重要信息。“酒”成爲地名用字和人名用字的情形，體現了當時社會與“酒”相關的時代風貌，值得酒史、社會生活史和消費觀念史研究者關注。

一　走馬樓“鹽”、“酒”“通合”簡文

走馬樓簡可見同時出現“鹽”、“酒”字樣的簡文，内容很可能涉及有關“鹽”、“酒”的經濟政策：

1. 鹽一千四百卌七斛一斗一升收酒七十五斛六斗四升五合通合（捌・4102）

又有如下簡文，同樣可見“收酒”事，雖未見“鹽”字，但是對照簡 1，可知“鹽”的有關記録，在原簡殘缺的内容中。如：

2. 千四百卌七斛一斗一升收酒七十五斛六斗四升五合通合一千五百一十二斛七斗五升五合（捌・4101）

3. 七斛一斗一升收酒七十五斛六斗四升五合通合一千五百一十二斛七（捌・4200）

由簡 2 似可補足簡 1“通合”之後的簡文,即應爲“鹽一千四百卅七斛[一]斗一升[收][酒]七十五斛六斗四升五合通合[一][千]五[百][一][十][二][斛][七][斗][五][升][五][合]”。看來,簡 1、2、3 載録的文字應當都是一致的,似乎均表現鹽 1 437.11 斛與酒 75.645 斛,總和爲 1 512.755 斛。

蔣福亞注意到走馬樓簡牘資料中有關政府控制鹽、鐵、酒等物資的生産與流通、消費的資料,進行了富有新意的分析。① 而簡 1、2、3 所見“鹽……收酒……通合……”簡例,體現“鹽”“酒”的特殊關係,而二者均爲社會飲食生活中體現重要作用的消費品,尤其值得重視。

《漢書》卷七五《眭兩夏侯京翼李傳》:“贊曰:幽贊神明,通合天人之道者,莫著乎《易》、《春秋》。”②《三國志》卷二三《魏書・楊俊傳》裴松之注引《魏略》:“王象字羲伯。既爲俊所知拔,果有才志。建安中,與同郡荀緯等俱爲魏太子所禮待。及王粲、陳琳、阮瑀、路粹等亡後,新出之中,惟象才最高。魏有天下,拜象散騎侍郎,遷爲常侍,封列侯。受詔撰《皇覽》,使象領秘書監。象從延康元年始撰集,數歲成,藏于秘府,合四十餘部,部有數十篇,通合八百餘萬字。”③《晋書》卷一九《禮志上》:“……又以今禮篇卷煩重,宜隨類通合。”④反映漢晋語言文字習慣的《三國志》裴注引《魏略》的説法,看來比較直接地貼近走馬樓簡簡 1、2、3 “通合”語義。

只是我們對這三則簡文究竟體現了怎樣的制度,尚未能明確。而簡文中“收”的字義,也還需要繼續探究。

二　後世的“鹽酒”政策

《魏書》卷三五《崔浩傳》:“……太宗大悦,語至中夜,賜浩御縹醪酒十觚,水精戎鹽一兩。曰:‘朕味卿言,若此鹽酒,故與卿同其旨也。’”⑤這是“鹽酒”並説的特殊史例。本意在借用“鹽”和“酒”的“旨”“味”。“若此鹽酒”云者,取其象徵意義。

《舊唐書》卷四八《食貨志上》則明確説到有關“鹽酒”的經濟政策:“元和十五年八月,中書門下奏:‘伏準今年閏正月十七日勑,令百寮議錢貨輕重者。今據群官楊於陵等議,伏請天下兩稅榷鹽酒利等,悉以布帛絲綿,任土所産物充税,並不徵見錢,則物漸重,

① 蔣福亞:《走馬樓吴簡所見鹽鐵官營和酒類專賣》,《史學月刊》2011 年第 12 期。

② 《漢書》,北京:中華書局,1962 年,第 3194 頁。

③ 《三國志》,北京:中華書局,1959 年,第 664 頁。

④ 《晋書》,北京:中華書局,1974 年,第 581 頁。

⑤ 《魏書》,北京:中華書局,1974 年,第 811 頁。

錢漸輕,農人見免賤賣匹帛者……'"[①]《舊唐書》卷一一九《崔植傳》:"復奏諸州府鹽院兩税、榷酒、鹽利、匹段等加估定數,及近年天下所納鹽酒利抬估者一切徵收,詔皆可之。"[②]也將"榷酒、鹽利"等合稱爲"鹽酒"。《宋史》卷八《真宗本紀三》:"定江、淮鹽酒價,有司慮失歲課,帝曰:'苟便於民,何顧歲入也。'"[③]《宋史》卷一七《神宗本紀一》:"侍御史劉琦貶監處州鹽酒務,……"[④]《宋史》卷三一《高宗本紀八》:"減四川絹估、税斛、鹽酒等錢歲百六十餘萬緡,蠲州縣積欠二百九十餘萬緡。"[⑤]《宋史》卷三六《光宗本紀》:"四川應起經、總製錢存留三年,代輸鹽酒重額。""歲蠲四川鹽酒重額錢九十萬緡。"[⑥]所謂"鹽酒利"、"鹽酒價"、"鹽酒務"、"鹽酒錢"、"鹽酒重額錢"等,都説明歷代經濟政策中"鹽酒"一體之傳統的存在。

我們還看到有關"鹽酒"經濟政策的政論。"鹽酒"二字,也成爲經濟生活情狀、經濟管理方式的代號。蘇軾《上吕僕射論浙西災傷書》:"家家有市易之欠,人人有鹽酒之債。"[⑦]蘇轍《偶遊大愚見余杭明雅照師舊識子瞻能言西湖舊遊將行賦詩送之》:"五年賣鹽酒,勝事不復知。城東古道場,蕭瑟寒松姿。"[⑧]又蘇轍《次韻子瞻和淵明飲酒二十首》其五:"昔在建成市,鹽酒晝夜喧。夏潦恐天漏,冬雷知地偏。"[⑨]這些社會文化史迹象,都可以幫助我們理解走馬樓簡所見"鹽……收酒……通合……"簡文。

三 "酒租"、"酒租錢"、"酒租具錢"

走馬樓簡出現可見"酒租"字樣的簡文,或許可以幫助我們了解當時孫吴政權對"酒"的管理。如:

---

① 《舊唐書》,北京:中華書局,1975年,第2093頁。《新唐書》卷五二《食貨志二》:"……由是兩税、上供、留州,皆易以布帛、絲纊,租、庸、課、調不計錢而納布帛,唯鹽酒本以榷率計錢,與兩税異,不可去錢。"(第1358頁)也指出"鹽酒"政策的特殊性。

② 《舊唐書》,第3441頁。

③ 《宋史》,北京:中華書局,1985年,第150頁。

④ 《宋史》,第271頁。

⑤ 《宋史》,第582頁。

⑥ 《宋史》,第696、702頁。

⑦ 《東坡全集》卷七六,文淵閣《四庫全書》本。

⑧ 《欒城集》卷三二,文淵閣《四庫全書》本。

⑨ 〔宋〕邵浩編:《坡門酬唱集》卷一五,文淵閣《四庫全書》本。

4. □□□□□□□□□[被]書酒租縣之常[領]□書□郭邑見民☒　(壹·6862)
5. □中部督郵□□□□□□縣三年酒租□[故]市臨[湘]別收責　(叁·2031)
6. ☒□□言入[收]市吏潘羜簿領酒租　(叁·2579)
7. ☒酒租人名收錢[數]☒　(叁·2636)

其中簡 5“酒租□”,缺字有可能是“錢”。簡 7“酒租人名收錢數”似可説明這種“租”錢是按人頭徵收的。又有“酒租錢”:

8. 入二年四月五日酒租錢二萬‖X嘉禾二年五月九日吏潘有☒　(壹·31)
9. 二月領酒租錢一萬四千七百　(壹·4379)
10. 右領酒租錢四萬四千一百　(壹·4418)
11. 三月領酒租錢一萬四千二[百]☒　(壹·5122)
12. 其□□□百二年酒租錢　(壹·5330)
13. 承正月旦簿餘嘉禾二年酒租錢一千八百　(壹·5346)
14. [出]三年酒租錢四萬三千雇桓[王]☒　(壹·6037)
15. □□言部吏唐王□□□收責酒租錢者入☒　(壹·6376)
16. ☒酒租錢有人言[君]叩頭死☒　(叁·2075)
17. 右領□□[酒][租]錢合二百八十五萬五千五百廿九錢　(叁·7172)
18. 右領及收[酒][租]錢二萬　(叁·7174)
19. 金曹言五年酒租錢存□七千一百事　……　(柒·803)
20. [五][十][一]錢二年地僦錢十三萬六[錢]二年[酒]租錢[一]萬一千八百廿三錢二年鋘　(捌·206)
21. □□□酒租錢二萬二百卅六錢爲具錢一萬☒　(捌·218)
22. 出元年酒租錢十五萬五千六百卌七錢爲具[錢]三萬三千三百遣吏　(捌·643)
23. 出元年酒租錢五萬一千□百八十三錢爲具錢☒　(捌·646 甲)
☒□錢□九萬四千□☒　(捌·646 乙)

簡 22、23“元年酒租錢”,簡 13“嘉禾二年酒租錢”,簡 12、20“二年[酒]租錢”與簡 14“三年酒租錢”,以及簡 5“□□縣三年酒租□”,簡 19“五年酒租錢”,似可説明“酒租”或“酒租錢”可能是按年徵收的。

簡 20“二年酒租錢”與“二年地僦錢”並説,“[五][十][一]錢”文前缺文可能還有“二年某某錢”,也值得注意。

走馬樓簡文又可見“酒租具錢”,例如:

24. ☒……酒租具[錢] ☒　(壹·6039)

25. 凡四家一歲領酒租具錢十萬二千☐ (壹・6365)[①]

蔣福亞曾經分析“酒租具錢”:“‘酒租具錢’該如何理解呢? ‘具’無疑是釀酒的器具,難道此時吴國爲了增加財政收入,專門準備了一些釀酒器具,憑任民間租用,然後收取‘酒租具錢’嗎? 我們認爲這不大可能。”他回顧“漢武帝時曾經推行的‘榷酒’、‘榷酤’、‘榷酒酤’”,又注意到王莽的榷酒措施:“私人釀酒作坊還是存在的,不過由官方提供酒材和規格,成品歸官方,他可以分得酒糟之類及利潤的十分之三。”“在王莽榷酒令中提出了‘工器’之類,這應是釀酒的器具。這類器具本來是釀酒作坊自有的,所以才會從利潤中抽取補償的費用。若模仿鹽户必須租用牢盆製鹽的辦法,官方逼令釀酒者租賃工具然後釀酒如何呢? 這豈非能更有效地推行酒類專賣嗎? ‘酒租具錢’估計就是這樣産生的。”[②]

這樣的説法現在看來是可以商榷的。解釋“酒租具錢”以爲“‘具’無疑是釀酒的器具”,其説不妥。如果“具”是“釀酒的器具”,如若“專門準備了一些釀酒器具,憑任民間租用”,則“收取”的應當是“酒具租錢”而非“酒租具錢”。秦漢魏晋是否“釀酒的器具”稱“具”,尚需考論。我們看到《三國志》出現“齎酒具”語,“酒具”是指飲酒器具。[③] 而飲酒器具通常稱“酒器”。簡 21、22、23 所見“出”“酒租錢”若干,“爲具錢”若干,或許可以説明“酒租具錢”有可能是“酒租錢”和“具錢”的合稱。

四 “收酒”與“付”、“酒”

前引簡 1、2、3 都説到“收酒”。“收酒”語意不明。《説郛》卷九四上朱翼中《酒經》説到“收酒”,但似乎指釀酒産業的工藝程序,與走馬樓簡文“收酒”似乎不相符合。

又有可能反映“付”、“酒”的簡例:

26. ☐年十月廿五日付・清所□酒(?)史李含黄馮 (貳・7331)

推想此“付”、“酒”也許與“收酒”形成對應關係。當然,這需要更多的材料予以證實。又如:

---

① 原注:“‘凡’上原有墨筆點記。”

② 蔣福亞:《走馬樓吴簡所見鹽鐵官營和酒類專賣》,《史學月刊》2011 年第 12 期。

③ 《三國志》卷六三《吴書・趙達傳》:“太史丞公孫滕少師事達,勤苦累年,達許教之者有年數矣,臨當喻語而輒復止。滕他日齎酒具,候顔色,拜跪而請,……”(第 1424 頁)這正是三國吴地史料。通常“酒具”連稱,“具”取其他意義,如《漢書》卷七六《趙廣漢傳》“設酒具食”(第 3210 頁),《漢書》卷七六《王尊傳》“酌酒具食”(第 3230 頁),《後漢書》卷八一《獨行傳・李充》“醖酒具會”(第 1424 頁)。

27. ☐年更口筭錢一千二百[留]所市羊一[頭]直☐千羊一頭直千六百酒二千

（捌·217）

簡文"所市羊一[頭]直☐千羊一頭直千六百"涉及"市"的交易過程中的羊價。而"酒二千",或許也有提供物價史資料的意義。

五　"酒里"地名

走馬樓簡牘出現的鄉里名稱,可以作爲考察地名史的有意義的資料。其中有"酒里"名號出現。如:

28. 酒里户人公乘李從年[七][十]五　（柒·4850）

29. 酒里户人公乘蔡了年卅四刑足　（柒·4883）

30. 酒里户人公乘胡恨年五十四　（柒·6065）

以"酒"爲里名,或許可以體現酒業經營比較集中,已經成爲當時城鄉飲食業、商業發展的突出迹象。

六　"酒":人名用字

人名,是體現社會時代面貌的值得重視的信息。人名用字可以體現與經濟生活有關的信息。高凱通過對《嘉禾吏民田家莂》的研究,已經發現"吏民名字多有與錢、布、糧等字眼相關者",如糜、麥、穀、粟、倉、困、囷、肥、市、斗、斛、鍾、買、布、帛、金、銀、饒、裕、富、壽、澆、租等。其中困、肥、壽、饒等字是否與"錢、布、糧等""相關",似乎還可以討論。走馬樓竹簡中的女子人名用字,也多有體現出經濟色彩者,如"金"、"銀"、"錢"等。命名爲"泉"者,或許也與"錢"有關。从"貝"的字作爲女子人名,也見於走馬樓竹簡,如:"財"、"貴"、"賣"、"贊"、"貸"、"貢"、"買"、"責"等。這些迹象,寄託著命名者財富增殖的祈望,或許也可以理解爲婦女參與財務經營和管理的反映。漢代以來"織女"神話的風行,體現出"女織"這一社會生産職任的確定。所謂"一女不織,或受之寒"、"一女不織,或受其寒",都説明了這一事實。《三國志》卷六五《吴書·華覈傳》載録華覈上疏:"今吏士之家,少無子女,多者三四,少者一二,通令户有一女,十萬家則十萬人,人織績一歲一束,則十萬束矣。使四疆之内同心勠力,數年之間,布帛必積。"其説或許可以在認識婦女在三國吴地紡織業成就中的作用時以爲參考。走馬樓竹簡中可以體現"女織"的女子人名用字,首先可以看到"桑"、"帛"、"麻"等。又多有从"糸"的字作爲女子人名,如:

“糸”、“絮”、“紫”、“羅”、“績”、“綺”、“絲”、“純”、“緋”、“給”、“紀”、“絞”、“絹”、“紊”、“練”、“絡”、“綿”、“素”、“細”、“緣”、“約”、“繒”、“紙”等。與田事有關的女子名字,則有“麥”、“米”、“禾”、“豆”、“倉”、“佃”、“畊”、“田”、“園”、“稠”、“秨”等。我們曾經就走馬樓簡牘資料進行女性人名分析,發表過初步的意見。現在隨著資料的陸續公布,這一主題的學術考察獲得了更好的工作條件。

我們看到以“酒”作爲人名用字的情形。如:

31. 右酒家口食三人 (壹・5404)

32. 妻大女酒年十八筭一 (壹・10531)

33. 入東鄉三年税米四斛五斗‖嘉禾元年十一月廿九日夫丘烝酒(?)付三州倉吏谷漢受 中 (叁・3583)

34. 妻酒年六十五 (捌・81)

簡 31 顯示有以“酒”字爲名字者。這或許體現了“酒”的生産與經營,成爲社會分工類别,已經有職業標示性的影響。簡 33“烝酒(?)”,應是東鄉夫丘一位姓烝名“酒”者的相關記録。這個特别的姓後來的發展脈絡不很清晰,但是當時在這一地區曾經有相當廣泛的分布。①

特别值得注意的,是簡 32 及簡 34 兩則簡文透露的信息。一位老年女子和一位青年女子均以“酒”爲名,或許反映了主持其命名的父家長輩對“酒”的嗜好,當然也不排除其家族經營“酒”的釀造與“酒”的銷售的可能。而秦漢魏晋時期女子直接從事與“酒”相關的飲食業服務的情形,人們都是熟悉的。②

① 王子今、馬振智:《烝姓的源流——讀〈嘉禾吏民田家莂〉劄记》,《文博》2003 年第 3 期。

② 《史記》卷一一七《司馬相如列傳》:“文君夜亡奔相如,相如乃與馳歸成都。家居徒四壁立。……相如與俱之臨邛,盡賣其車騎,買一酒舍酤酒,而令文君當爐。相如身自著犢鼻褌,保庸雜作,滌器於市中。”“當爐”,裴駰《集解》:“韋昭曰:‘爐,酒肆也。以土爲墮,邊高似爐。’”(第 3000 頁)《漢書》卷五七上《司馬相如傳上》:“相如與俱之臨卭,盡賣車騎,買酒舍,乃令文君當盧。”顔師古注:“郭璞曰:‘盧,酒盧。’師古曰:‘賣酒之處,累土爲盧,以居酒甕。四邊隆起,其一面高,形如鍛盧,故名盧耳。而俗之學者皆謂當盧爲對温酒火盧,失其義矣。’”(第 2531 頁)南朝陳徐陵編《玉臺新詠》卷一有“辛延年《羽林郎》詩一首”,宋人郭茂倩編《樂府詩集》卷六三《雜曲歌辭三》收入,題《羽林郎》,作者署“後漢辛延年”。詩句講述了霍將軍家奴倚勢“調笑酒家胡”的故事:“昔有霍家奴,姓馮名子都。依倚將軍勢,調笑酒家胡。胡姬年十五,春日獨當壚。長裾連理枝,廣袖合歡襦。頭上藍田玉,耳後大秦珠。兩鬟何窕窕,一世良所無。一鬟五百萬,兩鬟千萬餘。不意金吾子,娉婷過我廬。銀鞍何煜爚,翠蓋空踟躕。就我求清酒,絲繩提玉壺。就我求珍肴,金盤鱠鯉魚。貽我青銅鏡,結我紅羅裾。不惜紅羅裂,何論輕賤軀。男兒愛後婦,女子重前夫。人生有新故,貴賤不相踰。多謝金吾子,私愛徒區區。”“辛延年《羽林郎》”,被看作漢樂府的名篇。可參看王子今:《漢代的“商胡”、“賈胡”、“酒家胡”》,《晋陽學刊》2011 年第 1 期。

承北京大學歷史學系熊長雲見告,《印典》可見漢人名酒之例,如“韓多酒印”、“郭多酒”印。[①] “多”的直接字義是“數量大”。[②]《説文 · 多部》:“多,緟也。从緟夕。夕者,相繹也,故爲多。”段玉裁注:“‘緟’者,增益也。故爲‘多’。多者勝少者,故引伸爲‘勝’之稱。戰功曰‘多’,言勝於人也。相‘繹’者,相引於無窮也。抽絲曰‘繹’。‘夕’、‘繹’叠韻,説从重夕之意。”[③]人名“多酒”,是説酒的數量擁有之“數量大”,還是説酒業經營之“增益”,抑或是“多”“引伸爲‘勝’之稱”,指酒量即酒精耐受力之“勝於人”呢?現在我們並不十分清楚。但是“多酒”作爲人名,畢竟是酒史與酒文化研究的重要信息。而走馬樓簡所見人名直接使用“酒”字,亦是突出體現“酒”與社會生産與社會生活密切關係的極寶貴的史料,值得酒史與酒文化研究者珍視。

本文寫作,得到北京師範大學古籍與傳統文化研究院徐暢和北京大學歷史學系熊長雲、中國人民大學國學院杜曉的幫助,謹此致謝。

① “韓多酒印”出自吴雲《二百蘭亭齋印存》,“郭多酒”印出自《璽印集林》四册。見康殷、任兆鳳:《印典》,北京:中國友誼出版公司,2002 年,第 2991 頁。

② 漢語大字典編輯委員會編著:《漢語大字典》,成都:四川辭書出版社、武漢:湖北辭書出版社,1993 年,第 362 頁;中國社會科學院語言研究所編:《現代漢語詞典》,北京:商務印書館,2012 年,第 333 頁。

③ 〔東漢〕許慎撰,〔清〕段玉裁注:《説文解字注》,上海:上海古籍出版社,1981 年,第 316 頁。

釋“冬賜布”

張燦輝

（湖南師範大學歷史文化學院）

在長沙走馬樓三國吴簡中，有關納布的材料非常普遍，尤以正史中罕見的“賜布”材料更爲珍貴。對此，學界並未引起足够重視，某不揣謭陋，試就吴簡中的“冬賜布”材料加以闡釋，以求就正於方家。

一　問題的緣起

“冬賜”二字最早見於三國時期，據《三國志》卷三六《蜀書·趙雲傳》注引《雲别傳》載蜀軍北伐於街亭失利後，趙雲身自斷後，軍資什物，略無所棄，兵將無緣相失。“雲有軍資餘絹，亮使分賜將士，雲曰：‘軍事無利，何爲有賜？其物請悉入赤岸府庫，須十月爲冬賜。’亮大善之。”是後，只有兩宋史料中有“冬賜”二字，《宋史》卷一九一《兵志五·鄉兵二》之“夔、施、黔、思等處義軍土丁條”云：“夔州路義軍土丁、壯丁州縣籍税户充，或自溪洞歸投。分隸邊砦，習山川道路，遇蠻入寇，遣使襲討，官軍但據險策應之。其校長之名，隨州縣補置，所在不一。職級已上，冬賜綿袍，月給食鹽、米麥、鐵錢。其次紫綾綿袍，月給鹽米。其次月給米鹽而已。”如此少有的文獻材料卻在走馬樓三國吴簡中屢見，這對我們了解中國古代的“冬賜布”有了更深的認識。爲了便於問題的展開，現將吴簡中一些“賜布”材料臚列於下：①

1. 入廣成鄉冬腸（按：腸當爲賜之誤）布一匹𝍣嘉禾元年十一月□日

（壹·1202）

2. 入模鄉利橋丘大男鄧末冬賜布三匹𝍣嘉禾元年八月十四日　（壹·1289）

① 編號1—10見走馬樓簡牘整理組編：《長沙走馬樓三國吴簡·竹簡（壹）》，北京：文物出版社，2003年；編號11—20見走馬樓簡牘整理組編：《長沙走馬樓三國吴簡·竹簡（叁）》，北京：文物出版社，2008年。

3. 入模鄉二年中賜布一匹‖嘉禾二年☒　（壹·7571）

4. 入廣成鄉二年冬賜布一匹‖嘉禾二年十一月十三日洽丘男子周持付庫吏殷連受　（壹·7890）

5. 入模鄉二年冬賜布一匹‖嘉禾二年三月十三日洽丘大男蘇明付庫吏殷連受　（壹·7942）

6. 入模鄉三年冬賜布六匹‖嘉禾二年八月廿六日周丘大男陳魯付庫吏殷連受　（壹·8196）

7. 入桑鄉嘉禾二年冬賜布一匹‖嘉禾二年八月六日東平丘男子郭厚付庫吏殷連受　（壹·8280）

8. 入模鄉二年冬賜布二匹‖嘉禾二年十一月十五日水用丘祭付庫吏殷連受　（壹·8282）

9. 入桑鄉嘉禾二年冬賜布一匹‖嘉禾二年八月六　（壹·8304）

10. [禾]二年冬賜布一匹‖嘉禾二年八月六日東平丘男子黄損付庫吏殷連受　（壹·8545）

11. 入模鄉冬賜布二匹‖嘉禾元年八月廿二日平支丘大男李狗……（叁·210）

12. ☒入模鄉冬楊(按：楊當爲賜之誤)一匹‖嘉禾□年八月四日斷(?)丘大男曹木關丞付庫吏殷☒　（叁·224）

13. 入中鄉所市中賜布二匹‖嘉禾元年八月廿六日唐丘男子□□□☒（叁·279）

14. ☒□周純冬賜布四匹‖嘉禾元年八月四日□丘□☒　（叁·453）

15. 入模鄉羊丘男子何規冬賜布二匹‖嘉禾元年八月三日關丞　☒（叁·486）

16. 入平鄉冬賜布四匹‖嘉禾元年八月十三日胡萇丘何陽關□☒　（叁·488）

17. 入模鄉二年冬賜布四匹‖嘉禾二年八月廿七日周丘大☒　（貳·5361）

18. 入桑鄉嘉禾二年所調冬賜布一匹‖嘉禾二年七月十三日東平丘男子殷柱付庫吏殷連受　（貳·5367）

19. ☒二年冬賜布二匹‖嘉禾二年八月廿五日□丘大男吴帛付庫吏殷連受　（貳·5558）

20. 入平鄉嘉禾二年冬賜布一匹‖嘉禾二年八月廿五日丘油大男吴□☒　（貳·5958）

二　冬賜布的屬性

早在先秦時期,兵士的衣物配備均由官府負責儲備,正所謂冬衣裘,夏衣葛。而冬衣與夏衣的徵納應該是屬於軍賦的内容。據《漢書·食貨志》載“先王”之制時稱:“有賦有税。税謂公田什一及工商衡虞之入也。賦共車馬甲兵士徒之役,充實府庫賜予之用。”秦代的賦最早出現於戰國中期商鞅在秦國變法之時,《史記》卷五《秦本紀》載:“(孝公)十四年,初爲賦。”《索隱》譙周云:“初爲軍賦也。”至於秦國的軍賦,大約是以户爲單位徵收的。冬、夏衣的交納時間,秦簡《金布律》規定:“受衣者,夏衣以四月盡六月稟之,冬衣以九月盡十一月稟之,過時者勿稟。後計冬衣來年。”①吴簡中有關“冬賜布”的交納時間爲八月至十一月,則比秦代放寬了一個月。此外,秦還可以將布作貨幣使用,據秦簡《金布律》載:“布袤八尺,福廣二尺五寸。布惡,其廣袤不如式者,不行。”即一個單位必須長八尺,寬二尺五寸。如果尺寸或品質不符合標準,便不許流通。布與半兩錢、金幣之間有法定的比價,如“錢十一當一布”。刑徒如向官府領取衣服,就要按 11 的倍數繳錢,如隸臣、城旦等冬衣每人繳 110 錢,即 10 個布;夏衣每人繳 55 錢,即 5 個布;個子小的冬衣繳 77 錢,即 7 個布,夏衣繳 44 錢。舂米的女刑徒冬衣每人繳 55 錢,夏衣每人繳 44 錢;個子小的冬衣繳 44 錢,夏衣繳 33 錢。按 11 的倍數計算,刑徒領取衣服可以繳布,也可以繳錢,説明秦代普遍存在著以布充當貨幣的現象。

漢代的軍賦爲“算賦”,其徵收對象是 15—56 歲的百姓。《漢書》卷一《高帝紀》載:“(高帝四年)八月,初爲算賦。”注引如淳曰:“《漢儀注》民年十五以上至五十六出賦錢,人百二十爲一算,爲治庫兵車馬。”賦錢即算賦,是以人頭爲單位來交納的,賦錢的用途(或主要用途)是供應軍械物資和軍馬的開支。然而,吴簡中的冬賜布從交納的時間與對象而言,非漢制,似乎與秦制相近。

三　孫吴“冬賜布”産生與用途

吴簡中的“冬賜布”應屬於軍賦的内容,而聯繫上述臚列的吴簡材料,我認爲“冬賜布”類似於冬衣,“中賜布”類似於夏衣。之所以如此,是因爲古代將士够得上享受朝廷衣物賞賜的不外乎軍功,如《後漢書》卷八七《西羌傳》載:“(順帝永建)五年夏,且凍、傅難種羌等遂反叛,攻金城,與西塞及湟中雜種羌胡大寇三輔,殺害長吏。機、秉並坐徵。

① 參見睡虎地秦墓竹簡整理小組編:《睡虎地秦墓竹簡》,北京:文物出版社,1978 年,第 66 頁。

於是發京師近郡及諸州兵討之,拜馬賢爲征西將軍……六年春,馬賢將五六千騎擊之,到射姑山。賢軍敗,賢及二子皆戰歿。順帝滑之,賜布三千匹。"平時,兵士的衣物供給均稱"冬夏衣"。如《後漢書》卷七《孝桓帝紀》載延熹五年"詔減虎賁、羽林住寺不任事者半奉,勿與冬衣。其公卿以下給冬衣之半"。不僅兩漢如此,唐宋也一樣,《宋史》卷一九四《兵志》載"廩給之制條"云:"天聖七年,法寺裁定諸軍衣裝,騎兵春冬衣各七事,步兵春衣七事、冬衣六事,敢質賣者重實之法。"爲何孫吴的兵士冬夏衣的徵納要稱爲"冬(中)賜布"呢?這還得從"賜布"産生的時間談起。

從已經整理出版的吴簡材料來看,"冬賜布"的徵納時間集中在嘉禾元年至二年間。這就使得我們有理由懷疑"冬賜布"並非一種常見的軍賦,而是嘉禾初孫吴特殊政治環境的産物,也就是説孫吴在其轄域内徵納"賜布"必有其特殊用途;關於這一特殊政治環境,我認爲是孫權聯遼東抗曹之策。黄龍、嘉禾間,孫權政權立國伊始,北方曹魏政權集重兵於淮南,直接威脅孫吴政治心臟——建業,聯蜀漢之策亦出現變數。於此險境之下,孫權一方面遷都武昌,另一方面采取靈活的外交對策,主動修好蜀漢,大膽對遠交遼東公孫氏,以應對時局。據《三國志》卷四七《吴書·吴主傳》載,嘉禾元年三月,孫權遣將軍周賀、校尉裴潛"乘海之遼東";冬十月,魏遼東太守公孫淵遣校尉宿舒、閬中令孫綜稱藩於權,並獻貂馬。孫權大悦,於嘉禾二年正月"加淵爵位";三月,孫權罔顧滿朝文武的反對,"遣舒、綜還,使太常張彌、執金吾賀達等將兵萬人,金寶珍貨,九錫備物,乘海授淵"。結果,"(公孫)淵果斬彌等,送其首于魏,没其兵資。"孫吴的聯遼東抗曹之策以失敗而告終。可見,孫權聯遼東策略的實施時間是在嘉禾元年至二年間,這就與我們所見到的吴簡"賜布"材料時間相吻合。我們知道,遼東遠處北境,氣候自不如江東温暖,孫權爲了聯合公孫氏自然要以布帛等相賜;況且還得以兵將萬人開拔遼東,更需要賞賜禦寒的冬衣。故此,孫吴不得不舉全國之力,向其域内的百姓徵納冬(中)賜布。而這一點應該是孫吴在嘉禾間徵納"賜布"的主要原因。正是因爲賜布有專門的用途,我們在有關"冬賜布"的統計簿中,看到的基本上是"賜布"的收繳材料,其支出材料極爲罕見。①

四 "冬賜布"的交納對象

根據"冬賜布"的統計賬簿,該布的徵納是以人頭爲單位,繼承了兩漢的傳統。其交

---

① 吴簡中我們所能見到的"冬賜布"支出簡極少,在《長沙走馬樓三國吴簡·竹簡(貳)》僅有一支,即簡 4451:"出南鄉丘男子廖酉二年賜布一匹 ||| 嘉禾二年。"

納數量似乎是每丁一匹，若其家庭納賦的人丁多，則多交。但從材料來看，交納"冬賜布"的人丁一般是聚居於丘，而在走馬樓三國吴簡中，我們見到了大量的里與丘共存的現象。學者對此看法不一，高敏先生認爲吴簡中的"丘"完全相當於"里"，並以《長沙走馬樓三國吴簡·嘉禾吏民田家莂》中"劉里丘"名爲例，得出"三國時期吴國的長沙郡一帶確實盛行以丘代里的制度"。[①] 宋超先生則認爲，走馬樓三國吴簡中的"丘"與"里"完全是兩種不同的系統，登録户籍（包括名籍）時按"里"進行，繳納各類賦税時按"丘"計算；"'丘'主要表現爲百姓聚居的自然村落的形態，而'里'則主要表現爲人爲區劃的政區。"[②]在這一觀點的基礎之上，于振波先生進行了新的詮釋，認爲"里是居住區，丘是耕作區；前者屬於民户管理系統，而後者則屬於田官（或土地管理）系統。兩者互不統屬，但又聯繫密切……在走馬樓吴簡中，里與丘之所以在行政職能上有明顯不同，就是因爲二者是平行的兩個系統，里是居民編制單位，是居民區，丘是土地區劃單位，是耕作區。"[③]在我看來，里與丘是平行的兩個系統，之所以會在同一地方出現兩個系統並不是自然村落與人爲區劃的差别，也不是居民區與耕作區的不同，而是兩者間居民的來源的不同。一般來説，吴簡中里的登録户籍形式爲"某某里＋户人公乘＋人名＋算賦數"，而丘的登録形式則爲"某某丘＋身份＋人名＋算賦數＋年月日"；而且，據學者統計，在走馬樓吴簡中，丘共有 148 個，而里卻只有 47 個。[④] 雖然有里丘互稱的現象，但從户籍登録的傳統來看，里的登録形式很顯然與秦漢時期相同，而丘的登録形式應該是三國（起碼是孫吴）時期的新創制。據此，我們有理由認爲吴簡中里的登録户籍版本沿襲了兩漢的模式，説明該居民自東漢以來就被官府納入户籍控制之下，我將此類居民稱之爲"舊民"或"舊户"；而丘的登録形式之所以是孫吴的新創制，是因爲居於丘者是孫吴控制臨湘地區後對投附於孫吴政權的"新民"、"新户"、"還民"、"流民"等進行臨時編制的結果。之所以出現丘多於里，一方面是因爲自東漢末年以來臨湘地區屢經戰亂，[⑤]民户大批流亡，致使著籍户口急劇減少；另一方面是孫吴集團對臨湘地區進行積極開發的結果。"賜布"的徵納以"丘"來進行統計，説明了該軍賦的主要承擔者是孫吴集團强制附著於土地之上的外來勞動者。

---

① 參見高敏：《從嘉禾年間〈吏民田家莂〉看長沙郡一帶民情風俗與社會經濟狀況》，《中州學刊》2000 年第 5 期。

② 參見宋超：《走馬樓吴簡中的"丘"與"里"再探討》，《吴簡研究》第二輯，武漢：崇文書局，第 139—157 頁。

③ 參見于振波：《走馬樓吴簡中的丘與里》，見於所著《走馬樓吴簡初探》卷三，臺北：文津出版社，2004 年，第 43—76 頁。

④ 參見宋超：《長沙走馬樓吴簡中的"丘"與"里"》，《長沙三國吴簡暨百年來簡帛發現與研究國際學術研討會論文集》，北京：中華書局，2005 年，第 81—83 頁。

⑤ 參見王素：《漢末吴初長沙郡紀年》，《吴簡研究》第一輯，武漢：崇文書局，第 40—86 頁。

結　語

我們知道,自秦商鞅變法創立二十軍功爵制以後,兵士殺敵立功者自可以得到與之相對應的爵位乃至官位作爲獎勵,然自西漢中期開始,軍功爵制漸微,兵士的身份與地位不斷走向卑微化;漢魏之際,隨著兵士的身份與地位卑微化與普遍化,原來由政府提供給兵士一般的衣物也帶有賞賜意義。孫吴"冬賜布"的出現,儘管有它産生的特定政治背景、承擔特殊的用途,但反映的歷史傾向卻是相同的。

“吏潘羜李珠市布”考

［日］阿部幸信

（日本中央大學文學部）

緒　言

對於長沙走馬樓吴簡中所見的吏所參與的“市布”，我曾進行過有關的討論。[①] 市布，即是通過市場購置布匹的行爲，大體上可分爲兩種情況。其一，本應用布交税而人們用米和錢折納時，官府爲將其换成布匹，會進行小規模的布匹收購，實際上是布匹徵收過程的一個部分。所以，其記録多見於有關徵收各鄉布匹的簿籍之中。其二，則是獨立於徵税的布匹交易行爲。它構成了府庫的購布記録，即市布簿的一部分，其顯著特徵爲各次交易的購買量較大。在小型竹簡之中，[②]散見如下事例：

1. ☐萬四千斛直一千八百付庫吏殷連當市二年調布　　（壹·3733）[③]
2. ☐☐☐☐市得布一百四匹五尺五寸布匹賈[④]三千六百[錢][爲]米百廿斛悉畢謹列市得布匹　　（壹·4405）
3. 出具錢三萬爲行錢三萬一千一百九十四錢市嘉禾二年調布嘉禾三年正月卅　　（壹·5379）

---

① ［日］阿部幸信：《長沙吴簡所見的“市布”》，《簡帛研究二〇一二》，桂林：廣西師範大學出版社，2013 年。

② 已有六册圖録本出版，即長沙市文物考古研究所等編：《長沙走馬樓三國吴簡·竹簡（壹）》，北京：文物出版社，2003 年；長沙簡牘博物館等編：《長沙走馬樓三國吴簡·竹簡（貳）》，北京：文物出版社，2006 年；長沙簡牘博物館等編：《長沙走馬樓三國吴簡·竹簡（叁）》，北京：文物出版社，2008 年；長沙簡牘博物館等編：《長沙走馬樓三國吴簡·竹簡（肆）》，北京：文物出版社，2011 年；長沙簡牘博物館等編：《長沙走馬樓三國吴簡·竹簡（柒）》，北京：文物出版社，2013 年；長沙簡牘博物館等編：《長沙走馬樓三國吴簡·竹簡（捌）》，北京：文物出版社，2015 年。

③ 意爲“《竹簡（壹）》的 3733 號簡”，下同。

④ 《竹簡（壹）》釋爲“直”。

4. 入市租錢市所調布一百五十匹‖X嘉禾元年八月廿日□□□□付庫吏殷　☒
（叁 · 462）

前稿曾經指出，時人對這一類簿籍的管理，不同於與有關折納分等通常納稅（尤其是調布）[①]的布匹出納記録簡。而在前稿發表之後，又有一些新的材料陸續公布，更加夯實了這一判斷。如此簡，應是市布簿的一部分：

5. 　·今餘市布一千一百卅五匹一丈七尺　（肆 · 1396）

又如，作爲作成市布簿的基礎資料，一些莂被整理集中，而此簡則是其標籤牌：

6. 庫　吏殷連潘
琦起二年七月　（柒 · 4820[1]正）

7. 庫　訖三年五月十五日
所受嘉禾二年
品市布莂　（柒 · 4820[1]背）

不過，雖然我已經指出了兩種"市布"之間存在差異，但由於材料不足，並未能够對從事市布的吏的身份展開討論。因此，關於兩種市布具體是由何種部署來負責這一問題，我們也不甚明了。幸運的是，在前稿發表後刊行的《竹簡（肆）》、《竹簡（柒）》、《竹簡（捌）》中，包含了與這一問題有關的記録，爲我們提供了新的綫索。借此機會，重新對負責市布的吏展開討論，並更爲明確地指出兩種市布在性質上的區别，就是本文的旨趣所在了。

一　潘羜和李珠

在至今爲止所發表的小型竹簡之中，可以確定的以吏的身份從事市布的人，只有潘羜和李珠兩人。[②]

8. ☒[吏]李珠到漚口市嘉禾元年布簿别列出□☒　（壹 · 3686）

9. ☒□付市吏潘羜市所調布廿三匹二尺　（壹 · 8723）

10. 入吏李珠所市布一百卌匹　‖X[③]☒　（貳 · 4106）

① 我曾對長沙吴簡所見的"調布"展開過詳細的討論，文見《長沙走馬樓吴簡所見的"調"——以出納記録的檢討爲中心》，《吴簡研究》第三輯，北京：中華書局，2011年。

② 此外，簡1的殷連以及下簡所見的陳通，也有可能參與了市布：

☒錢十萬三千嘉禾□年七月十日□□□吏陳通市[布]　（叁 · 7269）

然此二例文意不够明確，其理解可能隨前後文的釋讀發生變化，故暫時排除出討論範圍。

③ "‖X"據圖版補入，《竹簡（貳）》作"□"。

11. ☒入市吏潘羜所市布一百六十四匹　(貳·4212)

12. 入市吏潘羜□□所市布三百六十□匹‖嘉禾……☒①　(叁·232)

13. 　·右吏潘羜李珠所市布□百②一十三匹二丈☒　(叁·455)

14. ☒李珠市嘉禾二年所調布得八百卌匹其七百匹賈③☒　(叁·6435)

15. ☒□□□□李珠市嘉禾二年所調布　(叁·6464)

16. 　李珠市嘉禾□年所調布□☒　(叁·6553)

17. ☒□已出五十萬一百四錢付市掾潘羜吏李珠市嘉禾二年布　(叁·8396)

18. 入市吏潘羜所市布一百六十□匹　(肆·1323)

19. 入市吏潘羜□□所市布□□□百卌七匹七尺　中　(肆·1360)

20. 　其五百卌匹吏潘羜所市布　(肆·1367)

21. ☒市吏潘羜所市布　(肆·1499)

22. ☒市吏潘羜所市布□□　(肆·1767)

23. ☒　其十三萬四千一百五十六年錢付吏潘羜李珠市☒　(肆·4436)

24. 　其四百卅二匹二丈潘羜所市☒　(肆·5214)

25. ☒□七錢出給吏李珠潘羜市布及送付□☒　(肆·5284)

26. 入李珠所市布一百匹　(肆·5360)

儘管有確切紀年的簡較少，然簡 8 爲嘉禾元年簡，而簡 14、15、18 爲嘉禾二年簡，故至少能够確定的是，潘羜和李珠二人在嘉禾年間初期負責了市布。

關於潘羜，如下記録暗示著他應是當時臨湘縣（侯國）的部吏：

27. 臨湘言部吏潘羜收責食地僦錢起正月一日訖三月卅日□有人悉畢□☒　(壹·4345)

28. ……縣部羜收責錢有人□後已復言□　(壹·4380)

29. 臨湘丞掾副言部吏潘羜收責□☒　(壹·9782)

而且在名籍（或是其一部分）中亦可見此簡，應該可以據此認爲他的身份爲縣吏：

30. 縣吏潘羜年卅九　☒　(貳·2242)

而關於李珠，新公布的《竹簡（柒）》中可見如下的名籍：

---

① 《竹簡（叁）》將前半段簡文釋爲"入市吏張翔□□所□布三匹……"，此據圖版照片改釋。

② 《竹簡（叁）》作"一百"。據圖版照片來看，似是"六百"，但對此暫時不予斷定。

③ 《竹簡（叁）》作"直"。儘管因爲原簡斷裂，圖版照片並不十分清晰，但毫無疑問應釋爲"賈"。

31. 縣吏李珠年廿三　　(柒・6113)

若非同名同姓的其他人，亦可判斷其身份爲縣吏。

然而，若細讀上引的與市布相關的簡 8—26，我們發現，關於此二人身份的記載似乎並不相同，而是存在著各自的傾向。具體如下：

潘羜——"吏"　13、20、23、25

"市吏"　9、11、12、18、19、21、22

"市掾"　17

不明　24

李珠——"吏"　8、10、13、17、23、25

不明　14、15、16、26

容易看出，簡文對李珠的稱呼僅見"吏"，而潘羜則還被稱爲"市吏"、"市掾"；尤其是簡 17 作"市掾潘羜"、"吏李珠"，明確地表示了兩人身份的不同。

既然如此，我們自然不應該同等地看待並討論潘羜和李珠二人。下文將不避繁複，對二人的頭銜逐一進行詳細的考察。

二　鄉市掾潘羜

與潘羜相關的記録，較多散見於在小型竹簡中。關於他作爲"市掾"的活動，有以下記録：

32. □[市]掾潘羜謹列□□□□賣□[錢]□□☑　　(肆・5071)

33. 出臨湘四斗湘關漬米卌三斛||嘉禾三年二月十七日市掾潘羜關邸閣李嵩付監倉掾監賢受　　(柒・126)

此外，更值得注意的是下簡，記載其管轄範圍爲"北鄉"：

34. ☑　三月十一日北鄉市掾潘羜[1]白　　(壹・5157)

無論其是否與潘羜有關，在現在公開發表的小型竹簡之中，僅此一條可見"鄉市掾"。然而，又有此簡的記載：

---

① 《竹簡(壹)》作"邦"。我認爲，不僅可據圖版照片確認其應釋爲"羜"，況且此枚簡若與其他小型竹簡一樣，爲黄龍至嘉禾年間之物的話，很難想象在漢代不可能出現的以"邦"字爲諱的人，已經達到了能够以吏的身份任職的年齡。

35. 都市掾潘羜叩頭死罪白被曹敕推求私學南陽張游發遣詣屯言案文書輒推問游外王母大女戴
取辭游昔少小隨姑父陳密在武昌[密]以黄龍元年被病物故游轉隨姊聟州吏李恕到今年六月三日游來□
取家其月十三日游隨故郭將子男欽□到始安縣讀書未還如取辭□曹列言
□南部追□[發][遣]□[詣]大
屯又游無有家屬應詔課者謹列言羜誠惶誠恐叩頭死罪死罪

詣 户 曹

十一月十五日辛丑白

(肆·4550[1])

則潘羜似乎既是北鄉市掾,同時也是都市掾(或都鄉市掾)。[①] 因此,可以推測鄉市掾應該與鄉勸農掾一樣,亦同時管轄著不同的鄉。[②] 此外,亦有他證:

36. 府前言部吏番羜郭宋黄原區光[等]□遣……[私]學□□ (叁·7250)
37. ☑寫部諸鄉吏蔡忠區光郭宋文□□ (肆·4500)
38. [草][言][府][諸][鄉]縣吏掾區光[黄]永等坐兵衣布無人事 三月十二日兼□
用曹[謝][難]白 (柒·573)
39. 草言府部諸鄉吏區光等招誘諸限佃客八十三人首見事 ……曹史趙野白
(柒·584)

簡 36 中,郭宋和區光二人與潘羜並列,三人同爲府部吏,職掌應也相近;而在簡 37—39 中,此二人則作“(部)諸鄉(縣)吏”。

而目前爲止,尚未發現以“吏”、“市吏”和“市掾”以外的頭銜稱呼潘羜的例子,故判斷他乃是以縣的鄉市掾的身份進行工作,應該没有太大問題。關於他的具體職掌,後文還將詳述,在此值得重視的是,在簡 9 之中,作爲“鄉”市掾的潘羜通過市場購買來“調”布這一事實。前稿曾經提出,孫吴的調布並非針對各個户,而是對鄉這一整體進行的賦課,當實際徵收額不足之時,就會由各鄉的吏通過市場購入進行補充。[③] 這一假説的妥

① 據陳垣《魏蜀吴朔閏異同表》(《二十史朔閏表》,北京:中華書局,1962 年,修訂版),十一月十五日辛丑,應是嘉禾二年。簡 34 没有紀年,但包含簡 34 的第 12 盆中,紀年爲嘉禾二年的簡非常多,因此我們自然可以認爲兩者是同一年的記録。

② 高村武幸曾經指出,鄉勸農掾管轄著不止一個鄉,見氏文《長沙走馬樓吴簡にみえる鄉》,長沙吴簡研究會編:《長沙吴簡研究報告》第 2 集,新潟:長沙吴簡研究會,2004 年。

③ [日] 阿部幸信:《長沙走馬樓吴簡所見的“調”——以出納記録的檢討爲中心》,《吴簡研究》第三輯。

當性，可得到再次確認。這一工作，應該正是鄉市掾的職掌之一。

那麽，讓我們來看看，另一位吏李珠，又是以怎樣的身份參與市布的。

三　金曹史李珠

在有關市布的簡裏，李珠只是被記載爲"吏"。然而在其他簡中，又有較多稱其爲"(兼)金曹史"的記録：

40.　嘉禾四年九月卅日兼金曹史李珠[1]白言入□□□□□
　一□萬四千六百九十　(壹·1673)

41. ▨□金曹史李珠白縣領▨　(壹·5514)

42. ▨□金曹史李珠白草　(貳·4436)

43. 草言部吏……吏……主□罰□遣□□各李問草　八月一日兼金曹史李珠[2]白　(柒·3097)

44. 草言府……事
　嘉禾□年……月廿一日兼金曹史李□[3]白　(柒·3167)

45.　□□繼運事
▨　八月廿三日兼金曹史李□白　(柒·3414)

46. ▨　四月十五日兼金曹史李珠白▨　(捌·2764)

47.　金曹史李珠白草　(捌·4225)

48. ……嘉禾四年十一月十七日兼金曹□李珠白言郡吏許迫割盜鹽米一百一十二斛六斗八升結正罪法　(捌·4307)

而關於金曹，《續漢書·百官志一》"太尉"條有：

> 太尉，公一人。長史一人，千石。掾史屬二十四人。本注曰：漢舊注東西曹掾比四百石，餘掾比三百石，屬比二百石，故曰公府掾，比古元士三命者也。或曰，漢初掾史辟，皆上言之，故有秩比命士。其所不言，則爲百石屬。其後皆自辟除，故通爲百石云。西曹主府史署用。東曹主二千石長吏遷除及軍吏。户曹主民户、祠祀、農桑。奏曹主奏議事。辭曹主辭訟事。法曹主郵驛科程事。尉曹主卒徒轉運事。賊曹主盜賊事。決曹主罪法事。兵曹主兵事。金曹

[1] 《竹簡(壹)》作"誅"。

[2] 《竹簡(柒)》作"味"。

[3] 簡44、45中，"李"下一字應與簡43相同，是由其他書手所寫的"珠"字。

主貨幣、鹽、鐵事。倉曹主倉穀事。黄閤主簿録省衆事。

則這是職掌貨幣、鹽、鐵的職務的名稱。而這一職務在縣裏的設置,《曹全碑》中有"故金曹史精暢文亮",[①]益陽兔子山出土簡牘中亦有:

鞫勳不更坐爲守令史署金曹八月丙申爲縣輸元年池加錢萬三千臨湘勳匿不輸即盗以自給勳主守縣官錢臧二百五十

以上守令史恭劾無長吏使者審

元始二年十二月辛酉益陽守長豊守丞臨湘右尉臨兼掾勃守獄史勝言數罪以重爵減髡鉗勳爲城旦衣服如法駕責如所主守盗没入臧縣官令及

同居會計備償少内收人司空作 (J3:1)[②]

而與李珠有關的小型竹簡,除了上面介紹的以外,還有:

49. 草言府理出故吏吴露子男□吏番禿事　四月十三日兼□鹽史李珠助吏□□白 (柒・4427)

從此簡可以看出,除金曹史外,李珠還兼任"□鹽史"。他在"主貨幣、鹽、鐵事"的金曹任職外,又兼任其他的史,其業務範圍可謂相當廣泛。市布應該也是其職務之一,但其與潘羜進行的市布之間關係如何?這也是下節將要討論的内容。

四　鄉市掾和金曹史

由於關於市布的記録本身很少,因此,有關潘羜和李珠二人參與市布的方式有何不同,目前爲止還没有發現決定性的材料。然而,可以作爲綫索的是,在討論鄉市掾的職掌時亦提及的這一支簡:

9. ☑□付市吏潘羜市所調布廿三匹二尺 (壹・8723,再揭)

由於購入的布匹數量很少,甚至還有零頭,可以據此推測,這是爲了調整從鄉徵收上來的調布額而進行的市布行爲。而李珠所單獨進行的市布則不同:

10. 入吏李珠所市布一百卌匹　▌▌Ⅹ☑ (貳・4106,再揭)

---

① [日]永田英正編:《漢代石刻集成》本文編,京都:同朋舍,1994年。高文《漢碑集釋》(開封:河南大學出版社,1985年初版,2008年修訂版)作"故金曹史精驄文亮"。

② 見湖南省文物考古研究所《考古知識》之《益陽兔子山遺址出土簡牘(二)》,湖南省文物考古研究所網站(www.hnkgs.com/show_news.aspx?id=974),2014年12月10日。

14. ⍁李珠市嘉禾二年所調布得八百卌四其七百匹賈⍁ （叁 · 6435，再揭）

26. 入李珠所市布一百匹 （肆 · 5360，再揭）

由上可見，其數額爲 100 匹至 840 匹，可謂相當之大。金曹史所進行的市布，應該與調整調布額等從鄉徵税的業務無關，而是根據府庫的財政狀況，以布的買賣（即錢的出納）爲重點。當然，因爲鄉市掾掌管市，故其應該會根據具體狀況，被要求協助金曹史進行布匹的籌措工作。所以，這兩人同時出現在市布簡的一部分中，並且潘羜也會涉及巨額的交易（簡 18、20、24 等），是可以理解的。但我們認爲，因爲其身份不同，他們的行爲所蘊含的意義和内容也有所不同。

與市布一樣，在涉及錢的徵收時，亦存在鄉市掾和金曹史的職務相交叉的情況。在有關潘羜的記録中，存在這樣的記載：

27. 臨湘言部吏潘羜收責食地僦錢起正月一日訖三月卅日□有人悉畢□⍁ （壹 · 4345，再揭）

28. ……縣部羜收責錢有人□後已復言□ （壹 · 4380，再揭）

50. □□□□中絞促□收責今羜書言起正月一日訖三月卅日合領錢七萬五千收□□ （壹 · 4448）

51. □前言絞促臨湘□□所領地僦錢三月一日 （壹 · 4486）

52. ⍁絞促羜收責今書言⍁ （叁 · 734）

可以看出，"絞促（嚴格督促）"、"收責（回收欠債）"地僦錢即土地租金，也是鄉市掾的職務之一。地僦錢，應是在市進行的賦課，潘羜的參與理所當然。但李珠似乎也從事了每月回收地僦錢的任務：

53. 絞促後吏李珠隨月收責有人復言靖誠惶誠恐叩頭死罪死罪敢言□ （壹 · 4398）

這或許與市布同樣，可能會根據徵收對象的不同而讓兩人分擔工作，但我們目前無法給出更爲明確的解釋。只是，此二人的業務範圍有著相當的差異：

54. ⍁□□言入收市吏潘羜簿領酒租 （叁 · 2579）

55. 出臨湘四斗湘關漬米卌三斛‖嘉禾三年二月十七日市掾潘羜關邸閣李嵩付監倉掾監賢受 （柒 · 126）

56. 領市吏孫儀所入吏民私□祠祀麂皮五枚蹄蹓卌枚 （柒 · 2572）

酒租的徵收、小規模地出售米，以及出售吏民交納的皮革等，這些業務應該都在包括潘羜在内的市吏的管轄之下，這與除了貨幣以外，只處理布（和鹽）的李珠，有著很大的不同。我們可以粗略地認爲，鄉市掾密切地參與鄉和市的租税徵收，也從事與之相關的小額交易，而金曹史則更多是掌管府庫的財物本身。

既然李珠的立場明確了，那麼——

8. ☐吏李珠到漚口市嘉禾元年布簿别列出☐☐ （壹·3686，再揭）

此簡之中，李珠前往漚口“出差”的理由便很容易理解了。① 此前，我將這條記載解釋爲由於長沙的布匹不足，故必須從外地籌措布匹。② 不過，這一判斷似有輕率之嫌，李珠具體上究竟是帶著何種使命前往漚口的，目前仍不可考。然而在《三國志·吴書》中，有如下記載：

> 黄武二年（223 年），遷右將軍左護軍，改封臨湘侯。五年（226 年），假節假節，徙屯漚口。權稱尊號（229 年），拜驃騎將軍，領冀州牧。 （《步騭傳》）
>
> 黄龍三年（231 年），以南土清定，召岱還屯長沙漚口。會武陵蠻夷蠢動，岱與太常潘濬共討定之。嘉禾三年（234 年），權令岱領潘璋士衆，屯陸口，後徙蒲圻。 （《吕岱傳》）

如上所見，漚口爲孫吴建國前後，活躍於經略荆州、嶺南的步騭和吕岱所駐紮的軍事重地。從地理條件上來看，長沙毫無疑問是漚口的物資供給地。因此，李珠前往漚口，應該是其職務與長沙和漚口之間的物資交流相關。這並非以徵税爲主的鄉市掾的職務範圍，而是直接涉及府庫財物的金曹史才能做到的工作。

結　語

以下對本稿的討論進行總結：

① 在長沙吴簡中，存在著潘羜、李珠兩位縣吏參與市布的記載。

② 潘羜是主要負責鄉和市徵税工作的“鄉市掾”，由於此身份，他會爲了補充各鄉的調布徵收額的不足，而進行少量的布匹交易。

③ 李珠是管理府庫錢財的“金曹史”，會涉及大規模的布匹交易之中。

但這些都仍只是根據目前材料作出的推測。更爲詳細的研究，還需等待今後更多材料的發表。

此外，關於潘羜和李珠二人，最後還有一個問題必須討論：

---

① 漚口位於孫亮太平二年（257 年）分長沙郡所置的湘東郡中，嘉禾元年之時則同屬於長沙郡。但毫無疑問，漚口位於臨湘縣之外。

② ［日］阿部幸信：《長沙走馬樓吴簡所見的“調”——以出納記録的檢討爲中心》，《吴簡研究》第三輯。

57. 其一百廿六斛七斗州吏潘羜[1]李珠□□嘉禾元年□□□ (貳·518)

據此簡,則潘羜和李珠均爲州吏,這就與本稿討論的大前提相抵觸了。雖然不能否定存在誤記的可能性,但在此之外,長沙吴簡中另有數個類似的例子,兹舉一例:

38. 草言府諸鄉縣吏掾區光黄永等坐兵衣布無人事 三月十二日兼□
用曹謝難白 (柒·573,再揭)

58. 郡吏區光黄養劉義蔡忠文貸何等谷漢殷連 (肆·1175)

簡38中任縣吏的區光,在簡58中則爲郡吏。此或許暗示我們,至少在當時的長沙,存在著胥吏根據具體情況的不同,改變其所屬機構的可能性。不僅如此,如下簡所示:

59. 嘉禾六年四月丁卯朔廿七日癸巳□□臨湘侯相君丞叩頭死罪敢言之 (捌·4218)

60. 正月廿一日大男李珠辭前給縣金曹史□□□吏許迪□典賣官 (捌·4219)
(後略)

到了嘉禾六年正月,李珠的身份成爲了"大男"。如果簡31是與此簡年代相近的名籍,則李珠在20多歲時,至多在30歲前後就辭去了金曹史一職。因此,這提示我們當時的胥吏以吏的身份在任的時間也許並不太長。

儘管這一問題需要更爲詳細的討論,必須避免輕率的判斷,但假如孫吴的胥吏有這樣的特點,那麽"在别的文書中被記作縣吏的人物負責出納,則他所出納的一定是縣倉"式的類推,或許就必須全部重新考慮。長沙吴簡(的各個部分)到底是州、郡、縣哪一層的文書,也需要更爲慎重的思考。將吏民田家莂看作是縣的文書,並認爲其所記的地名全都是位於臨湘侯國境内的地名,這樣的探討方式,也存在重新考慮的餘地。吏民田家莂所見的對州吏的優待,或許也能够從這一視角出發,以其他的形式重新探討其意義。但是這些全部都超出了市布這一問題的範圍。我們在此僅指出尚有這樣值得探討的課題存在,就暫且擱筆吧。

2015年10月28日初稿

2016年7月12日、2017年1月10日修改

(李雨豐、章瀟逸 譯)

① 《竹簡(貳)》作"朔"。

孫吴吏民的數值計算與基層社會的數學教育*

——以走馬樓吴簡爲中心

蘇俊林

（中國社會科學院歷史研究所博士後流動站）

傳世文獻中缺乏關於孫吴的史料，直接導致學界對孫吴歷史特别是孫吴社會的研究較少。走馬樓吴簡的出土，爲研究孫吴社會歷史提供了新的契機。20年的吴簡研究已是碩果累累。[①] 中日學者對吴簡進行了細緻、深入的研究，在孫吴政治史、制度史、社會史、經濟史等諸多領域都有很大進展，也極大地推動了孫吴乃至秦漢三國歷史的研究。即便如此，仍有值得繼續研究的地方。本文試圖以走馬樓吴簡爲中心，分析孫吴時期吏民的數值計算，進而對基層社會的數學教育進行分析，以期能推進對孫吴基層社會的研究。

一　問題的提出

走馬樓吴簡内容十分豐富，其中的《嘉禾吏民田家莂》（後略稱爲"田家莂"）和倉的出入米記録，都是十分重要的涉及數值計算的檔案資料。田家莂爲大木簡，一支簡上完整記録了某户人家的田畝數額，米、布、錢的交納數額，交納時間及收税吏員等。倉的出

* 本文爲國家社科基金重點項目"走馬樓吴簡與孫吴縣政研究"（13AZS009）階段性成果。

① 截至2015年12月，走馬樓吴簡研究成果的統計結果爲：學術專著、論文集23部，論文600餘篇。參見李國斌、管震：《10萬餘枚走馬樓吴簡完成保護整理》，《湖南日報》2015年11月28日第1版。

入米記録則多爲簡構成的簿籍,[①]但也有記録在牘上的完整的領受米記録,稱之爲"倉受米牘"。[②] 納入本文討論的,正是這些在一枚簡或牘上記録完整的數值資料,即田家莂和倉受米牘,以最大限度地確保資料的原始性和可靠性。

學者早已注意到田家莂中存在不少錯誤,[③]並對其中的數值錯誤進行了校正。[④] 在此基礎上,我們曾對嘉禾四年、五年吏民田家莂中的數值錯誤進行統計,發現不少田家莂都存在數值錯誤。[⑤] 倉受米牘中的數值也存在計算正確和計算錯誤的情況。走馬樓吴簡中既有數值正確的簡例,也有數值錯誤的簡例,數值計算狀況複雜。

關於田家莂中數值錯誤的形成,胡平生先生進行過詳細分析,並認爲某些田家莂有徇私舞弊的嫌疑。[⑥] 我們曾對田家莂中的舞弊行爲進行專門分析,總結出基層吏員的 4

---

① 鄧瑋光先生曾發表多篇文章,對倉的出入米記録進行了富有創見性的復原研究,參見氏著《走馬樓吴簡三州倉出米簡的復原與研究——兼論"横向比較復原法"的可行性》,《文史》2013 年第 1 輯,第 231—254 頁;《對三州倉"月旦簿"的復原嘗試——兼論"縱向比較復原法"的可行性》,《文史》2014 年第 2 輯,第 5—35 頁;《對中倉黄龍三年十月旦簿的復原嘗試》,收入樓勁主編:《魏晉南北朝史的新探索:中國魏晉南北朝史學會第十一屆年會暨國際學術研討會論文集》,北京:中國社會科學出版社,2015 年,第 645—677 頁;《走馬樓吴簡"出米簡"的復原與研究》,《簡帛研究二〇一五(春夏卷)》,桂林:廣西師範大學出版社,2015 年,第 201—217 頁;《對中倉黄龍三年十一月旦簿的復原嘗試》,《簡帛研究二〇一五(秋冬卷)》,桂林:廣西師範大學出版社,2015 年,第 182—214 頁;《對中倉十二月出米簡[肆]4012 組的復原嘗試》,蘇州博物館編:《蘇州文博論叢》總第 6 輯,北京:文物出版社,2015 年,第 45—55 頁。

② 徐暢先生稱之爲"倉入受米記録",參見氏著《走馬樓吴簡竹木牘的刊布及相關研究述評》,《魏晉南北朝隋唐史資料》第三十一輯,上海:上海古籍出版社,2015 年,第 25—74 頁。本文取簡文中"受"、"米"二字,加上所屬單位"倉",以及記録的材質"牘",暫稱其爲"倉受米牘"。

③ 日本學者伊藤敏雄先生很早就注意到嘉禾吏民田家莂中存在畝數和納入數的計算不合、换算錯誤等計算錯誤,參見氏著《三國吴の帳簿の計算ミス》,《東アジア研究》第 37 號,2003 年,第 1—2 頁。

④ 先後對田家莂進行校正的成果有胡平生:《〈嘉禾四年吏民田家莂〉統計錯誤例解析》,《胡平生簡牘文物論稿》,上海:中西書局,2012 年,第 367—395 頁;高敏:《〈長沙走馬樓三國吴簡·嘉禾吏民田家莂〉釋文注釋補正——讀長沙走馬樓簡牘札記之八》,《長沙走馬樓簡牘研究》,桂林:廣西師範大學出版社,2008 年,第 67—80 頁;黎石生:《〈嘉禾吏民田家莂〉釋文補正》,《中國文物報》2002 年 10 月 18 日第 7 版;凌文超:《〈長沙走馬樓三國吴簡·嘉禾吏民田家莂〉數值釋文訂補》,《簡帛研究二〇〇八》,桂林:廣西師範大學出版社,2010 年,第 286—295 頁;陳榮傑、張顯成:《〈嘉禾吏民田家莂〉釋文注釋的數值問題》,《古籍整理研究學刊》2012 年第 2 期,第 26—29 頁;[日] 長沙吴簡研究會編,伊藤敏雄、阿部幸信主編:《〈長沙走馬樓三國吴簡嘉禾吏民田家莂〉釋文補正》,《長沙吴簡研究報告》第 2 集,東京,2004 年,第 95—106 頁;[日] 長沙吴簡研究會編,伊藤敏雄、阿部幸信主編:《〈長沙走馬樓三國吴簡嘉禾吏民田家莂〉釋文補注》,《長沙吴簡研究報告》第 3 集,東京,2007 年,第 111—124 頁。

⑤ 相關統計結果詳見拙文《嘉禾吏民田家莂與孫吴身份等級體系》,《文史》2015 年第 3 輯,第 25—45 頁。

⑥ 胡平生:《〈嘉禾四年吏民田家莂〉統計錯誤例解析》,《胡平生簡牘文物論稿》,第 389、392 頁。

種舞弊手法。[①] 大量存在的數值錯誤,一方面存在徇私舞弊的可能,另一方面可能也與吏民的計算能力有關。胡文及拙文曾對此有所涉及但並未深入,也未討論這背後的基層社會生活。因此,有對此進行專門研究的必要。需要事先説明的是,雖然本文中主要涉及計算能力與數值計算的内在關係問題,但這並不代表我們忽略數值計算中存在的徇私舞弊行爲。此方面已有相關成果,可以參看。

另外,出土簡牘中陸續公布的《算數書》、《數》等數學材料顯示,到孫吴時期,數學已經相當發達。在此背景之下,爲何還會出現如此多較爲低級的數值錯誤?孫吴時期吏民的數值計算狀況反映出怎樣的基層教育?本文試圖對此進行分析。不當之處,敬請指正。

二　吴簡中關於吏民數值計算的例證

《三國志·吴書·顧雍傳附顧譚傳》載:"赤烏中,(顧譚)代恪爲左節度。每省簿書,未嘗下籌,徒屈指心計,盡發疑謬,下吏以此服之。"[②]由此可見,官府的某些簿書中存在著數值計算錯誤。孫吴時期吏民數值計算的整體情況如何,需要更多的實例證據。在此,我們以走馬樓吴簡中的田家莂和倉受米牘這兩種記録完整的數值資料爲依據,先對孫吴時期吏民的數值計算情況進行例證分析。

(一)田家莂中的數值計算

我們曾注意到,田家莂中的某些計算已經達到非常精準的程度,同時,我們也特别提到田家莂中存在1畝田地也計算錯誤的簡例。[③] 這兩種極端化的數值計算情況都存在於田家莂之中。關於田家莂中的數值錯誤,誠如《嘉禾四年吏民田家莂解題》所説:"僅從文書所提供的數字加以核算,就可以看到統計中有許多問題。如,總畝數與常限田、餘力田、旱田、熟田等分類的畝數不合,按照佃田畝數與規定的收米、布、錢的定額算,合計數字有出入,或者多,或者少。"[④]田家莂中的數值計算情況頗爲複雜。

---

① 拙文《〈嘉禾吏民田家莂〉所見孫吴基層吏員的舞弊手法》,陳建明主編:《湖南省博物館館刊》第11輯,長沙:嶽麓書社,2015年,第395—402頁。

② 《三國志》卷五二《吴書·顧雍傳附顧譚傳》,北京:中華書局,1982年,第1230頁。

③ 拙文《〈嘉禾吏民田家莂〉所見孫吴基層吏員的舞弊手法》,陳建明主編:《湖南省博物館館刊》第11輯,第401—402、396頁。

④ 長沙市文物考古研究所等編:《長沙走馬樓三國吴簡·嘉禾吏民田家莂(上)》,北京:文物出版社,1999年,第72頁。

1. 整數計算錯誤

田家莂中有不少整數計算的簡例,有的計算正確,有的計算錯誤。此處先分析整數計算錯誤的情況。先看下面這枚田家莂:

> 下伍丘男子五常,田一町,凡三畝,皆二年常限。旱敗不收,畝收布六寸六分。凡爲布二尺三寸二分,四年十一月三日付庫吏潘有。畝收錢卅七,凡爲錢一百廿九錢,四年十一月十日付庫吏潘有。嘉禾五年三月十日,田户曹史趙野、張惕、陳通校。　(4・6)

整理者注釋:按照田畝數與畝租額計算,應收布 19.8 寸,應收錢 111 錢。① 但是簡文所記的收布、錢爲:收布 23.2 寸,收錢 129 錢。實際多收布 3.4 寸,多收 18 錢。五常家只有常限旱田 3 畝,屬於數額較小的整數計算。如此程度的計算也出現錯誤。

田家莂 4・6 中田地類型單一,只有旱田。再看下面這枚田地類型較多的田家莂:

> 下伍丘縣吏張惕,田廿五町,凡五十七畝。其六十六畝,皆二年常限。其五十六畝旱,畝收布六寸六分。定收十畝,收米一斛二斗,爲米十二斛。畝收布二尺。其廿一畝餘力田。其七畝旱敗不收,畝收布六寸六分。定收十四畝,收米四斗五升六合,爲米六斛三斗八升四合。畝收布二尺。其米十八斛三斗八升四合,四年十一月十五日付倉吏鄭黑。凡爲布二匹四尺三寸六分,四年十一月廿日付庫吏潘有。其旱田畝收錢卅七,其熟田畝收錢七十。凡爲錢五千二錢,四年十一月廿日付庫吏潘有。嘉禾五年三月十日,田户經用曹史趙野、張惕、陳通校。　(4・21)

整理者已注意到田畝總數記載有誤,記載爲 57 畝,實際應爲 87 畝。② 此外,收布、錢數也有誤。張惕家的田地類型較爲複雜,分别爲常限熟田 10 畝,常限旱田 56 畝,餘力熟田 14 畝,餘力旱田 7 畝。此田家莂中的收米數無誤,收布、錢數有誤。整理者計算結果爲:應收布 895.8 寸,錢 4 011 錢。③ 但實際收布 843.6 寸,錢 5 002 錢。意即實際少收布 52.2 寸,多收錢 991 錢。此田家莂中有 4 種田地,數額相對較大,存在整數計算錯誤的情況。

整數計算中的數值錯誤簡例,恕不一一列舉。田家莂中的田畝,有的記載到畝單

① 長沙市文物考古研究所等編:《長沙走馬樓三國吴簡・嘉禾吏民田家莂(上)》,第 73 頁。另,本文所用單位,米統一爲"斗",布統一爲"寸"。

② 長沙市文物考古研究所等編:《長沙走馬樓三國吴簡・嘉禾吏民田家莂(上)》,第 75 頁。

③ 長沙市文物考古研究所等編:《長沙走馬樓三國吴簡・嘉禾吏民田家莂(上)》,第 75 頁。

位,有的記載到步單位。記載到畝單位的田家莂,應交數額爲各種田地的田畝數×每畝應交米、布、錢的定額,然後將米、布、錢各項分别相加。就計算程度而言,都屬於整數的乘、加運算。這種計算的"複雜性"主要在於不同性質田地的徵納標準不同。田家莂中的田地類型大致有二年常限田、餘力田、餘力火種田、租田、税田等,又有熟田、旱田之别。各種田地徵收標準不同,且受交納者身份的影響。① 有些土地如"餘力火種田"中的熟田可能還要執行"斛加五升"的規定。② 有鑒於此,多種田地的數值計算可能略顯複雜,單一性質田地的數值計算則很簡單。但是,不論是單一性質田地還是多種性質的田地,不過是整數的乘法、加法運算而已。對於專門負責租税收納的基層吏員而言,這種程度的數值計算尚難説是複雜。

2. 分數計算錯誤

分數計算的産生是因爲某些田家莂有步單位。就田家莂所見,孫吴時期長沙地區執行的是 240 步=1 畝的大畝制。③ 因此,記載步單位的田家莂可能會出現分數計算的情況。嘉禾四年記有步單位的田家莂較少,只有 2 件;嘉禾五年記有步單位的田家莂較多,共 359 件。④ 其中不少涉及分數計算,部分計算有錯誤。先看下簡:

> 三州丘男子唐端,佃田五町,凡廿八畝七步,皆二年常限。其十五畝旱敗不收布。定十三畝七十步,爲米十五斛九斗,畝收布二尺。其米十五斛九斗,五年十二月九日付倉吏張曼、周棟。凡爲布二丈六尺,准入米一斛六斗一升,五年十二月十八日付吏孫儀。其旱田不收錢。其熟田畝收錢八十,凡爲錢一千卌,五年十二月十八日付庫吏潘慎、潘宗畢。嘉禾六年二月廿日,田户曹史張惕、趙野校。 (5·1)

關於此定收田(熟田)的田畝數,整理者認爲:"按收米數及收布數計,定收畝數應爲'十三畝七步',簡文衍'十'字。"⑤"旱敗不收布"、"旱田不收錢",實際上嘉禾五年旱田也不收米。簡文收米數爲 159 斗,按熟田每畝收米 12 斗的標準反算,熟田應爲 13 畝 60 步

① 學者對此多有論述,亦可參見拙文《嘉禾吏民田家莂與孫吴身份等級體系》,《文史》2015 年第 3 輯,第 35—45 頁。

② 關於"斛加五升"問題,蔣福亞先生有過專門研究,參見氏著《走馬樓吴簡經濟文書研究》第一章第四節"《嘉禾吏民田家莂》中的'斛加五升'",北京:國家圖書館出版社,2012 年,第 96—112 頁。

③ 孫繼民:《走馬樓〈嘉禾吏民田家莂〉所見孫吴的畝制》,《中國農史》2002 年第 2 期,第 108—109 頁。

④ 記有步單位的田家莂的數量統計,詳見拙文《嘉禾吏民田家莂與孫吴身份等級體系》,《文史》2015 年第 3 輯,第 26 頁。

⑤ 長沙市文物考古研究所等編:《長沙走馬樓三國吴簡·嘉禾吏民田家莂(上)》,第 166 頁。

$\left(13\frac{1}{4}\text{畝}\right)$,與簡文所記的 13 畝 70 步$\left(13\frac{7}{24}\text{畝}\right)$接近。① 可視爲按 13 畝 70 步計算後進行了尾數整數化(捨棄了斗以後的數據 0.49 斗)。② 簡文所記收布數爲 260 寸,按照"畝收布二尺"反算熟田爲 13 畝。收錢數爲 1 040 錢,按照"熟田畝收錢八十"反算熟田爲 13 畝。③ 意即收布、錢的原始數據上都没有計算步數。

又如下簡:

下伍丘男文毛,佃田十二町,凡廿三畝二百卅步,皆二年常限。其十一畝八十步旱敗不收布。定收十二畝百五十步,爲米十五斛一斗五升,畝收布二尺。其米十五斛一斗五升,五年十一月七日付倉吏張曼、周棟。凡爲二丈五尺,准一斛五斗,五年十一月廿日付倉吏張曼、周棟。其旱田不收錢。熟田收錢畝八十,凡爲錢一千,五年十二月三日付庫吏潘慎。嘉禾六年二月廿日,田户曹史張惕校。 (5·11)

簡中收米數按熟田 $12\frac{5}{8}$畝計算,但收布、錢數額則可能是按熟田 $12\frac{1}{2}$畝計算。④ 意即計算布、錢的時候,爲了計算方便,少算了 30 步。$\frac{5}{8}$畝與$\frac{1}{2}$畝正好相差 30 步。

甚至,步數爲 120 步的田家莂也有計算錯誤的情況。如下簡:

平樂丘男子黄欠,佃田七町,凡十五畝一百廿步,皆二年常限。其二畝旱不收布。定收十三畝一百廿步,爲米十五斛二斗,畝收布二尺。其米十五斛二斗,五年十二月十日付倉吏孫儀畢。凡爲布二丈六尺,准入米一斛五斗,五年十二月九日付吏孫儀畢。其旱田不收錢。其熟田畝收錢八十,凡爲錢一千八

---

① 由此推測,此簡可能不是定收熟田的田畝數衍"十"字,更可能是田畝總數上脱漏了"十"字。

② "尾數整數化"指運用"四捨五入"對應交税額的較小單位(如布的"分"單位,米的"升"單位等)的數據處理。凌文超先生認爲"尾數整數化"當時可能允許存在,參見氏著《〈長沙走馬樓三國吴簡·嘉禾吏民田家莂〉數值釋文訂補》,《簡帛研究二〇〇八》,第 287 頁。

③ 高敏先生也注意到此田家莂中田畝數上的謬誤,參見氏著《〈長沙走馬樓三國吴簡·嘉禾吏民田家莂〉釋文注釋補正——讀長沙走馬樓簡牘札記之八》,《長沙走馬樓簡牘研究》,第 72 頁。

④ 熟田若按 $12\frac{5}{8}$畝計算,收布數應爲 252.5 寸,收錢數應爲 1 010 錢,與簡文所記不合。2.5 寸布或許有被尾數整數化的可能,但 10 錢似乎没有這種可能。若按 $12\frac{1}{2}$畝計算,則收布、錢數與簡文所記完全吻合。由此推測,5·11 中收布、錢數極可能是按熟田 $12\frac{1}{2}$畝計算的。

十,准入米八斗二升,五年十月卅日付吏孫儀畢。嘉禾六年二月廿日,田户曹史張惕、趙野校。 (5 • 166)

按定收田 13 $\frac{1}{2}$ 畝計算,應交米 162 斗,布 270 寸,[①]錢 1 080 錢。但實際交米 152 斗,布 260 寸,錢 1 080 錢。實少交米 10 斗,布 10 寸。5 • 166 中雖然是分數計算,但 120 步= $\frac{1}{2}$ 畝,計算程度並不複雜,卻也存在計算錯誤。

3. 整數計算無誤

田家莂中錯誤的簡例不少,但計算無誤的簡例也很多。整數計算無誤的簡例,如:

下伍丘州吏嚴追,田三町,凡十畝,皆二年常限。旱敗不收,畝收布六寸六分。凡爲布六尺六寸,四年十一月九日付庫吏番有。畝收錢卅七,凡爲錢三百七十,四年十一月九日付庫吏番有。嘉禾五年三月十日,田户經用曹史趙野、張惕、陳通校。 (4 • 28)

此簡中常限旱田 10 畝,應收布 66 寸,米 370 錢,與實際所收布、布錢數相吻合。

田家莂 4 • 28 中只有常限旱田,計算簡單。再列一枚有多種田地的田家莂。如下:

利丘男子黄(?)喜(?),佃田卌町,凡一頃一十畝。其九十畝,皆二年常限。其八十畝旱,畝收布六寸六分。定收十畝,畝收米一斛二斗,爲米十二斛。畝收布二尺。其廿畝餘力田,畝收米四斗五升六合,爲米九斛一斗二升。畝收布二尺。其米廿一斛一斗二升,四年□月一日付倉吏鄭黑。凡爲布二匹三丈二尺八寸,准米五斛六斗四升,四年十一月廿日付倉吏鄭黑。其旱田畝收錢卅七,其熟田畝收錢七十。凡爲錢五千六十錢,准米三斛一斗五合,四年十一月卅日付倉吏鄭黑。嘉禾五年三月十日,田户曹史張惕、趙野、陳通校。

(4 • 225)

黄喜家有常限熟田 10 畝,常限旱田 80 畝,餘力田(實際上爲餘力熟田)20 畝,3 種田共 110 畝。按照各種田地應交租稅的標準合算,其應交米 211.2 斗,布 1 128 寸,錢 5 060 錢。應交米、布、錢數與實際所交米、布、錢數相吻合,原始數據計算無誤。布、米换算率爲 1 斗米=2 尺布,與嘉禾四年常見的布、米换算率相同。錢、米换算率約爲 1 斗米≈149 錢,與嘉禾四年常見的錢、米换算率 1 斗米=160 錢有一定差距。胡平生先生曾多

---

① 凌文超先生對該簡的米、布數值也有核算,參見氏著《〈長沙走馬樓三國吴簡 • 嘉禾吏民田家莂〉數值釋文訂補》,《簡帛研究二〇〇八》,第 290 頁。

次提及算籌錯位的可能。[①] 按此思路,錢准米數中的“五合”可能是“五升”的錯位。意即實際的錢准米數可能是31.5斗。若按此計算,錢米换算率則爲1斗米≈160.6錢,與嘉禾四年常見的錢米换算率非常接近。此簡有常限熟田、常限旱田、餘力熟田3種性質的田地,計算較4·28複雜,但其原始數據無誤。即便考慮布、錢准米數,此簡亦可視爲整數計算無誤的簡例。

4. 分數計算無誤

田家莂中定收田有步單位的都涉及分數計算。某些田家莂定收田爲“X畝百廿步”,這種情况一般計算無誤。如下面這枚簡:

> 三州丘男子謝奴,佃田十三町,凡卌三畝,皆二年常限。其廿三畝百廿步旱不收布。定收十九畝一百廿步,爲米廿三斛四斗,畝收布二尺。其米廿三斛四斗,五年十二月十日付倉吏張曼、周棟。凡爲布三丈九尺,准入米二斛四斗四升,五年十二月十日付吏孫儀。其旱田不收錢。其熟田畝收錢八十,凡爲錢一千五百六十,五年十二月十一日付庫吏潘慎、潘宗。嘉禾六年二月廿日,田户曹史張惕、趙野校。 (5·9)

謝奴家田畝總數爲43畝,都是二年常限田。其中旱田$23\frac{1}{2}$畝,定收田(熟田)$19\frac{1}{2}$畝。嘉禾五年旱田不收米、布、錢,只對熟田收取租税。按照熟田$19\frac{1}{2}$畝計算,謝奴家應交米234斗,布390寸,錢1 560錢。實際交米、布、錢數與此吻合。

定收田爲“X畝百廿步”雖然也屬於分數計算,但因$X\frac{1}{2}$的計算相對簡單,所以大多没有錯誤。此外,也存在無法除盡的分數計算基本無誤的情况。如下面這枚簡:

> 下伍丘男子嚴追,佃田八町,凡廿一畝百卌步,皆二年常限。其十畝百六十步旱敗不收布。定收十畝二百廿步,爲米十三斛一斗,畝收布二尺。其米十三斛一斗,五年十一月七日忖倉吏張曼、周棟。凡爲布二丈二尺,准入米一斛二斗六升,五年十一月廿日付倉吏張曼、周棟。其旱田不收錢。熟田收錢畝八十,凡爲錢八百七十,五年十一月廿日付庫吏潘慎。嘉禾六年二月廿日,田户曹史張惕校。 (5·16)

嚴追家田畝總數爲$21\frac{7}{12}$畝,其中旱田$10\frac{2}{3}$畝,定收田(熟田)$10\frac{11}{12}$畝。按此計算,應交

① 胡平生:《〈嘉禾四年吏民田家莂〉統計錯誤例解析》,《胡平生簡牘文物論稿》。

米約 131 斗,布約 218.3 寸,錢約 873 錢。與實收數額相比,收米數相合,收布數多 1.7 寸,錢少 3 錢。考慮到當時可能允許存在的尾數整數化,實際收布數收整到尺單位,收錢數則去掉了尾數。若此,則此簡可視爲分數計算無誤。需要特别注意的是,應交米數精算應爲 130.999…斗,收整爲 131 斗,與實際交米數吻合。可見其計算能力的精準程度。[①]

(二) 倉受米牘的數值計算

田家莂之外,倉受米牘中也存在數值正確和數值錯誤的簡例。

1. 數值錯誤的簡例

先看數值錯誤的簡例。如下:

州中倉吏郭勳、馬欽、張曼、周棟起正月廿一日訖廿三日受雜米九百五斛二斗四升

其二百九十斛二斗四升稅米其三斛三斗五升租米 其一百九十四斛五斗四升八億錢米

其九十二斛九斗六升餘力租米　　其六十二斛三斗田畝布賈米

其一百五十一斛六斗吏帥客限米　　其卅二斛二升田畝錢准入米

其六十一斛八斗司馬黄松限米

其六斛一斗五升佃帥限米

其十二斛四斗五升四六佃吏限米

其四斗私學限米

其一斛新吏限米　　　　正月廿三日故倉吏潘慮白　　　　(牘 369)[②]

按各項"其"米數值合計,總米數應爲 908.81 斛,較簡文所記總數多出 3.57 斛。又如:

州中倉吏郭勳、馬欽、張曼、周棟起十二月廿六日訖廿九日受五年雜米合一千七百廿七斛三斗三升

其九百八十五斛二斗稅米　　其七斛佃卒限米

其卅四斛私學限米

其七斛四六佃吏限米　　其一百六十四斛七斗三升田畝布米

① 我們曾注意到田家莂 5・661 的收米數也體現了吏員十分精準的計算能力,參見拙文《〈嘉禾吏民田家莂〉所見孫吴基層吏員的舞弊手法》,陳建明主編:《湖南省博物館館刊》第 11 輯,第 401—402 頁,注釋 10。

② 本文中倉受米牘的釋文及編號,俱轉引自徐暢先生的《走馬樓吴簡竹木牘的刊布及相關研究述評》一文。

其廿五斛佃帥限米　　其七斛四斗田畝錢准米

其十斛郵卒限米

其十一斛新吏限米　　十二月廿九日故倉吏潘慮白　　　　（牘 99+35）

按各項“其”米的數值合計，總米數應爲 1 251.33 斛，較簡文所記總數少 476 斛。[①]

2. 數值正確的簡例

也有數值正確的簡例。此僅舉 1 例，如下：

州中倉吏郭勳、馬欽、張曼、周棟起正月廿三日訖廿六日受雜米三百卌八斛五斗八升

其十七斛九斗稅米　　其十二斛私學限米

其廿一斛五斗二升租米　　其三斛四六佃吏限米

其廿二斛五斗餘力租米　　其廿斛三斗五升田畝布米

其二百卅二斛一斗一升八億錢米　　其十五斛七斗田畝錢米

其三斛五斗金民限米　　　正月廿六日倉吏番慮白　　　　（牘 370）

按各項“其”米的數值合計，總米數應爲 348.58 斛，與簡文所記總數相吻合。

上文所引 3 枚倉受米牘中的數值計算，只涉及加法運算。即便是如此簡單的計算，也有數值錯誤的簡例。值得注意的，3 枚牘中的受米者都是州中倉倉吏郭勳、馬欽、張曼、周棟 4 人，報告者都是（故）倉吏番慮。這就意味著，在受米者相同的情況下，有的數值錯誤，有的數值正確。

通過對田家莂和倉受米牘的例證分析可知，不論是田家莂還是倉受米牘，都有數值正確和數值錯誤的簡例；不論是整數計算還是分數計算，都存在數值正確和數值錯誤的簡例。某些田家莂如 5・16 的交米數，數值計算非常精準。説明某些吏員已經具備極高的計算能力。但就走馬樓吴簡數值計算的整體情況看，當時某些吏民可能確實存在計算能力欠缺的問題。此外，田家莂中不少定收田是“X 畝百廿步”。粗略統計，定收田步數爲 120 步的田家莂，嘉禾四年 1 件，嘉禾五年 85 件。[②] 此類田家莂中除極少數如簡 5・166 有數值錯誤外，大多是數值正確，米、布、錢 3 項都數值無誤。嘉禾五年的一些田家莂，田畝總數中有步數但定收田没有步數，步數都在旱田中。嘉禾五年旱田不交租稅。即便總田畝數記有步數，但步數都劃到旱田，納入實際計算的田地並没有步數，屬

① 此牘爲綴合而成。分項合計總數與簡文所記總數差距太大，這是否與綴合有關，有待圖版公布後確認。

② 其中包含了簡文中定收田畝數殘缺、但依據所記米、布、錢數計算可得出定收田步數爲 120 步的簡例。如 5・1157，簡文田畝數殘缺，《〈長沙走馬樓三國吴簡嘉禾吏民田家莂〉釋文補正》依據交米數補正爲“定收六畝百廿步”（第 104 頁）。

於整數計算。將定收田步數定爲 120 步,以及將田畝總數中的步數劃到旱田而將定收田保留爲整畝數,應有計算便利的考慮。

田家莂的收納者和校核者都是基層吏員,繳納者中有基層吏員(包括州吏、郡吏、縣吏以及軍吏),還有州卒、郡卒、縣卒,甚至還有士和復民,但主體是普通民衆。倉受米牘涉及的都是基層吏員。田家莂和倉受米牘涉及的對象都是基層社會的吏民。就田家莂和倉受米牘中的數值計算情況看,孫吴時期雖不乏計算精準者,但基層吏民的數值計算能力可能有整體偏低的傾向。當然,吴簡中複雜的數值計算情況,不全是吏民計算能力的問題,也摻雜著基層吏員的舞弊行爲。

三　數學的高度發達與社會的數學教育

數值計算涉及到吏民的計算能力。前引《三國志》中,顧譚"每省簿書,未嘗下籌,徒屈指心計",憑心算就能發現其中的錯誤,可見其計算能力很高。孫吴時期基層吏民的計算能力如何,值得我們詳加分析。就社會層面而言,基層吏民的計算能力,既與當時數學發展狀況有關,更與社會中的數學教育有關。

(一) 高度發達的數學

作爲中國早期的數學文獻,廣爲人知的當屬《九章算術》(劉徽注本《九章算術注》)。《九章算術》雖成書於公元 1 世紀前後,[①]但據劉徽《九章算術注序》可知,西漢張蒼、耿壽昌等都曾對《九章算術》進行過"刪補"。[②] 不過,《九章算術》並未見於《漢書・藝文志》。《漢書・藝文志》中載有兩種以"算術"命名的書,分别爲《許商算術》26 卷,《杜忠算術》16 卷。[③] 漢代不多的數學書中,流傳最廣的應是劉徽所注的《九章算術》。關於《九章算術》的學術地位,學者曾給予高度評價,認爲"它所確立的數學框架,它的數學成就、體例和特點影響了中國和東方傳統數學的始終","它的主體部分和主要成就是在先秦完成的,超前其他文化傳統的數學幾個世紀甚至上千年"。[④] 對於《九章算術》的數學成就,人們應無多大異議。《九章算術》的存在,表明此時期數學已經達到非常高的水準。

---

① 杜石然先生認爲《九章算術》"大約成書於公元後一世紀",郭書春先生認爲"成書於東漢初年"。分别參見杜石然:《傳統數學和中國社會》,《自然辯證法通訊》1984 年第 5 期,第 30—32 頁;郭書春:《中國古代數學與封建社會芻議》,《科學、技術與辯證法》1985 年第 2 期,第 1—7 頁。

② 李繼閔:《劉徽〈九章算術注〉原序》,《九章算術校證》,西安:陝西科學技術出版社,1993 年,第 125—126 頁。

③ 《漢書》卷三〇《藝文志》,北京:中華書局,1962 年,第 1766 頁。

④ 郭書春:《彙校九章算術》增補版前言,瀋陽:遼寧教育出版社,2004 年,第 3 頁。

傳世文獻之外,出土簡牘中也出現了數種數學書,如北京大學藏秦簡《算書》、[1]嶽麓書院藏秦簡《數》、[2]張家山漢簡《算數書》、[3]睡虎地漢簡《算術》、[4]阜陽雙古堆漢簡《算數書》。[5] 這幾種數學書大多以問題集的形式記載與實際生活相關的算題。嶽麓書院藏秦簡《數》、張家山漢簡《算數書》等的内容,與《九章算術》有相似之處。

從先秦、秦漢到三國,中國傳統數學中出現了多種版本的數學書。據這些數學書的内容可知,到三國時期數學已經高度發達,處於非常高的水準。

(二) 社會中的(算術)數學教育

先秦時期,受教育是貴族享有的特權。此時教育的主要内容是"六藝"。《周禮・地官・司徒》載:"保氏掌諫王惡。而養國子以道:乃教之六藝,一曰五禮,二曰六樂,三曰五射,四曰五馭,五曰六書,六曰九數。"[6]"六藝"即禮、樂、射、御、書、數。[7] 數雖爲"六藝"之一,但並不受重視。有學者指出,大約從孔子時代開始,教授内容從六藝變爲六經,從"技能的教授變爲經典的教授",數等實用科目"在孔子的新定課程中便不居重要(或不可少)的地位了"。[8] 教育雖然走向民間,但教育内容已發生很大變化。先秦時期,學術以諸子學説爲主。《論六家要旨》曾言:"《易大傳》:'天下一致而百慮,同歸而殊途。'夫陰陽、儒、墨、名、法、道德,此務爲治者也,直所從言之異路,有省不省耳。"[9]諸子學説雖雜,但多以"爲治"爲立論宗旨,主要爲國家和社會理論,甚少涉及數學教育。

到了漢代,數學教育的狀況並未得到多大改善。漢代中央設太學,地方設郡國學,立博士官與郡文學來教授。關於太學,董仲舒曾上書言:

---

① 北京大學出土文獻研究所(朱鳳瀚、韓巍、陳侃理執筆):《北京大學藏秦簡牘概述》,《文物》2012 年第 6 期,第 65—73 頁。

② 朱漢民、陳松長主編:《嶽麓書院藏秦簡(貳)》,上海:上海辭書出版社,2011 年。另,肖燦先生對《數》進行過專門研究,參見氏著《嶽麓書院藏秦簡〈數〉研究》,北京:中國社會科學出版社,2015 年。

③ 張家山二四七號漢墓竹簡整理小組編:《張家山漢墓竹簡[二四七號墓](釋文修訂本)》,北京:文物出版社,2006 年,第 129—157 頁。

④ 湖北省文物考古研究所、雲夢縣博物館:《湖北雲夢睡虎地 M77 發掘簡報》,《江漢考古》2008 年第 4 期,第 31—37 頁。

⑤ 胡平生:《阜陽雙古堆漢簡數術書簡論》,《出土文獻研究》第四輯,北京:中華書局,1998 年,第 12—30 頁。

⑥ 〔清〕孫詒讓撰,王文錦、陳玉霞點校:《周禮正義》,北京:中華書局,1987 年,第 1010 頁。

⑦ 也有説法認爲"六藝"即指六經,爲《易》、《書》、《詩》、《禮》、《樂》、《春秋》這六種儒家經典。參見《漢書・藝文志》相關内容及顔師古注。但現在一般認爲,教育領域的"六藝"指禮、樂、射、御、書、數。

⑧ 張東蓀:《思想與社會》,瀋陽:遼寧教育出版社,1998 年,第 112 頁。

⑨ 《史記》卷一三〇《太史公自序》,北京:中華書局,1982 年,第 3288—3289 頁。

> 夫不素養士而欲求賢,譬猶不琢玉而求文采也。故養士之大者,莫大虖太學;太學者,賢士之所關也,教化之本原也。今以一郡一國之衆,對亡應書者,是王道往往而絶也。臣願陛下興太學,置明師,以養天下之士,數考問以盡其材,則英俊宜可得矣。①

太學的職責主要在於教化和養賢。有學者指出:"太學實際上是一所儒學專門學校,所傳授的知識是單一的儒學經典。"②此説或有武斷之嫌,但數學教育不是太學的職責所在也很顯然。兩漢博士多以經學博士爲主,尚未見到算術或數學方面的博士。已有學者注意到,"因爲其(郡文學)職爲教授學生,故皆以明經者爲之"。③ 嚴耕望先生考察"郡縣學官",認爲學官多文學、祭酒,"至於教學科目,郡文學既明經,而掾師或有五經之别,則五經自爲學官中之主要科目"。④ 郡的學官以五經爲主要教授科目,縣的學官可能亦是如此。太學、郡縣學官的教授者多爲儒學之士,教授内容應以儒學爲主。

官學中數學教育不受重視,私學中的數學教育可能也只占極小部分。有學者專門對中國古代私學中的數學教育進行考察,認爲:"數學教育成爲(漢代)經學教育的内容,得到延續和發展,這時,私學中的數學教育,一是私家傳授曆算,如張蒼就曾私授曆算學;二是傳授卜筮者,也都傳授一些數學知識;三是授經者,一般是名儒、經學大師才能辦授經的私學,同時講授有關的數學知識;四是啓蒙的小學,應有'算術'的内容。"⑤雖然不能完全否定這種推論,但此類教授程度如何讓人懷疑。曆算確實要求非常高水準的計算能力,曆算學中傳授算術應當可信。⑥ 張家山漢簡《二年律令·史律》中卜學童的考課並不涉及算術(見後文)。卜筮、儒學特别是講究"義利之辨"的儒學,能教授多少算術之學頗讓人懷疑。

不僅如此,學算術者也很難爲官。秦漢入仕途徑多樣,三國時期多有沿襲。雖然仕進途徑多樣,但學界大致認爲,秦重軍功,漢則重察舉和徵辟。察舉的科目主要有孝廉、茂才、賢良方正、賢良文學、明經、明法、至孝、有道、敦厚、尤異、治劇、勇猛知兵法、明陰陽災異等。⑦ 這些科目與算術幾乎毫不相干。被徵辟者多是地方有聲望的人。他們之

---

① 《漢書》卷五六《董仲舒傳》,第2512頁。

② 孫培青主編:《中國教育史》,上海:華東師範大學出版社,2008年,第110頁。

③ 安作璋、熊鐵基:《秦漢官制史稿》,濟南:齊魯書社,2007年,第627頁。

④ 嚴耕望:《中國地方行政制度史——秦漢地方行政制度》,上海:上海古籍出版社,2007年,第252—256頁。

⑤ 付海倫:《論中國古代私學中的數學教育》,《湖南師範大學社會科學學報》1994年第4期,第97—102頁。

⑥ 《漢書》卷二一上《律曆志上》載:"夫推曆生律制器,規圜矩方,權重衡平,準繩嘉量,探賾索隱,鉤深致遠,莫不用焉。度長短者不失豪氂,量多少者不失圭撮,權輕重者不失黍絫。紀於一,協於十,長於百,大於千,衍於萬,其法在算術。"(第956頁)

⑦ 黄留珠:《秦漢仕進制度》,西安:西北大學出版社,1985年,第81—199頁。

中或許不乏善算者，但其聲望的建立以德行、學識爲主，鮮有人因善算而成名士進而被徵召。無論秦漢還是三國，算術都不是入仕的途徑。至於如桑弘羊、梁丘賀等以“心計”入仕者，[①]兩漢、三國時期都極爲少見。尹灣漢簡中有“用筭佐”，[②]是非常少見的與算術有關的職官，但僅見於太守府和都尉府，各 1 人。其他地方尚未見到類似職官。學習算術難以入仕爲官，也就難以改變自己的社會地位。[③] 此種情況也將影響算術等數學教育的發展。

秦漢、三國時期數學已經取得很高的成就，但這並不表示整個社會的計算能力會因此得到普遍提高。發達的數學轉化爲個人的計算能力，需要社會教育的普及以及個人學習的努力。秦漢時期(算術)數學教育可能曾是官學甚至可能也是私學的教育内容之一，但只是其中極小的一部分，甚至是其他教育的“副産品”。在兩漢教育日漸經學化、儒學化，整個社會日漸道德化的背景之下，(算術)數學教育可能會日漸衰落。對於普通民衆而言，出於生計壓力等原因，能識字已是萬幸，遑論更爲複雜的算術學習了。漢靈帝光和七年(184 年)黄巾事起後，社會長期陷於動盪，基層吏民逃亂、保命尚且不及，遑論算術學習了。到了三國孫吴時期，尚處亂世的基層吏民欠缺計算能力，也就可想而知。

四　兩漢以來輕視算術的社會傳統

吴簡中的數值計算狀況，除與社會輕視(算術)數學教育、吏民缺乏計算能力有關外，可能還與兩漢以來輕視算術能力的社會傳統密切相關。

東漢楊終曾言：“禮制，人君之子年八歲，爲置少傅，教之書計，以開其明；十五置太傅，教之經典，以道其志。”[④]注引《禮記・内則篇》言：“十年出就外傅，居宿於外學書計。”到了一定年齡的學童都應接受算術教育。西漢董偃曾養於館陶公主家，“因留第中，教書計相馬御射，頗讀傳記”，[⑤]顔師古注曰：“計謂用算也。”董偃曾受算術教育。《後漢書・皇后紀》載：“太后自入宫掖，從曹大家受經書，兼天文、算數。”[⑥]雖貴爲太后，仍接受

---

① 《漢書》卷二四下《食貨志下》：“(桑)弘羊，洛陽賈人之子，以心計，年十三侍中。”(第 1164 頁)《漢書》卷八八《儒林傳》：“梁丘賀字長翁，琅琊諸人也。以能心計，爲武騎。”(第 3600 頁)顔師古注桑弘羊“心計”條曰：“不用算籌。”即今日的心算。

② 連雲港市博物館等編：《尹灣漢墓簡牘》，北京：中華書局，1997 年，第 79 頁。

③ 唐朝科舉制中曾設有明字科、明算科，雖並不受重視，但應較秦漢三國時期好許多。

④ 《後漢書》卷四八《楊終列傳》，北京：中華書局，1965 年，第 1599—1600 頁。

⑤ 《漢書》卷六五《東方朔傳》，第 2853 頁。

⑥ 《後漢書》卷一〇《皇后紀》，第 424 頁。

算術教育。三國時期蜀國李譔也曾接受算術教育。[①] 秦漢、三國時期不僅有受過算術教育的人,還有一些善算者。《漢書・溝洫志》載:“(許)商、(乘馬)延年皆明計算,能商功利。”[②]此外,善算者還有耿壽昌、[③]馮勤“八歲善計”,[④]馬續“善《九章算術》”,[⑤]鄭玄“善算”,[⑥]王粲“性善算”,[⑦]曆算者李修、夏顯、劉洪等也都善於計算,[⑧]等等。甚至善算如何祗者,“使人投算,祗聽其讀而心計之,不差升合,其精如此”。[⑨] 至於如“能書會計”的王美人、[⑩]“能計算”的陳熾等,[⑪]兩漢時期應有不少。

秦漢、三國時期雖有不少人接受過算術教育,也有不少“能計算”、“善算”之人,但在擁有數千萬人口的時代,他們只是極少數。管見所及,秦漢、三國時期關於某人學習算術或者關於某人算術能力的史料並不多見。就更大範圍看,輕視算術能力可能是整個社會的傳統。輕視算術的社會傳統表現之一是學童考課不考算術。《漢書・藝文志》載:

> 漢興,蕭何草律,亦著其法,曰:“太史試學童,能諷書九千字以上,乃得爲史。又以六體試之,課最者以爲尚書御史史書令史。吏民上書,字或不正,輒舉劾。”[⑫]

張家山漢簡也有類似規定,見於《二年律令・史律》。[⑬] 具體内容如下:

> 史、卜子年十七歲學。史、卜、祝學童學三歲,學佴將詣大史、大卜、大祝,郡史學童詣其守,皆會八月朔日試之。
>
> 試史學童以十五篇,能風(諷)書五千字以上,乃得爲史。有(又)以八膿(體)試之,郡移其八膿(體)課大史,大史誦課,取寂(最)一人以爲其縣令史,殿

---

① 《三國志》卷四二《蜀書・李譔傳》,第 1026—1027 頁。

② 《漢書》卷二九《溝洫志》,第 1689 頁。《漢書・藝文志》載有《許商算術》,此兩許商或爲同一人。

③ 《漢書》卷二四上《食貨志上》:“時大司農中丞耿壽昌以善爲算能商功利得幸於上。”(第 1141 頁)

④ 《後漢書》卷二六《馮勤列傳》,第 909 頁。

⑤ 《後漢書》卷二四《馬援列傳》,第 862 頁。

⑥ 《後漢書》卷三五《鄭玄列傳》,第 1207 頁。

⑦ 《三國志》卷二一《魏書・王粲傳》,第 599 頁。

⑧ 《後漢書》志二《律曆中》注引杜預《長曆》載:“餘爲《曆論》之後,至咸寧中,善算李修、夏顯,依論體爲術,名《乾度曆》,表上朝廷。”(第 3032 頁)同《志》注引《袁山松書》載:“(劉)洪善算。”(第 3043 頁)

⑨ 《三國志》卷四一《蜀書・楊洪傳》注引《益部耆舊傳・雜記》,第 1015 頁。

⑩ 《後漢書》卷一〇上《皇后紀上》:“(王)美人豐姿色,聰敏有才明,能書會計,以良家子應法相選入掖庭。”(第 450 頁)“會計”者,注曰“總會其數而算”。

⑪ 《三國志》卷四七《吴書・吴主傳》注引《吴書》:“(陳化)長子熾,字公熙,少有志操,能計算。”(第 1132 頁)

⑫ 《漢書》卷三〇《藝文志》,第 1720—1721 頁。

⑬ 廣瀨薰雄先生認爲此律不是《史律》,而應是《尉律》。楊振紅先生也贊成此説法。二人觀點可參見楊振紅:《出土簡牘與秦漢社會(續編)》,桂林:廣西師範大學出版社,2015 年,第 111 頁。

者勿以爲史。三歲壹並課,取寂(最)一人以爲尚書卒史。

卜學童能風(諷)書史書三千字,誦卜書三千字,卜六發中一以上,乃得爲卜,以爲官□。其能誦三萬以上者,以爲卜上計六更。缺,試脩法,以六發中三以上者補之。

以祝十四章試祝學童,能誦七千言以上者,乃得爲祝,五更。大祝試祝,善祝、明祠事者,以爲冗祝,冗之。不入史、卜、祝者,罰金四兩,學佴二兩。①

史、卜、祝的考課内容並不完全相同,誦書爲共同要求,即都要求識字。史學童還要求"以八體試之",即要求具備一定的書寫能力。《漢書·藝文志》和《二年律令·史律》關於史學童的要求,前者爲"能諷書九千字以上",後者爲"能風(諷)書五千字以上",差距懸殊。是因前者要求太高鮮有人能達到,故而降低了標準? 具體原因不得而知。《二年律令·史律》中,三種學童的考課都未對算術能力提出要求。雖不能據此斷定這些學童算術能力差,但不將算術列爲考課内容,至少表明當時存在輕視算術能力的社會現象。

風誦對全體幼童都有要求,但"計會"的要求似乎不具有普遍性。居延新簡《蒼頡篇》中言:"蒼頡作書,以教後嗣。幼子承昭(詔),謹慎敬戒。勉力風誦,晝夜勿置。苟務成史,計會辨治。超等軼群,出尤别異。"(E.PT50:1A)②依其所言,"計會"似乎是對那些希望成爲吏的人的要求。對於那些不想成爲吏的人,"計會"或許不是必不可少的能力要求。果真如此,這種漢代改編本的《蒼頡篇》,③在廣爲傳播的過程中,可能也會影響"計會"能力的普及程度。

輕視算術的社會傳統另一表現,是某些史書中也有數值錯誤。尚新麗先生在對西漢人口問題進行研究時,已經注意到《漢書·地理志》所記户口數值有抵牾現象,其説道:

《漢書·地理志》所記載的總户數是 12 233 062,總口數是 59 594 978,史稱漢之極盛。但這個數字與《地理志》所載 103 個郡國户口逐一相加所得數出入較大。經重新合計,户數是 12 356 470,口數是 57 671 402,比原書所載總數多 123 408 户,少 1 923 576 口。爲什麽會出現這種現象呢? 可能是原書合計

① 張家山二四七號漢墓竹簡整理小組編:《張家山漢墓竹簡[二四七號墓](釋文修訂本)》,第 80—81 頁。

② 甘肅省文物考古研究所等編:《居延新簡——甲渠候官與第四燧》,北京:文物出版社,1990 年,第 151 頁。敦煌漢簡中也有"晝夜勿置勉成史計會辯治超等"(1459B)的記録,參見吴礽驤、李永良、馬建華釋校:《敦煌漢簡釋文》,蘭州:甘肅人民出版社,1991 年,第 152 頁。

③ 張存良、巨虹二位先生認爲居延新簡《蒼頡篇》是"漢初改編本"。參見氏著《〈蒼頡篇〉研究的新進展》,《出土文獻研究》第十四輯,上海:中西書局,2015 年,第 232—258 頁。

错誤或抄寫错誤。[①]

錯誤原因尚且不論,但《漢書·地理志》中的户口數值記載有誤則是肯定的。其實,不僅《漢書·地理志》的户口數值有誤,《續漢書·郡國志》的户口數值也可能有誤。有學者注意到《續漢書·郡國志》所記東漢户口數目存有謬誤,玄菟郡户數記載錯誤的可能性很大,遼東郡的口數、户數存在記載失實的可能性。[②] 即便不考慮没有登録户口的情況,兩漢史書所載的户口數值也存在錯誤。

還有一種文獻的數值也值得注意。《漢書·藝文志》詳細記載了書籍的種類、家數、篇(卷)數等,班固曾分種、略進行分類合計,最後對六略的數目進行了總計。有學者對各項統計數字重新核算。就核算結果看,不論是分類合計還是最後的總計,都與《漢書·藝文志》的統計數字不盡相同,各種文獻在家數、篇(卷)數上統計數字不合的情況並不少。[③] 此外,書目統計數字存在問題的現象,《隋書·經籍志》中也有存在。已有學者注意到《隋書·經籍志》的統計數字與實際著録的數目不合,對其進行了重新統計。[④]

社會教育不重視算術等數學教育,學童考課也不考算術,説明當時社會上廣泛存在著輕視算術能力的現象。這種現象會逐漸形成一種輕視算術能力的社會傳統,並隨著社會教育的儒學化、經學化和社會的道德化而日漸强化。日漸强化的輕視算術能力的社會傳統,將極大地阻礙整個社會算術水準的提高,進而影響計算的準確性。班固等史家的著述中都存在計算錯誤。有學識的史家尚且如此,更毋論基層社會的吏民了。[⑤] 由

---

① 尚新麗:《西漢人口問題研究》,北京:綫裝書局,2008年,第39頁。

② 王海:《〈續漢書·郡國志〉户口數謬誤辨析》,《湖南科技學院學報》2008年第7期,第60—61頁。另外,陶元珍先生認爲《續漢書·郡國志》注引的《帝王世紀》中户均人口過低,故而不可信;高敏先生則認爲是有錯字。二者觀點可參見高敏:《關於東漢魏晋南北朝時期人口數字的幾個疑問及試解》,《魏晋南北朝社會經濟史探討》,北京:人民出版社,1987年,第351—353頁。該文中高氏對魏晋南北朝時期的人口數字也有考察,亦可參閲。

③ 施丁主編:《漢書新注》,西安:三秦出版社,1994年,第1247—1308頁。

④ 顧宏義:《〈隋書經籍志〉究竟收録多少書》,《江蘇圖書館學報》1988年第4—5期,第75—77頁;王煒民:《〈隋書·經籍志〉著録書目考》,《陰山學刊(社科版)》1991年第1期,第85—89頁;黄槐能:《〈隋書·經籍志〉著録數量舊説指誤》,《江蘇圖書館學報》1997年第6期,第39—40頁。

⑤ 松柏漢墓第47號木牘"南郡卒更簿"中記有南郡各縣的卒、更數目以及總數,但學者發現其中存在數字錯誤現象,或是各縣數字有誤,或是合算數字有誤,不一而足。分别參見彭浩:《讀松柏出土的四枚西漢木牘》,《簡帛》第四輯,上海:上海古籍出版社,2009年,第333—344頁;[日]廣瀨薰雄:《論松柏1號墓出土的記更數的木牘》,復旦大學出土文獻與古文字研究中心網站,2009年10月7日;陳偉:《簡牘資料所見西漢前期的"卒更"》,《中國史研究》2010年第3期,第23—35頁;楊振紅:《松柏西漢墓簿籍牘考釋》,《南都學壇》2010年第5期,第1—8頁,該文後收入氏著《出土簡牘與秦漢社會(續編)》,第223—242頁;張金光:《説秦漢徭役制度中的"更"——漢牘〈南郡卒編更簿〉小記》,《魯東大學學報(哲學社科版)》2011年第2期,第67—72頁。

此可見，在此社會傳統下，淡薄的算術意識和薄弱的算術能力到了何種地步。

五　自學：基層社會的教育途徑

秦漢三國時期並不重視算術等數學教育，存在著輕視算術能力的社會傳統。不過，也確實存在一些善算之人。甚至，算術還作爲一種能力而寫入官吏的考課文書。居延漢簡的考課文書中有"能書會計"的記載，如下：

> 肩水候官並山燧長公乘司馬成，中勞二歲八月十四日。能書會計，治官民頗知律令，武，年卅二歲長七尺五寸。觻得成漢里，家去官六百里。
>
> （《居延漢簡釋文合校》13・7）[①]

有學者認爲，"能書會計"是基層吏員重要的考課標準。[②] "能書會計"包括"能書"、"能會計"兩項能力。[③] "能書"指能書寫，書寫内容不限於寫字，可能還包括書寫文書。"能書會計"成爲吏員的考課内容，正好與《蒼頡篇》中"苟務成史，計會辨治"的記載相吻合。但是，前言官學幾乎不教授算術，史學童等的應試也對算術不作要求，此時卻將"會計"作爲考課内容。張家山漢簡《二年律令・史律》中有史、卜、祝三種學童，但學童的來源有規定。睡虎地秦簡《秦律十八種・内史雜》載："非史子殹（也），毋敢學學室，犯令者有罪。"[④]《二年律令・史律》也載："史、卜子年十七歲學。"[⑤]社會普通民衆難以通過此途徑入學。那麽，這些基層吏員在哪兒學的算術？

我們認爲可能主要是自學。出土簡牘中已經發現了清華大學藏戰國簡《算表》、[⑥]里耶秦簡"九九表"、[⑦]北京大學藏秦簡牘"九九表"、[⑧]張家界漢簡"九九表"[⑨]以及西北漢簡

---

① 謝桂華、李均明、朱國炤編：《居延漢簡釋文合校》，北京：文物出版社，1987年，第21頁。

② 王春淑：《居延簡候燧會計文書考論》，《四川師範大學學報（社會科學版）》2003年第6期，第87—92頁。

③ 此處的斷讀承蒙凌文超先生提示。

④ 睡虎地秦墓竹簡整理小組編：《睡虎地秦墓竹簡》，北京：文物出版社，1990年，第63頁。

⑤ 張家山二四七號漢墓竹簡整理小組編：《張家山漢墓竹簡［二四七號墓］（釋文修訂本）》，第80頁。

⑥ 清華大學出土文獻研究與保護中心編，李學勤主編：《清華大學藏戰國竹簡（肆）》，上海：中西書局，2013年，第135—148頁。

⑦ 湖北省文物考古研究所、湘西土家族苗族自治州文物處、龍山縣文物管理處：《湖南龍山里耶戰國——秦代古城一號井發掘簡報》，《文物》2003年第1期，第4—35頁。

⑧ 北京大學出土文獻研究所（朱鳳瀚、韓巍、陳侃理執筆）：《北京大學藏秦簡牘概述》，《文物》2012年第6期。

⑨ 湖南省文物考古研究所、中國文物研究所：《湖南張家界古人堤遺址與出土簡牘概述》，《中國歷史文物》2003年第2期，第66—71頁。

"九九表"等。① 這些實用的運算工具可能正是基層吏員平日學習算術所用。"九九表"這種較爲簡單的運算工具似流傳更廣,而相對"高級"的《算表》則較爲少見。這可能與基層吏員的計算需求有關。若要學習更多的數學知識,則需要使用北大秦簡《算書》、嶽麓秦簡《數》、張家山漢簡《算數書》、睡虎地漢簡《算術》以及《九章算術》等數學書。

對於基層吏民而言,不僅算術多爲自學,可能識字和書寫也多爲自學。敦煌漢簡、尼雅漢文木簡、居延漢簡、居延新簡、玉門花海漢簡、敦煌馬圈灣漢簡、阜陽漢簡、永昌水泉子漢簡、北大西漢簡等出土的《蒼頡篇》、《急就篇》等字書,②當爲基層吏員平日識字所用。另外,里耶秦簡、③居延漢簡、④長沙五一廣場東漢簡、⑤長沙東牌樓東漢簡、⑥郴州蘇仙橋吴簡等出土簡牘中,⑦都出土有習字簡。它們應是基層吏員平日練習寫字所用。甚至有學者認爲,簡牘中的"觚"就是習字用的書寫材料。⑧ 字書和習字簡的出土,説明當時不乏通過自學來提高自己識字和書寫能力的基層吏員。

《漢書·食貨志》載:"八歲入小學,學六甲五方書計之事,始知室家長幼之節。十五入大學,學先聖禮樂,而知朝廷君臣之禮。"⑨"計"爲計算之意。即8歲開始學習算術。但是,這條記録是"先王制土處民富而教之之大略",⑩漢代是否依然如此難以斷定。即便當時仍然存在這樣的規定,執行起來可能也差强人意。或者所學極爲膚淺。試想,如果8歲開始能學到較多算術知識,何至於在十餘年甚至數十年之後,還將九九表隨身帶

① 原出自王國維先生的《流沙墜簡》、勞榦先生的《居延漢簡考釋》、《居延漢簡甲編》等。本文轉引自王焕林:《里耶秦簡九九表初探》,《吉首大學學報(社科版)》2006年第1期,第46—51頁。

② 出土情況參考了郭海燕先生的《漢代考古發現中的〈蒼頡篇〉、〈急就篇〉表》。參見氏著《漢代平民教育研究》,山東大學博士學位論文,2011年,第92頁。

③ 里耶秦簡某些簡或簡背爲習字所用,詳見陳偉主編:《里耶秦簡牘校釋》第一卷,武漢:武漢大學出版社,2012年。

④ 沈剛先生對居延漢簡中的"習字簡"有過專門研究,參見氏著《居延漢簡中的習字簡述略》,《古籍整理研究學刊》2006年第1期,第29—31頁。

⑤ 整理者認爲長沙五一廣場東漢簡牘中的封檢CWJ1③:206-1"爲用於習字的廢件"。參見長沙市文物考古研究所等編:《長沙五一廣場東漢簡牘選釋》,上海:中西書局,2015年,第182頁。

⑥ 王素先生曾説:"第四大類爲習字。共一九件,約占全部簡牘的十一分之一。"參見氏著《長沙東牌樓東漢簡牘概述》,長沙市文物考古研究所、中國文物研究所編:《長沙東牌樓東漢簡牘》,北京:文物出版社,2006年,第74頁。

⑦ 湖南省文物考古研究所、郴州市文物處:《湖南郴州蘇仙橋J4三國吴簡》,《出土文獻研究》第七輯,上海:上海古籍出版社,2005年,第152—168頁。

⑧ 王倫信:《"觚"與簡牘時代的習字材料》,《基礎教育》2011年第6期,第120—124頁。

⑨ 《漢書》卷二四上《食貨志》上,第1122頁。

⑩ 《漢書》卷二四上《食貨志》上,第1123頁。

至官署,甚至死後也用其陪葬？王子今先生對居延漢簡中的字書和九九表進行分析後認爲:“這些成年士卒確實在應用蒙學課本在提高自己的文化素質”,“當時在戍守西北邊防的軍隊中,這些教材承擔了成人掃盲和進行初級文化培訓的作用”。[①] 出土於私人墓穴(多爲郡縣屬吏)和官署遺址的字書、習字簡、九九表和數學書等,正説明當時基層吏民的識字、書寫與計算能力普遍低下,所以才有經常使用它們來學習的需要。

走馬樓吴簡中尚未見到九九表、數學書,也尚未見到字書和習字簡。不過,郴州蘇仙橋吴簡中有習字簡。同批簡中出現了“赤烏”年號,赤烏爲孫權時期“嘉禾”之後的年號。蘇仙橋吴簡的年代與走馬樓吴簡的年代接近。這就意味著,在離長沙郡不遠的桂陽郡,在時間接近於走馬樓吴簡的時代,仍有官府吏員在練習書寫能力。考慮到走馬樓吴簡所反映出的數值計算情况,説孫吴時期基層吏民的識字、書寫與計算等文化素養較爲低下,應能成立。

餘　論

走馬樓吴簡中的數值計算較爲複雜。這種計算情況與數學教育程度有關。輕視算術能力的社會傳統,也對此産生影響。對於基層社會的吏民而言,自學是其接受識字、書寫與計算等文化教育的重要途徑。孫吴時期基層社會的文化程度整體偏低。

走馬樓吴簡中有“私學”。學界關於“私學”身份的研究較多,凌文超先生認爲私學是國家承認的、在服役的同時跟隨私人學習知識技能、將來可能被選任爲吏的人。[②] 可能較爲切合實情。于振波先生曾對私學的籍貫進行統計,能確定籍貫的 21 例私學中,標明“長沙”的有 13 例,“臨湘”3 例,“羅”1 例,武陵郡、南郡、南陽郡、汝南郡各 1 例。[③] 孫吴治下的長沙等郡縣,雖然有吏民在學習各種文化知識,但人數並不多。另外,我們也不能對私學在算術能力方面的學習抱有過高期望,其學習内容主要在於識字、書寫的可能性很高。

孫吴爲了維護自己的統治,曾設有負責校核文書的專職吏員。不過,這些吏員並没有發揮其應有的功效,田家莂的數值記録依然錯誤百出。這反映出孫吴時期基層吏治弊端叢生的現狀。[④] 但是,即便田家莂中錯誤百出,某些錯誤很不可思議(如 1 畝也有數

---

① 王子今:《兩漢蒙童教育》,《史學月刊》2007 年第 3 期,第 15—25 頁。

② 凌文超:《走馬樓吴簡舉私學簿整理與研究——兼論孫吴的占募》,《文史》2014 年第 2 期,第 37—71 頁。

③ 于振波:《走馬樓吴簡所見臨湘縣流動人口》,《簡帛研究二〇一五(秋冬卷)》,第 163—181 頁。此時尚未出版的《竹簡(捌)》也有私學資料,但不影響整體判斷。

④ 關於孫吴前期基層吏治的狀況,可參見拙文《孫吴政治格局的初步形成——從孫吴前期的文書錯誤現象説起》,徐希平主編:《長江流域區域文化的交融與發展(第二屆巴蜀湖湘文化論壇論文集)》,成都:四川大學出版社,2014 年,第 445—457 頁。

值錯誤),吏民依然選擇了如數繳納。此種狀況的出現,除了考慮當時基層吏民計算能力低下的因素外,也應考慮他們在亂世中選擇暫時容忍以换取安定生活的可能性。當然,身處亂世的孫吴民衆,即便想學習識字、書寫與計算,不少人可能也没有這樣的條件。

附記:本文曾提交"湖南簡——古代中國研究青年學者研習會(十二)"(湖南大學,2016年6月25—26日)和"紀念走馬樓三國吴簡出土二十周年長沙簡帛研究國際學術研討會"(長沙簡牘博物館承辦,2016年8月26—29日),先後承蒙與會學者鄔水傑先生、王勇先生、楊芬先生、熊曲先生、羅小華先生、李斯先生、游逸飛先生、李洪財先生、歐揚先生、周海鋒先生以及王子今先生、高凱先生及業師于振波先生和卜憲群先生等提出寶貴意見。參考諸位先生的意見,以此題目進行了修改。特此感謝。然文責自負。

長沙吴簡中的朱痕和“中”字再考*

[日] 伊藤敏雄

（日本大阪教育大學教育學部）

序　言

本稿對長沙吴簡中散見的朱痕（朱筆塗痕）和“中”字進行整理、考察，希望揭示其意義。①

長沙吴簡的《竹簡（壹）》、《竹簡（貳）》、《竹簡（叁）》、《竹簡（柒）》的釋文中，多處標注“有朱筆塗痕”、“有朱筆點記”（《竹簡（貳）》標注爲“有紅色筆迹”、“有紅色痕迹”、“有一條紅色筆道”，《竹簡（肆）》標注爲“有朱色筆迹”），可以注意到長沙吴簡的竹簡上有朱痕。但是，除了《竹簡》貳・4509、4515、4807 簡之外，並没有具體説明，即使觀察竹簡圖版朱痕也並不明顯。到底在什麽部位，殘留有怎樣的朱痕，又代表什麽意義，這些問題都還不明了。

同樣，《竹簡（壹）》、《竹簡（叁）》的釋文中，也有許多標注有“爲朱筆”的文字（《竹簡（貳）》標注爲“爲紅色筆迹”、《竹簡（肆）》標注爲“爲朱筆迹”），且其中大部分爲“中”字，也可以看到標注爲“先朱筆，後墨筆”的“中”字。更有許多並没有標注的“中”字（相當於墨筆）散見各處。

---

* 本稿是二〇一三—二〇一六年度科學研究費補助金（基盤研究 A）“新出簡牘資料による漢魏交替期の地域社會と地方行政システムに關する總合的研究”（課題代碼：25244033　研究主持人：關尾史郎）的子課題研究成果之一部。

① 2011 年 10 月在太原舉辦的中國魏晋南北朝史學會第十屆年會暨國際學術研討會上，筆者以長沙吴簡的《竹簡（壹）》、《竹簡（貳）》、《竹簡（叁）》爲基礎，做了題爲《長沙吴簡中的朱痕和“中”字》的概要報告，但論文尚未正式發表。其後，《竹簡（肆）》、《竹簡（柒）》、《竹簡（捌）》陸續刊行，本文補充其中的相關信息，對前文主題進行再考。

這些朱痕、朱筆的"中"字和墨筆的"中"字,到底應該如何理解呢?這對於理解長沙吴簡的文書行政系統而言,可以説是重要課題之一。

關於朱痕,管見所及,除了拙稿調查報告①之外,尚未見言及者。下面就以拙稿調查報告爲基礎,再加上其後的發現,進行整理和檢討。另外,本文如後揭簡1(貳・4509)所示,是以朱痕涉及多字的場合爲對象的(朱痕只有一字大小的場合,從竹簡的文句和朱痕的位置(下部,簡末)考慮,推測多爲朱筆"中"字的痕迹)。

關於"中"字,最初王素、宋少華、羅新推測爲"州中倉"的簡稱。② 其後汪力工搜集了《竹簡(壹)》中的"中"字用例進行檢討,支持其爲"州中倉"簡稱的看法。③ 另一方面,谷口建速推測爲勾校的符號。④ 拙稿也認爲,"中"字的標記多散見於向三州倉的穀物納入簡,因此將"中"字理解爲"州中倉"的簡稱是有些勉强的,還是勾校符號的可能性比較大。⑤ 拙稿調查報告也認爲是勾校符號。⑥ 又張榮强否定了"州中倉"簡稱説,主張"中"字和"已"字一樣都是勾校符號,⑦並以名籍簡爲中心對"中"字標注的位置和使用方法進行了討論。⑧

筆者認爲"中"字是勾校的符號大致是没有問題的。《竹簡(貳)》、《竹簡(叁)》、《竹簡(肆)》、《竹簡(柒)》、《竹簡(捌)》刊行後又增加了更多的判斷材料,筆者自2009年1月以來也數次在長沙市簡牘博物館進行了實地調查。本文以立足於新的發現,對"中"字的使用狀況及其意義進行檢討。

一 關於朱痕

首先,《竹簡(貳)》中以簡貳・4509、4515、4807爲例,有關於朱痕的具體説明如下所示。説明中朱痕部分以灰底表示。

---

① 拙稿《長沙吴簡中の朱痕・朱筆・"中"字について》,《長沙吴簡研究報告》2009年度特刊,2010年;《長沙吴簡中の朱痕・朱筆・"中"字について(その2)》,《長沙吴簡研究報告》2010年度特刊,2011年。

② 王素、宋少華、羅新:《長沙走馬樓簡牘整理的新收獲》,《文物》1999年第5期。

③ 汪力工:《關於吴簡注記的"中"字》,《故宫博物院院刊》2004年第5期。

④ [日]谷口建速:《長沙走馬樓吴簡における穀倉關係簿初探》,《民衆史研究》第72號,2006年。

⑤ 拙稿《長沙走馬樓吴簡中の"邸閣"再檢討——米納入簡の書式と併せて——》,[日]太田幸男、多田狷介編:《中國前近代史論集》,東京:汲古書院,2007年。

⑥ 拙稿《長沙吴簡中の朱痕・朱筆・"中"字について》,《長沙吴簡研究報告(2009年度特刊)》,2010年2月。

⑦ 《竹簡(壹)》簡1820的注解認爲"已"字爲勾校符號。

⑧ 張榮强:《走馬樓户籍簡的"中"字注記》,《中國歷史文物》2009年第5期,收入所著《漢唐籍帳制度研究》,北京:商務印書館,2010年。

(1) 鮎魚魼(?)會大男張噫租錢月一萬一十 (貳·4509)

【注】"月一萬一千"上有紅色痕迹。

(2) □客舍大女黄汝租錢月六百 ▼ (貳·4515)

【注】"六百"上有紅色痕迹。

(3) ⍁領餘通粢租米一千四百九十四斛四斗四升八合三勺 ▼(貳·4807)

【注】此簡數字上畫有一條紅色筆道,"粢"字右側別有紅色筆迹,其字不能辨識。

【補注】實際所見,只有"一千"的部分上可以確認朱痕的存在。

可以看到,簡 1、2 中錢的數量部分,簡 3 中穀物的數量部分,都有涉及多字的朱痕出現。另外,從簡 3 的標注可以推測也有綫狀筆迹出現。

其次,實際所見可以確認朱痕的簡如下所示。確認有朱痕的部分以灰底表示。

(4) ⍁□□二百卌七斛□斗□□□入米八百九十二斛六斗事 二月十二日部由田曹史□□白 (壹·940)

【補注】據李均明、王昕,"部由田曹史□□白"當釋"部曲田曹史彭□白"。①

(5) 出錢九萬二千九百卌與襍錢二百九十二萬一千六十通合三百一萬四 (叁·6303)

(6) ⍁□百一十二錢與襍錢三百萬五百六十八錢通合三百一萬 (叁·6307)

(7) ·右領及收財用錢十五萬九千四百一十一錢 (叁·6317)

(8) 出錢廿四萬八千八百卅三錢被府丙寅書□□錢十萬四千六百七十⍁ (叁·7003)

(9) ·右出錢十九萬□千九百九十六錢 ⍁ (叁·7156)

(10) 其九十□萬九千□百八十准入吴平斛米五百斛々直一千八百卌 (叁·7165)

(11) 出錢五千七百七十萬吏番有傳送詣府嘉禾四年二月十三日付 (叁·7186)

雖然簡 10 只有"千"字的部分可以確認朱痕,但其他簡的朱痕部分都可以確認涉及兩字以上。特別是簡 5、8、11 涉及多字的錢額數量部分有朱痕,而且是如簡 3 標注的那種綫狀痕迹。只能確認部分的簡有很多,也有可能是朱色褪色,但從以上事例考慮,應該認

---

① 李均明、王昕:《〈長沙走馬樓三國吴簡·竹簡(壹)〉釋文校記(一)》,《出土文獻研究》第八輯,上海:上海古籍出版社,2007 年。

爲數量部分的朱痕原本就是綫狀的。標注了"數字上"的簡 3 自身,也只能確認"一千"的部分有朱痕。總之可以認爲都是在具體數值上加以綫狀朱筆,推測或者爲確認數量的勾校符號,或者爲以喚起注意爲目的的符號。

那麽,怎樣的情況下會加以綫狀朱筆呢?下面參考簡 1—11 的事例,從釋文後標注"有朱筆塗痕"的簡中,選擇應該有綫狀朱筆者,與簡 1—11 合而觀之,分類别進行整理檢討(以下實際所見或者圖版中可以確認朱痕的部分以灰底表示。省略關於朱痕的釋文標注)。

(一)錢關係簡

簡 1—11 中很多與錢相關。因此下面首先整理與錢相關者。

1. "出錢"簡

(5) 出錢九萬二千九百卌與禚錢二百九十二萬一千六十通合三百一萬[四]
(叁·6303)

(8) 出錢廿四萬八千八[百][卅][三][錢]被府丙寅書□□[錢]十萬四千六百七十☑
(叁·7003)

(11) 出錢五千七百七十萬吏番有傳送[詣]府嘉禾四年二月十三日付
(叁·7186)

(12) [出][錢][一]萬三千九百五□☑ (壹·2504)

(13) 出錢一萬□千☑ (壹·2734)

(14) 出錢廿九萬四千一[百]☑ (叁·6913)

(15) 出錢一萬六千六百六十三錢遣☑ (叁·7047)

(16) 出錢十□萬七千五百六錢嘉禾四年六月廿八日乙[亥]☑ (叁·7159)

(17) 出錢五萬二千八百被□嘉禾二年八月十五日己未書給市[以](?)布☑
(叁·7160)

【補注】據圖版,"被□"爲"錢"與編綴痕。

(18) 出錢三萬九千四百一十四錢□地僦錢[卌]萬二千☑ (肆·1509)

2. "右"簡(統計簡)

(9) ·右出錢十九萬□千九百九十六錢 ☑ (叁·7156)

(19) ·右出錢三萬九千四百八十五錢 ☑ (叁·6318)

(20) ·右出錢八十四萬七千一十三錢盡☑ (叁·6319)

(21) ·右出錢二百□□萬二千[七]百廿九[錢] (叁·7164)

(22) ·右出錢二萬六百九十五錢 (叁·7192)

(23) ·右領錢五千七百……☑ (叁·7187)

(7) ·[右]領及收財[用]錢十五萬九千四百一十一錢 (叁·6317)

3.“領”簡(表示管轄、保有的錢及其數額的簡)

(24) 定領二年皮賈行錢四百八十八萬 (叁·7189)

4.“今餘”簡(表示現在錢的殘額及其狀況的簡)①

(25) 今餘錢三千五百……☑ (叁·7052)

(26) 今餘錢五萬□千八百一十七錢見在庫吏潘有□ (叁·7190)

5.“租錢”簡(表示某人租錢的月額的簡)

(1) 鮎魚鮏(?)會大男張噫租錢月一萬一十 (貳·4509)

(2) □客舍大女黄[汝]租[錢]月六百 ▼ (貳·4515)

另外,還有如下一些與錢相關的簡,由於殘斷而無法歸入上述諸類,但在數量部分也有朱綫出現。

(6) ☑□百一十二錢與褋錢三百萬五百六十八錢通合三百一萬 (叁·6307)

(27) ☑□錢卌二萬八千三百廿九錢 (叁·6295)

(28) ☑□錢卅四萬七千七百卌盡 (叁·6306)

(29) ☑□……錢二萬六百九十五錢 (叁·6830)

(30) ☑□卅五萬□千四百一十一錢 (叁·7167)

如上所示,可以認爲“出錢”簡、“領”簡、“今餘”簡、“租錢”簡等的數量部分都有朱綫出現。“租錢”簡表示的是個人的納入,其他簡則與庫的出入和管理相關。

(二) 穀物關係簡

下面對穀物關係簡進行整理,如下所示。

1. 穀物納入簡②

(31) ☑[嘉]禾五年税米五斛一斗‖X☑ (壹·2777)

(32) ☑□年税米五十七斛六斗‖X☑ (壹·2778)

---

① 捌·2718也是同樣的情形。

② 柒·3354也是同樣的情形。木簡的事例有捌·4521、4522、4523、4524,宋少華2010(6)24頁⑤。

2. “入”簡

(33) 入廣成鄉五年税米十四斛 ⍁ (柒·3354)①

(34) 入三州倉運嘉禾三年吏帥客限米一千一百廿三斛二⍁ (柒·4063)

3. “已入”簡（以“已”表示已經納入部分的簡）②

(35) ·已入六萬五千六百廿斛五斗八升 ⍁ (叁·7290)

4. “右”簡(統計簡)

(36) ·右租税□□□米七千九百七十二斛二斗二升 (壹·6246)

(37) 右卌一斛六斗……⍁ (叁·6585)

(38) 右米一萬二千五百卅斛牒録事主者致 (肆·1275)

5. “集凡”簡(統計簡)

(39) ·集凡領逋空米五萬六千六百廿六斛四斗七升三合二勺五撮三圭 (肆·1227)

6. “其”簡(明細簡)③

(40) 其四百五十七斛四斗五升付州中邸閣李嵩倉吏李金 (肆·4609)

(41) 其一千八百斛四斗八升七合付州中邸閣李嵩倉吏李金 (肆·4616)

(42) 其二百卅九斛八斗六升付州中邸閣李嵩倉吏黄諱潘慮 (肆·4624)

(43) 其六萬三千廿斛一斗六升付邸閣李嵩倉吏黄諱潘慮 (宋少華 2010[3]15 頁⑥,簡號不詳)

(44) 其廿六斛付醴陵漉浦倉吏周進 (肆·4612)

(45) 其十斛付醴陵漉浦倉吏周進 (肆·4610)

(46) 其十二斛付醴陵漉浦倉吏周進 (宋少華 2010[3]15 頁④,簡號不詳)

(47) 其一千七百一十七斛八斗八升付吏三業蔡黑給稟所 (宋少華 2010[3]15 頁⑤,簡號不詳)

(48) 其一百卌二斛六斗三升給貸嘉禾四年貧民佃種粻收還别列 (肆·4608)

(49) 其一百廿二斛九斗八升四合給貸嘉禾四年貧民佃種粻收還别列 (肆·4613)

---

① 該簡也可能是穀物納入簡。

② 捌·5462 也是同樣的情形。

③ 柒·3365 也是同樣的情形。

(50) 其八十八斛七斗七升給貸嘉禾四年貧民佃種粻收還別列 (肆•4614)

(51) 其卅一斛給貸嘉禾三年貧民佃種粻收還別列 (肆•4620)

(52) 其九十□萬九千□百八十准入吴平[斛]米五百斛々直一千八百卌 (叁•7165)

(53) 其五百五十三斛□□▨ (壹•421)

7. "領"簡(表示管轄、保有的穀物及其額度的簡,簡3雖然缺失了開頭部分,但應該是相當於"領"簡)①

(3) ▨[領]餘通桼租米一千四百九十四斛四斗四升八合三勺 ▼(貳•4807)

(54) 領餘逋二年新吏限吴平斛米一百七十三斛七斗六升已入畢 (肆•4611)

(55) 領餘逋二年租吴平斛米一十九斛一斗三升已入畢付州中邸閣李嵩倉 (肆•4618)

(56) 領餘逋二年復民□吴平斛米廿一斛五斗一升六合已入畢出給貸嘉禾▨ (肆•4627)

(57) 領餘逋二年佃帥限吴平斛米三百卅七斛[二]斗三升已入畢 (肆•5039)

如上所示,雖然《竹簡(壹)》、《竹簡(貳)》、《竹簡(叁)》、《竹簡(肆)》、《竹簡(柒)》、《竹簡(捌)》的"出米"簡中不能確認有朱綫出現,但穀物納入簡、"入"簡、"已入"簡、"右"簡(統計簡)、"集凡"簡(統計簡)、"其"簡(明細簡)、"領"簡等與穀物的出入和管理相關的簡的數量部分是畫有朱綫的。

另外,還有如下一些無法確認是錢關係還是穀物關係的"已入"簡和"其"簡(明細簡),其中簡59、60從數量上看是錢關係簡的可能性比較高。

(58) 已入□□□一千四百 ▨ (叁•6462)

(59) 已入廿二萬八千二百六十 (叁•7188)

(60) 已入一百六十一萬二千五百七十八 (肆•1135)

(61) ▨其二萬六千□▨ (壹•2568)

(62) ▨其一[百]▨ (叁•5314)

(63) 其一千一百卅[六]▨ (叁•5315)

又有如下一簡同樣不能確認是錢關係簡還是穀物關係簡,但記載了數量,且在圖版上可以確認有朱痕。

① 捌•5395也是同樣的情形。

(64) ☑ 十 萬 六千八百 已 責 ☑ （壹·5743）

(三) 其他

在以上的錢關係簡和穀物關係簡之外，還有如下所示的物品關係簡、陂塘關係簡、"草言……事　……白"簡中，也發現有朱痕者。

1. 物品關係簡

(65) ☑合十三斤四兩 一 銖 （叁·6558）

2. 陂塘關係簡

(66) ☑……波二所☑ （叁·6350）

3. "草言……事　……白"簡

(4) ☑□□二百 卌七 斛□ 斗 □□□ 入米 八百 九十二斛六斗 事 　二月十二日 部 由田曹史□□ 白 （壹·940）

(67) ☑五百卌斛一斗五升□……□月廿七日倉曹史烝堂彭政白 （肆·2899）

簡65雖然是斷簡，但在重量部分可以確定畫有朱綫。簡66朱痕的狀況從圖版來看並不明了。簡4釋讀不明的地方比較多，但《竹簡(柒)》中"草言……事　……白"簡散見多處，從排列與文句考慮應屬此類簡，且數量部分和簡67一樣都是可以確認畫有朱綫的。

另外，管見所及，與"中"字並用的例子尚未見過。因此，雖然之前推測或者是爲了確認數量的勾校符號，或者是引起注意的符號，這樣看來應該還是勾校的符號。涉及錢穀的出入與管理時，重視對其數量的勾校。可以認爲是作爲表示對數量進行過勾校的符號，在數量部分的上面畫以朱綫。

又管見所及，在《竹簡(壹)》、《竹簡(貳)》、《竹簡(叁)》、《竹簡(肆)》、《竹簡(柒)》、《竹簡(捌)》中，與布和皮相關的簡中，以朱綫表示勾校符號的例子尚未能確認。

二　關於"中"字

筆者認爲"中"字是勾校的符號大致是没有問題的。下面的簡可以證明這一點。

(69) 入東鄉嘉禾中五年税米十九斛𠄘嘉禾五年十二月廿四日沮丘 董 ☑ （叁·3880）

【注】簡中"中"爲朱筆。

(70) 入平鄉黃龍三年稅米一斛冑畢𠃊嘉禾元年十一月十七日僕丘男子□□付
三州倉吏谷漢受　中　(叁·3596)

【注】"中"原補寫於"受"右。

從實物來看,簡69朱筆的"中"字添寫於"禾"字之上,因此可以明確是後來追記的。而簡70從實物來看,在簡末"受"字段右側,可以明顯看到補記的"中"字。[①] 此外,在《竹簡(叁)》中也可以看到在簡末左右記載有"中"字的注釋之例。由此可知,"中"字是後來添寫的文字,是作爲勾校符號而添寫的。大約與居延漢簡和樓蘭魏晋簡中所見的"卩"字勾校符號相當。[②] "中"字在汪力工所列舉的名籍簡和穀物納入簡中也多有出現。[③]下面就以名籍簡和穀物納入簡等爲中心進行整理、檢討。

(一) 名籍簡

關於名籍簡,張榮强以《竹簡(壹)》、《竹簡(貳)》、《竹簡(叁)》爲基礎,指出"中"字在結句簡中標注於第三欄的"貲若干"上,在户主或家庭成員簡中標注於年齡和身體特徵之後,並指出這些勾校爲時人所重。[④] 其後因爲《竹簡(肆)》、《竹簡(柒)》、《竹簡(捌)》陸續刊行,本稿繼續對這一問題加以分類整理和檢討。管見所及,名籍簡中"中"字在户人簡、家庭成員簡、"右"簡、"凡"簡、"集凡"簡中可以確認,以下分别對相關簡牘進行整理和檢討。

1. 户人簡(朱筆"中"字9例,朱痕1例,墨筆"中"字1例)

户人簡中可以確認"中"字的簡,如下所示("丨"表示編綴痕,下同):

(71) 彈渡里户人公乘唐啓(?)年丨六十二　中　丨妻應年五十一(貳·37)

【注】"中"字爲紅色筆迹。

(72) ☑里户人公乘廉信年卌丨五　妻思年卌六　丨　中　(貳·2698)

【注】竹簡下端有紅色筆迹。

【補注】據圖版,下部可以確認朱筆"中"字,故補於此。

(73) ☑人公乘何樵年六十三丨　丨　中　(叁·3006)

【注】簡末"中"爲朱筆。

(74) 高平里户人公乘魯開年丨卅一算一刑右手　丨　中　(叁·2998)

---

① 拙稿《長沙吴簡中の朱痕·朱筆·"中"字について》,《長沙吴簡研究報告》2009年度特刊,2010年。

② 例如,居延漢簡26·21,樓蘭魏晋簡Ch.807。

③ 汪力工:《關於吴簡注記的"中"字》,《故宫博物院院刊》2004年第5期。

④ 張榮强:《走馬樓户籍簡的"中"字注記》,《中國歷史文物》2009年第5期,收入所著《漢唐籍帳制度研究》。

【注】簡末“中”爲朱筆。

(75) 東陽里户人公乘這整年|卅二算一　|訾五十　中 (貳·5038)

簡71是户人和妻的並記簡,在户人的年齡後添寫朱筆“中”字。簡72也是户人和妻的並記簡,但朱筆“中”字添寫於妻年齡之後的簡下方。簡73是户人單記簡,在年齡之後的簡下方有添寫朱筆“中”字。叁·3894也是同樣的情形。壹·9422也是户人單記簡,因爲有朱痕,可以推測是朱筆“中”字(叁·2224“鎌佐”簡、叁·2451“治師”簡也是同樣的情形。)。簡74是户人單記簡,記録了年齡、算、身體特徵,在身體特徵之後的簡下方添寫朱筆“中”字。記録身體特徵的户人單記簡壹·935也是如此。簡75是户人單記簡,記録了年齡和算,同樣在簡下部添寫朱筆“中”字。

2. 家庭成員簡(朱筆“中”字8例,朱痕25例,墨筆“中”字6例,朱筆“已”字3例)

家庭成員簡中,可以確認“中”字的簡,首先散見於如下所示的單記簡。朱筆“中”字多添寫於年齡之後和簡末。年齡之後的例子有簡76和壹·3030;簡末的例子有簡77和壹·9480,叁·3104、7308,肆·1657。如:

(76) |高姪子公乘恨年五歲　中| (壹·2937)

【注】簡中“中”爲朱筆。

(77) |殷妻大女婢年十八　|　中 (壹·9478)

【注】簡下“中”爲朱筆。

簡末墨筆“中”字的例子有1例(貳·491)。簡上、簡中、簡下朱痕只有一字大小的情況,推測爲朱筆“中”字的痕迹。簡上朱痕的例子有壹·8269、8682,叁·2222;簡中朱痕的例子有壹·2859、2982、3030、5666、5772、8511、8995、8996、10488、10497,叁·2361、5833,肆·2177(?);簡下朱痕的例子有壹·6623、6735、6794、6902、6931、10211,貳·4858,叁·214、2291。

其次是記録“細小”的簡,簡末添寫墨筆“中”字(貳·6853,叁·187、2962也是同樣的):

(78) |典子男思(?)年六歲細小　|　中 (貳·7089)

(79) |儀兄子男汝年十四細|小隨儀在宫　一名海　中 (叁·2950)

另外,連記簡中在簡上方添寫朱筆“中”字的有如下一例:

(80) 中|禿母大女□年□□□　|□妻大女姑年廿廿八算一 (肆·2680)

【注】“中”爲朱筆迹。

此外,也可以看到如下所示的以添寫朱筆“已”字代替朱筆“中”字的例子(叁·2419

也是同樣的):

(81)　子男……　|級妻綺年十□　|　已　(叁·2225)

【注】"子男……"與"已"均爲朱筆。

(82) 物故師劉陽棋|佳子女阿年十歲　|已　(叁·2226)

【注】"已"爲朱筆。

3. "右"簡(朱筆"中"字 118 例,朱痕 9 例,墨筆"中"字 5 例)

在結句簡中,"右"簡類可以確認"中"字的簡,多散見於下面的簡牘。朱筆"中"字添寫於"貲"字之前的有 113 例,①添寫於貲之額"五十"之間的有 3 例(肆·2044、2045、2046),如:

(83)　右頭家|口食四人　中|貲　五　十　(壹·2923)

【注】簡中"中"爲朱筆。

(84)　·　右佌家口食四人|　|貲　五　中　十 (肆·2044)

【注】"中"爲朱筆迹。

墨筆"中"字的例子有 5 例,即肆·2052、2078、2079、2454、2943。但是,這些圖版都不明了。又簡中朱痕的例子有壹·8464、8467、8475、8478、8491、9689,叁·3485,捌·750;簡下朱痕的例子有貳·3455。

4. "凡"簡(朱筆"中"字 32 例,朱痕 9 例)

在結句簡中,"凡"簡類可以確認"中"字的簡,多散見於下面的簡牘,朱筆"中"字與"右"簡一樣添寫於"貲"字之前的例子有 29 例,②簡中朱痕的例子有 7 例。③ 如:

(85)　凡口四事|算二事一　中|貲　五　十　(壹·2944)

【注】簡中"中"爲朱筆。

---

① 壹·2923、2935、2999、3386、5337、5356、5373、5396、5407、5437、5446、5448、5469、5481、5520、7857、8016、8295、8513、8523、8633、8685、8735、8982、9021、9022、9026、9070、9132、9137、9145、9154、9169、9182、9187、9190、9191、9222、9223、9286、9296、9329、9366、9378、9393、9397、9402、9428、9437、9441、9455、9461、9464、9479、9481、9484、9487、9497、9503、9554、9569、9589、9637、9742、9769、9792、9817、9995、10018、10022、10478、10526,貳·2500、4409、4423、6716、6720、6774,叁·3298、3305、5666、5817、5904、6043、6071、6115、6116、6172、6565,肆·2047、2497、2505、2508、2511、2512、2523、2525、2634、2636、2641、2644、2648、2656、2659、2668、2672、2677、2698、2699、2700 乙、2701、2706、2707。

② 壹·2856、2901、2907、2940、2944、3064、3076、3343、4908、4994、7815、7816、10085、10156、10157、10161、10194、10202、10203、10204、10205、10214、10395、10439、10444,叁·3299、5744、5824、5905。

③ 壹·4506、7586、8694、10054、10243、10422、10490。

另外,也能看到 3 例"貲"字本身上添寫了朱筆"中"字(壹·3005、3401、4950,參照胡平生校證[①]),也能看到 2 例"貲"字本身上朱痕(貳·4411、4412)。

5. "集凡"簡(墨筆"中"字 1 例,朱痕 1 例)

在結句簡中,"集凡"簡類可以確認"中"字的簡有如下 1 例,墨筆"中"字添寫於簡末,朱痕的例子有 1 例(肆·1227)。

(86) 集凡中鄉州軍吏四|人父[子]兄弟三人 | 中 (叄·3012)

如上所示,在名籍簡中的户人簡和家庭成員簡的場合,可以説朱筆"中"字多添寫於年齡之後和簡的下方、簡末。但是,也有像簡 80 這樣添寫於簡上方的例子。在"右"簡、"凡"簡的場合,可以説朱筆"中"字多添寫於"貲"字之前。但是,像簡 84 這樣朱筆"中"字添寫於貲之額"五十"之間的也有 3 例。"集凡"簡類可以確認"中"字的簡,1 例以墨筆"中"字添寫於簡末。

(二) 穀物關係簡

那麽,在名籍以外多散見"中"字的穀物關係簡中,是怎樣被添寫的呢? 下面,對穀物關係簡進行整理和檢討。

首先,在穀物納入簡以外可以確認"中"字的簡,如下所示:

(87) 入私學黄龍元年限|米卅一斛五斗 | 中 (壹·2165)

【注】簡末"中"爲朱筆。

(88) 入三州倉運民還|黄武七年吏帥客限米二斛 | 中 (壹·1753)

(89) 入黄龍三年新吏限米卅六|斛三斗 | 已中 (壹·1820)

【注】"已"爲勾校符號。下同,不再注明。

(90) 已入七百廿七斛二斗四升|三州倉關邸閣李嵩|吏監賢受 中 (壹·3207)

(91) ·右民入租|米八十五斛五升 | 中 (貳·438)

(92) |其一萬九千六百廿四斛|九斗一升六合黄龍三年□米 (壹·2174)

【注】簡末有朱筆塗痕。

(93) 其廿斛民入付州|中倉關邸閣李嵩吏|黄諱潘慮受 中 (壹·3047)

---

① 胡平生:《〈長沙走馬樓三國吴簡〉第二卷釋文校證》,《出土文獻研究》第七輯,上海:上海古籍出版社,2005 年。

(94) 領黄龍二年士租米六|斛六斗黄龍三年民貸食|付吏鄭黑　　中

（壹・3127）

可知在“入”簡（朱筆 10 例，墨筆 61 例）、“已入”簡（墨筆 4 例）、“右”簡（統計簡，墨筆 9 例）、“其”簡（明細簡，朱筆 4 例，墨筆 30 例）、“領”簡（墨筆 4 例）中都有添寫“中”字。在“入”簡中，有如簡 87 這樣在簡末添寫朱筆“中”字的場合，也有如簡 88 這樣在簡末添寫墨筆“中”字的場合。簡 89 中，作爲勾校符號，以墨筆添寫了“已”字和“中”字。簡 92 簡末的“朱筆塗痕”推測是朱筆“中”字，可以説在“其”簡（明細簡）中也有添寫朱筆“中”字和墨筆“中”字的場合。而在“已入”簡、“右”簡（統計簡）、“領”簡的簡末雖然有添寫墨筆“中”字的例子，但管見所及，尚未能確認朱筆“中”字的存在。

下面對多散見“中”字的穀物納入簡進行整理和檢討。

對於以“入”字開頭的穀物納入簡的格式，過去有四種形式的分類，爲行文方便，這裏以“A 形式”和“D 形式”的格式爲例進行説明。

A 形式：按照“入”、鄉名、納入米的種類、米的數量、〈“胄畢“或“僦畢”、“胄米畢”等〉、“||X”、年月日、丘名、〈身份〉、姓名、“關”、“邸閣”姓名（署名）、“付”、“倉吏（三州倉吏）”姓名（署名）、“受”（或爲自署）的順序構成（〈　〉表示也有缺失的情況。以下同此）。

(95) 入平鄉嘉禾二年税米七斛五斗胄畢||X嘉禾二年九月廿七日常略丘烝高關邸閣董基付三州倉吏谷漢受　（壹・3247）

(96) 入小武陵鄉嘉禾元年税米三斛胄畢||X嘉禾二年二月十三日平支丘謝□關邸閣董基付三州倉吏谷漢受　　中　（叁・5656）

【注】簡末“中”爲朱筆。

D 形式：按照“入”、鄉名、納入米的種類、米的數量、〈“胄畢”（或“胄米畢”等）〉、“||X”、年月日、丘名、〈身份〉、姓名、“付”、“倉吏（三州倉吏）”姓名（署名）、“受”、〈“中”〉的順序構成。没有“關”、“邸閣”姓名（署名）。

(97) 入廣成鄉三年税米一斛六斗胄畢||X嘉禾元年十月廿七日复薄丘吴惕付三州倉吏谷漢受　中　（叁・1355）

(98) 入樂鄉私學由闔元年限米十一斛二斗胄畢||X嘉禾元年十一月六日敷丘大男萌甘付三州倉吏谷漢受　（叁・2695）

(99) 入東鄉税米卅二斛就畢||X嘉禾元年十一月二日劉里丘大男殷楷付三州倉吏谷漢受　　中　（叁・1078）

【注】“中”爲朱筆迹。

“中”字多散見於以上兩種形式中的“D形式”,“A形式”中也有若干例子。“D形式”中,包括了簡97這樣在簡末有墨筆“中”字的簡,簡99這樣在簡末有朱筆“中”字的簡,簡98這樣在簡末看不到“中”字的簡。關於“D形式”所見作爲勾校符號的“中”字有無,可整理如下(也包括了以“出”字開始的例子[《竹簡(叁)》中墨筆“中”字1例,《竹簡(肆)》中朱筆“中”字3例],括號内數字包括了有可能性的簡):

	朱筆“中”字	墨筆“中”字	“中”字没用
竹簡(壹)	2①	11②	4③
竹簡(貳)	?	?	?
竹簡(叁)	14(16)④	217(220)⑤	83(85)⑥

① 壹·67、1545。

② 壹·44、61、174、180、184、195、197、231、234、236、240。

③ 壹·21、230、242、282。

④ 叁·5023、5024、5025、5048、5050、5053、5080、5154、5177、5179、5257、5307、5471、5501。(3880、8188)。

⑤ 叁·456、1316、1355、1409、1418、1434、2655、2657、2662、2675、2678、2682、2683、2686、2687、2693、2702、2703、2704、2708、2709、2710、2713、2720、2721、2722、2723、2724、2725、2726、2729、2730、2731、2732、2733、2735、2738、2741、2743、2744、2745、2746、2748、2750、2751、2755、2757、2759、2761、2765、2766、2767、2768、2770、2772、2774、2777、2778、2779、2781、2783、2786、2789、2792、2793、2794、2797、2800、2802、2809、2810、2821、2825、2826、2827、2828、2829、2830、2832、2833、2839、2840、2841、2843、2844、2846、2855、2859、2860、2861、2862、2864、2866、2869、2870、2871、2874、2876、2878、2880、2881、2882、2884、2886、2887、2889、2895、2899、2927、2932、2967、2992、3147、3576、3577、3578、3579、3581、3582、3583、3584(出)、3585、3586、3587、3589、3590、3595、3596、3597、3598、3600、3604、3605、3607、3608、3610、3612、3613、3614、3618、3620、3621、3622、3623、3625、3631、3638、3642、3643、3648、3649、3650、3654、3655、3656、3657、3658、3667、3671、3672、3673、3674、3675、3676、3678、3679、3681、3682、3683、3685、3687、3690、3692、3694、3695、3697、3698、3699、3700、3701、3703、3704、3705、3706、3707、3708、3710、3713、3714、3715、3718、3722、3724、3726、3738、3740、3742、3747、3749、3750、3755、3756、3762、3764、3765、3766、3767、3768、3769、3783、3784、3786、3791、3794、3801、3806、7986。(1362、2817、8354)。

⑥ 叁·1339、1414、1443、1453、2654、2665、2667、2668、2670、2672、2673、2679、2692、2695、2698、2706、2707、2711、2712、2714、2715、2717、2739、2740、2747、2749、2753、2758、2771、2775、2780、2782、2784、2787、2788、2795、2796、2798、2799、2801、2803、2807、2808、2816、2824、2831、2834、2842、2849、2857、2858、2863、2875、3593、3594、3599、3603、3616、3691、3696、3716、3723、3748、3763、3789、3790、4998、4999、5001、5079、5175、5633、5651、6190、7961、7963、7967、7979、7983、7988、8011、8014、8015。(3854、7984)。

續 表

	朱筆"中"字	墨筆"中"字	"中"字没用
竹簡(肆)	295①	1②	319(322)③
竹簡(柒)	?	?	?

① 肆·948、982、983、985、986、987、990、991、992、993、994、995、997、998、1000、1001、1003、1005、1007、1012、1013、1014、1015、1016、1017、1018、1019、1020、1022、1025、1026、1028、1029、1030、1032、1033、1035、1036、1037、1038(出)、1039、1040、1041、1043、1047、1048、1049、1052、1053、1054、1057、1058、1059、1060、1061、1064、1065、1069、1070、1071、1076、1077、1078、1079(出)、1080、1081(出)、1082、1083、1086、1102、1107、1108、1109、1112、1113、1119、1129、1137、1177、1184、1192、1232、1254、1538、1658、1681、1684、1689、1690、1692、1712、1714、1777、1778、1780、1791、1799、1800、1805、1806、1811、1812、1820、1825、1828、1829、1830、1833、1844、1846、1850、1865、1874、1896、1948、1949、1952、1958、1998、2102、2103、2108、2109、2110、2118、2125、2127、2139、2159、2162、2169、2196、2249、2263、2264、2265、2266、2268、2269、2271、2272、2273、2274、2275、2276、2277、2279、2281、2283、2284、2285、2286、2289、2292、2296、2299、2300、2301、2302、2305、2306、2308、2310、2311、2314、2315、2318、2547、2569、2571、2574、2575、2577、2578、2585、2586、2587、2588、2785、2788、2946、3011、3014、3127、3128、3131、3137、3141、3142、3143、3146、3147、3148、3168、3169、3174、3181、3182、3183、3185、3197、3240、3435、3437、3439、3441、3442、3446、3447、3452、3480、3486、3491、3493、3494、3505、3510、3512、3514、3545、3547、3557、3559、3560、3571、3572、3573、3575、3598、3609、3615、3626、3627、3642、3650、3655、3658、3660、3663、3666、3672、3678、3686、3727、3733、3739、3743、3745、3746、3747、3754、3755、3756、3757、3758、3760、3763、3764、3774、3776、3781、3782、3783、3785、3786、3787、3788、3796、3798、3799、3802、3805、3807、3808、3816、3818、3819、3820、3845、3849、3855、3861、3907、3908、3909、3910、3923、3927、3961、3963、3964、3967、3969、3972、3974。

② 肆·3556(但是圖版不明了)。

③ 肆·824、889、907、908、984、988、989、996、1004、1006、1009、1010、1021、1023、1024、1027、1045、1050、1051、1062、1063、1072、1073、1074、1084、1085、1089、1097、1103、1106、1110、1111、1114、1116、1124、1126、1127、1130、1132、1133、1136、1143、1144、1145、1146、1147、1150、1151、1152、1153、1154、1155、1156、1157、1158、1159、1160、1162、1163、1169、1171、1173、1174、1176、1179、1183、1188、1189、1193、1195、1197、1200、1203、1207、1208、1209、1211、1214、1215、1218、1219、1224、1225、1226、1238、1239、1244、1248、1250、1251、1252、1256、1258、1260、1326、1328、1330、1332、1347、1348、1365、1372、1414、1449、1467、1472、1503、1504、1527、1551、1553、1560、1561、1562、1570、1576、1577、1580、1587、1593、1599、1616、1667、1694、1715、1723、1766、1790、1793、1796、1797、1801、1804、1807、1808、1809、1813、1814、1815、1816、1818、1819、1821、1822、1823、1824、1826、1827、1834、1845、1848、1854、1855、1856、1858、1859、1860、1872、1873、1884、1893、1908、1910、1911、1950、1970、1995、2008、2062、2064、2067、2131、2134、2137、2148、2155、2163、2165、2172、2217、2278、2280、2282、2287、2288、2290、2291、2293、2295、2297、2298、2303、2304、2309、2312、2319、2320、2328、2560、2597、2765、2767、2777、2783、2798、2813、2880、3121、3122、3123、3126、3130、3133、3134、3135、3136、3139、3140、3144、3145、3150、3151、3153、3154、3155、3156、3159、3161、3163、3167、3171、3175、3177、3178、3179、3180、3184、3190、3191、3192、3195、3428、3430、3431、3432、3433、3434、3443、3444、3453、3476、3479、3481、3489、3492、3496、3500、3511、3533、3540、3558、3582、3588、3591、3607、3616、3625、3651、3652、3653、3665、3670、3680、3693、3694、3704、3725、3726、3732、3734、3735、3741、3753、3765、3770、3772、3779、3780、3784、3789、3795、3797、3800、3801、3803、3806、3817、3821、3826、3833、3834、3850、3851、3852、3854、3856、3857、3858、3859、3860、3863、3911、3912、3922、3924、3929、3939、3962。(2765、3158、3630)。

續 表

	朱筆“中”字	墨筆“中”字	“中”字没用
竹簡(捌)	?	?	?
合　計	311(313) 32.9(32.7)%	229(232) 24.2(24.3)%	406(411) 42.9(43.0) %

可以確認朱筆“中”字有 311 例,墨筆“中”字有 229 例,因此可知添寫“中”字的例子占了多數。關於未添寫“中”字的簡,也存在著朱筆“中”字褪色的可能性。可以推測或是因爲未通過邸閣中轉,或是因爲三州倉吏谷漢自己没有署名,①增加了勾校的機會。另外,“D 形式”在《竹簡(壹)》、《竹簡(貳)》、《竹簡(叁)》中多見於嘉禾元年正月至嘉禾二年正月,尤集中於嘉禾元年十月—十二月(也有嘉禾二年四月、十月、十一月,嘉禾三年五月,嘉禾四年的例子,但因爲圖版不清楚,也可能是元年)。② 在《竹簡(肆)》所包含的 295 例中,除去月份不明者 7 例和某年十一月的 7 例之外,其餘全部爲嘉禾元年十一月,故某年十一月的 7 例很可能也是嘉禾元年十一月。現階段,可以説“D 形式”是在嘉禾元年正月至嘉禾二年正月向三州倉納入穀物時所使用的格式。另外,因爲朱筆“中”字和墨筆“中”字也有同日使用的例子,所以尚不能判斷朱筆與墨筆的用法區别。

下面,爲考察朱筆和墨筆的使用區别,以鄉名明確者爲對象,將各鄉情況整理如下表。是否按鄉區分使用則不明確。

	朱筆“中”字	墨筆“中”字	“中”字没用
竹簡(叁)	?	廣成鄉　57③	廣成鄉　11④
		東鄉　28⑤	東鄉　10⑥

① 邢義田認爲,谷漢的署名未必是谷漢自身的署名。見邢義田:《漢至三國公文書中的簽書》,《文史》2012 年第 3 期。

② 拙稿《長沙吴簡における米納入狀況再考》,《歷史研究》(大阪教育大學)第 47 號,2010 年。

③ 叁 · 1355、2686、2693、2710、2720、2724、2725、2731、2735、2750、2751、2757、2766、2768、2772、2774、2781、2783、2786、2789、2792、2802、2810、2859、2861、2862、2866、2871、2882、3582、3590、3595、3607、3612、3613、3620、3648、3649、3672、3674、3675、3676、3679、3682、3687、3690、3697、3701、3703、3704、3707、3708、3750、3762、3764、3784、3786。

④ 叁 · 2654、2717、2747、2749、2758、2780、2801、2842、2857、2858、7983。

⑤ 叁 · 1418、2761、2825、2827、2829、2841、2855、2860、2864、2870、3576、3579、3583、3589、3597、3604、3625、3631、3667、3671、3678、3681、3692、3700、3706、3715、3756、3768。

⑥ 叁 · 2712、2715、2771、2787、2795、2798、2834、2849、3593、3594。

續 表

	朱筆"中"字	墨筆"中"字	"中"字没用
竹簡(叁)	?	平鄉 28①	平鄉 9②
		樂鄉 20③	樂鄉 3④
		小武陵鄉 19⑤	小武陵鄉 9⑥
		桑鄉 6⑦	桑鄉 6⑧
		西鄉 2⑨	
		南鄉 1⑩	
		北鄉 1⑪	
		中鄉 1⑫	
		小丼? 鄉 1⑬	
			幸鄉 1⑭
竹簡(肆)	廣成鄉 10⑮	?	廣成鄉 7⑯

① 叁・1409、2675、2678、2682、2683、2869、2702、2723、2726、2729、2767、2770、2833、2844、2846、3584(出)、3577、3587、3596、3623、3698、3710、3713、3726、3747、3749、3766、3783。

② 叁・2668、2753、2831、3599、3691、3696、3716、3763、5651。

③ 叁・2708、2709、2721、2732、2741、2745、2746、2800、2809、2832、2839、2874、2876、2878、3586、3605、3614、3618、3622、3767。

④ 叁・2695、2711、2875。

⑤ 叁・2687、2703、2704、2733、2738、2744、2777、2778、2779、2794、2797、2843、3581、3608、3685、3724、3742、3765、3769。

⑥ 叁・2692、2714、2784、2788、2816、2863、3748、3790、7979。

⑦ 叁・2662、2730、2765、2880、3621、3695。

⑧ 叁・1339、2706、2707、2739、2740、2665。

⑨ 叁・2830、3738。

⑩ 叁・3694。

⑪ 叁・3683。

⑫ 叁・1434。

⑬ 叁・2748。

⑭ 叁・1443。

⑮ 肆・1032、1035、1036、1037、1038(出)、1065、2139、3480、3908、3969。

⑯ 肆・1193、1239、1667、2765、2767、2777、2798。

續　表

	朱筆“中”字	墨筆“中”字	“中”字没用
竹簡(肆)	平鄉　23①	?	平鄉　69②
	東鄉　51③		東鄉　32④
	小武陵鄉　59⑤		小武陵鄉　28⑥
	樂鄉　7⑦		樂鄉　7⑧
	桑鄉　15⑨		桑鄉　44⑩
	西鄉　17⑪		西鄉　18⑫
			模鄉　1⑬

① 肆·1019、1057、1058、1077、1082、1086、1107、1844、2279、2284、2289、2299、2308、2310、2311、2785、3131、3446、3557、3560、3727、3807、3849。

② 肆·1004、1009、1010、1062、1063、1072、1089、1097、1103、1111、1116、1132、1143、1152、1188、1195、1203、1207、1218、1224、1238、1248、1326、1330、1332、1562、1694、1790、1813、1819、1848、1860、2278、2282、2288、2295、2298、2309、2312、2328、2783、3130、3134、3135、3139、3140、3144、3150、3154、3430、3433、3434、3651、3652、3694、3725、3741、3770、3784、3817、3834、3848、3850、3852、3854、3857、3858、3924、3962。

③ 肆·982、983、985、986、987、990、991、992、993、994、997、1003、1018、1028、1033、1039、1040、1041、1043、1047、1048、1049、1052、1053、1054、1064、1070、1078、1080、1108、1109、1112、1113、1129、1192、1791、1811、2569、3137、3143、3439、3447、3486、3747、3757、3763、3783、3785、3796。

④ 肆·984、988、989、996、1024、1045、1050、1051、1073、1084、1114、1144、1146、1154、1157、1158、1159、1171、1179、1189、1365、1414、1449、1472、1804、1855、1858、1859、2064、2291、3133、3153。

⑤ 肆·995、998、1000、1001、1005、1007、1013、1014、1015、1016、1025、1026、1029、1059、1060、1061、1079(出)、1081(出)、1177、1232、2266、2271、2276、2281、2302、2306、2547、2577、2578、2587、2588、3146、3147、3148、3168、3174、3181、3182、3183、3666、3733、3739、3754、3755、3758、3760、3764、3781、3788、3798、3799、3802、3818、3845、3855、3907、3909、3910、3961、3963、3964。

⑥ 肆·1006、1176、1209、1215、1244、1250、1256、1258、1372、2319、3159、3161、3163、3167、3171、3178、3175、3179、3180、4431、3765、3772、3795、3800、3801、3821、3911、3922。

⑦ 肆·1012、1017、1020、1022、1030、1137、3819。

⑧ 肆·1021、1023、1155、1173、1174、1225、3753。

⑨ 肆·1069、1071、1102、1184、2283、2286、2292、2296、2305、3169、3437、3559、3571、3756、3805。

⑩ 肆·889、1110、1124、1136、1150、1151、1153、1156、1160、1162、1163、1169、1183、1197、1200、1211、1214、1347、1348、1503、1560、1561、1793、1809、1814、1845、1950、2287、2290、2293、2304、2813、3122、3151、3432、3444、3479、3704、3789、3797、3803、3806、3833、3912。

⑪ 肆·1538、1800、1812、1820、1846、2268、2269、2273、2274、2275、2301、2314、2315、2318、2788、3816、3861。

⑫ 肆·1251、1252、1467、1504、1816、1818、1854、1872、1873、1970、2280、2320、3558、3735、3856、3859、3860、3863。

⑬ 肆·1074。

而且，如下所見，朱筆與墨筆的“中”字是存在同鄉、同丘在同日使用的例子的。因此朱筆與墨筆的使用區别，並非緣於鄉與丘的不同。但是，《竹簡(肆)》和《竹簡(叁)》也有不同。所以即使是同鄉、同丘在同日的納入，也不能排除勾校者不同的可能性，無法一概而論。

(100) 入平鄉税米十二斛六斗冑畢|||嘉禾元年十一月十日於上丘番牒付三州倉吏谷漢受　中　(肆・2284)

【注】“中”爲朱筆迹。

(101) 入平鄉三年税米一斛二斗冑畢|||嘉禾元年十一月十日於上丘鄭倉付三州倉吏谷漢受　中　(叁・2846)

(102) 入東鄉税米十三斛冑畢|||嘉禾元年十一月十三日辜丘鄭南付三州倉吏谷漢受　中　(肆・987)

【注】“中”爲朱筆迹。

(103) 入東鄉三年税米一斛冑畢|||嘉禾元年十一月十三日辜丘黄强付三州倉吏谷漢受　中　(叁・2855)

另一方面，“A 形式”中添寫“中”字的例子如下所示。

(104) □□鄉嘉禾元年子弟限米一斛冑畢|||嘉禾二年正月四日書丘男子李適關邸閣董基付三州倉吏谷漢受　中　(叁・5657)

【注】簡末“中”爲朱筆。

(105) 入平鄉嘉禾元年私學限米七斛三斗冑米畢|||嘉禾二年正月八日畫丘鄧宣關邸閣董基付三州倉吏谷漢受　已　(叁・5712)

【注】“已”爲朱筆。

(106) 入平鄉吏烝若備五年税米廿四斛三斗冑畢|||嘉禾二年正月十三日栗丘烝山關邸閣董基付三州倉吏谷漢受　中　(叁・3743)

(107) 入□鄉嘉禾元年租米二斛□斗就畢|||嘉禾二年正月十三日□丘黄□關邸閣董基付三州倉吏谷漢受　中　(叁・5745)

【注】簡末“中”爲朱筆。

(108) 入□鄉嘉禾元年税米三斛一斗冑畢|||嘉禾二年正月十四日怦上丘黄今關邸閣董基付三州倉吏谷漢受　中　(叁・5885)

(109) ☐……嘉禾元年税米二斛四斗冑畢|||嘉禾二年正月□日□丘□□關邸閣董基付三州倉吏谷漢受　中　(叁・5801)

【注】簡末"中"爲朱筆。

(110) 入小武陵鄉嘉禾元年税米三斛胄畢𠬝嘉禾二年二月十三日平支丘謝□
關邸閣董基付三州倉吏谷漢受　中　(叁•5656)

【注】簡末"中"爲朱筆。

(111) 入平鄉嘉禾二年縣吏潘觳(?)客(?)限米十斛就米畢𠬝嘉禾三年五月一
日東丘潘卲關邸閣董基付三州倉吏鄭黑受　中　(柒•4374)

簡104—111,都是關邸閣董基後納入三州倉吏谷漢的例子,在簡末添寫"中"字(朱筆或墨筆)或朱筆"已"字。簡104—109都是嘉禾二年正月的事例,簡110雖然釋爲嘉禾二年二月,但據圖版很可能爲正月。簡111是關邸閣董基後納入三州倉吏鄭黑的例子,簡末添寫墨筆"中"字,時間爲嘉禾三年五月。關於簡104—110中的"中"字,筆者曾推測或因谷漢未署名而添寫,或因誤記。[1] 因爲簡111鄭黑也未署名,所以很可能爲前者。但是現在看來嘉禾二年正月以降開始使用"A形式",在嘉禾二年正月"A形式"和"D形式"有重複的場合,[2]所以很可能是因錯誤采用"D形式"而導致了誤記。關於簡111的"中"字,因爲只有嘉禾三年五月的一例,其意義尚不明了。推測或許是對内容進行了某種修正,從而對其進行勾校的表示。

另外,在關邸閣後納入州中倉的場合,同樣也可以看到如下所示的3例:

(112) 入西鄉嘉禾二年租米五斛𠬝[嘉][禾][二]年十月十五日錫丘男子高棋關邸
閣李嵩付倉吏黄諱史番慮受　[中]　(捌•4098)

(113) 入中鄉嘉禾二年舊米一斛六斗𠬝嘉禾三年正月十三日三須丘男子鄧震
(?)關邸閣李嵩付倉吏黄諱潘慮受　(貳•120)

【補注】據圖版,末尾有"中"字。

(114) 入都鄉二年所貸嘉禾元年税米七斗𠬝嘉禾三年五月十二日前龍丘大男
區嶓(?)關邸閣李嵩付倉吏黄諱史潘慮　[中]　(柒•96)

此外,還有4例可能與該形式相當,但因爲是上部殘缺的斷簡,故推測可能相當於"入"簡(壹•74、3094、3242,貳•6521)。無論如何,雖然因爲只有嘉禾二年十月、同三年正月和五月的3例,其意義並不明了,但可以推測是與簡111一樣,或許是對内容進行了某種修正,從而對其進行勾校的表示。

---

① 拙稿《長沙吴簡中の朱痕•朱筆•"中"字について》,《長沙吴簡研究報告》2009年度特刊,2010年。

② 拙稿《長沙吴簡中の邸閣•倉吏とその關係》,《歷史研究》第49號,大阪教育大學,2012年。

（三）其他

除了以上所討論的名籍簡和穀物關係簡以外，與錢、布、皮相關的"入"簡和"右"簡等簡牘中也散見少量"中"字。在以"草言……事　……白"簡爲代表的公文書中也可以看到添寫"中"字之例。

1. 錢關係簡

在錢關係簡中，如下所見的"承"簡（"承月旦簿餘"簡）、"右"簡、"今餘"簡的末尾都有添寫"已"字者。從内容來看，可知"已"字爲勾校之印（此外，"右"簡中的壹·5331、5200，"今餘"簡中的壹·5372、5450也可以看到）。但無論如何，還是有很多没有"已"字的事例（例如，"承月旦簿餘"簡中没有"已"字的簡，《竹簡（壹）》中有17例，《竹簡（貳）》中有2例，《竹簡（叁）》中有3例[1]）。

(115) 承二月旦簿餘嘉禾二年口算｜錢四千　｜　已（壹·5261）
(116) ｜右承餘錢一千八百　｜　已（壹·5316）
(117) ｜右承餘新入口算錢四千｜　已（壹·5195）
(118) ｜右承餘新入財用錢一萬｜□千八百已（壹·5227）
(119) ｜右領新入復民租錢四百｜　已（壹·5377）
(120) ·今餘錢二萬四千二百｜九十　｜　已（壹·5254）

2. 布關係簡

在布關係簡中，如下所見的各種"入"簡與"右"簡、"通合"簡的末尾記有"中"字（與簡122相同的簡有貳·6105、6234，捌·4762；與簡123相同的簡有貳·5531），因此"中"字爲勾校之印的可能性很高。但是，也有很多没有"中"字的事例，故詳情尚不明確。

(121) ☑·入布十六匹二丈八尺　｜　中（貳·3872）
(122) 入南鄉嘉禾二年布卌一匹二｜丈四尺　｜▼　中（貳·6106）
(123) ☑樂鄉入嘉禾二｜年布莂廿八枚合卌七匹｜三丈四尺　中（貳·5597）
(124) ·右平鄉入嘉禾｜三年布九十六匹二丈八尺　｜　中（貳·5703）
(125) ☑ 通合六□□匹二丈一尺　中（捌·4570）

3. 皮關係簡

在皮關係簡中，可以看到如下所見的"右"簡等事例，"中"字很可能是勾校之印，但

[1] 壹·5242、5251、5269、5305、5332、5346、5347、5376、5388、5397、5406、5416、5561、5625、5630、5639、5647，貳·7217、7226，叁·1974、2059、6407。

也有很多没有"中"字的事例,故詳情尚不明確。

(126) ·右西鄉入皮|卅一枚 | 其十枚鹿皮 其廿一枚麂皮 中 (貳·8923)

(127) 右都鄉入皮|卌枚 | 中 (貳·8911)

(128) ☐ 年入皮☐枚 | 中 (叁·7763)

4. 庫關係簡

有些簡因爲是斷簡,還不能確定是與錢、布、皮等之中的哪一類物品的納入相關,但應該是與向庫中的納入有關的,其中也可以看到若干記有"中"的事例,"中"字很可能是勾校之印,但因爲没有"中"字者占壓倒性多數,故詳情尚不明確。

(129) ☐……殷連受中 (叁·3225)

(130) ☐ 宰紀付庫吏殷連受 中 (捌·4375)

5. "草言……事 ……白"簡

在器物關係以外,"草言……事 ……白"簡中添寫朱筆"中"字的事例可以看到如下 1 例,應是勾校之印,但因爲只有 1 例,故詳情不明。

(131) ☐☐ 中 |三月三日兵曹史尹桓白 (壹·1059)

【注】簡中"中"爲朱筆。

6. "原除"簡

癸卯書自名籍除籍的文書簡中添寫"中"字的事例可以看到 2 例,而没有"中"字的事例有 11 例(貳·51、139、254、510、798、841、892、2706、叁·6329、6646[?]、肆·4698),故詳情尚不明確。但是,如簡 134 所見帶有墨點的事例還能看到 3 例(貳·510、892、2706),認爲是勾校之印當無大誤。

(132) ☐可詭責者依癸卯|書原除 中 (貳·238)

(133) 物故無所詭|責已列言依癸卯|書原除 中 (貳·720)

(134) 無所詭責已列言依癸卯書原除 ▼ (貳·892)

7. 其他文書簡

此外,以下事例也應爲文書簡,應是勾校之印,但因爲各只有 1 例,故詳情不明。

(135) 凡付典軍曹史許|尚部人陳復 | 中 (壹·2189)

【注】簡末"中"爲朱筆。

(136) ☐☐事對封 中 (叁·1934)

(137) ……有……文書☐領財用錢一百八十八萬已 (柒·4247)

【注】“已”爲勾校符號。

結　語

通過以上探討可知，在長沙吴簡的行政文書系統中，存在著以朱綫和“中”字進行勾校的系統。將討論所得整理如下：

1. 關於朱痕，在錢關係簡的“出錢”簡、“右”簡（集計簡）、“領”簡、“今餘”簡、“租錢”簡等的數量部分畫有朱綫。在穀物關係簡的穀物納入簡、“入”簡、“已入”簡、“右”簡（統計簡）、“集凡”簡（統計簡）、“其”簡（明細簡）、“領”簡等關於穀物出入和管理的簡的數量部分畫有朱綫。此外，在物品關係簡、陂塘關係簡、“草言……事　……白”簡中也有朱痕的存在。

2. 作爲勾校符號的“中”字，在名籍簡中的户人簡、家庭成員簡裏，朱筆“中”字多添寫於年齡之後和簡的下方、簡末，但也有添寫於簡上方的例子。“右”簡、“凡”簡中，朱筆“中”字多添寫於“貲”字之前，但朱筆“中”字添寫於貲之額“五十”之間的例子也有 3 例。在“集凡”簡中可以確認“中”字的簡，一例以墨筆“中”字添寫於簡末。

3. 在穀物關係簡中，“入”簡、“已入”簡、“右”簡（統計簡）、“其”簡（明細簡）、“領”簡中，“中”字主要添寫於簡末。穀物納入簡中，在嘉禾元年正月至嘉禾二年正月使用的“D 形式”格式中，朱筆“中”字可確認有 311 例，墨筆“中”字有 229 例。“D 形式”可推測或因未通過邸閣中轉，或因三州倉吏谷漢自己没有署名，增加了勾校的機會。嘉禾二年正月“A 形式”的穀物納入簡中可以看到添寫“中”字的若干例，但因爲在嘉禾二年正月存在“A 形式”與“D 形式”重複的場合，很可能是因錯誤采用“D 形式”而導致了誤記。嘉禾三年添寫“中”字的“A 形式”有 3 例，但意義不明。推測或許是對内容進行了某種修正，從而對其進行勾校的表示。

4. 在與錢、布、皮相關的簡中，“入”簡、“右”簡等簡中散見“中”字，應爲勾校之印。但與没有“中”字的事例相比還是較少，故詳情不明。在以“草言……事　……白”簡爲代表的公文書中也可以看到添寫“中”字之例，應爲勾校之印，但與没有“中”字的事例相比還是較少，故詳情不明。

簡稱一覽：

《竹簡（壹）》：長沙市文物考古研究所等編：《長沙走馬樓三國吴簡・竹簡（壹）》，北京：文物出版社，2003 年。

《竹簡（貳）》：長沙簡牘博物館等編：《長沙走馬樓三國吴簡・竹簡（貳）》，北京：文物出版社，

2007 年。
《竹簡(叁)》：長沙簡牘博物館等編：《長沙走馬樓三國吴簡·竹簡(叁)》,北京：文物出版社，2008 年。
《竹簡(肆)》：長沙簡牘博物館等編：《長沙走馬樓三國吴簡·竹簡(肆)》,北京：文物出版社，2011 年。
《竹簡(柒)》：長沙簡牘博物館等編：《長沙走馬樓三國吴簡·竹簡(柒)》,北京：文物出版社，2013 年。
《竹簡(捌)》：長沙簡牘博物館等編：《長沙走馬樓三國吴簡·竹簡(捌)》,北京：文物出版社，2015 年。
宋少華 2010：宋少華主編：《中國簡牘書法系列·湖南長沙三國吴簡(一)—(六)》,重慶：重慶出版社,2010 年。

“解散隸體”的再認識：分書、分形與走馬樓吴簡的技術書法學意義

邢　文

（西南交通大學、美國達特茅斯學院）

中國書法史上的湖南長沙走馬樓簡，以“解散隸體”爲重要特徵。“解散隸體”，向爲古人視作章草的技術來源：

> 漢元帝時史游作《急就章》，解散隸體，兼書之，漢俗簡惰，漸以行之是也。此乃存字之梗概，損隸之規矩，縱任奔逸，赴連急就，因草創之意，謂之草書。①

這裏所謂“草書”，指的是章草，向無異議。“解散隸體”，存字梗概，損隸規矩，縱任草創，無論是結體還是技法，都是古代中國書法的技術革命。“草創”二字，或爲技術書法史上對這一技術革命最爲精簡的記録。“草創”之“草”，即在技術上解散、析分“隸之規矩”，但因材料之闕，長期以來，難考其詳。長沙走馬樓簡的問世，爲世人探索其秘，提供了重要材料。

一　“解散隸體”與分書、分形

“解散隸體”是中國書法史上最爲重要的書法技術革命，標誌著中國書法開始走出古典時代。

對於中國書法的正確認識，尤其是對隸體與“解散隸體”的考察，不能離開必要的技

① 張懷瓘《書斷上》引，上海書畫出版社、華東師範大學古籍整理研究室：《歷代書法論文選》，上海：上海書畫出版社，1979 年，第 162 頁。按“赴連急就”似有學者指出當作“赴速急就”。

術書法學分析。[①] 中國書法史的技術書法學分析，以書法載體的技術認識與分析、書法作品的技術整理與保護以及書法技法的技術分析與復原爲綫索，考察、認知中國書法的發展歷史及某些具有關鍵技術意義的書法現象。這些是技術書法學容易爲人理解的內容。技術書法學實際上是數理美術研究的組成部分。我們在此對書法史上"解散隸體"的考察，至少涉及數理美術史的分維研究。數理美術史的分維與高維等研究，超出了傳統歐氏幾何及非歐幾何的範疇，不僅不易爲人所理解，而且更因此局限了數理美術包括技術書法學研究的發展。[②] 湖南長沙走馬樓簡，從西漢到三國，書體真草皆備，筆法豐富多樣，材料卷帙浩繁，解説魚龍混雜，需要傳統方法之外的研究方法與研究視角的協助。就技術分析而言，技術書法學的分維分形分析，或與"解散隸體"的考察多有關聯。[③]

在分維與分形書法的討論中，我曾專門辨析書法之"分"與分形之"分"的關聯與區別。[④] 書法之"分"，不論是分書、分隸還是八分、漢分，在概念的内涵與外延上，多相重合。"解散隸體"的"隸體"，至少包括所有這些重合部分；"解散隸體"强調的是隸體與隸法的解體，是上古書法筆法與字法的技術變革，也是長沙走馬樓簡書法的總體技術特徵。

隸體指的是隸書或分書的書體。但什麽是隸書，隸書的概念如何理解與定義，在目前可見的走馬樓簡書法研究中，可謂歧説雜出。譬如，有學者以隸爲楷：

> 因爲楷書的别稱真書，原本就是隸書的别稱。唐張懷瓘《六體書論》"隸書"條早就説過："隸書者，程邈造也，字皆真正，亦曰真書。"
>
> 啓功先生也談到東晋所謂隸書即真書，也就是楷書……[⑤]

引古今名家之説，認爲所謂"隸書"爲真書或楷書，指的並不是我們通常所謂的隸書。又有：

> 談到楷書的形成及定名，不得不談"楷"字的本義。楷字的本義是指楷模、

---

① 邢文：《技術書法學與西漢隸書》，《中國美術報(學術月刊)》，2016年8月22日，第24—25頁，又可參見Wen Xing, *Orchid Pavilion in Chinese Manuscript Culture*, Hong Kong: Script Culture Press, 2015, pp.51-52。

② 學界對於技術書法學的誤解與解釋，可參見姚小鷗：《由拼接與書法看真僞——與邢文先生商榷》，《光明日報》2016年12月12日，第16版；邢文：《技術書法學與簡牘辨僞——答姚小鷗先生》，《光明日報》2016年12月19日，第16版等。

③ 關於技術書法學的分維分形分析，可參見本人英文論文"The Fractal Nature of Chinese Calligraphy", "Toward Fractal Calligraphy", *2016 International Conference on Materials, Manufacturing and Mechanical Engineering* (Lancaster, PA: DEStech Publications, 2016), pp.513-517, 523-528.

④ 邢文《陰陽與分維：中國分形書法與分形山水》共分三節：一、陰陽與分維；二、書法之"分"與分形之"分"；三、分形書法與分形山水。汕頭大學"新世紀人文論壇"第160講，http://www.wxy.stu.edu.cn/IndexInfo/CommonInfo.aspx? fkID=1814，2016年12月27日。

⑤ 蔣維：《從長沙走馬樓吳簡看楷書的發展源流——兼談三國孫吳地區早期楷書的演變特點》，《中國書法》2014年第10期，第57頁。

> 模範,可以用來形容各種標準書體。……唐張懷瓘《書斷》"八分"條説八分書"本謂之楷書。楷者,法也,式也,模也"。則知所謂楷書也就是指可以作爲楷模、法式的書體。但在東漢末年,楷書尚處在剛脱胎於俗筆隸書的階段,應該還不是一種可以作爲楷模、法式的書體。[①]

並以漢末楷書不足以爲楷模、法式,不能被稱作"楷書",張懷瓘《書斷》的"楷書"應指的是"八分",又與上引前説有異。所論均有古説爲據。

或許是受裘錫圭先生《文字學概要》所説的影響,更多研究吴簡的學者徑以"隸書"、"八分"爲一物,以之爲我們通常所説的隸書,兹不贅述。[②]

隸書的名稱、定義,向有種種異説;"隸書"與"八分"的關係,歷來衆説紛紜。如沙孟海先生即認爲:

> 古人所謂隸書,是説現今之楷書;現今的隸書,古人叫做"八分"。[③]

也是以古書所稱的"隸書",爲我們今天的"楷書";以我們今天通常所説的"隸書",爲古人所稱的"八分"。以"八分"爲楷書,又見於萬斯大之子萬經《分隸偶存》卷上之説等;[④]以"漢以後的楷書"爲"今隸",也見於今人陸錫興先生之説等,[⑤]凡此諸例,可見隸書名稱、定義問題之複雜。[⑥]

中國書法史上對隸書傳統的稱名,包括古隸、徒隸、佐隸、隸字、佐書、八分、飛白、散隸、今隸、草隸、楷隸等等。從考證的角度來看,這些隸書的不同名稱,多多少少代表著隸書書體中不同種類隸書的聯繫與區别。如"八分"與"漢隸",元人吾丘衍《學古編》認爲:

> 八分者,漢隸之未有挑法者也,比秦隸則易識,比漢隸則微似篆。漢隸者,蔡邕《石經》及漢人諸碑上字也。此隸最爲後出,皆爲挑法,與秦隸同名,而實異寫法。[⑦]

---

① 蔣維:《從長沙走馬樓吴簡看楷書的發展源流——兼談三國孫吴地區早期楷書的演變特點》,《中國書法》2014年第10期,第57—58頁。

② 如楊芬:《長沙走馬樓吴簡中的隸書遺韻》,《中國書法》2014年第5期,第84—105頁;郭世嫺:《論長沙走馬樓三國吴簡的書法形態》,《中國國家博物館館刊》2012年第5期,第82—94頁等。

③ 沙孟海:《近三百年的書學》,《東方雜誌》第廿七卷第二號,1930年,收入上海書畫出版社編:《二十世紀書法研究叢書·歷史文脈篇(修訂本)》,上海:上海書畫出版社,2008年,第19頁。

④ 〔清〕萬經:《分隸偶存》卷上,張氏約園《四明叢書》本,第13頁上。

⑤ 陸錫興:《唐代的文字規範和楷體正字的形成》,《語文建設》1992年第6期,第14—16頁。

⑥ 參見邢文:《論隸勢:秦漢簡帛隸勢的再考察》,《出土文獻與中國古代文明——李學勤先生八十寿誕紀念論文集》,上海:中西書局,2016年,第413—431頁。

⑦ 〔元〕吾丘衍:《學古編》,劉熙載《書概》引,上海書畫出版社、華東師範大學古籍整理研究室:《歷代書法論文選》,第684頁。

也就是説，從書法筆法的技術分析角度來看，吾丘衍所言的"漢隸"分爲兩種，一種是未有挑法的"八分"，一種是具有挑法的"漢隸"。在走馬樓吴簡書法研究中，有學者區分所謂"俗筆隸書"與"典型隸書"，[①]推敲起來雖然有著不少可以商榷之處，但大約也是類似吾丘衍氏之意。

圖一、圖二所見，是走馬樓 8 號井所出西漢法律文書的局部，從字形特徵上看，屬於吾丘衍所謂漢隸之有挑法的例子。在二圖中，圖一"辭"字的左下部，圖二"夫"、"凡"字，都有明顯的"八"、"分"之形。這些以挑法爲特徵的"八"、"分"之形，在多大程度上與古人所謂的"八分"書體關聯，尚有待專門的討論。就其筆法、筆畫而言，不論是圖一所見"辭"、"士"等字的挑法及筆畫，還是圖二所見"夫"、"凡"等字的挑法與筆畫，我們所見到的都是相同的、重複的基本筆法與筆畫，按照一定的規則或曰算法(algorithms)，所進行的不斷的重複(iteration)，表現著書法分形的特徵。[②] 這是分書之"分"與分形之"分"的關聯所在，是技術書法學數理維度方面的一個表現。這兩種既不相同又相互關聯的"分"，正是"解散隸體"在書法發展史上的重要技術特徵，有著深層的技術書法學及數理美術史意義，容另文討論。[③]

圖一

圖二

隸書的研究，在中國書法史與古文字學上，由於與隸變問題緊密相連，牽涉複雜的書法與文字現象以及錯綜繁複的文獻考證。我們認爲，對於"解散隸體"的討論，在可能的情況下，都應把複雜問題簡單化。在此，我們把各類隸書簡單地理解爲用現代漢語表述的古隸與今隸兩大類。這裏的今隸之"今"，指的是隸書成熟的時間，故今隸一類隸

① 參見楊芬：《長沙走馬樓吴簡中的隸書遺韻》，《中國書法》2014 年第 5 期，第 84—105 頁。

② Xing Wen, "The Fractal Nature of Chinese Calligraphy", *2016 International Conference on Materials, Manufacturing and Mechanical Engineering*, pp.513-517.

③ 參見邢文：《數理藝術史中的漢字表意傳統》，世界漢字學會第五届年會大會主題發言，2017 年 9 月 15—18 日。

書，指的是通常所説的漢隸尤其是東漢的隸書，筆畫有明顯的波勢與挑法，結體規範整飭；而古隸，則是指今隸形成之前的隸書，如秦隸及漢初的隸書等。[①] 在不會混淆的情況下，我們徑以"隸書"稱今隸，以方便討論。

就長沙走馬樓吴簡書法而言，已有學者指出，"長沙吴簡通篇都爲隸書的情況已經很難見到，見到的多是帶有隸味的早期楷書"。[②] 這正是"解散隸體"的結果。在走馬樓吴簡中，那些通篇"多是帶有隸味的早期楷書"的簡牘之中，也不乏標準的單個隸書字例；而那些"帶有隸味的早期楷書"，也富有隸書的筆法與筆意。這種楷、隸混雜的簡書墨迹，正是走馬樓吴簡所見的隸書筆意，構成了中國技術書法史研究最可珍貴的原始書體與筆法資料。

二　章草之分與隸書筆意

在非隸書的書體中，最具有隸書筆意的書體，首推章草。在某種程度上，章草的隸書筆意，或可視作章草之分，如索靖《月儀》（圖三）末列"限"、"良"等字磔筆所見。這當然是"解散隸體"的遺迹。

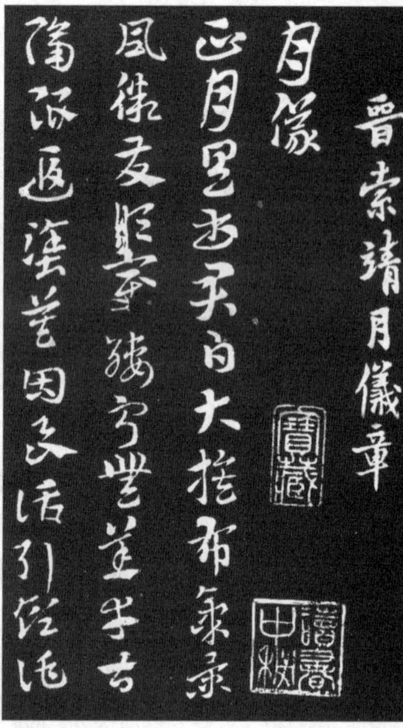

圖三

隸書筆意的問題，在中國書法史上實有舉足輕重的地位。如對王羲之書法的認識，郭沫若即以"隸書筆意"作爲判定王書及《蘭亭序》真僞的標準，高二適則舉《蘭亭》所見章草之迹相駁論，引發了歷時半個世紀之久的《蘭亭》真僞大論辯。[③]

1965 年第 6 期《文物》雜誌刊載郭沫若《由王謝墓誌的出土論到〈蘭亭序〉的真僞》一文，從南京出土的若干東晉墓誌出發，以其年代與王羲之相同，但"都和《蘭亭序》書法大有時代性的懸隔"，[④]因爲王羲之書法應與南京所出的六朝墓誌一樣，有隸書筆意，"在王羲之時代便要變到《蘭亭序帖》那樣的（引注：没有隸書筆意

① 參見邢文：《論隸勢：秦漢簡帛隸勢的再考察》，《出土文獻與中國古代文明——李學勤先生八十壽誕紀念論文集》，第 413—431 頁。

② 楊芬：《長沙走馬樓吴簡中的隸書遺韻》，《中國書法》2014 年第 5 期，第 86 頁。

③ 邢文：《蘭亭再辨：晉人隸書筆意的再認識》，《民族藝術》2012 年第 4 期，第 18—26 頁。

④ 郭沫若：《由王謝墓誌的出土論到〈蘭亭序〉的真僞》，《蘭亭論辨》上編，北京：文物出版社，1977 年，第 11 頁。

的)字迹,没有那種可能"。[①] 以郭沫若之見,世上若無王羲之書則罷,若有王羲之書,則"必須有隸書筆意而後可"。[②]

作爲郭氏之論的反方,章士釗、高二適等在駁論中,也强調隸書筆意。章士釗以"蘭亭使轉,每每含有隸意",[③]指《蘭亭序》的隸書筆意,不能直接看見,當於其使轉筆法中求之,暗示郭沫若並非真懂隸書筆意,故其所論"似難謂爲知言"。[④] 但有趣的是,被章氏引爲知者的受業弟子高二適,反倒在《蘭亭序》找到直接的隸書筆意之例:

> (郭沫若的)結語"是王羲之的字迹,具體的説來,應當是没有脱離隸書的筆意"等語。旨哉言乎!王右軍《定武蘭亭》佳本,即是没有脱離過隸書筆意的。但除《定刻五字未損本》,則爲最不易識。而非可取證求索於通稱褚摸之《神龍本》,亦不可以以羲之已變隸入正行,而要其重新字字作隸法。昔黄山谷謂"楷法生於蘭亭。"即指《定武本》言。而草生於隸,正生於草,亦生於隸。此爲書法上相傳授之一準則,世人往往未盡能識之。今《定武蘭亭》,確示吾人以自隸草變而爲楷,故帖字多帶隸法也。昭陵繭紙,如在人間,當亦不外乎此。[⑤]

上引論辯之得失及其與隸書筆意的關聯,以及高氏所舉具體的章草及隸書筆意的字例等,可以參見《〈蘭亭〉再辨:晋人隸書筆意的再認識》等文。[⑥] 由《蘭亭》之例可見,對隸書筆意與章草筆法的正確理解,對於中國書法史上重大問題的認識有著關鍵性意義。

長沙走馬樓吴簡最有意義的隸書筆意,見於走馬樓吴簡"隸體"的"解散"過程。

我們知道,古書所謂"解散隸體",是指"存字之梗概,損隸之規矩",進而創立章草。但是,長沙走馬樓吴簡是否存有章草,學者們實有不同的看法。

有學者對走馬樓吴簡所見草書,作有綜論性總結:

> 吴簡中的草書,形態是多種多樣的。有的草書,雖然仍顯章草的結構,但章草的特點已經淡化,今草的特點日趨濃厚。有的草書,則連章草的結構也没有了,與後世的今草已經没有太大區别。當然,更多的草書,還是介於兩者之

---

① 郭沫若:《〈駁議〉的商討》,《蘭亭論辨》上編,第38頁。

② 郭沫若:《由王謝墓誌的出土論到〈蘭亭序〉的真僞》,《蘭亭論辨》上編,第20頁。原文"必須有隸書筆意而後可"下有著重號。

③ 章士釗:《柳子厚之於蘭亭》,《蘭亭論辨》下編,第3頁。

④ 章士釗:《柳子厚之於蘭亭》,《蘭亭論辨》下編,第3頁。

⑤ 高二適:《蘭亭序的真僞駁議》,《蘭亭論辨》下編,第7頁。

⑥ 邢文:《蘭亭再辨:晋人隸書筆意的再認識》,《民族藝術》2012年第4期,第18—26頁;邢文:《"章"與"章草":漢晋章草的再認識》,《民族藝術》2012年第3期,第15—20頁。

> 間。總的來説，吴簡中的草書，無論從書體交錯混雜來看，還是從書寫者均爲下層胥吏來看，都是一種由章草向今草發展演變的民間草書。①

大致概述了不同學者的意見，認爲長沙走馬樓三國吴簡中的草書，是"一種由章草向今草發展演變的民間草書"，也就是説，未見有嚴格意義上的典型的章草。

與此同時，也有專家詳細評述了學者們的不同見解，力主走馬樓吴簡中絕無我們通常理解的章草。王素、宋少華先生不但以學界通行的"三國時代流行的草書是章草"之説②爲不可信，並且指出不僅走馬樓吴簡，在目前所知的樓蘭魏晋簡紙中，均不見我們通常所理解的章草書體：

> ……長沙吴簡絕對未見孫吴皇象《急就章》那樣的章草，也未見到時代稍晚的西晋索靖《月儀帖》那樣的章草。不僅如此，樓蘭魏晋簡紙文獻也未見皇象《急就章》和索靖《月儀帖》那樣的章草。③ 這樣，所謂"三國時代流行的草書是章草"，就值得推敲了。④

這裏，學者們把皇象、索靖的章草獨立出來，用意似在與其他類型的章草相區别。實際上，長沙吴簡草書與皇象、索靖類章草的關聯，學者們在海外已有討論，國内學界似未及關注。⑤ 學者們同意所謂"流俗形態"的章草在走馬樓吴簡中的存在，或也不在少數，如劉濤先生談道：

> 吴簡草書墨迹是當時的俗筆草書，寫得流便，隸意淡薄。……《奏許迪賣官鹽木牘》上，有一行草書批答："然考人當如閑法，不得妄加毒痛"，雖然字形仍存方廣，峻利的筆態已隱没不顯了，筆勢婉約縱斂。結構是章草字法，筆姿

---

① 駱黄海：《長沙走馬樓吴簡草書形態初探》，《中國書法》2014年第10期，第121頁。

② 劉濤：《中國書法史·魏晋南北朝卷》，南京：江蘇教育出版社，2002年，第67、70頁注41。按：這兩句話，正文稱"文字學家認爲"，注釋並列唐、裘二人專著名稱及頁碼。王素、宋少華：《長沙走馬樓吴簡書法綜論》，《中國書法》2014年第5期，第82頁注28，原注。引按劉著"唐、裘二人專著名稱及頁碼"爲：唐蘭《中國文字學》第174、175頁，裘錫圭《文字學概要》第95頁。

③ 或以爲樓蘭出土《李柏文書》可以算作章草。楊代欣稱："如果説《李柏文書》的書體是屬於章草，那就太牽强附會了。"見所著《樓蘭漢文簡紙文書墨迹研究》，侯燦、楊代欣編：《樓蘭漢文簡紙文書集成》，成都：天地出版社，1999年，第568頁。王素、宋少華：《長沙走馬樓吴簡書法綜論》，《中國書法》2014年第5期，第82頁注30，原注。

④ 王素、宋少華：《長沙走馬樓吴簡書法綜論》，《中國書法》2014年第5期，第57—58頁。

⑤ 如Wen Xing, *Orchid Pavilion in Chinese Manuscript Culture*, pp.9-30，並可參見Martin Kern, "Made by the Empire: Wang Xizhi's *Xingrangtie* and Its Paradoxes," *Archives of Asian Art*, Vol.65, No.1-2 (2015), 117-137等。

卻與今草相近，雖然不能稱之爲今草，又與典型的章草有些區别，形態上像是介於章草和今草之間的一種草書，確切地説，它是當時章草的一種流俗形態。[①]

王素、宋少華先生評曰：

……《奏許迪賣官鹽木牘》，最新定名爲《録事掾潘琬白爲考實大男許迪盜食鹽賈米事》。該公文保存完整，最後一行草書，正確釋文應作"然考人當如官法，不得妄加毒痛"，是長沙郡太守的批語，係針對前文"敕令更五毒考迪"而發。劉濤先生對兩枚木牘草書的定性都是"俗筆草書"。……評後一枚木牘用詞雖然不同，意思卻大致相近，其中"結構是章草字法，筆姿卻與今草相近"云云，屬於點睛之筆。[②]

也就是説，劉濤先生關於《録事掾潘琬白爲考實大男許迪盜食鹽賈米事》木牘所見草書爲"章草的一種流俗形態"的定性，得到了大家的認同：走馬樓吴簡中雖無皇象、索靖類非"流俗形態"的章草，但仍有"流俗形態"的章草存在。[③]

實際上，《録事掾潘琬白爲考實大男許迪盜食鹽賈米事》木牘所見草書，是否是"章草的一種流俗形態"，似仍可推敲。

究竟應該如何理解"流俗"與非"流俗"的章草問題，涉及一些與我們在此的論題無直接關係的概念問題，容日後探討，但録事掾潘琬木牘所見章草，究竟與非"流俗形態"的章草有多大差距，則關係到對走馬樓吴簡隸書筆意的認識，在此不能不加以討論。

《録事掾潘琬白爲考實大男許迪盜食鹽賈米事》木牘所見章草，僅有"然考人當如官法，不得妄加毒痛"十三字(圖四)。我們不妨就釋字時曾有争議的"然"、"官"二字爲例，與存世的皇象、索靖非"流俗"類章草例字比較如下。

上引録事掾潘琬木牘所謂"流俗形態"章草批文的首字"然"字，曾被釋作"若"、"曹"等字，學者們已有往復討論。[④] 現在我們知道此字釋"然"，比較索靖章草的"然"字的寫法，可見兩者幾乎完全相同。索靖章草的"然"字，較之上引潘琬木牘的"然"字，差别僅在第一筆——在録事掾潘琬木牘中，"然"字的首筆撇畫被省略。

① 劉濤：《中國書法史·魏晉南北朝卷》，第67—68頁；王素、宋少華：《長沙走馬樓吴簡書法綜論》，《中國書法》2014年第5期，第59頁。

② 王素、宋少華：《長沙走馬樓吴簡書法綜論》，《中國書法》2014年第5期，第59頁。

③ 也有學者徑以《録事掾潘琬白爲考實大男許迪盜食鹽賈米事》木牘所見草書的筆法爲章草的所謂"擺動和轉筆"的筆法，見郭世嫻：《論長沙走馬樓三國吴簡的書法形態》，《中國國家博物館館刊》2012年第5期，第93頁；王素、宋少華：《長沙走馬樓吴簡書法綜論》，《中國書法》2014年第5期，第61頁。

④ 王素：《長沙走馬樓三國吴簡研究的回顧與展望》，《中國歷史文物》2004年第1期，第30頁。

圖四

在走馬樓吴簡中，損益文字的筆畫是常見的現象，或也是書法分形的一種表現。比如，就在相同的這枚録事掾潘琬木牘上，我們可以看到正文最後一列的第三字爲一“得”字，其第一筆撇畫，也被省略，作。索靖章草之“然”與這枚潘琬木牘之“然”，如果忽略第一筆撇畫不計，二字的結體、寫法，幾乎完全相同；即便是用筆，兩者的最後一筆，也近似如出一轍。從這兩個例字來看，索靖章草與所謂“流俗形態”的章草，在字形、寫法上並無太大差距。

再如第六字“官”字，曾經被釋作“閑”字等。有學者曾比較此字與皇象、王羲之、智永、趙構等所書的“官”字，對我們的認識作有説明。① 皇象傳世章草，又可見“官”字字例、等。尤其是第一個“官”字，與上引潘琬木牘的章草“官”字，幾乎同形、同構、同筆法，甚至精神氣韻也很相似。如此相近的兩個“官”字，其中之一卻被界定爲不登大雅之堂的“流俗形態”，個中理據，不知是否有重新推敲的必要。

“流俗形態”的章草，似被定義爲“俗筆草書，寫得流便，隸意淡薄”，已見前引。從技術書法史的角度來看，否定了長沙走馬樓吴簡中非“流俗形態”的章草的存在，便在很大程度上否定了長沙吴簡甚至更大的時間與空間範圍内章草類隸書筆意的存在，進而改寫了技術書法史的相應篇章。根據以上討論以及《録事掾潘琬白爲考實大男許迪盗食鹽賈米事》木牘所見，我們認爲：

1. 根據目前所見的材料，似不能否認長沙走馬樓吴簡中有非“流俗形態”的章草的存在；

2. 長沙走馬樓吴簡所見章草，見有與皇象、索靖的章草高度相似的字例，如果走馬樓吴簡章草被界定爲“流俗形態”的“俗筆草書”，似有待進一步的定義與論證。

應該看到，對於在一定的時間、空間内某一種特定的書體是否存在、是否流行的認定，

① 駱黄海：《長沙走馬樓吴簡草書形態初探》，《中國書法》2014年第10期，第122頁。

應根據書體本身是否存在來考察，而不是依據書者的社會身份或其書法水準的高下來判斷；同時，對於一種特定的書體是否存在的判斷，應根據這一書體的字法、筆法等書體要素作綜合判斷，而不是依據某一特定的裝飾性筆畫特徵是否存在來作單一判斷。[①] 如果批示《録事掾潘琬白爲考實大男許迪盗食鹽賣米事》的是長沙太守，我們似不能因爲他奮筆疾書的十餘字的工作批示未作典型章草的裝飾性筆畫，就否認他所書寫的章草書體的存在，或徑以“俗筆”、“流俗”貶之，如所周知，文人雅士的信筆塗鴉，是被冠以“戲筆”、“墨戲”之名的；[②]即便我們認定了他作爲地方官吏的社會地位之“流俗”，對於“俗筆”的判定也應以公認的書法評品標準爲依據，[③]對其筆墨氣韻進行評鑒，而不是主觀而機械地按照書者的社會地位來貼標籤。我們曾經指出此則草書與《行穰帖》的相似。[④] 如果這種相似確實存在，也許我們應該反思爲何傳爲索靖與王羲之的書迹，則無人徑以之爲“流俗形態”？

三　走馬樓簡與吴簡學的技術書法意義

書法史上歸於皇象、索靖的章草，係“解散隸體”而來，雖“存字之梗概，損隸之規矩”，但筆法、形態仍保留明顯的分隸特徵。然而，楷、行、今草的書體則與之不同。楷、行、今草的書體一旦形成，其中的隸書筆意往往不復存在。

這正是長沙走馬樓吴簡的技術書法史價值所在：走馬樓吴簡擁有中國書法史上書體之變近乎最集中、筆法之變近乎最劇烈時期最爲豐富的書法原始墨迹材料。在這一特定的歷史時期，在長沙走馬樓三國吴簡中，吴國書手“解散隸體”——他們所解散的是隸書的書體，也是隸書的筆法、隸書的筆意。在走馬樓三國吴簡中，這些“隸體”雖被“解散”，卻未消失，而是散存於相關的楷、行、草書體之中，成爲我們認識中國書法技法乃至整個書法史的一大關鍵，從而使得走馬樓吴簡成爲書法史上獨具特色的一大寶藏。可以説，走馬樓吴簡所見的隸書筆意是一個縮影，從中可見走馬樓三國吴簡的整體及其特徵——其簡牘數量之巨大，涉及内容之廣泛，學術價值之獨特，研究方法之開放，使之不

---

① 黄惇先生認爲，關於書體的認定，“草書和楷書都是從筆法上作單一認定的”，但對成熟的隸書，要從形構和筆法的角度，“用雙重認定法”來認定，可以參看。見黄惇：《戰國竹簡墨迹的筆法問題》，邢文《楚簡書法探論》代序，上海：中西書局，2015 年，第 16 頁。

② 也有學者把走馬樓吴簡書法歸爲“文人”書法，稱作“文人手寫體”，以與世俗的“大衆手寫體”相對稱，見王保成：《三國吴簡文字研究》，安徽大學博士學位論文，2013 年，第 169—170 頁。

③ 邢文：《中國書法的“判斷”與“判定”》，《中國書法》2013 年第 9 期，第 176—177 頁。按文章刊發時被删去一半，參見邢文：《楚簡書法探論》，第 185—196 頁。

④ Wen Xing, *Orchid Pavilion in Chinese Manuscript Culture*, pp.12-13.

遜於殷墟甲骨、敦煌文書、清宫檔案這些學術史上的重大發現。其研究當如甲骨、敦煌、清宫内閣檔案一樣,形成與甲骨學、敦煌學等相媲美的一門獨立分支學科——吴簡學。[①]

自劉正成先生的《鍾繇與長沙吴簡説》與宋少華先生的《大音希聲——淺談對長沙走馬樓三國吴簡的初步認識》,[②]至王素與宋少華先生的《長沙走馬樓吴簡書法綜論》,長沙走馬樓吴簡書法基本問題的許多方面,已爲學者們所梳理、探討。值得注意的是王素、宋少華先生的綜論長文,對近廿年來的走馬樓吴簡書法的研究成果,幾乎逐一作有深入評析,厥功甚偉,爲我們的工作開闢了坦途。

在考察走馬樓吴簡隸書筆意的過程中,不同的書體、不同的隸書筆意,涉及不同的問題,楬著不同的技術書法奥秘——舊書體的終結,新書體的誕生,書體興廢,生生不息。走馬樓吴簡種種隸書筆意的表現,可試舉數例如下:

1. 隸書書體在走馬樓吴簡中,仍頑强地存在着(圖五所示《庫吏殷連簽牌》局部,幾乎每個字都是書有標準"雁尾"的隸書,儘管"月"字未見左波);

圖五

圖六

圖七

圖八

圖九

2. 新興的楷書書體中,有著明確的隸書筆意(圖六所示"庫"字,"广"頭的横畫、"車"字的横折,已經完全楷化;但"車"的底横,收筆仍見波挑,當爲隸書横磔筆法的孑遺;圖七不僅捺筆與横畫都有近乎誇張的"雁尾",每個字的字形,也都取隸書的扁形;圖八"教"字,"子"豎勾與"攵"的左波是典型的隸書,"攵"旁右捺也是標準的隸書"雁尾");

3. 新興書體中的某些隸書筆意,會近乎程式化地持續反復地出現(圖九兩幀"誠惶

① 參見長沙簡牘博物館、故宫研究院古文獻研究所:《紀念走馬樓三國吴簡發現二十周年長沙簡帛研究國際學術研討會邀請函》,2016 年 8 月 18 日。

② 劉正成:《鍾繇與長沙吴簡説》,《中國書法全集》第二十卷《三國兩晋南北朝編 · 魏晋南朝名家》,北京:榮寶齋出版社,1997 年,第 27—29 頁,又見《中國書法》1998 年第 1 期,第 11—14 頁;宋少華:《大音希聲——淺談對長沙走馬樓三國吴簡的初步認識》,《中國書法》1998 年第 1 期,第 7—10 頁。

誠恐”的第一個“誠”字，斜勾始終作縱向“雁尾”之形，常見於漢初的隸書，而第二個“誠”字的相應筆畫則均已寫作楷書的斜勾）。

走馬樓三國吴簡發現二十年來，吴簡之學的研究在簡牘材料的整理、保護、釋讀、研究與學術交流等方面，都取得了舉世矚目的成就。不論是對於走馬樓吴簡的認知、考證與論辯，還是對走馬樓吴簡知識、理論體系的建立、完善與發展，長沙走馬樓三國吴簡提供給我們的不僅是前所未有的豐富原始材料，而且也是研究古代簡牘文獻與古代社會、歷史、經濟、文化與藝術的新思路、新框架與新方法。

新材料與新方法，是新學科得以成立的必要條件。徽學、藏學、敦煌學等新興學科，雖以地域之名標榜其特點，但它們對海内外學者的吸引力，也許更多地仍在於它們材料的獨特性與研究方法的交叉性。吴簡學如果能够成立，長沙走馬樓三國吴簡有著決定性的意義。吴簡之“吴”，既爲地域之名，又爲朝代之名，界定著吴簡學研究的空間與時間；吴簡之“簡”，更是明確了長沙走馬樓、郴州蘇仙橋等三國吴簡簡牘材料的獨特性，以及簡牘研究與簡帛學作爲綜合性邊緣學科的特點。從時間到空間，從材料到方法，兩個十年的發展與超過一代學者的努力，使吴簡學不論是研究對象還是知識與理論的體系，業已初具獨立的綜合性邊緣學科的規模。

新興的獨立學科的確立，不僅在研究對象上要對傳統的思維定式加以突破，而且須以具有時代特徵的獨到的研究方法作有效的技術支持。就吴簡書法而言，“長沙吴簡作爲中國文字書法大變革時期最爲重要的書法研究寶庫，目前的研究工作和研究成果還遠遠不能與之匹配”；[①]就研究方法而論，目前的吴簡書法研究不僅對傳統的書法史論與文獻學方法的應用似仍見生疏，而且對數字人文書法研究方法的探索幾乎尚未開始。以上就長沙走馬樓簡所見之例，對書法史上“解散隸體”問題進行再探討，冀以技術書法學研究方法在走馬樓簡書法研究中的運用，對吴簡學研究在方法論上的突破，試作探索。

① 王素、宋少華：《長沙走馬樓吴簡書法綜論》，《中國書法》2014 年第 5 期，第 74 頁。

淺議《嘉禾吏民田家莂》的簽署及相關問題*

宋少華　蔣　維

（長沙簡牘博物館）

走馬樓吴簡中的文書簡具有時間跨度小、涉及書手少、公文書數量多、種類豐富等特點，比較適合用對比書迹的方法分析不同性質文書的共性與特性，進而探尋孫吴的文書制度與執行要求。拙文擬以"嘉禾吏民田家莂"入手探討三國時期孫吴基層公文書的特點。

一　嘉禾吏民田家莂中的簽署特徵

"嘉禾吏民田家莂"，又稱田家莂，大木簡。長 49.8—56 釐米，寬 2.6—5.5 釐米，頂端均有用墨書寫的"同"字或描畫的與"同"字具有同等意義的符號。[①] 關於其簽署：整理者認爲其姓氏由書手先寫好，再由三人各自簽名，也有三個名字由一、二人代簽；[②]邢義田提出先由書手寫好全文以及田户曹史的姓氏，再由趙野、張惕和陳通其中一人或其他人代簽所有名字；[③]李均明提出大多單簽人名，少量簽姓，三人簽名可能由其中一人代筆；[④]王飒提出姓與名之間的間隔是簡牘空間原因造成，書寫空間充足且書寫特徵爲"一

* 本文得到國家社科基金重點項目"走馬樓吴簡與孫吴縣政研究"(13AZS009)資助。

① 長沙市文物考古研究所等編：《長沙走馬樓三國吴簡·嘉禾吏民田家莂》，北京：文物出版社，1999 年，上册第 30 頁。

② 長沙市文物考古研究所等編：《長沙走馬樓三國吴簡·嘉禾吏民田家莂》，上册第 72 頁"嘉禾四年吏民田家莂解題"。

③ 邢義田：《漢至三國公文書中的簽署》，《文史》2012 年第 3 輯。

④ 李均明：《簡牘所見簽名與畫押》，《出土文獻研究》第十三輯，上海：中西書局，2015 年。

人姓名寫完留一字空間再書寫下一人"的簽署皆爲書手所爲,田户曹官吏姓名的出現以及出現順序與丘名存在嚴格的對應關係。[1]

首先,從圖版上看代簽的情況很多。如整理者提到的 4·468(圖一),[2]誤把"陳通"寫成"陳野",如果是三人各自親筆簽署,不可能把自己的名字寫成他人的。

另外,官職由書手先寫好也有實例證明,5·47(圖二)的圖版可以看到書手書寫完職官後,在第一個姓後面多寫了一個"史",變成"田户曹史張史惕趙野校"。如果不是書手而是校核人簽署,很難想象簽自己姓名時中間誤夾雜其他字迹,只可能是"田户曹史張史"和"惕趙野校"由不同的人分别書寫造成。而且前面"田户曹史張史"的筆勢、筆順、墨色較一致,用筆纖細,墨色不連貫,結體寬扁,布局緊湊,與後面"惕趙野校"的墨色重、走筆遲不同。在 5·291(圖三)中的墨迹和字體也表現出"田户曹史張"與後面的"惕趙野校"不同的特徵。所以田家莂的書寫者以及簽署的内容與範圍都值得繼續分析探討。

4·468　　5·47　　5·291

圖一　　圖二　　圖三

在所有已出版的圖版中,除標題簡(4·1—4·4)和無紀年簡(出版號以 0 開頭),其餘田家莂可根據最後的校核時間分爲嘉禾五年和嘉禾六年兩批,對應的出版編號是 4 和 5 開頭。以四開頭的是繳納時間在嘉禾四年而校核簽署在嘉禾五年的,同理,出版編號以 5 開頭的是校核時間爲嘉禾六年的另一批。嘉禾五年的簽署大都以"田户經用曹史趙野、張惕、陳通校"或者"田户曹史張惕、趙野、陳通校",或者"主者史張惕、趙野、陳通校"結尾。在三個人名的排列順序上,張惕和趙野的位置會有變換,陳通都位於最後。

① 王珮:《嘉禾吏民田家莂字迹及相關問題研究》,吉林大學碩士學位論文,2014 年。

② 因嘉禾吏民田家莂尺寸較大,文中皆爲截取圖片,下同,不再贅述。

如夫丘、利丘、何丘、頃丘、區丘、劉里丘等，張惕都在首位出現。而在下伍丘、上和丘，己酉丘、小赤丘等開頭的簡上，趙野在首位。"主者史"在平陽丘、何丘、區丘、慮丘、頃丘等處集中出現，其中有些丘會零星出現田户曹史，如何丘的 4·244。是否因爲書手是以鄉安排，而同一丘並不一定屬於同一個鄉，所以同一丘在同一年會有不同的書手，對職官有不同的稱謂習慣？另外值得注意的是校核時間都在嘉禾五年的三月，而且比較集中地出現在三日、六日、十日和十八日（零星也有其他日期）。

嘉禾六年的簽署除何丘 5·325、5·328，區丘 5·609、5·614、5·621 出現了三人連署外，基本以"田户曹史張惕、趙野校"或"田户曹史張惕校"結尾，而且張惕都簽在前面。兩種簽署以丘爲單位比較集中地分别出現。如伻丘、武龍丘、林溲丘、松田丘、淦丘、楮下丘都是張惕一人簽署校核。而石下丘、旱丘、湖佃丘、温丘除有少量兩人校核，大都只有張惕一人簽署。所有嘉禾六年的簽署中，超過半數是張惕一人簽署。在同樣的時間爲什麽有些丘只安排一人，有些丘安排多人校核，而且以丘爲單位集中出現，這種現象的出現是因爲三國時期孫吴基層賦税徵收是以丘爲單位安排書手和檢校人嗎？在校核日期方面與嘉禾五年一樣特别集中，90％在嘉禾六年二月廿日，其他的也多在嘉禾六年二月，僅有 5·247 是嘉禾六年正月廿一日。

簡單對比兩個年度的異同。在職官稱謂上，兩個簽署年度都大量出現"田户曹史"，但嘉禾五年的曹史有"張惕、趙野、陳通"三個人名；而嘉禾六年的大都是"張惕"一人，部分"張惕、趙野"兩人和極少數的三人共同簽署。此外還出現了"田曹史"，在嘉禾五年有 4·125、4·137、4·315 三例，後面都有張惕、趙野、陳通三人簽署；嘉禾六年有 37 例，其中後面有三人簽署的有一例，張惕一人簽署的六例，其餘的爲張惕、趙野兩人。嘉禾六年少見嘉禾五年頻繁出現的"田户經用曹史"，而出現了嘉禾五年少見的"户曹史"和"田户史"。"户曹史"出現八處，後面跟隨的簽署人數有一例一人，六例兩人，一例三人。這一現象是什麽原因造成的？在時間上，嘉禾五年集中在三月上旬，嘉禾六年的時間集中提前到二月中旬，都是由書手順正文一氣寫下，與正文筆迹相同，而不是簽署人筆迹，所以和簽署的時間没有直接的邏輯關聯。

二　嘉禾吏民田家莂的簽署範圍

李均明在《簡牘所見簽名與畫押》中提到在走馬樓吴簡田家莂中既有簽名亦有簽姓。王曉光提出"秦代及西漢初期文末具名常署'某手'等字樣，西漢中期以降簡牘文末署名則改爲官職加人名的組合"。[①] 根據田家莂上的字迹，這一結論值得商榷。我們發

① 王曉光：《秦漢簡牘具名與書手研究》，北京：榮寶齋出版社，2016 年。

現田家莂中的簽署範圍僅限於人名，未出現簽署姓和官職的現象。

我們現今對"簽署"的理解爲"在檔、條約、憑證等上簽字"。那麼簽署哪些字？由誰簽署？"簽"，今天普遍理解的與簽署有關的意思是在檔或單據上署名或題寫文字，意爲標識。範圍包括姓名或其他標識性文字。在文獻中，如《説文・竹部》："籤，驗也。"又桂馥《義證》："官府畫諾謂之籤押，亦徵驗意。"畫押屬於標識性文字，古今都有"驗"的作用。"署"，在《漢語大字典》中有部署、官署、代理和簽名題字四種含義。在《訓詁匯纂》裏收集了38種釋義。《漢書・蘇武傳》顔師古注云"署其官爵姓名"，也是題寫的意思，並提到"署官爵"。不過在目前看到的出土簡牘中未發現書手以外的吏員署寫官爵的實例。

漢代把"簽署"理解爲標識性題寫。南北朝時期亦如是，《宋書・武三王傳》衡陽文王義季條："義季素拙書，上聽使餘人書啓事，唯自署名而已。"南朝時的義季因爲不善書可以免於"書啓事"，但仍需署名，因爲署名才能保證文書的真實性和權威性。

田家莂的文書格式非常整齊，正文之後都是按照時間、職官加人名的順序，以"校"結尾。圖四至圖九即李均明對比簽名與簽姓的六枚簡圖片，李文認爲前三圖是簽名，後三圖是簽姓的。我們可以看到第四枚與第六枚字迹特别相似，從正文部分的"潘有畢"到簽署部分的"趙野張惕陳通校"，"張"的末筆駐成長點，"通"上面的"マ"寫成類似"口"，這些都是習慣性書寫的特點。另外，這兩枚的"通"字與第一枚的很類似，而第一枚很明顯是書手之外的人簽寫。因爲第一枚的"野"、"惕"和"通"墨迹較正文和姓氏字迹淺淡，也没有正文端正，應是又一人筆迹。這六枚簡的職官和簽署時間與正文銜接緊密，字體也完全一致，所以簽署部分只有人名。

4・134

圖四

4・463

圖五

4・563

圖六

4・161

圖七

4・284

圖八

4・29

圖九

再看一組簡(圖十)。"張惕趙野陳通"這六個字在不同的大木簡上有字迹完全相同的,有個别字迹相同個别字迹又不同的;有完全與正文字迹一致的,也有部分與正文字迹一致的。在同一枚簡上的六個字也有字迹完全相同或部分相同兩種情況。呈現出複雜而多變的現象,難以明確每個字是代簽還是親署,需要對比竹簡和木牘的簽署特徵繼續深入探討。

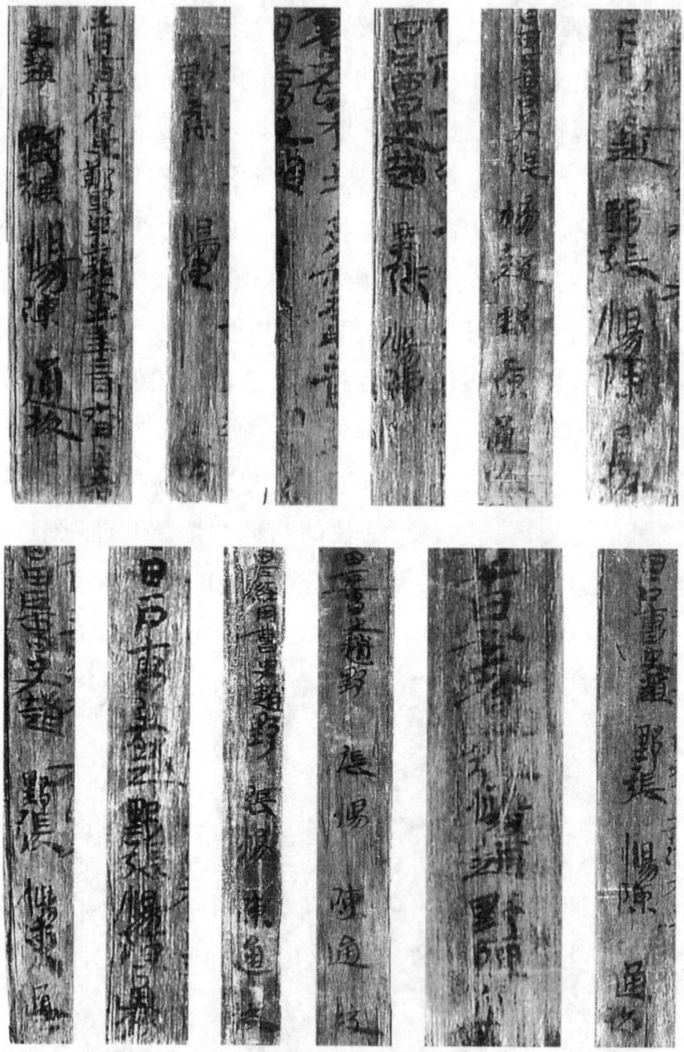

圖十

從圖版上呈現出的簽署特點還可以推測田家莂的製作程序。據圖十中第三枚的簽署,我們看到"田户曹史趙"只留下半邊,後面的字只剩下右邊一部分筆畫,可以確定這些簡是先簽署再破莂。又據 4·1 的釋文:

南鄉謹列嘉禾四年吏民田家别頃畝旱熟收米錢布付授吏姓名年月都莂

(4·1)

可知這批田家莂是編聯成册後由鄉上呈縣府的，應該是由鄉製作的，但不排除有縣吏參與。因爲負責簽署的"田户曹史"在木牘中以"縣吏"的身份出現：

1. 𠁧下伍丘縣吏張惕，田廿五町，凡五十七畝。其六十六畝，皆二年常限。其五十六畝旱，畝收布六寸六分。定收十畝，收米一斛二斗，爲米十二斛。畝收布二尺。其廿一畝餘力田。其七畝旱敗不收，畝收布六寸六分。定收十四畝，收米四斗五升六合，爲米六斛三斗八升四合。畝收布二尺。其米十八斛三斗八升四合，四年十一月十五日付倉吏鄭黑。凡爲布二匹四尺三寸六分，四年十一月廿日付庫吏潘有。其旱田畝收錢卌七，其熟田畝收錢七十。凡爲錢五千二錢，四年十一月廿日付庫吏潘有。嘉禾五年三月十日，田户經用曹史趙野、張惕、陳通校。 (4·21)
2. 𠁧新唐丘縣吏張惕，佃田八町，凡五十八畝百六十步，皆二年常限。其卌三畝卌步旱敗不收布。定收十五斛百廿步，爲米十八斛六斗，畝收布二尺。其米十八斛六斗，五年十二月三日付倉吏張曼、周棟。凡爲布三丈一尺，准入米一斛九斗四升，五年十一月廿日付倉吏張曼、周棟。其旱田不收錢。熟田收錢畝八十，凡爲錢一千二百卌，五年十一月廿日付庫吏潘慎。嘉禾六年二月廿日，田户曹史張惕校。 (5·800)
3. 𠁧上和丘縣吏陳通，佃田十一町，凡卌一畝，皆二年常限。其十五畝旱敗不收布。定收十六畝，爲米十九斛二斗，畝收布二尺。其米十九斛二斗，五年十一月十一日付倉吏張曼、周棟。凡爲布三丈二尺，五年十一月十日付庫掾潘有。其旱田畝不收錢。其熟田畝收錢八十，凡爲錢一千二百八十，五年十一月十五日付庫掾番慎、番宗。嘉禾六年二月廿日，田户曹史張惕、趙野校。 (5·44)

參與人及這批田家莂的製作程序涉及身份爲"縣吏"的三位"田户經用曹史"是要下到鄉或丘，還是鄉製作好以後送到縣再簽署、破莂、編聯的問題。如果是下到鄉，是三人同時去到每個鄉還是三人分别去不同的鄉代簽？如果是呈到縣再簽，怎麼會有書手的代簽呢？這些書手是縣吏還是鄉吏？據嘉禾五年的簽署基本每枚簡都有三人同時簽署分析，每位曹史按要求需要負責到每個鄉丘。

此外，從一個側面可以解釋爲什麼簽署時間特别集中。因爲不論先送呈還是先簽署，都要在規定時間内完成這項工作，只能先寫好除田户經用曹史名字之外的所有内容，等田户經用曹史簽署後再破莂、編聯。這樣，製作與簽署就有時間差，實際的校核日期很可能晚於簽署日期。

綜上雖然吴簡有很多代筆簽署，但這並不能證明簽署不重要。相反，正是因爲簽署的重要性，才造成主管者雖不能俱到，但不敢怠慢不簽，而是想方設法完成這個程序。"漢所以能治九州者，文書之力也"（《論衡・别通》）。在三國這一動蕩的歷史背景下，比起程序的管理，統治者更注重結果的完成。在竹簡中如邸閣吏大量呈現的是親筆簽署，説明簽署對文書權威性有重要保證。反過來也説明親筆簽署的文書重要級别更高。管理中的規定程序不能嚴格執行時，只有涉及特别重要的物資和事務，比如軍糧和上行文書中的簽署才能做到負責人親署。

三　嘉禾吏民田家莂的特點

在已整理出版的《長沙走馬樓三國吴簡・嘉禾吏民田家莂》中共收録了 2 141 枚大木簡，出現了 3 個鄉名，140 多個丘名。嘉禾吏民田家莂中"簽署"的很多特點是以丘爲單位出現，在此分别列出幾個丘的簽署字迹。

（一）利丘

以利丘開頭的大木簡有 53 枚，簽署在嘉禾五年的有 21 枚（4・216—4・236），嘉禾六年的有 32 枚（5・293—5・324）。字迹較清楚、保存完好的如表一：

表一

4・216	4・218	4・219	4・226	4・229

續　表

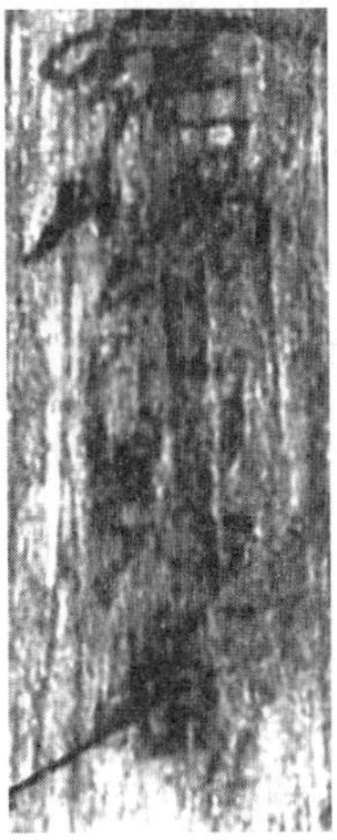			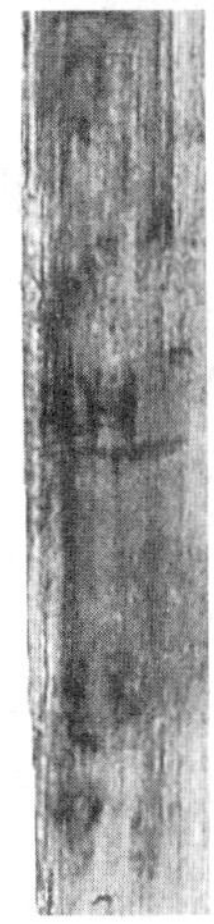	
4 • 230	4 • 232	5 • 296	5 • 310	5 • 311
	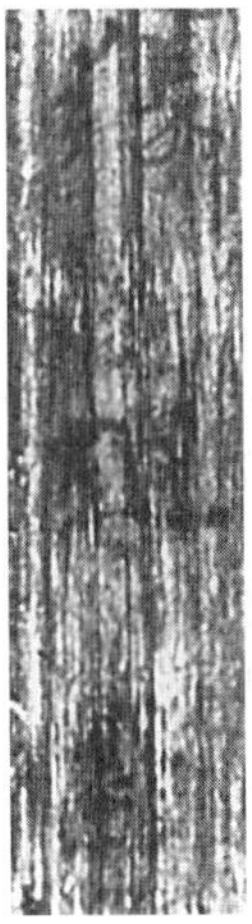			
5 • 313	5 • 314	5 • 315	5 • 319	5 • 321

此表中嘉禾五年的簽署疏密較適中，每一枚簡上各單字的用筆風格較統一，但不同簡之間的字體風格區別很大，如 4 • 216 和 4 • 218，一個用筆圓潤，一個結體張揚。同一年同一丘同一人名的字迹在點畫、用筆、結體、篇章布局各方面都有明顯的區别，有充分的理由認爲各枚簡截圖部分的字迹不是由一人寫就。嘉禾六年的簽署最明

顯的區别一是布局更爲整齊舒適,没有像 4 · 226 那種特别緊湊的,同時每個姓名内的布局又有區别,或留有一個字的空間如 5 · 311,或留有大於兩個字的空間如 5 · 315、5 · 321,也有僅餘半格難以插入字迹的如 5 · 313。二是兩個姓名之間連接緊密,即前一“名”與後一“姓”是緊挨著的。這種情況的出現有兩種可能,一是前一“名”與後一“姓”是連著寫的,即由一個人連續書寫;二是刻意挨著寫,即雖然書寫人不同,但出於某種原因,把空白留給姓名内部。留空習慣的不同是否可以作爲區别書手的一個標準呢?留空除因爲書手習慣造成,還受整個大木簡的尺寸大小和内容多少影響,如 4 · 229 最後的“通校”兩字就因爲底部空間不够挪到左邊書寫。所以我把表一中每枚大木簡的字數和尺寸統計出來列出表二,以判斷留空是否受這一原因影響。據表二可知 4 · 226 與 5 · 313 字數差别不大,一個 136 字一個 133 字,尺寸上 4 · 226 稍長 3.5 釐米,但 4 · 226 比 5 · 313 的布局更緊湊,字與字之間基本没有空隙。嘉禾六年的田家莂在尺寸更短、字數更多的情況下空間布局更舒朗,如 5 · 319 是字數最多而尺寸最短的,仍不顯局促。所以這一布局的區别不是因爲尺寸和内容造成,而是因爲書寫習慣産生,可以得出嘉禾五年與六年是兩批不同的書手的結論。此外,同一年的 5 · 296 和 5 · 311 也不是由同一位書手書寫的。5 · 296 正文中的字體書寫習慣是在横折時運用更多的停頓,在捺筆上保留更多肥厚的隸書特點。5 · 311 在轉折時多爲圓轉,没有停頓,用筆綫條更爲纖細延展。兩者展現出不同的用筆習慣。

表二

出版號	4 · 216	4 · 218	4 · 219	4 · 226	4 · 229	4 · 230	4 · 232	5 · 296
尺寸(釐米)	51.1	51.6	51.2	52.9	51.2	52.5	52.7	49.4
字數	150	152	150	136	155	136	154	135
出版號	5 · 310	5 · 311	5 · 313	5 · 314	5 · 315	5 · 319	5 · 321	
尺寸(釐米)	49.3	48.8	49.4	49.1	48.9	48.2	49.1	
字數	150	150	133	156	136	171	126	

(二) 劉里丘

以劉里丘開頭的大木簡有 57 枚,簽署在嘉禾五年的有 20 枚(4 · 466—4 · 485),嘉禾六年的有 37 枚(5 · 876—5 · 912)。字迹較清楚、保存完好的列爲表三,簽署中的“張”字再列爲表四:

表三

			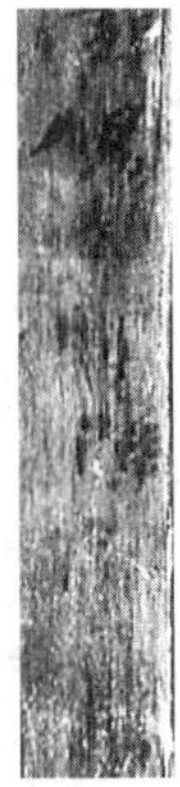		
4 · 466	4 · 467	4 · 468	4 · 469	4 · 472	4 · 473
				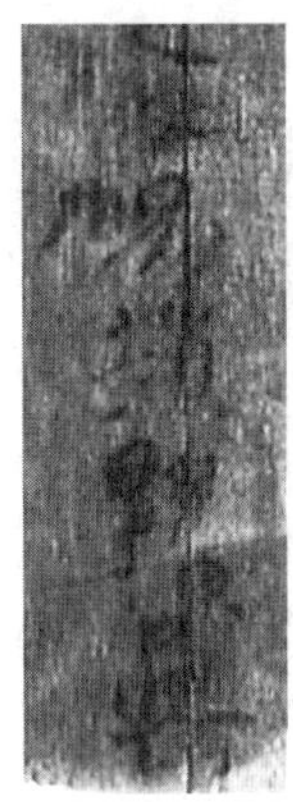	
4 · 474	4 · 475	4 · 476	4 · 478	4 · 479	4 · 480
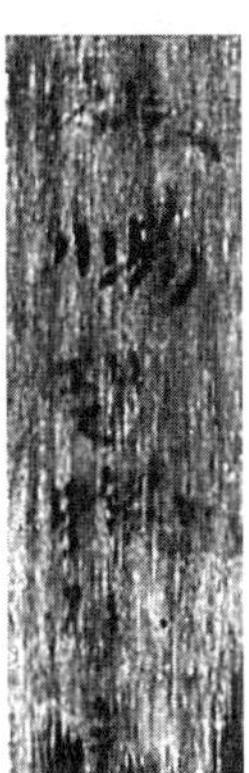					
4 · 481	4 · 483	4 · 484	5 · 876	5 · 877	5 · 878

續　表

5 • 879	5 • 880	5 • 882	5 • 883	5 • 887	5 • 889
	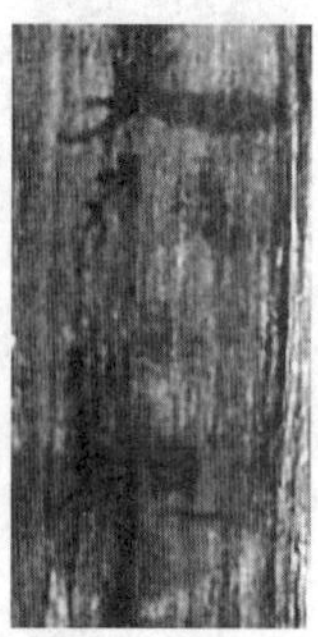				
5 • 890	5 • 891	5 • 894	5 • 896	5 • 897	5 • 899

5 • 903	5 • 905	5 • 906	5 • 907		

表四 劉里丘簽署中的"張"

	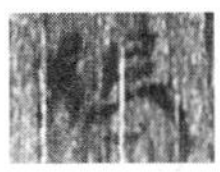		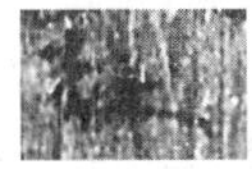	
4·466	4·467	4·468	4·471	4·472
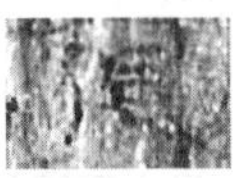				
4·473	4·474	4·475	4·476	4·478
	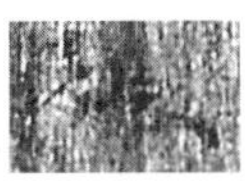	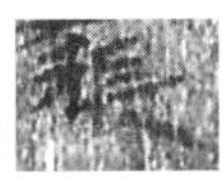	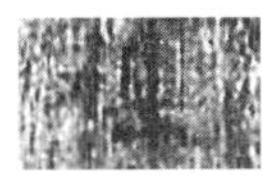	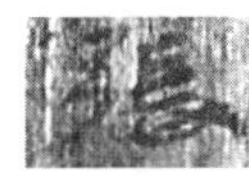
4·480	4·481	4·483	4·484	4·877
			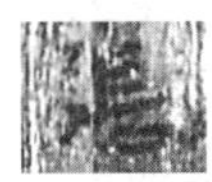	
5·878	5·879	5·880	5·882	5·887
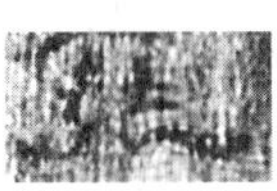	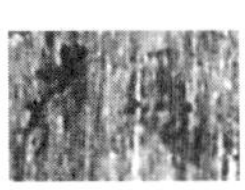		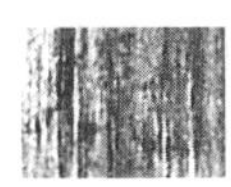	
5·890	5·891	5·894	5·896	5·897
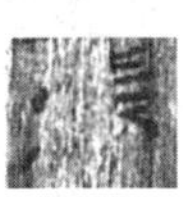		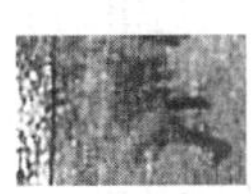		
5·899	5·903	5·905	5·906	5·907

兩個年分都有多種不同字迹。嘉禾五年簽署的"張",大致可以分爲四種(表五):

表五 劉里丘嘉禾五年簽署中"張"字的分類

1			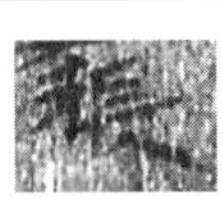			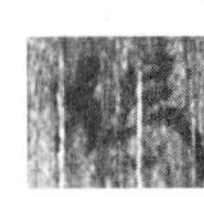
	4·466	4·471	4·483	4·480	4·476	4·467
2						
	4·468	4·478				

續 表

3						
	4・472	4・882	5・880			
4						
	4・877					

此四類字迹最明顯的區别是末筆的短撇和捺筆。第一種省掉短撇,捺筆向下拉長;第二種與豎勾連在一起,捺出後有向回勾的用筆;第三種把最後兩筆連爲一筆,經過豎勾時形成向上的弧度;第四種没有省去回撇的筆畫。這四種字迹左邊"弓"的寫法也有很大差異。這説明同一年同一丘有多位書手。

邢義田在《漢至三國公文書中的簽署》[①]中把嘉禾六年簽署的"張惕"的"惕"總結爲四種寫法。每一種寫法涉及了多個不同的丘,如他列出的第四種類型出現了八個不同的丘,説明同一位書手在同一年會參與多個丘的文書工作。

侯旭東據竹簡揭剥圖做了大量復原工作,發現嘉禾六年簽署的田家莂中的"里中丘"與竹簡中嘉禾六年"吏民人名年紀口食簿"的"廣成里"居民聯繫密切。[②] 我們從走馬樓吴簡的户籍簡知道,里與鄉是一套體系,某人户籍如在某里也一定歸屬某鄉。而丘與鄉在吏民户籍、賦税徭役等管理上不是對應的行政體系,某一丘的人可能屬於多個不同的鄉。在現存的十一户里中丘居民中有六户與廣成里居民身份、姓名完全一致。圖十一[③]是與《竹簡(貳)》的廣成里有對應關係的里中丘大木簡,編號依次爲 5・281、5・282、5・283、5・285、5・287、5・288、5・290。

表六

編號	5・281	5・282	5・283	5・285	5・287	5・288	5・290
尺寸(釐米)	48.3×2	48×2	53×2.8	49×2.8	48.3×2.5	48.2×2	49.3×1.8
身份	男子	男子	軍吏	男子	男子	縣吏	縣吏

① 邢義田:《漢至三國公文書中的簽署》,《文史》2012 年第 3 期,第 177 頁。

② 侯旭東:《長沙走馬樓吴簡〈竹簡〉(貳)"吏民人名年紀口食簿"復原的初步研究》,《中華文史論叢》2009 年第 1 期,第 85—86 頁。

③ 因版面原因,剪切圖片的縮放比例不同,故此圖不能體現真實簡牘的尺寸區别。

5.281　5.282　5.283　5.283　5.287　5.288　5.290

圖十一

考慮到殘損缺失,這七枚大木簡除 5 · 283 較長,其他的尺寸相差不大。其中 5 · 282、5 · 285 和 5 · 287 的"男"字上面的"田"最後的"丨"與下面"力"的起筆連在一起,很有特點,與 5.281 不同,所以這三枚的正文字迹應是一人所寫。5 · 281 與 5 · 288 似爲一人字迹。5 · 283 字迹泐損嚴重無法辨識,5 · 290 縮水變形嚴重影響到字迹,也不適合用來對比。如果這六户的正文字迹相似,那麽他們一定屬於同一個鄉里。如果字迹不同,那麽或者是一個丘有多名書手參與工作,或者這些人不是同一個鄉。據後文可知他們屬於一個里也即屬於同一個鄉,那麽可以肯定同一年在同一個里有多人參與文書工作。

走馬樓吴簡中有大量的"鄉吏"稱謂,但在户籍簡中未出現過"鄉吏"。據《後漢書 · 百官志》載:"漢官曰:'雒陽令秩千石,丞三人四百石,孝廉左尉四百石,孝廉右尉四百石。員吏七百九十六人,十三人四百石。鄉有秩、獄史五十六人,佐史、鄉佐七十七人,斗食、令史、嗇夫、假五十人,官掾史、幹小史二百五十人,書佐九十人,(循)[脩]行二百六十人。'"對雒陽官吏的統計按級别介紹,先是縣級各層的數量和秩級,再是鄉級的設置。繼承漢代制度的孫吴在鄉級機構也應有書佐設置,這些參與田家莂書寫的書手應爲鄉吏。

通過多個丘的簽署字迹比較,我們可以總結出田家莂的簽署特點:

1. 每個丘在嘉禾五年與嘉禾六年安排的書手不同;

2. 每個丘在同一年有多位不同書手參與文書工作;

3. 同一位書手在同一年會參與多個丘的文書工作。

同一丘同一里有多種字迹,不同丘有相同字迹,證明書手是以高於"里"和"丘"的"鄉"來安排。如果幾個丘的正文與簽署字迹相同,很有可能這些丘屬一個鄉。

綜上所述,我們嘗試以分析比較簽署字迹的方法探討簡牘文書的制度。對嘉禾年間孫吴縣鄉兩級的文書製作和管理方式做了一點更細緻的研究,證明田家莂由鄉吏書寫,縣吏校核、簽署範圍限於人名,而且在校核、簽署過程中存在大量的代簽行爲。以此方法還可以結合走馬樓吴簡的竹簡和木牘對孫吴文書繼續進行深入研究,給吴簡研究提供更多維的角度和資料。

走馬樓三國吴簡中的姓氏語料價值*

——以《漢語大詞典》、《漢語大字典》爲參照

張顯成

（西南大學漢語言文獻研究所、出土文獻綜合研究中心）

中國人的姓氏極爲豐富，其中包含的語言文化信息也頗爲豐富，頗有其研究價值，故關於彙集和研究中國人姓名的成果頗多，有關研究也頗爲成熟，如《萬姓統譜》、《百家姓》、《白虎通》的《姓名篇》、商務印書館《中國人名大辭典》（1921 年）、吉常宏、吉發涵《古人名字解詁》（語文出版社，2003 年），等等。

就姓氏而言，當前最大型的語文辭書《漢語大詞典》和《漢語大字典（第二版）》所收材料是最爲豐富的，這兩部辭書是目前古今兼收的重要的大型漢語語文辭書，對姓氏自然也是古今兼收。

20 世紀以來，我國出土了大量的簡帛材料，《長沙走馬樓三國吴簡》就是其中最爲重要的材料之一。三國吴簡不僅數量巨大，而且内容也很豐富，涉及孫吴時期社會生活的各個方面。吴簡構成的主體是各式賬本和名册，主要有吏民們佃種土地數量以及每年繳納賦税的記録、吏民户籍、師佐户籍等等，因此其記録了大量的人名（指姓名，下同），涉及人名的記録多是程式化的書寫格式，如地名＋人名、官名＋人名、身份詞＋人名、成年與性别＋人名等。正因爲人名標志明顯，故簡文中的人名往往可以得到明確。

我們將現已刊布的吴簡中數以千計的人名中的姓氏，與《漢語大詞典》和《漢語大字典》所收姓氏進行一一對照，發現有不少姓氏兩部大型語文辭書均未收録，或《漢語大詞

* 本文爲西南大學創新團隊項目（SWU1509395）的階段性成果。

典》未收録而《漢語大字典》雖收録，但所舉出的書證時代太晚。[①] 這類姓氏共有 25 個，分别是佲、丞、睪、供、使、勇、宙、棋、業、敉、搙、烝、焉、忩、童、粻、萌、蕁、蔦、給、這、詩、誦、除、問。

如上所述，中國人名的研究已相當成熟，《漢語大詞典》和《漢語大字典》又是當前有關姓氏收録最爲全面的辭書，故吴簡所見這 25 個姓氏，數量應該説是較大的，自然也説明三國吴簡中有關姓氏的語料具有重要價值。下面，我們將這 25 個姓氏按《漢語大詞典》和《漢語大字典》條目順序逐一列出。[②]

佲

《漢語大詞典・人部》未收"佲"字。

《漢語大字典・人部》"佲[wò]"："地名。《玉篇・人部》：'佲，地名。'"也未收姓氏義項。

《長沙走馬樓三國吴簡》中有人名"佲妾"，可知"佲"乃一姓氏。故《漢語大詞典》當補"佲"條，立"地名"、"姓"兩個義項；《漢語大字典》"佲"下當增姓氏義項。吴簡用例：

《長沙走馬樓三國吴簡・竹簡(壹)》109："大田丘大女佲妾。"

丞

《漢語大詞典・一部》和《漢語大字典・一部》"丞[chéng]"下均無姓氏義項。

在《長沙走馬樓三國吴簡》中有姓氏"丞"，如"丞謾"等人名，故可確認"丞"確爲三國時期孫吴地區的一個姓氏。如：

《長沙走馬樓三國吴簡・嘉禾吏民田家莂》4・219："同利丘男子丞漫，佃田廿町，凡卌五畝，皆二年常限。"同利丘，地名。丞謾，人名，姓丞名謾。

《長沙走馬樓三國吴簡・嘉禾吏民田家莂》5・310："同利丘男子丞漫，佃田廿町，凡卅八畝，皆二年常限。"

睪

《漢語大詞典・丿部》與《漢語大字典・丿部》"睪"下均無姓氏義項。

---

① 本文所論不包括《漢語大詞典》未收録而《漢語大字典》收録但書證不晚於吴簡者，如：

《漢語大詞典・人部》"依"下無"姓"義項(自然當補)。

《漢語大字典・人部》"依"："⑬姓。"《字彙・人部》："依，姓也。"書證《國語・晋語四》"其得姓者十四人，爲十二姓：姬、酉、祁、己、滕、箴、任、荀、僖、姞、儇、依是也"。

《長沙走馬樓三國吴簡》中有"依"姓用例，如《長沙走馬樓三國吴簡・竹簡(肆)》1761："大女依汝賣女生口葉直錢六萬。"依汝，人名，姓依名汝。此句意爲：大女依汝賣女生口葉爲人奴隸，交易價六萬。

本文所論不包括"依"姓。

② 本文所引簡文釋文符號，悉依張顯成主編：《楚簡帛逐字索引(附原文及校釋)》，成都：四川大學出版社，2013年。可詳見該書第一册《凡例》第 14 條。

《長沙走馬樓三國吴簡》中有“睾紀”一人,姓睾名紀。此人名共出現22次,21次爲關丞。可見,“睾”確爲一姓氏無疑。如:

《長沙走馬樓三國吴簡·竹簡(壹)》42:“嘉禾□年三月廿一日盡丘 繼仁、關丞睾紀付掾孫☐。”

《長沙走馬樓三國吴簡·竹簡(肆)》4222:“□文書前部丞睾紀右尉□得□□□□□縣界…☐。”

供

《漢語大詞典·人部》“供[1][gōng]”下無姓氏義項。

《漢語大字典·人部》“供[gōng]”:“④姓。”文獻用例爲明朝《萬姓統譜》,也比《長沙走馬樓三國吴簡》晚得多。

《長沙走馬樓三國吴簡》中有“供便”、“供士”等姓名,故可確認“供”爲當時的一個姓氏。如:

《長沙走馬樓三國吴簡·竹簡(貳)》8888:“都鄉皮二枚,嘉禾二年八月廿六日吴唐丘歲伍供便付庫吏殷連受。”都鄉,地名。都鄉皮,指都鄉上繳的皮。吴唐丘,地名。歲伍,服役一歲者。供便,人名,姓供名便。殷連,人名。此句意爲:嘉禾二年八月廿六日,吴唐丘的歲伍供便付給庫吏殷連都鄉皮兩枚,殷連經手收受。

《長沙走馬樓三國吴簡·竹簡(貳)》2721:“二年税白米十一斛,嘉禾三年三月九日息丘供士、關邸閣李嵩付倉吏黄諱、史潘慮受。”息丘,地名。供士,人名,姓供名士。關邸閣,主管邸閣事務的下層官吏。李嵩,人名。黄諱,人名。潘慮,人名。

使

《漢語大詞典·人部》“使[shǐ]”下無姓氏義項。

《漢語大字典·人部》“使”:“⑯姓。”文獻用例爲《萬姓統譜》,晚於吴簡用例。

吴簡用例:

《長沙走馬樓三國吴簡·竹簡(肆)》4751:“嘉禾三年十月廿一日付書史使盧、杝師夏軍。”

勇

《漢語大詞典·力部》“勇[yǒng]”下無姓氏義項。

《漢語大字典·力部》“勇[yǒng]”:“④姓。”文獻用例爲明朝《萬姓統譜》,晚於吴簡用例。

吴簡中有“勇”作爲姓氏使用的用例,如有“勇客”、“勇覬”等姓名,故可確認“勇”爲當時的一個姓氏。如：

《長沙走馬樓三國吳簡·竹簡(壹)》10139："宜陽里户人，公乘勇覬年卌四，筭一，給州吏。"宜陽里，地名。公乘，民爵。勇覬，人名，姓勇名覬。

《長沙走馬樓三國吳簡·竹簡(壹)》10385："吉陽里户人，公乘勇客年卌一，筭一，踵兩足。"吉陽里，地名。公乘，民爵。勇客，人名，姓勇名客。

宙

《漢語大詞典·宀部》和《漢語大字典·宀部》"宙[zhòu]"下都無姓氏義項。

《長沙走馬樓三國吳簡》見人名"宙揚"，姓宙名揚，可見"宙"確實是當時的一個姓氏。例如：

《長沙走馬樓三國吳簡·竹簡(壹)》6974："入中鄉東扶丘男子宙揚二年布一匹。"

棋

《漢語大詞典·木部》和《漢語大字典·木部》"棋[qí]"下均無姓氏義項。

《長沙走馬樓三國吳簡》見"棋"姓的人名共15例，如"棋生"、"棋孟"、"棋黟"，可見"棋"確爲三國孫吳地區的一個姓氏無疑。例如：

《長沙走馬樓三國吳簡·竹簡(壹)》4458："入小武陵鄉嘉禾二年帥客棋生限米五斛胄畢，嘉禾二年十月廿五日楮下丘棋生、關邸閣董基，付三州倉吏鄭黑受。"小武陵鄉、楮下丘爲地名。帥客、關邸閣、三州倉吏爲職稱名。棋生，人名，姓棋名生；董基，人名；鄭黑，人名。胄，蓋讀爲"逐"。逐，求取。胄畢，指徵收完畢。此句大意爲：小武陵鄉帥客棋生所繳納的嘉禾二年限米五斛徵收完畢(胄畢)，嘉禾二年十月廿五日楮下丘的棋生和關邸閣董基，交付給三州倉吏鄭黑收。

《長沙走馬樓三國吳簡·嘉禾吏民田家莂》4·275："伻上丘男子棋孟，佃田二町，凡五畝，皆二年常限。旱畝收布六寸六分。"

《長沙走馬樓三國吳簡·竹簡(壹)》3376："☐年十月廿三日彈浭丘棋黟、關邸閣董基☐。"棋黟，人名，姓棋名黟。

業

《漢語大詞典·木部》和《漢語大字典·木部》"業[yè]"下均無姓氏義項。

《長沙走馬樓三國吳簡》見人名"業浚"，姓業名浚，可見"業"確爲三國孫吳地區的一個姓氏。吳簡用例：

《長沙走馬樓三國吳簡·竹簡(肆)》4117："監沱丘業浚直米五十九斛。"

敉

《漢語大詞典 · 攴部》和《漢語大字典 · 攴部》"敉[mǐ]"下都無姓氏義項。

《長沙走馬樓三國吴簡》見人名"敉交",姓敉名交,可見"敉"確爲一姓氏。如:

《長沙走馬樓三國吴簡 · 竹簡(壹)》2844:"入敉交、謝進所備生口大女萬汝錢七百六十八子五百,嘉禾二年七月十四日大女謝汝付主庫吏殷連受。"

⿰扌庚

《漢語大詞典 · 手部》和《漢語大字典 · 手部》均未收"⿰扌庚"字。

《長沙走馬樓三國吴簡》中有"⿰扌庚"姓人名。如:

《長沙走馬樓三國吴簡 · 竹簡(壹)》7432:"高遷里户人公乘⿰扌庚聱,年卅一,筭一,給州吏。"⿰扌庚聱爲人名,姓⿰扌庚名聱。

烝

《漢語大詞典 · 火部》和《漢語大字典 · 火部》"烝"下均無姓氏義項。

《長沙走馬樓三國吴簡》中"烝"作爲姓氏共出現了上百次。可見"烝"確實是三國孫吴地區的一個姓氏,且很有可能是一個大族。如:

《長沙走馬樓三國吴簡 · 竹簡(壹)》39:"入南鄉頃佃丘烝蘇嘉禾二年口筭錢一千三百五十。"

《長沙走馬樓三國吴簡 · 竹簡(壹)》1514:"嘉禾二年九月廿九日烝弁付庫吏殷連受。"

焉

《漢語大詞典 · 火部》"焉"下無姓氏義項。

《漢語大字典 · 火部》"焉":"⑨姓。《萬姓統譜 · 先韻》:'焉,見《姓苑》。'"晚於吴簡用例。

《長沙走馬樓三國吴簡》中見"焉倜"、"焉緅"等焉姓人名,如:

《長沙走馬樓三國吴簡 · 竹簡(壹)》7503:"鐮師劉陽焉緅,年卅一。"

《長沙走馬樓三國吴簡 · 竹簡(壹)》8611:"中部督郵書掾焉倜言臨湘侯☐。"

忩

"忩",同"悤",《字彙 · 心部》:"忩,與'悤'同。"悤,也作"怱",《正字通 · 心部》:"悤,隸作'怱'。"

《漢語大詞典 · 心部》和《漢語大字典 · 心部》"忩"下均無姓氏義項。

"忩"作爲姓氏在《長沙走馬樓三國吴簡》中共出現 4 次,如:

《長沙走馬樓三國吴簡·嘉禾吏民田家莂》5·0552:"同桐丘男子忩(悤)郅,佃田十五町,凡廿七畝,皆二年常限。"

《長沙走馬樓三國吴簡·嘉禾吏民田家莂》5·0553:"同桐丘男子忩(悤)口,佃田四町,凡八畝,皆二年常限。"

《長沙走馬樓三國吴簡·嘉禾吏民田家莂》5·0687:"同寇丘男子忩(悤)磅,佃田四町,凡七畝一百廿步,皆二年常限。"

童

《漢語大詞典·立部》"童[tóng]"下無姓氏義項。

《漢語大字典·立部》"童":"⑩姓。"書證爲《廣韻》、《通志》,晚於三國吴簡用例。

吴簡用例:

《長沙走馬樓三國吴簡·竹簡(貳)》930:"陵丘童丑。"

粻

《漢語大詞典·米部》和《漢語大字典·米部》"粻[zhāng]"下均無姓氏義項。吴簡不乏其姓氏用例,如:

《長沙走馬樓三國吴簡·竹簡(叁)》2304:"乾鍛佐粻元年卌,單身。"

《長沙走馬樓三國吴簡·竹簡(叁)》2307:"鑪佐攸粻雀年卌六。"攸,地名。

《長沙走馬樓三國吴簡·竹簡(叁)》2308:"乾鍛佐攸粻椎年□□。"

萠

《漢語大詞典·艸部》"萠"下無姓氏義項。

《漢語大字典·艸部》"萠":"⑦姓。《正字通·艸部》:'萠,姓。五代蜀裨將萠慮。'"晚於吴簡。

《長沙走馬樓三國吴簡》中見"萠署"、"萠力"等人名,如:

《長沙走馬樓三國吴簡·竹簡(壹)》7530:"高遷里户人公乘萠署,年六十一。"

《長沙走馬樓三國吴簡·竹簡(壹)》7328:"入廣成鄉嘉禾二年税米七斛冑畢,嘉禾二年十月廿三日三州丘大男萠力、關邸閣董基付三州倉吏鄭黑受。"冑,蓋讀爲"逐"。逐,求取。冑畢,指徵收完畢。

蓴

《漢語大詞典·艸部》與《漢語大字典·艸部》"蓴"下均無姓氏義項。

《長沙走馬樓三國吴簡》中有"蓴龍"一人,姓蓴名龍。可見"蓴"爲一姓氏,無疑。如:

《長沙走馬樓三國吴簡·竹簡(壹)》7512:“模師下雋蕁龍年五十七。”下雋,地名。

蔦

《漢語大詞典·艸部》與《漢語大字典·艸部》“蔦[niǎo]”下都無姓氏義項。

《長沙走馬樓三國吴簡》中有“蔦羊”一人,姓蔦名羊。可見“蔦”爲一個姓氏無疑。如:

《長沙走馬樓三國吴簡·竹簡(壹)》10107:“吉陽里户人公乘蔦羊,年卅五,筭一。”

給

《漢語大詞典·糸部》與《漢語大字典·糸部》“給”下均無姓氏義項。

《長沙走馬樓三國吴簡》中有“給帛”一人,姓給名帛。可見,“給”確爲一個姓氏無疑。如:

《長沙走馬樓三國吴簡·竹簡(壹)》3258:“租米一斛五斗胄畢,嘉禾二年九月廿八日東平丘給帛、關邸閣董基、付倉吏谷漢受。”

繼

《漢語大詞典·糸部》與《漢語大字典·糸部》“給”下均無姓氏義項。

《長沙走馬樓三國吴簡》中有“繼仁”一人,姓繼名仁。可見,“繼”確爲一姓氏,無疑。如:

《長沙走馬樓三國吴簡·竹簡(壹)》42:“嘉禾□年三月廿一日盡丘繼仁、關丞𡱝紀付掾孫☑。”

這

《漢語大詞典·辵部》與《漢語大字典·辵部》“這”下均無姓氏義項。

《長沙走馬樓三國吴簡》中見人名“這官”、“這聾”、“這湛”等,如:

《長沙走馬樓三國吴簡·竹簡(壹)》6148:“入桑鄉半丘男子這官二年布三丈七尺。”

《長沙走馬樓三國吴簡·竹簡(貳)》3249:“大成里户人公乘這湛,年卌三,聾兩耳。”

《長沙走馬樓三國吴簡·竹簡(貳)》921:“☑月五日□城丘這龍關邸☑。”

詩

《漢語大詞典·言部》“詩[shī]”下無姓氏義項。

《漢語大字典·言部》“詩”:“⑥姓。”最早的書證爲《後漢書》,晚於三國吴簡。

吴簡用例:

《長沙走馬樓三國吴簡·竹簡(壹)》5927:“下雋詩梅,年卅二。”

誦

《漢語大字典·言部》與《漢語大詞典·言部》“誦”下都無姓氏義項。

《長沙走馬樓三國吴簡》中“誦”作爲姓氏共出現 25 次,可見此確爲當時的一個姓氏無疑。如:

《長沙走馬樓三國吴簡·竹簡(叁)》2476:“治師誦過年六十。”

《長沙走馬樓三國吴簡·竹簡(叁)》2475:“剛佐建寧誦姪年五十三,妻在本縣。”

《長沙走馬樓三國吴簡·竹簡(叁)》2454:“觚慰佐永新誦成年廿八。”

除

《漢語大詞典·阜部》“除[chú]”下無姓氏義項。

《漢語大詞典·阜部》“除[chú]”:“⑱姓。”書證爲《萬姓統譜》。晚於三國吴簡。

吴簡用例:

《長沙走馬樓三國吴簡·竹簡(叁)》463:“入模鄉氏下丘男子除睾陽布一匹。”

問

《漢語大詞典·門部》“問[wèn]”下無姓氏義項。

《漢語大字典·門部》“問[wèn]”:“⑭姓。《廣韻·問韻》:‘問,姓,今襄州有之。’宋鄧名世《古今姓氏書證辨·問韻》:‘問,《姓苑》云,襄陽人。’《正字通·口韻》:‘問,姓。明問智,襄陽人。’”

今三國吴簡見人名“問皮”,可補《漢語大詞典》義項,也可提前《漢語大字典》首例文獻用例時間,如:

《長沙走馬樓三國吴簡·竹簡(柒)》4772:“春平里户人公乘問皮,年卅八,筭一。”

上述 25 個姓氏在《漢語大詞典》和《漢語大字典》中收録的情況可分爲兩類:

一類是兩部大型語文辭書均未收録者。凡以下 15 個姓氏:丞、睾、宙、棋、業、敉、掖、忩、粻、尊、蔦、給、繼、這、誦。

一類是《漢語大詞典》未收録而《漢語大字典》雖收録,但所引書證晚於走馬樓吴簡者。凡以下 10 個姓氏:佾、供、使、勇、焉、童、萌、詩、除、問。

吴簡所載居民有很大比例的土著成分,這一點早已是學界的共識。[①]《漢書·西南

① 可參魏斌:《吴簡釋姓——早期長沙編户與族群問題》,《魏晉南北朝隋唐史資料》第二十四輯,2008 年。

夷傳》記南越王趙陀之語:“西北有長沙,其半蠻夷,亦稱王。”顔師古注:“言長沙之國半雜蠻夷之人。”可見漢初長沙郡就多雜“蠻夷”。新莽時期曾一度改長沙郡爲填蠻郡,也表明在朝廷觀念中,長沙地區仍然具有相當的蠻夷色彩。由此推測,吴簡中出現的這些姓氏不排除有些可能與當時當地蠻漢混居有關,有些姓氏有可能是當時居住在湘地的少數民族的姓氏。不過,我們卻不能因爲這些姓氏面孔較爲陌生就説它們是少數民族姓氏,這顯然是不合乎邏輯的。同時,統觀吴簡所見的姓名組合形式(即“姓”+“名”組合),似乎這些姓氏更像漢姓,“蠻夷”姓氏色彩反倒不是很明顯。總之,至少我們現在還無法斷定某個姓氏是否爲少數民族的姓氏。

無論如何,這些姓氏真實客觀地存在於中國的歷史中,是毋庸置疑的,屬於中國文化不可或缺的部分。當前最大型的語文辭書《漢語大詞典》和《漢語大字典》,理當增補進這些出土材料中的有關姓氏的語料,方利於這兩部大型辭書的進一步完善。同時,在大量出土新材料問世的今天,有必要重新編著或修訂“中國人名大辭典”類姓名工具書,像吴簡這類出土文獻,則是需要人們高度重視並及時納入的重要語料。

中華民族是一個歷史悠久、姓氏衆多的民族,姓名承載著諸多文化因素。吴簡中的這些姓氏語料,對於姓名文化和中國歷史的其他有關方面的研究,也都具有重要的價值。

走馬樓吴簡與《三國志》及裴注親屬稱謂語比較研究*

陳榮傑

（西南大學文獻所、出土文獻綜合研究中心）

1996年在長沙市中心五一廣場東南側走馬樓街建設區域内的J22古井中出土了震驚中外的三國孫吴紀年簡牘，學界一般稱“走馬樓三國吴簡”（以下簡稱“吴簡”）。吴簡現已全部清理完畢，共14餘萬枚，其中有字簡近8萬枚，約200萬字，内容主要以户籍和賬簿爲主。吴簡現已公布48 000餘枚，近一半的内容爲户籍，主要記録了三國孫吴時期長沙郡臨湘縣下層吏民的户籍情況。數量如此多的户籍簡在簡牘發現史上實屬罕見。這些户籍簡有大量的親屬稱謂語，通過我們全面的清理，共得141個涉及祖輩至孫輩的親屬稱謂語，爲研究三國時期親屬稱謂語的使用情況提供了真實、鮮活的第一手資料。

《三國志》與《史記》、《漢書》、《後漢書》並稱“前四史”，是重要的歷史典籍，也是研究漢語詞彙史的重要語料。吴金華先生曾云：“如果從語言史的角度來看，它（指《三國志》）又是一部帶著鮮明時代特色的魏晋文獻。”①方一新先生曾説：“《三國志》等史書以其正史的特殊地位得以基本完整地保存下來，無論是從材料的真實性上看，還是從篇幅數量上看，在同時期的中土文獻中都罕有其儔，值得充分重視。”②《三國志》作爲漢語史研究的重要語料，引起了學界的廣泛關注，先後有不少學者從不同的角度對

---

* 本文爲國家社科基金項目“走馬樓吴簡詞彙研究”（13CYY055）、中央高校基本科研業務費重點項目“走馬樓三國吴簡字形譜”（SWU1709234）和中央高校基本科研業務費專項資金創新團隊項目“基於出土文獻綜合研究的文化推廣工程”（SWU1509395）的階段性成果。

① 吴金華：《三國志校詁》，南京：江蘇古籍出版社，1990年，前言第1頁。

② 方一新：《東漢魏晋南北朝史書詞語箋釋》，安徽：黄山書社，1997年，前言第1—2頁。

之進行研究。[①]

漢語史上每一歷史時期詞彙系統的面貌如何，我們目前尚不完全清楚。若能對某一歷史時期的所有文獻進行全面的清理描寫，則該時期詞彙系統的面貌也就基本清楚了。很顯然，這絶非一時一人之力所能够完成的。故蔣紹愚先生説："要把一個時代平面的詞彙系統描寫出來不是那麽容易的，這個工作可以也只能一步一步地做。比如，以一部有代表性的著作爲對象，對其中反映口語的詞彙作全面的系統的描寫；也可以再把範圍縮小一點，對某部著作中的某一類詞作全面的系統描寫。這些工作做好了，就爲全面地描寫一個時代的詞彙系統打下基礎。"[②]在這種專書詞彙研究的基礎上，"爲了達到由點及面，由横向到縱向的研究目的，單一語料内部詞語的研究有必要逐漸轉入到不同語料之間詞語的研究"。然而，"在實際研究中，要找到字數和内容一致的兩種語料又幾乎不可能，而語料字數及内容的不一，往往會使研究的結論受到影響"。[③] 針對這種情況，胡敕瑞先生提出了一個切實可行的方法——從概念出發進行詞語的比較研究。"任何概念都要通過詞語來體現，不同的語料在表達一個相同概念時總要使用相應的詞語，……從概念出發對不同語料的詞語進行比較，就給研究者提供了一個可供觀察的窗口，……基本上可以避免語料本身不理想所帶來的缺憾，……得到相對公允的結論。"[④]學界當前從概念場的視角對古漢語詞彙進行比較研究已取得了不少成果。[⑤] 對同一時期不同材料的同一概念場的詞彙系統進行封閉式的全面的比較研究，就能大致了解某一概念場詞彙系統在某個時期的實際狀況。

吴簡主要爲"黄龍"、"嘉禾"年號的竹簡，[⑥]其時間應在孫權"黄龍"、"嘉禾"年

① 僅筆者所見從漢語史的角度對之進行研究的專著就有何亞南：《〈三國志〉和裴注句法專題研究》，南京：南京師範大學出版社，2001 年；王文暉：《〈三國志〉成語研究》，武漢：湖北人民出版社，2004 年；馬麗：《〈三國志〉稱謂語研究》，北京：中國社會科學出版社，2010 年；王彤偉：《〈三國志〉同義詞及其歷時演變研究》，成都：巴蜀書社，2010 年；肖瑜：《〈三國志〉古寫本用字研究》，上海：上海教育出版社，2011 年；鄧軍：《三國志代詞研究》，上海：同濟大學出版社，2014 年等。

② 蔣紹愚：《古漢語詞彙綱要》，北京：北京大學出版社，1989 年，第 264 頁。

③ 胡敕瑞：《從概念出發的詞語比較研究——以〈論衡〉與東漢佛典詞語比較爲例》，《漢語史研究集刊》第五輯，成都：巴蜀書社，2002 年，第 183 頁。

④ 胡敕瑞：《從概念出發的詞語比較研究——以〈論衡〉與東漢佛典詞語比較爲例》，《漢語史研究集刊》第五輯，第 183—184 頁。

⑤ 這方面的研究成果請參郭曉妮：《古漢語物體位移概念場詞彙系統及其發展演變研究》，浙江大學博士學位論文，2010 年，第 4—6 頁。

⑥ 王素：《長沙走馬樓三國吴簡研究的回顧與展望》，《吴簡研究》第一輯，武漢：崇文書局，2004 年。

間。關於《三國志》的時代，何亞南先生認爲作者陳壽（233—297 年）生活在三國到西晉的過渡時期，其生命的大部分時間都在三國時期度過，他編纂《三國志》基本上可視爲當時人撰當朝史。① 對裴松之注，何亞南先生進行了勾稽爬梳，剔除了一部分與《三國志》時代差距很大的語料，將裴松之注所用與《三國志》時代大體相同的語料視爲同時期語料。② 馬麗先生在進行《三國志》稱謂詞研究時，采用了何亞南先生的觀點，將《三國志》及部分裴注鑒定爲魏晋時期語料。③ 我們讚同這一觀點，認爲《三國志》及部分裴注是與吴簡時代大體相同的語料。目前，學界對稱謂詞語的比較研究，主要集中在漢語與少數民族語、外國語的比較研究，對時代大致相同的兩種或以上的漢語語料進行比較研究的成果則非常少。我們以概念場理論爲指導，嘗試對吴簡與《三國志》及裴注稱謂語進行封閉式的比較研究。④ 不足之處敬請方家批評指正。

一　吴簡與《三國志》及裴注親屬稱謂語比較

在進行吴簡與《三國志》及裴注親屬稱謂語比較研究時，我們采用學界普遍使用的宗親、外親、妻親的分類方法進行討論。爲更好、更清晰地呈現吴簡與《三國志》及裴注親屬稱謂語的共性，特列出上古漢語時期親屬稱謂語的使用情況，⑤以便比對。吴簡現刊布七卷，其中大木簡《嘉禾吏民田家莂》爲吏民租佃國有土地繳納租税的莂券，不含親屬稱謂語，故我們的研究僅就現公布的六卷《竹簡》（即《竹簡（壹）》、《竹簡（貳）》、《竹簡（叁）》、《竹簡（肆）》、《竹簡（柒）》、《竹簡（捌）》）展開。因吴簡各卷由不同學者分别整理，故在處理異體字、俗體字時稍有不同，本文統一采用通行體，如“婹”徑寫作“嫂”，“姊”徑寫作“姊”。

① 何亞南：《〈三國志〉和裴注句法專題研究》，南京：南京師範大學出版社，2001 年，第 14 頁。

② 何亞南：《〈三國志〉和裴注句法專題研究》，第 14—22 頁。

③ 馬麗：《〈三國志〉稱謂語研究》，北京：中國社會科學出版社，2010 年，第 37—38 頁。

④ 《三國志》及裴注稱謂詞語參考了馬麗《〈三國志〉稱謂語研究》，並核查了原書，依據《三國志》，北京：中華書局，1959 年。

⑤ 上古漢語時期的親屬稱謂語主要參考了馮漢驥著，徐志誠譯：《中國親屬稱謂指南》，上海：上海文藝出版社，1989 年；胡士雲：《漢語親屬稱謂研究》，北京：商務印書館，2007 年；王琪：《上古漢語稱謂研究》，北京：中華書局，2008 年；馬麗：《〈三國志〉稱謂語研究》。

(一) 宗親親屬稱謂語比較

表一

親屬輩分	親屬關係	上古漢語	吴　簡	《三國志》及裴注
高祖輩	父之祖父之父	高祖王父、高祖、高		高祖、高祖父
	父之祖父之母	高祖王母		
曾祖輩	父之祖父	曾祖王父、曾祖、曾、曾祖父		曾祖、曾祖父、祖
	父之祖母	曾祖王母		
祖　輩	父之父	王父、祖、祖父、大父、公、祖君	大父、祖父	祖、祖父、祖公
	父之母	王母、祖母、大母	王母、祖母、大母	祖母、母
父　輩	父母	親、嚴親、嚴君、所生		親、所生、尊上
	父	考、父、公(太公)、君、翁、天(所天)	父、老父	考、父(老父)、君(大君)、公(太公)、翁(阿翁)、侯、所天、所怙
	母	妣、母、母氏、親、媪、姐	母	妣、母(老母)、母氏、所生母、慈親、聖善
	父之兄	世父、伯父	世父、伯父	伯父、伯
	父之兄之妻	世母、伯母		伯母
	父之弟	叔父、季父、仲父	叔父、季父、小父	叔父、季父
	父之弟之妻	叔母、季母	叔母、季母、小母	叔母、季母
	父之姊妹	姑、諸姑、姑姊妹、姑姊、姑妹	姑、寡姑	姑
	父之從兄弟		從父、從小父	從父
	父之從姊妹		從姑	從姑

吴簡爲户籍簡,所記録的是健在的人的信息,極少數簡記録了剛剛離世的人的信息,[①]故它僅記録了與户主相關的上至祖輩、下至孫輩的家庭親屬成員的信息,即吴簡僅有上至祖輩、下至孫輩的親屬稱謂語,而没有高祖輩和曾祖輩的親屬稱謂語。《三國志》是史書,要梳理一些重要歷史人物的家世淵源,故記載有高祖輩和曾祖輩的親屬稱謂

---

① 記録剛剛離世者户籍信息的簡極少。如簡柒・2465"新成里户人公乘文 粟年七十二,五年十一月十九日物故,妻大女思年六十□",簡柒・5435"斗男弟舉年廿一,筭一,以過年正月三日被病物故",簡柒・5574"夫秋里户人公乘潘沙年廿二,踵足,二月死",等等。

語。封建社會是以男權爲中心的國家,史家們在梳理歷史人物的家世時,一般只介紹男性祖先的情況,而對女性祖先多略而不談,這也是《三國志》高祖輩和曾祖輩只有男性稱謂語的原因。吴簡户籍簡客觀描述了每一個具體家庭成員與户主之間的親屬關係,故其親屬稱謂語無合稱的稱謂。①

與上古漢語相比,吴簡與《三國志》及裴注中祖輩和父輩親屬核心稱謂"父"、"母"、"姑"穩固,二者皆承襲上古漢語,又各自有不同的發展。祖輩稱謂語中吴簡保留了上古漢語"大父"、"大母"、"王母",《三國志》僅有"祖父"、"祖母",並出現了一個指稱祖父的新詞語"祖公"。吴簡指稱母親主要用"母",指稱父親主要用"父",用"老父"者僅一見,即簡貳·1551"□老父公乘閤年八十一,盲兩目;閤妻大女熹年六十一"。另有一例"考父",見簡柒·5896"幼男弟隻年四歲;□考父金年五十,筭一",圖版"考"字很不清楚,難以辨識,謹慎起見,暫且不論。《三國志》作爲史書,語言典雅端莊,在稱謂父母時有不少文雅的敬稱、美稱,如侯、所天、所怙、慈親、聖善。指稱父之兄弟、父之兄弟之妻、父之從兄弟姊妹,吴簡和《三國志》及裴注大體相同。吴簡出現了指稱父之幼弟及其妻的新稱謂語"小父"、"小母",還出現了指稱父之從幼弟的"從小父"。

表二

親屬輩分	親屬關係	上古漢語	吴　簡	《三國志》及裴注
己　輩	兄	兄、長、伯、伯氏、伯子、昆、母兄、伯兄	兄、母兄	兄、昆、伯、同母兄、同産兄、異母兄、中兄、次兄
	兄之妻	嫂	嫂、寡嫂、兄嫂	嫂、寡嫂
	弟	弟、叔、母弟、同母弟	弟、男弟、母弟、弟小男、小弟	弟、男弟、母弟、同母弟、别生弟、庶弟、次弟、中弟、小弟、季弟
	弟之妻	婦、弟婦、弟妻	弟寡婦、寡婦	
	姊	姊、伯姊、姒、女兄、嫛	姊、女姊、寡姊	姊、女兄
	妹	妹、弟、娣、娟、女妹	女弟、弟小女、寡女弟、寡弟	妹、同母妹、適妹
	父之兄弟之子	從父晜弟、公昆弟、從父兄、從兄、從父弟、從弟	從兄 從弟、從男弟	從父兄弟、從父兄、從兄 從父弟、從弟
	父之兄弟之女	從父姊妹、從妹	從姊、從女弟	從姊、同堂姊、從妹

① 下文不再列舉上古漢語和《三國志》及裴注的合稱稱謂語。

吴簡、《三國志》及裴注與上古漢語相比，己輩稱謂語更趨穩固，主要集中在核心稱謂語“兄”、“弟”、“嫂”、“姊”上，没有上古漢語的伯子、昆、叔、姒、娣、娟等。吴簡雖保留有上古漢語“母兄”、“母弟”稱謂，但用例非常少，“母兄”僅見兩例，即簡貳·3339“☒母兄□☒”及簡捌·672“湛(?)母兄鄧猨年七十一，踵兩足☒”。“母弟”僅見一例，即簡叁·5695“黄母弟思年五歲”。

吴簡與《三國志》及裴注相比，己輩稱謂中没有典雅的文學性稱謂語，也没有嫡庶之分。吴簡“姊”稱爲“姊”或“女姊”，没有稱“女兄”者，《三國志》及裴注則保留有上古漢語“女兄”。吴簡“兄”均指哥哥，“弟”兼指弟弟和妹妹，指稱弟弟時，表述爲“男弟”、“弟小男”或加民爵表述爲“弟公乘”、“弟仕伍”；指稱妹妹時，表述爲“女弟”、“弟小女”、“寡弟”、“寡女弟”。據初步統計吴簡指稱妹妹的用例共972例，無一例是用“妹”表述的。《三國志》“兄”仍兼指哥哥和姐姐，“弟”僅指弟弟，指稱妹妹均用“妹”、“同母妹”、“適妹”表述，没有用“弟”表述者。《三國志》指稱“父之兄弟之女”出現了一個新興的稱謂語“同堂姊”，這在同時期文獻中鮮見。“同堂姊”應是一個新興的口語詞，是後世旁系親屬稱謂語“堂＋核心稱謂語”的起源。

表三

親屬輩分	親屬關係	上古漢語	吴　簡	《三國志》及裴注
子　輩	子	男、息、子男、子男子、丈夫、末冑、遺體、遺腹子、丈夫子、子姓	子、男、子男、小男、子小男、小子	子、男、兒、息、兒息、兒子、子息、子男、男兒、子弟、遺腹子、養子、假子 冑、嫡、庶、庶子、嗣子、適子、嫡子 長子、中子、次子、元子、大兒、小兒、長男、小子、小男、少子
	子之妻	婦	子寡婦	婦、子婦、新婦
	女	女、息女、子女、女子、女子子、婦人子	子、女、子女、小女、子小女、寡女	女、息女、子女、女子、長女、中女、次女
	兄弟之子	猶子、從子、兄子、昆弟子、同産子	兄子、兄子男、兄男姪、姪、姪男、姪男子、姪子、姪子男、男姪、男姪子、姪子男弟、姪男弟、姪弟 從兒、從子	兄子、弟子、從子
	兄弟之女		兄子女、兄子小女、女姪、女姪子、姪子女、姪子小女、姪女、寡姪	兄女、弟女、從女
	從兄弟之子		從姪、從姪男、從男姪、從姪男弟、從姪子男、從兄子男	從兄子

續 表

親屬輩分	親屬關係	上古漢語	吴 簡	《三國志》及裴注
孫 輩	子之子女	孫、子姓、女孫	孫、孫子、孫子男、男孫、孫男、孫小女、女孫、孫子女	孫、孫女、適孫、嫡孫、長孫、次孫
	同族兄弟之孫		族孫	族孫
	子之孫			曾孫
	孫之孫			玄孫

吴簡、《三國志》及裴注與上古漢語相比,子孫輩親屬稱謂語承襲了上古漢語的核心稱謂語"子"、"女"、"孫",子輩稱謂語均無上古漢語指稱"女兒"爲"女子子"、"兄弟之子"爲"猶子"的用例。

吴簡與《三國志》及裴注子輩稱謂語的顯著區别在於指稱"兄弟之子女"及"從兄弟之子女"的表述形式。《三國志》及裴注承襲了上古漢語一律用"兄子"、"兄女"、"弟女"、"從子"、"從女"、"從兄子"的表述形式,吴簡不僅保留了上古漢語的"兄子"、"從子"等稱謂語,而且出現了一種新的指稱形式"姪"。"姪"在吴簡中不僅用來表述"兄弟之子女"及"從兄弟之子女",且還用來表述"外兄弟之子女"、"妻之兄弟之子女"等。上古漢語"姪"僅用來指稱姑姪,《三國志》及裴注"姪"共有三例,兩例是指稱姑姪(見《蜀書・先主傳》和《蜀書・來敏傳》),一例指稱叔姪(見《吴書・周魴傳》裴注引虞預《晋書》,這例指稱叔姪的史料時代爲晋)。① 吴簡雖保留了上古漢語"兄子"、"從子"等稱謂語,但用例非常少,據我們統計"兄子"、"從子"、"兄子女"等稱謂語總計不足30例,而"姪"稱謂則達847例,這足説明吴簡表述"兄弟之子女"等姪輩親屬已以用"姪"稱謂爲主。

此外,吴簡與《三國志》及裴注相比,子孫輩稱謂語無嫡庶之分。《三國志》及裴注子輩稱謂語承襲了上古漢語"子息"、"息女",吴簡則無。吴簡孫輩稱謂語形式多樣且多呈對稱性,如"男孫"對應"女孫","孫子男"對應"孫子女"。吴簡無子之孫、孫之孫的相關稱謂語。

① 參見韓樹峰:《中古時期的"姪"與"兄子"、"弟子"》,《歷史研究》2010年第1期,第46頁。

(二) 外親親屬稱謂語比較

表四

親屬輩分	親屬關係	上古漢語	吴 簡	《三國志》及裴注
祖 輩	母之父	外王父、外祖父、外祖	母父	外祖父
	母之母	外王母、外祖母	外王母	
父 輩	母之兄弟	舅、舅氏、舅父、母弟	舅、舅父	舅、舅氏、母弟
	母之姊妹	從母、姨	從母	姨
	父之姊妹之夫		姑父	姑夫、姑婿
己 輩	姊之夫	甥、私、姊夫	姊聟	姊婿、姊夫
	妹之夫	甥、私、妹夫	弟聟	妹夫
	父之姊妹之子	甥、外兄弟	外兄	姑子、外兄、外弟
	母之姊妹之子	從母昆弟、姨子、姨兄弟		姨兄、姨弟
	父之從姊妹之子		外從兄、外從男弟	
子 輩	姊妹之子	甥、出	外甥、姊子男	外甥、甥、外生、姊子
	女之夫	婿、甥、倩、子婿、女婿	聟、女聟	婿、女婿
	兄弟之女之夫		姪聟	
	外兄弟之子		外男姪、外姪子、外姪子男、外兄子男	
孫 輩	女之子女	外孫、甥	外孫、外孫男、外男孫、外孫子男、外孫女、外女孫	外孫、甥
	外姪之子女		外姪孫、外孫女姪	

吴簡、《三國志》及裴注外親親屬稱謂語與上古漢語相比,承襲了上古漢語的主要外親稱謂語"舅"、"姊聟"、"外兄"、"外甥"、"聟"、"女婿"、"外孫"等。上古漢語"姊妹之子"表述爲"甥"、"出",吴簡、《三國志》及裴注均捨棄了"出",保留了"甥"。上古漢語"女之夫"表述爲"婿、甥、倩、子婿、女婿"等,吴簡、《三國志》及裴注均只保留了"聟"、"女婿"。

與《三國志》及裴注相比,吴簡保留了上古漢語的"外王母"、"從母",而無上古漢語的"姨"稱謂,《三國志》及裴注無上古漢語的"外王母"、"從母",但保留了上古漢語的"姨"稱謂。吴簡表述"母之父"有描述性稱謂"母父",《三國志》無"母父"稱謂。吴簡出現了一個表述"父之姊妹之夫"的新稱謂"姑父",《三國志》及裴注"姑夫"、"姑婿"均是描述性稱謂,指姑姑的丈夫。吴簡有記録"父之從姊妹之子"、"兄弟之女之夫"、"外兄弟之子”、“外姪之子女”的外親旁系親屬稱謂語“外從兄”、“姪聟”、“外男姪”、“外姪孫”，《三國志》及裴注無相應的稱謂語。在古代宗法社會裏，這些外親旁系親屬稱謂語應是確確實實存在的，只是《三國志》及裴注没有記録罷了。與《三國志》相比，吴簡指稱“女之子女”的表述多樣，且性别標記明顯。

（三）妻親親屬稱謂語比較

表五

親屬輩分	親屬關係	上古漢語	吴　簡	《三國志》及裴注
父　輩	妻之父	外舅、舅、婚、妻父	妻父、外父	舅、丈人、婦翁、妻父
	妻之母	外姑、姑	妻母、小妻母	
己　輩	妻	妻、婦、嫡、家、室、儷、君、妃、内、夫人、婦人	妻、大妻、中妻、小妻	妻、婦、夫人、嫡、正嫡、正室、主婦、嫡室、適室
				前妻、後妻、繼室
	妾	妾、媵、娣、姬、庶、妃、妾婦、側室、屬婦、小妻、傍妻、輔妻、下妻、外妻、外婦、小婦、孺子	妾	妾、小妻、小婦、庶妻、妾媵
	妻之兄弟	甥、舅、外甥	妻兄、妻弟、妻男弟、婦男弟	妻兄、妻弟、婦弟
	妻之姊妹	姨、娣	妻女弟	妻妹、内妹
	妾之弟		妾男弟	
	妻之從兄弟		妻從兄、妻從男弟	
子　輩	妻之兄弟之子	姪	妻男姪	
	妻之姊妹之子		妻外姪子男	

吴簡、《三國志》及裴注與上古漢語相比，妻親親屬稱謂語基本一致，多使用描述性稱謂，且指稱更明確，如“妻之兄弟”，上古漢語用“甥”、“舅”、“外甥”，吴簡和《三國志》及裴注則用描述性稱謂語“妻兄”、“妻弟”表述。又如“妻之姊妹”，上古漢語用“姨”、“娣”，吴簡和《三國志》及裴注用描述性稱謂語“妻女弟”、“妻妹”表述。

吴簡與《三國志》及裴注相比，吴簡“妻”稱謂語有“大妻”、“中妻”，《三國志》及裴注無。《三國志》及裴注“妻”稱謂中有不少表示嫡妻的稱謂語，吴簡無。吴簡有一些妻親旁系親屬稱謂語，如“妻從兄”、“妻男姪”等，《三國志》及裴注無。吴簡出現了一個表述“妻之父”的新詞“外父”，其不見於上古漢語和《三國志》及裴注，應是一個具有地方特色的稱謂語

（下文將詳細討論）。《三國志》及裴注出現了一個表述"妻之姊妹"的新詞"内妹"。

二 吴簡與《三國志》及裴注親屬稱謂語的異同

前面對吴簡與《三國志》及裴注親屬稱謂語進行了比較，這裏討論二者的異同。

（一）相同點

1. 吴簡與《三國志》及裴注核心稱謂語與上古漢語一脈相承

上古漢語的核心稱謂語爲祖、父、母、姑、子、女、兄、弟、姊、妹、妻、嫂、孫、甥、舅、婿等，吴簡與《三國志》及裴注核心稱謂語承襲自上古漢語，這體現了親屬稱謂語的穩固性。親屬稱謂是人類最重要的一種社會關係，這種社會關係具有穩固性和傳承性，上古至三國時期核心稱謂語大體相同，正是這種穩固性和傳承性的體現。

2. 上古漢語特有的親屬稱謂語在吴簡與《三國志》及裴注中均不復存在

親屬稱謂語和社會發展狀況密切相關，一些反映上古時期特有的社會現象的親屬稱謂語在吴簡、《三國志》及裴注中都不復存在。如反映古代族外群婚制（普那路亞婚姻）的親屬稱謂語"私"、"出"在吴簡與《三國志》及裴注中都不見。《爾雅·釋親》："女子謂姊妹之夫爲私。"①《釋名·釋親屬》："姊妹互相謂夫曰私，言於其夫兄弟之中，此人與己姊妹有恩私也。"劉伯鑒先生云："'私'這個稱謂，就是實行普那路亞婚的當事人——一群妻子對一夥丈夫的稱呼。它是普那路亞婚制的親屬稱謂的化石。"②《爾雅·釋親》："男子謂姊妹之子爲出。"③在母系氏族社會族外群婚制中，姊妹之子要從本氏族出嫁到别的氏族中去，故男子稱姊妹之子爲出。又如反映古代媵婚制的親屬稱謂語"娣"在吴簡與《三國志》及裴注中都不見。《春秋公羊傳》莊公十九年："媵者何？諸侯娶一國，則二國往媵之，以姪娣從。姪者何？兄之子也。娣者何？弟也。諸侯壹聘九女，諸侯不再娶。"④《儀禮·士婚禮》鄭玄注："古者嫁女必姪娣從謂之媵。姪，兄之子。娣，女弟也。娣尊姪卑。"⑤隨著族外群婚和媵婚制度的消失，反映這些婚姻制度的一些親屬稱謂語也隨之消失了。

---

① 《十三經注疏·爾雅注疏》，阮元校刻，北京：中華書局，1980年，第2593頁。

② 劉伯鑒：《關於古漢語中早期親屬稱謂"私"的研究》，《西北大學學報（哲學社會科學版）》1983年第3期，第47頁。

③ 《十三經注疏·爾雅注疏》，第2593頁。

④ 《十三經注疏·春秋公羊傳注疏》，第2235頁。

⑤ 《十三經注疏·儀禮注疏》，第968頁。

此外,上古漢語稱呼"女兒"的稱謂語"女子子"、稱呼"兄弟之子"的稱謂語"猶子"、"同産子"在吴簡與《三國志》及裴注也不再使用。

3. 吴簡、《三國志》及裴注新産生的部分親屬稱謂語相同

吴簡、《三國志》及裴注都新産生了一些親屬稱謂語(兼指新産生的親屬稱謂詞和新産生的親屬稱謂意義),其中部分新産生的親屬稱謂語相同,如"外兄"、"族孫"、"老父"、"外甥"、"姊婿"、"小男"等。這些二者共有的新産生的親屬稱謂語,對於描述三國時期親屬稱謂語的狀況及相關研究具有重要作用。

4. 與上古漢語相比,吴簡與《三國志》及裴注親屬稱謂語指稱更嚴密

上古漢語同一稱謂語指稱多種親屬關係的情況在吴簡與《三國志》及裴注中大大減少。如上古漢語"甥"可以指稱"姊妹之夫",可以指稱"父之姊妹之子",可以指稱"姊妹之子",可以指稱"女之夫",也可以指稱"女之子女",還可以指稱"妻之兄弟"。上古漢語"甥"這個稱謂語指稱了六種親屬關係。吴簡親屬稱謂語主要出現在户籍簡中,户籍要求明確寫明被登記人與户主之間的具體親屬關係,吴簡"甥"僅指稱"姊妹之子"。《三國志》及裴注"甥"可以指稱"姊妹之子"與"女之子女",相較於上古漢語,"甥"的指稱範圍大大縮小。又如上古漢語"姨"可以指稱"母之姊妹",也可以指稱"妻之姊妹"。吴簡無"姨"這個稱謂語。《三國志》及裴注"姨"僅指"母之姊妹"。"妻之姊妹"在《三國志》及裴注中用"妻妹"、"内妹",不用"姨"稱。

5. 吴簡與《三國志》及裴注妻親親屬稱謂語多使用描述性稱謂

與上古漢語相比,吴簡與《三國志》及裴注妻親親屬稱謂語基本相同,多使用描述性稱謂,並且指稱更明確。如"妻之兄弟",上古漢語爲"甥、舅、外甥",吴簡和《三國志》及裴注則用描述性稱謂語"妻兄"、"妻弟"、"婦弟"表述。又如"妻之姊妹",上古漢語爲"姨"、"娣",吴簡、《三國志》及裴注用描述性稱謂語"妻女弟"、"妻妹"等表述。

(二) 不同點

1. 吴簡與《三國志》及裴注新産生的部分親屬稱謂語不同[①]

吴簡與《三國志》及裴注都新産生了一些親屬稱謂語,其中二者相同的新産生的親屬稱謂語前面已有論及,這裏重點討論二者新産生的親屬稱謂語中不同的部分。先來看吴簡新産生的親屬稱謂語:

姪

(1) 汙妻弟仕伍民年五歲,汙外姪子仕伍庄年七歲。 (貳·2108)

① 新産生的親屬稱謂語同上,兼指新産生的親屬稱謂詞和新産生的親屬稱謂意義。

(2) •客妻母大女妾年六十二,腫兩足;客姪子男謀(?)年七歲。 (貳·4667)

(3) 宜陽里户人區平[年]……妻汝年卌九,平男姪顏年七歲。 (柒·2346)

(4) [萬][歲]里户人[終]妾年六十二,子男確年十九,[妾]姪子男誌年九歲。 (捌·5512)

傳統認爲"姪"的詞義擴大始於晋代,如顔之推《顔氏家訓·風操》:"《爾雅》、《喪服經》、《左傳》,姪雖名通男女,並是對姑之稱。晋世以來,始呼叔姪;今呼爲姪,於理爲勝也。"①事實上,三國孫吴時期"姪"的詞義已經擴大。吴簡"姪"不僅指姑姪,且指叔姪、伯姪。②

吴簡表述旁系子輩親屬稱謂幾乎都用"姪",用"兄子"、"從子"等表述的不足4%。吴簡"姪"指稱對象廣泛,不僅指稱"兄弟之子女"及"從兄弟之子女",而且指稱"外兄弟之子女"、"妻之兄弟之子女",其指稱對象幾乎和今天的親屬稱謂語"侄"相同。吴簡"姪"表述形式多樣,如指稱"兄弟之子"表述爲"兄男姪"、"姪"、"姪男"、"姪男子"、"姪子"、"姪子男"、"男姪"、"男姪子"、"姪子男弟"、"姪男弟"、"姪弟",有十一種方式;又如指稱"兄弟之女"表述爲"女姪"、"女姪子"、"姪子女"、"姪子小女"、"姪女"、"寡姪",有六種方式;再如指稱"從兄弟之子"表述爲"從姪"、"從姪男"、"從男姪"、"從姪男弟"、"從姪子男",有五種方式。吴簡"姪"稱謂指稱對象廣泛,且表述形式多樣,説明"姪"在三國孫吴時期長沙地區下層民衆中已經使用得非常普遍,然而"姪"稱謂得到全社會的認可並被廣泛使用則是在唐宋以後了。

姑父

(5) 行1 都市掾潘羜叩頭死罪白:被曹敕,推求私學南陽張游發遣③詣屯,言:案文書,輒推問游外王母大女戴,

行2 取辭。游昔少小隨姑父陳密在武昌,[密]以(於)黄龍元年被病物故。游轉隨姊聟州吏李恕,到今年六月三日,游來(?)□

行3 取家。其月十三日,游隨故郭將子男欽,□到始安縣讀書,未還。如取辭,□曹列言,□南部追□[發][遣]□[詣]大

行4 屯。又游無有家屬應詔課者,謹列言。羜誠惶誠恐叩頭死罪死罪。

行5 詣 户 曹

行6 十一月十五日辛丑白 (肆·4550[1])

① 〔南北朝〕顔之推著,王利器集解:《顔氏家訓集解(增補本)》,北京:中華書局,1996年,第82頁。

② 詳參韓樹峰:《中古時期的"姪"與"兄子"、"弟子"》,第44—48頁;陳榮傑:《試論親屬稱謂詞"姪"、"侄"的歷時演替》,未刊稿。

③ "遣"原釋文爲"遺",今據圖版改。

《三國志》及裴注表述“父之姊妹之夫”用描述性稱謂“姑夫”、“姑婿”，即姑姑的丈夫。吴簡用“姑父”，這和“姑夫”、“姑婿”相比，有一個質的變化。“姑夫”、“姑婿”僅客觀地描述姑姑的丈夫，而“姑父”雖也是指姑姑的丈夫，但卻含有尊敬的意思，將之等同到與父親一樣的地位，像稱父親的兄弟爲“伯父”、“叔父”那樣，稱之爲“姑父”。

吴簡“姑父”雖僅1例，但二字圖版非常清晰，作“”，此牘南陽張游的外祖母戴供訴張游過去少小時隨姑父陳密在武昌，足可説明“姑父”在三國孫吴時期已經使用。這大大提前了“姑父”一詞最早的文獻用例。《漢語大詞典》“姑父”所引書證爲近人沙汀《獸道》，《漢語稱謂詞典》所引書證爲《白話聊齋》，均晚於吴簡。

外父

(6) 種外父張建年八十六，盲左目，十二月三日被病物故。 (捌·1705)

(7) 赤[外][父]胡[南]年六十，苦風病。 (捌·2040)

“外父”即岳父。傳世文獻最早見於宋無名氏《潛居録》：“馮布少時，絶有才幹，贅於孫氏，其外父有煩瑣事，輒曰‘俾布代之’，至今吴中謂‘倩’爲‘布代’。”[①]由此可見，“外父”應是吴地的方言，三國時期長沙屬孫吴管轄，吴簡“外父”極可能是來自吴地的方言詞。吴簡大大提前了“外父”的文獻初始用例，《漢語大詞典》、《漢語稱謂詞典》“外父”所引書證均爲宋無名氏《潛居録》，晚於吴簡很多年。

中妻

(8) 岑子仕伍元年一歲，岑中妻大女□年[廿]。 (貳·1848)

(9) 專族孫仕伍佰(?)年五歲，專中妻大女純年五十，已死。 (貳·1952)

(10) 狶中妻大女弼年卅五，筭一□；狶小妻大女瑣(?)年卅，筭一……

(貳·2405)

(11) ⧄□孫仕伍起年六歲，務中妻大女煩年卌二，盲左目。 (肆·2649)

吴簡“中妻”不見於傳世文獻和其他出土文獻。趙國華曾對之進行過研究，她依據吴簡相關簡文及傳世文獻“中婦”、“中子”、“中男”等認爲，吴簡“中妻”有依排行長幼之序命名的意味，居於“大妻”與“小妻”的中間而稱“中妻”。[②] 其説可從。吴簡“中妻”反映

---

① 轉引自《漢語大詞典》第三卷，上海：漢語大詞典出版社，1989年，第1150頁。

② 趙國華：《從“中妻”管窺三國婚俗》，《歷史文獻研究》總第28輯，上海：華東師範大學出版社，2009年，第366頁。

了三國孫吴時期長沙地區下層民衆多有一夫多妻的現象。

小父、小母

(12) 妾小父鄧得年五十七,雀左足。 (壹·5170)

(13) 漻小父文年五十八,筭一。 (捌·1129)

(14) 樵小父[夏]年七十九。 (捌·1853)

(15) 德小母卿年六十三。 (捌·1208)

(16) 元小母把年卌九,筭一。 (捌·1450)

"小父"即父之幼弟。傳世文獻最早見於宋王安石《寄吴氏女子》詩:"自吾捨汝東,中父繼在廷。小父數往來,吉音汝每聆。"[①]由吴簡可見,"小父"稱謂早在三國孫吴時期已有。《漢語大詞典》"小父"所引書證爲宋王安石《寄吴氏女子》,晚於吴簡很多年。吴簡還有與"小父"對應的指稱"小父之妻"的稱謂語"小母",如簡 15、簡 16。"小母"辭書未載。

此外,吴簡還有一些新産生的親屬稱謂語,如"外從兄"、"姪聟"、"外男姪"、"外姪孫"、"外孫女"等。

《三國志》及裴注也新産生了不少親屬稱謂語,[②]這裏僅介紹幾個典型的、有特色的親屬稱謂語。

同堂姊

卿宣詔語卿父,勿令卿母知之,女人既不曉大事,且綝同堂姊,邂逅泄漏,誤孤非小也。 (《三國志·吴書·孫綝傳》注引《江表傳》)[③]

"同堂姊"即堂姐。馬麗云:"因爲同祖父的男系親屬在同一個祠堂里祭祀祖先,所以新生稱謂'同堂'以稱呼同一祖父的親屬。到了唐代,'同'脱落,只保留了'堂'。"[④]《三國志》及裴注"同堂姊"開啓了漢語旁系親屬稱謂語"堂+核心稱謂語"的先河。

---

① 〔宋〕王安石:《臨川先生文集》,上海:中華書局上海編輯所,1959 年,第 85 頁。

② 馬麗《〈三國志〉稱謂語研究》第四章第一節第一部分詳細總結了《三國志》及裴注新産生的親屬稱謂語,見第 286 頁,可參。

③ 《三國志》卷六四《吴書·孫綝傳》,北京:中華書局,1959 年,第 1448 頁。

④ 馬麗:《〈三國志〉稱謂語研究》,第 288 頁。

内妹

淵妻,太祖内妹。長子衡,尚太祖弟海陽哀侯女,恩寵特隆。

(《三國志·魏書·夏侯淵傳》)①

"内妹",妻子的妹妹。上古漢語稱"妻之姊妹"爲"姨"、"娣",至《三國志》始見稱爲"内妹"者,這應是受稱妻爲"内"、"内人"的影響所致。《左傳》襄公二十八年:"齊慶封好田而耆酒,與慶舍政,則以其内實遷于盧蒲嫳氏,易内而飲酒。"杜預注:"内實,寶物妻妾也,移而居嫳家。"楊伯峻注:"内,妻妾也。"《禮記·檀弓下》:"今及其死也,朋友諸臣未有出涕者,而内人皆行哭失聲。"鄭玄注:"内人,妻妾。"就現有資料,後世妻親親屬稱謂語"内+核心稱謂語"應最早源自《三國志·魏書》。

姑夫、姑婿

李恢字德昂,建寧俞元人也。仕郡督郵,姑夫爨習爲建伶令,有違犯之事,恢坐習免官。(《三國志·蜀書·李恢傳》)②

漢嘉郡界旄牛夷種類四千餘户,其率狼路,欲爲姑壻冬逢報怨,遣叔父離將逢衆相度形勢。(《三國志·蜀書·張嶷傳》)③

"姑夫"、"姑婿",姑姑的丈夫。上古漢語未見指稱姑姑的丈夫的稱謂語,《三國志》始見"姑夫"、"姑婿"稱謂。

2. 與《三國志》及裴注相比,吴簡小輩稱謂語性别區分嚴格

馬麗認爲:"《爾雅》、《三國志》己輩以下的旁系親屬性别在表示法上並無反映,無'侄'與'侄女'之對應,可見小輩在性别上未作區分。"④與《三國志》及裴注相比,吴簡小輩稱謂語性别區分非常嚴格。如子輩"兄弟之子",吴簡表述爲"兄子"、"兄子男"、"兄男姪"、"姪"、"姪男"、"姪男子"、"姪子"、"姪子男"、"男姪"、"男姪子"、"姪子男弟"、"姪男弟"、"姪弟"、"從兒"、"從子",多用性别詞"男"作標記,單稱"姪"、"姪子"者,則多用民爵"公乘"、"仕伍"標記;"兄弟之女",吴簡表述爲"兄子女"、"兄子小女"、"女姪"、"女姪子"、"姪子女"、"姪子小女"、"姪女"、"寡姪",多用性别詞"女"作標記,也有用"寡"標記喪夫,吴簡表述"兄弟之女"的稱謂語均有性别標記。又如孫輩"孫子",吴簡表述爲"孫"、"孫子"、"孫子男"、"男孫"、"孫男",多用性别詞"男"作標記;"孫女",吴簡表述爲

① 《三國志》卷九《魏書·夏侯淵傳》,第272頁。

② 《三國志》卷四三《蜀書·李恢傳》,第1045頁。

③ 《三國志》卷四三《蜀書·張嶷傳》,第1053頁。

④ 馬麗:《〈三國志〉稱謂語研究》,第290頁。

"孫小女"、"女孫"、"孫子女",均用性别詞"女"作標記。吴簡小輩稱謂語性别區分嚴格應和吴簡親屬稱謂語主要出現在户籍簡中有關。

3. 吴簡表姪輩、孫輩的稱謂形式多樣

與《三國志》及裴注相比,吴簡表姪輩、孫輩的稱謂形式複雜多樣,如前面提到的表"兄弟之子"的稱謂語,吴簡有十五種表述形式,《三國志》及裴注僅有"兄子"、"弟子"、"從子"三種表述形式;表"兄弟之女",吴簡有八種表述形式,《三國志》及裴注僅有"兄女"、"弟女"、"從女"三種表述形式。又如表"從兄弟之子"的稱謂語,吴簡有"從姪"、"從姪男"、"從男姪"、"從姪男弟"、"從姪子男"、"從兄子男"六種表述方式,《三國志》及裴注只有"從兄子"一種表述方式。

4. 吴簡無敬稱、美稱、合稱等稱謂語

《三國志》及裴注作爲正史,由上層文人撰著而成,語言端莊典雅,親屬稱謂語多使用敬稱、美稱等。如指稱"父母",《三國志》及裴注敬稱爲"尊上"(《三國志·吴書·全琮傳》),又如指稱"母親",《三國志》及裴注美稱爲"慈親"(《三國志·魏書·文昭甄皇后傳》),等等。吴簡的主體是孫吴時期長沙郡臨湘縣的賦税和户籍,主要由下層胥吏書寫而成,客觀真實地再現了當時的賦税繳納情況和户籍登録情況,吴簡親屬稱謂語主要出現在户籍簡中,故其親屬稱謂語只有通稱、背稱,而無敬稱、美稱、合稱等稱謂語。

5. 吴簡無親屬稱謂語"妹",《三國志》及裴注無"女弟"

吴簡與《三國志》及裴注相比還有一個顯著的不同,指稱"年齡小於己的同輩女性",吴簡均用"弟"並配以性别標記詞"女"表述爲"女弟"、"弟小女"、"寡女弟"、"從女弟"、"妻女弟",無一例用"妹"表述者;《三國志》及裴注則均用"妹",表述爲"妹"、"同母妹"、"適妹"、"妻妹"、"内妹"。不僅如此,指稱"年齡小於己的同輩女性的配偶",吴簡用"弟聟",《三國志》及裴注用"妹夫"。吴簡没有親屬稱謂語"妹",而《三國志》及裴注無親屬稱謂語"女弟"。這是值得關注的現象。

三　原因分析

吴簡與《三國志》及裴注的核心稱謂語"祖"、"父"、"母"、"姑"、"子"、"女"、"兄"、"弟"、"姊"、"妹"、"妻"、"嫂"、"孫"、"婿"與上古漢語一脈相承,這些核心稱謂語是漢語裏的基本詞彙,它們具有漢語基本詞彙的重要特徵——穩固性、全民性和能産性,它們表達了人類社會最基本、最重要的親屬關係,所以這些核心稱謂語自上古漢語至中古漢語,乃至現代漢語都在使用,且用法基本相同。

語言隨社會的發展變化而發展變化,當社會中的某種社會現象或事物消失了,記録這種社會現象或事物的詞也會慢慢地消失。隨著古代族外群婚和媵婚制度的消失，記録這些婚姻制度的親屬稱謂語“私”、“出”、“娣”等也逐漸消失。吴簡、《三國志》及裴注已經完全找不到這些親屬稱謂語的影子了。

吴簡與《三國志》及裴注一爲下里巴人，一爲陽春白雪，一個出自下層胥吏，一個出自上層文人，然而一個時代展現出一個時代的共性，呈現出一個時代的共同特徵，吴簡與《三國志》及裴注新産生的部分親屬稱謂語相同，正是這種時代共性的生動體現。吴簡親屬稱謂語主要出現在户籍簡中，户籍記録要求真實、準確地反映出家庭成員與户主之間的親屬關係，故吴簡親屬稱謂語多采用描述性稱謂。《三國志》作爲正史，長於敘事，敘述歷史事件和歷史人物之間的關係，其親屬稱謂語也有不少是采用描述性稱謂。描述性稱謂或許是三國時期親屬稱謂表述的一個共性。

吴簡與《三國志》及裴注親屬稱謂語有不少相同點，也有不少相異之處。其相異的原因可能主要有以下幾點：

1. 文體不同、内容不同。吴簡是文書，親屬稱謂語主要出現在户籍檔案中，要求客觀、準確地記録家庭成員與户主的親屬關係。女子成年出嫁後，其名籍就應該在娘家的户籍中消除，而歸到夫家户籍里。若女子喪偶、失去丈夫，其名籍可以再歸入娘家的户籍中，但需標明寡居，如寡姑、寡姪、寡女弟、寡姊。女子丈夫故去後，也可以不回到娘家，繼續在夫家居住，但要標明其喪偶及與户主的關係，如寡嫂、弟寡婦。《三國志》作爲正史，主要記録了與所述歷史事件密切相關的上層歷史人物之間的親屬關係。

2. 作者不同。吴簡主要是由長沙郡臨湘縣的下層胥吏書寫而成，其使用的語言淺顯，接近口語。《三國志》及裴注的作者陳壽、裴松之都是士大夫文人，其使用的語言典雅，主要是書面語。

3. 地域不同。吴簡親屬稱謂語再現了三國孫吴時期長沙郡這個地區的真實情況，具有一定的方言特色。吴簡稱岳父爲“外父”就是一個方言詞語，吴簡“小父”、“小母”也極可能是長沙地區的方言稱謂。《三國志》的作者陳壽雖是蜀漢遺臣，但他所撰的《三國志》吸收了王沈《魏書》、魚豢《魏略》、韋昭《吴書》等資料，裴松之注更是旁徵博引，故《三國志》及裴注已很難看出地域方言色彩了。

對走馬樓吴簡製作與書寫等相關問題的探討

金　平

（長沙簡牘博物館）

1996年10月長沙市平和堂考古工地發掘的走馬樓三國吴簡，是全國範圍内首次在地下井窖中清理出的飽水簡牘，這與我國北方乾燥地區邊塞遺址發現的木簡及其他地區在古代墓葬内出土竹簡的保存狀況都完全不同。

自長沙吴簡出土以來，關於該批簡牘的具體製作工藝、書寫編聯方法等問題的研究，國内一直鮮有學者論及。2001年，長沙市文物考古研究所的蕭静華先生根據他多年從事簡牘保護工作的經驗積累，撰文針對竹簡的選材加工、[①]編綴成册等問題提出了有益的見解（以下簡稱"蕭文"），筆者也深受啓發。作爲直接參與吴簡清洗綁夾、脱色拍照、修復包裝等技術保護的人員，筆者經過長期的實踐操作與觀察，還積累了幾點個人的工作心得。有鑑於此，本文擬從以下幾個方面入手，針對吴簡中的形制、書寫等相關問題做一些補充與探討，若有不確之處，敬請各位方家指正。

一　關於竹簡的選料與製作

蕭文中指出："縱觀已經揭剥清理的數萬枚三國吴簡中的竹簡，全都選用上等竹料，每一支長度爲22.5至28釐米無竹節竹料製成……吴簡全是采用竹枝直、節距長的優質毛竹。"

---

① 蕭静華：《從實物所見三國吴簡的製作方法》，長沙市文物考古研究所編：《長沙三國吴簡暨百年來簡帛發現與研究國際學術研討會論文集》，北京：中華書局，2005年，第24—27頁。

總體而言,簡牘製作時均嚴格選取竹質優良的原材料,且都是采用竹竿部分除去頂端、底部兩頭後的中間一段,並在加工過程中一般會將竹節部分截去。這是由於竹子主體部分的紋理平直端正,而竹節處纖維組織的結構、密度則存在一些差異,其表面的突起不平不利於墨迹滲透,且因爲吸水膨脹系數與乾燥收縮系數的不同等影響,更容易造成竹簡本體出現彎曲、變形、縱向開裂等問題,對於簡册的長久保存非常不利。

圖一　從竹牘背面所見到的竹節印迹

但是筆者通過細緻觀察吴簡實物,發現其中也有少量例外的情況,如編號爲壹·1641、壹·1649、壹·1665、壹·1667、壹·1669、壹·1670、貳·8244的竹簡,及編號爲貳·257的竹牘(見圖一),均可從背面明顯看到清晰的竹節痕迹。此外,還有簡面上的竹節正好位於編繩聯接處的狀況,如簡壹·1637、貳·8926的竹節在上部一道編繩的位置,而簡壹·6663、壹·6671、壹·6674、貳·4189等的竹節則位於下部的編繩處。據不完全統計,這其中完整簡的長度大多在22.1—23.8釐米左右,所見最長的可達到將近25釐米。

根據上述現象可以從側面印證,當時選取竹材原料製作簡的過程中,有些竹竿本身竹節之間的最大距離並未超過簡長,因此古代工匠們在繕治時無法直接避開竹節的位置,而又爲了節省材料避免浪費,故有少量竹節保留下來的情況。同時通過對竹節的書寫面進行適當的平整、打磨處理,使其儘量位於簡兩端的無字處或者編繩位置,不會影響書寫。

除此之外,長沙簡牘博物館於2005年從走馬樓竹簡中再次提取樣品,委託中國林業科學研究院木材工業研究所重新進行了材質鑒定,檢測分析結果顯示,[①]製作三國吴簡所選取的竹種主要有剛竹屬(Phyllostachys sp.)和苦竹屬(Pleioblastus sp.)這兩大類。

其中大部分爲剛竹屬,該屬是我國分布面積最集中、蓄積量最多的竹種,材質細密,質地堅韌,是古人們選擇製作簡牘的重要用材。當中以楠竹利用最普遍,其竿高挺直,

① 中國林業科學研究院木材工業研究所:《出土木、竹簡分析報告》,長沙簡牘博物館内部資料,2005年12月。

柔韌性好，竹節之間距離適宜，直徑粗壯，達 8—10 釐米以上，是加工竹簡的優質原料。從鑒定結果來看，剛竹簡主要是由竹青構成，筆者推斷整體保存狀況較好的賦税竹簡等當屬此類。其寬度一般在 1.2—1.5 釐米之間，厚度爲 0.15—0.25 釐米。

還有其他少部分爲苦竹屬，該屬廣泛分布於我國長江流域以南諸地區，在湖南本地均有分布。一般常用的如斑苦竹等，其特點是紋理直、彈性好，但直徑一般較細，只有 4—6 釐米左右。由於竹壁相對比較輕薄，因此鑒定的竹簡樣品中含有較多的竹肉成分，筆者推測形制較爲細窄的名籍簡中可能有一部分應屬此類。其寬度通常爲 0.8—1.0 釐米，厚度僅爲 0.06—0.1 釐米。

綜上所述可得出結論，由於三國吴簡的數量巨大、持續時間長、製作者衆多等因素的影響，古人在竹簡加工時的材料選擇絶非如此嚴格考究，具體使用要求也並非如蕭文中敘述的一成不變，製作時的就地取材應該是多元化的，當然也有一定的隨機性因素，因而造成了各種不同類型的竹簡存在形制上的差異。

二　關於竹簡的書寫面問題

通常學者們都認爲，竹簡的文字内容均繕寫於竹裏(竹黄面)。① 這是由於竹青面的結構組織相對緻密而光滑，且附著有一層蠟狀物質，並不利於碳墨的滲透與吸收，書寫的文字也更加難以保存。從三國吴簡出土的實際情況來看，走馬樓竹簡中大部分也皆如此，然而有一類賦税賬簿簡卻一反常態，即采用竹青面來書寫簡文，但字迹的清晰程度相比書於竹裏的官文書類簡要更好。

這類竹簡屬於繳納租税的合同券書之一，從中間劃有一個“同”字符號隔斷開的具體情況來推測，其相同的内容應該被剖分成一式三份，詳細記載了徵收物品的種類、時間、交付人及接收者等信息。其大致的文書格式爲“入某鄉税(租)米幾斛幾斗幾升冑畢𠁼嘉禾幾年幾月幾日某丘大男某某付三州倉吏某某受”。這種賦税竹莂的形制、規格與户籍名册相比，並不十分規整和統一(見圖二)，其最大長度有 25—28 釐米，最寬尺寸爲 1.5—1.6 釐米，最厚處達到 0.25—0.32 釐米。

文字寫在竹青面更優於竹黄面的這一特點，在走馬樓吴簡雙面有字簡上體現得尤爲明顯。例如有一類“户品出錢”竹簡，其統一書於竹青面的“入錢畢民自送牒還縣不得持還鄉……”等文字皆清晰可見，且較牢固不容易被洗掉；然而大多數寫在正面竹裏的

① 陳夢家：《漢簡綴述》，北京：中華書局，1980 年，第 295 頁；李均明、劉軍：《簡牘文書學》，南寧：廣西教育出版社，1999 年，第 11—12 頁。

圖二　書寫於竹青面的賦税類竹簡

内容卻較爲模糊,甚至出現不少字迹漫漶不清、難以辨識的情形。

筆者試對其造成的原因作一簡單分析:

竹子的體壁一般在根處最厚,向上部而逐漸減薄,其材質又分爲竹青、竹肉和竹黄三個部分。竹青位於最外側,組織緊密,質地堅韌,表面光滑,並常附有蠟質;竹黄位於竹壁内層,組織堅硬,質地較脆,一般爲黄色;竹肉位於兩層之間的中部,由纖維、維管束與基本組織組成,質地最爲疏鬆,是用於制簡的主要部分。因其靠近竹黄的一側墨汁的吸收和滲透性能好,故一般簡文均書於此面,但缺點是耐磨强度較低,竹質容易腐朽而顯得墨迹散淡;而靠近竹青的另一面由於結構組織較緻密,書寫時保持墨色的能力相對差一些,可是字迹寫上以後其耐磨性和持久性卻更好。故在發掘出土的竹簡中,書於竹青這面的字迹相比之下更加不易脱落,並且能够在長期的地下埋藏和污染物侵蝕下,至今依然保持著比較清晰的面貌。

三　關於竹莂的特殊形制

筆者在日常的簡牘保護、整理工作中還發現,在上述寫於竹青面的合同券書中,確實存在著一種形制較爲特殊的竹莂:

1. 在實物中有不少簡的邊沿部分會拱起一定的弧度,表面呈現出一側略高的"一"或"一"形,例如編號爲壹·7312、壹·7313、貳·3954、貳·8255、貳·8957的竹簡;

2. 特别是對於有些文字剖分錯位的情形,原簡面的邊界處會稍微突出一條棱脊綫,例如編號爲壹·7279、貳·2715、貳·2716、貳·3942、貳·4168、貳·4172的竹簡等;

3. 仔細觀察竹簡側邊,也能發現有些簡的縱向剖綫並非直角,而是出現一定角度的傾斜,其整個横截面呈""形,例如編號爲壹·4384、壹·4536、壹·7283、壹·7472等竹簡。並且簡背面的竹黄表層顯得粗糙不平,似乎尚未完成精細的刮削和打磨。

爲何會出現這種與其他竹簡不相符合的特殊形制呢?有些特定書寫要求的實現(書於竹青面),其實與竹簡的製作工藝息息相關,尤其是針對這種既寬又厚的竹莂來説。筆者推測在此類賦税簡製作的過程中,選用竹材原料的直徑一般不會過於粗大,有些大約在6—8釐米左右,而且加工時會預先按照一式三份的整體尺寸來裁切竹胚。

因此,其製作和使用時的步驟應當存在如下可能:

第一步,首先根據竹簡的内容要求將原料截取成長度合適的竹筒,並按單枚簡的平均寬度爲1.3釐米計算,將竹筒再切分成幾段邊寬約4釐米的長條形方板,其竹板必然呈現出一定的弧度(横截面如圖三·1所示);

第二步,工匠們再對弧面的長方形竹板進行適當的刮削、打磨,把整個竹青面表層

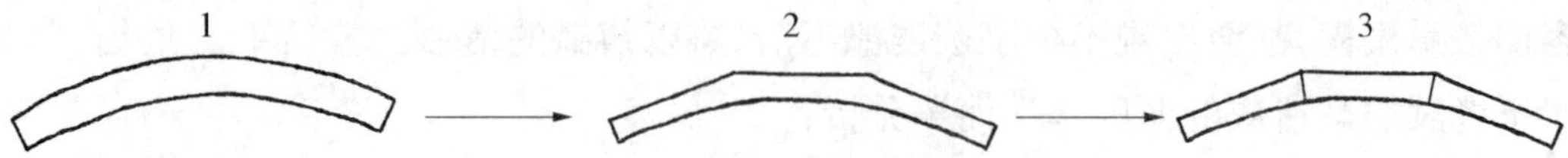

從竹筒上裁切一段長條方板的橫截面　　將竹青表面刮削平整分成三個面　　書寫文字後按棱脊綫剖分成三份

圖三　竹莂的加工製作步驟説明

劃分成寬度均等的三個平面，即呈“⌒”狀的梯形（如圖三・2所示），而在批量加工時爲節省人力和時間等，對竹黄部分就基本不作處理；

第三步，使用時將相同的文字内容抄寫於竹青面，完成後按照簡面上兩條突出的棱脊綫進行“破莂”，即剖分成爲三枚單支的竹簡（如圖三・3所示）。由此可見，其竹簡本身的厚度取決於整個竹肉部分的壁厚。

當然，筆者在此只是提出了一種假設，能够比較合理地解釋上述現象，但也並非所有賦税類竹莂的製作方式都是如此。其實，長沙吴簡的製作技術有一個不斷總結前人經驗、不斷提高與成熟的過程。考慮到竹青面本身應該較容易加工和處理，只需去除表層的蠟狀物質後即可，而且相對更加方便於書寫，其簡面的吸墨狀況會比較均匀、一致，也有利於使用者的閲讀和保存等。

四　關於簡牘的“塗油封護”

在蕭文中還有如下描述：通過吴簡的揭剥清洗工作發現“有的簡片書寫文字的層面保存有一層很薄的頗爲透明的薄膜層……它存在於很多簡片之上，有的顯而易見，有的不甚明顯，有的不見蹤形……現保留樣品最大的有體長3釐米、寬2釐米的薄膜片”。並由此推斷出，走馬樓吴簡是在寫好後爲了防止沾水影響字迹，甚至考慮到江南地區氣候潮濕容易滋生黴菌等，故在每一枚竹簡的有字面都塗抹上了一層植物油，其油脂乾燥後就是目前所見簡片上的遺留物，這層油膜只保存在書寫文字的這一面。

對於此種觀點解釋，筆者認爲仍有待商榷。就已經掌握的現有材料來看，儘管發現了一些油膜附著物存在的情况，但形成薄膜殘片的面積都不算太大，最大樣品的尺寸才3×2釐米見方，其整個在全部有字竹簡中所占的比例微乎其微，況且采集到編號爲5026的油膜有2釐米寬，這也超出了一般竹簡1.6釐米左右的最大寬度。因此，其證據不足以説明簡牘曾經有所謂的“整體塗油封護”工藝，是通過正面整體覆蓋一層油膜來保護書寫的内容。

筆者注意觀察文中所附樣品的照片等，其油膜恰好在編繩連接處的位置附近，故由此提出一種新的“局部塗油”設想，油類物質原本應該塗抹於簡册編繩處或者編繩周圍

(圖四)。分析原因可能有以下兩種情形：其一是在編聯過程中對捻合成股的細麻繩上塗油，[①]能防止編繩起毛分叉且增强韌性，並起到延長編繩的使用壽命等作用，而簡册收捲起來後油脂被充分擠壓，乾燥後形成薄片貼附在簡面上所致；其二是在簡册編聯好以後，直接將油脂塗刷於兩道編繩所過之處的簡面上，用以固定編繩(類似"契口"的作用)，避免簡牘翻閱使用時因編繩本身的上下移動，對周圍文字與竹質邊緣造成一定程度的磨損。

圖四　出土竹簡上保留下的編繩痕迹

此外還值得一提的是，目前所見走馬樓竹簡的長寬等尺寸，其實並不完全等同於當時製作使用時的真實情況。由於竹材纖維的潤脹、乾縮特性，其在地下埋藏過程中吸收水分後尺寸會顯著增大，加之遭受到上層堆積的重量緊壓也會變寬、變薄，而在脱水處理後又將發生不同程度的縮水變化，加上竹材的質地與生長環境不同、植株選取位置的差異等的影響，導致原來尺寸、規格基本一致的竹簡最終出現長寬參差不齊的現象。

---

① 甘肅省文物考古研究所：《敦煌漢簡》，北京：中華書局，1991 年，附録第 67 頁；王愷、胡東波：《北京大學藏簡牘編繩的顯微分析》，《文物保護與考古科學》2012 年第 4 期，第 55—59 頁。

如上所述,本文主要是針對三國吴簡中竹簡的選料、製作、書寫方式以及編聯等問題進行了初步的探討。但在長沙走馬樓吴簡當中還遺留下許多尚未解答的疑問,仍然值得我們去繼續思考和深入探究。

簡帛目録學芻議

——兼評《甘肅簡牘百年論著目録》

陳文豪

（彰化師範大學歷史學研究所）

前　言

目録學是中國傳統學問之一，向來爲學者所重視，故有清一代即有學者大力提倡研究“目録學”。① 蓋熟悉目録學，可避免走冤枉路，收事半功倍之效。故各學門或學科均有不少學者投注心力編輯各種論著目録。與簡帛同屬新史料的敦煌學早已有完整的論著目録出版，②而簡帛論著目録大部分發表在期刊或論文集上，例如曹延尊、徐元邦《簡牘資料論著目録》、③《雲夢秦簡資料、論著目録》、④吴福助《睡虎地秦簡文獻類目》、⑤李静《秦簡牘研究論著目録》、⑥李麗梅《馬王堆漢墓研究論著簡目 1972 年—1992 年》、⑦陳松長《馬王堆帛書研究論著目録》、⑧許學仁《尹灣漢簡研究文獻要目》、⑨《長沙子彈庫戰

---

① 張舜徽：《中國古代史籍校讀法》（中國古代史籍舉要合刊本），武漢：華中師範大學出版社，2004 年，第 256 頁。

② 鄭阿財、朱鳳玉主編：《敦煌學研究論著目録（1908—1997）》，臺北：漢學研究中心，2000 年；鄭阿財、朱鳳玉主編：《敦煌學研究論著目録（1998—2005）》，臺北：樂學書局，2006 年。

③ 曹延尊、徐元邦：《簡牘資料論著目録》，《考古學集刊》1982 年第 2 期，第 203—230 頁。

④ 中華書局編輯部編：《雲夢秦簡研究》，北京：中華書局，1981 年，第 358—363 頁。

⑤ 吴福助：《睡虎地秦簡文獻類目》，臺灣《中華文化學報》創刊號，1994 年 6 月，第 225—292 頁。

⑥ 李静：《秦簡牘研究論著目録》，《簡帛》第四輯，上海：上海古籍出版社，2009 年，第 71—122 頁。

⑦ 李麗梅：《馬王堆漢墓研究論著簡目 1972 年—1992 年》，《馬王堆漢墓研究文集》，長沙：湖南出版社，1994 年，第 335—369 頁。

⑧ 陳松長：《馬王堆帛書研究論著目録》，《湖南省博物館文集》1998 年第 4 輯，第 279—301 頁。

⑨ 許學仁：《尹灣漢簡研究文獻要目》，《經學研究論叢》2000 年第 8 輯，第 351—357 頁。

國楚帛書研究文獻要目》等。① 見於各種專著附録的有：林劍鳴《基本資料目録》、②鄭有國《中國出土簡牘論著目録》、③高敏《簡牘研究文獻目録》、④劉信芳《楚帛書序録》、⑤門田明《中國簡牘研究文獻目録》等。⑥ 此外一些相關的目録索引，也有簡帛研究目録專欄，例如：馬先醒《漢史文獻類目》，⑦張傳璽等編《戰國秦漢史論文索引（1900—1980）》、⑧《戰國秦漢史論著索引續編——論文（1981—1990）專著（1900—1990）》、⑨《戰國秦漢史論著索引三編（1991—2000）》，⑩田静《秦史研究論著目録》，⑪徐在國《戰國文字論著目録索引》，⑫駢宇騫、段書安編《本世紀以來出土簡帛概述》（資料篇、論著目録篇），⑬駢宇騫《簡帛文獻概述》等。⑭

近年來，中國社會科學院簡帛研究中心主編的《簡帛研究》及武漢大學簡帛研究中心主編的《簡帛》也都重視簡帛目録的刊載。《簡帛研究》有：《2009 年西方學界中國出土文獻研究論著簡介》、⑮《韓國的戰國秦漢簡帛研究目録（1975—2010.10）》、⑯《簡帛研究西文論著目録》、⑰《日本的中國出土簡帛研究論著目録（一）（1910—2011）》、⑱《日本

---

① 許學仁：《長沙子彈庫戰國楚帛書研究文獻要目》，《經學研究論叢》，第 359—368 頁。

② 林劍鳴：《基本資料目録》，《簡牘概述》，西安：陝西人民出版社，1984 年，第 156—181 頁。

③ 鄭有國：《中國出土簡牘論著目録》，《中國簡牘學概論》，上海：華東師範大學出版社，1989 年，第 218—258 頁。

④ 高敏：《簡牘研究文獻目録》，《簡牘研究入門》，南寧：廣西人民出版社，1989 年，附録第 1—51 頁。

⑤ 劉信芳：《楚帛書序録》，《子彈庫楚墓出土文獻研究》，臺北：藝文印書館，2002 年，第 185—258 頁。

⑥ ［日］門田明：《中國簡牘研究文獻目録》，大庭脩編：《漢簡の基礎的研究》，京都：思文閣出版社，1999 年，第 125—212 頁。

⑦ 馬先醒：《漢史文獻類目》，《漢史文獻類目》，臺北：簡牘社，1976 年。

⑧ 張傳璽等編：《戰國秦漢史論文索引（1900—1980）》，北京：北京大學出版社，1983 年。

⑨ 張傳璽等編：《戰國秦漢史論著索引續編—論文（1981—1990）專著（1900—1990）》，北京：北京大學出版社，1992 年。

⑩ 張傳璽等編：《戰國秦漢史論著索引三編（1991—2000）》，北京：北京大學出版社，2002 年。

⑪ 田静：《秦史研究論著目録》，西安：陝西人民教育出版社，1999 年。

⑫ 徐在國：《戰國文字論著目録索引》，北京：綫裝書局，2007 年。

⑬ 駢宇騫、段書安編：《本世紀以來出土簡帛概述》，北京：文物出版社，2006 年。

⑭ 駢宇騫：《簡帛文獻概述》，臺北：萬卷樓圖書股份有限公司，2005 年，見該書附録。

⑮ ［阿根廷］畢嘉宏：《2009 年西方學界中國出土文獻研究論著簡介》，《簡帛研究二〇〇九》，桂林：廣西師範大學出版社，2011 年，第 342—345 頁。

⑯ ［韓］金慶浩、李瑾華：《韓國的戰國秦漢簡帛研究目録（1975—2010.10）》，《簡帛研究二〇一〇》，桂林：廣西師範大學出版社，2012 年，第 253—271 頁。

⑰ ［美］金鵬程、［韓］徐誠彬：《簡帛研究西文論著目録》，《簡帛研究二〇一〇》，第 272—290 頁。

⑱ ［日］柿沼陽平：《日本的中國出土簡帛研究論著目録（一）（1910—2011）》，《簡帛研究二〇一一》，桂林：廣西師範大學出版社，2013 年，第 232—257 頁。

的中國出土簡帛研究論著目録(二)(1910—2011)》、[①]《臺灣簡帛研究論著目録(2000—2006年)》、[②]《臺灣簡帛研究論著目録(2007—2013年)》。[③]《簡帛》在第四輯刊出《韓國的秦簡研究》及《秦簡牘研究目録》後,[④]迄今每一輯或多或少均有簡帛、簡牘研究介紹,其内容和目録相去不遠,例如《2014年秦漢魏晋簡牘研究概述》,[⑤]這些内容繁多,不再一一列舉。

此外,甘肅省文物考古研究所、甘肅簡牘保護中心編《甘肅簡牘百年論著目録》,[⑥]是一本簡牘研究論著目録專著。楊曉華撰寫《編寫"簡帛學百年研究論著目録"的設想》,[⑦]對編寫簡帛研究論著目録構想,提出個人看法,凡此對編輯簡帛研究論著目録均有重大的貢獻。楊曉華在西北師範大學圖書館工作,據聞已獲得項目經費補助,正在編輯目録中,此消息令人期待。

但爲何要編輯簡帛研究目録,編輯過程中有哪些值得關注的問題,目前尚未見有系統的論述,故於此提出淺見,同時以《甘肅簡牘百年論著目録》爲例進行説明,略加評述,敬請同仁批評指正。

一　編輯簡帛研究目録的意義

編輯簡帛目録學主要的意義,至少有二:

(一) 辨章學術,考鏡源流

中國傳統目録有兩種類型,一種爲有總序及小序者;一種爲單純列出書目者。前者

---

① [日]柿沼陽平:《日本的中國出土簡帛研究論著目録(二)(1910—2011)》,《簡帛研究二〇一二》,桂林:廣西師範大學出版社,2013年,第223—341頁。

② 陳文豪:《臺灣簡帛研究論著目録(2000—2006年)》,《簡帛研究二〇一五(春夏卷)》,桂林:廣西師範大學出版社,2015年,第255—329頁。

③ 陳文豪:《臺灣簡帛研究論著目録(2007—2013年)》,《簡帛研究二〇一五(秋冬卷)》,桂林:廣西師範大學出版社,2005年,第260—318頁。

④ [韓]尹在碩:《韓國的秦簡研究》,《簡帛》第四輯,第59—72頁;李静:《秦簡牘研究目録》,《簡帛》第四輯,第73—122頁。

⑤ 魯家亮:《2014年秦漢魏晋簡牘研究概述》,《簡帛》第十一輯,上海:上海古籍出版社,2015年,第243—281頁。

⑥ 甘肅省文物考古研究所、甘肅簡牘保護中心編:《甘肅簡牘百年論著目録》,蘭州:甘肅教育出版社,2008年,第228頁。

⑦ 楊曉華撰:《編寫"簡帛學百年研究論著目録"的設想》,《光明日報》2014年4月15日第16版。

如《漢書·藝文志》,因此,班《志》不僅是目録,也是學術史,[①]後者如張之洞《書目答問》,所列雖爲書目,但指出何者爲善本,隱約中也透露出一些學術發展流程。

簡帛研究爲19世紀末20世初新興學問,何以説編輯簡帛研究目録亦可辨章學術,考鏡源流?個人在討論如何從"簡牘學"發展成爲"簡帛學"的過程時,即將相關研究做成編年,由編年的順序進行梳理,終於對"簡牘學"發展成爲"簡帛學"的過程有明確的認識,[②]這就是目録辨章學術,考鏡源流的功能。

(二)提供研究同行參考檢索,以達事半功倍之效

進入網絡時代,在網絡上檢索十分方便,同時又有各種不同資料庫,因此似乎不需要再有目録的編輯。其實不然,網絡雖然方便,仍有盲點存在,進行檢索不見得能够網羅完備,且容易出錯。例如簡帛學界出版的各種主要集刊,《簡帛研究》、《簡帛》、《出土文獻》、《出土文獻研究》、《出土文獻與古文字研究》、《古文字研究》、《簡帛語言文字研究》、《出土文獻綜合研究集刊》、《簡牘學研究》、《楚地簡帛思想研究》、《楚文化研究論集》、《楚學論叢》、《出土文獻與法律史研究》、《中國古代法律文獻研究》等,並非全部爲資料庫納入,利用電腦檢索不一定能够查到。此外,還有一些會議論文集、個人論文集,[③]資料庫也難以收集完善,凡此必須仰賴目録的編輯,故目録的編輯能够提供詳盡信息,協助同行進行完善研究。

二 編輯簡帛研究目録應具備的内涵

(一)應有編輯凡例

目録是提供給廣大讀者使用的,一個良好的目録應有編輯凡例,使讀者一目了然,知曉這個目録要呈現的内涵爲何。《甘肅簡牘百年論著目録》一書,雖無編輯凡例,但有説明,或可取代編輯凡例,但不如用編輯凡例來得明確。

編輯凡例如何設定?此爲見仁見智,並無一套標準流程,兹以個人所編《臺灣簡帛研究論著目録(2000年—2006年)》爲例説明之,該目録的編輯凡例爲:

1. 本目録收集2000—2006年間在臺灣(含部分香港、澳門)出版之簡帛研究相

① 李零:《蘭臺萬卷·讀〈漢書·藝文志〉》,北京:三聯書店,2011年,第2頁。

② 陳文豪:《簡帛學理論建構省思舉隅》,《中國出土資料研究》2010年第14號,第86—109頁。

③ 會議論文集、個人論文集數量很多,不一一詳舉。

關專書及論文目録,作者不以國籍爲限。

2. 爲使綱舉目張,呈現學術研究歷程,采分年方式編排。

3. 目録分專書及論文兩類,論文所收包括期刊、文集隨筆(專書論文)。

4. 專書不分類,論文,依通論、楚簡、秦簡、漢簡、走馬樓吴簡、帛書、其他等項略作分類,同時采互見分類。

5. 專書依作者、書名、出版地點、出版者、頁數、出版時間爲序,同一出版時間者,以姓氏筆畫秩序排列。

6. 論文,依作者、篇名、期刊名(專書名)、卷期(出版者)、頁次、出版時間爲序,按出版時間先後排列,同一出版時間者,以姓氏筆畫秩序排列;無法查明出版時間者,列於本年度之末。期刊卷期有總期數者,在期數後以"="連接之。①

(二)應附有索引

此處所指應附有索引,係指如《甘肅簡牘百年論著目録》等以專書性質出版者,因編輯成專書,卷帙龐大,翻檢不易,爲便於讀者快速檢索,在書後至少應有作者人名索引,或再增加收録期(報)刊一覽表。《甘肅簡牘百年論著目録》一書的編者已注意到此,故書後有人名索引。

(三)分類應詳細

分類是編輯目録最棘手的問題,編輯簡帛研究目録亦然。

首先,應將專書、期(報)刊論文、論文集論文,分别臚列。

其次,應有通論一類,將研究簡帛制度、簡帛學術史類論文,歸納於此。

再次,楚簡、秦簡、漢簡、三國吴簡、晋簡、少數民族簡、域外出土簡牘、楚帛書、馬王堆帛書等爲大類,在其下再細分,如楚簡大類下,至少應有信陽楚簡、長沙仰天湖楚簡、包山楚簡、郭店楚簡、上海博物館藏戰國楚竹書、清華大學藏戰國竹簡等。又簡帛出土,尤其簡牘有典籍簡及文書簡,因此,在每一分類下應將研究同典籍簡者歸納在一起,研究行政文書者,則按研究内容再分類。兹以《睡虎地秦簡文獻類目》爲例説明之,此目録共分三十大類:②

發掘報告 • 概論

圖版釋文 • 譯注

① 陳文豪:《臺灣簡帛研究論著目録(2000—2006年)》,第255頁。

② 吴福助:《睡虎地秦簡文獻類目》,臺灣《中華文化學報》創刊號,1994年6月,第225—292頁。

研究史概説
書評・序跋
法制概論
刑事訴訟
刑罰
行政法規
行政管理
經濟法規
經濟管理
土地制度
農林牧業
工商業
租賦徭役
社會階級
奴隸制度
隸臣妾
軍事
思想
歷史
簡牘學
文字學
語法
文學
編年記
語書
爲吏之道
日書
文獻目録

這個分類較爲細膩繁瑣,也有可議之處,如"發掘報告・概論"中之"概論"和"研究史概説"難免重複,但可作爲編輯簡帛研究論著目録參考。

在分類上,爲方便讀者查閱,還應采取互見法,即同一條目可以在兩個或兩個以上分類中見諸。

最後,中文及外文研究論著目録亦應分開臚列。外文則再細分爲日文、韓文、英文、法文及其他等類,每一語文别再依中文分類方式編排。

在分類上《甘肅簡牘百年論著目録》存在較大的問題。

首先,該書雖有論著編及論文編兩大類,但係在論文篇中,係將期刊論文、專書論文混合編輯。

其次,日文論著已翻譯成中文,與中文相關論著合編當然不成問題。但有部分未翻譯成中文論著,卻未能單獨分類,仍與中文論著混合編列。

再次爲分類不够精細。例如:

頁 61:

0813 《漢簡中的河西經濟生活》,勞榦,《中央研究院歷史語言研究所集刊》第 11 本,1944 年 9 月;後收入《勞榦學術論文集甲編》。

此條目被分列在"刑律法令"類,其實應屬下一類"經濟"類。

頁 65:

0871 《漢代的徭役制度》,(日) 西村元佑,《東洋史研究》第 12 卷第 5 號,1953 年 9 月。

此條目被分列在"經濟"類,其實應屬"賦税徭役"類。

頁 59:

0916 《關於〈漢侍廷里父老買田約束券〉》,寧可,《文物》,1982 年第 12 期

此條目應不屬甘肅簡牘範疇,收録後被分列在"物價經濟"類,編者之意似有意將之歸類爲下屬"借貸",但從内容看亦不應屬此類。

以上三則條目,均爲某一類的最後一則條目,或許是電腦排版影響所及,但在校對時理應看出。

(四) 内容應力求精確

目録提供衆人使用,應以精確爲首要目標。條目的精確,應重視出處、作者、篇名、出版時間等的準確,因此編者在編輯過程中,除應謹慎小心外,在校對上也要特别盡力做好最後一道把關工作。《甘肅簡牘百年論著目録》一書在校對上即存在嚴重的缺陷,其現象非常普遍,僅舉數例説明之:

頁 73:

0971 《漢代屯田制的幾個問題——以武帝、昭帝時時期爲中心》1,(日)

尾形勇,《史學雜誌》第 72 編第 4 號,1963 年 4 月;又見《簡牘研究譯叢》第一輯,呂宗力譯,1983 年 4 月。

此條目中"以武帝、昭帝時時期爲中心",明顯衍生一個"時"字。

頁 124:

1670 《新出土秦板圓漢帛圖匯考》,馬先醒,《民間史學》2,1991 年 3 日

條目中"新出土秦板圓漢帛圖匯考"應作"新出土秦板圖漢帛圖匯考";"3 日"應作"3 月"。

(五) 内容力求充實

簡帛研究已是國際漢學界的熱門研究課題之一,日本、韓國、英國、法國、德國、美國、加拿大等均有學者從事研究。因此,簡帛目録的編輯,不應局限於中文成果,應擴大收集範圍。

出土簡牘,也不應局限於漢文簡牘,少數民族吐蕃、西夏均曾使用,出土地亦非僅在中國境内,朝鮮、日本等國家也有發現,所以簡牘目録的編輯,也應重視這些内容。

編輯簡帛目録關注的對象,亦不應被限制在期(報)刊方面,對於各種正式出版的會議論文集、紀念論文集、個人文集甚至未被網絡資料庫收集的刊物,也都要想方設法去尋找,以充實目録内容。

在條目的編排上,則應將所有出版信息都列出,即出版時間、頁碼、出版機構,以方便使用者參考。

(六) 不能據目録或經由關鍵詞搜尋編目録

簡帛目録目前已有些成果發表,因此編輯目録時有些編者即根據這些目録進行編輯。但已公開發表的目録,未必完全無誤,如不察,就會以訛傳訛,貽誤大衆。《甘肅簡牘百年論著目録》的某些錯誤,基本上是據目録編目録所造成的。

利用關鍵詞在網絡搜尋編目録固然很方便,但一不小心亦容易出錯,於此舉出一例。此例雖與簡帛研究無關,但可提供參考:

陳麗桂主編《兩漢諸子研究論著目録(2002—2009)》,頁 154,2211 條爲:[①]

林建德 《老子》與《中論》之哲學比較——以語言策略、對反思維與有無觀爲綫索 臺北 臺灣大學哲學研究所博士論文 311 頁 2006 年 6 月 陳

① 陳麗桂主编:《兩漢諸子研究論著目録(2002—2009)》,臺北:漢學研究中心,2010 年,第 154 頁。

鼓應、蔡耀明指導

編者將之收録在徐幹《中論》類下，其實此篇博士論文《〈老子〉與〈中論〉之哲學比較》所指《中論》爲鳩摩羅什所翻譯的佛經，並非徐幹的《中論》，此顯然係利用關鍵詞在電腦進行檢索所造成的錯誤。

（七）斷限應明確

簡帛研究的成果與日俱增，但目録的編輯難以與時俱進。因此，在編輯目録時應先訂一個明確的時間、地點斷限，如此，可讓使用者了解所編目録中收録研究成果的範圍，同時也方便以後的增補。

《甘肅簡牘百年論著目録》的時間斷限很清楚，爲1907—2007年，但在内容的斷限上卻出現了問題。按據書名，理應以收集研究甘肅出土簡牘的論著爲主，但本書收録範圍，卻遠超出研究甘肅出土簡牘者。例如頁190，據分類係收録研究天水放馬灘秦簡《日書》相關論著目録，但卻有一半以上爲研究睡虎地秦簡《日書》的。

結　語

自2000年起筆者自覺反省，簡牘出土百年，簡帛學已成爲一門成熟的學科，但作爲一門成熟的學科，它的學科理論爲何？因此，時加檢討思考，方有《簡帛學理論建構省思》一文的撰寫，①該文僅提出綱領式的意見，對學科理論建設的每一項學科細目，並未深入探討。

2011年8月25—27日前往甘肅省蘭州市參加"甘肅省第二屆簡牘國際學術研討會"，曾發表論文《簡帛版本學論略》，對簡牘版本學提出淺見，但内容待增補、深入討論者尚多，故目前還未正式發表。今就簡帛目録學編輯提出個人淺見，期待能獲得關注簡帛學發展的專家學者們重視，使這門學科的發展更爲成熟壯大。

編輯目録耗時費神，但嘉惠學界功德無量。本文爲説明編輯簡帛目録學應注意事項，特以《甘肅簡牘百年論著目録》爲例，意在提醒有志於此者參考，並非有意指摘，盼學界同仁體會之。

---

① 陳文豪：《簡帛學理論建構省思舉隅》，《中國出土資料研究》第14號，2010年，第86—109頁。

先秦秦漢時期户籍等級劃分述略*

齊繼偉

（湖南大學嶽麓書院、出土文獻與中國古代文明研究協同創新中心）

目前，關於先秦秦漢時期户籍等級劃分研究的專著相對較少，然而但凡論及户籍制度者又不可避免地會對其有所涉及。例如朱紹侯先生在《秦漢土地制度與階級關係》一書的第七章“從户籍制度看秦漢時期的階級關係”中指出，秦代居民的等級區别有“閭左”、“閭右”之分，而漢代居民等級的劃分則有“上家”、“中家”、“下户”之别。① 高敏先生在《秦漢的户籍制度》中也將漢代户等劃分爲“大家”、“中家”、“小家”三個等級。② 此外，孫筱先生的《秦漢户籍制度考述》以及袁延勝先生的《論東漢的户籍問題》也同樣沿用了上述觀點。③ 專著方面，池田温先生的《中國古代籍帳研究》，宋昌斌先生的《中國古代户籍制度史稿》，姚秀蘭先生的《户籍、身份與社會變遷——中國户籍法律史研究》以及張榮强先生的《漢唐籍帳制度研究》等也對此問題均有論述。④ 而在户等制的專著中，以邢鐵先生的《户等制度史綱》最具代表性，該書以户籍等級制度爲視角，將户等制度的源頭追溯到西周時期，並認爲井田制時代已經存在地等的劃分，是後來户等制度産生的直接淵源之一。⑤ 其中不乏灼見。然而，可惜的是論述缺少最新出土材料的佐證，且内容偏

---

* 本文係湖南省研究生科研創新項目(CX2016BD71)“秦漢時期的户籍等級劃分研究”的階段性成果。

① 朱紹侯：《秦漢土地制度與階級關係》，鄭州：中州古籍出版社，1985 年，第 184 頁。

② 高敏：《秦漢的户籍制度》，《求索》1987 年第 1 期，第 72—81 頁。

③ 孫筱：《秦漢户籍制度考述》，《中國史研究》1992 年第 4 期，第 69—75 頁；袁延勝：《論東漢的户籍問題》，《中國史研究》2005 年第 1 期，第 11—24 頁。

④ ［日］池田温著，龔澤銑譯：《中國古代籍帳研究》，北京：中華書局，1984 年；宋昌斌：《中國古代户籍制度史稿》，西安：三秦出版社，1991 年；姚秀蘭：《户籍、身份與社會變遷——中國户籍法律史研究》，北京：法律出版社，2004 年；張榮强：《漢唐籍帳制度研究》，北京：商務印書館，2010 年。

⑤ 邢鐵：《户等制度史綱》，昆明：雲南大學出版社，2002 年。

重於唐宋，對先秦秦漢時期户籍等級的闡述略顯簡略。本文擬以出土簡牘材料爲中心，結合傳世文獻及前人成果，試將先秦秦漢時期户籍等級劃分作一系統的概述，希望得到有關學者的批評指正。

一　分封制下户籍等級劃分中的"地等"與"血緣等級"

中國古代有關"名數"統計的出現來源已久，據學者考證，最早可以追述至夏商時期，夏禹之時"禹平水土，還爲九州"，並以此作爲納貢和定賦的依據。商周時期，統治者將部落人口的統計稱爲"登"，甲骨文記載："貞我登人，迄在黍不冊，受有年。"[①]而這裹的"冊"即是人口登記的造冊。《史記·周本紀》記載："維天建殷，其登名民三百六十夫，不顯亦不賓滅，以至今。"這顯然是周朝對於商族遺民的人口登記。周宣王時期，仲山甫在反對周王"料民"時説："王治農於籍，蒐於農隙，耨獲亦於籍，獮於既烝，狩於畢時，是皆習民數者也，又何料焉？"[②]可見，商周以來，關於民數的統計已經備受關注，且户籍制度從初始就與土地制度緊密聯繫。邢鐵先生在《户等制度史綱》中論述西周户籍制度的萌發時，講到了先秦時期户籍與田制合一的問題，他指出，"先秦井田制度下户籍不是獨立的，而是與土地制度合併在一起，並以户籍爲主。所謂井田的'井'與'經'相通"，指規劃土地，實際上是以人劃地，一夫百畝、百畝爲夫，則反映了田制與户籍兩者合一的結果，又因爲兩者的著眼點相同，即徵派税役，因而先秦時期地等的劃分也可以看作是户等劃分的初始階段。[③] 雖然就此推論尚待驗證，但值得注意的是，邢鐵先生將井田制下關乎税役徵派的"地等"劃分作爲户籍制度產生的重要來源之一，卻很有見地。此外，先秦時期，以"田里"相連的句子有很多，如"田里安毗"、"田里不鬻"、"制其田里"等。[④] 這裹的"田"即指的是一夫百畝之田，"里"則指的是各領主采邑下的基層里社組織，其是爲西周井田制下户籍制度與土地制度合一的又一佐證。里社制度下的户籍管理、納貢以及税役承擔均是以血緣爲紐帶的家族爲主，故而里、社合一，人們聚族而居，與秦漢時期不同的是，税役的差次是以土地等級劃分爲主要依據，魯國的"初税畝"，齊國的"相

① 郭沫若主編：《甲骨文合集》，北京：中華書局，1979年，第795頁。

② 《國語·周語上》，上海：上海古籍出版社，1988年，第24—25頁。

③ 邢鐵：《户等制度史綱》，第4頁。

④ 《周禮·地官·遂人》："凡治野，以下劑致甿，以田里安甿。"賈公彦疏："以田里安甿者，田則爲百畮之田，里則五畮之宅。民得業則安，故云安甿也。"《禮記·王制》："田里不鬻。"《孟子·盡心上》："所謂西伯善養老者，制其田里，教之樹畜，導其妻子，使養其老。"

地而衰徵"均是公田之外按土地等級差異之别對於私田的額外徵收。① 因而,在先秦時期,與土地制度相結合的"户籍管理",在地等差異的驅使下相應産生了等級差異之别,這一時期的居民行政管理在政治上劃分爲國人與野人,統治結構上,貴族政治模式下的分封也就出現了以血緣親疏爲準則,"以人定地,量地别人"的身份等級之别,地等與血緣等級之間互爲表裏,"地等差異"雖作爲户等之别的主要表現形式,而實際上,決定地等差異的因素全賴於血緣的親疏,故這一時期"户籍制度"的等級劃分,我們最終可以將其稱之爲"血緣等級"。

到了春秋戰國時期,延續"里社制度"而來的"書社"仍舊保留了很多這樣的色彩,《大戴禮記·千乘》"千乘之國,受命於天子,通其四疆,教其書社",②這裏的書社即里社。《左傳》哀公十五年記齊與衛地"自濟以西,禚、媚、杏以南,書社五百",③《荀子·仲尼篇》記載,桓公立管仲爲仲父"與之書社三百,而富人莫之敢距也",楊倞注:"書社,謂以社之户口,書於版圖。"④然而與之前户籍制度不同的是,這一時期的户籍制度已經明顯地出現以地域編組爲單位的特徵,税役徵派的單位由"部落"漸次到"家族"再到"個體小家庭"的發展,正是生産力進步,個體農耕發展的表現。《國語·晋語九》:"趙簡子使尹鐸爲晋陽。請曰:'以爲繭絲乎? 抑爲保障乎?'簡子曰:'保障哉。'尹鐸損其户數。"顯然趙國采邑中已經出現了按家户徵賦的事實。需要注意的是,雖然戰國時期個體家庭逐漸獨立,户籍制度相應發生了很大轉變,然而貴族政治的殘餘仍舊十分强大,就現存史料看,書社中記録的人名仍是以家長或男丁爲主,賦役徵收的代表依然是宗族家長。另外,從出土文獻材料來看,包山楚簡文書簡中也保留了戰國晚期户籍制度發生轉變的這種過渡性特點,魯鑫先生在《包山楚簡州、里問題研究》中分析"舒慶案"時,通過對舒慶身份隸屬的判斷,指出:"直到戰國晚期,楚國仍舊存在著爲數不少的擁有封邑和人民的貴族和封君,但是,這些貴族和封君們正逐漸被納入中央集權國家

① 初税畝,杜預《春秋左傳正義》哀公十二年解釋爲:"公田之法,十取其一。今又履其餘田,復十取一。"孔穎達疏:"藉外更税。"于振波先生指出,其只是在保留"藉田以力"的公田基礎上,又對私田"履畝而税"。所謂地"税"(賦)勢必要按地徵收,另外,楚國的"書土田"、"量入爲賦"性質大概與前者相同。需要注意的是,無論"履畝而税",還是"量入爲賦",勢必都需要"書土田,度山林,鳩藪澤,辨京陵",都是要明地籍的。"相地而衰徵"就更是以人定地,以地量賦了。參考于振波:《簡牘與秦漢社會》,長沙:湖南大學出版社,2012年,第3—5頁。

② 〔清〕王聘珍:《大戴禮記解詁》,北京:中華書局,1983年,第141頁。

③ 〔東漢〕何休注,〔唐〕徐彦疏,黄侃點校:《春秋公羊傳注疏》,上海:上海古籍出版社,2014年,第275頁。

④ 〔清〕王先謙:《荀子集解》,北京:中華書局,1988年,第107頁。

的地方政區組織體系中。"[①]總而言之,西周以來,分封制下以"血緣等級"爲核心的户籍管理和土地賦役制度是合二爲一的,地方行政組織的建立也正是以户籍、土地、賦役制度爲根本,故而里社制度也就成了三者的集中體現。然而他們必須有一個共同的前提條件,那就是以血緣關係爲紐帶的分封制的存在。分封之下,周王以下的層層分封,其地等與身份級别息息相關,里社或是書社的設置,一方面延續了周以來家族血緣關係的影響並使得户籍制度在内容上趨於完備,另一方面,個體家庭的逐漸獨立,血緣群體關係的打破,又使得户籍等級與地等關係日趨剥離,隨著秦朝中央集權的郡縣制推廣到全國,以血緣等級爲核心的户籍等級上的區分日益淡化,從"編户"再到"齊民",漢代的齊民(或平民)相較於先秦時期的"血緣等級"而言,少了幾分"貴族"的色彩,貴族政治也開始逐步衰落。

二 秦代商鞅變法以來的"軍功"與"爵位等級"

戰國處於分封制瓦解、中央集權的郡縣制建立的過渡時期,户籍制度的等級劃分也因此具有過渡性的特徵。公元前 375 年,即秦獻公十年,秦國頒行"爲户籍相伍"之法。[②]這一時期的"伍"是以"户"爲單位來進行編聯的,那麽,什麽樣的人才會"同伍"?《管子·小筐》中有"五人爲伍"之説,《孫子兵法·謀攻篇》有:"全伍爲上,破伍次之"之説,則"伍"至少在商鞅變法以前就具有兵、農合一的組織模式。《司馬法》對於軍隊的建制有:甲士、步卒、炊家子、廄養、樵汲、輕車、重車之分。[③] 軍隊列爲"同伍"者至少在兵種建制上需要具有相同的職能屬性,假如以此推及"户籍相伍"之法,則"同伍"之人至少也應該是"相類"的人,這樣一來便於監督,易於管理,也利於協作。另外,《秦律·法律答問》記:"大夫寡,當伍及人不當?不當。"[④]據此,多數學者認爲,秦時同等爵級的人才能

① "秦競夫人之人舒慶坦處陰郷之東鄗之里"(簡 132),"僕軍造言之:視日以陰人舒慶之誼告僕,命速爲之斷"(簡 137),參照簡文内容,舒慶隸屬於秦競夫人,編制居住的"東鄗之里"又屬於陰郷之領地,對舒慶行使的司法權卻是來自陰地的地方行政機構。可以見得,戰國晚期楚國居民的身份遠不是單純的以里定名這樣的地域的劃分。參照魯鑫:《包山楚簡州、里問題研究》,《中原文物》2008 年第 2 期,第 101 頁。

② 《史記》卷六《秦始皇本紀》,北京:中華書局,2014 年,第 363 頁。

③ 《司馬法》曰:"一車甲士三人,步卒七十二人,炊家子十人,固守衣裝五人,廄養五人,樵汲五人,輕車七十五人,重車二十五人,故二乘兼一百人爲一隊,舉十萬之衆則革車千乘,校其費用支計,則百萬之衆皆可知也。"參見王應麟:《困學紀聞》,上海:上海古籍出版社,2008 年,第 587 頁。

④ 睡虎地秦墓竹簡整理小組編:《睡虎地秦墓竹簡·法律答問》,北京:文物出版社,1990 年,第 129 頁。

"户籍成伍",相鄰大夫不足五家時,是不能和他人合編的。[①] 再者,《秦律·金布律》中規定:"賈市居列者及官府之吏,毋敢擇行錢、布,擇行錢、布者,列伍長弗告,吏循之不謹,皆有罪。"對此,羅開玉先生指出,列伍長即商賈伍人之長、商賈單獨編"伍",便於管理,並指出"市籍"的劃分可能來源於此。[②] 總之,"同伍"之人無論從爵位等級,還是職業身份等級上都存在有同級或同類職業者編爲一處的現象,那麽,以此可以看出,商鞅變法之前,先秦等級身份的影響至少在舊的貴族政治未被打破的基礎上,其在户籍等級劃分中仍然發揮著作用。即在没有一個新的行之有效的等級規則頒行之前,宗族血緣關係的影響必然占據著等級排序的主導地位。實際上,除了秦國,同處於戰國時期其他列國的情況大概也是如此。以這一時期的六國政治爲例,雖然"士階層"的崛起在各國政治中擔任了很多重要的角色,然而從宗族血緣關係來看,關東六國不管是對於家族人員的任用,還是對於外來流亡貴族的接納,其絶大部分都具有大的家族背景。

這一情況在商鞅變法之後發生了巨大的轉變,公元前356年及公元前350年,商鞅在秦孝公的主持下先後進行兩次變法,其中關於户籍制度的變法内容占據著核心的地位,爲行文之便,將其内容摘自如下:

> 令民爲什伍,而相牧司連坐。不告奸者腰斬,告奸者與斬敵首同賞,匿奸者與降敵同罰。民有二男以上不分異者,倍其賦。有軍功者,各以率受上爵;爲私鬬者,各以輕重被刑大小。僇力本業,耕織致粟帛多者復其身。事末利及怠而貧者,舉以爲收孥。宗室非有軍功論,不得爲屬籍。明尊卑爵秩等級,各以差次名田宅,臣妾衣服以家次。有功者顯榮,無功者雖富無所芬華。[③]

《史記·商君列傳》中對於商鞅變法内容的記載雖然寥寥數筆,然而其中所包含的信息卻十分豐富,以户籍制度來看,變法不單對先秦以來舊的貴族血緣身份制加以消除,並從根本上爲後來秦漢户籍制度定下了範本。綜括言之,有如下幾點:

第一,"令民爲什伍,而相牧司連坐",《索隱》注劉氏云:"五家爲保,十保相連",《正義》曰:"或爲十保,或爲五保。"[④]其中,關於"伍"的解釋,前文已述,此不贅言。而關於

① 陳公柔:《先秦兩漢考古學論叢》,北京:文物出版社,2005年,第167頁;臧知非:《秦漢里制與基層社會結構》,《東嶽論叢》2005年第6期,第11頁;王愛清:《關於秦漢里與里吏的幾個問題》,《社會科學輯刊》2006年第4期,第134頁。

② "同伍"的合編,在現實中並不是固定化的定制,不同職業,不同爵級之人也有"同伍"的例子,《封守》中就有"公士"與"士伍"編爲同伍的例證,但這並不能證明秦代"伍"的編制是混亂無序的。參看羅開玉:《秦國"什伍""伍人"考——讀雲夢秦簡劄記》,《四川大學學報》1981年第2期,第85頁。

③ 《史記》卷六八《商君列傳》,第2227頁。

④ 《史記》卷六八《商君列傳》,第2227頁。

"什"的解釋,據吴益中先生考證稱:"秦的'什'即爲'里',是由五十家所組成,之所以稱其爲'什',是由於'里'由十個伍所組成。"[①]那麽,當此"什伍"可作"里伍",然而考察先秦以來的"里"凡言"一里八十户",[②]或"百家爲里",[③]或"古者七十二家爲里",[④]相較於"五十家爲一里",至少可以看到,秦的"里伍"是商鞅變法將基層組織模式細分的結果。此外,商鞅第二次變法"集小(都)鄉邑聚爲縣,置令、丞,凡三十一縣",[⑤]從而逐漸形成由郡、縣、鄉、里、亭構成的地方行政管理體系,變法將基層組織模式由大變小,行政層級由少變多,其目的正是要求建立個體小家庭制的户籍管理模式,因此又頒布"民有二男以上不分異者,倍其賦"以及"令民父子兄弟同室内息者爲禁"的規定。這樣一來,先秦遺留下來的宗族血緣關係逐漸被打破,那麽户籍等級的劃分要想再以"血緣等級"來劃分就很難實現了。

第二,重新確立一種新的户籍等級參照物,即"軍功等級"制。所謂"有軍功者,各以率受上爵"以及"宗室非有軍功論,不得爲屬籍。明尊卑爵秩等級,各以差次名田宅,臣妾衣服以家次"。那麽世卿世禄的貴族政治也就被打破,個人的身份不再受原有的等級名分爲約束,在名田宅制下,爵位和立户成爲授予田宅的依據和前提,因而爵位的高低,左右著田宅的多少,同樣也左右著"家次"的高下。其次,與世卿世禄制不同的是,爵位的繼承在漢代是通過降等繼承的,張家山漢簡中關於爵位繼承的具體規定,是從公士到大庶長都降等繼承,而且爵位越靠前,下降得越快。[⑥] 秦代缺乏相關的材料,目前尚且不知是否如此,漢承秦制,漢代的這一情況大概沿襲了秦制。這樣看來,以軍功爵制爲參照的秦時户籍等級的劃分則一改先秦時期相對固定的户籍等級模式,户籍等級的評定就具有了相對的流動性,但是户級的標準必須依照爵位的高低來作出判斷,因而自商鞅變法以下一直到西漢前期,我們可以將户籍等級的劃分視爲"軍功爵位等級"之分。

第三,"有功者顯榮,無功者雖富無所芬華",功高則爵高,爵高則財力足,這應該是商鞅變法所想要倡導的社會秩序。秦代實行以軍功爵制爲基礎的名田宅制,社會經濟

---

① 睡虎地秦簡《封診式》中將"里"、"伍"連稱的有二十四處;其二,以秦簡所涉秦人活動中,看不到"什"的存在;其三,除注文"十家爲什"之外,秦律中没有任何記載,而之所以出現"十家爲什"的解釋是後人將秦制比附周制的結果。參見吴益中:《秦什伍連坐制度初探》,《北京師院學報》1988年第2期,第71頁。

② 〔東漢〕何休注,〔唐〕徐彦疏,黄侃點校:《春秋公羊傳注疏》,第384頁。

③ 〔清〕黎翔鳳撰,梁雲華整理:《管子校注》,北京:中華書局,2004年,第1050頁。

④ 〔清〕趙在翰輯,鍾肇鵬、蕭文鬱點校:《七緯》,北京:中華書局,2012年,第772頁。

⑤ 《史記》卷六八《商君列傳》,第2228頁。

⑥ "卿的後子只能爲公乘,公乘的後子爲官大夫,官大夫的後子爲不更,這樣,經過三四代後,卿的嫡系後人便逐漸下降爲士伍,'它子'下降得更快。"參見于振波:《簡牘與秦漢社會》,第13頁。

的基礎在"農"不在"商",商人"重利輕生",投機取巧,牟取暴利,自然要受到政府的打壓,"商賈","逆旅"甚至被列入"七科讁"的範疇來承擔額外的兵役。這也是秦王朝企圖黔首能够"僇力本業",用以實現"黎庶無繇,天下咸撫"的本意。秦法以嚴苛見長,其對於軍功爵制與名田宅制的有力維護使得户籍等級的劃分穩固無比,因而"富比邦君"而能高爵者在秦代的文獻中少有所見,雖然《史記·貨殖列傳》有烏氏倮"畜至用穀量馬牛。秦始皇帝令倮比封君,以時與列臣朝請"及巴寡婦清"其先得丹穴,而擅其利數世,家亦不訾"①的記載,然而提到的兩位富商都是所處邊鄙之人,而且其受封比君也是因爲他們於國有功,這顯然與"有功者顯榮"的規定並不背道而馳。漢承秦制,西漢初年的政治發展仍舊延續了這一政策。

三　秦至西漢前期户籍等級劃分中的"爵制等級"

關於爵位在秦至西漢前期社會生活中發揮的重要作用,已有學者做了大量的考察,例如:1. 有當官爲吏、乞庶子的特權;2. 可以贖罪、減刑免刑;3. 可以免親人的奴婢身份;4. 生活上的優待,包括傳食待遇,享受政府在賜衣、賜棺槨、賜酒食方面的優待等。②而表現在以户爲單位的家庭待遇的等級特權區分,以現有材料來看則分以下幾種:

第一,家户按户主爵位身份的不同所持有的田畝、宅地的面積不同。爵高者,其家户所占田宅數量多,爵低者則相對較少,例如張家山漢簡《二年律令》中對於授田、宅數量的具體規定:

> 宅之大方卅步。徹侯受五百宅,關内侯九十五宅,大庶長九十宅,駟車庶長八十八宅,大上造八十六宅,少上造八十四宅,右更八十二宅,中更八十宅,左更七十八宅,右庶長七十六宅,左庶長七十四宅,五大夫廿五宅,公乘廿宅,公大夫九宅,官大夫七宅,大夫五宅,不更四宅,簪褭三宅,上造二宅,公士一宅半宅,公卒、士五(伍)、庶人一宅,司寇、隱官半宅。欲爲户者,許之。
>
> (《户律》)③

第二,免除家户徭賦,漢高祖五年詔:"非七大夫以下,皆復其身及户,勿事。"師古注

① 《史記》卷一〇九《貨殖列傳》,第3957頁。

② 朱紹侯:《軍功爵制考論》,北京:商務印書館,2008年,第65—89頁。

③ 張家山二四七號漢墓竹簡整理小組:《張家山漢墓竹簡[二四七號墓](釋文修訂本)》,北京:文物出版社,2006年,第52頁。

曰:“復其身及一户之内皆不徭賦也。”[①]顯然,如此大範圍的恩賜在後來也極其罕見,雖然這一規定並非常態,然而至少可以説明的是,漢初因爵位高低不同延伸而來的户等的差異是存在的。

第三,卿一級的爵位包括左庶長、右庶長、左更、中更、右更、少上造、大上造、駟車庶長以及大庶長共九個等級。[②] 衛宏《漢官舊儀》曰:“五大夫九爵,賜爵九級爲五大夫,以上次年德爲官長將率。”[③]可見五大夫以上,卿一級的高爵則可爲官長、將率。另外,漢初多有對官吏恩惠的特例,如惠帝初年規定:“今吏六百石以上父母妻子與同居,及故吏嘗佩將軍都尉印將兵及佩二千石官印者,家唯給軍賦,他無有所與。”[④]按商鞅變法以來,官與爵密切相連,雖然到了漢代官爵已經出現分離的趨勢,然而按《二年律令·賜律》中爵位比附官秩的規定:“卿比千石,五大夫比八百石,公乘比六百石。”[⑤]可見官爵仍然掛鉤,甚至在漢初,法律的制定仍以爵位爲基礎。[⑥] 那麽以此推論,五大夫包括卿一級的家户很可能也是與官秩對應的“唯給軍賦”的受益者。需要注意的是,因爲爵位後來的輕濫,而導致爵秩比附關係的變化,則也可能使得上述對比存在變化差異,當然,這種論述尚有很大的推測之嫌。然而,《二年律令》中對於卿級爵位上下户所承擔的徭役賦税的差異則是顯而易見的:

> 卿以上所自田户田,不租,不出頃芻稾。 (《户律》)[⑦]
>
> 卿以下,五月户出賦十六錢,十月户出芻一石,足其縣用,餘以入頃芻律入錢。 (《田律》)[⑧]

參照律文,卿以上家户所持有的“自田或户田”,不出田租,也無須承擔“芻稾”税,而卿以下級别的家户卻要出納“户賦”和“户芻”税。這和嶽麓秦簡《金布律》規定“出户賦者,自

① 《漢書》卷一下《高帝紀下》,北京:中華書局,1962年,第54—55頁。

② “自左庶長以上至大庶長,九卿之義也”。詳見《後漢書》志二八《百官志五》注引劉邵《爵制》,北京:中華書局,1965年,第3631頁。

③ 〔清〕孫星衍等輯:《漢官六種》,北京:中華書局,1990年,第52頁。

④ 《漢書》卷二《惠帝紀》,第85頁。

⑤ 張家山二四七號漢墓竹簡整理小組:《張家山漢墓竹簡[二四七號墓](釋文修訂本)》,第49頁。

⑥ 漢高祖對“今小吏未嘗從軍者多滿,而有功者顧不得”的情況十分不滿,顯然相較於官秩,漢初統治者對於爵位的重要性仍是充分肯定的。參見于振波:《張家山漢簡中的名田制及其在漢代的實施情況》,《中國史研究》2004年第1期,第75頁。

⑦ 張家山二四七號漢墓竹簡整理小組:《張家山漢墓竹簡[二四七號墓](釋文修訂本)》,第52頁。

⑧ 張家山二四七號漢墓竹簡整理小組:《張家山漢墓竹簡[二四七號墓](釋文修訂本)》,第43頁。

泰庶長以下,十月户出芻一石十五斤;五月户出十六錢"[①]的情況大致相當。

第四,授田以立户時間先後爲次第,其次按爵位高低,也就是説,在立户時間相同的前提下,爵高者可享受優先授田的待遇。换句話説,以户主爲代表的家户的田宅授予,也就必然存在先後之分。

> □□庭歲不得以庶人律未受田宅者,鄉部以其爲户先後次次編之,久爲右。久等,以爵先後。有籍縣官田宅,上其廷,令輒以次行之。[②]

第五,前引睡虎地秦簡《法律答問》"大夫寡,當伍及人不當?不當"條,探討了秦朝"户籍相伍"的劃分趨向。漢承秦制,其"相伍"之法大概仍然延續了秦時的這一特徵,但是到了後期又發生了一些變化。《二年律令·户律》中有這樣的規定:

> 自五大夫以下,比地爲伍,以辨[券]爲信,居處相察,出入相司。[③]

又《鹽鐵論·周秦》曰:

> (略)故自今關内侯以下,比地於伍,居家相察,出入相司,父不教子,兄不正弟,舍是誰責乎?[④]

由"大夫"到"五大夫"再到"關内侯",秦漢"比地爲伍"的爵級範疇依次增高,可見爵位享有的特權越發微弱,然而無論如何,各户"比地於伍"的劃分依然是按照爵位之高下,對於不同人群作出的區别對待,這一方面反映了由秦而來基層户籍組織結構受到爵制的深刻影響,另一方面,也印證了由於爵位授予的輕濫,使得以爵位劃分户籍等級的做法逐漸開始失去其原有的效用。西漢哀帝時期,丞相孔光、大司空何武奏請:"諸侯王、列侯皆得名田國中。列侯在長安,公主名田縣道,及關内侯、吏民名田皆毋過三十頃。"[⑤]關内侯與吏民已經被劃在同一個等級上,爵位的輕濫導致名田宅制的破壞,土地兼併使得豪族勢力進一步發展,東漢時期"豪人之室,連棟數百,膏田滿野,奴婢千群,徒附萬計(略)豪人貨殖,館舍布於州郡,田畝連於方國"。[⑥]秦商鞅變法以來確立的"有功者顯榮,無功者雖富無所芬華"的現象不復存在,户籍等級的劃分再以"軍功爵級"而論已經不能適用,土地兼併的擴展,使得"素封"之家

---

① 朱漢民、陳松長編:《嶽麓書院藏秦簡(肆)》,上海:上海辭書出版社,2015年,第107頁。

② 張家山二四七號漢墓竹簡整理小組:《張家山漢墓竹簡[二四七號墓](釋文修訂本)》,第52頁。

③ 張家山二四七號漢墓竹簡整理小組:《張家山漢墓竹簡[二四七號墓](釋文修訂本)》,第51頁。

④ 《鹽鐵論》卷一〇《周秦第五十七》,上海:上海人民出版社,1974年,第118頁。

⑤ 《漢書》卷二四上《食貨志上》,第1142頁。

⑥ 《後漢書》卷四九《王充王符仲長統列傳》,第1648—1651頁。

得到極大的發展，户籍等級也逐漸步入以“大家”（或勢家）、“中家”、“小家”爲代表的“財産等級”劃分的行列。

四　西漢中期以後户籍等級劃分中的財産等級

如前文所述，西漢前期的户籍等級制度仍然延續著秦朝以來的等級特點，漢高祖五年下詔“復故爵田宅”所奉行的正是“法以有功者行田宅”這樣的原則。反映吕后時期法律文書的張家山漢簡《二年律令・户律》中就有，以二十等爵制爲參照，對於不同爵級者，授予不同田宅數量標準的規定，現摘録如下：

> 關内侯九十五頃，大庶長九十頃，駟車庶長八十八頃，大上造八十六頃，少上造八十四頃，右更八十二頃，中更八十頃，左更七十八頃，右庶長七十六頃，左庶長七十四頃，五大夫廿五頃，公乘廿頃，公大夫九頃，官大夫七頃，大夫五頃，不更四頃，簪褭三頃，上造二頃，公士一頃半頃，公卒、士五（伍）、庶人各一頃，司寇、隱官各五十畝。不幸死者，令其後先擇田，乃行其餘。它子男欲爲户，以爲其□田予之。其以前爲户而毋田宅，田宅不盈，得以盈。宅不比，不得。①

以此可見，西漢前期，爵制的高低仍是國家授田多少的唯一標準，户籍等級也更是以爵級的高低來評定。然而到了文景之後，伴隨著爵制以及土地買賣形勢的不斷變化，商鞅變法以來，以軍功爵制爲參照的户籍等級的劃分難以維繫，這就勢必要求一種新的評定標準的出現，論其原因則必須從爵制本身以及土地兼併問題上來探尋。

首先，以軍功爲依據的爵制的設置，本身就是建立在“農戰”的基礎上。《商君書・農戰》曰：“善爲國者，其教民也，皆作一而得官爵，是故不官無爵。”②另“能得【甲】首一者，賞爵一級，益田一頃，益宅九畝。”③因而軍功爵制在設置之初便具有“戰時”的特徵。漢初高祖群臣皆軍功將領，尚能以軍功名田宅，然而，自後國家少有兵事，軍功爵制本身就顯得難以爲繼。據于振波先生論證：“從漢惠帝開始，爵位與軍功已没有必然聯繫。”按漢代名田制是按照降等繼承的模式，卿一級的爵位其後子繼承的爵級降幅更大，換句話説，在没有新的軍功授予的前提下，這些漢初的功臣至多經歷三代就没有什麼爵位

① 張家山二四七號漢墓竹簡整理小組：《張家山漢墓竹簡[二四七號墓]（釋文修訂本）》，第52頁。

② 高亨：《商君書注譯》卷一《農戰第三》，北京：中華書局，1974年，第31頁。

③ 高亨：《商君書注譯》卷五《境内第十九》，第152頁。

了。然而田宅的授予必須依靠爵位，因而也就有後來多次出現國家名義上的普遍賜“民爵”，據學者統計：惠帝即位至文帝前元元年先後普遍賜民爵“户一級”者五次，①文景時期，“賜民爵一級”及“賜民爲父後者爵一級”凡十次，②而從文帝到平帝時期，共賜民爵達四十九次。③ 實際上，早在秦國建立之後就已經開始了“賜爵”，只是當時限於局部範圍的賜爵，因而不足以動摇爵位制度的穩定。除了普遍賜爵之外，文帝時期，晁錯建議：“募天下入粟縣官，得以拜爵，得以除罪。”④另外，“募以丁奴婢贖辠及輸奴婢欲以拜爵者；不足，乃募民之欲往者。皆賜高爵，復其家。”⑤這樣一來，必然導致爵制輕濫，而到了武帝時期，爵制的輕濫已經達到了無以復加的地步，最直接的表現是，漢武帝爲籌募軍費“詔令民得買爵及贖禁錮”卻只能重新設置新的爵制，史言：“請置賞官，命曰武功爵。”⑥可見西漢中期以後，軍功爵制已經名存實亡，以“軍功等級”爲參考的户籍等級的劃分自然受到極大的干擾。

其次，土地買賣與兼併日益嚴重，漢武帝時期，甚至出現“富者連田阡陌，貧者無立錐之地”的困境。雖然政府一再打壓不法的商人，然而“法律賤商人，商人已富貴矣”的現象卻是不争的事實，“入粟拜爵”以及“買爵賣爵”的規定又爲商人提供了便利，這些大商人“以末至財，以本守之”，於是土地高度集中於大地主、大商人之手，高爵與富貴不再對等，户籍的等級也就不能以爵位分高下，因而司馬遷感歎説：“凡編户之民，富相什則卑下之，伯則畏憚之，千則役，萬則僕，物之理也。”⑦武帝之後的情況似乎比之前更爲惡劣，實際上，從西漢中後期開始，隨著自耕農經濟的没落，社會經濟已經朝著地主莊園經濟的方向發展，東漢更是以豪族政治立國，史載樊宏“開廣田土三百餘頃”；陰識之祖父陰子方，早在西漢宣帝年間就已經“暴至巨富，田有七百餘頃，輿馬僕隸，比於邦君”；⑧侯霸、王丹“家累千金”；⑨孫奮“錢貲至一億七千萬，富聞京師”；⑩折國“貲財二億，家僮八

---

① 于振波：《張家山漢簡中的名田制及其在漢代的實施情況》，《中國史研究》2004 年第 1 期，第 75 頁。

② 高敏：《論兩漢賜爵制度的歷史演變》，《文史哲》1978 年第 1 期，第 54 頁。

③ 朱紹侯：《軍功爵制在西漢的變化》，《河南師大學報》1983 年第 1 期，第 56 頁。

④ 《漢書》卷二四上《食貨志上》，第 1133 頁。

⑤ 《漢書》卷四九《爰盎晁錯傳》，第 2286 頁。

⑥ 《史記》卷三〇《平準書》，第 1717 頁。

⑦ 《史記》卷一二八《貨殖列傳》，第 3972 頁。

⑧ 《後漢書》卷三二《樊宏陰識列傳》，第 1133 頁。

⑨ 《後漢書》卷二六《伏侯宋蔡馮趙牟韋列傳》，第 901 頁。

⑩ 摯虞三輔決録注曰“士孫奮字景卿，少爲郡五官掾起家，得錢貲至一億七千萬，富聞京師”也。參見《後漢書》卷三四《梁統列傳》，第 1181 頁。

百人";[①]竇固"貲累巨億";[②]馬防兄弟"奴婢各千人已上,資産巨億"。[③] 如果以張家山漢簡《二年律令·户律》中名田制的標準來衡量上述之人的田畝與財産,關内侯也只不過能限田九十五頃,可見其財富之多就是封君也遠不能比及的,史書中甚至有國家遭遇天災,封君也得氐首仰給於這些富者的記載。故而崔寔政論曰:

> 上家累巨億之資,斥地侔封君之土,行苞苴以亂執政,養劍客以威黔首。專殺不辜,號無市死之子。生死之奉,多擬人主。故下户踦嶇,無所跱足,乃父子低首,奴事富人,躬帥妻孥,爲之服役。故富者席餘而日熾,貧者躡短而歲踧,歷代爲虜,猶不瞻於衣食,生有終身之勤,死有暴骨之憂,歲小不登,流離溝壑,嫁妻賣子。[④]

顯然,社會等級的劃分在"富"而不在"爵"。從户籍等級上看,這裏的"上家"又曰"大家"、"勢家"、"高訾富人"或者"豪右"等,與之對應的還有"中家"以及文中所提到的"下户"(或"小家")之稱,而上户與下户的評定首先在反映財産數額的"占訾"上就可看出。秦漢時期的文獻中有"占訾"的記載,"占訾"即户籍的財産登記,目的是爲了國家能够詳細地掌握編户民的資産,以便承擔相應的賦役,並作爲徙民、官吏選任、振業貧民等的依據。但是漢代中期以後,"占訾"的性質發生了一些變化,即財産税徵收的普遍化。實際上,秦時確已出現以"訾税"爲代表的財産税,《嶽麓書院藏秦簡》中"識刦娩案"有"●問匿訾税及室肆臧直各過六百六十錢"的記載。[⑤] 但是"訾税"的徵收主要針對從事商業性質的黔首,訾税的範圍獨介於"田畝"之外的動産與不動産,而非普遍意義上的財産税徵收。漢初沿襲了秦代"訾税"的特點,"算軺車"、"算緡錢"實屬於新的"訾税"税目徵收的拓展。漢代官、商、地主的"三結合"以及"百姓終莫分財佐縣官"的出現,促使武帝時期原本針對商賈的"算緡"之税推及所有的百姓,武帝之後,"訾税"這一概念逐漸具有了普遍財産税的意義。[⑥] 换句話説,漢武帝對不法商人的"訾税"延續到對普通百姓財産的徵税,於是"平訾"的性質發生了巨大的轉變,"訾税"的徵收由針對商賈擴展到全體百姓。普遍財産税的徵收成爲户等劃分的財力依據之一。成帝時期的税民貲,王莽時期的"訾三十取一"均是如此,到了東漢,家訾在賦役徵派中的作用更爲體現,《後漢書·百官志》

① 《後漢書》卷八二《方術列傳》,第2720頁。

② 《後漢書》卷二三《竇融列傳》,第811頁。

③ 《後漢書》卷二四《馬援列傳》,第857頁。

④ 崔寔、仲長統撰,孫啓治校注:《政論校注 昌言校注》,北京:中華書局,2012年,第146頁。

⑤ 朱漢民、陳松長編:《嶽麓書院藏秦簡(叁)》,上海:上海辭書出版社,2015年,第153頁。

⑥ 齊繼偉:《秦漢"訾税"補論:從嶽麓秦簡"識刦冤案"説起》,《簡帛研究二〇一七(春夏卷)》,第152—164頁。

稱,鄉有秩及嗇夫“皆主知民善惡,爲役先後,知民貧富,爲役多少,平其差品”;又《三國志・魏志・曹洪傳》引《魏略》:“初,太祖爲司空時,以己率下,每歲發調,使本縣平訾。”從此,户籍等級的劃分在“平訾”的過程中就已經劃分,其表現正是如前文所見到的“大家”、“中家”、“小家”之别。

結　語

綜上所述,户籍等級的劃分,從先秦到秦漢,分别經歷了由“血緣等級”劃分到“軍功爵位等級”劃分再到“財産等級”劃分的不同階段。其過程是緩慢進行的,然而,可以看出的是,户級的劃分始終與土地政策、社會經濟的發展密切相關。當社會經濟處於一個新的高度後,土地政策必然要隨之改變,而相應的户籍制度也會隨之調整,這是符合歷史發展的一般規律。當然,在等級社會中,私有制下户籍等級的劃分是歷史發展的必然選擇,是不可回避的。就統治階級來講,更是關係到統治者對於被統治階層的掌控與管理,因而具有極其重要的意義。其次,隨著生産力的發展,社會財富的增加,秦漢“訾税”的對象由針對商賈再到普遍民衆,其終具有財産税的意義則發生在西漢武帝時期,這一時期的土地賦税政策以及社會秩序穩定的需要是導致其發生轉變的根本原因,這種轉變又爲户籍等級在財産等級上的劃分提供了依據,而户等的“財産等級”劃分又爲魏晋“九品混通”制的建立奠定了基礎。至此户等的“財産等級”劃分幾乎構成了社會經濟制度發展的常態,雖然在魏晋南北朝時期門閥政治的影響下,户等的劃分被蒙上了名門望族的影子,但是這種階段性的變異很快又會回歸於常態,這爲我們了解唐宋户等的問題提供了借鑒。最後,我們雖然强行將先秦至秦漢時期户籍等級的劃分歸結爲“血緣等級”、“爵位等級”以及“財産等級”三個階段,然而古代中國官僚、地主、商人之間“三位一體”的存在,也使得我們在劃分户等時顯然不能將上述三種概念嚴格區分開來,這是我們需要特别注意的。

《嶽麓秦簡(肆)》所見秦漢制度的演變*

朱錦程

(湖南大學嶽麓書院)

秦漢時期是中國歷史上最重要的階段之一，其間確立了很多爲後世沿用的制度。由於傳世文獻的記載相對不足，我們只能用“漢承秦制”來概括及推測這個階段各項制度的發展與變化。近年來以簡牘爲主的秦漢出土材料的相繼發現與公布，如睡虎地秦簡、里耶秦簡、嶽麓秦簡、張家山漢簡等，爲我們重新認識秦漢制度的演變提供了可能。秦始皇統一六國後，爲了適應新的統治環境，曾對秦的制度進行過大规模的調整，這是探究秦漢制度演變的關鍵，所謂“漢承秦制”應是承此時的秦制。學界通過對嶽麓秦簡内容的整體分析，一般認爲其時間在秦始皇統一之後，①即稍晚於睡虎地秦簡，而早於張家山漢簡。嶽麓秦簡中保留了大量適用於當時的律令條文，爲研究秦漢間各種制度的演變提供了珍貴資料。本文即以新近公布的《嶽麓書院藏秦簡(肆)》(下作《嶽麓(肆)》)爲主，對秦漢之際的地方行政、司法制度等方面進行探討，以求教於方家。

一

睡虎地秦簡中有關於秦代地方官吏任免的法律條文，内容如下：

> 縣、都官、十二郡免除吏及佐、群官屬，以十二月朔日免除，盡三月而止之。

* 本文係教育部人文社會科學基金項目“秦令與漢令研究”(12YJA770049)的階段性成果。

① 陳偉主編：《里耶秦簡校釋》第一卷，武漢：武漢大學出版社，2012年，“序言”第7頁。

其有死亡及故有夬(缺)者,爲補之,毋須時。 (《置吏律》)[①]

都官指長官爲令或長的經營性或事務性機構。[②] 睡虎地秦簡的整理者根據律中所提到的"十二郡",認爲這條律文應是在秦始皇五年(前 242 年)之前制定的。另有學者認爲秦有十二郡的時間或在秦昭王晚期,睡虎地秦簡《置吏律》規定縣、都官、十二郡都可以任免自己的屬吏,還將郡書寫於縣、都官之後,可能反映出在秦昭王晚期郡、縣仍不相隸屬,直到統一前夕秦的郡制發展才趨於成熟。[③]

而我們在《嶽麓(肆)》中發現與睡虎地秦簡内容極爲相似的《置吏律》:

> 1227:•置吏律曰:縣、都官、郡免除吏及佐、群官屬,以十二月朔日免除,盡三月而止之。其有死亡及故有缺者,
>
> J43:爲補之,毋須時。郡免除書到中尉,雖後時,尉聽之└。補軍吏、令、佐史,必取壹從軍以上者,節(即)有軍毄(也),
>
> 1262:遣卒能令自占,自占不審及不自占而除及遣者,皆貲二甲,廢。[④]

嶽麓秦簡中這條《置吏律》除規定官吏任免的時間、程序外,還强調某些與軍事有關的官職必須從有軍事經歷的人中選擇。其中簡 1262 與簡 J43 的内容似乎有所區别,其編聯關係可再討論。嶽麓秦簡中已無"十二"的具體數目規定。根據對嶽麓秦簡的時間斷代,其律文應是在秦始皇二十六年改制後所修訂,適用於"普天之下"的秦帝國,故而不用刻意書寫郡數。從睡虎地秦簡與嶽麓秦簡前後兩條《置吏律》相關内容的高度相似性,可以看出秦始皇統一後的改制,其核心是將之前施行於秦國的律令與制度推廣到新征服的六國故地。而直到秦統一後,《置吏律》雖有小幅修改,但縣、都官、郡的順序及任免屬吏的權力都没有發生變化,如果依靠睡虎地秦簡《置吏律》來推斷秦郡制發展的階段性,似有可斟酌之處。

另外張家山漢簡《二年律令》中也有《置吏律》的條文:

> 郡守二千石官、縣道官言邊變事急者,及吏遷徙、新爲官、屬尉、佐以上毋乘馬者,皆得爲駕傳。縣道官之計,各關屬所二千石官。其受恒秩氣稟,及求財用年輸,郡關其守,中關内史。受(授)爵及除人關於尉。都官自尉、内史以

---

① 睡虎地秦墓竹簡整理小組編:《睡虎地秦墓竹簡》,北京:文物出版社,1990 年,第 56 頁。

② 于振波:《漢代的都官與離官》,《簡牘與秦漢社會》,長沙:湖南大學出版社,2012 年,第 253 頁。

③ 游逸飛:《從軍區到地方政府——簡牘及金文所見戰國秦之郡制演變》,(臺北)《臺大歷史學報》第 56 期,2015 年。

④ 陳松長主編:《嶽麓書院藏秦簡(肆)》,上海:上海辭書出版社,2015 年,第 141 頁。

下毋治獄,獄無輕重關於正;郡關其守。[①]

"尉"在這條律文中出現三次,其具體指代曾引起學者的爭議。整理者認爲"授爵及除人關於尉"中的"尉"疑指廷尉,有學者則認爲是指縣尉、郡尉或中尉。[②] 由嶽麓秦簡《置吏律》可知,在秦時,郡免除吏及佐、群官屬的文書要送到中尉處處理。秦封泥有"中尉之印"。《漢書·百官公卿表》言"中尉,秦官,掌徼循京師",似乎中尉的執掌與官吏除授並無直接關係。但我們注意到秦及漢初,中尉與郡尉在内部職官設置、秩級等方面頗爲相似,在地方行政中郡尉、縣尉都有除吏之權。而《禮記·月令》中有太尉職掌"贊桀俊,遂賢良,舉長大,行爵出禄"的記載,楊振紅先生認爲這是秦"尉"具有任免官吏職能的表現,太尉是"尉"官中職位最高者,具有代表意義。[③] 秦進才先生指出戰國時趙國曾首創一些官職,但後世卻改變其職掌,中尉即如此。趙烈侯時,荀欣以"選練舉賢,任官使能"而爲中尉,可見當時中尉有選任賢能、拔舉官吏的職責。[④] 秦多有沿用三晋制度,據此,秦中尉擁有授爵與任官的執掌,似不難理解。且《漢書·百官公卿表》記載,秦有主爵中尉,一般認爲其只管列侯。但陳直先生卻認爲"主爵中尉原掌列侯及官爵,對八級以下民爵疑亦兼管"。[⑤] 由嶽麓秦簡可見,中尉對爵位的管轄是相當寬泛的。漢承秦制,法律規定和行事慣例多有沿用,推漢初作爲中央職官的中尉也可能負責審核地方官吏除授等事宜。《二年律令》中"授爵及除人關於尉"的"關"應該就是指嶽麓秦簡中所説的"免除書",即以文書的形式向上級主管部門進行報告。而"關於尉"的"尉"作中尉理解應該是合理妥當的。

二

秦漢法律對刑事責任有明顯的界定標準,在具體規定上秦、漢有所不同。秦多以身高尺寸爲標準,漢多以年齡爲標準。睡虎地秦簡《法律答問》中就有多處以身高作爲標準來界定刑事責任能力的規定:

---

① 張家山二四七號漢墓竹簡整理小組:《張家山漢墓竹簡[二四七號墓](釋文修訂本)》,北京:文物出版社,2006年,第37頁。

② 游逸飛等:《張家山漢簡〈二年律令·置吏律〉譯注》,(臺北)《史原》,2010年復刊第1期。

③ 楊振紅:《秦漢時期的"尉""尉律"與"置吏""除吏"》,見於所著《出土簡牘與秦漢社會(續編)》,桂林:廣西師範大學出版社,2015年,第110頁。

④ 秦進才:《趙國官制淵源再探》,《邯鄲學院學報》2014年第3期。另清人王先謙已指出"趙烈侯官荀欣爲中尉,則官不獨秦有也",見《漢書補注》,北京:中華書局,1983年,第302頁。

⑤ 陳直:《漢書新證》,天津:天津人民出版社,1979年,第120頁。

甲小未盈六尺,有馬一匹自牧之,今馬爲人敗,食人稼一石,問當論不當?不當論及賞(償)稼。

甲盜牛,盜牛時高六尺,系一歲,複丈,高六尺七寸,問甲當何論?當完爲城旦。①

從上述規定可以看出秦律以身高"六尺"作爲標準,來界定某些犯罪行爲是否要負相應的法律責任。而到漢初的《二年律令》時,已普遍以年齡作爲標準來進行類似的界定:

有罪年不盈十歲,除;其殺人,完爲城旦舂。

公士、公士妻及□□行年七十以上,若年不盈十七歲,有罪當刑者,皆完之。②

曹旅寧先生曾根據漢代以年齡爲標準和漢初法律對秦律的全盤繼承,推斷秦律在以尺寸爲衡量標準的同時也有相應的年齡標準。③ 有學者認爲在没有直接證據的情況下,這種率爾得出的結論不够嚴謹。④ 幸而在《嶽麓(肆)》中發現有關秦代刑事責任年齡的法律條文,爲這一學術公案的解決提供直接證據。

1966:匿罪人當貲二甲以上到贖死,室人存而年十八歲以上者,貲各一甲,其奴婢弗坐,典、田典

缺簡

2042:而舍之,皆貲一甲。

1965:主匿亡收、隸臣妾,耐爲隸臣妾,其室人存而年十八歲者,各與其疑同灋,其奴婢弗坐,典、田

2150-1+2150-2:典、伍不告,貲一盾,其匿□□歸里中,貲典、田典一甲,伍一盾,匿罪人雖弗敝(蔽)狸(埋),智(知)其請(情),舍其室,

1991:□□□吏遣,及典、伍弗告,貲二甲。

1991背:亡律⑤

這條律文屬於秦法《亡律》的内容。漢初的張家山漢簡《二年律令》中有《亡律》,而睡虎地秦簡及其他已公布的秦簡中尚未發現秦《亡律》。根據紅外綫圖版:

---

① 睡虎地秦墓竹簡整理小組編:《睡虎地秦墓竹簡》,第130、95頁。

② 張家山二四七號漢墓竹簡整理小組:《張家山漢墓竹簡[二四七號墓](釋文修訂本)》,第21、20頁。

③ 曹旅寧:《秦律新探》,北京:中國社會科學出版社,2002年,第276—277頁。

④ 韓樹峰:《漢魏法律與社會——以簡牘、文書爲中心的考察》,北京:社會科學文獻出版社,2011年,第307頁。

⑤ 陳松長主編:《嶽麓書院藏秦簡(肆)》,第38—39頁。

釋文“主匿亡收、隸臣妾”中“收”後有墨迹，似鉤識符號。另“匿亡收、隸臣妾”句讀爲“匿亡、收、隸臣妾”當更妥當。“亡”指逃亡之人，“收”指應被收捕之人，這是指兩類不同的犯罪者。從簡 1966、1965 中所規定的“室人存而年十八歲者”可以看出，秦律中已明確有將年齡作爲刑事責任界定的規定。此外我們在《嶽麓(肆)》中還多次見到將年齡作爲某些法律規定或制度界定的例子，如“其小年未盈十四歲者”、“敖童十五歲以上”、“子年盈十八歲以上”等。

睡虎地秦簡中的秦律多是以身高作爲刑事責任界定的標準，而嶽麓秦簡中的律令則普遍將年齡作爲刑事責任界定的標準。漢初的張家山漢簡《二年律令》，只不過沿用並細化、推廣了這種業已形成的習慣做法。從這個過程中我們可以看到秦漢刑事責任界定標準從身高到年齡的變革並不是隨著朝代更替一蹴而就，而是有一個漸進的過程。這種漸進的變化恰好體現了刑律的發展和進步。秦逐步推行以年齡作爲刑事責任界定的標準，與其對民衆年齡信息的掌握是直接相關的。

秦早已有傅籍制度，睡虎地秦簡有“今元年，喜傅”，①可知最遲到秦王政元年時，秦對國内成年男子的情況已有整體的了解。但學界對這種傅籍的依據有所争議。睡虎地秦簡中隸臣妾的大、小使用身高來表示，但戰國時期的文獻中，有依年齡來徵役的記載。可以推測此時秦對國内人口的詳細年齡狀況是不清楚的，只有是否達到成年之别。到秦王政十六年時開始實行“初令男子書年”，睡虎地秦簡有“十六年，七月丁巳，公終。自占年”，②嶽麓秦簡又有“爽初書年十三，盡廿六年年廿三歲”。③ 這些記載表明到秦王政十六年時，秦才開始對國内男子年齡進行登記和掌握。這或許因爲男子是國家事務中的主要對象，所以詔令才以男子爲試點。里耶秦簡有“李廣□客晳色長可七尺年卅歲衣襦☐”④的記載，清楚表明秦地方官署對外來男子年齡的登記和掌握。而再到嶽麓秦簡《亡律》中所規定的“典、老占數小男子年未盈十八歲(2037)及女子(2090)”，⑤可知當時秦已進一步掌握了國内女子的年齡狀況。正是在此基礎上，秦律中才能有“室人存而年

① 睡虎地秦墓竹簡整理小組編：《睡虎地秦墓竹簡》，第 6 頁。

② 睡虎地秦墓竹簡整理小組編：《睡虎地秦墓竹簡》，第 7 頁。

③ 簡文中記載爽在廿六年廿三歲，推其初書年當在十六年，與《史記》、睡虎地秦簡的記載相吻合。參見陳松長：《嶽麓書院所藏秦簡綜述》，《文物》2009 年第 3 期。

④ 宋少華、張春龍、鄭曙斌、黄朴華編：《湖南出土簡牘選編①》，長沙：嶽麓書社，2013 年，第 215 頁。

⑤ 陳松長主編：《嶽麓書院藏秦簡(肆)》，第 42 頁。

十八歲”的規定。雖然嶽麓秦簡《亡律》中各條律文的制定時間有可能不盡相同，但通過《亡律》中“廿五年五月戊戌以來”、“故塞徼外”的表述，推測其抄寫時間應在秦始皇二十六年之後。秦對國内人口年齡的完全掌握及刑事責任界定標準的變革最遲應在此時。里耶秦簡 J1(16)9A 提到的移送“年籍”是在秦始皇廿六年五月，①可知在廿六年秦已編制有詳細清楚記録秦人年齡情況的年籍，這與前文的推測也可相互印證。從上述的梳理可以看出，秦政權通過三個階段逐步實現對國人年齡情況的掌握，並在此基礎上進行律令與制度的調整，將衡量標準從身高尺寸變革到年齡。

三

秦漢之時，無論是法家抑或是儒家，都非常重視維護家庭内部尊長的權力，這種思想在秦漢法律中有著非常明顯的體現。在張家山漢簡《二年律令》中有關於家庭内部卑幼對尊長犯罪的處罰規定，其内容如下：

> 子牧殺父母，毆詈泰父母、父母、叚(假)大母、主母、後母，及父母告子不孝，皆棄市。賊殺傷父母，牧殺父母，歐(毆)詈父母，父母告子不孝，其妻子爲收者，皆錮，令毋得以爵償、免除及贖。②

這條律文主要是針對家庭内部卑幼危害到尊長的利益，即“不孝”行爲的處罰規定，其中提到子女對父母的三種嚴重的犯罪行爲，即故意殺害(賊殺傷)、謀殺(牧殺)和毆打辱駡(毆詈)。在嶽麓秦簡中也有與之相似的行爲描述，其律文内容如下：

> 子殺傷、毆詈、投(殳)殺父母，父母告子不孝；及奴婢殺傷、毆、投(殳)殺主、主子父母，及告殺，其奴婢及子亡已命而自出者，不得爲自出。③

何有祖先生指出嶽麓秦簡的“投(殳)殺”當釋爲“牧殺”。④ 睡虎地秦簡《法律答問》“可(何)謂牧？欲賊殺主，未殺而得，爲牧”。整理者認爲“牧”即“謀”，牧殺就謀殺未遂之意。“牧殺”雖是未遂的犯罪行爲，但卻體現了强烈的主觀惡意。秦律對未遂的犯罪行爲有著明確的處罰規定，如《法律答問》中的記載，“甲謀遣乙盜，一日，乙且往盜，未

---

① 張春龍、龍京沙：《湖南龍山鎮里耶戰國——秦代古城一號井發掘簡報》，《文物》2003 年第 1 期。

② 張家山二四七號漢墓竹簡整理小組：《張家山漢墓竹簡[二四七號墓](釋文修訂本)》，第 13 頁。

③ 陳松長主編：《嶽麓書院藏秦簡(肆)》，第 43 頁。

④ 何有祖：《讀嶽麓秦簡劄記(一)》，簡帛網 2016 年 3 月 24 日，http://www.bsm.org.cn/show_article.php? id=2492。

到,得,皆贖黥”。有學者認爲秦漢對“不孝”行爲的處置略有區别,秦制更表現出對家長意志的尊重,以“謁殺”爲例,是家長向官府請求處置子女、奴婢等,類似後世的“送懲權”,而漢代“不孝”則有法定刑。① 但從嶽麓秦簡中看到秦代就已經對不孝行爲有了清楚界定,即包含父母的“告謁”,也有“殺傷、毆詈(毆)、牧殺”的法定量刑。楊振紅先生曾結合秦律中有關毆大父母的律條,推論秦律中也應有關於“子牧殺父母”的規定,張家山漢簡基本繼承秦律而略有修改。② 嶽麓秦簡《亡律》的記載證明楊先生推論的正確,而漢對秦律的略有修改在此處可以體現在秦、漢立法者對於上述三種具體犯罪行爲嚴重程度的不同理解。秦律是殺傷、毆詈、牧殺的遞進順序,而漢律的順序則是賊殺傷、牧殺、毆詈。雖然秦代已經對“牧殺”行爲作了清楚的定義和解釋,秦律中也已經明確體現出以犯罪的主觀動機爲量罪判罰的依據之一,但立法者似乎並不認爲“牧殺”比“毆詈”嚴重。“牧殺”雖然是謀殺未遂,但其動機的危害性顯然是高於“毆詈”的行爲,漢律將“牧殺”置於“毆詈”之前,或可反映出立法者更重視對犯罪動機的追究和懲罰,注重追究犯罪者主觀惡意的特點,與後來《春秋決獄》中的“原心定罪”極爲類似。

陳中龍先生通過對秦與漢初法律條文中罪刑輕重的對比梳理,認爲漢初强化了尊卑關係作爲論刑標準的依據。漢初父母殺子、夫毆悍妻的罪刑都輕於秦時,而毆大父母、非公室告而行告者都重於秦時。③ 在嶽麓秦簡中有一條針對家庭内部卑幼侵犯尊長的處罰規定:

> [自]今以來,毆泰父母,棄市,奊訽(詬)詈之,黥爲城旦舂。毆主母,黥爲城旦舂,奊訽詈之,完爲城旦舂。

嶽麓秦簡中“毆泰父母,棄市”的處罰規定與睡虎地秦簡《法律答問》中“毆大父母,黥爲城旦舂”不同,卻與張家山漢簡《二年律令》相同。據此可知對“毆泰父母”行爲處罰的加重並非是漢初法律的革新,只是沿襲秦律而已。根據嶽麓秦簡抄寫時間推斷,秦律中對毆泰父母處罰規定的變化極有可能是在秦始皇二十六年統一後作出的調整,這種調整反映了法律條文在秦漢之間的發展與過渡。

---

① 吕利:《律簡身份法考論:秦漢初期國家秩序中的身份》,北京:法律出版社,2011年,第65—67頁。

② 楊振紅:《從出土秦漢律看中國古代的“禮”、“法”觀念及其法律體現——中國古代法律之儒家化説商兑》,《中國史研究》2010年第4期。

③ 陳中龍:《秦與漢初的法律比較——側重於孰輕孰重的考察》,收於《中國中古史研究》第十五期,臺北:蘭臺出版社,2015年,第39—62頁。

四

"君子"一詞多見於先秦、秦漢時期的諸子典籍,泛指有一定地位或品德高尚的人。而在近年來公布的秦簡法律及地方行政文書材料中,"君子"的含義與我們所熟悉的有所區別。李玥凝先生通過對漢代以前出土和傳世文獻的考察,尤其是睡虎地秦簡、里耶秦簡及嶽麓秦簡《爲吏等狀四種》中的"君子"、"君子子"、"署君子"的解讀,認爲"君子"在秦簡官方文書中應是指代基層管理者、縣内少吏,這種特殊的法律身份可能是秦代官職與徭役、刑罰減免關係的新綫索。[①] 我們在《嶽麓(肆)》的秦律中亦發現有"君子"、"君子子"的記載,可以補充對其的理解。

> 1396:置吏律曰:縣除小佐毋(無)秩者,各除其縣中,皆擇除不更以下到士五(伍)史者爲佐,不足,益除君子子、大夫子、小爵
>
> 1367:及公卒、士五(伍)子年十八歲以上備員,其新黔首勿强,年過六十者勿以爲佐∟。[②]

這裏的"君子子"與不更、大夫子、小爵等共同使用,可以知"君子"當與爵位有關。在嶽麓秦簡《爲獄等狀四種》的案例十四《學爲僞書案》中有"君子子":

> 君子子癸詣私書𢧀所,自謂馮將軍毋擇子,與舍人來田南陽。
>
> 君子子,定名學,居新壄(野),非五大夫馮將軍毋擇子殹。學學史,有私印。……(省略)學父秦居貲,吏治(笞)秦,以故數爲學怒,苦㖠(恥)之。[③]

在本案中,學冒充是馮毋擇的兒子,自稱"君子子癸",想必馮毋擇就是"君子"一類的人。案例中提到馮毋擇的身份爲將軍,有五大夫的爵位。可推"君子"或是指爵爲五大夫一類人。《置吏律》中的"君子子、大夫子"與"小爵"並稱,都應指没有傅籍者。他們與爵在不更以下者同樣擁有被除授縣中"小佐無秩"的資格,推測其所繼承的爵位也應在不更以下。《二年律令·傅律》規定:"不爲後而傅者,……五大夫二子爲簪褭,它子爲上造;公乘、公大夫子二人爲上造,它子爲公士;官大夫及大夫子爲公士。"由此推測"君子"應爲爵在大夫至五大夫之間的人。"君子"這一類人既擁有大夫以上的爵位,也常會在行政事務中扮演一定的角色。睡虎地秦簡有:

---

① 李玥凝:《秦簡"君子子"含義初探》,《魯東大學學報(哲學社會科學版)》2016 年第 3 期。

② 陳松長主編:《嶽麓書院藏秦簡(肆)》,第 137 頁。

③ 朱漢民、陳松長主編:《嶽麓書院藏秦簡(叁)》,上海:上海辭書出版社,2013 年,第 223、227 頁。

興徒以爲邑中之紅(功)者,令結(嫴)堵卒歲。未卒堵壞,司空將紅(功)及君子主堵者有罪,令其徒複垣之,勿計爲繇(徭)。 (《秦律十八種·徭律》)

徒卒不上宿,署君子、敦(屯)長、僕射不告,貲各一盾。宿者已上守除,擅下,人貲二甲。 (《秦律雜抄》)

戍者城及補城,令姑(嫴)堵一歲,所城有壞者,縣司空署君子將者,貲各一甲;縣司空佐主將者,貲一盾。 (《秦律雜抄》)[①]

睡虎地秦簡中提到的這些工作都具有一定的臨時性,"君子主堵者"、"署君子"只是這些事務中的臨時負責人。除了這些"邑中之功"外,君子還會出任某些職官的代理者,如"官嗇夫節(即)不存,令君子毋(無)害者若令史守官,毋令官佐、史守"。這裏的"君子無害者"應該是指在負責上述"邑中之功"中表現較好者,官嗇夫是泛指縣中主要官署的負責人,令史是縣令的屬吏,執掌文書等事。"君子"因其擁有一定的爵位身份,有比縣中熟悉文書事務且與縣令來往密切的令史擁有更爲優先的官嗇夫代理權。由嶽麓秦簡"史學童詐不入試令"可知,秦對官吏的任用屬於强制行爲,[②]當地方行政中遇到臨時性的工作或缺員需要代理者時,就會徵召"君子"這類人來負責相關事宜。如果出任這種代理職務,君子還會受到一定的優待:

1299:●戍律曰:戍者月更。君子守官四旬以上爲除戍一更ㄴ。遣戍,同居毋並行。不從律,貲二甲。戍在署,父母、妻死,

1238:遣歸葬。告縣,縣令拾日ㄴ。繇(徭)發,親父母、泰父母、妻、子死,遣歸葬。已葬,輒聶(攝)以平其繇(徭)。[③]

嶽麓秦簡《戍律》簡1299中原釋作"並",當爲"竝"。"戍者月更。君子守官四旬以上爲除戍一更",後有一鉤識符號,表明此内容具有獨立的完整性。這是針對"君子"出任代理職官的一種優待規定,即如果代理的時間超過四十天則可以免除一更的戍役。由於材料的不完整,我們對秦的徭戍制度尚未完全清楚,此處提醒我們或許在秦時,爵在大夫至五大夫者也是要服戍役的。在已公布的里耶秦簡第八層中,有兩處關於"君子"的内容,相關釋文如下:

☐……卒□……陽□……□君子子廢【戍】 (8-178)

☐守起書言:《傳律》曰☐

① 睡虎地秦墓竹簡整理小組編:《睡虎地秦墓竹簡》,第47、88、90頁。

② 于振波:《"負志"之罪與秦之立法精神》,《湖南大學學報(社會科學版)》2015年第3期,第21—24頁。

③ 陳松長主編:《嶽麓書院藏秦簡(肆)》,第137—138頁。

☑□爲君子子有故不□☑ (8-1198)[①]

里耶秦簡中是以"君子子"的形式出現，由於簡文的不完整，無法以此準確界定"君子"的含義。但從"廢【戍】"和"《傅律》"來看，似乎都與服役有關。《里耶秦簡牘校釋》的整理者認爲"君子子廢"前一字似"以"。"以君子子廢戍"，或許是説明"君子子"在服役（戍）方面有某種優待。後面似乎是在説明《傅律》中有針對"君子子"可以避免某種事務的待遇。

嶽麓秦簡《置吏律》中另有一處提到"君子"，律文如下：

1389：置吏律曰：有辠以甖(遷)者及贖耐以上居官有辠以廢者，虜、收人、人奴、群耐子、免者、贖子，輒傅其

1378：計籍。其有除以爲冗佐、佐吏、縣匠、牢監、牡馬、簪褭者，毋許，及不得爲租。君子、虜、收人、人奴、群耐子、免者、

1418：贖子，其前卅年五月除者勿免，免者勿復用。[②]

這裏出現的"君子"比較難以理解。這條《置吏律》的内容是秦對爲吏者的要求，即犯有遷、贖耐罪以上、爲官被廢者及虜、收人、人奴、群耐子、免者、贖子等身份低賤者都不能從事官府的職事。但又規定如果是在秦始皇三十年五月之前所任用的，則無須免除，之後因故被免除者則要依照此律不再任用，這種做法體現了法律的不溯及既往原則。

整理者在簡 1378 中將"君子"句讀置於身份低賤者一列似有不妥。其一，如前文所述，這條律文是規定身份低賤者不能爲吏及從事官府的某些職事，簡 1378、1418 中的"虜、收人、人奴、群耐子、免者、贖子"等身份指代是與前文簡 1389 相對應，而簡 1389 並未提及君子；其二，如前文所述，君子一詞從未有表示身份低賤者的含義，相反卻有爵位在大夫以上及在縣中擁有官吏的優先代理資格等身份，而獨將君子置於上述身份低賤者之列，似乎不好理解；其三，如果將"租"理解爲在官府中從事徵收租金（田租、市租）的一般行爲，則與前面的"冗佐、佐吏、縣匠、牢監、牡馬、簪褭"等所從事的事務相似，似無必要單獨列出，直接置於"簪褭"後作"租者"即可，秦代徵收田租的人本就多稱爲"租者"。筆者以爲此處或可句讀爲"……毋許，及不得爲租君子。虜……"，即上述這些身份低賤者不能從事官府的某些職事，其中包含對"君子"這一類人的田租徵收。如前文所述，"君子"應指爵在大夫以上的人，根據《二年律令》的規定，漢初卿及以上爵位擁有者是不用繳納田租的。秦的田租優免規定尚不清楚，但不同的身份、爵位的人在田租徵

① 陳偉主編：《里耶秦簡校釋》第一卷，第 106、290 頁。

② 陳松長主編：《嶽麓書院藏秦簡(肆)》，第 138—139 頁。

收上擁有不同特權應該是可以理解的,或許官府規定某些身份低賤者不能從事這種特殊情況的田租徵收。當然這種理解還有待更多材料的驗證,這裏只是提出釋讀中的疑問而已。

此外,在嶽麓秦簡《學爲僞書案》中學供認自己的父親名"秦",這則奏讞文書的時間是"(秦王政)廿二年八月",據此可知最遲在秦王政二十二年(前225年),秦國境内確有人以"秦"爲名,屬尋常事,無須因此受罰。這條材料可以證明戰國晚期秦國確有人取名爲"秦",而且在時間上比《新收殷周青銅器銘文暨器影彙編》中所收録的秦昭襄王卅七年上郡守慶戈和卅八年上郡守慶戈兩則"郡丞名秦"的時間更晚,[①]更印證秦下詔避諱改名的規定甚晚推行。嶽麓秦簡中有更名令,"●令曰:黔首徒隸名爲秦者更名之,敢有有弗更,貲二甲";[②]里耶秦簡有更名方,"諸官[名]爲秦盡更"。或許可以由此推測,秦的更名避諱是秦始皇統一後實施的新措施。

近年來隨著出土材料的發現和公布,尤其是當時所使用的簡牘法律條文及行政文書檔案,爲我們對秦王朝的認識和研究提供更爲直接、客觀的史料。通過上述對《嶽麓(肆)》中相關内容的分析,能够明顯看到伴隨著秦在軍事、政治上的不斷拓展,統治者也適時地對其相關制度進行調整與完善。雖然秦帝國二世而亡,但這種變革被"漢承秦制"的脈絡所繼承。借助對這些簡牘材料的解讀,更能凸顯出秦統一過程的變革性和歷史意義。

附記:拙文草成後,承蒙業師于振波先生提出修改意見,謹致謝忱!唯文中一切錯誤皆由本人自行負責。

---

① 游逸飛:《里耶8-461號"秦更名方"選釋》,收於魏斌主編:《古代長江中游社會研究》,上海:上海古籍出版社,2013年,第78—79頁。

② 陳松長:《秦代避諱的新材料——嶽麓書院藏秦簡中的一枚有關避諱令文略説》,《中國社會科學報》2009年9月10日第5版。

秦漢刑事訴訟中的訊新探*

歐 揚

(湖南大學法學院、出土文獻與中國古代文明研究協同創新中心)

《史記·酷吏列傳》所見"訊鞫論報"歷來是學者討論秦漢刑事訴訟的關鍵材料,"訊"居其首,歷代學者對秦漢刑事訴訟中的訊問多有論述,如今秦漢出土法律文獻不斷公布,爲研究訊問提供了很多新的材料,學界也有若干成果已經發表,較爲重要的有劉海年、①張建國、②宫宅潔、③籾山明、④李均明、⑤高恒、⑥徐世虹。⑦ 下文從兩個角度出發探討訊問。

一 從訊問的場所看"即訊"、"譖訊"

下文從術語"即訊"出發,對秦漢時期的訊問場所進行探討。

秦漢出土文獻多見"即訊",以下舉例。

里耶秦簡所見"即訊":

---

* 本文是國家社科基金青年項目"秦亡漢興之際司法實態變遷研究"(16CFX008)的研究成果、2017 年度湖南省哲學社會科學基金青年項目"嶽麓秦簡法律文獻譯注及相關問題研究"的階段性成果。

① 劉海年:《秦的訴訟制度》,《中國法學》1985 年第 1 期。

② 張建國:《漢簡〈奏讞書〉和秦漢刑事訴訟程序初探》,《中外法學》1997 年第 2 期。

③ [日] 宫宅潔著,徐世虹譯:《秦漢時期的審判制度——張家山漢簡〈奏讞書〉所見》,[日] 籾山明主編:《中國法制史考證》第一卷丙編,上海:中國社會科學出版社,2004 年。

④ [日] 籾山明著,李力譯:《中國古代訴訟制度研究》,上海:上海古籍出版社,2009 年。

⑤ 李均明:《簡牘所反映的漢代訴訟關係》,收入所著《簡牘法制論稿》,桂林:廣西師範大學出版社,2011 年。

⑥ 高恒:《漢代訴訟制度論考》,收入所著《秦漢簡牘中法制文書輯考》,北京:社會科學文獻出版社,2008 年。

⑦ 徐世虹主編:《中國法制史》第二卷第十八章"兩漢時期的訴訟程序",北京:法律出版社,1999 年。

【廿】六年六月丙辰，遷陵拔爰書即訊□☐ (8-918)[①]

五一廣場東漢簡見“即訊”：

……即訊貞及石母列、知狀者男子鄭惠，辤皆曰：貞，□鄉民；列，都鄉，各有廬舍 (CWJ1③：325－2－3)[②]

秦簡與東漢簡皆見的“即訊”是一個使用時間相當長的司法術語，其含義值得探究。對“即訊”，參考睡虎地秦簡《封診式》所見的“即診”：

爰書：某里士五(伍)妻甲告曰：“……甲到室即病復(腹)痛，自宵子變出。今甲裹把子來詣自告，告丙。”即令令史某往執丙。即診嬰兒男女、生髮及保之狀。有(又)令隸妾數字者，診甲前血出及癰狀。有(又)訊甲室人，甲到室居處及復(腹)痛子出狀。 (《封診式·出子》)[③]

爰書：某亭求盜甲告曰：“署中某所有賊死、結髮、不智(知)可(何)男子一人，來告。”即令令史某往診。令史某爰書：與牢隸臣某即甲診。

(《封診式·賊死》)[④]

爰書：某里典甲曰：“里人士五(伍)丙經死其室，不智(知)□故，來告。”•即令令史某往診。•令史某爰書：與牢隸臣某即甲、丙妻、女診丙。

(《封診式·經死》)[⑤]

第一，“即診”是“即某人診”之省。《出子》“即診”是對《賊死》、《經死》的“即某人診”的省略，“即”訓就。

第二，從“即令令史某往診”之“往”意爲趕往，可見令史是趕往現場進行診。

第三，“即某人診”意爲到達重要現場之類場所進行診。“即”的賓語是人，然而報告者本身應該留在其報告的現場附近，等待令史趕往現場，在報告者在場的情況下，令史進行診。

第四，縣廷派出的令史趕到現場，在當地吏民在場的情況下進行診。令史與當地的吏一起進行診，文獻稱“雜診”，雜訓共。如《賊死》、《經死》的報告人分別是求盜、里典，令史與其共診，而《急就篇》有“亭長游徼共雜診”，記録了亭長等現場所在地的吏參與

① 里耶秦簡博物館等編：《里耶秦簡博物館藏秦簡》，上海：中西書局，2016年，第171頁。

② 長沙市文物考古研究所編：《長沙五一廣場東漢簡牘選釋》，上海：中西書局，2015年，第163頁。

③ 釋文及標點根據陳偉主編：《秦簡牘合集(壹)》，武漢：武漢大學出版社，2014年，上册第293頁。

④ 釋文及標點根據陳偉主編：《秦簡牘合集(壹)》，上册第285頁。

⑤ 釋文及標點根據陳偉主編：《秦簡牘合集(壹)》，上册第288頁。

“雜診”的職責。“雜診”亦見里耶秦簡 8-2035:“居訾亦雜診。……上診一牒,敢言之。”①

綜上,“即訊”應該是“即某訊”之省。“訊”大致分爲在現場與在官署兩類,在現場組織的訊稱“即訊”。

另外,《封診式》等秦漢簡牘未見“即封守”。因爲司法官吏執行封守的場所是固定的,只能是在有罪者的居住地。而針對人的“診”、“訊”,場所不固定,可以是現場,也可以是縣廷或其他官署,因此現場“診”、“訊”需要加“即”以示區别。

傳世文獻所見的“即訊”,主要是在比較特殊的案件中。《史記·淮南衡山列傳》:“詔下其事廷尉、河南。河南治,逮淮南太子。……會有詔即訊太子。”《史記索隱》引樂彦注:“即,就也。訊,問也。就淮南案之,不逮詣河南也。”這段引文,淮南太子的案件,詔書先是交給廷尉與河南太守辦理,河南太守治獄,下文書逮捕淮南太子。後詔書又改爲“即訊”太子。樂彦認爲“即訊太子”是官吏前往淮南國訊問太子,這種訊問方式不同於將淮南太子逮捕征詣河南太守府訊問的方式。樂彦已經把“即訊”與逮捕至官署進行訊的區别闡釋清楚了。又,《漢書·傅常鄭甘陳段傳》:“弘農太守張匡坐臧百萬以上,狡猾不道,有詔即訊。”顔注:“就其所居考問之。”

我們接下來探討秦漢出土文獻所見的“幾訊”、“譖訊”與訊問地點的關係。

> •幾訊典某某、甲伍公士某某:“甲黨(倘)有它當封守而某等脱弗占書,且有辠(罪)。”某等皆言曰:“甲封具此,毋(無)它當封者。”即以甲封付某等,與里人更守之,侍令。 (《封診式·封守》)②

“幾訊”在秦漢簡牘中極爲少見,此處“幾訊”是令史在封守現場對里典、伍人的訊問,根據上文,可知此“幾訊”的功能與“即訊”類似。

嶽麓秦簡《爲獄等狀四種》見“譖”、“譖訊”於 4 簡 6 處:

> 狀,及譖(潛)訊居處、薄宿所,讎。●同曰:歸義。䟫〔就—僦〕日未盡,爲人庸(傭),除芝。●譖(潛)訊同歸義狀及邑里居處狀,攺(改)曰:“隸臣,非歸義。” (第 143 簡)③

> □譖(潛)謂同:“同和不首一吏(事)者,而言(音—意)毋(無)坐殹(也)?”同曰:“毋(無)坐殹(也),不智(知)所問(?)。”●復譖(潛)謂同:“同爲吏〖僕〗,人見同,巫從同,畏不敢捕同而【□□】” (第 145 簡)④

---

① 陳偉主編:《里耶秦簡牘校釋》第一卷,武漢:武漢大學出版社,2012 年,第 421 頁。

② 釋文及標點根據陳偉主編:《秦簡牘合集(壹)》,上册第 269 頁。

③ 朱漢民、陳松長編:《嶽麓書院藏秦簡(叁)》,上海:上海辭書出版社,2013 年,第 179 頁。

④ 朱漢民、陳松長編:《嶽麓書院藏秦簡(叁)》,第 180 頁。

> 毆(也)。即各日夜别薄譖(潛)訊都官旁縣中、縣中城旦及牒書其亡□□【……】 (第153簡)[①]
>
> ……●觸等盡别譖(潛)訊安旁田人,皆曰:不智(知)【□】 (第154簡)[②]

首先,第153、154簡屬"魏盜殺安、宜等案",其所見的被"譖訊"者明顯是在特定地區的特定範圍人,第153簡"譖訊"針對的是"都官旁縣中、縣中城旦",第154簡"譖(潛)訊安旁田人",是訊問安田舍旁的鄰舍田人,而安田舍是發現屍體的現場。第154簡"譖訊"的模式與《封診式·封守》"幾訊"模式極度類似,都是前往現場辦案的司法官吏對當地吏民進行訊問。兩者訊問對象的不同也是由於現場不同所導致,第154簡的"譖訊",因爲屍體勘驗現場是田舍,所以訊問的對象是鄰近田舍之人,而《封診式·封守》的封守現場是里,因此訊問被封守者所在里之里典與其同伍之人。

其次,第143簡、第145簡屬"同、顯盜殺人案"。"譖訊"對象是同,這種司法官吏逐句記録的"譖訊"文書可以對應里耶秦簡所見的"即訊爰書":"【廿】六年六月丙辰,遷陵拔爰書即訊……"(8-918)此處"譖謂"當是司法官吏譖訊中的詰問。這種爰書標識"譖訊"或"即訊",是固定的格式。

由此,《爲獄等狀四種》所見"譖"、"譖訊",當等同於《封診式·封守》"幾訊",與秦漢文獻中的"即訊"功能大致相同。此處"譖"、"幾"應是一字,"譖"从言説明其與獄訟之事相關。而"譖"、"即"的上古音很可能音近而可通。然而,這幾個字的形、音關係只是推測,缺乏堅實的證據,本文主要是根據辭例中的術語分析得出結論。

《爲獄等狀四種》整理者注對第153簡的"譖"的注釋:

> 潛,探測,探索。《爾雅·釋言》:"潛,測也。"王引之《經義述聞·爾雅中》:"《莊子·田子方》曰'上窺青天,下潛黄泉',是潛爲測也。"訊,《説文·言部》訓"問",訊問、盤問。潛訊,爲探索信息而盤問,探聽某方面的信息。《奏讞書》簡153"乃以智巧令脩(攸)誘召叚(聚)城中,譖(潛)訊傅先後以别,捕毄(繫)戰北者",紅外綫研究注"譖(潛)"爲"暗中義",似失妥。前文簡145稱"譖(潛)謂同",後文簡154"觸等盡别譖(潛)訊安旁田人",皆"潛"非暗中義之明證。[③]

此注辯駁將"譖"解爲暗中的觀點,甚確。然而其讀"譖"爲"潛"的觀點,本文不贊同。所引《奏讞書》第153簡:"乃以智巧令脩(攸)誘召叚(聚)城中,譖(潛)訊傅先後以别,捕毄

① 朱漢民、陳松長編:《嶽麓書院藏秦簡(叁)》,第186頁。
② 朱漢民、陳松長編:《嶽麓書院藏秦簡(叁)》,第186頁。
③ 朱漢民、陳松長編:《嶽麓書院藏秦簡(叁)》,第192頁。

(繫)戰北者。”先將相關人員誘招至城中,然後譖訊,根據口供分别爲先後兩類,然後逮捕拘繫戰北者。先召,後“譖訊”而别,再捕繫,可知“譖訊”的地點是誘召的城中,經過甄别工作之後,再將戰北者捕繫至特定地點。此處“譖訊”同樣是當場訊問的意思。

嶽麓秦簡的律令部分見“譖訊”,見李洪財論文《從人考》披露的簡:①

1021:•諸治從人者,具書未得者名、族、年、長、物色、疵瑕,移讂縣道,縣道官謹以讂窮求,得,輒以智巧譖

1019:訊。其所智(知)從人、從人屬、舍人,未得而不在讂中者,以益讂求,皆捕論之∟。敢有挾舍匿者,皆與同辠。

“譖訊”應該就是《嶽麓書院藏秦簡(叁)》所見的“譖訊”,從這個字形上看,我們認爲不在釋文中將“譖”讀“潛”,是較爲穩妥的。根據上文討論,我們對簡文解讀如下:辦治從人案件的司法官吏,書寫未能捕得的相關人員的姓名、年齡、身高、特徵、膚色、身體瘢痕等,該文書稱爲“讂”文書,移送相關縣道,縣道官謹慎地依據“讂”文書求捕罪人,一旦捕到,立即以智慧與技術當場譖訊罪人,罪人供述的其所知道的從人、從人屬與舍人,如果是未能捕得而不在“讂”文書的,則將其補充列入“讂”文書並進行求捕,要將相關人員都捕捉到並進行論罪。如果敢有窩藏的人,處於被窩藏者一樣的刑罰。

此令“輒以智巧譖訊”,目的是節約時間,在捕獲罪人的現場立即組織訊問,以儘快取得口供,並據此綫索逮捕其同案罪人,進而順藤摸瓜將同案所有罪人一網打盡,“輒”强調立即訊問,不能等到捕得的罪人被押送到縣道官署之後再組織訊問,這時同案罪人很可能已經趁機逃脱了。

里耶秦簡中見與“即訊”相對的術語“詣訊”:

廿六年八月丙子,遷陵拔、守丞敦狐詣訊般芻等,辤(辭)各如前。

(8-1743+8-2015)

鞫之:成吏、閒、起贅、平私令般芻、嘉出庸(傭),……

(8-1743+8-2015 背)②

此簡正面是有日期起首的“詣訊”文書,背面是刑事案例的“鞫”文書,應該兩事是同日而爲,“鞫”文書是秦漢時期刑事訴訟的重要文書,是司法官吏對案件事實調查結果的

① 參見李洪財《從人考》,《文物》2016 年第 12 期。本文對其披露簡文的釋文、標點略有修訂。在 2017 年 1 月長沙“《嶽麓書院藏秦簡(伍)》審訂研討會”上,郭永秉、范常喜等學者改釋“譖”爲“譖”字。李洪財對“譖訊”的解讀,大體沿襲《嶽麓書院藏秦簡(叁)》整理小組意見。

② 陳偉主編:《里耶秦簡牘校釋》第一卷,第 385 頁。

總結，縣吏寫作“鞫”文書必然是在縣廷，則可以確定“詣訊”之場所也在縣廷。從“詣”在秦漢司法文書中的用例來看，《奏讞書》、《爲獄等狀四種》多見“詣某人告”辭例，多是指將某人扭送至官署控告。“詣訊”則意爲將接受訊問的相關人員傳詣至官署進行訊問。

“詣訊”也見於《爲獄等狀四種》，相關辭例如下：

> ●訊同：同，大官隸臣，可(何)故爲寺從公僕？同言類不讎，且覆詣(?)，詣(?)官，同改(改)曰：定名䵝。故燕城人，降爲隸臣，輸寺從。去亡。
>
> (第158簡)①
>
> 毋智，令轉□，且有(又)爲(?)辠(罪)。田即受令(命)。它如纍等。●以言不同，詣訊。言各如前。(第200簡)②

雖然第158簡未見“詣訊”一語，但其所見“詣官”可以證實“詣訊”是指詣送相關人員至官署進行訊問。從這兩處記載可知，“詣訊”啓動的原因是之前訊問相關人員得到的言辭文書存在疑問，如“言不同”，因此需要進行“覆”，即進行審查。

另外，“即”字在《封診式》中有常見的另一類用法，前引《封診式》諸條多有“即令令史某往診”。這個“即”也訓就，“即令”是就此命令的意思。可見，在“即令令史某往診”之前都記録了特定的事由，如某人報告在某地發現屍體，官府在命令令史前去診的文書之首抄録了相關事由，然後以“即令”隔斷，標識事由結束，之後是命令的内容。在張家山漢簡《奏讞書》以及嶽麓秦簡《爲獄等狀四種》中，也常見這種用法，如《爲獄等狀四種》第151簡：“即令獄史彭沮、衷往診。”“即令”之前同樣記録事由，在本案例中就是某人匯報發現屍體。這類“即”不能簡單解釋爲“於是”。

綜上，秦漢刑事訴訟中的訊根據其場所是否在現場，可大致分爲兩類，其中在現場組織的訊問稱“即訊”或“譖訊”。在現場組織訊問有各種考慮因素，如執行封守時必須訊問當地吏民，並命令他們守護被查封的房屋等。又如在抓獲罪人的現場就組織訊問，以求將其同夥儘快全部逮捕歸案。

二　從訊問的功能談奏讞文書中的訊問類型

在《爲獄等狀四種》和《奏讞書》中，見一類以“訊”或“詰”起首的文書，本文按《奏讞

① 朱漢民、陳松長編：《嶽麓書院藏秦簡(叁)》，第187頁。

② 朱漢民、陳松長編：《嶽麓書院藏秦簡(叁)》，第208頁。

書》及里耶秦簡辭例稱之爲“詰訊”[①]文書，其功能是通過訊問有罪者而得到案件實情，這一點學界基本無異議。“詰訊”的過程，宫宅潔已經指出，“應該詰問的第一點，是供述者玩弄的謊言。……對没有提供虛假供述，認爲自己行爲正當的供述人，讓他承認自己的行爲是犯罪，也屬詰問階段。此時圍繞著律令解釋，供述人與審判官之間也會發生分歧。”[②]宫宅潔指出存在“詰訊”的第二種功能。宫宅潔認爲：“‘詰問’追究的目的是‘服’，即自認罪狀。嫌疑人如實坦白了自己的行爲，承認這應當受到刑罰懲處。”坦白與承認應該受罰，是兩種“詰訊”各自的任務。[③] 本文根據宫宅潔的成果，比較研究《爲獄等狀四種》和《奏讞書》中的“詰訊”文書。

《爲獄等狀四種》和《奏讞書》很多案例記載了“詰”文書。我們可以發現兩類“詰”文書，一種“詰”文書的目的是求得案件的實情，也就是探求有罪者到底做了什麽行爲，也就是《封診式・訊獄》描述的“詰”。這一種“詰”見於《奏讞書》案例二二。此類“詰”隨著有罪者供述了相關行爲的細節而達到其目的，犯罪行爲可以稱“罪狀”，那麽在這一階段，有罪者已經承認了“罪狀”。《急就篇》有“欺誣詰狀還反真”，顔注：“囚系之徒，或欺詐閉匿，或誣冤良善，既被考詰，窮治由狀，乃歸實也。”[④]這種“詰”是爲了求得犯罪之“狀”，從而使案情“反真”。有罪者承認罪狀的供述辭，在官吏整合案件偵查成果時，即“鞫獄”時，是重要的材料。《奏讞書》“鞫”文書有格式語“審”，有罪者的供述辭格式語有“誠(審)爲某事”，兩者存在聯繫。[⑤] 格式語“誠爲某事”的例子可見里耶秦簡牘 8-1354：“辭曰：誠與倉……”[⑥]傳世文獻中認罪的“誠”格式語多見，例如《漢書・武五子傳》：“罪死有餘，誠皆有之。”顔注：“誠，實也。”另一種“詰”文書，時間上是有罪者坦白犯罪行爲

---

① 按：“詰訊”爲《奏讞書》案例一七(第 10 簡)和案例二二(第 218 簡)的提法，並見於里耶秦簡牘 8-231“詰卂兼寄成卒大夫□食”，校釋者認爲“‘卂’疑讀爲‘訊’”。見陳偉主編：《里耶秦簡牘校釋》第一卷，第 119 頁。“訊問”和“詰問”的聯繫緊密，因此本文采“詰訊”提法，一併討論。另，秦漢時代對“詰訊”還有其他稱呼，如“訊囚”，里耶秦簡牘 8-141＋8-668：“卅年十一月庚申朔丙子，發弩守涓敢言之：廷下御史書曰縣治獄及覆獄者，或一人獨訊囚，嗇夫長、丞、正、監非能與□□也，不參不便。書到尉言。・今已到，敢言之。”見陳偉主編：《里耶秦簡牘校釋》第一卷，第 81 頁。因爲“不參不便”，所以“訊囚”可稱爲“參問”，《風俗通義》有“宜遣主者參問變狀”，見王利器：《風俗通義校注》，北京：中華書局，2010 年，第 571 頁。這可能與以下材料有關，《論衡・是應篇》：“獄訟有是非，人情有曲直，何不並令屈軼指其非而不直者，必苦心聽訟，三人斷獄乎？”馬宗霍認爲：“‘三人斷獄’未詳，疑‘三人’當作‘三日’。”見馬宗霍：《論衡校讀箋識》，北京：中華書局，2010 年，第 238 頁。

② ［日］宫宅潔著，徐世虹譯：《秦漢時期的審判制度——張家山漢簡〈奏讞書〉所見》，第 303 頁。

③ ［日］宫宅潔著，徐世虹譯：《秦漢時期的審判制度——張家山漢簡〈奏讞書〉所見》，第 304 頁。

④ 管振邦譯注，宙浩審校：《顔注急就篇譯釋》，南京：南京大學出版社，2009 年，第 261 頁。

⑤ 按：在調查事實領域，“審”和“誠”是通用的格式語，居延新簡 E.P.T59：8 有“書到驗問審如猛言”。見甘肅省文物考古研究所等編：《居延新簡——甲渠候官與第四燧》，北京：文物出版社，1990 年，第 359 頁。

⑥ 陳偉主編：《里耶秦簡牘校釋》第一卷，第 315 頁。

的細節之後,吏將有罪者行爲對應具體的律令條文,也就是關注有罪者行爲在法律上的性質,然後結合案情,認定有罪者的罪名,並要求有罪者回答對此的意見。第二種"詰"在記録了有罪者"解辭"對吏這種定性的意見而達成目的,並不一定需要有罪者承認官吏對其定性的罪名,有罪者承認或反對均可,而只需要記録在案。這種"詰"對之後的定罪量刑程序有一定影響。顯而易見,這兩種"詰",後者是在前者的基礎之上進行的。本文將上述的兩類"詰"分别稱爲"事實詰"和"定罪詰"。"定罪詰"與"當"程序密切相關。

如《爲獄等狀四種》案例〇六:"詰暨:羸(累)論有令,可(何)故曰羸(累)重?可(何)解?暨曰:不幸過誤失,坐官弗得,非敢端犯灋(法)令,赴隧以成私毆(也)。此以曰羸(累)重。毋(無)它解。它如前。"

引文的詰問及其回答並未涉及犯罪事實,而是關於是否適用累論的争議。罪人的回答認爲不應累論,並提出了相關理由。吏的詰問根據涉及累論的令,所以説"累論有令",而暨的回應是對這一"累論有令"令文的解釋,當然是對自己有利的解釋。暨的回應中,"不幸過誤失"、"端犯法令"就是對令文的引用或解讀。

較爲完整的"定罪詰"文書可看典型的《奏讞書》案例四的相關部分:"詰解:符雖有名數明所,而實亡人也。•律:娶亡人爲妻,黥爲城旦,弗知,非有减也。解雖弗知,當以娶亡人爲妻論。何解?解曰:罪,毋解。"可見"定罪詰"的完整形式是明確給出相關律條的全文,並結合案情,作解釋和推理,從而將律條和案情對應在一起。其他案例的"定罪詰"文書或省略律條全文,或者解釋和推理比較簡略。從以上可看出,"定罪詰"文書的内容和對應法與"當"存在聯繫。《奏讞書》的這種官吏舉律令的"定罪詰",在里耶秦簡牘中也有發現,如里耶 8-1832+8-1418+8-1133+8-1132+8-1132 背:"訊敬:令曰:'諸有吏治已決而更治者,其罪即重若益輕,吏前治者皆當以縱、不直論。'今甾等當贖耐,是即敬等縱弗論也。何故不以縱論?贖。"[①]可見官吏對敬的這一詰訊文辭,舉出令條全文,然後結合本案的事實,認定敬的行爲屬"縱"罪名,並追問敬的解釋。與前引《奏讞書》案例四完整"定罪詰"的結構完全相同。而敬的供述辭或解辭見里耶 8-1107:"甾等非故縱弗論也,它如劾。"[②]另見里耶秦簡牘 8-691(以及其背面):"訊應:不能令且當罪,

① 陳偉主編:《里耶秦簡牘校釋》第一卷,第 281 頁。

② 陳偉主編:《里耶秦簡牘校釋》第一卷,第 278 頁。本文這一部分最初成型於 2012 年,是筆者 2012 年 12 月博士論文中相關章節的一部分。2013 年何有祖先生對"訊敬"簡册進行復原,在此基礎上,2016 年宫宅潔先生對"訊敬"簡册進行了進一步的復原研究及内容解讀,參見[日] 宫宅潔:《里耶秦簡"訊敬"簡册識小》,簡帛網 2016 年 11 月 16 日,http://www.bsm.org.cn/show_article.php? id=2662。

何解？辭曰：罪……訊：言吏不能其事，故有令。今……”[①]這一段不完整的詰訊記載也屬“定罪詰”，吏的詰訊引用了一條“言吏不能其事”的令，吏指出有罪者應的行爲根據此令“當罪”，也就是構成了該罪名，應的解辭對此認罪。綜合《奏讞書》和里耶簡牘，“罪”作爲有罪者的認罪格式語，不是承認罪狀的意思，而是有罪者針對吏提出的罪名，承認吏的定罪意見，這種承認稱“服罪”，《漢書·杜周傳》：“會獄，吏因責如章告劾，不服，以掠笞定之。”顔注：“皆令服罪如所告劾之本章。”此處吏就是要讓有罪者承認“告劾”文書已經給出的罪名，就是“服罪”。

針對“定罪詰”的有罪者“解辭”，也有其固定的格式。第一，“吏以爲即某罪名”。案例五吏詰武，提出武的行爲是律條規定的賊傷人罪名，武的“解辭”有：“吏以爲即賊傷人，存吏當罪，毋解。”這個“吏以爲即某罪名”，是一種格式，有罪者先重複吏關於定罪的觀點，然後對此陳述自己的意見。里耶秦簡牘 8-620 有罪者解辭有“辭曰：吏以爲”，[②]此簡牘雖殘泐，但可以看出其與《奏讞書》“吏以爲即某罪名”相同，這説明“吏以爲即某罪名”是普遍適用的“解辭”格式語。《奏讞書》案例一七，講乞鞫辭有“雍以講爲與毛謀（盗牛）”，就是“吏以爲即某罪”格式語具體用於該案的産物，在該案中“雍”是指出雍地的吏，“講”是有罪者，“謀盗”是雍對講的行爲的定罪意見。第二，“存吏當罪”。這個格式語言出現在案例一與案例三。案例一的有罪者毋憂的供辭承認了“告”對其行爲的敘述後，對自己的行爲是不是屬律條規定的犯罪，負責“詰”程序的官吏和毋憂産生分歧，本案“詰”文書和“解辭”文書就此展開，毋憂認爲根據法律規定自己没有義務爲屯卒，因此其去亡行爲不屬犯罪，最後毋憂對自己的行爲不是犯罪的評價被記録下來，即“存吏”，“存吏”的完整形式還要參看案例五。案例五的有罪者武的供辭也基本承認了“告”文書對他行爲的敘述，接下來吏對武的“詰”也是圍繞行爲與罪名的對應問題而展開，“詰”文書提出武的行爲的性質“是賊傷人也”，而武對此的解辭最後是：“吏以爲即賊傷人，存吏當罪，毋解。”也即負責“詰”武的吏認爲武傷視的行爲是《賊律》具體律條規定的賊傷人罪，武的解辭表示對此不發表意見，吏可以將這個意見記録下來，用來“當罪”。這裏“存吏當罪”一起，推理爲常用格式，也就是案例一“存吏”的完整形式。從這兩個案例可以看出，在有罪者大體承認了“告劾”文書對罪狀的敘述，承認的供辭被記録下來後，可以説這時從有罪者供述角度探究案件實情的努力已經結束，但所謂的“詰訊”程序尚未結束。官吏要對有罪者的行爲作出定性，即以律令具體條文規定的罪名對應其行爲，並“詰”有罪者。有罪者的“解辭”對官吏的定性不發表意見，官吏就可以在“解辭”最後書

① 陳偉主編：《里耶秦簡牘校釋》第一卷，第 204 頁。

② 陳偉主編：《里耶秦簡牘校釋》第一卷，第 186 頁。

寫格式性用語“存吏當罪”，表示這個定性没有經過有罪者的反對。如果有罪者對官吏的定性表示明確反對，並提出自己的理由，官吏也應書寫到“解辭”中，同樣文書末尾加上“存吏當罪”。

表一 “存吏”格式語的各種形式

詳盡形式	吏以爲即某罪名，存吏當罪，毋解。	辭例：案例五；里耶 8-620
過渡形式	存吏當罪，毋解。	辭例：（暫無）
簡略形式	存吏，毋解。	辭例：案例一

如上表，其實這是同一類格式語，只是詳略程度有所不同，簡略也是可以理解，既然案卷中已經詳細記録了吏詰訊中對有罪者行爲與罪名的對應，那麽在罪人的解辭記録中可以相應地省略“吏以爲即某罪名”。這個格式語應該是有類似《封診式》的公文程式的規定，在有罪者表達對吏詰的反對態度時，就可以適用。可以參考的是《封診式·訊獄》，規定了在訊問時出現特定情況下的文書程式。可以從“存吏”類格式語的廣泛使用反推類似《訊獄》規定的存在。

對應“定罪詰”的“解辭”之固定用語“存吏當罪”，明顯揭示出“當”字和在“鞫”後的“當”程序形成了聯繫。

本文的推測是，上述書寫有“存吏當罪”的有罪者解辭，“存”字意爲書寫保存，即是保存這一對定罪詰文書與解辭文書，作爲“鞫”文書形成以後吏“當”程序所依據的材料。從這個角度來説有罪者關於定罪的意見被記録保存（“存”），是爲了“吏當罪”。即到時參加“當”程序的諸吏可以參考這對“定罪詰”與“解辭”的内容，並綜合考慮其他因素來“當”。這對“詰”與“解辭”的内容對參加“當”的吏來説是一種參考性的材料，這些内容並不是嚴格限定了他們的定罪量刑工作。也就是説，無論“解辭”中有罪者是沉默抑或反對“定罪詰”的定性，都不因此限制參加“當”的吏就定罪量刑問題提出自己的觀點，吏可以表達獨立的“當”意見，並書面保存下來。這一點可見案例四，吏於“定罪詰”提出解“當以娶亡人爲妻論”，解對此“罪，毋解”也就是認罪而不作解釋。而本案例案例的議當程序，第一種被記録的議當意見的結論是“解不知其亡，不當論”。可以説支持這一議當意見的吏完全推翻了之前“定罪詰”的定罪意見，雖然有罪者解已經對此行爲認罪，但是吏還是根據案情和律令作出了不認爲解構成該罪的意見，這一意見得以記録下來成爲不同的議罪意見之一，致使此案移交廷尉處斷。

由於《奏讞書》所取材的是實際案件奏讞文書。奏讞文書的内容是關注定罪量刑問題的，所以該文書的編輯標準是重點突出在定罪量刑上産生疑問的原因。從這個角度看，《奏讞書》諸案例，尤其是案例一到案例五這個類型的案例，在編輯整篇文書時關注定罪量刑的争議，在編輯"詰訊"欄時也是如此，所以這五個案例關於犯罪事實的訊問和回答都基本省略了，而"詰訊"欄主要保存了與定罪量刑有關的詰訊文書和有罪者解辭，就是本文説的可供"存吏當罪"的"定罪詰"及其解辭。《奏讞書》對"事實詰"記載最詳細的是案例二二，它記録了有罪者孔在訊問階段從否認犯罪到承認犯罪的過程，而案例二二所取材的不是奏讞文書，正因爲其目的是爲了記載獄史的偵破案件過程，所以才保留了詰訊的過程。

表二　兩類"詰"的比較

	功　能	吏格式語	有罪者格式語	對應的程序
事實詰	查明案件事實	（材料不足，有待歸納）	誠爲某事、審爲某事	鞫（確定案情）
定罪詰	記録有罪者關於定罪的意見	引用律令具體條文，指出有罪者某行爲即對應某罪名。何解？	（一）吏以爲即某罪名，存吏當罪 （二）罪，毋解	當（定罪量刑）

本文所稱"定罪詰"可在傳世文獻中找到對應，《周禮·秋官·小司寇》："以五刑聽萬民之獄訟，附于刑，用情訊之。"鄭注："附猶著也。"①本段討論的"定罪詰"，就是"附于刑"對應律令，以及"用情"根據案件事實情節來"訊之"的。

① 〔清〕孫詒讓：《周禮正義》，北京：中華書局，1987年，第2766頁。

嶽麓書院藏秦簡《亡律》再探*

周海鋒

（湖南大學嶽麓書院、出土文獻與中國古代文明研究協同創新中心）

嶽麓書院藏秦簡《亡律》爲研究秦代逃亡現象提供了極好的材料。筆者先前已撰文對嶽麓秦簡《亡律》所見各類逃亡加以探究，[①]並對律文中所涉及的疑難語詞、典章制度加以考辨。兹再撰一文，對嶽麓秦簡《亡律》中所見制止逃亡現象發生所采取的各項措施略加探析，並對秦漢《亡律》條文加以比較研究。掛一漏萬，希望專家同行不吝賜教。

一　秦制止逃亡現象發生所采取的措施

亡人的大量出現至少會帶來以下後果：1. 黔首逃亡致使政府控制的户籍人口減少，勢必影響賦税徭役的收繳與徵發。2. 徒隸逃亡會影響大型工程項目的修建進度和政府機構日常行政的效率。3. 逃亡者往往對抗政府，危及社會安定。有鑒於此，秦政府采取了一系列措施來制止逃亡，也的確取得了一定的效果。

從法律層面界定了逃亡的非法性，律令成爲各級行政部門處置逃亡者的依據。從出土法律材料看來，針對逃亡者而制定的法律條文可謂縝密而繁多。逃亡者身份、逃亡時間和逃往區域的不同，所面臨的懲處也不一樣，或從經濟上加以懲罰，或施以肉刑，或加以禁錮。

首先看看秦律對部分逃亡者進行經濟處罰的規定。官府徒隸、黔首服徭役者和居貲贖債者逃亡，根據其逃亡日數，按照每日六錢的數額進行懲處。相關律文如下：

* 本文係國家社科基金青年項目“秦律令及其制度新研”（17CZS056）的階段性研究成果。

① 周海鋒：《嶽麓書院藏秦簡〈亡律〉研究》，《簡帛研究二〇一六（春夏卷）》，桂林：廣西師範大學出版社，2016年。

1981 及諸當隸臣妾者亡，以日六錢計之，及司寇冗作及當踐更者亡，皆以其當冗作及當踐 1974 更日，日六錢計之，皆與盜同灋。①

2047 十四年七月辛丑以來，諸居貲贖責(債)未備而去亡者，坐其未備錢數，與盜同灋。②

1947 其隸臣妾毆(也)，有(又)以亡日臧(贓)數，與盜同灋。③

1992 隸臣妾及諸當作縣道官者、僕、庸，爲它作務，其錢財當入縣道官而逋未入去亡者，1946 有(又)坐逋錢財臧(贓)，與盜同灋。④

2010 廿年後九月戊戌以來，其前死及去而後遝者，盡論之如律。⑤

需要指出的是"日六錢"的處罰額度不是任意制定，而是有依據的。《秦律十八種 · 司空律》規定居貲贖債者"日居八錢，公食者，日居六錢"，⑥即居貲贖債者每勞作一天抵償八錢，官府提供食物的，抵償六錢，這一標準在稍後的嶽麓秦簡中亦無改變。對逃避勞作的徒隸以及逋逃徭役的黔首，以"日六錢"的額度加以處罰，在某種程度上而言，只是對所欠工作量的補償，算不上刑罰。

據嶽麓秦簡可知，城旦舂、鬼薪、白粲逃亡，均會被處以黥刑後復爲城旦舂(見後文)，而隸臣妾、司寇逃亡，只是按照逃亡天數比照盜贓進行處罰。這也可以看出，同樣是刑徒，隸臣妾、司寇的地位要比城旦舂和鬼薪、白粲高得多。不過我們也要看到，當隸臣妾、司寇逃亡時間超過 37 天時，同樣會被黥爲城旦舂；只要有逃亡現象，哪怕是一天後被抓捕，就會被處以遷刑。據《法律答問》的相關材料可知，盜贓超過二百二十錢，會被黥爲城旦舂，盜臧不足一錢，遷之。⑦

其次，防止旅社、私室匿藏逃亡者，使其無藏身之處，也是秦《亡律》的重要内容之一。秦國自商鞅變法後對流動人口的控制大大加强，旅社不敢隨意收留旅客，必須有相關文牒者才准許入住。《史記 · 商君列傳》載："商君亡至關下，欲舍客舍。客人不知其是商君也，曰：'商君之法，舍人無驗者坐之。'商君喟然歎曰：'嗟乎，爲法之敝一至於此

① 陳松長主編：《嶽麓書院藏秦簡(肆)》，上海：上海辭書出版社，2015 年，第 44 頁。

② 陳松長主編：《嶽麓書院藏秦簡(肆)》，第 60 頁。

③ 陳松長主編：《嶽麓書院藏秦簡(肆)》，第 61 頁。

④ 陳松長主編：《嶽麓書院藏秦簡(肆)》，第 61 頁。

⑤ 陳松長主編：《嶽麓書院藏秦簡(肆)》，第 62 頁。

⑥ 睡虎地秦墓竹簡整理小組：《睡虎地秦墓竹簡》，北京：文物出版社，1990 年，第 51 頁。

⑦ 《法律答問》："不盈五人，盜過六百六十錢，黥劓以爲城旦；不盈六百六十到二百廿錢，黥爲城旦；不盈二百廿以下到一錢，䙴(遷)之。"睡虎地秦墓竹簡整理小組：《睡虎地秦墓竹簡》，第 93 頁。

哉！"[①]以情理論之，"客舍"當指私人開辦的旅社，"舍人無驗者坐之"當是商鞅制定的法律條文之一。據此可知，旅舍是不敢隨意收留旅客的，更不用提逃亡者。且爲了有效地打擊、追捕逃亡者，秦律條文中對於以私舍窩藏逃亡者的懲處力度也是比較大的。試摘録數則律文如下：

> 1965 匿亡收、隸臣妾，耐爲隸臣妾，其室人存而年十八歲者，各與其疑同灋，其奴婢弗坐，典、田 2150-1 典、伍不告，貲一盾，其匿□□歸里中，貲典、田典一甲、2150-2 伍一盾，匿罪人雖弗敝（蔽）狸（埋），智（知）其請（情），舍其室，1991□□□吏遣，及典、伍弗告，貲二甲。[②]
>
> 2088 廿五年五月戊戌以來，匿亡人及將陽者，其室主匿贖死罪以下，皆與同罪。[③]
>
> 2011 盗賊旞（遂）者及諸亡坐所去亡與盗同灋者當黥城旦舂以上及命者亡城旦舂、鬼薪、白粲舍人 1984 室、人舍、官舍，主舍者不智（知）其亡，贖耐。其室人、舍人存而年十八歲者及典、田典不告，貲一甲。伍 1977 不告，貲一盾ㄴ。當完爲城旦舂以下到耐罪及亡收、司寇、隸臣妾、奴婢、闌亡者舍□□2040 人室、人舍、官舍，主舍者不智（知）其亡，貲二甲。其室人、舍人存而年十八歲以上者及典、田典、伍不告 1979 貲一盾。[④]

從 1965 組律文可知藏匿"亡收、隸臣妾"者，將耐爲隸臣妾，據後文可知此處罰是針對室主的。"亡收"指本被判拘收而拒捕的在逃者，"亡隸臣妾"指逃亡者身份爲隸臣妾。"其室人存而年十八歲者，各與其疑同灋"一句十分關鍵，"室人"不能簡單地理解爲同室之人，而是指因家中某人犯罪而受到連坐的人，《法律答問》曰："室人者，一室盡當坐辠人之謂殹（也）。"[⑤]"年十八歲者，各與其疑同灋"，年齡達到十八歲的與户主的處罰一樣。據此似可推定十八歲是當時承擔法律責任的法定年齡，這一點從 2011 組律文可以得到進一步佐證。值得注意的是"其奴、婢弗坐"，奴、婢是不用連帶受到處罰的。這也是秦法的一個特點，主人犯罪，奴婢不需連坐，反之則要連坐。其實在《法律答問》中就對這一問題進行了解説：

> "盗及者（諸）它罪，同居所當坐。"可（何）謂"同居"？户爲"同居"，坐隸，隸

---

① 《史記》卷六八《商君列傳》，北京：中華書局，2014 年，第 2717 頁。

② 陳松長主編：《嶽麓書院藏秦簡（肆）》，第 39—40 頁。

③ 陳松長主編：《嶽麓書院藏秦簡（肆）》，第 53 頁。

④ 陳松長主編：《嶽麓書院藏秦簡（肆）》，第 58—60 頁。句讀有改動。

⑤ 睡虎地秦墓竹簡整理小組：《睡虎地秦墓竹簡》，第 141 頁。

不坐户毆(也)。[①]

“坐隸,隸不坐户”,睡虎地秦墓竹簡整理小組將其解釋爲“奴隸犯罪,主人應連坐,主人犯罪,奴隸則不連坐”,[②]是十分正確的。里典、田典和伍人知道有人窩藏亡者而不向上報告,會受到貲一盾的處罰。

2088號簡文以“廿五年五月戊戌以來”起首,一則表明此律條自即日起生效,再則表明此律條是新近制定或在舊有律文基礎上有所改訂。這種格式的律文在《龍崗秦簡》中就出現過。“匿亡人及將陽者”一句不應當把“亡人”和“將陽”分爲兩類人,“將陽”是亡人種類之一,指無通關文牒而越過關卡且期限在一年之内者。嶽麓秦簡0185載:“闌亡盈十二月而得,耐;不盈十二月爲將陽,毄(繫)城旦舂。”[③]“匿亡人及將陽者”一句應該理解爲“藏匿的逃亡者罪在將陽以上者”,“匿贖死罪以下”指藏匿贖死以下罪之人,著眼點在罪而非亡人。室主藏匿“亡人及將陽者”和“贖死罪以下”者,都要與被藏匿者判處同樣的刑罰。2088號律文對匿藏亡人者的處罰力度是相當大的,就所見材料而言,如果一個人除了逃亡罪之外没有其他罪,最重的處罰是黥爲城旦舂,是僅次於死刑的刑罰。

2011組律文有兩處頗難理解之處,一爲開頭的“盗賊旞(遂)者及諸亡坐所去亡與盗同灋者當黥城旦舂以上及命者、亡城旦舂、鬼薪、白粲”一句,涉及的對象到底有哪些,一時拿捏不準,而問題的關鍵在於對“諸亡坐所去亡與盗同灋者當黥城旦舂以上”的理解上。我們認爲“諸亡坐所去亡與盗同灋者當黥城旦舂以上”指那些按照與盗同法的原則處以黥爲城旦舂以上刑罰的逃亡者。比如上文提到的居貲贖債者逃亡,一般按照“與盗同法”的原則判處,如果逃亡時間很長才被抓獲,以“日六錢”償還額度,可能終其一生也無法還清,這時候就要以肉刑替代經濟懲罰。另一費解之處是“當完爲城旦舂以下到耐罪及亡收、司寇、隸臣妾、奴婢、闌亡者”,“當完爲城旦舂以下到耐罪”承前省去“諸亡坐所去亡與盗同法者”,“當完爲城旦舂以下”正好與“當完爲城旦舂以上”相呼應。又“奴婢”與“闌亡者”是兩類人,故要用頓號隔開,否則就成爲“奴婢闌亡者”,單單言奴婢闌亡,於理不符。

又通過2011組律文不難知曉秦代幾種常見刑徒地位之高低。“亡城旦舂、鬼薪、白粲舍人室、人舍、官舍,主舍者不智(知)其亡,贖耐”,私室、私人開辦的旅社、官辦旅社收留在逃的城旦舂、鬼薪、白粲,即使事先不知其亡者身份,也要處以贖耐之刑。相對而言,“亡收、司寇、隸臣妾、奴婢、闌亡者舍人室、人舍、官舍,主舍者不智其亡,貲二甲”,私室、私人開辦的旅社、官辦旅社收留在逃的收人、司寇、隸臣妾、奴婢、闌亡者,即使事先

---

① 睡虎地秦墓竹簡整理小組:《睡虎地秦墓竹簡》,第98頁。

② 睡虎地秦墓竹簡整理小組:《睡虎地秦墓竹簡》,第98頁。

③ 陳松長主編:《嶽麓書院藏秦簡(肆)》,第69頁。

不知其亡者身份，也要面臨貲二甲的處罰。“貲二甲”的處罰比“贖耐”要輕，由此也可以推定司寇、隸臣妾的地位要高於城旦舂、鬼薪、白粲。

又從2011組簡文可知，收留在逃者，不僅旅社的負責人和户主要受到處罰，年齡在十八歲以上的同舍、同室者以及里典、田典和伍長若知情不報也要受到連坐。

爲了使逃亡者無藏身之處，秦律還規定不能“取亡人爲庸”：

2012取罪人、羣亡人以爲庸，智(知)其請，爲匿之。不智(知)其請(情)，取過五日以上，以舍罪人律論之。①

1985廿年後九月戊戌以來，取罪人、羣亡人以爲庸，雖前死及去而後遝者，論之如律。②

雇用亡人爲勞力，如果知曉其亡者身份，就按照藏匿亡人論處；不知其身份，雇用日數在五天以上的，以收留罪人論處。“匿”與“舍”的區别由此可見，前者是故意隱藏，後者是無意中收留。1985號簡中“雖前死及去而後遝者”的主語應該是“罪人”或“羣亡人”，即使他們已經死亡或離開，只要後來其罪行被認定的，雇主依舊要依律懲處。此外，即使是給亡人提供食物，也會受到懲罰，《商君書・墾令》：“無得爲罪人請于吏而餉食。”③《法律答問》：“饋遺亡鬼薪於外，一以上，論可(何)殹(也)？毋論。”④整理者覺得其十分費解，其實若將“上”改讀爲“下”，就好理解了。給逃亡的鬼薪提供食物，數量在一次以下的，不給予論處，言外之意，兩次以上就要受到處分。

爲了將在逃者及時拘捕歸案，秦律有鼓勵捕獲亡者的條文，且獎賞的方式多樣。秦代有一套嚴密的程式化的購賞制度，如《法律答問》“捕亡完城旦，購幾可(何)？當購二兩”，⑤捕獲逃亡的完城旦，應獎賞二兩錢。又如“律曰：産(生)捕羣盜一人，購金十四兩”，“它邦人□□□盜，毋(無)什無將長捕之，購金二兩”。⑥ 應當注意的是如果是官吏抓獲的，因爲是其分内之事(術語爲“吏所興”)，是没有獎賞的。購賞所需金錢當然由官府出，但也有較爲靈活之處，如《法律答問》載：“‘捕亡，亡人操錢，捕得取錢。’所捕耐罪以上得取。”⑦如果所捕獲者罪在耐刑以上，可以將罪犯身上的錢據爲己有。這不失爲一

① 陳松長主編：《嶽麓書院藏秦簡(肆)》，第63頁。
② 陳松長主編：《嶽麓書院藏秦簡(肆)》，第64頁。
③ 蔣禮鴻：《商君書錐指》，北京：中華書局，1986年，第19頁。
④ 睡虎地秦墓竹簡整理小組：《睡虎地秦墓竹簡》，第123頁。
⑤ 睡虎地秦墓竹簡整理小組：《睡虎地秦墓竹簡》，第125頁。
⑥ “尸等捕盜疑購案”中引用秦律，見朱漢民、陳松長主編：《嶽麓書院藏秦簡(叁)》，上海：上海辭書出版社，2013年，第114—115頁。
⑦ 睡虎地秦墓竹簡整理小組：《睡虎地秦墓竹簡》，第124頁。

種極好的獎勵措施,既可以激發捕捉亡人的熱情,又減輕了官府的經濟負擔。

二　秦漢《亡律》比較研究

嶽麓書院藏《亡律》條文的抄録時間在秦始皇二十六年到秦滅亡之間,而張家山漢簡《二年律令》中的《亡律》條文的抄録時間最晚也不過吕后當政時期。二者時代相近,所産生的社會環境基本相同,且史書明確記載漢初蕭何是在秦律的基礎上制定漢律,故對其進行比較研究的前提條件是具備的。

整理者認爲應該歸入張家山漢簡《二年律令》中的《亡律》條文共有13則,筆者認爲歸類可信。其所載律文在秦律中幾乎都可以找到相同或相近的内容,就此而論,漢承秦制並非虚言。下面將逐條對其進行比對,察其異同,究其差異緣由。

(1) 吏民亡,盈卒歲,耐;不盈卒歲,毄(繫)城旦舂;公士、公士妻以上作官府,皆償亡日。其自出殹(也),笞五十。給逋事,皆籍亡日,軵數盈卒歲而得,亦耐之。[①]

"吏民亡"三個字就值得討論一番,將"吏"與"民"並列,表示這條律文無論對官員還是百姓,都同等適用。《二年律令》中將吏民並列的情況還有兩處,分别見於《田律》和《具律》。《具律》:"吏、民有罪當笞,謁罰金一兩以當笞者,許之。"[②]《田律》:"禁諸民、吏、徒隸,春夏毋敢伐材木山林。"[③]這表明漢初百姓和一般官員在法律面前地位是平等的。那麽,我們是否就可以斷定漢代百姓的地位就比秦代高呢?答案是否定的。在所見的秦律條文中,絲毫看不出有偏袒官員的地方,相反,面對同樣的罪行,甚至對官吏的處罰要更嚴厲些。

遍檢《二年律令》均稱百姓爲"民",與嶽麓秦簡稱之爲"黔首"形成鮮明對比。需要補充的是,無論是秦代還是漢代,徒隸的地位都遠低於百姓,表現在法律層面就是"同罪異罰"。例如同樣是逃亡,官吏和百姓只處以耐刑或繫城旦舂;而城旦舂逃亡,哪怕是一天,也要處以黥刑,復爲城旦舂。

《二年律令·亡律》"吏民亡,盈卒歲,耐;不盈卒歲,繫城旦舂",與嶽麓秦簡《亡律》0185號"闌亡盈十二月而得,耐;不盈十二月爲將陽,毄(繫)城旦舂"[④]的内容極爲相似。

---

① 張家山二四七號漢墓竹簡整理小組:《張家山漢墓竹簡[二四七號墓](釋文修訂本)》,北京:文物出版社,2006年,第30頁。

② 張家山二四七號漢墓竹簡整理小組:《張家山漢墓竹簡[二四七號墓](釋文修訂本)》,第21頁。

③ 張家山二四七號漢墓竹簡整理小組:《張家山漢墓竹簡[二四七號墓](釋文修訂本)》,第42頁。

④ 陳松長主編:《嶽麓書院藏秦簡(肆)》,第69頁。

首先二者都是針對百姓和官吏的，雖然 0185 號簡首没有寫明主語，但是依照常例在法律條文中奴婢或徒隸作爲主語時不會省略。若一條律文被省略了適用對象，則要麼對所有人適用，要麼只對百姓和官吏適用。考慮到奴婢和徒隸逃亡，對其處罰均比耐刑重，故 0185 號律文是針對百姓和官吏而制定的。“盈卒歲”與“盈十二月”基本上是一回事(秦律較爲嚴密的一點在於其考慮了閏月情況)，關鍵是二者之懲罰標準十分一致。“闌亡”、“將陽”和“亡”看起來不是一回事，其實“闌亡”和“將陽”均爲逃亡之一種。又更確切地講“將陽”是“闌亡”的一種，“闌亡”日數没有超過十二個月者稱爲“將陽”。在秦統一六國之前，所謂“闌亡”又是與“邦亡”相對而言的，逃出秦故地爲“邦亡”，未出徼爲“闌亡”。在秦始皇二十六年之後的文獻中，未再見到“邦亡”這個詞語，而“闌亡”仍舊沿用，指脱離户籍逃亡達一年以上的，没有徼内與徼外之别了。故在里耶木牘中會有這樣的記載：“卅五年遷陵貳春鄉積户二萬一千三百☑Ⅰ毋將陽闌亡乏户。☑Ⅱ”(8-1716)①

值得注意的是，“將陽”和“闌亡”這兩個形容逃亡的術語只在秦代簡牘中出現，在《二年律令》中所有的逃亡種類一律稱爲亡。所以我們推測“吏民亡，盈卒歲，耐；不盈卒歲，繫城旦舂”這則律文是在秦律“闌亡盈十二月而得，耐；不盈十二月爲將陽，毄(繫)城旦舂”的基礎上修訂而成的。

“公士、公士妻以上作官府，皆償亡日”一句是承前省，説的是如果逃亡者爵位在公士以上，可以讓他們到官府勞作，以抵償逃亡的日數。此種處理方式亦見於秦律之中，如嶽麓《亡律》簡：

> 1981 及諸當隸臣妾者亡，以日六錢計之，及司寇冗作及當踐更者亡，皆以其當冗作及當踐 1974 更日，日六錢計之，皆與盜同灋。②

隸臣妾、司寇冗作者、踐更者逃亡，以每天六錢計，而六錢正好是居貲贖債者在官府勞作一天的報酬(除去伙食費之後)。“冗作”是相對“居作”而言的，居作者服役時間是連續的，而冗作者是間斷的。秦代似乎還没有出現雇人代服更役的制度，“踐更”一般指黔首親自服更役。

“其自出毆(也)，笞五十。給逋事，皆籍亡日，軵數盈卒歲而得，亦耐之”，吏民逃亡時間在一年以内且主動去官府自首的，只要笞打五十下；償還因逃亡而耽誤的勞役，並且登記逃亡日數，當數次逃亡日數總和達到一年時，要處以耐刑。自出者只施以笞刑，當逃亡日數累加後達到一定額度就施加重刑的做法在秦律中早出現過。如嶽麓秦簡《亡律》：

① 陳偉主編：《里耶秦簡牘校釋》第一卷，武漢：武漢大學出版社，2012 年，第 381 頁。

② 陳松長主編：《嶽麓書院藏秦簡(肆)》，第 44 頁。句讀根據自己理解有所變動。

2149 虜學炊(吹)樛(栒)邑、壞德、杜陽、陰密、沂陽及在左樂、樂府者,及左樂、樂府謳 2016 隸臣妾,免爲學子、炊(吹)人,已免而亡,得及自出,盈三月以爲隸臣妾,不 2008 盈三月,笞五十,籍亡日,後復亡,軵盈三月,亦復以爲隸臣妾,皆復炊(吹)謳 2055 於? 官。①

2149 組律文所針對的雖然是俘虜和隸臣妾,但是與《二年律令》所體現的法制理念是一致的。

(2) 女子已坐亡贖耐,後復亡當贖耐者,耐以爲隸妾。司寇、隱官坐亡罪隸臣以上,輸作所官。②

"女子已坐亡贖耐,後復亡當贖耐者,耐以爲臣妾",女子逃亡,已判處贖耐,後又一次逃亡本當處以贖耐刑,(因其屢犯)而耐爲隸臣妾。類似條文未見於嶽麓秦簡《亡律》之中。然加重對再次犯罪者之處罰力度的原則在秦律中是有所體現的,如《法律答問》:

可(何)謂"當刑爲鬼薪"? ·當耐爲鬼薪未斷,以當刑隸臣及完城旦誣告人,是謂"當刑鬼薪"。③

當黥城旦而以完城旦誣人,可(何)論? 當黥劓(劓)④

上述兩則材料表現出秦律對數次犯罪者加重刑罰的法制理念。

"司寇、隱官坐亡罪隸臣以上,輸作所官",司寇和隱官因爲逃亡被判耐爲隸臣罪以上的,要輸送到官府服役。此律表明司寇和隱官若没有觸犯法律,是不必輸到"作所"服役的。又據《二年律令·户律》司寇和隱官可以分得田地五十畝,可見其比其他徒隸地位要高許多,應該是有一定的人身自由的。故或可推定司寇和隱官平時在官府服役是冗作性質,而非恒作,而徒隸要被禁錮在官府勞作的。秦律中對於司寇逃亡如何處置亦有相關規定:

1976 城旦舂司寇亡而得,黥爲城旦舂,不得,命之,其獄未鞫而自出殹(也),治(笞)五十,復爲司寇。⑤

城旦舂司寇即城旦司寇之全稱,負責監視城旦舂勞作,其逃亡面臨的將是被黥爲城旦舂的處罰。"黥爲城旦舂"就意味著身份由原先的司寇降爲城旦舂,並要施以黥刑。漢律

① 陳松長主編:《嶽麓書院藏秦簡(肆)》,第 66—67 頁。

② 張家山二四七號漢墓竹簡整理小組:《張家山漢墓竹簡[二四七號墓](釋文修訂本)》,第 30 頁。

③ 睡虎地秦墓竹簡整理小組:《睡虎地秦墓竹簡》,第 120 頁。

④ 睡虎地秦墓竹簡整理小組:《睡虎地秦墓竹簡》,第 122 頁。

⑤ 陳松長主編:《嶽麓書院藏秦簡(肆)》,第 55 頁。

既然有"司寇、隱官坐亡罪隸臣以上"的表述，則可推測必有"司寇、隱官坐亡罪隸臣以下"的規定。以秦漢律文相比照易曉漢律對司寇逃亡之處罰比秦代輕些，且分了等級。秦代對於司寇逃亡，不論情節嚴重與否一律黥爲城旦舂的做法顯然失之過重，是不太合理的。

(3) ☐□頯畀主。其自出殹(也)，若自歸主、主親、所智(知)，皆笞百。①

(4) 奴婢亡，自歸主、主親、所智(知)及主、主父母、子若同居求自得之，其當論畀主，或欲勿詣吏論者，皆許之。②

(5) ☐主入購縣官，其主不欲取者，入奴婢，縣官購之。③

(6) 奴婢爲善而主欲免者，許之，奴命曰私屬，婢爲庶人，皆復使及筭(算)，事之如奴婢。主死若有罪，以私屬爲庶人，刑者以爲隱官。所免不善，身免得復入奴婢之。其亡，有它罪，以奴婢律論之。④

以上四則律文均是關於奴婢逃亡的，故放在一起討論。奴婢是一個比較特殊的群體，秦漢文獻中與之有關的内容比較豐富，就嶽麓秦簡《亡律》而言就有多條律文涉及它，恰好可與《二年律令·亡律》作一比較研究。

《二年律令·亡律》第3則律文前半部分殘泐，據後面内容推測，所缺失部分講的是奴婢逃亡被捕獲之後該如何懲處。據張家山漢簡《奏讞書》案例以及秦代法律，可知奴婢逃亡被抓獲後，一般會"黥其顔頯之後畀其主"。如嶽麓秦簡《亡律》：

0161 ☐□主，不自出而得，黥顧(顔)頯，畀其主。⑤

2117 奴婢亡而得，黥顧(顔)頯，畀其主。·其自出吏及自歸□☐ ⑥

從以上簡文可知秦代對奴婢逃亡的處置方式，又2117號簡文後半部分是關於奴婢去官府自首或回到主人家該如何懲罰的情況，可惜由於竹簡折斷，無法知道具體的處置細則。恰好《二年律令》可補其缺，"其自出殹(也)，若自歸主、主親、所智(知)，皆笞百"。

① 張家山二四七號漢墓竹簡整理小組：《張家山漢墓竹簡[二四七號墓](釋文修訂本)》，第30頁。筆者重新句讀了個別地方，"主"、"主親"、"所智"是三類人。"主親"指主人的父母親，"所智(知)"包括主人的妻子、子女和其他同居者。詳細論證見拙稿《秦代稱謂補考》(待刊)。

② 張家山二四七號漢墓竹簡整理小組：《張家山漢墓竹簡[二四七號墓](釋文修訂本)》，第30頁。個别句讀有調整。

③ 張家山二四七號漢墓竹簡整理小組：《張家山漢墓竹簡[二四七號墓](釋文修訂本)》，第30頁。

④ 張家山二四七號漢墓竹簡整理小組：《張家山漢墓竹簡[二四七號墓](釋文修訂本)》，第30頁。

⑤ 陳松長主編：《嶽麓書院藏秦簡(肆)》，第71頁。

⑥ 陳松長主編：《嶽麓書院藏秦簡(肆)》，第71頁。

奴婢自己去官府自首或者主動回到主人或主人親屬家的,只需笞打一百下作爲懲罰。

《二年律令·亡律》第4則律文最能反映奴婢屬性的特殊性。奴婢是主人的私産,主人有權處置他們,故當奴婢逃亡後又回到主人處或由主人及其直系親屬將其抓獲後,按照法律,本該論罪後再發還,但是如果主人不願意將奴婢扭送至官府論罪,也是允許的。

《二年律令·亡律》第5則律文前半部分殘泐,據後面内容推測,所缺失部分講的是奴婢逃亡被他人捕獲,按照法律,主人應當支付購賞所需金錢。如果主人不願意支付,可以將奴婢交付官府,由官府來支付賞錢。揭發奴婢犯罪者將得到購賞,賞金由官府還是奴婢的主人支付,在秦簡中就有討論,如《法律答問》:"或捕告人奴妾盜百一十錢,問主購之且公購?公購之之。"①簡文意思是説:私家奴婢盜竊一百一十錢,有人捕獲告官,問應由主人給予獎賞還是由官府給予獎賞?由官府給予獎賞。

《二年律令·亡律》第6則律文是關於免奴婢爲私屬或庶人的。由律文可知,主人可以將奴免爲私屬,將婢免爲庶人。身份轉變之後的奴婢不需承擔徭役和算賦,但仍舊要像奴婢一樣侍奉主人。嶽麓秦簡《亡律》1945號簡有"免奴爲主私屬"的記載,正好與漢律規定相符。又《爲獄等狀四種》其中一個案例載沛免其婢媿爲庶人。此外,庶人還可指女性被免除徒隸身份者,《秦律十八種·軍爵律》:"隸臣斬首爲公士,謁歸公士而免故妻隸妾一人者,許之,免以爲庶人。"②

"主死若有罪,以私屬爲庶人,刑者以爲隱官",這段律文有幾處頗爲費解。一是主人死或有罪,私屬爲何可免爲庶人?其二,律文中的"庶人"該如何解釋?《法律答問》規定主人犯罪奴婢不必連坐,但是没有見到因爲主人死亡或有罪私屬就免爲庶人的規定。或許是因爲私屬已不是奴,對主人是半依附關係,故當主人死亡或有罪時,其可以成爲庶人。而私屬若先前受過肉刑,就算成爲庶人也無法在社會上順利生活下去,故充當隱官在官府服役。接下來討論"庶人",律文先云"奴命曰私屬,婢爲庶人",後又説"以私屬爲庶人","私屬"原本是奴,"庶人"原本是婢,以奴爲婢實在是講不通。看來"庶人"當另作解釋。《法律答問》中有"群盜赦爲庶人"之語,在《二年律令·户律》中庶人還能分得田地,看來"以私屬爲庶人"之"庶人"與以上兩處"庶人"所指應當相近。故"以私屬爲庶人"之"庶人"與"婢爲庶人"之"庶人"一定不是一回事。前者是單純的身份標識,不分性别,有點爵位的意味,與公卒、士五(伍)地位相當,比隱官地位高。《二年律令·户律》中公卒、士五(伍)和庶人可分得田地一頃,而隱官只能分五十畝便足以證明之。後一個

---

① 睡虎地秦墓竹簡整理小組:《睡虎地秦墓竹簡》,第126頁。

② 睡虎地秦墓竹簡整理小組:《睡虎地秦墓竹簡》,第55頁。

“庶人”專門指婢或女徒隸被免爲庶人者，是與“私屬”相對的概念。解決了以上疑惑，律文也讀得通了。

“所免不善，身免得復入奴婢之。其亡，有它罪，以奴婢律論之”。所赦免的奴婢如果行爲不端，又可恢復其原先的奴婢身份，私屬或庶人逃亡，或者犯罪，均按照處置奴婢的準則論罪。嶽麓秦簡《亡律》中恰好也有類似的律文，如 1945 號“免奴爲主私屬而將陽闌亡者，以將陽闌亡律論之，復爲主私屬”。[①]

(7) 城旦舂亡，黥，復城旦舂。鬼薪白粲也，皆笞百。[②]

《二年律令·亡律》第 7 則是對犯有逃亡罪的城旦舂和鬼薪白粲的處罰規定。秦漢律對於城旦舂逃亡的處罰是一樣的，都是黥爲城旦舂。嶽麓秦簡 2009 號載“城旦舂亡而得，黥，復爲城旦舂”。[③] 然二者對於鬼薪白粲逃亡的處置卻不一樣，秦律要將其黥爲城旦舂，而漢律只要笞打一百下。嶽麓秦簡 2062：“【舂】司寇。【舂】司寇、白粲、奴婢以亡，黥爲城旦舂；黥奴婢顔(顔)頯，畀其主。”[④]可見無論是城旦舂、司寇還是白粲，只要其逃亡，秦律都要黥其爲城旦舂。我們知道徒隸有不同種類，地位也有高下之分，這可從從事勞役的輕重程度體現出來，也可以從一些律條的相關規定看出來。《二年律令·具律》：“上造、上造妻以上，及内公孫、外公孫、内公耳玄孫有罪，其當刑及當爲城旦舂者，耐以爲鬼薪白粲。”[⑤]從律文不難看出，鬼薪白粲刑比城旦舂輕。故《二年律令·亡律》中對鬼薪白粲逃亡的處罰輕於城旦舂逃亡是有依據的。相對而言，秦律一刀切的做法有失公允，且顯得過於嚴峻。或許漢律的制定者正是看到了這一點，所以對律文進行了修訂，使其更爲合理，所謂後出轉精。

(8) 隸臣妾、收人亡，盈卒歲，毄(繫)城旦舂六歲；不盈卒歲，毄(繫)三歲。自出殹(也)，笞百。其去毄(繫)三歲亡，毄(繫)六歲；去毄(繫)六歲亡，完爲城旦舂。[⑥]

《二年律令·亡律》第 8 則律文是關於隸臣妾和收人逃亡之處罰規則的，在嶽麓秦簡《亡律》中没有與其完全相對的律文。但是這並不代表在秦代没有這方面的律條，因爲目前所見的出土秦律只是當時律條的一部分，關於隸臣妾和收人逃亡那部分不幸亡

---

① 陳松長主編：《嶽麓書院藏秦簡(肆)》，第 64 頁。

② 張家山二四七號漢墓竹簡整理小組：《張家山漢墓竹簡[二四七號墓](釋文修訂本)》，第 30 頁。

③ 陳松長主編：《嶽麓書院藏秦簡(肆)》，第 54 頁。

④ 陳松長主編：《嶽麓書院藏秦簡(肆)》，第 71 頁。

⑤ 陳松長主編：《嶽麓書院藏秦簡(肆)》，第 20 頁。

⑥ 張家山二四七號漢墓竹簡整理小組：《張家山漢墓竹簡[二四七號墓](釋文修訂本)》，第 31 頁。

佚了而已。有以下幾點可以證明之：其一，2011 組律文有針對藏匿亡收和亡隸臣妾者進行處罰的内容，隱匿亡收和亡隸臣妾是違法行爲，收人和隸臣妾逃亡必有相關的律條懲處之。其二，睡虎地秦簡中有關於隸臣妾繫城旦舂逃亡之後又自首的内容，“隸臣妾毄（繫）城旦舂，去亡，已奔，未論而自出，當治（笞）五十，備毄（繫）日”，[①]笞五十、備繫日是對主動向官府自首者的懲處，若隸臣妾繫城旦舂而亡被捕獲，其處罰一定會嚴重些，惜至今尚未見到有關材料。又秦律規定自出者笞五十較之漢律笞一百要輕，此可見秦律也有比漢律寬容之處。其三，漢律針對繫城旦舂期間再次逃亡者加重懲罰的原則與秦法是一脈相承的。比如嶽麓秦簡《亡律》載：

> 2129：奴婢毄（繫）城旦舂而去亡者，毄（繫）六歲者，黥其顐（顏）頯，毄（繫）八歲者，斬左止，毄（繫）十歲、十二歲 2091 者，城旦黥之，皆畀其主，其老小不當刑者，毄（繫）六歲者，毄（繫）八歲；毄（繫）八歲者，毄（繫）十歲；毄（繫）十歲者，毄（繫）十二歲。皆 2071 毋備其前毄（繫）日。[②]

通過上邊簡文可知，2129 組律文雖然講的是奴婢繫城旦舂再次逃亡的處置情形，但與《二年律令・亡律》第 8 則律文所述情况十分相似。

（9）諸亡自出，減之；毋名者，皆減其罪一等。[③]

《二年律令・亡律》第 9 則是單獨書寫在一枚完整的竹簡之上的，簡文很短，内容是關於減罪的，逃亡者主動去官府自首和“毋名者”都可以減罪。張家山漢簡整理小組對“毋名”進行了解釋，認爲其指“律文没有特别提到減刑的規定”。[④] 我們認爲“毋名”還有另外一種解釋，“名”可通“命”，“毋名”即“毋命”。在典籍中“命”可通“名”，如《史記・天官書》“以所犯命之”，[⑤]在《漢書・天文志》中作“以所犯名之”。[⑥] “毋名（命）者，罪皆減其一等”也是説得通的。“毋命”即在逃者還没有被論罪，在没有論罪之前自首的可再減其罪一等。嶽麓秦簡《亡律》中有兩則律文可以極好地證明之：

> 2009 城旦舂亡而得，黥，復爲城旦舂；不得，命之，自出殹（也），笞百。[⑦]
>
> 1976 城旦舂司寇亡而得，黥爲城旦舂；不得，命之，其獄未鞫而自出殹

① 睡虎地秦墓竹簡整理小組：《睡虎地秦墓竹簡》，第 124 頁。

② 陳松長主編：《嶽麓書院藏秦簡（肆）》，第 51 頁。

③ 張家山二四七號漢墓竹簡整理小組：《張家山漢墓竹簡［二四七號墓］（釋文修訂本）》，第 31 頁。

④ 張家山二四七號漢墓竹簡整理小組：《張家山漢墓竹簡［二四七號墓］（釋文修訂本）》，第 31 頁。

⑤ 《史記》，第 1550 頁。

⑥ 《漢書》卷二六《天文志》，北京：中華書局，1962 年，第 1277 頁。

⑦ 陳松長主編：《嶽麓書院藏秦簡（肆）》，第 54 頁。

(也),治(笞)五十,復爲司寇。①

城旦舂、城旦司寇逃亡被捕獲,均黥爲城旦舂;自首後受到的刑罰卻不一樣,一個是笞百,一個是笞五十。個中緣由在於一個是在“命之”以後才自首的,故笞百;一個是“其獄未鞫而自出”,故笞五十。依據秦漢笞刑等級,笞五十以上一級就是笞一百。一般而言,亡者自出都能減刑,故曰“諸亡自出,減之”;“毋名(命)者,皆減其罪一等”是對“亡自出”的進一步補充,旨在鼓勵逃亡者儘早投案自首。綜上可知,此則漢律承繼秦律而成,只是字句過於精略,容易引發歧義,若没有出土秦律相比照,其真實内涵便難以揭示出來。

(10) 匿罪人,死罪,黥爲城旦舂,它各與同罪。其所匿未去而告之,除。諸舍匿罪人,罪人自出,若先自告,罪減,亦減舍匿者罪。所舍②

《二年律令·亡律》第10則律文從内容上看似乎與逃亡没有直接關係,然整理者將其歸入《亡律》之中是没有問題的。撇開其他歸類依據不談,單從内容來看,“亡”與“匿”的關係也是十分密切的。嶽麓秦簡《亡律》中也有不少打擊藏匿罪犯者的條文,有些與之頗有相通之處。“匿罪人,死罪,黥爲城旦舂,它各與同罪”,藏匿死刑犯者當黥爲城旦舂,藏匿死罪以下者則與被窩藏者同罪,即被窩藏者犯了什麽罪,匿藏者也要被判處同樣的罪。嶽麓秦簡《亡律》相似律文如下:

1966 匿罪人當貲二甲以上到贖死,室人存而年十八歲以上者,貲各一甲,其奴婢弗坐,典、田典

(缺簡)

2042 而舍之,皆貲一甲。

1965 匿亡收、隸臣妾,耐爲隸臣妾,其室人存而年十八歲者,各與其疑同瀍,其奴婢弗坐,典、田 2150-1 典、伍不告,貲一盾,其匿□□歸里中,貲典、田典一甲,2150-2 伍一盾,匿罪人雖弗敝(蔽)狸(埋),智(知)其請(情),舍其室,1991□□□吏遣,及典、伍弗告,貲二甲。1991-b 亡律

1930 父母、子、同産、夫妻或有罪而舍匿之其室及敝(蔽)匿之於外,皆以舍匿罪人律論之。③

① 陳松長主編:《嶽麓書院藏秦簡(肆)》,第55頁。

② 張家山二四七號漢墓竹簡整理小組:《張家山漢墓竹簡[二四七號墓](釋文修訂本)》,第31頁。

③ 陳松長主編:《嶽麓書院藏秦簡(肆)》,第39—40頁。

2041 入奴婢,黥爲城旦舂,主匿黥爲城旦舂以下到耐罪,各與同瀍。[①]

2088 廿五年五月戊戌以來,匿亡人及將陽者,其室主匿贖死罪以下,皆與同罪。[②]

1966 簡尚缺下文,但對於認識秦代的刑罰體系以及匿罪極有幫助。室主窩藏罪犯,室人、典、田典均要連坐,奴婢因其"半人半物"屬性,無須因主人而獲罪。"室人"與"室主"(或稱"主室者")相對而言,"室主"一般指户主或主室之人。藏匿罪犯,對室主之懲罰要遠重於室人。據 2088 簡"其室主匿贖死罪以下,皆與同罪",即被窩藏者犯了什麽罪,室主也要被判處同樣的罪,而據 1966 簡"匿罪人當貲二甲以上到贖死,室人存而年十八歲以上者,貲各一甲"。

綜合 2088、1966、1965 三簡信息後發現:藏匿贖死罪以下,室主與同罪,室人貲一甲;藏匿在逃的收人或隸臣妾,室主、室人均要耐爲隸臣妾。這表明從某種層面而言,秦律對窩藏逃亡者的懲罰力度要大於窩藏一般罪犯,秦律有輕罪反而重罰的傾向,從犯有時與主犯同等論處。

2041 號律文是講主人隱匿犯法的奴婢當如何處置的問題,如果所匿藏者之罪在黥爲城旦舂到耐罪之間,主人與奴婢要同等論處,即奴婢所犯何罪,主人也要按相同的罪論處。2088 號簡文"其室主匿贖死罪以下,皆與同罪",所匿藏者之罪在贖死以下,室主與其同等論處。在秦漢刑罰等級中,緊接死罪的下一個刑罰等級就是黥爲城旦舂或贖死。如此看來秦漢法律在懲罰隱匿當黥爲城旦舂罪以下罪犯者這個問題上,遵循的尺度是頗爲一致的。只是漢律中尚未見到如何懲處室人的律條,故無從比較。

需要補充的是秦律規定奴婢不會因爲主人犯法而連坐的做法又見於《法律答問》,其文載"坐隸,隸不坐户",奴婢犯罪,主人連坐,主人犯罪,奴婢不連坐。

(11) 取(娶)人妻及亡人以爲妻,及爲亡人妻,取(娶)及所取(娶),爲謀(媒)者智(知)其請(情),皆黥以爲城旦舂。其真罪重,以匿罪人律論。弗智(知)者不☑[③]

長期逃亡在外,或組織家庭,爲了防止亡人婚配,秦漢律都有相關措施。從上面律文可知,夫妻雙方有一個爲亡人者,兩人都要黥爲城旦舂,媒人也要受到同樣的處罰。秦律中也有相似的條例,如:

① 陳松長主编:《嶽麓書院藏秦簡(肆)》,第 44 頁。

② 陳松長主编:《嶽麓書院藏秦簡(肆)》,第 53 頁。

③ 張家山二四七號漢墓竹簡整理小組:《張家山漢墓竹簡[二四七號墓](釋文修訂本)》,第 31 頁。

女子甲去夫亡，男子乙亦闌亡，相夫妻，甲弗告請（情），居二歲，生子，乃告請（情），乙即弗棄，而得，論可（何）殹（也）？當黥城旦舂。（《法律答問》）[①]

0168 奴亡，以庶人以上爲妻，卑（婢）亡，爲司寇以上妻，黥奴婢顔頯，畀其主。以其子爲隸臣妾└，奴 0167 妻欲去，許之。（嶽麓秦簡《亡律》）[②]

從上引述《法律答問》條文來看，秦對亡人相爲夫妻的處罰與《二年律令》是一樣的，均爲黥爲城旦舂。但是如果换成奴婢，處罰就輕得多，只要黥其顔頯，送還主人即可。這是由奴婢獨特的身份決定的。奴婢"半人半物"之屬性，決定其不是一個十足的法律主體，故就算與百姓所犯罪行一樣，也會面臨不同的處罰。一般而言，地位越低，犯罪後遭受的懲罰會越重，但這一法則不適合於奴婢。

"其真罪重，以匿罪人律論"，如果逃亡者本身所犯之罪比逃亡罪還要重，相爲夫妻者要以匿罪人論處。秦漢律中均規定，若有數罪，取其重者而論之，《二年律令·具律》："一人有數□罪殹（也），以其重罪罪之。"[③]

從以上所引嶽麓簡《亡律》條文可知，秦代奴婢或不可與庶人以上身份者通婚，否則會被處罰。庶人之身份高於司寇，秦簡中多見司寇免爲庶人的記載。私奴可以與所有的徒隸以及私婢通婚，而舂、白粲和官婢一般由官府控制，故徒隸中唯有隸妾、隱官能成爲私奴的合法婚姻對象。秦法允許的私婢婚配對象唯有私奴。奴婢非法婚姻所生之子，身份是隸臣妾，意味著充公到官府作勞役。"以……爲隸臣妾"與"耐爲隸臣妾"、"刑爲隸臣妾"不一樣。前者適用於本人並没有犯法，因爲連坐而淪爲"隸臣妾"的情況，此類人不當以"刑徒"或"罪犯"視之。"耐爲隸臣妾"和"刑爲隸臣妾"者均是本人犯罪而遭受的處罰。

（12）諸舍亡人及罪人亡者，不智（知）其亡，盈五日以上，所舍罪當黥□贖耐；完城旦到耐罪，及亡收、隸臣妾、奴婢及亡盈十二月以上，贖耐。[④]

"舍亡人"指給亡人提供住所，與"匿亡人"的性質不一樣。"匿"是故意隱藏，所以罪行也更重，這一點從上面討論過的《二年律令·亡律》第 10 則以及嶽麓秦簡 2088 號可以得知。如果不知對方爲亡人而提供住宿，五日以下當不追究，超過五日，據亡者犯罪輕重給予不同級别的刑罰。嶽麓秦簡《亡律》中也恰好有相近的内容：

---

① 睡虎地秦墓竹簡整理小組：《睡虎地秦墓竹簡》，第 132 頁。

② 陳松長主編：《嶽麓書院藏秦簡（肆）》，第 68 頁。

③ 張家山二四七號漢墓竹簡整理小組：《張家山漢墓竹簡［二四七號墓］（釋文修訂本）》，第 22 頁。

④ 張家山二四七號漢墓竹簡整理小組：《張家山漢墓竹簡［二四七號墓］（釋文修訂本）》，第 31 頁。

2011盗賊旞(遂)者及諸亡坐所去亡與盗同灋者當黥城旦舂以上及命者亡城旦舂、鬼薪、白粲舍人1984室、人舍、官舍,主舍者不智(知)其亡,贖耐。其室人、舍人存而年十八歲者及典、田典不告,貲一甲。伍1977不告,貲一盾ㄥ。當完爲城旦舂以下到耐罪及亡收、司寇、隸臣妾、奴婢、闌亡者舍□□2040人室、人舍、官舍,主舍者不智(知)其亡,貲二甲。其室人、舍人存而年十八歲以上者及典、田典、伍不告1979貲一盾。①

兩相比較可知,漢律與秦律在此處的規定極爲相似,尤其是漢律"完城旦到耐罪,及亡收、隸臣妾、奴婢及亡盈十二月以上,贖耐"一段,秦律對應律文爲"完爲城旦舂以下到耐罪及亡收、司寇、隸臣妾、奴婢、闌亡者舍□□2040人室、人舍、官舍,主舍者不智其亡,貲二甲",然二者亦有不同之處:

1. 雖然主舍者所犯罪行一樣,在秦漢面臨的處罰卻不一樣,秦代是貲二甲,漢代是贖耐。在秦代的刑罰體系里貲二甲之上緊接著贖耐:

1599書下官,官當遣1180徒而留弗遣,留盈一日,官嗇夫吏主者,貲各一甲,丞、令、令史貲各一盾;留一日到二日,官嗇夫吏貲二甲,【丞】、1176令、令史貲各一甲;過二日到三日,官嗇夫吏贖耐,丞、令、令史貲各二甲;過三日官嗇夫吏耐,丞、令、令史爲 (嶽麓秦簡)②

而在《二年律令》中没有見到貲甲、貲盾的處罰,故不能與秦律的刑罰等級一一對應,由於刑罰等級的不對稱,以秦律爲藍本的漢律,在對某些罪行論罪時,較秦律而言,會出現過重或過輕的現象。

2. 秦律中的"闌亡者"被改爲"亡盈十二月以上",顯然二者講的是一回事,秦律也有明文規定闌亡不盈十二月爲將陽,言外之意,闌亡是指逃亡超過十二個月者。漢代取消了"闌亡"、"將陽"、"邦亡"等秦律中常見的逃亡罪名稱,一律稱爲"亡"。據此可知,先前學者們關於"闌亡"的解釋有不足之處,更準確地講,之前用"闌"的一個義項來解釋"闌亡"有失偏頗。《法律答問》有"未出徼闌亡",整理小組引用《漢書·汲黯傳》注曰:"無符傳出入爲闌。"③實際上所有的逃亡都是無符傳出入,爲什麽要單單指"闌亡"呢?通過嶽麓秦簡《亡律》以及《二年律令》以"亡盈十二月以上"替代"闌亡"可知,闌亡就是指逃亡時間超過十二個月者,不足十二個月爲將陽。

① 陳松長主編:《嶽麓書院藏秦簡(肆)》,第58頁。

② 《嶽麓書院藏秦簡》,待刊。

③ 睡虎地秦墓竹簡整理小組:《睡虎地秦墓竹簡》,第104頁。

(13) 取亡罪人爲庸，不智（知）亡，以舍亡人律論之。所舍取未去，若已去後，智（知）其請（情）而捕告，及詷〈詗〉告吏捕得之，皆除其罪，勿購。①

"亡罪人"既可以理解爲在逃亡的罪犯，也可以理解爲亡人和罪人，雇用他們幫工，若事先不知其身份，只按爲亡人提供住宿論處。嶽麓秦簡《亡律》也有相關的規定，如：

2012 取罪人、羣亡人以爲庸，智（知）其請（情），爲匿之；不智（知）其請（情），取過五日以上，以舍罪人律論之。②

1985 廿年後九月戊戌以來，取罪人、羣亡人以爲庸，雖前死及去而後遝者，論之如律。③

由上面簡文可知，秦漢在處理雇用亡人爲庸這件事情上高度一致，如果事先不知其身份，則均是按"舍亡人"論處，前文已經論及"舍"比"匿"的罪行輕些。另外，關於此處之立法，秦漢律各有長短。秦律規定"取過五日，以舍罪人律論之"，言外之意，五日以下可不論處，這是秦律較漢律細密之處。漢律有捕捉亡人或爲抓捕亡人提供信息以抵罪的規定，這是漢律較秦律合理寬鬆之處。秦《亡律》中有"雖前死及去而後遝者，論之如律"的規定，這是秦律嚴苛之處，但也有其合理性。

通過逐條比對嶽麓秦簡和《二年律令》中的《亡律》條文，我們不難發現漢初之律承襲秦律的痕迹十分明顯，但又作了一些變動。與秦統一六國後所進行的大規模的更名運動一樣，漢代也對一些稱謂進行了變革，如改"黔首"爲"民"，將"將陽"、"邦亡"統改爲"亡"。具體到一些法規細則，二者各有千秋，若論律條的嚴密性，秦律甚於漢律，但秦律往往輕罪重罰，有故爲民設陷阱網罟之嫌。漢代統治者覺察到了這一點，故一般情況下，所犯相同，漢律懲處常常輕於秦律。當然，也有例外之處，所犯涉及倫理道德時，漢律處罰反而更重。這些差異既與各自所處的具體社會環境、歷史傳承有關，又關係到統治者的治國理念和立法精神。有關秦漢立法精神的探究，是一個十分重要同時頗具難度的課題，筆者正在探索之中。

① 張家山二四七號漢墓竹簡整理小組：《張家山漢墓竹簡[二四七號墓]（釋文修訂本）》，第 31—32 頁。

② 陳松長主編：《嶽麓書院藏秦簡（肆）》，第 63 頁。

③ 陳松長主編：《嶽麓書院藏秦簡（肆）》，第 64 頁。

里耶秦簡所見特殊水産品與秦始皇的海洋意識*

李　斯　李筆戎

（湘潭大學）

近年公布的里耶秦簡中，有一枚公文簡的内容較爲獨特，類似的文書迄今尚不多見。與一般官文書不同的是，該簡文主要反映的行政過程是遷陵縣向其下轄鄉（啓陵鄉）徵詢某類特殊水産品，以及啓陵鄉守對此事的回覆。迄今爲止，類似的文書在秦漢簡牘中似尚不多見，因而頗有探討的必要。這份珍貴的秦代行政記録，不僅反映出當時人們對某些特殊物種與水産品分類的認知程度，而且是秦統一初期海洋探索的具體實證。對其相關問題進行探討，或許將有助於增進秦漢水生物種分布與秦漢海洋經濟地理的認識。

一　"郵人"行書的特殊性

爲方便起見，我們先將此簡文迻録如下，再作解釋和論述：

> 卅五年八月丁巳朔己未啓陵鄉守狐敢言之廷下令書曰取鮫魚與┛
> 山今盧魚獻之問津吏徒莫智・問智此魚者具署┛
> 物外以書言・問之啓陵鄉吏黔首官徒莫智敢言之・户（正）
> 曹
> 八月□□□郵人□以來ノ□發　□手（背）　　(8-769)[1]

---

* 本文係國家社科基金重大項目"秦統一及其歷史意義再研究"（14ZDB028）的階段性成果。

① 湖南省文物考古研究所編：《里耶秦簡（壹）》，北京：文物出版社，2012 年，第 50 頁。

簡文分正、背兩面，主要内容集中於正面。有的字原未釋出，陳偉、何有祖等先生在《里耶秦簡校釋》（下文簡稱《校釋》）中予以補釋，並作了標點和校釋。據此，簡文正面内容整理後標點如下：

> 卅五年八月丁巳朔己未，啓陵鄉守狐敢言之：廷下令書曰取鮫魚與山今盧（鱸）魚獻之，問津吏、徒莫智（知）。•問智（知）此魚者具署物色，以書言。•問之啓陵鄉吏、黔首、官徒、莫智。敢言之。户[①]

其中"物色"原釋作"物外"，其義難解。然而"物色"爲秦漢習語，史籍常見。如《漢書•元帝紀》應劭注："籍者，爲二尺竹牒，記其年紀名字物色，縣之宫門，案省相應，乃得入也。"[②]又如《後漢書•寒朗傳》："朗心傷其冤，試以建等物色獨問忠、平，而二人錯愕不能對。"本注曰："物色謂形狀也。"[③]可見所謂"物色"，應即具體的形貌特徵。秦漢簡牘中也多見此語，其義與史籍所載相同，故《校釋》將其改釋作"物色"，是正確的。簡文中的"物色"，可以理解爲"鮫魚與山今盧魚"的具體形狀及其特殊表徵。

衆所周知，"敢言之"是秦漢行政運作中上行文書的慣用套語。實際上，該簡文應是啓陵鄉守"狐"對"廷下令書"的回復，而"廷下令書"的主要内容應即"取鮫魚與山今盧魚獻之"，但因"問津吏、徒莫智"，故上級官府進一步要求"問智此魚者具署物色"，並以公文形式上報。簡文背面字迹雖漫漶不清，但依稀可見"八月"、"郵人□以來"、"狐手"等字樣——由此透露出一個重要信息，這份公文是通過"郵人"這一特殊方式來傳送的。而根據張家山漢簡的相關規定，漢代"郵人"傳遞的一般是比較緊急而重要的官文書。如《二年律令•行書律》："令郵人行制書、急書，復，勿令爲它事。……書不急，擅以郵行，罰金二兩。……書不當以郵行者，爲送告縣道，以次傳行之。……諸獄辟書五百里以上，及郡縣官相付受財物當校計者書，皆以郵行。"[④]所謂"制書"，《史記•秦始皇本紀》載始皇二十六年群臣議"帝號"之言："臣等昧死上尊號，王爲'泰皇'。命爲'制'，令爲'詔'，天子自稱曰'朕'"。注引蔡邕曰："制書，帝者制度之命也，其文曰'制'。"[⑤]《漢書•高后紀》也提到漢惠帝崩，太后"臨朝稱制"，顔師古注："天子之言，一曰制書，二曰詔書。

---

① 參見陳偉主編：《里耶秦簡校釋》第一卷，武漢：武漢大學出版社，2012年，第222頁。

② 《漢書》卷九《元帝紀》，北京：中華書局，1962年，第286頁。

③ 《後漢書》卷四一《寒朗傳》，北京：中華書局，1965年，第1418頁。

④ 張家山二四七號漢墓竹簡整理小組：《張家山漢墓竹簡[二四七號墓]（釋文修訂本）》，北京：文物出版社，2006年，第45—47頁。

⑤ 《史記》卷六《秦始皇本紀》，北京：中華書局，1959年，第236—237頁。

制書者，謂爲制度之命也。非皇后所得稱。今吕太后臨朝行天子事，斷決萬機，故稱制詔。"[①]由此可知，漢代"郵人"傳遞的官文書中，又以"制書"最爲尊貴，因其來源爲"天子之言"。故《二年律令·行書律》特别提出，承擔此類特殊任務的"郵人"，可以享受相應優待。而對於"書不急"卻"擅以郵行"的情況，也作出了明確的處罰規定。有學者通過對里耶秦簡相關"郵人"簡文的研究，推測秦代的情況也大概如此，並認爲"除一些緊急必須交郵人專辦的文書之外，多數文書是由下級吏員、一般民衆，甚至隸臣妾遞送的"。[②]對此，王子今先生也指出："可見當時的郵傳制度，主要是爲傳遞緊急文書和重要信息服務的。"[③]從已經公布的里耶秦簡來看，以"郵人"傳遞的文書總數相對較少，可能與這一傳遞方式的特殊用途和重要程度有關。

那麽，問題就出現了："廷下令書"要求"取鮫魚與山今廬(鱸)魚獻之"的目的及用意究竟是什麽？儘管其結果是無人知曉此魚，但又爲何要求進一步擴大徵詢範圍，並要以公文形式作詳細匯報？更令人感到不解的是，這樣一份看起來似乎並不十分緊急的官府文書，爲何會通過"郵人"的特殊方式予以傳遞？下文將嘗試對此作出解答。

二 "取鮫魚"與秦統一初期的海洋探索

關於簡文中的"鮫魚"，《校釋》稱爲"一種大魚"，並引《史記·秦始皇本紀》所載方士徐市之言："蓬萊藥可得，然常爲大鮫魚所苦，故不得至，願請善射與俱，見則以連弩射之。"《校釋》又引《淮南子·説山訓》高誘注："魚二千斤爲鮫。"這確實很容易使人聯想到秦始皇最後一次"出游天下"時，親自入海射殺"巨魚"的歷史表演。其直接動機，竟是爲了尋求"不死"之"仙藥"。

"取鮫魚"簡提到的"卅五年"，應即始皇三十五年。當時已經基本完成統一大業的秦始皇，其興趣開始轉向求仙與長生。而大約在此時，一批以"富貴"爲主要人生追求的海上"方士"逐漸聚集在始皇身邊，慫恿其尋求"不死之藥"，事見《史記·秦始皇本紀》：

> 三十五年……盧生説始皇曰："臣等求芝奇藥仙者常弗遇，類物有害之者。方中，人主時爲微行以辟惡鬼，惡鬼辟，真人至。人主所居而人臣知之，則害於神。真人者，入水不濡，入火不爇，陵雲氣，與天地久長。今上治天下，未能恬倓。願上所居宫毋令人知，然後不死之藥殆可得也。"於是始皇曰："吾慕真人，

① 《漢書》卷三《高后紀》，第95頁。

② 參見于振波：《里耶秦簡中的"除郵人"簡》，《湖南大學學報》2003年第3期。

③ 參看王子今：《郵傳萬里——驛站與郵遞》，長春：長春出版社，2004年，第39頁。

自謂'真人',不稱'朕'。"乃令咸陽之旁二百里内,宫觀二百七十復道甬道相連,帷帳鍾鼓美人充之,各案署不移徙。行所幸,有言其處者罪死。始皇帝幸梁山宫,從山上見丞相車騎衆,弗善也。中人或告丞相,丞相後損車騎。始皇怒曰:"此中人泄吾語。"案問莫服。當是時,詔捕諸時在旁者,皆殺之。自是後莫知行之所在。聽事、群臣受決事,悉於咸陽宫。①

其實,此前已有"齊人徐市"受命"發童男女數千人,入海求仙人"。但數年間杳無音信。其後,方士盧生等人留下一番"誹謗"始皇的言論後"亡去",終於觸怒始皇,由此導致"犯禁者四百六十餘人"均被坑殺:

侯生、盧生相與謀曰:"始皇爲人,天性剛戾自用,起諸侯,并天下,意得欲從,以爲自古莫及己。專任獄吏,獄吏得親幸。博士雖七十人,特備員弗用。丞相諸大臣皆受成事,倚辨於上。上樂以刑殺爲威,天下畏罪持禄,莫敢盡忠。上不聞過而日驕,下懾伏謾欺以取容。秦法不得兼方,不驗輒死。然候星氣者至三百人,皆良士,畏忌諱諛,不敢端言其過。天下之事無小大皆決於上,上至以衡石量書,日夜有呈,不中呈不得休息。貪於權勢至如此,未可爲求仙藥。"於是乃亡去。始皇聞亡,乃大怒,曰:"吾前收天下書不中用者盡去之。悉召文學方術士甚衆,欲以興太平,方士欲練以求奇藥。今聞韓衆去不報,徐市等費以巨萬計,終不得藥,徒姦利相告日聞。盧生等,吾尊賜之甚厚,今乃誹謗我,以重吾不德也。諸生在咸陽者,吾使人廉問,或爲訞言以亂黔首。"於是使御史悉案問諸生,諸生傳相告引,乃自除。犯禁者四百六十餘人,皆阬之咸陽,使天下知之,以懲後。益發謫徙邊。始皇長子扶蘇諫曰:"天下初定,遠方黔首未集,諸生皆誦法孔子,今上皆重法繩之。臣恐天下不安。唯上察之。"始皇怒,使扶蘇北監蒙恬於上郡。②

值得注意的是,這起在中國文化史上占據重要地位、被後世稱爲"坑儒"的歷史事件,其直接起因是"方士"的"求仙"活動多年無果,並借此攻擊始皇和秦政。儘管《史記》載扶蘇之言稱"諸生皆誦法孔子",但此句不但語意突兀,且似與上下文不相連屬,頗爲可疑。而從司馬遷的相關記載來看,遭到坑殺的四百六十餘名"諸生",應當有相當一部分屬爲始皇求仙藥的"文學術士"。所謂"費以巨萬計,終不得藥,徒姦利相告日聞"的歷史活動可以體現出"方士"們以"富貴"爲主要人生追求的思想傾向。而"方士"們借"求仙"之名

① 《史記》卷六《秦始皇本紀》,第257頁。

② 《史記》卷六《秦始皇本紀》,第258頁。

的"誹謗"可能才是最終觸怒始皇,導致其作出"皆阬之咸陽"決定的主要原因。

儘管始皇坑殺了爲其"求奇藥"不力的"方士"們,但並不意味其已經認識到所謂"求仙"之説的虚妄無稽。相反,他不僅並没有放棄"求奇藥"的夢想,反而更加篤信只要堅持身體力行,終能成功,於是有了在"出游"途中親自"入海求神藥"的歷史表演:

> 三十七年十月癸丑,始皇出游。……方士徐市等入海求神藥,數歲不得,費多,恐譴,乃詐曰:"蓬萊藥可得,然常爲大鮫魚所苦,故不得至,願請善射與俱,見則以連弩射之。"始皇夢與海神戰,如人狀。問占夢,博士曰:"水神不可見,以大魚蛟龍爲候。今上禱祠備謹,而有此惡神,當除去,而善神可致。"乃令入海者賫捕巨魚具,而自以連弩候大魚出射之。自琅邪北至榮成山,弗見。至之罘,見巨魚,射殺一魚。遂并海西。①

在"方士"與"博士"的描述中,"大鮫魚"被稱爲阻礙求仙活動的海中"惡神",其中自有神秘主義的觀念影響。而所謂"巨魚",則可看作對"惡神"歷史形象的具體記載。如果這裏的"大鮫魚"所指即簡文中的"鮫魚",那麽一個合理的推測就是:秦始皇以行政命令向地方下達尋找鮫魚的文書,其用意應當與"射殺"海中"惡神"代表的"大鮫魚"有一定聯繫。"取鮫魚"簡正是這段充滿神秘主義史事的鮮活例證。啓陵鄉的主管官員接到縣廷命令,不敢怠慢,並將調查結果如實上報。雖然目前所見只是啓陵鄉的一份文書,但以秦始皇的巨大魄力和秦代地方行政的高效運轉而言,當時在全國範圍内應該都展開了類似尋找鮫魚的調查活動,由此也可見秦始皇對於所謂"求仙"的决心與痴迷程度。

秦始皇因"求仙"而表現出來的個人英雄主義行爲,對秦帝國的政治局勢與後來的歷史進程都産生了重要影響。《鹽鐵論·散不足》謂秦始皇性喜"覽怪迂,信禨祥",②而這一心理弱點被盧生等方士利用,藉以對秦始皇及帝國政治施加影響,造成了極爲惡劣的後果。秦始皇爲辟惡鬼而"時爲微行",因此逐漸疏遠了與群臣的聯繫。其後由於親自"入海"射殺"巨魚"而染病,崩於沙丘,但結果竟是"獨子胡亥、趙高及所幸宦者五六人知上死",③直接導致皇位繼承失序與帝國政局動蕩,也不能不説與此有關。

然而行文至此,還有一個問題没有解答,即簡文所謂"取鮫魚"與"山今鱸魚"有何聯繫?《校釋》將"山今鱸魚"解釋爲:"應是鱸魚的一種。"從現存的秦漢史籍來看,似乎找不到能够説明"鱸魚"同所謂海中"惡神"有任何關聯的直接證據。另外需要注意的是,在秦漢以降的古代文獻中,"鮫"及"鮫魚"並非都被視爲"巨魚"和"惡神"的原型,也可以

① 《史記》卷六《秦始皇本紀》,第263頁。

② 王利器:《〈鹽鐵論〉校注(定本)》,北京:中華書局,1992年,第355頁。

③ 《史記》卷六《秦始皇本紀》,第264頁。

指代其他水生物種。

三 “鮫魚”的海中原型與秦始皇的海洋意識

東漢許慎《説文解字》明確指出“鮫”爲“海魚”。《説文解字》:“鮫,海魚,皮可飾刀口。从魚,交聲。”①段玉裁注:“今所謂沙魚,所謂沙魚皮也。許有魦字,云从沙省,蓋即此魚。”②段注提到《説文》另收有“魦”字,應與“鮫”同義,即後世通常所説的“沙魚”或“鯊魚”。因其皮質堅韌,可以用於武器裝備的製造。《史記·禮書》:“楚人鮫革犀兕,所以爲甲,堅如金石。”③除此之外,《史記·禮書》又提到“鮫魚皮”的裝飾功能:“天子大路越席,所以養體也;……寢兕持虎,鮫韅彌龍,所以養威也。”《史記集解》引徐廣曰:“鮫魚皮可以飾服器,音交。韅者,當馬掖之革,音呼見反。”《史記索隱》也説:“鮫韅者,以鮫魚皮飾韅。韅,馬腹帶也。”④由“鮫魚皮”可用於天子乘輿的裝飾來看,“鮫魚”可能在秦漢時期開始即被視爲較爲珍稀的魚種。據唐代《通典·食貨六》記載,當時臨海郡、永嘉郡、漳浦郡和潮陽郡均有鮫魚皮上貢,有學者據此指出,後世“鮫魚皮”的加工技術在東海和南海領域已較爲成熟。⑤

關於“鯊魚”的體格體徵及其習性,後世文獻不乏記載。例如,宋人戴侗《六書故》説道:“鯊生淡水中者,鱗間有黑點文,附沙而游,噞喁輒吹沙,俗名吹沙,小魚也。海中所産,以其皮如沙而得名,哆口無鱗,胎生,其類尤多,大者伐之盈舟。”⑥將“鯊魚”分爲淡水産和海産兩大類,可以視爲當時關於海洋動物知識的進步。但秦漢文獻中常提到的“鮫魚”,即體型較大、皮質堅韌的“鯊魚”,則無疑應歸入“海魚”一類。

除了體型較爲龐大之外,“鯊魚”更爲人熟知的特徵恐怕還是其性情兇猛。據現代科學調查,全世界約有 340 種鯊魚,80%體長在 2—8 米以上,其中約有 32 種會攻擊人或船舶,36 種被認爲可能具有攻擊人的習性。⑦ 明代文獻中曾這樣描述漁民捕撈鯊魚的驚險過程:

---

① 《説文解字》,北京:中華書局,2013 年,第 244 頁下欄。

② 《説文解字注》,上海:上海古籍出版社,1988 年,第 580 頁上欄。

③ 《史記》卷二三《禮書》,第 1164 頁。

④ 《史記》卷二三《禮書》,第 1162—1163 頁。

⑤ 洪緯:《中國古人對鯊魚認識的演變》,《中國農史》2014 年第 4 期。

⑥ 〔宋〕戴侗:《六書故》卷二〇,清文淵閣《四庫全書》本,第 37 頁 a。

⑦ 沈漢祥等編:《遠洋漁業》,北京:海洋出版社,1987 年,第 402 頁。

> 鯊魚,重數百斤,其大專車,鋸牙鈎齒,其力如虎。漁者投餌即中,徐而牽之,怒則復縱,如此數次,俟至岸側,少困,共拽出水,即以利刃斷其首,少遲,恐有掀騰之患,故市肆者未嘗見其首。餘在真州藥肆中見之,猛獰猶怖人也。[①]

所謂"其大專車"、"其力如虎"的記載,或許可以視爲海中"巨魚"與"惡神"形象的歷史記憶。由於鯊魚體格龐大,性情兇猛,謝肇淛甚至認爲"今鯊魚乃鱷類耳"。這種並非基於現代物種知識的分類方式,可以體現普通民衆對於鯊魚兇猛性格的恐懼心理。

但是,這樣一種體格龐大、令人生畏的海中"巨魚",同"鱸魚"又有什麽聯繫呢?《校釋》提到里耶秦簡8-1705有"乾鱸魚",《後漢書・左慈傳》記載了當時被視爲珍饈水産的"松江鱸魚",這兩種"鱸魚"的共同點應當主要在於其食用價值。

我們注意到,古代文獻中也記載了"鮫魚"在藥用等方面的價值。五代韓保昇云:"鮫魚皮:'主蠱氣,蠱疰方用之,即裝刀靶魚皮也。'《唐本注》云:'出南海,形似鱉,無脚而有尾。'《蜀本圖經》云:'鮫魚,圓廣尺餘,尾長尺許,惟無足,背皮粗錯。'"[②]而後世關於"鮫魚"食用價值的繼續開發,亦見於李時珍《本草綱目》:"有二種,皆不類鱉,南人通謂之沙魚,大而長喙如鋸者曰胡沙,性善而肉美。小而皮粗者曰白沙,肉强而有小毒,彼人皆鹽作修脯,其皮刮治去沙,剪作膾爲食,品美味,食益人,其皮可飾刀靶。"[③]

由於尚未見到與"取鮫魚"簡内容相關的簡文,我們尚不能完全排除這樣一種可能性,即簡文所謂要求地方"取鮫魚與山今鱸魚獻之"的行政命令,可能包含有考察其食用價值及其他特殊用途的考慮。但細察簡文,有"問津吏、徒莫智(知)"等語。所謂"津吏",秦漢史籍或稱"津史",應是負責管理津渡的官員。從出土漢簡資料看,"津關"往往連稱,史籍亦多見。因此,王子今先生認爲"津吏"之職能似與"關吏"同,主要是檢查、控制出入經過津渡的人員,維護津渡通行秩序。[④] 由此推想,"津吏"因其職責所在,應當對其管轄區域範圍内的水産物種知識具備一定的了解。如果簡文提到的"鮫魚"與"山今鱸魚"均屬一般的食用魚類,似乎很難理解爲何當地"津吏"會對此一無所知,甚至聞所未聞。

那麽,如果説秦始皇爲了入海射殺所謂"巨魚",才向全國發出"取鮫魚""獻之"的命令,爲何還要一併提到"山今鱸魚"呢?而且,對於多在沿海地帶出没的"巨魚",爲什麽要在遠離海洋的内陸地區尋找呢?

我們注意到,秦漢文獻中曾有湘江流域出現"大魚"的記載。賈誼《新書・修政語

---

① 謝肇淛:《五雜俎》,上海:上海古籍出版社,2012年,第166頁。

② [五代]韓保昇撰,尚志鈞輯釋:《蜀本草》,合肥:安徽科學技術出版社,2005年,第467頁。

③ [明]李時珍:《本草綱目》卷四四,《四庫全書》本,第42頁b、43頁a。

④ 王子今:《秦漢稱謂研究》,北京:中國社會科學出版社,2014年,第164—165頁。

上》曾提及黄帝“入江内取緑圖”,注引《藝文類聚》卷一一引《河圖挺佐輔》:“黄帝乃祓齋七日,至於翠嬀之川,大鱸魚折溜而至,乃與天老迎之。五色畢具。魚泛白圖,蘭葉朱文,以授黄帝,名曰録圖。”而注釋者以爲賈文之“江”即溈水,“其源在今湖南寧鄉縣,注入湘江”。[①] 緯書中多見黄帝受“大鱸魚”所獻“録圖”的傳説,自有其神秘主義色彩。而在後世一些文獻中,“大鱸魚”也作“大鱸”或“大魚”。儘管緯書相關記載的年代要稍晚於秦,但也有學者認爲,類似的説法可能在秦漢時期或更早就已經出現。如《易圖明辨》卷一:“按《隋志》云:‘濟南伏生之傳,唯劉向父子所著《五行傳》是其本法。’歆以《洛書》爲文字,蓋亦本伏生。伏生嘗爲秦博士,習聞古訓,《洛書》即九疇,必三代以來相傳之學,非臆説也。”類似的記載可能都有著更早的史料來源。

有學者認爲,秦始皇基於大一統初期的帝國文化建構考慮,爲其執政合法性宣傳作出過一系列努力。[②] 從所謂“受命”之説來考察秦漢政治文化,或許也是理解“取鮫魚”簡意圖的綫索之一。如果再考慮到秦尚“水德”的政治含義,似乎不應忽視所謂“大鱸魚”授命黄帝傳説與射殺海中“巨魚”記載的政治文化象徵意義。

四　秦漢時人對“海魚”分布區域與相關知識的推進

秦人是否已經具備關於“海魚”與淡水魚分類的相關知識,我們目前尚不完全清楚。但從里耶秦簡的記載來看,當時人似乎對於“鮫魚”與“鱸魚”的認識,似乎還主要停留在相似的體型特徵上,很可能並不明了兩者實際生活水域的巨大差異。

但前文引《説文解字》已經明確提到“鮫”爲“海魚”之名稱,似乎可視爲當時海洋生物知識進步的一個例證。不僅如此,《説文・魚部》還記載了許多“海魚”的名稱,如鮐、鮊、鰒等。值得注意的是,《説文》釋“鱷”爲“海大魚也”,而“鱷”或即“鯨”字,應當是目前所知體型最爲龐大的水生物種。這自然會使人聯想到秦始皇“夢與海神戰”之後“自以連弩候大魚出射之”,“至之罘,見巨魚,射殺一魚”的歷史表演。李白詩云:“秦王掃六合,虎視何雄哉! 揮劍決浮雲,諸侯盡西來。……尚采不死藥,茫然使心哀。連弩射海魚,長鯨正崔嵬。”可見詩人也將“長鯨”視作海中“巨魚”的原型。

《漢書・五行志中之下》有關“北海出大魚”的記録,提供了海洋生物學的重要信息:“成帝永始元年春,北海出大魚,長六丈,高一丈,四枚。哀帝建平三年,東萊平度出大

---

① 〔漢〕賈誼撰,閻振益、鍾夏校注:《新書校注》,北京:中華書局,2000 年,第 363 頁。

② 王子今:《秦始皇議定“帝號”與執政合法性宣傳》,《人文雜誌》2016 年第 2 期。

魚,長八丈,高丈一尺,七枚,皆死。京房《易傳》曰:'海數見巨魚,邪人進,賢人疏。'"所謂"長六丈"和"長八丈"的記載,如以漢尺一尺相當於今 0.231 米計算,則其長度分别爲 13.86 米和 18.48 米,大致合於我們有關鯨魚體態的物種知識。對此,王子今先生指出,《漢書》的相關記載"很可能是世界最早的關於鯨魚群在淺灘集體死亡的明確的歷史記録"。[①] 可見至遲到東漢,人們已經比較明了"巨魚"的主要活動與分布海域。

秦漢時代,是海洋意識逐漸萌生的時期,由此産生一系列的海洋探索行爲。而當時人獲得相關海洋知識的途徑,可能與經常活動於沿海地域的燕、齊海上"方士"有關。《漢書·藝文志》"天文"類的題名"海中"的文獻,張衡《靈憲》曾稱之爲"海人之占",應有數術學的意義。《唐開元占經》卷一依然采用"海人之占"的説法。對此,有論者以爲所謂"海人"指代的是秦漢時期的社會身份,也應包括最早進行海洋探索的知識人"燕齊海上方士"。[②] 秦漢時期海洋生物學知識的積累,應當可以視爲海洋學進步的重要迹象之一。

儘管在今人看來,在遠離海洋的内陸地區尋找"海魚"無異於緣木求魚,但從人類認識和探索自然的歷史進程來看,每一步嘗試的足迹都有其獨特價值。從里耶秦簡中的"取鮫魚"簡到《説文·魚部》的相關記載,體現出秦漢時人對"海魚"分布區域與相關認識的提升。正如廣闊海洋藴藏著許多待開發的豐富資源,有關早期海洋史的傳世文獻和出土資料中可能也包含更爲珍貴的歷史信息,值得我們進一步發掘和研究。

---

① 王子今:《鯨魚死岸:〈漢書〉的"北海出大魚"記録》,《光明日報》2009 年 7 月 21 日;王子今、喬松林:《〈漢書〉的海洋紀事》,《史學史研究》2012 年第 4 期。

② 王子今:《漢代"海中星占"書論議》,《史學集刊》2015 年第 5 期。

漢初“諸侯子”小考

張英梅

（復旦大學歷史學系）

引　題

高祖五年五月詔書是劉邦即位後頒布的第一份詔書，該詔書首先對“諸侯子”待遇作了明確規定：“諸侯子在關中者，復之十二歲，其歸者半之”，①同年“後九月，徙諸侯子關中”。② 高祖在位時，曾遷徙四類人入關中：關東大族、二千石大吏、豐人、諸侯子。其中遷徙關東大族是爲了消除關東隱患、增强關中勢力；遷二千石是爲了優待大吏，亦是加强對二千石的控制；遷徙豐人是爲了減輕劉邦父親思鄉之情。遷諸侯子入關中又是出於什麽原因或目的？諸侯子究竟是指什麽人？一直没有找到合理的解釋。文帝時《薄昭予淮南厲王書》中提及：“今諸侯子爲吏者，御史主，爲軍吏者，中尉主”。③ 有學者認爲此處的“諸侯子”是指諸侯王的兒子，此種解釋實經不住推敲。淮南厲王死時，其四子尚不足十歲，既不能爲吏更不適合爲軍吏，所以“諸侯子”爲諸侯王兒子的解釋恐難成立。北宋史學家劉攽、宋祁、清代史學家王先謙及當代學者李開元、董平均認爲諸侯子是指諸侯國人。④ 此種解釋恐怕亦難成立，劉邦五年後九月“徙諸侯子關中”，如果“諸侯子”真是指諸侯國人的話，難道劉邦要將關東諸侯國人全部遷徙到關中？此種解釋不合常理。清代史學家周壽昌認爲“諸侯子”並非泛指諸侯國人，而“大約是指楚國諸侯支系

---

① 《漢書》卷一《高帝紀》，北京：中華書局，1962年，第54頁。

② 《漢書》卷一《高帝紀》，第58頁。

③ 《漢書》卷四四《淮南衡山濟北王傳》，第2139頁。

④ 〔清〕王先謙：《漢書補正》，上海：上海古籍出版社，2008年，第63、83頁；李開元：《漢帝國的建立與劉邦集團：軍功受益階層研究》，北京：生活·讀書·新知三聯書店，2000年，第26、28頁；董平均：《出土秦律漢律所見封君食邑制度研究》，哈爾濱：黑龍江人民出版社，2007年，第134頁。

宗戚之從軍者",[①]周氏將諸侯子身份範圍進一步縮小,認爲是指某類特殊的人,其思路是合理的。但"諸侯子"是否真如周氏所指,筆者下文進行分析。朱紹侯亦認爲"諸侯子"並非泛指諸侯國人,認爲"諸侯子在關中者,應指關東諸侯人民流入關中投靠劉邦者,所指並非軍人,故只給復除優惠;而諸侯子從軍歸者,則是復員軍人,故給予賜爵、賜食邑及賜田宅的優待"。[②] "諸侯子"是漢初對某類人的特殊稱謂,朱氏將其分爲兩類人恐怕不妥。漢初有關"諸侯子"的史料較少,筆者之所以撰此拙文,是因《奏讞書》案例十六中的史料爲揭開"諸侯子"的身份提供了關鍵證據,故不輟鄙陋試作分析。

一　新郪獄案:諸侯子與非諸侯子身份判斷的依據

《奏讞書》案例十六中的史料與諸侯子有關,爲研究諸侯子的身份提供了力證。兹抄録如下:

> 簡 1:信,諸侯子,居洛陽楊里,故右庶長,以堅守滎陽賜爵爲廣武君,秩六百石。
>
> 簡 2:蒼,壯平君,居新郪都隱(?)里;贅,威昌君,居故市里;丙,五大夫,廣德里,皆故楚爵,屬漢以比士,非諸侯子。[③]

簡 1 中信爲諸侯子;簡 2 蒼、贅、丙三人皆非諸侯子。判斷諸侯子與非諸侯子的標準究竟是什麽?現將上述兩簡文内容整理如下表一:

表一　諸侯子與非諸侯子判斷的標準

1	2	3	4	5	6
姓名	爵　位	稱號	授稱號者	户籍所在地	是否諸侯子
信	故右庶長	廣武君	劉邦	河南郡洛陽	是
蒼	爵位不明,故楚爵	壯平君	項羽	淮陽郡新郪	否
贅	爵位不明,故楚爵	威昌君	項羽	淮陽郡新郪	否
丙	五大夫,故楚爵	無	項羽	淮陽郡新郪	否

注:資料來源於《奏讞書》案例十六"新郪案"。

① 〔清〕周壽昌:《漢書注校補》,北京,中華書局,1985 年,第 16—17 頁。

② 朱紹侯:《劉邦漢五年五月詔令簡釋》,《朱紹侯文集》,開封:河南大學出版社,2005 年,第 241 頁注。

③ 見張家山二四七號漢墓竹簡整理小組:《張家山漢墓竹簡[二四七號墓](釋文修訂本)》,北京:文物出版社,2006 年,《奏讞書》第 88—91 號簡。注:簡 1、簡 2 與簡號無關,僅是爲了將"諸侯子"與"非諸侯子"分開説明。

首先看表一中的第2列爵位,信"故右庶長"。"故"具體是指什麼時候? 劉邦拜賜"信"廣武君稱號前,"信"的爵位稱"故右庶長",此爵位可能是秦爵,亦可能是項羽封賜的楚爵,或是劉邦拜賜的爵位,也可能是其他諸侯王拜賜的爵位,不能確定。但可以肯定,"信"因功被劉邦拜賜"信"廣武君稱號後,"信"的爵位即成爲漢爵。

蒼、贅、丙的爵位皆稱"故楚爵",有學者認爲漢初淮陽屬韓信楚國,韓信被廢後,其封國編户民的爵位稱"故楚爵",此説恐需商榷。首先,韓信只是漢朝的藩臣,如果藩臣封國爵位皆按照封國名稱進行劃分的話,漢初是不是應有故楚爵、故燕爵、故趙爵等?顯然這種可能性較小。漢朝自始至終一貫堅持只有天子有授人爵位的權力,諸侯王在封國内擅自授予他人爵位的行爲被視爲違法行爲,將會判爲"擅爵人"之罪,既然韓信封國編户民的爵位並非韓信所授,就不應稱楚爵。其次,雖然漢初諸侯王的權力較大,但名義上藩臣是代天子治理封國,所以,藩臣不應視爲獨立的政權,"故楚爵"中的"楚"顯然是指楚政權之意,項羽爲西楚霸王時,淮陽郡屬項羽楚國,人們稱項羽政權爲楚,如《奏讞書》案例五,十年七月,江陵縣奏讞:"•今武曰:故軍奴,楚時去亡,降漢,書名數爲民,不當爲軍奴",[①]"楚時"指項羽稱西楚霸王之時,西楚政權滅亡後,人們稱其政權爲故楚政權,項羽所封的爵位稱"故楚爵"。另,《奏讞書》案例二十一"故律曰",彭浩認爲"故律"至少應是前一朝代法律。曹旅寧舉例《唐律疏議》在宋元舊刻均題爲《故唐律疏議》,説明"故唐律"是宋人對前一個朝代律令的稱謂,[②]綜上分析,"故楚爵"是漢人對項羽政權所拜賜的爵位的稱呼。

楚漢之際項羽、劉邦皆行"楚爵制",[③]拜賜其麾下有功者,且軍功顯著的高爵者同時被賜予"某君"的稱號,如,賜曹參爵執帛,號建成君,[④]賜樊噲爵,封號賢成君,[⑤]賜灌嬰爵執帛,號宣陵君,執珪,號昌文君。[⑥] 漢滅項籍後,頒布了"復故爵田宅"[⑦]的詔令,該詔令僅是恢復"故爵"者所占田宅數量,其政治、法律特權並未相應的恢復,簡牘中"故楚爵比士"僅指政治、法律特權而言,不包括經濟特權。正因爲"故楚爵"者恢復了經濟特權,使得他們仍可使用故楚爵稱號,從而導致項羽麾下的高爵者與劉邦麾下的高爵者並存,漢初正直漢政權穩定的關鍵時期,重用、提拔劉邦親信高爵者,是穩定漢政權的關鍵所在。爲了區分項、劉麾下的

---

① 見張家山二四七號漢墓竹簡整理小組:《張家山漢墓竹簡[二四七號墓](釋文修訂本)》,《奏讞書》第38號簡。

② 參曹旅寧:《張家山漢律研究》,北京:中華書局,2005年,第287頁。

③ 朱紹侯:《劉邦施行過楚爵制已有實證》,《南都學壇》1994年第2期。

④ 《漢書》卷三九《蕭何曹參傳》,第2013頁。

⑤ 《史記》卷九五《樊酈滕灌列傳》,第2625頁。

⑥ 《史記》卷九五《樊酈滕灌列傳》,第2667頁。

⑦ 《漢書》卷一《高帝紀》,第54頁。

高爵者,漢初稱劉邦麾下的高爵者爲諸侯子,而項羽麾下的高爵者爲非諸侯子。新鄭獄案中"信"即是劉邦麾下的高爵者,稱廣武君,爲諸侯子,任新鄭令。項羽麾下的蒼雖然爲壯平君但爲非諸侯子,其原爲"信"的舍人,後任新鄭㲀長,其職位遠低於"信"的職位;丙雖亦爲威昌君但仍爲非諸侯子,任新鄭校長職位遠低於"信"。

"諸侯子"是爲了區分項、劉麾下的高爵者而産生的一種法定稱謂,該稱謂是歷史産物,是劉邦爲了穩定大局,不得不做出的讓步。隨著時間的推移,項、劉功臣逐漸死亡,諸侯子與非諸侯子的稱謂亦隨之消失。文帝初繼位時距離漢初僅二十餘年,仍有項、劉功臣在世者,故有任用諸侯子的記載,景帝以後諸侯子稱謂已不見於史料。諸侯子稱謂與編户民的户籍所在地無關。結合表一,河南郡洛陽縣屬漢郡,"信"爲洛陽人,稱諸侯子,可知漢郡編户民可稱諸侯子,可驗"諸侯子爲諸侯國人"的説法不確;周壽昌認爲諸侯子"大約是指楚國與諸侯支系宗戚之從軍者",據表一,可知"諸侯子"身份判定的標準與諸侯支系宗親無關,其判斷的標準是"故楚爵"還是"漢爵"。劉邦封"信"爲廣武君,稱諸侯子;蒼、贅、丙皆爲項羽所封,爲非諸侯子。朱紹侯認爲"諸侯子從軍歸者,則是復原軍人",此説恐不確。諸侯子中的高爵者未必全是復原軍人,亦有因遊説被封高爵者,如,食其説沛公襲陳留,得秦積粟。乃以酈食其爲廣野君,[①]所以,諸侯子與是不是復原軍人無關。復原軍人未必是諸侯子,諸侯子未必是復原軍人。諸侯子只與爵位的授予者和爵級高低有關。劉邦賜封君稱號的高爵者皆稱諸侯子。

二　諸侯子與其爵位等級

楚漢之際,項、劉皆行楚爵制。楚爵的大致等級順序爲"國大夫—列大夫—上聞—七大夫—五大夫—卿—執帛—執珪—侯,其中凡得卿、執帛、執珪爵者,皆可賜封號"。[②]如,曹參賜爵五大夫,執帛,號曰建成君;樊噲賜爵……五大夫、卿,賜爵封號賢成君;灌嬰先後賜爵七大夫、執帛,號宣陵君;執珪,號昌文君;夏侯嬰賜爵五大夫、執帛、執珪、賜爵封,[③]封是指賜封號。楚漢之際的"賜封號"制是戰國封君制發展、演變的産物。受封號的功臣僅享有封君的稱號,其權力已與戰國封君不同。

漢行秦二十等爵制後,封君相當於二十等爵制的哪個等級?《奏讞書》案例十六爲我們提供了一些綫索,現將相關信息整理爲表二。

① 《史記》卷八《高祖本紀》,第358頁。

② 朱紹侯:《劉邦施行過楚爵制已有實證》,《南都學壇》1994年第2期。

③ 《史記》卷九七《酈生陸賈列傳》,第2693頁。

表二　諸侯子與爵位等級關係

姓名＼户籍＼爵位＼職位		洛陽/新鄭吏	訊獄吏	主審官
信	洛陽	廣武君、諸侯子	關内侯	大庶長
蒼	新鄭	壯平君、故楚爵比士、非諸侯子	關内侯	大庶長
丙	新鄭	威昌君、故楚爵比士、非諸侯子	關内侯	大庶長
贅	新鄭	五大夫、故楚爵比士、非諸侯子	關内侯	大庶長

注：資料來源於《奏讞書》案例十六“新鄭案”。

《奏讞書》案例十六中訊獄吏、主審官對受封君稱號者的爵位等級提出不同的觀點，訊獄吏認爲受封君稱號者的爵位相當於十九級關内侯，主審官認爲相當於十八級大庶長。

諸侯子稱謂是戰國五等爵制思想演變的産物，“諸侯子”中的“子”有“小”、“副”之意，魏晉已降常以“子”名官，如《新唐書・百官志》：“凡軍鎮，五百人有押官一人，千人有子總管一人”，“子總管”即指副總管，比總管職位略低的職官。[①] 楚漢之際的“諸侯子”表示比諸侯等級略低的級别。

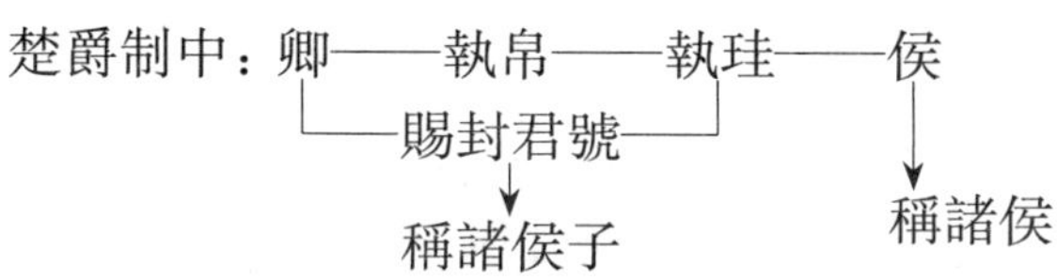

“諸侯子”産生於楚漢之際，漢統一後，繼承秦二十等爵，不再行楚爵制。楚漢之際已經封賜的封君號仍然保留，如，文帝元年“以信平君起”爲“南貞侯”，“以陽陵君魏”爲“沅陵康侯”。[②]

漢初部分諸侯子從軍歸家，部分遷入關中，這部分人是漢王朝的中堅力量。高祖時，已任命諸侯子擔任地方吏員，如“封(曹)參執帛，號建成君。遷爲戚公，屬碭郡”，[③]戚公即戚縣縣令；信，堅守滎陽有功，封廣武君，任新鄭縣令，秩六百石。文帝即位當年即“舉故吏士二千石從高皇帝者，悉以爲關内侯”[④]。除二千石的大吏外，地方尚有部分職位較低者或没有職位的諸侯子，這些人跟隨劉邦定天下，對漢朝的忠誠度較高，文帝即

① 〔宋〕歐陽修、〔宋〕宋祁撰：《新唐書》卷四九下《百官志四下》，北京：中華書局，1975 年，第 1320 頁。

② 《漢書》卷一六《高惠高后文功臣表》，第 626 頁。

③ 《漢書》卷三九《蕭何曹參傳》，第 2013 頁。

④ 《史記》卷九六《張丞相列傳》，第 2682 頁。

位後著手提拔此批功臣，並將任命權交給由中央任命的王國御史和中尉，“今諸侯子爲吏者，御史主，爲軍吏者，中尉主”，以此加强對諸侯國的控制。

綜上，楚漢之際，在封君思想、五等爵制、楚爵制的共同影響下，項、劉所賜爵位爲卿、執帛、執珪者皆有封君稱號。漢滅項羽後，項羽故政策被廢，與故楚爵相關的經濟、政治、法律特權相應的被否定。劉邦爲了穩定政局、促進經濟恢復和發展，頒布了“復故爵田宅”，此詔書雖然僅恢復了故爵者的經濟特權，但亦爲其使用舊爵稱號提供了借口。爲了加以區分提拔重用劉邦功臣，稱劉邦所封封君爲諸侯子，項羽所封封君爲非諸侯子。

古人堤東漢簡"惟管"考

孫東波

（長沙簡牘博物館）

1987年在湖南省張家界市古人堤遺址出土了一批東漢簡牘，共90枚。有牘、楬、封檢，但殘破嚴重，大多爲不規整的木片。内容大致分爲漢律、醫方、官府文書、書信及禮物謁、九九表、習字簡、人像圖案等八類。① 其中有一枚官府文書，編號10，上面記載：

充長之印

兵曹掾猛使福以郵行

永元元年十二月廿日辛丑起廷　　（10正面）

□中右部士卌人　剽騎士卌人　黄弩卅三人　雁門士五十三人

中部士卅四人　揚威士卅六人　武威士卅六人　惟管卅三人 伏波卅四人

城中左部卅六人　　（10背面）

釋文者確定此簡爲文書封檢。正面中行爲收件人及傳遞方式的説明，由發件人書寫。左右兩行爲發件人印文及郵件發出起程日期。"後曹掾猛"爲收件人。此兵曹或爲長沙郡之兵曹，分管軍事及兵器等。"猛"爲掾名。"使福以郵行"則指專人（福）沿著郵路（包括由驛站提供住宿及交通工具）傳遞。"永元元年"是指東漢和帝元年（89年）。"廷"指縣廷。"充長之印"或讀作"長充之印"，"長充"爲縣長名充者。又或認爲"充"爲東漢縣名，指大庸（今張家界）。

封檢背面首行首字字迹已不可辨識，原或爲"城"字，第二欄第二行見"城中左部"，與此行"城中右部"對應，指駐守城中之部曲。"部"爲校尉（或都尉）下的一級軍事組織。

① 湖南省文物考古研究所、中國文物研究所：《湖南張家界古人堤遺址與出土簡牘概述》，《中國歷史文物》2003年第2期，第66—71頁。

此外之"伏波"、"剽(驃)騎"、"黄弩"、"雁門"、"中部"、"揚武"、"武威"、"惟管"皆爲部曲之稱號。稱謂方式或與兵種有關,如"伏波"或指水兵,"剽(驃)騎"指騎兵,"黄弩"指弩兵。兩漢將軍亦屢見以"伏波"、"剽(驃)騎"等褒義詞爲稱號。①

釋文者對10號簡背面提到的八種部曲稱謂方式解釋了七種,"伏波"、"剽(驃)騎"、"黄弩"三種分别是水兵、騎兵和弩兵,這明顯没有歧義;"揚武"和"武威"這兩種稱謂也常見於史籍;"雁門"是專指駐守城門的兵士;"中部"實際上應等同於"城中右部"和"城中左部"。唯獨没有解釋"惟管",這個部曲稱謂也不見於任何史料。

"惟",單獨考察字義,通"帷"。《吕氏春秋·慎行》:"及饗日,惟門左右而置甲兵焉。"②畢沅注:"《左傳》昭二十七年作'帷諸門左'。梁仲子云:'惟、帷形聲俱相近,古多通借。'"③

而"帷"的字義:1. 以布帛製作的環繞四周的遮蔽物。《周禮·天官·幕人》:"掌帷、幕、幄、帟、綬之事。"鄭玄注:"在旁曰帷,在上曰幕;幕或在地,展陳於上。帷、幕皆以布爲之。四合象宫室曰幄,王所居之帳也。"④ 2. 泛指起間隔、遮蔽作用的懸垂的布帛製品。《戰國策·齊策一》:"臨淄之途……連衽成帷,舉袂成幕,揮汗成雨。"⑤《北史·魏任城王雲傳》:"下帷讀書,篤志愛古。"⑥《新唐書·列女傳·房玄齡妻盧》:"盧泣入帷中,剔一目示玄齡,明無它。"⑦

"管",單獨考察字義,通"館"。而"館"的字義有兩種。第一種意義是客舍,招待賓客居住的房舍。《詩·鄭風·緇衣》:"適子之館兮。"孔穎達疏:"館者,人所止舍。古爲舍也。"⑧《左傳》襄公三十一年:"是以令吏人完客所館,高其閈閎,厚其牆垣。"杜預注:"館,舍也。"⑨第二種意義是指非通途大道設的驛站的房舍。唐李白《經亂離後天恩流夜郎憶舊遊書懷贈江夏韋太守良宰》詩:"徵樂昌樂館,開筵列壺觴。"王琦注:"《元和郡縣誌》:'魏州有昌樂縣。'《通典》:'三十里置一驛,其非通途大路,則曰館。'"⑩

---

① 湖南省文物考古研究所、中國文物研究所:《湖南張家界古人堤簡牘釋文與簡注》,《中國歷史文物》2003年第2期,第72—84頁。

② 《吕氏春秋》,《四部叢刊初編》本,上海:上海書店,1989年,第42頁。

③ 《春秋經傳集解》,上海:上海古籍出版社,1997年,第1554頁。

④ 〔清〕孫詒讓著,王文錦、陳玉霞點校:《周禮正義》,北京:中華書局,1987年,第428頁。

⑤ 《戰國策》,《四部叢刊初編》本,上海:上海書店,1989年,第25—26頁。

⑥ 《北史》卷一八《景穆十二王傳下》,北京:中華書局,1982年,第662頁。

⑦ 《新唐書》卷二〇五《列女傳》,北京:中華書局,1982年,第5817頁。

⑧ 《毛詩正義》,阮元校刻:《十三經注疏》,北京:中華書局,1980年,第25頁。

⑨ 《春秋經傳集解》,第1156頁。

⑩ 〔清〕彭定求等編:《全唐詩》卷一七〇,北京:中華書局,1960年,第1752頁。

通過以上詞義的分析,可以判斷與“惟管”最爲接近的是“材官”。材官是步兵的别稱,具體點就是山地兵。這個稱呼似乎最早源自七雄之韓國,是該國方言。漢代劃分兵種有輕車、騎士、材官和樓船,就是車兵、騎兵、步兵和水軍。秦漢時變成一種地方預備兵兵種,《史記・韓長孺列傳》:“當是時,漢伏兵、車騎、材官三十餘萬,匿馬邑旁谷中。”①《漢書・刑法志》:“天下既定,踵秦而置材官於郡國,京師有南北軍之屯。”②《後漢書・光武帝紀下》:“三月丁酉,詔曰:‘今國有衆軍,並多精勇,宜且罷輕車、騎士、材官、樓船士及軍假吏,令還復民伍。’”李賢注引《漢官儀》:“高祖命天下郡國選能引關蹶張,材力武猛者,以爲輕車、騎士、材官、樓船,常以立秋後講肄課試,各有員數。平地用車騎,山阻用材官,水泉用樓船。”③郭沫若《中國史稿》第三編第三章第二節:“西漢初年,地方有經常訓練的預備兵。山地或少馬的地方多步兵,叫做‘材官’;平地或多馬的地方多騎兵,叫做‘車騎’。”

也有觀點認爲“材官”是武卒或供差遣的低級武職。《史記・張丞相列傳》:“申屠丞相嘉者,梁人,以材官蹶張從高帝擊項籍,遷爲隊率。”④《漢書・晁錯傳》:“材官騶發,矢道同的,則匈奴之革笥木薦弗能支也。”顔師古注:“材官,有材力者。”⑤唐杜甫《諸將》詩之一:“多少材官守涇渭,將軍且莫破愁顔。”⑥仇兆鼇注引《唐志》:“況材官不知其多少,大抵皆侍官輩耳。”⑦明高啓《送林謨秀才東歸謁松江守》詩:“欲充材官挽强弩,關塞莫解窮城圍。”⑧

魏晉以後,材官的職能轉爲主管工匠、土木之官。《史記・韓長孺列傳》:“太中大夫李息爲材官將軍。”⑨《南史・恩倖傳・茹法亮》:“帝給珍之宅,宅邊又有空宅,從即併取,輒令材官營作,不關詔旨。材官將軍細作丞相語云:‘寧拒至尊敕,不可違舍人命。’”⑩《資治通鑑・晋安帝隆安四年》:“魏材官將軍和跋,襲盧溥於遼西。”胡三省注:“漢置材官將軍,領郡國材官士以出征,師還則省。晋魏以後,置材官將軍,主工匠、土木之事,則

---

① 《史記》卷一〇八《韓長孺列傳》,北京:中華書局,1982年,第2862頁。

② 《漢書》卷二三《刑法志》,北京:中華書局,1982年,第1090頁。

③ 《後漢書》卷一下《光武帝紀下》,北京:中華書局,1982年,第51頁。

④ 《史記》卷九六《張承相列傳》,第2682頁。

⑤ 《漢書》卷四九《爰盎晁錯傳》,第2281頁。

⑥ 〔清〕彭定求等編:《全唐詩》卷二三〇,第2511頁。

⑦ 〔清〕仇兆鼇注:《杜詩詳注》典藏本第五卷,北京:中華書局,2015年,第1650頁。

⑧ 《高太史大全集》,《四部叢刊初編》本,第154頁。

⑨ 《史記》卷一〇八《韓長孺列傳》,第2862頁。

⑩ 《南史》卷七七《恩倖傳》,北京:中華書局,1982年,第1929頁。

漢右校令之任也。"①

材官將軍和樓船將軍等類似,都是雜號將軍,都是用於某處戰事臨時設立的。漢武帝時,多年用兵,四處征戰,朝廷裏原有的官職要麽不够封,要麽戰區級别太低了,派大將出馬不劃算,於是乎各種曇花一現的雜號將軍就出現了,如貳師將軍、樓船將軍、伏波將軍、度遼將軍等等。有些因爲特殊原因保留了下來並成爲常制,比如度遼將軍。簡單地看,材官將軍就是步兵校尉、步軍都虞侯、步軍指揮使、步軍都統等等。

材官在戰國末期本來是一種類似於應召預備役的民事制度。秦統一中國後,由於秦國的軍國主義性質,材官漸漸轉變爲軍事預備役的制度。漢代由於完全步入封建制度,土地的改革,自耕農的大量出現——以材官爲基礎的自耕農兵役制度開始成爲漢帝國的軍事中心力量。材官制度衰落於漢後期。由於大氏族崛起導致土地兼併,材官這個詞才慢慢地淡出歷史,但封賞高級武將爲材官將軍稱謂的傳統一直保留到了唐代。雖然材官制度隨著漢帝國的崩塌而消失,但是仔細發現材官制度本質上就是基於自耕農的一種兵役制度,和隋唐時的府兵制、明朝的衛所制是一樣的性質。觀史不難發現材官、府兵、衛所皆起於一個强大的帝國及其勤勞的人民,都崩於土地兼併,它們的消失也代表了中國再次進入了紛争的黑暗時代。

① 《資治通鑑》卷一一一《晋紀・安帝隆安四年》,北京:中華書局,2006年,第3506頁。

長沙五一廣場簡識小(五則)

曾　磊

(中國社會科學院歷史研究所、
出土文獻與中國古代文明研究協同創新中心)

長沙五一廣場東漢簡牘自發現以來,一直備受學界關注。據報導,目前簡牘的清洗工作已基本完成,相信隨著資料的進一步公布,一定能豐富我們對東漢時期長沙地方行政形態的認識。筆者在韓國訪學期間,曾與韓國學者共同研讀長沙市文物考古研究所等編《長沙五一廣場東漢簡牘選釋》,[①]多有收獲。筆者根據讀簡劄記,在整理者釋讀基礎上獻疑一二,敬祈方家指正。

一

木牘CWJ1③:71-26是關於馬胡、區馮、汎、亥、建等人殺害一位名爲"老"之人案件的上行文書。整理者釋讀及斷句如下:

●案:都鄉漻陽里大男馬胡、南鄉不處里區馮,皆坐。馮,生不占書。胡,西市亭長,今年六月……胡、馮及汎所從□▨

汝曹護我。胡、馮、亥、建可即俱之老舍門。汎令亥、建、馮入老舍,得一男子,將□□以將老出門。汎以……持矛刺老,□□□▨

建,辜二旬内,其時立物故。汎、胡、建、馮、亥謀共賊殺人,已殺。汎本造計謀,皆行。胡……名數……馮□建格,物故,亥、□及汎等别劾……▨

永元十六年七月戊午朔十九日丙子,曲平亭長昭劾,敢言之。[臨][湘]獄以

① 長沙市文物考古研究所等編:《長沙五一廣場東漢簡牘選釋》,上海:中西書局,2015年。本文所引長沙五一廣場簡簡文及注釋均引自該書,以下不再注出。

律令從事,敢言之。

整理者認爲,馬胡及下文區馮、汎、亥、建、老、昭,皆人名。文書第三行整理者斷句爲"建,辜二旬内,其時立物故。"從文書内容來看,"建"本爲行兇者,且受害人"老"已經被挾持並受到傷害,"老舍"内另一位不知姓名的男子,可能也已經被挾持,兩人均喪失了反抗能力,"建"不太可能出現"其時立物故"的情況。並且,從下文來看,"建"又有"格"的行爲,則"建"確實没有"其時立物故"。因此,第 3 行首字"建"似應上屬。"辜二旬内,其時立物故"的主語或爲"老"。"老"的死亡事實也可以從下文"已殺"中得到證實。下一句"汎本造計謀,皆行。胡……名數……馮□建格,物故",當是對五位行兇者犯罪責任的敘述。"物故"後當斷句。

此案行兇者爲馬胡、區馮、汎、亥、建五人,據文書首句"都鄉滲陽里大男馬胡、南鄉不處里區馮,皆坐"可知,此文書是將馬胡、區馮二人的審判結果上報。如按筆者斷句,"建"並没有"物故",而文書中又説"亥、□及汎等别劾",則此處之"□",似可補爲"建"。[①]另外,簡文中説"汎本造計謀",又據"汎令亥、建、馮入老舍",則"汝曹護我"似爲"汎"之語。其後一句,有學者斷作"胡、馮、亥、建可,即俱之老舍門",[②]可從。綜上,此牘可釋讀如下:

●案:都鄉滲陽里大男馬胡、南鄉不處里區馮,皆坐。馮,生不占書。胡,西市亭長,今年六月……胡、馮及汎所從□☒

"汝曹護我。"胡、馮、亥、建可,即俱之老舍門。汎令亥、建、馮入老舍,得一男子,將□□以將老出門。汎以……持矛刺老,□□□☒

建。辜二旬内,其時立物故。汎、胡、建、馮、亥謀共賊殺人,已殺。汎本造計謀,皆行。胡……名數……馮□建格,物故。亥、[建]及汎等别劾……☒

永元十六年七月戊午朔十九日丙子,曲平亭長昭劾,敢言之。[臨][湘]獄以律令從事,敢言之。

二

例一二木兩行 CWJ1①:100 整理者釋文如下:

① 馬力亦持此觀點。參見馬力:《長沙五一廣場東漢簡牘舉劾文書初讀》,《出土文獻》第八輯,上海:中西書局,2016 年,第 214—223 頁。

② 吴雪飛:《長沙五一廣場簡牘法律用語續探》,"第二屆簡帛學的理論與實踐學術研討會"會議論文,北京,2016 年 11 月 4—6 日。

等證。案：夜、斗、功共摻(操)兵擊頓尼。夜略尼以爲妻，臭知情，通行給餔(餉)。護踵追夜，夜斫

傷尼，護其時刺夜，以辜立物故。夜强略人以爲妻，賊傷尼，不直，數罪。斗，助者。護所殺有罪。斗、護各

整理者指出，此木兩行“内容涉及殺傷人略妻等，爲一份文件之中段，則其前後當有一枚或多枚木兩行與之編聯。其内容或與例二二相關。”羅小華認爲，“臭”字原篆作“”，與“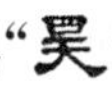”(范式碑)相近，故當釋爲“昊”。[①] 按，此字紅外圖版爲“”，上部爲“自”形非“日”形，下部从“火”而不从“天”，羅説似不妥，當從整理者釋。

“直”，整理者注：“《尚書・臯陶謨》‘直而温’，鄭玄注：‘直，謂身行正直。’不直，不正直。”當是。另外需要注意的是，睡虎地秦簡、嶽麓秦簡、張家山漢簡中皆有“不直”罪。另，《史記・六國年表》：“三十四年，適治獄不直者築長城。取南方越地。覆獄故失。”[②] 以上“不直”所指，皆與“論獄”、“治獄”有關，與此木兩行中的“不直”並不相同。懸泉漢簡中則有與木兩行中的“不直”類似的辭例：

髡鉗城旦昭宣，坐元壽二年十二月壬寅　取非其兵傷人，不直……元始元年正月繫獄…… (II 0114[2]：56)

此外，《史記・游俠列傳》：“(郭)解姊子負解之勢，與人飲，使之嚼。非其任，强必灌之。人怒，拔刀刺殺解姊子，亡去。解姊怒曰：‘以翁伯之義，人殺吾子，賊不得。’棄其屍于道，弗葬，欲以辱解。解使人微知賊處。賊窘自歸，具以實告解。解曰：‘公殺之固當，吾兒不直。’遂去其賊，罪其姊子，乃收而葬之。諸公聞之，皆多解之義，益附焉。”[③]《漢書・薛宣傳》載，博士申咸與薛宣有隙，“宣子況爲右曹侍郎，數聞其語，賕客楊明，欲令創咸面目，使不居位。會司隸缺，況恐咸爲之，遂令明遮斫咸宫門外，斷鼻脣，身八創”。事下有司，廷尉直以爲：“律曰：‘斗以刃傷人，完爲城旦，其賊加罪一等，與謀者同罪。’詔書無以詆欺成罪。傳曰：‘遇人不以義而見疻者，與痏人之罪鈞，惡不直也。’”師古注引應劭曰：“遇人不以義爲不直。”廷尉直建議“明當以賊傷人不直，況與謀者皆爵減完爲城旦”，師古曰：“以其受賕也。”[④]《三國志・魏書・辛毗傳》劉昭注補：“且曹爽與太傅俱受寄託之任，而獨專權勢，行以驕奢，於王室不忠，於人道不直，

① 羅小華：《讀〈長沙五一廣場東漢簡牘選釋〉札記》，簡帛網(www.bsm.org.cn)，2016年1月1日。

② 《史記》卷一五《六國年表》，北京：中華書局，1959年，第758頁。

③ 《史記》卷一二四《游俠列傳》，第3185頁。

④ 《漢書》卷八三《薛宣傳》，北京：中華書局，1962年，第3395—3396頁。

此舉不過以誅曹爽耳。"[①]結合以上文例來看,該簡中的"不直"似指"夜强略人以爲妻,賊傷尼"的行爲。

整理者還指出,該簡與例二二木兩行 CWJ1③:292-6 相關,其簡文如下:

> 詳弟終、終弟護;晨與父官、同産兄夜、夜弟疑、疑女弟捐;戆與母妾、同産弟强;除與妻委、子女嬰俱居自有廬舍倫亭部。尼、晨、除,漢丘;戆,上辱丘,與

整理者指出,詳、終、護、晨、宫、夜、疑、捐、戆、妾、强、除、委、嬰、尼皆爲人名。據"詳弟終、終弟護;晨與父宫、同産兄夜、夜弟疑、疑女弟捐;戆與母妾、同産弟强;除與妻委、子女嬰俱居"文例可知,其首節格式皆爲"某+與+親屬稱謂+人名",則"詳弟終、終弟護"前亦當爲"某+與+親屬稱謂+人名"格式。又據"尼、晨、除,漢丘;戆,上辱丘"可知,晨、除、戆,皆可與上列格式中的"某"相對應,則簡首"詳弟終、終弟護"前或可補"尼與……詳"等字。尼與"終弟護"當有親屬關係,所以木兩行 CWJ1①:100 中"夜略尼以爲妻"後,護才會有"踵追夜"並將夜刺殺的行爲。

另,"俱居"與"自有廬舍倫亭部"之間當讀斷爲妥。

三

例一六木兩行 CWJ1①:113"内容涉及民情調查",内容如下:

> 廣亭部。董,上丘;旦,橋丘。與男子烝願、雷勒相比近知習。輔農,以田作、莫旦績紡爲
>
> 事。普以吏次署獄掾。董,良家子,給事縣,備獄書佐。不處年中,良給事縣。永初元

整理者指出,此木兩行"上下文都不完整,可見其前後當還有同類木兩行與之編聯。或與例一四〇相關"。"輔農以田作莫旦績紡爲事"一句,整理者斷作"輔農,以田作、莫旦績紡爲事",並將"輔農"解釋爲:"輔,輔助。《漢書·張湯傳》'舞文巧詆以輔法',師古注:'輔,助也。'農,農作之事。《左傳》襄公九年'力於農穡',孔疏:'農是力田之名。'《漢書·食貨志上》:'闢土殖穀曰農。'"但據例一四〇"董、旦,桑鄉廣亭部。董與父老、母何、同産兄輔、弟農俱居。旦父母皆前物故,往不處年,嫁爲良妻"可知,"輔"、"農"、"旦"

---

① 《三國志》卷二五《魏書·辛毗傳》,北京:中華書局,1959 年,第 700 頁。

皆爲人名,[①]且"旦"爲女子,故以"績紡爲事"。"莫旦績紡爲事"之"莫"或亦爲人名。類似簡文又見例一三三木兩行 CWJ1③:139:"階(?)、番武等相比近知習,各以田作、績紡爲事。"此句或斷爲"輔、農以田作,莫、旦績紡爲事。"

"普以吏次署獄掾",整理者釋爲"以吏職相近就職獄掾",似不確。五一廣場簡還有與此類似簡例:

> 故亭長李嵩病,郵亭掾趙競勑楮溪例亭長黃詳次領嵩䵷(職)。
>
> (一四一　木兩行 CWJ1③:193)

西北漢簡中多見有以秩次、功次兼任或遷補爲吏的情況。如:

> 七月壬辰張掖肩水司馬陽以秩次兼行都尉事謂候城尉寫移書到搜索部界中毋有以書言會月廿日如律令/掾遂守屬況　(73EJT1:3)
>
> 狀公乘氏池先定里年卅六歲姓樂氏故北庫嗇夫五鳳元年八月甲辰以功次遷爲肩水士吏以與塞吏卒爲職　(73EJT28:63A)
>
> ☑以功次遷補肩水候　候官以三月辛未到官☐　(《合校》62·56)
>
> 府省察令居延除吏次備補惲等缺叩頭死罪死罪敢言之　(E.P.F22:351)

《史記·蕭相國世家》:"列侯畢已受封,及奏位次,皆曰:'平陽侯曹參身被七十創,攻城略地,功最多,宜第一。'上已橈功臣,多封蕭何,至位次未有以復難之,然心欲何第一。"[②]《史記·陳丞相世家》:"于是孝文帝乃以絳侯勃爲右丞相,位次第一。平徙爲左丞相,位次第二。"[③]又《東觀漢記·世祖光武皇帝紀》:"每幸郡國,下輿見吏輒問以數十百歲能吏次第,下至掾史。"[④]以上的"次"皆當作次序解。"普以吏次署獄掾"之"次",也當爲次序之意。例一四一木兩行 CWJ1③:193 中"楮溪例亭長黃詳次領嵩䵷(職)",也應是按照某種排序進行。[⑤]

---

① 此承平澤大學宋真女士提示。

② 《史記》卷五三《蕭相國世家》,第 2016 頁。

③ 《史記》卷五六《陳丞相世家》,第 2061 頁。

④ 〔東漢〕劉珍等撰,吳樹平校注:《東觀漢記校注》卷一《世祖光武皇帝紀》,北京:中華書局,2008 年,第 9 頁。

⑤ 另外,例一五五木兩行 CWJ1③:263-42 中説:"福,吏次今年四月六日兼庾亭長。"此處的"吏次",整理者注爲"以吏職次"。不過,已有學者指出,據相關簡文及上下文意,這裏的"次"或爲人名。此句當斷作"福,吏;次,今年四月六日兼庾亭長"。參見張朝陽:《長沙五一廣場東漢簡劄記:交阯人資料初考》,復旦大學出土文獻與古文字研究中心網站(www.gwz.fudan.edu.cn),2016 年 6 月 6 日。

四

木牘CWJ1③：291是長沙太守府發出的"記書"，整理者指出："此牘形制寬大，上端殘缺，僅剩'開'字，但正文部分仍連貫可讀。""'府告'之'府'字以大字書寫，下端筆畫被拉長。右側有三角形刻齒，或用以捆綁封檢之用。'長沙大守丞印'六字墨迹較淡，當爲第二次書寫。"整理者釋讀如下：

☐府告臨湘：前却，趣詭課左尉邽充，守右尉夏侯弘逐捕殺小史周諷男子馮五、

☐無什，及射傷鄉掾區晃、佐區期，殺弟賊李湊，劫女子王綏牛者師寇、蔣隆等，及吏殺民賊朱祉、董賀、

☐范賀，亭長袁初、殷弘，男子王昌、丁怒、李高、張恭及不知何四男子等不得。令充、弘詣府對。案：祉、賀、

☐初、昌、怒、寇、高、四男子等所犯皆無狀，當必禽(擒)得。縣、充、弘被書受詭逐捕連月，訖不捕得，

☐咎不在以盜賊責負爲憂，當皆對如會。恐力未盡，且皆復假期。記到，縣趣課充、弘逐捕祉、

☐賀、高、隆、四男子等，復不發得。充、弘詣府對，會十六年正月廿五日。令卅日勉思謀略，有以自效，有

☐府君教。　　　長沙大守丞印。　　　永元十五年十二月廿日晝漏盡起。

☐開

此件文書的大意是，長沙太守府發出文書，指示臨湘縣抓緊督促左尉邽充、守右尉夏侯弘抓捕馮五、無什、李湊、師寇、蔣隆、朱祉、董賀、范賀、袁初、殷弘、王昌、丁怒、李高、張恭及不知何四男子等犯罪嫌疑人。如果30天内再不能破案，左尉邽充、守右尉夏侯弘到太守府對奏。

本文書涉及人員衆多，整理者已經指出，左尉邽充、守右尉夏侯弘爲執法責任人，則"趣詭課左尉邽充"、"守右尉夏侯弘"之間的逗號當以頓號爲妥。"記到"及下一句，整理者斷作"記到，縣趣課充、弘逐捕祉、賀、高、隆、四男子等，復不發得。充、弘詣府對，會十六年正月廿五日"。若按此斷句，"復不發得"四字不易理解。《漢書·霍光傳》載宣帝詔書："今大司馬博陸侯禹與母宣成侯夫人顯及從昆弟子冠陽侯雲、樂平侯

山諸姊妹婿謀爲大逆,欲詿誤百姓。賴宗廟神靈,先發得,咸伏其辜,朕甚悼之。”師古曰:“事發而捕得。”[①]按,此處之“發”當爲發現之意。《淮南子·兵略》“發斥不忘遺”,高誘注:“發,有所見。”[②]《大戴禮記·文王官人》“徵清而能發”,王聘珍解詁:“發,謂發見。”[③]“發得”,即發現而捕得。筆者以爲,“復不發得”當下屬,此句意爲“(如果)再不能發現捕得,充、弘到太守府對奏,在十六年正月廿五日期會”。

此外,文書中要求充、弘二人“會十六年正月廿五日”,“令卅日勉思謀略,有以自效”。而此件文書“十五年十二月廿日晝漏盡起”,據張培瑜《三千五百年曆日天象》,永元十五年十二月爲小月 29 天,則兩個日期之間相隔 34 天,與“卅日”不合。從長沙太守府與臨湘縣的距離來看,二者之間的文書傳遞應該不需要耗費 4 天。需要注意的是,此件文書中涉及的時間恰在永元十五年和永元十六年之間。金秉駿先生認爲出現日期不符的情況可能與年末臘日的休假有關。

五

例二四木兩行 CWJ1③:303 整理者釋讀如下:

後呼謂贛等曰:婢子持央物還。放復射林等一發,不中。贛等其☑
尾、近以橈更掘沙土,貍(埋)臧(藏)物。事已,俱渡湘,棄栱西市渚下,各別☑

整理者認爲,“栱”爲人名。按,“栱”,《爾雅·釋宫》:“樴謂之杙,在墻者謂之楎,在地者謂之臬。大者謂之栱,長者謂之閣。”郭璞注“橜也”,即木樁。[④] “栱”的另一種解釋爲斗拱。皆與此簡文意不合。這裏的“栱”當是“舼”的異寫。“舼”,《廣雅·釋水》:“舟也。”[⑤]《後漢書·馬融傳》“連舼舟”,李賢注:“小舟也。《淮南子》曰:‘越舼、蜀艇,不能無水而浮。’”[⑥]另,例三七竹簡 CWJ1③:325-1-139 中説:“舍辤:十四年五月不處日,俱乘栱船上之沂溪中市魚,到潘溪……☑”整理者注:“栱,人名。或説‘栱船’爲一種船的稱謂。”結合例二四來看,當以後説爲是。例二四中,尾、近二人“以橈更掘沙土”,“橈”,整理者

① 《漢書》卷六八《霍光傳》,第 2957 頁。

② 何寧:《淮南子集釋》卷一五《兵略》,北京:中華書局,1998 年,第 1058 頁。

③ 〔清〕王聘珍:《大戴禮記解詁》卷一〇《文王官人》,北京:中華書局,1983 年,第 190 頁。

④ 《爾雅注疏》卷五《釋宫》,阮元校刻:《十三經注疏》,北京:中華書局,1980 年,第 2597 頁。

⑤ 〔清〕王念孫:《廣雅疏證》卷九下《釋水》,北京:中華書局,1983 年,第 305 頁。

⑥ 《後漢書》卷六〇上《馬融傳》,北京:中華書局,1965 年,第 1964 頁。

引《後漢書・岑彭傳》:"於是裝直進樓船、冒突露橈數千艘",李賢注:"橈,小檝也。《方言》曰:'檝謂之橈。'[①]"[②]將"橈"釋作"船槳"。下文又説二人"俱渡湘",均是使用船具的證明。

① 按,原文爲《方言》,注釋作《爾雅》,誤。

② 《後漢書》卷一七《岑彭傳》,第660頁。

五一廣場東漢簡牘所見酒價與酒具*

羅小華

（長沙市文物考古研究所、出土文獻與中國古代文明研究協同創新中心）

2015年12月，《長沙五一廣場東漢簡牘選釋》一書出版，公布了176枚簡牘的彩色及紅外綫原大照片圖版、釋文注釋。[①] 這部分簡牘中，有不少内容與經濟相關。現就其中的酒價與酒具進行初步分析，以求教於大方之家。

1. 沽四器，直錢四百，……寫酒置杅中。（CWJ1③：137）
2. 酒孰，胡客從宏沽酒一杅，直卅。歆復沽一杅，直卅。後不處日，閏復沽二器，直錢二百。脩復沽一器，直錢百。建沽一（CWJ1③：189-3）

牘1中的"器"，整理者指出："量詞。《宋書・張邵傳》'孝武遣送酒二器，甘蔗百挺。'"[②]牘2中的"杅"，整理者指出："盛酒器，此處爲量詞。"[③]

從牘文記載來看，"器"和"杅"均爲盛酒器。然而，盛酒之"器"，文獻罕見，其物難定。"杅"在傳世文獻中，又被認爲是"盛湯漿"的器具、"飲器"或"飲水器"。《儀禮・既夕禮》"兩杅"，鄭玄注："杅，盛湯漿。"[④]《後漢書・明帝紀》"杅水脯糒而已"，李賢注引《説

* 本文寫作得到國家社會科學基金重大項目"五一廣場出土東漢簡牘的整理與研究"（15ZDB033）、國家社會科學基金重大項目"先秦兩漢訛字綜合整理與研究"（15ZDB095）、北京市哲學社會科學規劃重點項目"秦漢印章封泥文字編"（14WYA002）的資助。

① 長沙市文物考古研究所等編：《長沙五一廣場東漢簡牘選釋》，上海：中西書局，2015年。

② 長沙市文物考古研究所等編：《長沙五一廣場東漢簡牘選釋》，第211頁。

③ 長沙市文物考古研究所等編：《長沙五一廣場東漢簡牘選釋》，第220頁。

④ 《儀禮注疏》卷三八《既夕禮》，阮元校刻：《十三經注疏》，北京：中華書局，1980年，第1149頁。

文》曰："杅，飲器。"[①]《公羊傳》宣公十二年"古者杅不穿"，何休注："杅，飲水器。"[②]可見，"杅"用於盛酒，大概還是從盛水、盛湯漿演變而來的。"杅"之爲物，目前已有定論。安徽當塗晋墓中出土一器，自銘爲"釪"。徐中舒先生指出："釪經典及字書均作盂，或作杅，銅器亦有作鋙者。……銅器中之盨盆與鋗，其形制均與此盂形近，當即盂之異名。"[③]

"盂"，漢代簡牘中比較多見，且有不少實物"盂"出土。[④] 馬王堆一號漢墓遣策簡201："髹畫華圩(盂)十枚其一盛牛肩郭(槨)左九郭(槨)足。"整理者："圩當讀爲盂。《急就篇》作'杅'，……'華圩'爲雙聲叠韻連綿詞，當爲盂之别名。……稱盂爲華圩猶稱㼜爲卑匲之比。墓中出點紋和雲紋漆盂共六件，'其一盛牛肩郭左'，當即指簡六八所記之'華一'。六件均出東邊箱(郭左)，與簡文略異，盂數也比簡文少四件。"[⑤]馬王堆三號漢墓出土遣策簡253："髹畫華圩(盂)廿枚。"簡254："髹畫木圩(盂)一，容五斗。"整理者："圩即盂，或作杅。《説文・皿部》：'盂，飲器也。'段注：'杅即盂之假借字。'又引《方言》説：'盂，宋、楚、魏之間或謂之盌。'出土漆器中，盂形似盤而腹略深。"[⑥]蕭家草場二六號漢墓遣策簡16："食于(盂)一雙。"整理者："'于'即'盂'，出土大小形制相同的彩繪漆盂二件。"簡20："金于(盂)一。"整理者："出土物不見。"簡23："大瓦于(盂)一枚。"整理者："出土物不見。"簡24："小瓦于(盂)一枚。"整理者："出土陶盂一件。"[⑦]湖北江陵鳳凰山10號墓"記陪葬物的木牘"1："小于(盂)一具。"167號墓簡20："盂四枚。"整理者："鳳凰山168號墓遣策'盂'作'杅'。隨葬漆盂四。"簡38："瓦盂一枚。"整理者："隨葬陶盤一。"168號墓簡18："杅(盂)八枚。"(按：即指編號爲"97、144、165、169、170、185、186、161"的出土漆盂)169號墓簡33："小盂一枚。"簡34："☐□盂一。"整理者："不明所指，或即出土物中的缽或碟。"[⑧]湖南張家界古人堤簡59正"□□二酒于(盂)一□"。[⑨] 長沙東牌樓出

---

① 《後漢書》卷二《明帝紀》，北京：中華書局，1965年，第124頁。

② 《公羊傳注疏》，阮元校刻：《十三經注疏》，第2285頁。

③ 徐中舒：《當塗出土晋代遺物考》，《中央研究院歷史語言研究所集刊》第3本第3分，1932年，第314—315頁。

④ 按：蒙李洪財先生面告，謹致謝忱！

⑤ 湖南省博物館、中國科學院考古研究所編：《長沙馬王堆一號漢墓(上集)》，北京：文物出版社，1973年，第145頁。

⑥ 湖南省博物館、湖南省文物考古研究所編著：《長沙馬王堆二、三號漢墓 第一卷 田野考古發掘報告》，北京：文物出版社，2004年，第64頁。

⑦ 湖北省荆州市周梁玉橋遺址博物館編：《關沮秦漢墓簡牘》，北京：中華書局，2001年，第140—141頁。

⑧ 湖北省文物考古研究所編：《江陵鳳凰山西漢簡牘》，北京：中華書局，2012年，第90、159、165、187、202、215—216、224頁。

⑨ 湖南省文物考古研究所、中國文物研究所：《湖南張家界古人堤簡牘釋文與簡注》，《中國歷史文物》2003年第2期，第83頁。按：蒙游逸飛先生面告，謹致謝忱！

土木牘 110“平于一枚……大酒于一枚”。[①]

關於盂的容量,能够確定的有兩種:

1.“容五斗”。馬王堆三號漢墓簡 254 明確記載:“髹畫木圩(盂)一,容五斗。”

2.“容一斗五升”。1977 年 7—8 月,安徽省阜陽市西漢汝陰侯墓出土漆盂 4 件:“鏇製,圜底,内髹紅漆,外髹黑漆,彩繪雲紋、象鼻紋。”其中,1 件銘文爲“女陰侯盂容斗五升六年庫己工延造”;2 件銘文爲“女陰侯盂容一斗五升七年庫襄工延造”;1 件銘文爲“女陰侯盂容斗五升九……”。[②] 其尺寸爲“徑 28.5,高 8.8(釐米)”。[③]

除以上兩處漢墓之外,雖有幾處墓葬也出土了實物盂,但是,它們的容量只能通過器物的相關尺寸進行考查:

1972 年 1—4 月,馬王堆一號漢墓出土“華圩”6 件:“出東邊箱。鏇木胎。器形大小相同。直口圓唇,腹較深微鼓,矮圈足。”[④]其尺寸爲高 9.3、口徑 25、腹徑 26.5、底徑 16 釐米。[⑤]

1973 年 11—12 月,馬王堆三號漢墓出土漆盂 10 件:“器形相同,但大小有差别。鏇木胎。直口圓唇,矮圈足。……標本南 35 較大,口徑 38、底徑 24、高 12 釐米。其餘口徑、高相近。標本南 127,口徑爲 24.6、底徑 15.7、高 9.6 釐米。簡二五三‘漆畫華圩(盂)廿枚’當即指此,但實出數較簡文記載少十件。”[⑥]

1990 年 12 月—1992 年 12 月,湖北蕭家草場二六號漢墓出土漆盂 2 件:“其大小紋飾相同。均係整木製作,鏇製。口微斂、方唇、短頸、腹下弧内收,圓底,矮圈足。……標本 XM26∶8 口徑 27.6 釐米,足徑 17.4 釐米,高 9.2 釐米。”[⑦]

1993 年 2—7 月,湖南長沙望城坡西漢漁陽墓出土漆盂 125 件,可分爲 2 型。其中,Ⅰ型漆盂“寬平沿,淺直腹,器身矮平。……標本 A:95,口徑 28.8、高 8 釐米。標本 B:75,口徑 28、高 8.4 釐米。”Ⅱ型漆盂“寬平沿,束頸,曲腹,器身略高。……標本 B:59-1,口徑 26、高 9.2 釐米。標本 B:85,口徑 27.4、高 8.4 釐米。”[⑧]

---

① 長沙市文物考古研究所、中國文物研究所編:《長沙東牌樓東漢簡牘》,北京:文物出版社,2006 年,第 116 頁。

② 安徽省文物工作隊、阜陽地區博物館、阜陽縣文化局:《阜陽雙古堆西漢汝陰侯墓發掘簡報》,《文物》1978 年第 8 期,第 21 頁、第 27 頁圖一六。

③ 安徽省文物工作隊、阜陽地區博物館、阜陽縣文化局:《阜陽雙古堆西漢汝陰侯墓發掘簡報》,《文物》1978 年第 8 期,第 21 頁。

④ 湖南省博物館、中國科學院考古研究所編:《長沙馬王堆一號漢墓(上集)》,第 87 頁。

⑤ 湖南省博物館、中國科學院考古研究所編:《長沙馬王堆一號漢墓(上集)》,第 96 頁。

⑥ 湖南省博物館、湖南省文物考古研究所編著:《長沙馬王堆二、三號漢墓 第一卷 田野考古發掘報告》,第 134 頁。

⑦ 湖北省荆州市周梁玉橋遺址博物館:《關沮秦漢墓簡牘》,第 172 頁。

⑧ 長沙市文物考古研究所、長沙簡牘博物館:《湖南長沙望城坡西漢漁陽墓發掘簡報》,《文物》2010 年第 4 期,第 30 頁。

表一 漢墓出土漆盂尺寸對照表

出　處	數量(件)	文物號	尺寸(釐米)			
			口徑	腹徑	底徑	高
馬王堆一號漢墓	6	61、62、74、75、92、206	25	26.5	16	9.3
馬王堆三號漢墓	10	南 35	38		24	12
		南 127	24.6		15.7	9.6
西漢汝陰侯墓	4	M2：4	28.5			8.8
西漢漁陽墓	125	A：95	28.8			8
		B：75	28			8.4
		B：59-1	26			9.2
		B：85	27.4			8.4
蕭家草場二六號漢墓	2	XM26：8	27.6		17.4	9.2

從尺寸來看，以上出土 147 件漆盂中，除了馬王堆三號漢墓出土的南 35（其尺寸明顯大於其他漆盂）之外，其餘 146 件漆盂的尺寸大致相同。① 據此，我們認爲，這種漆盂的容量具有廣泛性。汝陰侯墓出土漆盂的容量"一斗五升"，也當適用於其他漆盂。根據牘文記載，"沽酒一杅，直卅"，"復沽一杅，直卅"。而且，兩漢的量制基本一致，西漢時期的量制能够適用於東漢時期。② 於是，我們作出一個大膽的推測：酒一杅爲一斗五升，值三十錢；而酒一斗，則當值二十錢。③

出土文獻和傳世文獻中，都有酒價的相關記載。居延漢簡 EPT51.223："受甲渠君錢千……出百卅沽酒一石三斗。"④這是一斗值十錢。敦煌漢簡 776："酒一石八斗，直二百七十。"⑤這是一斗值十五錢。《漢書・昭帝紀》："秋七月，罷榷酤官，令民得以律占租，賣酒升四錢。"⑥换算之後，其所記載的酒價是一斗四十錢。《九章算術・盈不足》："今有醇酒一斗，直錢五十；行酒一斗，直錢一十。"⑦對比可知，牘文中的酒價與其他文獻中的記載還有些差距。這可能與時代、地域以及酒的種類都有關係。

---

① 由南 35 的尺寸所計算出的容量約爲 9.2 升，與"五斗"（即 10 升）非常接近。

② 參丘光明、邱隆、楊平：《中國科學技術史・度量衡卷》，北京：科學出版社，2001 年，第 212 頁表 11-4、第 218 頁表 11-5、第 231 頁表 11-7。

③ 按：雖然東漢時期盂的容量尚不明確，不知是否與西漢盂的容量一致，但是，我們的推測方式應該是可行的。

④ 甘肅省文物考古研究所等編：《居延新簡》，北京：文物出版社，1990 年，第 191 頁。

⑤ 甘肅省文物考古研究所編：《敦煌漢簡》，北京：中華書局，1991 年，第 249 頁。

⑥ 《漢書》卷七《昭帝紀》，北京：中華書局，1964 年，第 224 頁。

⑦ 郭書春譯注：《九章算術譯注》，上海：上海古籍出版社，2009 年，第 303 頁。

另外,牘文又載"沽四器,直錢四百","復沽二器,直錢二百","復沽一器,直錢百"。經過換算,一器的容量是五斗,也就是半斛。《説文·斗部》:"斛,十斗也。"①《漢書·律曆志》"十斗爲斛"。② 半斛相當於現在的10 000毫升,也就是10升。③《九章算術·盈不足》有這樣一道算題:"今有大器五、小器一,容三斛;大器一、小器五,容二斛。問:大、小器各容幾何?荅曰:'大器容二十四分斛之十三,小器容二十四分斛之七。'術曰:'假令大器五斗,小器亦五斗,盈一十斗。令之大器五斗五升,小器二斗五升,不足二斗。'"④該算題顯示,對於大器,無論是假設的容量(五斗和五斗五升),還是實際的容量(二十四分斛之十三),都與我們根據牘文和汝陰侯墓漆盂銘文内容所得出的結論(一器容五斗)相吻合。因此,牘文中的盛酒之"器",可能就是《九章算術》中的"大器"。

綜上所述,五一廣場東漢簡牘中的酒價無法與傳世文獻中的記載相印證,可能是受時代、地域和酒的種類的影響。"杅",當讀爲"盂"。據汝陰侯盂的銘文記載,其容量爲"一斗五升"。已知"杅"的容量,以及一"杅"酒和一"器"酒的價格,我們推算出,"器"的容量是五斗,也就是半斛,相當於現在的10升。

附記:1963年9月,湖南省長沙市湯家嶺漢墓出土一件銅器:"敞口,寬折沿,收腹,平底,底部邊沿鑄三小圓足,自足跟鑄成三條棱綫交於底之中點,高17.6、口徑40.8、底徑22釐米,腹的中部飾凸弦紋一周,並鋪首銜環一對,口沿上部用隸書墨寫'張端君銅洗一'。"⑤孫機先生指出,墨書銘文當爲"張端君銅汙一","汙"即"杅"的假借字。⑥ 由其尺寸計算得出的容量約爲14升,大於漢制的"五斗"(即五一廣場、古人堤簡牘中"一器"的容量)。

---

① 《説文解字》,北京:中華書局,1963年,第300頁。

② 《漢書》卷二一《律曆志》,第967頁。

③ 參丘光明、邱隆、楊平:《中國科學技術史·度量衡卷》,第231頁表11-7。

④ 郭書春譯注:《九章算術譯注》,第303—304頁。

⑤ 湖南省博物館:《長沙湯家嶺西漢墓清理報告》,《考古》1966年第4期,第183頁。

⑥ 孫機:《漢代物質文化資料圖説(增訂本)》,上海:上海古籍出版社,2011年,第378頁。

説漢簡中的符號*

——以“√”號爲主兼談其他符號

李洪財

（湖南大學嶽麓書院、出土文獻與中國古代文明研究協同創新中心）

居延漢簡中常出現“√”號，如：

1. ☐□一√二，分别爲爰書，移官。其初假時折傷毋舉□　　（居 14・20）
2. □見不一√二叩　　（居 76・43A）
3. ●第廿六√廿五倉，五鳳五年正月穀出入簿。　　（居 101・1）
4. 候史齊√昌遂　　（居 20・12B）
5. □如律令。令史熹√光√博，尉史賢。　　（居 29・7）
6. 令史博、尉史昌√嚴。　　（居 35・22B）
7. ☐詣願褒霸√則√昌√忘得√幼√聖√□憲□　　（居 506・8）

10. 之●書√檄以即下餔時起誠北。　　（居 30・7）
11. 第十二隧長√長詣官自言，五月戊子餔坐入。　　（居 52・50＋52・18）

不難看出上舉漢簡中的“√”號，都表示停頓間隔作用。20・12B 中“√”，《中國簡牘集成》（以下簡稱“《集成》”）注云：猶今頓號。間隔前後人名，以免誤二人爲一人。關於漢簡中“√”號的意義，管錫華《古代標點符號理論初探》、[①]蔣莉《楚秦漢簡標點符號初探》、[②]李正宇

* 本文爲 2017 年國家社科基金一般項目（17BZS126）階段性成果。

① 管錫華：《古代標點符號理論初探》，《古籍整理研究學刊》1995 年第 5 期。

② 蔣莉：《楚秦漢簡標點符號初探》，四川師範大學碩士學位論文，2004 年，第 78 頁。

《敦煌古代標點符號及其價值意義》等文章中都有論及,[1]認爲"√"作句逗符號。蔣莉《楚秦漢簡標點符號初探》專對漢簡中的"√"號作用作了簡短概述,認爲"√"號是從更早的"ㄴ"或"乚"演變而來,在漢簡中表示分隔,常用於列舉的多個人和事物之間,以免發生混淆,表示該處並列的詞語不能連讀。[2] 這些文章觀點大致没什麼問題,只是這些文章對"√"號的作用、形體、發展變化等問題都比較概括,寥寥數語無法説明問題,而且我們在翻閲漢簡時,發現不少因爲"√"號産生的問題,説明現今學界對"√"的認識並不是十分明確,而清楚這些問題對漢簡的整理和古代漢語中標點符號的研究非常有意義。

一　誤釋舉例

我們讀漢簡時發現不少因爲"√"産生的錯誤。所謂的"√"其實都寫作小"乙"形,釋録作"√"是有些問題的,這裹暫時還用"√"號,下文詳細説形體問題。下面以《集成》釋文爲底本,指出一些因爲不明確"√"的作用而誤釋的情況。

12. 三一二　　　　(居 146 • 30B[乙 108])

按:此簡原圖如右。其中"一"書寫較短,且靠在簡右側,此形絶非"一"字,任攀文認爲此簡應釋作"酒泉張",從簡圖看,很難確定。從《集成》釋文看,整理者應該是按照數字整理的,但如果按照數字整理,那麼這個"一"也應該整理作"√"號。上舉例 3 居 101 • 1(甲 573)中的"√"寫作"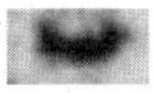",與此簡中所謂的"一"形狀完全相同。

13. 倉卒爲記不一二二志傳謝張次叔□☐　　　　(居新 EPT65 • 200A)

按:此簡中"不一二二"原簡圖如右。其中所謂的"二"也應當是表示間隔作用的"√"號。上文已經説明"√"號的形狀本作"乙"形,此簡中所謂的"二"形狀正是"乙"形。只是這個"乙"形的寫法稍顯怪異,可能是誤寫作了"二"後,發現與上面的"一"容易混成"三",而在"二"的基礎上改作了"√"號。

14. 侯普白:具記之,它所欲,力所任,願聞之。迫不及一二一二,致自恖自恖一。
左子淵,頃起居得毋有它?子淵舍中皆毋它急。普屬從酒泉來,到會左曼卿,當

---

① 李正宇:《敦煌古代標點符號及其價值意義》,"百年敦煌文獻整理研究國際學術討論會"會議論文,杭州,2010 年 4 月 9 日。

② 蔣莉:《楚秦漢簡標點符號初探》,第 78 頁。

西候倉卒爲記不及一二一二。前普所寄弓及韋,幸爲付左曼卿。來弓韋皆 (敦 7A)

按:以上簡中出現的兩處“一二一二”,原簡中並不是重文號,兩處“一”字右下角分别有、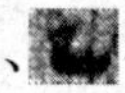符號,與其他所見的重文號完全不同。此處也是常見的“√”,起區别作用。相同的錯誤情況還有如下,不一一説明:

15. 毋以邑邑非意,忽於至計, 願一一二知起居唯爲, (敦 237)

16. □君舍拜言,常□求,倉卒一二二,君長前幸言, (敦 714A)

17. 叩頭叩頭叩頭一一二叩頭 (敦 1006B)

18. 可往就送囚效縠故君□□□□□□□命到府立歸部不及一一二甚幸過起居□ (敦 1118A)

二 “√”號的作用、形體、發展、變化

以上例 12—18 標綫處,除了 12、13 兩例不能完全確定外,其他《集成》全部誤釋,而且比較新的相關論文中也没注意到這個問題。《集成》除了在 20・12B 下注“√”表示人物間隔外,在其他處未見注釋。從《集成》出現的衆多錯誤看,整理者可能只是注意到了“√”的人物間隔作用。我們未對漢簡釋文資料進行全面整理,估計在漢簡中還有不少類似上述的錯誤。下面對“√”的具體作用和形體問題作簡單論述。

(一) 作用

通過本文所搜集的材料看,可以知道“√”的作用有:

第一,分割數字,避免數字相混。如上舉例 1、2、3 即是這種情況。

第二,分隔人物,避免誤會。如上舉例 4、5、6、7。

第三,表示停頓不連讀。如上舉例 10、11。

通過這些作用,可以暫時將“√”定名爲“間隔號”。不過漢簡中“√”不僅僅只有間隔作用,還有一些特殊情況。

19. ☑書七月乙酉下。√一事,丞相所奏臨淮海賊√樂浪、遼東

☑得渠率一人,購錢卌萬。詔書八月乙亥下。√一事,大起首作用。 (居 33・8)

例 19 簡中的三個“√”,其形體與其他簡情況大致相同,原簡都寫作小“乙”形。從此簡來看,兩個“一事”前的“√”號,不應作間隔作用分析,應該表示起首提醒作用。

20. 稾矢銅鍭，三百。√　　　　　　　　　　　　（居 267 · 14［甲 1404］）

21. 卒史淖並，　○八月奉千二百，√　以償其☑　　　　（居新 ESC · 82）

漢簡中像 20、21 這類簡還有很多，這兩支簡中的“√”，很明顯不是間隔作用，本應有所區别。上録例 20 中的“√”原本作，例 21 中的“√”原本作，兩處應和後世簽到核對時的鉤挑相似，應表示勾校之意，不屬於標點符號。其實漢簡中就有關於“勾校”的相關内容，例如：

☑書到拘校處實牒别言遣尉史弘齎☑　　　　　　（居 317 · 6）

此簡中“拘校”説的應該就是上面例 20、21 中的“√”情況。所以例 20、21 中的“√”號並不能等同間隔號看待。雖然這種勾校符號和間隔號形狀上很相似，但畢竟不一樣，從文獻整理的角度説，應該加以區别。《集成》的釋文整理中，没有區分間隔號與勾校符號，一併整理作“√”號，這似乎不太合理。

“√”號在漢簡中的寫法本作小“乙”形，如上舉例 1 居 14 · 20（甲 124）中“一√二”中間的“√”，原簡作。還有上舉例 3 居 101 · 1（甲 573）中的“√”號原簡寫作“　”。、形與漢簡中的“乙”之草字是完全一致的。例如居 177 · 4 中的“乙”寫作，居 491 · 10A 中的“乙”寫作等。如果向前追溯，秦簡中也有不少這種符號。秦代睡虎地秦簡《日書》甲種 119 背：“十一月丁酉材衣，終身衣絲；十月丁酉。”其中“絲”後原簡有號。《日書》甲種 4 背 1：“囊婦以出，夫先死，不出二歲。”其中“出”後原簡有號。這兩個符號，和漢簡中的“√”號實際是相同的，都寫作“乙”形。從文獻整理角度説，表示句讀的“√”號和表示勾校的“√”是完全不同的兩種符號，在釋文中應該有所區分。李均明《秦漢簡牘文書分類輯解》中將表示句讀的“√”號整理爲“∠”，[①]例如書中 329 頁《從器志》中：“比疏二∠，一笥，繒緣。”“∠”這種釋寫形體明顯要比“√”合理。所以應該將漢簡中所有表示間隔句讀的“√”號全部改作“∠”，而把表示勾校的符號整理作“√”。

在漢簡以後的文獻中，這個“乙”形號作用稍有所變化，後來多用圈號或點號表示句讀，而很少出現以“乙”形號表示句讀。敦煌遺書中出現不少“乙正號”，例如 p2081《敬僧法功德行法》“出家德功法第六”，[②]其中“德”、“功”之間，原卷書寫一個小“乙”，其作用是將抄倒的“德功”轉過來。這個“乙正號”後來也發展成“√”號。[③] 爲了和敦煌遺書中的“乙正號”相區别，也應該將漢簡中以往釋作“√”表示句讀的符號修改作“∠”。

① 李均明：《秦漢簡牘文書分類輯解》，北京：文物出版社，2009 年。

② 上海古籍出版社、法國國家圖書館編：《法藏敦煌西域文獻》，上海：上海古籍出版社，1994 年，第四册，第 290 頁。

③ 參見曾良：《俗字及古籍文字通例研究》，南昌：百花洲文藝出版社，2006 年，第 344 頁。

三　漢簡中的其他符號問題

漢簡中的符號還有很多,以往在整理漢簡時對符號的整理,不如對待釋文一樣重視,所以在漢簡中仍能看到一些符號釋録問題。除了上面的問題外還有不少。

漢簡中還有很多符號,有些曾引起不少學者討論,比如漢簡中的"卩"號,出現頻率非常高,比較容易引起學者注意,如陸錫興《釋"卩"》、[①]陳公柔、徐苹芳《大灣出土的西漢田卒簿籍》、[②]陳直《敦煌漢簡釋文平議》、[③]裘錫圭《湖北江陵鳳凰山十號漢墓出土簡牘考釋》、[④]何雙全《敦煌漢簡釋文補正》、[⑤]黄盛璋《江陵鳳凰山漢墓簡牘及其在歷史地理研究上的價值》[⑥]都有討論,但結論不是很一致。這種比較常見的符號比較容易引起注意,但漢簡中還有不少符號,其使用的數量較少,不容易引起注意,其表達的意義以前並不是很清楚。例如:

> ☐卒,故道市陽里,楊崔,年三十三。上。●富昌,今凌胡＿楊崔代刑杖。├─ (敦 268)
>
> 戍卒,河池上里,期毋伯,年三十八。上。廣武。卩期毋伯代唐歆├─ (敦 272)
>
> 當屯━ (敦 82B)

敦 268 簡中的├─,《集成》當文字整理作"丁",不知是誤釋還是排版編輯錯誤。這個形不是文字,但這個符號究竟代表什麽,也没看到過明確的文字説明。上舉 268、272 兩支簡,格式、内容類型十分相似,├─號應該表示相同意思。這個符號出現在末尾,筆畫一直拖拉至簡末。其作用應該是爲了填滿簡末的空白。敦 82B 中末尾的長綫拖得更長,基本貫穿至簡末尾。這種情況與今天票據上爲了避免在空白處補填内容,而勾劃掉空白處非常相似(如圖一)。[⑦]

我們暫且把├─號稱爲"補空號"。上面所見的補空號是爲了防止在簡末空白處補寫其他内容。還有不同情況的補空現象,如:

---

① 陸錫興:《釋"卩"》,《考古》1987 年第 12 期。

② 陳公柔、徐苹芳:《大灣出土的西漢田卒簿籍》,《考古》1963 年第 3 期。

③ 陳直:《敦煌漢簡釋文平議》,收入所著《摹廬叢著七種》,濟南:齊魯書社,第 285 頁。

④ 裘錫圭:《湖北江陵鳳凰山十號漢墓出土簡牘考釋》,《文物》1974 年第 7 期。

⑤ 何雙全:《敦煌漢簡釋文補正》,甘肅文物考古研究所編:《漢簡研究文集》,蘭州:甘肅人民出版社,第 467 頁。

⑥ 黄盛璋:《江陵鳳凰山漢墓簡牘及其在歷史地理研究上的價值》,《文物》1974 年第 6 期。

⑦ 圖片來源於百度圖片。

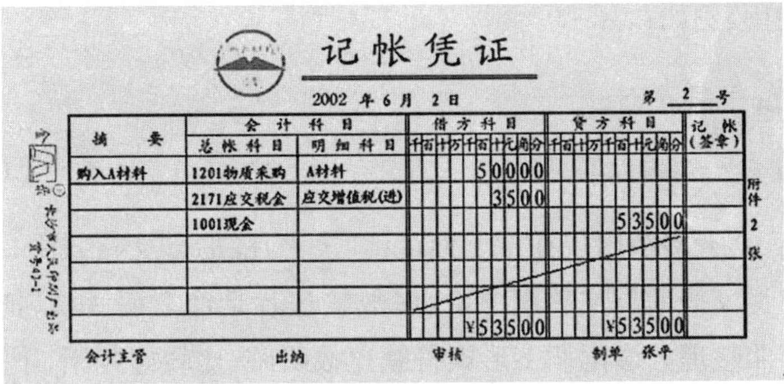

记帐凭证

2002 年 6 月 2 日　　　第 2 号

摘要	会计科目 总帐科目	明细科目	借方科目	贷方科目	记帐(签章)
购入A材料	1201物质采购	A材料	50000		
	2171应交税金	应交增值税(进)	3500		
	1001现金			53500	
			¥53500	¥53500	

附件 2 张

会计主管　出纳　审核　制单　张平

圖一

候普白：具記之，它所欲，力所任，願聞之。迫不及一二，致自恖自恖。

（敦 7A）

上簡中“恖”後所謂的重文號與同簡中以及漢簡中其他重文號完全不同。我們認爲不應該只是重文號，而應該是重文號和補空號連在了一起。只是這個補空號是順著重文號拖拉下來，既不像上面的┣━形，也不像正常的重文號。

這種補空形式在後世的敦煌文獻中仍然可以看到，曾良《俗字及古籍文字通例研究》中有專章論述後世刻版書中，爲了排版的美觀，用字補空的現象，如：

多貢反　劉良曰言不復

見舊居也曠猶無也”反[①]

其中的“反”字就是爲了格式的美觀，多寫了一字。敦 7A 簡中的補空現象，和這種補空現象，其性質應該是一樣的。

再有，漢簡符號有時也成爲文字俗化的因素。比如“凡”字後世常俗寫作“凡”，爲什麽上部多出一撇畫呢？我們先看看“凡”字從秦簡到後世字形的演變過程：

1　2　3　4　5　6　7

1. 里耶秦簡　2. 敦 2157　3. 敦 2160　4. 居 561 · 15　5. 敦 1464B　6. 居 445 · 5　7. 王羲之

從這個演變過程可以看出，從秦簡[②]到漢簡的演變過程比較容易明白。到第 6 形，上部無端多出一筆。這一筆從哪裏來的呢？其實這一筆本來是符號。漢簡中的“凡”常

① 參見曾良：《俗字及古籍文字通例研究》，第 344 頁。

② 方勇：《秦簡牘文字編》，福州：福建人民出版社，2012 年，第 376 頁，簡號：里 J1(16)1 正。

和“·”號聯合使用，例如：

·凡用穀五石。　(居 161·1)

·凡少千六百卅四　(居新 EPT52·360)

漢簡中，“凡”字大多數出現在像上面這種“·＋凡”的行文格式中，並且表示最後的彙總統計之義。從漢簡的釋文整理來看，多數整理者是像上面一樣，把“·”作爲符號，將“凡”和“·”分開整理。這兩個字形與符號比較明確，比較好判斷，下面的兩個字形有點麻煩：

·凡四人　(居新 EPT56·11)

☐·凡五通☐　(肩 73EJT7：163)

我們看這兩個字形，符號與文字有了呼應之勢，尤其是形上的“點”，很難判斷是筆畫還是符號。若按釋文整理情況看，都是作符號處理的，但後世上部加筆畫的俗形“”由此始見端倪。也正是由於難以判斷是筆畫還是符號，所以俗變過渡期間字形的釋文整理就會出現問題，例如：

☐凡直錢萬一百　(居 29·12)

這支簡的釋文整理就很難辦，現行的釋文整理中都没有把“凡”上的點當成符號，没有“·”號。但如果“凡”出現在這種行文内容中，作最後的統計彙總之義，這樣的“凡”前最好還是加上“·”號。因爲從整個漢簡看，“凡”前點形作符號處理的情況，要遠多於作筆畫的情況。而且像上舉這支簡符號與文字之間還是比較分明的。發展到下面這個字形，符號才正式成爲俗寫“凡”字的筆畫：

凡六物冶合和丸，以白密，大如櫻桃。　(武醫 4)

這個形可以確定符號與文字正式融合在一起，形成了“凡”的俗形。從“凡”字的俗變過程可知，行文符號也可以影響文字的演變過程。清楚這個這個演變過程既能明白俗字來源，也能很好地指導釋文整理。

另外，在漢簡中還有一些符號意義不是很清楚，例如：

穀簿，出百三石五斗給□☐　(居新 EPT27·42)

府叩頭死罪死罪敢言之　(居新 EPF16·52)

居新 EPT27·42 簡的所謂“□”其實就是“⊥”，並非文字，應是符號。但這種符號究竟什麽意思,不是很確定。居新 EPF16·52 簡“叩”旁邊的“卜”,敦煌文獻中類似的情况是表示此字多餘,表示删除,但此簡似乎並没有多字的可能,不知何意。

綜上所述,漢簡釋文中符號整理還存在很多問題,重視程度不够。對一些符號意義的認識,以及漢簡符號與行文格式、文字變化、簡牘形制等之間的關係,都有待深入研究。

銀雀山漢墓竹簡對《漢語大詞典》補正十六例

高罕鈺　陶　浩

（浙江大學）

一　書證提前例

1.（卷二/頁55）**公人**：公家服役之人，即封建時代衙門裏的差役。

《漢語大詞典·八部》"公人"："①封建時代稱衙門裏的差役。"首列書證是文天祥《宣州勸農文》："年年早納早收鈔，那有公人來叫呼？"《宣州勸農文》爲南宋晚期作品，明顯晚於簡帛文獻，如：

《銀雀山漢墓竹簡·守法守令等十三篇·李瀍》894："公人三日。李主瀍，罰爲公人一。"該句中共出現了兩次"公人"，整理者注："公家服役之人。"

《銀雀山漢墓竹簡·守法守令等十三篇·田瀍》941—942："卒歲少入百斗者，罰爲公人一歲。卒歲少入二百斗者，罰爲公人二歲。出之之歲【□□□□】□者，以爲公人終身。卒歲少入三百斗者，黥刑以爲公人。"該句中共出現了四次"公人"，均爲"公家服役之人"之意。

《漢語大詞典》中"公人，封建時代衙門裏的差役"的書證當可以由宋代提前至漢代。

2.（卷二/頁951）**工**：擅長；善於。

《漢語大詞典·工部》"工"："③擅長；善於。"首列書證是《韓詩外傳》卷二："昔者舜工於使人，造父工於使馬。"《韓詩外傳》被認爲是漢代文帝、武帝時期的韓嬰所撰，其寫作時代和完整性受到後人懷疑，在此不過多贅述，但是其寫作時代不會早於西漢。明顯晚於簡帛文獻，如：

《銀雀山漢墓竹簡·晏子·十》582:"工於取,蜚乎□,觀(歡)於新,曼(慢)乎故,鄰(吝)於財,薄乎施,堵(睹)貧窮若弗式,騶(趨)富利若弗及。"

傳世文獻中亦有對應之句。《晏子春秋·内篇問上》21:"工乎取,鄙乎予;歡乎新,慢乎故;吝乎財,薄乎施;睹貧窮若不識,趨利若不及。"《玉篇·邑部》"鄙":"鄙陋,又不慧也。"與"擅長"之意相對。

《漢語大詞典》中"工,擅長、善於"的書證當可以提前至西漢。

3.(卷三/頁1262)**廣**:寬慰。

《漢語大詞典·广部》"廣":"⑭寬慰。"首列書證是《史記·屈原賈生列傳》,明顯晚於簡帛文獻,如:

《銀雀山漢墓竹簡·孫臏兵法·八陣》336:"勇,不足將兵,自廣也。"這句話的意思是:"勇氣不足的人不足以統兵,只能自己爲自己寬心。""自廣",即自己寬心,自我寬慰。

在先秦的傳世文獻中,也有例證證明在漢代以前"廣"已有"寬慰"之意。例如:

《左傳》文公十八年:"齊聖廣淵,明允篤誠。"孔穎達疏:"廣者,寬也。"

《莊子集解·内篇》第五:"仲尼恐其廣己而造大也,愛己而造衰也。"

《漢語大詞典》中"廣,寬慰"的書證當可以提前至銀雀山漢簡時期。

4.(卷八/頁296)**疾**:水流因受阻而騰湧、飛濺。

《漢語大詞典·疒》"疾":"水流因受阻而騰湧、飛濺。"首列書證是北魏酈道元《水經注·江水》:"其水並峻激奔暴,魚鼈所不能游,行者常苦之。"明顯晚於簡帛文獻,如:

《銀雀山漢墓竹簡·孫子兵法·兵勢》49—50:"水之疾,至▨▨可敗。"整理者注"疾,水流飛濺。"十一家本作:"激水之疾,至于漂石者,勢也。"

《漢語大詞典》中"疾,水流因受阻而騰湧、飛濺"的書證當可以從南北朝時期提前至漢代。

5.(卷八/頁1196)**筭**:計劃、謀劃。

《漢語大詞典·竹》"筭":"③計劃、謀劃。"首列書證是《文選·陸機〈吊魏武帝文〉》:"長筭屈於短日,遠迹頓於促路。"李善注:"筭,計謀也。"《文選》,全稱《昭明文選》,是南朝梁武帝的長子蕭統組織人所撰,明顯晚於簡帛文獻,如:

《銀雀山漢墓竹簡·孫子兵法·始記篇》7—8:"攻其【無】備,出其▨勝,不可▨筭勝者▨筭少【也。多筭勝】少筭,而況無筭乎!"該句的意思是:要在敵人没有防備處攻擊,在敵人料想不到的時候采取行動,條件充分的取勝希望就大,準備不充分就會失敗。何況一點條件也不具備的呢!

《漢語大詞典》中"筭,計劃、謀劃"的書證當可以由南北朝提前至漢代。

6.（卷八/頁1291）**擧**：興起、發動。

《漢語大詞典》"擧"："⑬擧，擧動、興起。"首列書證是《史記·春申君列傳》："王又擧甲而攻魏。"明顯晚於簡帛文獻，如：

《銀雀山漢墓竹簡·孫子兵法·九地》132—133："是故政擧之日，夷關折符，無通其使，厲于廊廟之上，以誅其事。"這句話的意思是：所以決定發動戰争的時候，就封鎖關口，廢除通行憑證，停止與敵國的使節往來，在廟堂上再三謀劃，作出戰略決策。

先秦的傳世文獻中，也有例證證明在漢代以前"擧"已有"興起、發動"義，如：

《禮記·中庸》："其人存。則其政擧；其人亡。則其政息。""擧"與"息"相對，爲興起、實施之意。

《漢語大詞典》中"擧，興起、發動"的書證當可以提前至銀雀山漢簡時期。

7.（卷一〇/頁805）**送**：傳送。

《漢語大詞典·辵部》"送"："⑬傳送。"首列書證是南朝宋王微《雜詩》："弄絃不成曲，哀歌送苦言。"明顯晚於簡帛文獻，如：

《銀雀山漢墓竹簡·孫臏兵法·勢備》362："權者，晝多旗，夜多鼓，所以送戰也。"送戰，即傳送作戰命令。本句意爲"白天多用旗，晚上多用鼓，用它們來傳達作戰命令"。

《漢語大詞典》中"送，傳送"的書證當可以由南北朝提前至漢代。

8.（卷一一 /頁1309）**錯**：停止。

《漢語大詞典·金部》"錯"："④通'措'。停止。"首列書證爲《史記·張儀列傳》。《史記》是漢代武帝時期司馬遷所著，約成書於公元前104年到公元前91年，明顯晚於簡帛文獻，如：

《銀雀山漢墓竹簡·守法守令等十三篇·田獵》941："邋（獵）毋過二日必錯。"整理者注："錯，停止。"全句意爲"田獵不超過兩天一定會停止。"

《漢語大詞典》中"錯，停止"的書證當可以提前至銀雀山漢簡時期。

二　增補義項例

1.（卷二/頁1495）**夷**：封閉。

《漢語大詞典·大部》"夷"共有二十五個義項，無"封閉"義，當補。

《孫子兵法·九地》："是故政擧之日，夷關折符，無通其使者，厲于廊廟之上，以誅其事。"曹操注："謀定則閉關以絶其符信，勿通其使。"李筌注："政令即行，閉關折符，無得有所沮議，恐惑衆士心也。""夷關"即"閉關"，所以，"夷"有封閉義。

簡帛文獻中亦有用例，如：

《銀雀山漢墓竹簡・孫子兵法・九地》132—133："是故正（政）與（舉）□夷關▨其使，厲于郎（廊）上，以誅其事。"與傳世本相對應。

2.（卷二/頁 765）**功**：功勞、功績，也指建功。

《漢語大詞典・力部》"功"共有十六個義項，"①功勞、功績"是名詞用法，但是没有它的動詞用法"建功"，當補。

功，《説文・力部》："功，以勞定國也。"即"功勞、功績"的意思，可以引申爲動詞用法"建功"。

簡帛文獻中有例證，如：

《銀雀山漢墓竹簡・六韜・武韜・三疑》701—702："文王問大（太）公望曰：'余欲功三疑，恐力不能▨養之使强，哀盈使張。'""余欲功，三疑"，傳世本（宋本）作"予欲立功，有三疑：恐力不能攻强、離親、散衆，爲之奈何"，簡本中的"功"與傳世本"立功"相對，名詞用作動詞，"余欲功三疑"就是"我想建功，有三個疑問"。

《銀雀山漢墓竹簡・孫子兵法・吴問》157—158："▨公家富，置士多，主喬（驕）臣奢冀功數戰，故爲笵、中行是（氏）次。""冀功數戰"就是"希望通過數次戰争建功"。

3.（卷二/頁 1581）**弋**：捍衛。

《漢語大詞典・弋部》"弋"有八個義項，無"捍衛"義，當補。

簡帛文獻中有所例證，如：

《銀雀山漢墓竹簡・晏子・十六》628—629："今諸臣凷（諂）臾（諛）以弋利，故出質而昌（唱）善若出一口。"

傳世文獻亦有對應之句，例《説苑・君道》"今諸臣諂臾以干利，故出質而唱善如出一口。"此書中"弋利"作"干利"。弋（，《集成》4295）和干（，《集成》1718）金文字形十分相似。《漢語大詞典・干部》"干"："①捍衛。""干利"就是"捍衛利益"。"弋利"與其意義相通，也是"捍衛利益"之意。

4.（卷三/頁 653）**圓**：周密。

《漢語大詞典・囗部》"圓"共有二十四個義項，無周密義，當補。《説文・囗部》："圓，圜全也。从囗，員聲。"《詩經・商頌》"外大國是疆，幅隕既長"，毛傳："隕，均也。"鄭玄箋："隕當作圓。圓謂周也。"爲"周全、周密"之意。

在"圓"下所列舉的詞語中有部分"圓"有"周密"的意思：

圓通：文辭周密暢達（"圓通"的第二個義項）。南朝梁劉勰《文心雕龍・封禪》："然骨掣靡密，辭貫圓通，自稱極思，無遺力矣。"

圓鑒：周密地审察。南朝梁劉勰《文心雕龍・總術》："才之能通，必資曉術，自非圓鑒區域，大判條例，豈能控引情源，制勝文苑哉！"

簡帛文獻中亦有用例，如：

《銀雀山漢墓竹簡·孫子兵法·兵勢》10“水之疾，至……形圓……可敗”爲殘簡，上引文傳本(十一家本)作“渾渾沌沌，形圓而不可敗”，意思是“渾渾沌沌，行陣周密就不會被打敗”。

因此，應該補充“圓，周密”這一義項。

5.(卷四/頁88)**引**：奪取。

《漢語大詞典·弓部》“引”共有二十九個義項，無“奪取”義，當補。

“引”下之詞條“引勝”：“謂自亂其軍以致敵人奪取勝利。《孫子·謀攻》：‘三軍既惑且疑，則諸侯之難至矣，是謂亂軍引勝。’杜牧注：‘言我軍疑惑，自致擾亂，如引敵人使勝我也。’曹操注：‘引，奪也。’”

簡帛文獻中亦有用例，如：

《銀雀山漢墓竹簡·孫子兵法·謀攻》25：“三軍☐灋(既)疑，諸侯之☐知可而戰與不可而戰，勝。”該句與上文所引傳世本用例相對應，但是有所殘缺，可參考傳世本。

6.(卷四/頁121)**張**：驕傲自滿。

《漢語大詞典·弓部》“張”共有十九個義項，無“驕傲自滿”這一義項，當補。

《集韻·漾韻》：“張，自侈大也。”《左傳》桓公六年：“漢東之國，隨爲大；隨張，必棄小國。”杜預注：“張，自侈大也。”《楚辭·卜居》：“讒人高張，賢士無名。”洪興祖補注：“張，音帳，自侈也。”《説文解字注》：“凡自多以陵人曰侈。”所以，“張”有“驕傲自滿”之意。

簡帛文獻中亦有用例，如：

《銀雀山漢墓竹簡·六韜·三疑》701—702：“文王問大(太)公望曰：余欲功三疑，恐力不能☐養之使强，哀盈使張。”“養之使强，哀盈使張”，宋本作“養之使强，益之使張”。意思是供養他使他氣勢更加强盛，慫恿他使他更加張狂。其中“張”爲囂張、驕傲自滿之意。

7.(卷八/頁1246)**簡**：標識。

《漢語大詞典·竹部》“簡”共有二十七個義項，無“標識”義，當補。

簡，《説文·竹部》：“簡，牒也。”本義是用以寫字的竹片，在一定的語義環境下可以引申爲有特殊意義、具有標誌作用的文書。

簡帛文獻中亦有用例，如：

《銀雀山漢墓竹簡·孫臏兵法》410：“夜退以明簡，夜敬(警)以傳節。”意思是“夜裏撤退要有明顯的標識；夜間警戒要有符節作爲憑證。”整理者釋文指出：“傳，符節；節，符節。二者都是指軍中出入的憑證。”“簡”與“傳節”意義相對、功能相近，在這裏是憑證、標識之意。

8.(卷一二/頁259)**頓**:折損。

頓,有折損之意,與"鈍"通。《康熙字典》"頓"下釋義:"壞也。《左傳》襄公四年:'甲兵不頓。'《注》:'頓,壞也。'正義曰:'頓,謂挫傷折壞,今俗語委頓是也。'"

《漢語大詞典·頁部》"頓"共有四十一個義項,無"折損"義,當補。況且"頓"下有"頓兵"詞條:"③損壞兵器。謂打仗而有損失。頓,通'鈍'。"《左傳》昭公十五年:"軍吏曰:'獲城而弗取,勤民而頓兵,何以事君?'"[①]進一步證明"頓"有"折損"義。

簡帛文獻中亦有用例,如:

《銀雀山漢墓竹簡·孫子兵法·謀攻》23—24:"故【兵不頓】而利可☐戰之☐所以患軍☐知三軍☐瀶(既)疑,諸侯之☐知可而戰與不可而戰,勝。"

上引文傳世本作:"故善用兵者,屈人之兵而非戰也,拔人之城而非攻也,毀人之國而非久也,比以全争于天下,故兵不頓,而利可全,此謀攻之灋也。"宋張預注:"以完全立勝於天下,故無頓兵血刃之害,而有國富兵强之利。"

"兵不頓"意爲"兵器不折損"。兩漢以來文獻中均有"頓兵"一詞,進一步證明"頓"有"損壞、折損"義,如:

漢王充《論衡·福虚》:"使宋楚之君合戰頓兵,流血僵尸,戰夫禽獲。"

明馮夢龍《智囊補·兵智·制勝》:"太守張文錦,與守備楊鋭等合謀,令軍士鼓譟,登城大罵,激怒逆濠,使頓兵挫鋭于堅城之下。"

參考文獻

柴紅梅:《〈漢語大詞典〉瑕疵補正——以〈現代漢語詞典〉C字條爲例》,《古漢語研究》2005年第3期,第43—47頁。

趙應鐸:《試論〈漢語大詞典〉釋義的特點》,《學術界》1994年第5期,第68—71頁。

崔泰勛:《〈漢語大詞典〉專題研究》,復旦大學博士學位論文,2008年。

張能甫:《〈漢語大詞典〉疏漏拾零》,《四川師範大學學報(社會科學版)》2001年第2期,第55—63頁。

夏南强:《〈漢語大詞典〉指瑕》,《華中農業大學學報(社會科學版)》2000年第4期,第95—98頁。

文武、李敬川:《〈漢語大詞典〉書證滯後拾補——以〈銀雀山漢墓竹簡(壹)〉爲例》,《重慶文理學院學報(社會科學版)》2010年第6期,第155—158頁。

劉海静:《〈漢語大詞典〉拾遺——以〈銀雀山漢墓竹簡[貳]〉》爲例,《浙江海洋學院學報(人文科學版)》2014年第1期,第73—77頁。

① 上引《左傳》文楊伯峻注曰:"襄四年《傳》:'甲兵不頓。'孔疏:'頓謂挫傷折壞。'"

紀念走馬樓三國吴簡發現二十周年長沙簡帛研究國際學術研討會綜述

孫東波　楊　芬　熊　曲

（長沙簡牘博物館）

二十年前，湖南長沙一項重大的考古發現震驚海内外。10 萬餘枚三國孫吴簡牘在長沙市五一廣場走馬樓街的平和堂商厦建築工地被挖掘出土。其數量超過全國各地已出土簡牘的總和，被譽爲 20 世紀繼甲骨卜辭、敦煌文書之後，在古文獻資料方面的又一次重大發現。

2016 年 8 月 26 日至 8 月 29 日，時值走馬樓吴簡發現二十周年之際，由湖南省文化廳、長沙市人民政府與故宫博物院聯合主辦，長沙簡牘博物館與故宫研究院古文獻研究所承辦，北京大學歷史學系與日本長沙吴簡研究會等十餘家單位協辦的"紀念走馬樓三國吴簡出土二十周年長沙簡帛研究國際學術研討會"在長沙市召開。來自故宫博物院、長沙簡牘博物館、故宫研究院古文獻研究所、北京大學、中國文化遺産研究院、日本長沙吴簡研究會、韓國慶北大學人文學術院等單位的近百位知名學者參加了大會。

在開幕式上，長沙市委常委、副市長付勝華概要介紹了 20 年來長沙市在保護文化遺産方面所作的工作，以及在三國吴簡保護和研究上所取得的成績。故宫博物院院長單霽翔介紹了當年的考古發掘情況，並回顧了多年來走馬樓吴簡保護工作的歷程。國家文物局副局長關强在致辭中高度評價了走馬樓吴簡保護、研究所取得的成果，以及長沙簡牘博物館在"讓文物活起來"活動中所發揮出的重要作用。

日本學者窪添慶文和韓國學者尹在碩作爲國際學者在開幕式上先後致辭。窪添慶文的《日本的長沙吴簡研究》報告，從七個方面介紹了二十年來日本吴簡研究領域的相關活動及取得的成果，包括長沙吴簡研究會的研究活動，以《吏民田家莂》、賦税納入相關簡、名籍、社會現象及具有廣泛含義的文化現象、三國吴的行政機構、文書自身特徵和文書行政中文書功能等爲研究對象展開的探討。最後肯定了日本吴簡研究的細緻、嚴密,並表達了對今後公開竹簡資料翹首盼望的心情。

尹在碩《東亞簡牘文化圈的形成和發展》一文,分析了東亞簡牘文化圈的形成與發展情況。漢字在中國文化向朝鮮半島、日本、越南等地區傳播時發揮了至關重要的作用,近年來韓中日簡牘資料的出土和簡牘文化交流引人注目。韓中日三國均有發現出土的《論語》,具體而微地呈現了三國間古代文化的交流狀況。提出對東亞簡牘文化的深入研究是了解東亞地區歷史文化核心主幹的基礎,也是今後在東亞文化圈内開掘和發展軟實力的重要契機。爲了實現這一目標,韓中日三國需要加强交流,通過對東亞簡牘文化圈的共同研究,擴大東亞文化圈的視野,進而達到對彼此文化的深入了解,實現三國間和平、發展的共同目標。

長沙簡牘博物館館長李鄂權作了題爲《走馬樓吴簡發現二十周年回顧與展望》的主題報告,該報告從科學保護整理、研究狀況、未來展望三個方面展開。首先介紹了科技保護整理過程中嚴謹合理的科學管理及取得的顯著成效,然後對吴簡研究大致經歷的初步探討、穩步發展、綜合研究的三階段進行了概述,並初步統計了吴簡研究的成果。其後從三個方面介紹了吴簡研究方法的創新,一是"傳統二重證據法"的運用,二是"文書學的集成"的研究方法,三是"利用揭剥圖進行文書學復原"的新方法。最後展望吴簡研究的新視野和新機遇,主要表現在三點上:首先,吴簡公布的新材料,將引發對舊問題的新一輪探討;其次,復原工作將是未來的主攻方向;再次,湖南地區出土簡牘已經形成完整序列,它們的綜合研究,有利於探討楚秦兩漢吴晋時期湖南地區的發展歷程。

本次學術研討會,共收到論文60餘篇,以長沙吴簡研究爲主,也包含不少湖南或其他地區出土簡牘的研究。開幕式結束後,會議組委會邀請日本學者關尾史郎、中國學者王素、侯旭東、楊振紅先後作了大會發言。爲了更有效地利用時間,接下來的論文宣讀采用了分組討論的方式,根據學者提交的論文内容,大會將與會學者分成兩組討論。而本文對會議論文,按吴簡、湖南及其他地區出土簡牘分别介紹。

一　吴簡

走馬樓吴簡原本編聯成册,由於種種原因,編繩均已散斷,復原工作對於深入研究十分重要。吴簡領域,學者一般會利用揭剥圖、文書學的集成研究方法或利用盆號和其他方法進行復原。本次會議提交了五篇與吴簡復原有關的文章。

侯旭東《湖南長沙走馬樓三國吴簡性質新探——從〈竹簡(肆)〉涉米簿書的復原説起》一文,利用相關揭剥圖恢復簿書構造及不同簿書間關係的思路,從復原《竹簡(肆)》

數幅揭剥圖中涉米簿書的構造入手，分析了從受米莂册的編製到月旦簿逐級上呈的文書(事務)處理過程。透過莂册與月旦簿不同位置上的符號“中”、“·”與朱筆痕迹，推考其書寫者，進而考察了不同機構的小吏在其中發揮的作用，在此基礎上對“君教”簡的性質做出了新的推斷，認爲其製作於門下收到諸曹上白時，是針對需要門下審核的事務而製作的事務處理流程的“轉單”，與編入文書或簿册尾部，注明“期會掾×録事掾×校”、“主簿×省”等竹簡相配合。諸曹是臨湘侯國實際事務處理的中心，大量事務由其直接處理完成，少量則要繼續上呈門下。諸曹負責起草以侯相名義發出的上行、平行與下行文書，諸曹自己亦可下發“敕”，門下則是名義上的樞紐，審核諸曹上呈簿書及文書草稿，并負責以侯相名義製定的正式文書的審定與發送。最後對長沙走馬樓22號井出土吴簡的性質做出進一步的推定，認爲是臨湘侯國主簿與主記史所保管的部分文書簿册。

鄔文玲《〈長沙走馬樓三國吴簡·竹簡(捌)〉所見州中倉出米簿的集成與復原嘗試》一文，主要對《竹簡(捌)》所見州中倉以倉吏爲黄諱、潘慮，邸閣左郎中爲郭據，邸閣右郎中爲李嵩的出米簡，從簡文内容、書寫筆迹、簡材形態、編繩痕迹、揭剥圖位置等幾個方面進行集成和編聯復原，共獲得十七組完整的單次出米記録，並對釋讀不對的簡文進行更正。

鄧瑋光《對“中倉受三州倉運黄武五六七年襍米要簿”的復原嘗試》一文，考察的是一種專門統計一段時間内，從三州倉往中倉運送某種名目米的簡要統計簿。從中選取了“黄武五六七年襍米要簿”進行復原。采取的辦法是利用標題簡中的關鍵詞“三州倉”、“黄武”進行搜索，找出了“黄武五六七年襍米要簿”的11枚簡文。并逐一利用每枚簡文中米的數量關係進行驗證。認爲吴簡中的“要簿”具體項目類型、考察時間没有特别限定，只關心其所涉及的項目。它涉及的數據以及時間與“月旦簿”有著極爲密切的聯繫，爲復原“月旦簿”提供幫助，也是没有利用揭剥圖復原的一種嘗試。

凌文超《走馬樓吴簡隱核州、軍吏父兄子弟簿整理與研究——兼論孫吴吏、民分籍及在籍人口》一文，通過對孫吴嘉禾四年隱核州、軍吏父兄子弟簿的整理和分析，認爲該簿書是根據保質的需要而製作的名籍，且只記録了州、軍吏家户男性成員的相關情況。這種以男性成員爲質任，並强制他們任給吏或隨本主服役，既加强了對州、軍吏的控制，又助於保持力役來源的穩定。這類舉措導致諸吏逐漸具有身份性，促進了“吏户”、“士家”的形成。這是三國在籍人口減少，而徵役日益繁劇的必然結果。從隱核州、軍吏父兄子弟簿與户口籍簿的關係來看，州吏不僅來自編户民，也有來自遺脱者。當時并不存在分别完整登録吏户、士家、一般民衆家户的户籍，即吏、兵與民未分籍。孫吴吏、兵人數也並未全部包含在全國户口總數之内。

戴衛紅《長沙走馬樓吴簡所見“取禾”、“貸禾”簡再探討：補論“丘”的性質》一文，對走馬樓吴簡中所見某丘居民“取禾”或“貸禾”情況的簡進行了探討,認爲這類簡文格式固定,内容爲東吴政府因爲水旱災害或民貧或修造陂溏而給貸貧民“禾”。這種貸食是有償的借貸。並對“丘”的性質進行補充。文中對“丘”的含義進行了梳理,認爲從甲骨卜辭及新蔡葛陵楚墓19枚“某丘”的竹簡看,古人原本多依水傍丘而居,故以“某丘”作爲聚落之名。東漢時期的“鄉—亭部—丘”關係,在三國孫吴時期已經轉變成了“鄉—丘”關係。“取禾”、“貸禾”簡中體現了同名丘對應多鄉的現象十分常見。丘和里可能是同一層級的機構,“丘帥”是丘的管理者。不過,丘帥是政府任命還是民衆推選的,也是“丘”作爲行政機構還是自然聚落懸而未決的原因之一。

走馬樓吴簡的“許迪割米案”是最早受學者關注的簡牘内容,因《竹簡(捌)》卷又公布了更多許迪案的相關簡文,爲進一步討論該案提供了便利,這次會議提交了數篇和許迪案相關的文章。

王彬《長沙走馬樓吴簡“許迪割米案”相關文書的集成研究:三國時期基層司法制度管窺之一》一文,首先對《竹簡(捌)》中“許迪割米案”相關竹簡進行整理,將該案卷分爲定期文書和不定期文書,其中不定期文書又分爲定名不明的上呈文書、下行文書、君教類文書三類。进而結合各類文書的特點,對案件涉及的簿籍、文書的性質與做了匯總分析,並推測認爲包括許迪案在内的吴簡文書,或許廢棄前是由主簿/主記史保管並進行核查的。因而在處理許迪案過程中,有關聯的各級文書,不論是定期文書或是不定期文書,不論是正本或是副本、草稿,不論是上行文書抑或下行文書,也不論文書簽署人是誰,都隨著審判的展開而聚集在一起。

伊强《走馬樓吴簡許迪案文書中幾處文句的釋讀》一文,對許迪案相關文書牘進行字詞、文句的解讀。認爲“迪割用飲食不見”可斷讀爲“迪割用飲食,不見”,其中“不見”理解爲“匿不列見”爲好。“偷入所割用米畢”之“偷”應改釋爲“備”。“與不言”的“與”似可讀作“舉”,大概就是“舉〔簿〕不言”的省略。

韓樹峰《許迪割米案中的兩個法律問題》一文,重點討論該案在審理過程中所涉及的兩個法律問題。一是據許迪母子兄弟的“别門異居”,討論漢唐以來的相關制度,認爲孫吴時期百姓别籍還是共籍,在一般情況下是有選擇權的,這種自由選擇顯然是繼承漢制而來。北方經過了曹操當政時頒布異子科到魏明帝修《新律》時廢除的一番變化,最終與南方殊途同歸。兩晋南朝時期,百姓自由選擇别籍、共籍的情況似乎受到了限制。從孫吴到南朝,對於父子兄弟是共籍還是别籍,法律規定出現了數次反復。直到唐代,政府才終於找到了解決這一問題的出口,即:“父母在,兄弟不得别籍異財。”

二是據八十以上及八歲以下“於科不坐”,討論了漢唐老幼犯罪減免處罰的層級和原則。認爲孫吴減免處罰的層級只有一條8歲以下、80歲以上犯罪免予處罰的規定。

而《唐律》中老、小犯罪依三個層級區別對待，即：15歲以下、70歲以上；10歲以下、80歲以上；7歲以下、90歲以上。自西漢初年到東漢，老幼減免處罰層級有別，輕重有異，主要是因爲對犯罪的處罰以責任能力爲標準，責任能力越强，處罰越重。東漢以後，法律儒家化的色彩愈益濃厚，老年刑事責任的減免終於獲得了和幼小一致的待遇。發展至唐代，無論按年齡劃分的層級，還是責任的減免，老、小已經完全一致。許迪割米案中，“八十以上八歲以下於科不坐”的規定，顯而易見是對東漢法律的繼承，也可能是此前法律的絶唱。

除了許迪割米案，《竹簡(柒)》公布了另外一樁“朱表割米案”的文書檔案，該案影響亦十分廣泛，這次會議提交論文中即有兩篇與此案相關。

楊小亮《“表坐割匿用米行軍法”案勾稽考校》一文，根據現有圖版並結合相關簡文的文例及行文關係對一些字詞進行補釋。在釋文補正的基礎上，根據這批檔案的形制、內容等，結合五一廣場出土“府告”文書的文例，將這批檔案編排成兩組。第一組爲下行文書，其發文機構爲中部督郵，“府記”部分是對太守府文書的抄録，收文機構應爲“臨湘”，主要內容是援引“府記”催促“臨湘”盡快結案。第二組文書爲上行文書，發文機構應爲臨湘，收文機構可能是太守府，或者太守府和中部督郵。最後文章對朱表割米案的人物、時間、案情緣由和審理、定名等方面進行了勾稽和梳理。

陳榮傑《走馬樓吴簡“朱表割米自首案”整理與研究》一文，從揭剥位置示意圖、簡文內容、簡的形制等方面對與朱表盗割官米自首案件相關的近60枚竹簡進行了初步復原整理與研究，認爲該案比“許迪割米案”案情更複雜、牽涉面更廣、影響更惡劣；吴簡自首簡在自首制度研究上的價值與意義；校事典校州郡縣文書，糾舉私吞官物等犯罪行爲，也許是孫權設置“校事”一職的積極作用。

走馬樓吴簡留存下來的大部分是政府文書，本次會議即提交了數篇和文書學及公文運作相關的文章。

王素《“畫諾”問題縱橫談——以長沙漢吴簡牘爲中心》一文，首先梳理了走馬樓吴簡中“畫諾”之争的學術史，其後又討論了長沙東牌樓東漢簡牘“鳳尾諾”之辯，重申認爲《光和六年(183年)李建與精張諍田自相和從書》的木牘“其廿六日”下“若”爲後世所謂“鳳尾諾”之一種。最後討論了從長沙五一廣場東漢簡牘到吐魯番高昌郡國文書中“諾”的簡化趨勢。總結認爲五一廣場東漢簡牘已經存在一個從完整的“諾”向去掉“言”旁單寫“若”字的變化。到了東牌樓東漢簡牘，章草“若”字開始出現，且將下面的“口”字三畫簡化爲“乂”字二畫，具備了“鳳尾”的早期形態。而到了走馬樓吴簡，章草“若”字又開始變成“W”形“勾勒”，向符號化方向發展。吐魯番高昌文書中的符號化的粗筆“勾勒”，很有可能就是另一種形式的“鳳尾諾”。這種定型爲“勾勒”形態的“鳳尾諾”，實際上一直沿用至今。走馬樓吴簡中,找到了“勾勒”符號在三國孫吴時期已經使用的“源”。

李均明《走馬樓吴簡“君教”批件解析》一文,對走馬樓吴簡中的十六枚“君教”批件簡進行了解析。認爲批件牘經過兩次書寫的過程:首次書寫基本内容,第二次爲簽名或批注具體意見。批件牘的第一層面是主管長官的批示,有三種情況:1. 贊同就批“若”字或包含此意義之符號;2. 未批准或未上報,則“君教”下空白無字;3. 提出改進意見。第二個層面是審查監督及相關人士的情況,最常見的審查監督人是丞及主簿、主記史。第三個層面是具體的核校人員。擔任審查監督的爲丞及主簿或主記史,具體核校者爲期會掾及録事掾。该文還利用《竹簡(柒)》附録一《簡牘揭剥示意圖》之十五的相關内容説明了吴簡“君教”批件牘附著在被批閲的文件之上。最後文章對東漢五一廣場簡牘和走馬樓吴簡批件牘進行比較,認爲東漢批件與三國吴批件形式與原理相同,只是詳略程度及程序稍有差别。

楊芬《“君教”文書牘再論——以長沙五一廣場東漢簡牘和走馬樓三國吴簡爲主考察》一文,認爲五一廣場東漢簡牘“君教”文牘中的“君”應當爲臨湘令。而“君追殺人賊小武陵亭部”可表述爲“君出追殺人賊小武陵亭部”,指君不在治所。居延漢簡和五一廣場簡牘中出現“記到”、“有教”措辭的文書中的“有教”、“有府君教”之“教”或許就類似於“君教”文書牘。“君教”文書牘不同於傳世文獻中告諭類的教,它是期會過程中産生的文書,或許更接近上行文書。

徐暢《走馬樓簡牘公文書中諸曹性質的判定——兼談三國孫吴基層公文運轉機制》一文,討論了格式如“草言(府)……事,某月某日某曹掾/史某某白”、“某曹言某某事,某年某月某日書佐/幹/某曹掾/史封”的兩種草刺類竹簡、“叩頭死罪白”文書及“君教”木牘中的出現的“曹”,認爲其皆爲臨湘侯國(縣)之列曹,而其所處理的事務,皆是以臨湘侯國爲中心的。吴簡大部分當是臨湘侯國在政務運作過程中産生的公文檔案。該文勾勒出孫吴基層(縣)的公文運作機制如下:三國孫吴,侯國(縣廷)的秘書機構門下,是基層公文運作的樞紐,而諸曹雖是公文的主要製作者,卻没有直接的文書發送權。諸曹發出上行郡府、縣廷,下行縣吏、諸鄉的各式文書,都必須彙集到縣廷之門下,由長吏審核,門下封緘,再由這裏分别匯入日常的公文運轉之流。

户籍簡、賦税簡是走馬樓吴簡中保存最爲豐富的兩大類材料,本次會議也提交了數篇和制度、人口、賦役相關的文章。

楊振紅《出土户籍簡與秦漢三國時期的“編户齊民”——中國古代官僚政治社會構造研究之三》一文,先對“編户齊民”的概念及社會性質進行了學術回顧,並聯繫長沙三國吴簡中“吏民”問題,探討了“編户齊民”與社會分層以及社會結構的關係。文中認爲,秦漢魏晋時期,狹義的“官”與狹義的“吏”是相對的概念,“官”不屬於“民”的範疇,因此不屬於"編户齊民";並從出土簿籍簡中的最高爵級,反映歷史上編户齊民概念的變化。

孟彦弘《"在官"與"在宫"》一文,認爲吴簡中"官"、"宫"並見。二字形近,易致混淆。釋文時,"在宫"、"在官",應據具體文義加以區分。吏役中應釋作"隨主在官",指在官府服吏役。

沈剛《長沙走馬樓隱核州吏、軍吏父兄子弟木牘補論》一文,以走馬樓吴簡中隱核州、軍吏父兄子弟木牘的内容展開討論。在其他學者的研究基礎上,對與這些木牘相關的竹簡進行了整理。認爲這些木牘隱核對象是吏之父兄子弟,以斂取吏父兄子弟勞動力資源爲目的,反映了政府對州、軍吏家庭的特殊控制。並對隱核軍、州吏父兄子弟的程式保障與效果作了探討。認爲吏之父兄子弟叛走,皆有相應的機構和官員負責處理。

勸農掾隱核州吏、軍吏父兄子弟的工作是孫吴政權衆多類隱核人口工作中的一種,反映了政府對人口管理之嚴密,同時這也是國家人口控制複雜體系中的一個環節,通過對人口的分類管理、去向細節的追究、官吏追責等方式形成對人口的有效控制。

熊曲《論走馬樓吴簡中的"以下户民自代"》一文,認爲"以下户民自代"指州、軍吏的父兄子弟如果不能自己服役,就讓下户民代替自己。而且應是自己找人代替。同時,這種服役應該是臨時性的。下户民所代之役爲任給吏和給限佃客。

文中還探討了以下户民代役的原因。首先,通過對吴簡中户品出錢簡的統計分析,發現臨湘縣下品户占大多數。認爲下品吏民中的人數最多,挑選的範圍也大些;其次,下户民比上、中品貧困些,他們代役的意願大些;最後,代替服役應該是有報酬的。這種代役的出現,反映了州郡縣諸吏父兄子弟並未完全被政府束縛,並在一定程度上保證了吏及其父兄子弟的利益。

袁延勝《論吴簡中的"正户民"》一文,討論了走馬樓吴簡中"正户民"一詞的含義,認爲正户民和非正户民是根據服役對象(國家或私人)的不同而進行區分的:正户民指在國家户籍上登記,並且爲國家服役的民户;而那些在國家户籍上登記,但不爲國家服役的人,包括奴婢、私學、復民、吏帥客等,則不是國家的正户民。"應役民"指可以爲國家服役之民。

莊小霞《走馬樓吴簡所見孫吴徭役制度——走馬樓吴簡"役民"、"應役民"、"事役民"辨析》一文,對走馬樓吴簡中的"役民"、"應役民"、"事役民"做了辨析,認爲役民指正常承擔徭役的百姓,應役民指受征召服勞役的百姓,事役民指承擔某類具體事務的百姓。并閻民、樵炭民、炭民、樵民是孫吴百姓所承擔的幾種雜役。

馬智全《伍·伍長·歲伍、月伍》一文,認爲肩金關漢簡中的"伍長"和走馬樓吴簡中的歲伍、月伍在不同時期都體現了"伍"的發展。於是利用傳世文獻和出土文獻,考察了"伍"從先秦兩漢到東吴的承接發展軌迹。伍由先秦統計人數的數量單位,逐漸成爲社會組織的一種形式，由此産生了伍長，並運用到軍事組織上。漢代繼承了這一組織形式，也體現爲鄉里和軍事兩種形式。肩水金關漢簡反映了西漢中後期伍長的情況，同時甘谷漢簡體現了伍在東漢末期仍有設置。吴簡中的歲伍和月伍是三國時期伍設置狀況的進一步發展，體現伍概念的泛化，而成了具有穩定涵義的稱謂，即一種基層役吏。

阿部幸信《"吏潘羜李珠市布"考》一文，對長沙走馬樓吴簡中出現的參與"市布"的縣吏潘羜和李珠展開討論。潘羜是"鄉市掾"，其主要職務是在鄉或市徵税。有時會進行小額的買布來補充吏民繳納調布的不足。李珠屬於金曹。作爲"金曹史"的李珠，不但會進行大額的買布，甚至會到遠地輸送錢布。可見，雖然他們兩人都跟市布有關，但因身份的不同，其參與方式也有所區别。

張燦輝《釋"冬賜布"》一文，認爲吴簡中的"冬賜布"屬於軍賦的一種，且是三國時代較爲特殊的一種軍賦，以人頭爲單位進行徵納，以丘爲單位進行統計，其承擔者主要是孫吴集團强制附著於土地之上的外來勞動者。他還就里、丘關係提出了不同的看法，認爲里與丘是平行的兩個系統，區别在於兩者間居民的來源不同。里的登録形式與秦漢相同，里的居民是自東漢以來就被官府納入户籍控制之下的舊民、舊户；丘的登録形式則是孫吴時期的新創制，丘的居民是孫吴控制臨湘地區後對投附於孫吴政權的新民、新户、還民、流民等進行臨時編製的結果。

走馬樓吴簡歷來被認爲是研究三國孫吴社會生活的重要資料，本次會議也收到一組有關社會史和社會生活方面研究的文章。

關尾史郎《長沙走馬樓出土吴簡所見臨湘地域社會的特質》一文，將走馬樓吴簡所反映的臨湘地域社會的特質分爲行政、社會、民族三部分加以論述。行政部分主要介紹走馬樓吴簡的官府簿籍和官文書。包括與後世户籍功能相同的吏民簿，及"吏父兄子弟人名年紀簿"和"師佐籍"。還有關於賦税交納的吏民田家莂和竹簡倉庫莂。社會部分介紹了吏民簿中記録疾病、殘障及較多高壽者等情況。由倉庫莂中所見的獸皮，想見臨湘四周由森林及草叢環繞的景觀。這種自然環境和氣候影響著倉庫穀物借貸。民族部分介紹了臨湘侯國居住著具有蠻族血統的吏民。以"丘"作爲居住地的人的存在形態，並對丘的性質進行説明。

王子今《説"鹽"、"酒"——走馬樓簡研讀劄記》一文考察了走馬樓吴簡中的鹽與酒的問題，認爲吴簡中常見的鹽、酒同時出現在同一條記録中的現象與鹽、酒專營政策有關。"酒租錢"體現了政府對"酒"的管理。吴簡中還出現了以"酒"爲人名的現象，具有社會史研究價值。

鷲尾祐子《嘉禾四年至六年吏民簿所見夫妻齡差》一文，根據走馬樓吴簡嘉禾四年至六年吏民簿中呈現的夫妻年齡差距現象，考察了當時的婚姻慣例，指出男女在 10 至

20 年齡段均有同齡配偶；當時的再婚很普遍，尤其在男性 50 年齡段和女性 40 年齡段，因喪偶而再婚十分盛行；女性至 50 年齡段有再婚的，60 年齡段則不再婚，而男性即使高齡也再婚。

林益德《走馬樓吴簡"妻"、"弟"稱謂使用問題初探》一文，探討了走馬樓吴簡中"妻"與"弟"稱謂的使用問題，認爲吴簡中登記的親屬稱謂並非全都是當事人相對於户主的稱謂，呈現出"妻"與"弟"這兩種稱謂的優先性。换句話説，出嫁女性只要跟丈夫在同一户籍中，則其親屬稱謂以夫爲主，必定登記爲"妻"，而不考慮其本人與户主之間的親屬關係；"弟"情形與之相似，除了户主之外，只要與同一户籍任何一人構成該人之"弟"的關係，他的親屬稱謂必然登記爲"弟"，而不考慮其與户主之間的親屬關係。

高凱《近二十年來研究三國疾病人口的學術綜述——以吴簡材料爲主》一文，全面梳理了近二十年來關於三國吴簡疾病人口問題的研究狀況，包括刑與創、腫足、踵足、雀足與雀手，以及其他疾病的研究，爲進一步研究提供了很好的基礎，同時指出學界在研究相關問題時，應加强對現代醫學研究成果的關注和借鑒。

雷長巍《孫吴臨湘"宗族"勢力及鄉里管理初探》一文，在對吴簡中人名、鄉、里等資料進行統計的基礎上，探討了孫吴臨湘地區的宗族勢力及其與政府之間的關係，認爲當時臨湘地區存在以潘、烝、鄧、黄等大姓爲首的地方宗族勢力，他們對地方行政有重要影響，幾乎壟斷了地方官府中吏的任用。

蘇俊林《孫吴吏民的數值計算及基層生活的實態——以走馬樓吴簡爲中心》一文，注意到走馬樓吴簡《嘉禾吏民田家莂》中存在不少數值計算錯誤，認爲這與孫吴時期輕視數學教育、基層吏民的數值計算能力偏低有關，也與兩漢以來輕視算術能力的社會傳統和基層吏員的數據造假現象密切相關。

王振華《略説走馬樓吴簡中的量制——兼論小容量單位應用於官倉管理體系的原因》一文，考察了走馬樓吴簡中的量制問題，認爲吴簡中與"吴平斛"對應的"稟斛"是沿襲自兩漢新莽以來的舊量制；吴簡中的大容量量制仍爲十進制，小容量的撮、圭爲四進制，其容量僅爲漢代同一量器的十分之一。孫吴政府將小容量單位應用於官倉管理體系之中，意在加强對官倉體系運轉的掌控。

走馬樓吴簡在書法史上有重要的價值，此次會議提交了兩篇和書法相關的文章。

邢文《隸書筆意與"吴簡學"：長沙走馬樓吴簡的技術書法史意義》一文，介紹了隸書與"解散隸體"，走馬樓吴簡中的隸書筆意與章草，並舉例説明了走馬樓吴簡中種種隸書筆意的表現，認爲走馬樓吴簡在技術書法史上有重要價值，而且"吴簡學"已具備獨立的綜合性的邊緣學科的規模。

宋少華、蔣維《試從字迹角度討論〈嘉禾吏民田家莂〉的簽署及相關問題》一文，從字迹的角度對多個丘的簽署進行比較,總結了田家莂中的簽署特徵,認爲田家莂由鄉吏書寫,縣吏校核,簽署的範圍僅限於人名,而且在校核過程中存在大量的代簽行爲。很多代筆簽署的存在,反而證明了簽署的重要性,才造成主管者雖不能俱到,但不敢怠慢,也要想方設法完成簽署程序的事實。

除了以上幾類吴簡研究的角度,這次會議還提交了其他和吴簡相關的文章。有文章繼續討論未能達成共識存在争議的課題,如孫吴的鄉、丘關係,勾校"中"字符等。還有文章利用吴簡資料討論軍事、語言學、科技保護等問題。

安部聰一郎《長沙走馬樓三國吴簡中所見"鄉"與"丘"對應關係的再研究》一文,利用走馬樓吴簡中多鄉對應一丘的現象,整理了丘與鄉關係表,發現與多個鄉有對應關係的丘占 15.99%。並在鄉丘關係表的基礎上,作出了鄉與鄉關係表,並發現每個鄉幾乎都存在相互對應的關係,其中東鄉、平鄉與所有鄉都有對應關係,都鄉、西鄉、桑鄉、樂鄉、廣成鄉也與十鄉有對應關係。接著從字迹保存情況較好的,並與四個以上的鄉有對應關係的丘中,選取石下丘、唐下丘、平樂丘與伻丘進行具體探討,得出石下丘與五鄉有對應關係,至少可以確定與四鄉(都、東、南和小武陵)有對應關係。還有與四鄉有對應關係的七個丘中,平樂丘與四鄉,唐下丘及伻丘與三鄉確實有對應關係。從而認爲,所有丘當中的 3%—4%與三個以上的鄉有對應關係,其中至少兩個丘與四個以上的鄉有對應關係。從丘與鄉的關係而言,中鄉和西鄉兩鄉之間,還有平鄉、廣成鄉和桑鄉三鄉之間有密切關係。並且認爲根據以上的研究來看,以往關於鄉丘關係的研究成果,與本文中所得出的丘鄉關係基本上不符。

伊藤敏雄《長沙吴簡中的"中"字再考》一文,對長沙吴簡中的朱筆塗痕和"中"字符號進行了探討,指出朱筆涂痕和"中"字都是勾校符號,綫狀的朱筆涂痕一般都是出現在有涉及錢糧物資等具體數值的地方,應是確認數量的勾校符號,或者是爲了引起注意的符號;"中"字符號多出現在名籍簡和穀物關係簡中,應是對年齡、家資、穀物出納、總計等内容進行勾校的表示。

王萬雋《東漢三國武陵郡的屯戍體系與武陵蠻》一文,從地理空間的角度重新討論了東漢至三國時期武陵蠻的反政府活動、政府討伐蠻人的路綫和屯戍體系的建立等問題。指出東漢蠻人起事的地點在沅水流域五溪地區,馬援征戰的目標區域在五溪,而不是充縣。蠻人起事對東漢武陵郡的防禦體系産生了重大影響,古人堤簡牘、五一廣場東漢簡牘等資料顯示當地伏波營等屯戍軍營的存在。孫吴沿襲了東漢以來在沅水流域的屯戍控御體系,同時新設天門郡,加强對澧水流域的統治。

張顯成《走馬樓三國吴簡中的姓氏語料價值——以〈漢語大詞典〉、〈漢語大字典〉爲參照》一文,整理了走馬樓吴簡中的姓名語料,共梳理出《漢語大詞典》、《漢語大字典》未收録或收録而出示的文獻用例太晚的姓氏 25 個。

金平《對走馬樓吴簡製作與書寫等相關問題的探討》一文,探討了走馬樓吴簡竹簡的選料與製作,認爲古人在選擇竹簡加工的材料時並非嚴格考究,製作時的就地取材是多元化的,且有一定的隨機性,造成各種不同類型的竹簡存在形制上的差異。文中還討論了竹簡書寫面問題。大部分吴簡繕寫於竹裏(竹黄面),但有一類賦税賬簿簡卻采用竹青面書寫,且字迹的清晰程度相比書於竹裏的官文書類簡要更好。包括中間有"同"符號的關於繳納租税的合同券書;"户品出錢"簡中書於竹青面的"入錢畢民自送牒還縣不得持還鄉……"兩種。接著介紹了一種形制較爲特殊的竹莂。還討論了竹簡上的油膜,認爲它原本應該塗抹於簡册編繩處或者編繩周圍,其原因可能是在編聯過程中對撚合成股的細麻繩上塗油;或者簡册編聯好以後,直接將油脂塗刷於兩道編繩所過之處的簡面上,用以固定編繩的。

郝振國作了《從吴簡發現二十年科研成果産出看簡牘研究發展》的報告,該報告通過知網資料庫中相關科研成果産出的統計,分析了 20 年來吴簡學術研究發展的總體趨勢和特點。文中指出,從知網統計數據看,20 年來有關吴簡研究的學術論文的發表總體呈上升趨勢,中間出現的幾個峰值則表明相關研究熱點的形成。總體數據顯示吴簡研究的領域越來越多,研究的内容方向越來越細,研究機構和研究學者越來越多,被核心期刊引用的成果越來越多,得到國家項目基金資助的課題越來越多,表明研究質量的提升。隨著吴簡整理保護、册書復原、社會生活方面的成果日益增多,知網建立了個性化的知識服務平臺,擬將包括吴簡實物照片在内的各種相關資料進行數字化,既可以方便專家學者的研究查閱,也可以滿足大衆的知識需求。

二　湖南及其他地區出土簡牘

會議提交的討論湖南及其他地區出土簡牘的文章,從内容可分爲以下五組,分别介紹如下。

(一)簡牘學基礎研究

蔡萬進《簡帛學的學科分支新論》一文,從出土簡帛既是一種古代文化遺物,又是一種寶貴的歷史文獻和考古發掘出土的珍貴文物,三重屬性與特徵集簡帛於一身出發,認爲簡帛學在發展中自然形成了簡帛文化學、簡帛文獻學和簡帛文物學三個分支學科。

陳文豪《簡帛目録學芻議》一文,認爲編輯簡帛研究目録,具有辨章學術,考鏡源流、提供研究同行參考檢索,以達事半功倍之效的重大意義。編輯簡帛目録學,應具備編輯凡例、索引、分類詳細、内容力求充實、不能僅據目録編目録、斷限應明確、避免錯誤等要素。

魏斌《漢晋上計簿的文書形態——木牘和簡册》一文,以所見出土文獻中上計簿存在木牘和簡册兩種不同形制爲綫索,分析了以簡册形式存在的沅陵侯國計簿和桂陽郡上計簿,並與尹灣漢墓出土木牘比較,認爲根據内容多寡,前者是一種"詳簿",後者則是一種"簡簿"。接著探討了上計簿文書編製過程。漢代上計分爲"縣—郡國"、"郡國—朝廷"兩個環節,並結合之前兩種形制的上計簿,認爲上計簿文書可分爲"縣别—郡集"和"鄉别—縣集"兩種形式。並探討了"縣—郡國"和"縣—朝廷"上計簿的編製過程。進而提出了書寫材料的適配原則。由於上計簿是一組文書群,作爲其他各項資料統計的基礎性簿册,案核意義尤爲突出。上計簿還具有一定的知識意義,即通過每年進行的上計活動,朝廷掌握郡縣境内的治所、聚落、山川、物産等詳情。及地圖類文書,這些在王朝行政中起著非常重要的作用。上計簿以及圍繞上計簿的文書編製産生的大量統計文書,是理解漢晋時期行政運作的關鍵環節。

齊繼偉《西北漢簡所見吏及家屬出入符比對研究》一文,對西北漢簡中所見吏及家屬出入符的形制、屬性和内容進行了比對研究,認爲出入符的尺寸以六寸爲主;與出入關名籍或致籍相對應的"吏及家屬出入符"不能定義爲簿籍簡,兩者無論形制還是内容皆有巨大差異,應當確定爲"符",即符券文書。同時,吏及家屬出入符中保留了很多邊境家庭結構、經濟狀況、吏員辟用方面的信息,具有重要史料價值。

李洪財《説漢簡中的符號——以"√"號爲主兼談其他符號》一文,對漢簡中的幾種符號進行了討論,對容易誤讀的間隔符號、勾校符號、補空符號等進行了區分,並指出部分漢簡符號有時成爲文字俗化的因素,主張在簡牘的整理釋讀中,應重視對各種符號的辨識。

謝坤《北大漢簡〈妄稽〉篇綴合與編聯(四則)》一文,討論了北大漢簡《妄稽》篇在綴合和編聯方面存在的問題,成功拼合了四組殘簡,調整了一處簡序,提升了《妄稽》篇釋文的準确性。

曾磊《長沙五一廣場簡識小》一文,對已公布的長沙五一廣場東漢簡中六枚簡牘的釋文斷讀、文字含義提出了不同的意見,比如:指出 J1-100 簡中的"不直"跟論獄、治獄無關,指的是"夜强略人以爲妻,賊傷尼"的行爲;J1-113 號簡中的"輔"、"農"、"旦"皆爲人名;"普以吏次署獄"之"次"是次序之意,並非相近之意;JI-303 號簡中的"栱"字,並非人名,而是"舼"的異寫,指船的一種。

(二)職官與賦役制度

鄒水傑《秦簡"有秩"新證》一文,根據里耶秦簡、嶽麓書院秦簡等資料,討論了秦代遷陵縣官嗇夫的禄秩等級、有秩的性質和有秩吏的任命問題，指出遷陵縣設有司空、少内、倉、田、尉、畜官、船官、都鄉、啓陵鄉和貳春鄉等十官，諸官正式的官長爲嗇夫，其禄秩等級爲有秩，這些官嗇夫的任免權力在縣，很可能由縣尉執行，並非傳統認爲的那樣由郡來任免。

張榮强《"小"、"大"之間——戰國秦漢課役身份的演進》一文，主要討論戰國至漢晋的課役身份"大"、"小"。課役身份由最初的身高制下的"小"、"大"兩分法，到戰國時期出現主要以年齡爲劃分標準的"小(弱)"、"丁(壯)"、"老"三分法。戰國後期的秦國是根據身高、年齡並用的標準劃定課役身份，按身高劃分的"小"、"大"只是一級課役名目；"小"之下設有按身高劃分的"作"和"未作"，"大"之下至少有按年齡劃分的"免老"。接著探討了漢代身份課役體系。認爲漢代初年開始出現兩套課役身份體係，一套是以"小"、"小未傅"、"丁"(尚未成爲法定的名目)"睆老"、"免老"構成的徭役身份，另一套則是承襲戰國時期的課役身份結構，以"小"、"大"構成的口算身份。漢代與戰國户籍上標注或體現出的"小"、"大"，表面上名目相同，但無論其性質還是指代的年齡範圍都有很大差異。文中還探討了"大"、"小"由課役身份向户籍身份的變化，認爲"大"、"小"無論在戰國時期的課役身份系統還是漢代的口算身份系統下，都不過是一級課役名目，其與是否承擔課役實際上並無直接關係。户籍中原本作爲課役身份標注的"小"、"大"事實上就成了單純的户口統計用語。正因爲"小"、"大"不具有區分課役的功能，户籍上標注"小"、"大"並據此進行户口統計的做法也就逐漸失去了實際意義。

(三) 律令研究

陳松長《嶽麓秦簡中的幾個令名小識》一文，探討了嶽麓秦簡中不見於文獻記載的四類秦令名稱，包括共令、四某某令、卜祝酎及它祠令以及尉郡卒令，認爲這些"令"並不是單行律令的令名，而是集合編訂的篇名或標題，特徵是前面有墨釘提示，後面有編號。比如，"共令"之"共"不是共同的意思，而應讀作"供"，提供之意，"内史郡二千石官共令"的意思是專門供内史、郡兩千石官所遵守使用的令；"四某某令"是指四條或四篇某某令的省稱；卜祝酎及它祠令是有關卜祀祝禱的令文和相關祠令的總合標題，而不是令名；尉郡卒令是"尉卒令"和"郡卒令"的合稱。"卒"讀作本字，"卒令"很可能就是關於郡級官署中的卒所應遵守的令文。這些篇名也是秦令經過整理編訂的證明。原來確定的嶽麓秦簡中的令名有十個是篇名，目前可確定的單行令名有十六個。

歐揚《嶽麓秦簡〈亡律〉日期起首律文探析》一文，對嶽麓秦簡《亡律》中以日期起首的律文進行了考察，認爲"某年月日以來"是對原始公文書進行編删後的省略格式，其删除了原始文書中的立法理由，保留了法律規範部分。包含"自今以來"的原始文書大體有兩類：一類是官吏奏請設定法律規範，其標誌是"自今以來"，一類是君主發布命令或制詔設定法律規範，其標誌有"聞"等。《亡律》中五條日期起首的律文是對所依附的律文的修改，體現的是以君主命令即制詔修律的模式。

周海鋒《嶽麓書院藏秦簡〈亡律〉再探》一文，考察了嶽麓秦簡《亡律》中關於制止逃亡的律文，指出秦代防止逃亡的措施包括對逃亡者進行經濟處罰，禁止旅社、私室匿藏逃亡者、鼓勵捕獲逃亡者等。同時還逐一比較了秦、漢《亡律》條文之間的異同。

朱錦程《讀〈嶽麓書院藏秦簡(肆)〉劄記(四則)》一文，主要從秦漢律比較的角度，考察嶽麓秦簡第四卷的内容，包括《置吏律》、刑事責任界定標準、律文中"君子"的含義、懲治卑幼對尊長犯罪等問題。指出，根據嶽麓秦簡《置吏律》的内容，可知張家山漢簡《二年律令・置吏律》中"授爵及除人關於尉"之尉，應指中尉。律文中的"君子"泛稱爵位在大夫、卿一級的人。秦、漢刑事責任界定標準從尺寸到年齡的變革是一個漸進的演變，體現了刑律的發展和進步。懲治卑幼對尊長的犯罪體現出對維護家庭内部尊長權力的重視。

張英梅《漢初諸侯子考》一文，以張家山漢簡《奏讞書》中的淮陽郡新郪獄案爲討論對象，對諸侯子概念進行探討。認爲戰時不僅劉邦頒賜過軍功爵位，其他各異姓諸侯王亦皆頒賜過軍功爵位。漢五年異姓王得以封國，其頒賜的爵位在其各自封國内得到承認。新郪獄案中提及的"故楚爵"即爲韓信所頒賜的軍功爵位，並非劉邦頒賜的爵位。戰時接受劉邦賜爵的人，漢初被稱爲諸侯子。這部分人中有謀士亦有軍士卒，諸侯子與其户籍所在地没有關係。

(四) 社會史研究

李建平《春秋戰國時期齊國量制的發展及其理據》一文，結合傳世先秦文獻記載與出土先秦兩漢簿籍類文獻，聯繫出土量器實物，認爲姜齊四量(齊舊四量)與田氏家量(田齊四量)的區别源自上古量制大小兩個系統，其比例爲 10∶6，姜齊取大量，田氏取小量；大小量系統源自粟、米的比例。田氏家量改制的目的和理據不僅因爲取悦百姓以利於篡權，更重要的是改變諸國皆用小量而齊國獨用大量導致的障礙，與各國統一便於商品流通。田氏升、豆、鈉、區、釜、鍾六量簡省則爲升、鈉、釜三量，制度和容量與升、斗、斛(石)一致。

李斯《里耶秦簡所見湘江流域的水産及相關問題》一文，討論了里耶秦簡中"取鮫魚"和"山今鱸魚"的文書，認爲官府要求各地尋找"鮫魚"和"山今鱸魚"與秦始皇入海求仙史事有關，文書中的"鮫魚"與方士徐福等人所謊稱的阻擋求仙之路的"大鮫魚"有關；文書中"鮫魚"(海魚)與"鱸魚"(淡水魚)相提並論，也體現出當時人們對魚的種類的認知程度,表明當時人們對於這兩種魚的認識,主要停留在相對較大的共同體型特徵上,可能并不明了兩者實際生活水域的巨大差異。

羅小華《五一廣場東漢簡牘所見酒價與酒具》一文,結合出土實物銘文,探討了長沙五一廣場東漢簡中所見的酒價與酒具問題,認爲已公布的 176 號簡中的“沽四器”之“器”,“沽酒一杅”之“杅”,均爲盛酒器,是名詞借用爲量詞。“器”的容量爲五斗,“杅”讀作“盂”,容量爲一斗五升,一杅酒值三十錢,换算可知,一斗酒值二十錢。

(五) 語言學研究

陶浩、高罕鈺合作兩篇文章,《馬王堆帛書〈陰陽五行〉篇訂補〈漢語大詞典〉九例》一文,從馬王堆帛書《陰陽五行》篇中梳理出 9 條可訂補《漢語大詞典》的材料,包括增補詞條 2 例、義項增補 2 例、書證提前 1 例、書證補流 4 例。《銀雀山漢墓竹簡對〈漢語大詞典〉補正十六例》一文,從銀雀山漢墓竹簡中梳理出 16 條可補正《漢語大詞典》的材料,包括書證提前 8 例、義項增補 8 例。

周艷濤《敦煌馬圈灣“七七九”號漢簡中的“丈人”身份考辨》一文,對敦煌馬圈灣漢簡 779 號中的“丈人”身份進行了考辨,認爲這裏的丈人是男子對自己親生父母的自稱。目前各大詞典均未收録“丈人”的這一義項,應當補收。

胡琳《從複音詞論張家山醫書的成書年代》一文從詞彙角度來研究簡帛醫書的成書年代。通過對張家山醫書《脈書》、《引書》中複音詞的整理研究,對比了其中的複音詞與先秦兩漢傳世文獻及出土文獻中複音詞的使用情況,發現張家山醫書中出現的一些複音詞與戰國晚期及秦代的傳世及出土文獻中的複音詞有一致之處,並推斷出張家山醫書的成書年代當在秦代。

以上是會議論文的介紹。在此次國際會議期間,作爲承辦方的長沙簡牘博物館還組織學者代表參觀在該館舉辦的“湖南地區出土簡牘”臨時展覽,湖南地區出土的多批簡牘標本實物在此與學者見面,包括首次出展的湘鄉楚簡。

閉幕式上,由北京大學歷史學系教授羅新和中國社會科學院歷史研究所研究員鄔文玲分别作小組總結發言。故宫研究院古文獻研究所所長王素作大會總結發言。王素總結這次會議有三個特點:一、學術梯隊結構完整,老、中、青年專家結構呈金字塔形,顯示吴簡研究後繼有人。二、大視野的論文不少,過去的吴簡研究,主要局限於名詞解説和問題考證。這次學術研討會,很多論文在前者的基礎上,用廣闊的視野,高屋建瓴,揭示社會的真實面貌,總結歷史的發展規律。反映吴簡研究上了一個新的臺階。三、運用考古學原理進行復原的論文很多。反映復原工作仍是吴簡研究的主要方向。

最後故宫研究院名譽院長,中國考古學會第五届理事長、原故宫博物院院長張忠培致閉幕詞。他表示自己與湖南與吴簡有著濃濃的鄉情,自己與長沙吴簡、里耶秦簡、益陽兔子山簡牘這三次湖南地區重大簡牘發現都有著特殊的文緣。他評價這次會議"實現了齊放争鳴、自由討論",做到了"有一分材料説一分話"。并盼望家鄉實現由簡牘的大省、大市向簡牘的强省、强市的轉變。

如上所述,此次國際學術會議全面展示了二十年來長沙走馬樓吴簡保護、研究和利用的成果,對促進長沙吴簡的深入研究與交流起到了推動作用。同時,對湖南及其他地區出土簡牘的不少學術前沿問題也起到了進一步推動作用。這次會議無疑將是簡牘學科特别是吴簡研究領域發展里程中的一次全面而系統的總結。

本文部分内容參照了中國社會科學院歷史研究所研究員鄔文玲女士的小組發言,特此致謝!另,本文曾投稿給《湖南省博物館館刊》,收入本論文集時經過了增補、修訂。

圖書在版編目(CIP)數據

長沙簡帛研究國際學術研討會論文集/長沙簡牘博物館編. —上海：中西書局，2017.10
ISBN 978-7-5475-1338-5

Ⅰ.①長… Ⅱ.①長… Ⅲ.①簡(考古)—中國—國際學術會議—文集②帛書—中國—國際學術會議—文集
Ⅳ.①K877.54-53②K877.94-53

中國版本圖書館 CIP 數據核字(2017)第 240297 號

長沙簡帛研究國際學術研討會論文集

長沙簡牘博物館　編

責任編輯　徐　衍
助理編輯　黄一村
裝幀設計　梁業禮

出版發行　上海世紀出版集團
中西書局(www.zxpress.com.cn)
地　　址　上海市陝西北路 457 號(200040)
印　　刷　上海展强印刷有限公司
開　　本　787×1092 毫米　1/16
印　　張　35
字　　數　663 000
版　　次　2017 年 10 月第 1 版　2017 年 10 月第 1 次印刷
書　　號　ISBN 978-7-5475-1338-5/K・249
定　　價　180.00 元